Willy Brandt

Links und frei

Mein Weg 1930–1950

| Hoffmann und Campe |

1. Auflage

www.hoca.de
Satz: atelier eilenberger, Leipzig
Druck und Bindung: C. H. Beck, Nördlingen
Gesetzt aus der Albertina und der Univers
Printed in Germany
ISBN 978-3-455-50267-1

HOFFMANN
UND CAMPE

Ein Unternehmen der
GANSKE VERLAGSGRUPPE

Inhalt

Vorwort 7

Lübeck 9

Der Anfang vom Ende 9 – Kaiser der kleinen Leute 14 – Nicht vom Brot allein 20 – Blauer Kittel, bunte Mütze 25 – Hanseatische Tradition 32 – Ein schreibender Bürger wird Sozialist 39 – Weimars Niedergang 43 – … wo das Herz schlägt 53 – Das traurige Ende 59

Oslo 66

Über die Ostsee 66 – Kein typischer Weg 70 – … und fürchte dich nicht 73 – Nordische Demokratie 81 – Martin Tranmæl 87 – Selbsternannte Eliten 95 – Blick auf Deutschland 100 – Friedenspreis für Ossietzky 105 – Hodann und Reich 112

Paris 118

Fast ausgeliefert 118 – Februar 1934/Mai 1936 122 – Léon Blum 130 – Heinrich Manns Volksfront 136 – Münzenberg, Breitscheid, Hanna Kirchner 146 – Versuche der Umgruppierung 154 – Sektierer aller Länder … 159

Berlin 166

Reise ins Ungewisse 166 – Im deutschen Untergrund 173 – Was hätte Rosa gesagt? 180 – Kattowitz 186 – Sverre 190 – Von Bauer zu Kreisky 195 – Josef Seligers Erben 201 – Opfer ohne Zahl 205

Barcelona 208

Eine aufregende Erfahrung 208 – Mit Blindheit geschlagen 213 – Die Schwarz-Roten 221 – Zwischen den Stühlen 229 – Terror 240 – Largo Caballero 246 – Ende und neuer Anfang 250

Oslo II 253
Staatenlos **253** – September 1939 **257** – Finnland und sein großer Nachbar **262** – Entartung? 270 – April 1940 **277** – Von Quisling bis Doriot **284** – In Gefangenschaft **289** – Über die Grenze und zurück **297** – Widerstand im Norden **300**

Stockholm 310
Doppeltes Exil **310** – Schwedens SAP und die Myrdals **318** – Die »Kleine Internationale« **327** – Rettung aus Kopenhagen **336** – Wider den Vansittartismus **343** – Was wird aus Deutschland? **350** – Leber und Trott **354** – Mai 1945 **365**

Berlin II 373
Pendler **373** – »Kaisen von Bremen« **376** – Wieder in Lübeck **383** – Nürnberg **391** – Kurt Schumacher **402** – Rückkehr unter Ruinen **411** – Ernst Reuters Beispiel **420** – Des Alten Neubeginn in Bonn **427**

Glossar **441**
Verzeichnis der Abkürzungen **485**
Namenregister **488**
Editorische Notiz **496**

Vorwort

Dieses Buch ist zuerst 1982 erschienen. Ich wollte Erfahrungen vermitteln, die sich mir aus meinen jüngeren Jahren eingeprägt hatten.

Mein Lebensweg wich von dem der meisten gleichaltrigen Landsleute nicht unwesentlich ab. Daraus ist mir mancher Ärger erwachsen. Von meinem Weg habe ich mich dadurch nicht abbringen lassen.

Ich versuche in diesem Buch festzuhalten, wie ein Lübecker Arbeiterjunge (und Johanniter) den Zusammenbruch der Weimarer Republik erlebt. Wie es ihn nach Norwegen verschlägt, wo aus dem norddeutschen Linkssozialisten ein nordischer Sozialdemokrat wird. Wie er vom Exil aus mit den deutschen Freunden verbunden bleibt und eine Zeitlang im Berliner Untergrund verbringt. Welche Lehren ihm die französische Volksfront und der spanische Bürgerkrieg vermitteln. Wie er, von den Nazis ausgebürgert, sich 1940, nach der Invasion Norwegens, von der Wehrmacht festnehmen läßt.

Während des Zweiten Weltkrieges – in Stockholm – habe ich mit Freunden aus kriegführenden und neutralen Ländern über das nachgedacht, was man die Friedensziele nannte. Auf manches von dem, was damals aufgeschrieben wurde, habe ich mich in meiner weiteren Arbeit stützen können. Viele Hoffnungen wurden enttäuscht. Einer neuen Generation ist zu wünschen, daß sie bei der Sicherung des Friedens – über Ost/West hinaus! – mehr Erfolg haben möge. Wenn nicht schon vorher entschieden ist, daß es eine Zukunft für die Menschheit nicht mehr gibt.

Ich bin noch in die alte Arbeiterbewegung hineingeboren worden und habe sie mit ihren glanzvollen wie mit ihren kläglichen Seiten erlebt. Zu den entscheidenden Lehren meines Lebens gehört: Aus gesellschaftlichen Umwälzungen erwächst nicht automatisch mehr Freiheit für die Menschen. Um Freiheit und Gerechtigkeit, um das eine wie das andere zu sichern und zu erweitern, muß gleichermaßen gerungen werden.

Das ist der Sinn von: Links und frei.

Bonn, Ende 1983 — Willy Brandt

LÜBECK

Der Anfang vom Ende

Es war ein Sonntag im September. Am 14. September 1930 fanden Wahlen zum Reichstag statt, die den Nazis zum sensationellen Durchbruch verhalfen. Ich war Unterprimaner, bald siebzehn, politisch engagiert. Ich ahnte, daß viel auf dem Spiel stand. Nicht ahnte ich, daß jener Wahlsonntag in den Chroniken als Anfang vom Ende der ersten deutschen Demokratie vermerkt werden würde. Solche Kennzeichnungen haben ein Element von Willkür. Ein Tag ist nicht mehr, als man aus ihm macht. Und im übrigen: Die eigenen Erinnerungen vermischen sich untrennbar mit Einsichten, die aus den Erfahrungen anderer stammen.

Die Fakten sprechen klar genug: Die Hitler-Partei war von fast einer Million Stimmen (bei der voraufgegangenen Wahl im Mai 1928) auf über sechs Millionen angewachsen. Mit 107 Mandaten, statt vorher zwölf, wurden die Nazis zur zweitstärksten Fraktion im Reichstag. Bei uns in Lübeck kamen sie von gut 1000 auf über 15 000 Stimmen. Meine Freunde in der Jugendgruppe und ich waren verblüfft, doch hatten wir nicht das Gefühl, daß etwas Katastrophales passiert war. Mehr als die Braunhemden verlangte in jenem September eine frühe Freundin meine Aufmerksamkeit; an den Wahlen konnte ich ohnehin noch nicht teilnehmen. Der Erfolg der extremen Rechten war alarmierend: Die Nazis hatten es verstanden, die Schwächen der Weimarer Republik und die aus der Wirtschaftskrise erwachsende Verzweiflung auszunutzen, um die besonders anfälligen Schichten eines in seiner zerrissenen Geschichte noch nicht zu politischer Reife gelangten Volkes zu mobilisieren.

Dennoch, meine Jugendfreunde und ich haben nicht erkannt, daß die Eiferer mit dem Hakenkreuz – die wir nicht recht ernst genommen hatten – in wenig mehr als zwei Jahren die Macht besitzen, daß sie Konzentrationslager errichten, Bücher verbrennen und Europa rasch in den Krieg führen würden. Schon gar nicht ließ ich mir träumen, daß mir zwölf meiner jungen Jahre im politischen Exil bevorstünden.

Ich glaube nicht an vorbestimmte Geschichtsabläufe. Also halte ich auch nichts von denen, die auf mehr oder weniger gelehrte Weise nachweisen wollen, daß die Weimarer Republik auf jeden Fall hätte zugrunde gehen müssen. Damals hat sich mir die Lage nicht so dargestellt. Wer war ich? Ein norddeutscher Arbeiterjunge, der in die sozialistische Bewegung hineingeboren wurde. Ein Aufstiegsschüler, der sich auf ein anderes Berufsleben als das seiner Familie oder seiner sozialen Umgebung vorbereitete. Die Hansestadt, in der er aufwuchs, war nur bedingt typisch für die deutsche Wirklichkeit zwischen den beiden Weltkriegen.

»Bei uns« in Lübeck waren die sozialistischen und demokratischen Kräfte – in dieser Reihenfolge! – wesentlich stärker als in vielen anderen Teilen des Reiches. Aber die norddeutschen Hochburgen eines sich aberwitzig übersteigernden Nationalismus waren nur einen Sprung weit von uns entfernt. Nach Holstein und Mecklenburg kam man mit dem Fahrrad. Dort hatten die »Völkischen«, wie die Vorläufer der Nazis hießen, schon Anfang der zwanziger Jahre breiten Anhang gewonnen. Gewalttaten der ihnen nahestehenden Freikorps verbreiteten Schrekken. Eines ihrer Kampflieder kennzeichnete »das Arbeiterschwein« als den eigentlichen Feind.

Die Gefahr von rechts außen war für uns nicht neu. Aber daß die Spinner, die uns in Lübeck als »Nationalsozialisten« begegneten, auf dem Weg waren, zu einer Massenpartei zu werden, erschien uns doch sehr verwunderlich. Auf Diskussionsabenden, bei denen auch ich mich zu Wort meldete, machten sie keine gute Figur. Doch sie sprachen Gefühlsschichten an, die mit einer rationalen Argumentation nicht zu erreichen waren – und das Gros der Linken war schrecklich vernünftig.

Wie ein Blitz aus heiterem Himmel kam der Wahlerfolg der Nazis im September 1930 auch für einen Jungen meines Schlages gewiß nicht. Ich wußte oder spürte: Nach kaum mehr als einem halben Jahrzehnt der Konsolidierung – das dem Ende der verheerenden, alle Geldwerte vernichtenden Inflation folgte – war die Weimarer Republik in den Sog der beginnenden Weltwirtschaftskrise geraten. Die Parteien, die sich zur Verfassung bekannten, waren nicht fähig, sich auf die Bekämpfung der Krise zu verständigen. Große Teile des Volkes hatten sich in der Republik, der die Folgen des verlorenen Krieges zur Last gelegt wurden, von Anfang an nicht zu Hause gefühlt.

In meiner Heimatstadt habe ich die Erfahrung eingesogen, daß unter den ärmsten Söhnen der Republik auch ihre treuesten waren. Nach dem Zusammenbruch von 1918 war die Demokratie in Deutschland tatsächlich nicht viel stärker als die Arbeiterbewegung. Aber diese war nicht einig, und sie war auch sonst kaum darauf vorbereitet, Staat und Gesellschaft gründlich umzugestalten.

Die deutsche Arbeiterbewegung hatte sich seit den sechziger Jahren des vorigen Jahrhunderts und vor allem seit der Jahrhundertwende imposant entwickelt. Ihr verheißungsvoller, menschheitsbefreiender Elan hatte den Weltkrieg nicht unbeschadet überstanden, und der zerstörerische Bruderkrieg, als den wir die Spaltung zwischen Sozialdemokraten und Kommunisten empfanden, trug ohne Zweifel zum Scheitern von Weimar wesentlich bei. Doch in dieser deutschen Arbeiterbewegung lebten weiterhin – und dies hat auf mich in meinen jüngeren Jahren stark gewirkt – große Opferbereitschaft, viel Verantwortungsbewußtsein und Disziplin, gemischt mit einer guten Portion naiver Fortschrittsgläubigkeit. Machtpolitisch schien sie mehr, als sie war. Seit ihren Anfängen hatte sie sich am Rande der Gesellschaft im Gegensatz zum Staat entwickelt, wohl entwickeln müssen. Sie war mit den eigenen Problemen viel mehr beschäftigt und von den Visionen einer neuen Gesellschaft weit stärker erfüllt, als daß sie sich auf Teilhabe oder gar Übernahme der politischen Macht eingestellt hätte. Viele ihrer Anhänger lebten in einer erträumten Welt.

Ich weiß, was Arbeiterbewegung und Sozialdemokratie in Deutschland bewirkten: Sie brachten es zuwege, daß aus den Nachkommen von Millionen rechtloser Proletarier und unmündiger Frauen ebenbürtige und selbstbewußte Staatsbürger werden konnten, und ich urteile nicht als einer, der von außen zur Arbeiterbewegung kam oder »von oben« in sie einstieg, sondern der – gewiß ohne eigenes Verdienst – in einem für jene Zeit typischen Arbeitermilieu und in der noch weithin ursprünglichen Gedankenwelt der alten Arbeiterbewegung groß geworden ist. Der Großvater Ludwig Frahm, bei dem ich aufwuchs und zu dem ich immer Papa sagte, gehörte in seiner mecklenburgischen Heimat in den neunziger Jahren zu den ersten unbequemen sozialdemokratischen Landarbeitern. Meine unverheiratete Mutter Martha Frahm lebte seit ihren jungen Jahren in »der Bewegung«. Sie arbeitete beim Konsumverein als Verkäuferin. Sie heiratete, als ich vierzehn war, den Maurerpolier Emil Kuhlmann. Auch er stammte aus der mecklenburgischen Provinz und war als Maurerpolier angesehenes Mitglied seiner Gewerkschaft. Bei uns war etwas vom Vermächtnis des großen Arbeiterführers August Bebel lebendig geblieben: von seinem Appell an das Selbstwertgefühl der Arbeitenden und von der Suche nach Gerechtigkeit, die für das Empfinden der Vorkriegssozialdemokratie so wesentlich war.

Als kleiner Junge prägte sich mir ein, daß bei Geburtstagen und anderen Familienfeiern oder nach politischen Manifestationen, wie denen am 1. Mai, viel diskutiert wurde. Anders als unmittelbar nach dem betäubenden Ausgang von 1945 wurden in der Männergesellschaft freilich auch viel eigene Kriegserlebnisse ausgetauscht, gelegentlich wohl aufgebauscht oder idealisiert. Doch zugleich erlebte ich das tiefeingefressene Mißtrauen gegenüber »der Reaktion«: den alten Mächten, die den Übergang zur Republik in munterer Unverfrorenheit überlebt hatten. Trotzdem oder gerade deshalb wurde die demokratische Republik als großer Fortschritt betrachtet. Für den Großvater galt dies in beispielhafter Weise.

Er – der, eher untersetzt mit dem Gang eines Bauern, fast nur Plattdeutsch sprach und dessen Kahlschädel auch in eine östlichere Umgebung gepaßt hätte – war vom Dorf gekommen; in der Stadt wurde er angelernter Arbeiter, dann Lastwagenfahrer in einem Industriebetrieb, den Dräger-Werken. Zwischendurch gab es keine Arbeit; die Tätigkeit als gewerkschaftlicher Vertrauensmann wurde mit Maßregelung geahndet, und das hieß: Entlassung. Er blieb einfach im Denken und stark in seinem Glauben – er war nicht in der Kirche. Für ihn war es ein großes Ereignis, als man 1929 in eine Neubauwohnung umzog, mit zwei Zimmern, Küche und vor allem einem kleinen Bad, nebst Dachkammer für mich. Über die Tatsache, daß dies einen Wochenlohn kostete, der etwa fünfzig Mark ausmachte, wurde nicht geklagt.

Der Großvater hatte das Gefühl, nicht wenig erreicht zu haben. Dazu gehörte, daß ich in drei Stufen auf die »höhere« Schule kam. Kritik an der Partei, die so viel bewirkt hatte, konnte nicht auf sein Verständnis rechnen. Er hielt Einwände von mir oder anderen jungen Leuten, manchmal wohl auch vorlaut geäußert, für undankbar und unziemlich gegenüber einer Führung, die schon wisse, was sie tue. Doch vom Jahr 1932 an hat er mir eigene Enttäuschungen nicht mehr ganz verheimlicht. Er konnte es nicht über sich bringen, Hindenburg wiederwählen zu helfen – so wie es die Partei als das kleinere Übel empfahl. Daß die sozialdemokratische Massenbewegung Anfang 1933 kampflos abtrat, ließ ihn, wie so viele andere, verzweifeln. Zwei Jahre später nahm er sich als schwerkranker und gebrochener Mann das Leben.

Die Republik von Weimar, das war für ihn sein Leben in Lübeck gewesen, und das war eine tiefe Veränderung gegenüber der Jugend auf dem gräflichen Gut bei Klütz, von dem er stammte. Dort hatte man seinen Vater noch auf den Bock gelegt und gezüchtigt. Die Leibeigenschaft war in Teilen Mecklenburgs erst sehr spät abgeschafft worden; insofern war man bei uns nicht weiter als in Rußland. Als junger Landarbeiter hatte er dagegen rebelliert, daß auf dem Gut bei Reichstagswahlen schamlos gegen die gesetzliche Garantie der geheimen Stimmabgabe verstoßen wurde. Nun war er ein nicht mehr ganz schutzloser, sondern organisierter Arbeiter. Und noch wichtiger, er wurde in seinem Stadtteil – Holstentor-Süd – zu einem gewählten Vertrauensmann der Sozialdemokraten. Er nahm an den Beratungen von Partei und Gewerkschaft teil. Er konnte das Gefühl haben, an Entscheidungen mitzuwirken. Er stand sogar – wenn auch ganz unten, an vorletzter Stelle, gewissermaßen honoris causa – auf dem Wahlvorschlag zur Bürgerschaft, wie das Lübecker Stadtparlament traditionell genannt wurde (und wird). In seinem Verständnis war er klassenbewußt und reformistisch zugleich und unbeirrbar davon überzeugt, daß die gerechte Gesellschaftsordnung kommen werde: so sicher wie das Amen in der Kirche, in die er – wie gesagt – nicht ging.

Ich wuchs buchstäblich »von Hause aus« in der Vorstellung auf, daß Sozialismus von der Gleichwertigkeit der Bürger handele. Praktisch habe er sich als Solidarität, als Füreinandereinstehen auszudrücken, und daß er letztlich die materiellen Ungerechtigkeiten ganz überwinden würde, daran zweifelte man nicht. Mir wurde auch noch manches vermittelt, was die gescheiten Systematiker eher der Gedankenwelt des »utopischen« als jener des »wissenschaftlichen« Sozialismus zuordneten. So lernte ich auch, man werde das Geld überflüssig machen. Ich wußte nicht, daß der Großvater dies direkt von Bebel übernommen hatte. »Irgendein Zertifikat, ein bedrucktes Stückchen Papier, Geld oder Blech«, so hatte dieser geschrieben, bescheinige die geleistete Arbeitszeit und setze den Inhaber in die Lage, »dieses Zeichen gegen seine Bedürfnisgegenstände von der verschiedensten Art auszutauschen.« Bebel galt als Marxist, aber die Grenzen zwischen Marxismus und anders begründeten Vorstellungen von Sozialismus waren fließender, als es die Schriftgelehrten wahrnehmen wollten. Der Großvater war fest davon überzeugt, die Zeit werde bald kommen, daß sich in geeigneten Hallen »entsprechend seinen Bedürfnissen« versorgen könne, wer nachweise, daß er »entsprechend seinen Fähigkeiten« gearbeitet hatte. Im übrigen hatte der Patriarch auch dafür plädiert, die Gesellschaft »von den Kommunen aufwärts« zu organisieren; dies würde zur Abschaffung der überkommenen Staatsorganisation führen.

Für den Bourgeois, erst recht für den verunsicherten Kleinbürger, mußte sich das schrecklich anhören, und die Nazis hatten zu anspruchsvollen Themen ohnehin keinen Zugang. Sie wetzten die Messer gegen einen Zukunftsglauben, den sie volksfeindlich nannten. Aber in Wirklichkeit, und lange Jahre mit schrecklichem Erfolg, kämpften sie gegen eine soziale Freiheitsbewegung, die schon ein gutes Stück vorangekommen war.

Kaiser der kleinen Leute

Bebel, August: Geboren zu Deutz-Köln 1840. Waise eines an Schwindsucht dahingesiechten Unteroffiziers und einer gleichfalls früh verstorbenen Handschuhstrickerin. Bildungshungriger Handwerksbursche, Drechslermeister in Leipzig. Während eines halben Jahrhunderts Abgeordneter des Reichstags. Wortgewandter Volksredner. So gut wie unbestritten für Jahrzehnte erster Mann der deutschen Arbeiterbewegung.

Bebel starb im Sommer jenes Jahres 1913, gegen dessen Ende ich auf die Welt gekommen bin. Nicht selten hatte ich die Empfindung, ihn noch selber zu treffen. Tatsächlich lernte ich einige Persönlichkeiten kennen, die – wie Rudolf Wissell, Paul Löbe oder Wilhelm Kaisen – in der Bebelschen Partei groß geworden waren. Ich bin in Lübeck nicht wenigen begegnet, die Bebel gehört und gesehen hatten, die Kraft seiner Worte rühmten oder die Sicherheit seines Urteils über das, was kommen werde. Manche sahen ihn wenigstens von fern, als er 1901 anläßlich des Reichsparteitags in Lübeck weilte. Die gerade fertig gewordene Genossenschaftsbäckerei rühmte »der Alte« als bis dahin schönsten Ort solcher Tagungen; 1979 wurde sie letztmalig für einen lokalen Parteitag genutzt. (Für mich wurde dies ein Ort, mit dem sich Jahre später die Erinnerung an zwei Brote verband. Die gab mir, nicht ganz rechtmäßig, der genossenschaftliche Bäckermeister Bauer für meine Mutter mit, als ich ihn 1945 am Rande der Lübecker Ruinen besuchte.)

Im hanseatischen Norden merkten nur wenige an, daß ihnen Bebels »preußische« Strenge und Pedanterie nicht immer behagten. Der schwarze Anzug, zu dem er auch revoluzzernde, neu nach Berlin kommende Fraktionskollegen verpflichtete – zur Not aus der Parteikasse bezahlt, denn Diäten gab es noch nicht –, paßte gut zum weißen Spitzbart. Sie sprachen liebevoll aufblickend von ihm, der nicht müde geworden war, den Arbeitern Selbstbewußtsein einzuimpfen und angelesenes Wissen in des Volkes Sprache zu übertragen: Klassenkampf sei nötig, sagte er, um ein »Vaterland der Liebe und Gerechtigkeit« zu erstreiten. In vielen Stuben einfacher Leute hing sein Bild, gleichsam als Symbol der Hoffnung.

Bebel schien mehr zu vermitteln als bloße Hoffnung: nämlich die Gewißheit von der kommenden Ordnung der Gerechtigkeit. »Was kommen muß, kommt«, rief er 1893 in einer seiner Freund und Feind faszinierenden Reichstagsreden aus. Diese wurde in 1,7 Millionen (!) Exemplaren als Broschüre in ganz Deutschland verbreitet. Friedrich Engels nannte sie ein Meisterstück. Und in Preußen-Deutschland war es kein Geringerer als Otto von Bismarck, der bestätigte, unter allen Reichstagsabgeordneten könne nur Bebel damit rechnen, daß ihm das ganze Haus zuhörte.

Unter ihm war die Sozialdemokratie aus bescheidensten Anfängen, über weite Strecken verfolgt, zur stärksten Partei in den deutschen Landen geworden. Nach dem großen Krieg, als Bebel nicht mehr da war, erreichte die Republik manches seiner Ziele. Aber die Einheit der alten Arbeiterbewegung war zerborsten, die Hoffnung schon ein wenig verschlissen. Gerade deshalb: Über »August«, »Meister August« oder »den Alten« wurde viel geredet, als ich klein war, öfter bei Bier und Schnaps (Kööm) als bei Kaffee und Kuchen.

Mehr auf Abstand, aber bestimmt nicht weniger bewundert war die glanzvoll-schillernde Erscheinung Dr. Ferdinand Lassalles, der aus Breslau stammte und in jungen Jahren unweit Genfs zu Tode kam. Während eines kurzen Abschnitts zu Beginn der sechziger Jahre hatte er wie ein Komet den sozialistischen Himmel gestreift und so starke charismatische Spuren hinterlassen, daß wir am Schluß der deutschen Arbeiter-Marseillaise – noch zwei Generationen später – sangen: »Der Bahn, der kühnen folgen wir, die uns geführt Lassall'.« Der Arbeiterführer hatte eine ungewöhnliche Rolle übernommen, den Schutz der Gräfin Hatzfeldt, die in endlose Prozesse verstrickt war. Er war gelegentlich, in Sachen Nationalstaat und Staatssozialismus, der Gesprächspartner des Reichskanzlers Bismarck. Diese Gespräche blieben bis 1878 geheim. Sie hätten mich, auch wenn die zeitgenössische Forschung darüber schon mehr zutage gefördert hätte, vermutlich nicht angefochten.

Die »Lassalleaner« waren 1863 der eine Quell unserer Sozialdemokratie. Die von Bebel mitbegründeten »Eisenacher« formierten sich sechs Jahre später, und erst nach viel Streit vereinigten sich die beiden in Gotha 1875. Aber schon 1864 hatte sich der Anwalt aus Breslau zu Tode duelliert. Nicht nur Rechtsgläubige stießen sich, über die Generationen hinweg, am Liebesdrama mehr als am Duell. (Wie hätte der Mann Gnade finden können vor den scheinheiligen und splitterrichtenden Linksspießern, die gerade in Deutschland den Muckern von rechts erfolgreich Konkurrenz machten.)

Wo ich aufwuchs, gab es nur wenige Bücher. Von Lassalle waren keine darunter, wohl aber Bebels »Die Frau und der Sozialismus« ebenso wie seine Autobiographie »Aus meinem Leben«. Bebel war wohl die eigentliche Gegenfigur zu Bismarck (und im Bewußtsein vieler Arbeiter: zum Kaiser). Als ich Anfang 1932 mein Abitur machte, gab mir mein Deutsch- und Geschichtslehrer, der liberalkonservative Professor Eilhard Erich Pauls, die Chance, meine sehr gute Vorzensur durch die schriftliche Arbeit zu bestätigen; ich durfte über Bebel schreiben.

Fünfzig Jahre vergingen, bis jemand in Lübeck entdeckte, daß die Abiturunterlagen des Johanneum gut verwahrt worden waren. So kam mir mein Aufsatz wieder zu Gesicht, und ich stellte fest, wie sehr ich ein knappes Jahr vor Hitlers Machtübernahme die krisengeschüttelte Arbeiterbewegung an der Gestalt des Vorkriegsführers gemessen hatte, »des Mannes mit dem guten Blick und dem väterlich weißen Bart«. Links und rechts und wo irgend etwas sonst nicht klappe, höre man, »das hätte zu Bebels Zeiten nicht vorkommen können«. Drei Stationen des Bebelschen Lebens hatten mich schon damals beeindruckt: Da war zunächst die Wegstrecke in den sechziger Jahren, die ihn (in Leipzig) in den Arbeiterbildungsverein führte. Von dort für die Sächsische Volkspartei, danach für die Sozialdemokratische Arbeiterpartei in den Norddeutschen Reichstag. Hier geriet er, als es 1870 zum Krieg mit Frankreich kam, in den ersten großen Konflikt mit der Staatsgewalt.

Die Lassalleaner, die mit einem halben Dutzend Abgeordneten vertreten waren, stimmten für die Anleihen; Bebel und sein Freund Wilhelm Liebknecht enthielten sich der Stimme. Für sie war es ein dynastischer Krieg, doch gegen die Kredite konnten sie nicht stimmen, weil das eine Unterstützung Napoleons III. bedeutet hätte. Ihre Anhänger im Land mochten die Differenzierung nicht, sie waren durchweg für den Krieg. Bebel und Liebknecht wurde der (Leipziger) Hochverratsprozeß gemacht. Mit allerlei möglichen und unmöglichen Mitteln sollte die Staatsgefährlichkeit der Sozialdemokratie nachgewiesen werden. Gemessen an späteren Erfahrungen fiel die Strafe nicht allzu hart aus; für achtzehn Monate kamen die beiden in Festungshaft: »Sie gingen gern. Sie gingen für ihre Sache. Schon schlugen die Herzen von Hunderttausenden Proletariern mit ihnen.« Im Gefängnis arbeitete Bebel theoretisch, er befaßte sich näher mit Marx – und im übrigen begrüßte er die Gelegenheit, sich einmal ausruhen zu können.

Eine weitere wichtige Etappe in Bebels Leben war einige Jahre nach der Reichsgründung erreicht, als sich in Gotha – mit ihm an der Spitze – die beiden Vorläufer verschmolzen. 1878 nahm Bismarck zwei Kaiserattentate, die nicht von Sozialdemokraten begangen worden waren, zum Anlaß, ein Gesetz zur Bekämpfung der Sozialdemokratie durchzusetzen: »Die Heldenjahre der proletarischen Bewegung begannen. Die Organisation wurde aufgelöst, die Funktionäre wurden ausgewiesen oder ins Gefängnis gesteckt. Und die Partei stand doch! Darin steckte ein gut Teil Arbeit August Bebels. Er rief die Genossen auf, sich den Gesetzen zu fügen, sich nicht zu unüberlegten Handlungen hinreißen zu lassen, aber der Idee treu zu bleiben.«

Und weiter, nach meinem Aufsatz von 1932: »Im Reichstag stand er auf und geißelte das Unrecht des Gesetzes ... Während der Zeit des Sozialistengesetzes wurde auch er von Schikanen aller Art bedroht, aber die Idee war stärker als die Gewalt. Die Zeitungen kamen prompt vom Ausland über die Grenze (und aus der Sozialdemokratischen Vereinigung in Lübeck wurde der ›Sparklub Bienenhonig‹). Bald wurde die Polizei schärfer. Über viele Städte wurde der Belagerungszustand verhängt. Die Arbeiter wurden schlauer. Die Wahlziffern stiegen an. Da wollte Bismarck 1890 den sozialdemokratischen Wählern das Wahlrecht rauben. Bebel war stärker als Bismarck. Das Sozialistengesetz fiel, sein Vater Bismarck mußte aufgeben. Von dort an geht die großartige Entwicklung der Partei bis zur Millionenpartei und – dem Zusammenbruch 1914.«

In meinem Verständnis hatte Bebel Maßstäbe gesetzt als Vater der Partei und nicht nur als einer der besten Redner des Reichstags und als begeisternder Sprecher der Massen: »Er war kein Rechthaber, aber gegen die Verfälscher des Endziels zog er rücksichtslos zu Felde. Aber er verunglimpfte niemand persönlich. Ihm ging es um die Sache. Darum gewährte er stets den Vertretern der anderen Richtung volle Meinungsfreiheit. Parteidemokratie ging ihm über alles. Irren die Führer nie ohne Nutzen, so irren die Massen nie ungestraft ...« Dies ist durch Abstand und Erfahrung alles nicht falsch geworden, wenn ich auch fast keinen dieser Sätze mit der gleichen unbekümmerten Bestimmtheit neu zu Papier bringen würde.

Bebel war durchdrungen von der Überzeugung, daß »das letzte Stündlein der bürgerlichen Gesellschaft« bald schlagen werde, und seine Siegesgewißheit war nicht zu erschüttern: »Die Zukunft gehört uns und nur uns.« Gegenüber dem »revisionistischen« Herausforderer Eduard Bernstein betonte er, daß im wilhelminischen Klassenstaat kein Raum sei für eine (sozialdemokratische) Reformpartei. Im herrschenden Bündnis von preußischen Junkern und rheinischen Schwerindustriellen denke man weniger an inneren Frieden denn an äußeren Krieg. Um die Möglichkeiten des Reformismus ging es auch in der Auseinandersetzung mit dem großen Gegenspieler in der »Internationale«, dem Südfranzosen Jean Jaurès. Auf dem Amsterdamer Kongreß 1904 rechnete Bebel mit den »Illusionen« über eine bürgerliche Republik ab. Doch er wollte auch Mißverständnisse gegenüber der eigenen Politik ausräumen: Natürlich beneide er die Franzosen um ihre Republik. Natürlich würden bescheidenste Fortschritte und kleinste Reformen von der deutschen Partei unterstützt. Wenn es welche gebe, so seien sie überhaupt nur dem Betreiben der Sozialdemokraten zuzuschreiben: »Wir sind so weitherzig, daß wir die Konzessionen annehmen, einerlei von wem sie kommen.« Und Böses ahnend: »Wir vergessen keinen Augenblick die abgrundtiefe Kluft, die uns von unseren Gegnern trennt. Gewähren die herrschenden Klassen Reformen, dann nicht sich zu Leide; sie wissen immer warum, darin sind sie klüger als mancher unter uns.«

Bebel und Jaurès haben gegeneinander um den richtigen Weg zum Sozialismus gestritten und miteinander die Kriegstreiberei der Regierungen bekämpft. Der eine hat dem anderen Anpassungssucht vorgeworfen, der andere dem einen politische Ohnmächtigkeit. Die SPD war, laut Jaurès, ein Koloß auf tönernen Füßen. Jeder für sich war imstande, im Namen der sozialistischen Idee Arbeitermassen zu mobilisieren. Beide waren außergewöhnliche politische Führer – und blieben ohne Nachfolger.

Deutsche Sozialdemokraten und französische Sozialisten haben sich in der Tat unter sehr unterschiedlichen Bedingungen entwickelt. Stärken und Schwächen gegeneinanderrechnen zu wollen, war immer müßig und ist es heute erst recht. Die Deutschen bildeten sich auf ihre Organisation zuviel ein und überschätzten auch ihr theoretisches Rüstzeug. Die Franzosen verließen sich nicht selten zu sehr auf Spontaneität und Esprit. Und doch gibt es für mich keinen Zweifel, daß demokratischer Sozialismus nicht zu verstehen ist ohne freiheitliche Substanz und moralische Motivierung. In meinem Arbeitszimmer hängen die Porträts von beiden, Bebel und Jaurès. Es hängt dort seit einigen Jahren auch eine Skizze der verfemten Rosa Luxemburg. Sie hatte dem alten Parteiführer das Leben nicht leicht gemacht. Seine Größe aber hatte sie erkannt: »Tausende, später Hunderttausende, zuletzt Millionen deutscher Proletarier leisteten ihm Gehorsam und Gefolgschaft, weil Bebel wie kein zweiter es verstand, die rastlose Kampfeslust und Zähigkeit dieser Millionen im Erobern jeder Handbreit eines menschenwürdigen Daseins sowie auch ihren revolutionären Idealismus zu erfassen, diesen Tugenden Wort zu verleihen, sie zur Tat zu schmieden.«

Jaurès wurde am Vorabend des Ersten Weltkriegs in Paris umgebracht, Bebel war ein Jahr zuvor gestorben. Vermutlich hätte auch er die Entscheidung seiner Partei vom August 1914 nicht viel anders treffen können und wollen, als sie mehrheitlich getroffen worden ist. Er teilte den Haß auf das Zarenreich als Hort der (für damalige Verhältnisse!) finstersten Reaktion, während er den russischen Revolutionären in freundschaftlicher Zuneigung verbunden war. Noch einige Jahre vor seinem Tod hatte er gesagt, er alter Knabe werde, wenn nötig, selbst die Flinte auf den Buckel nehmen, falls es in den Krieg gegen Rußland gehe. Für mich gibt es allerdings auch kaum einen Zweifel daran, daß er, der es haßte, sich vom Gegner das Gesetz des Handelns vorschreiben zu lassen, für eine Unterstützung im Krieg einen hohen innenpolitischen Preis verlangt haben würde. Vielleicht hätte er damit die Sozialdemokratie zusammenhalten können ... Der tatsächliche Ablauf eines geschichtlichen Vorgangs beweist nichts über ungenutzt gebliebene Möglichkeiten.

Bebel starb in dem Sommerhaus am Zürichsee, das ihm ein deutscher Offizier geschenkt hatte. Er wurde in Zürich beigesetzt. Die dortige »Wochen-Chronik« notiert, sein Tod habe in der ganzen Welt größeres Aufsehen erregt als der eines gekrönten Hauptes: Die Zahl derer, die überall in Deutschland zu Trauerfeiern pilgerten, war Legion. In Zürich mehrten sich die Kränze, wie ein zeitgenössischer Beobachter festhielt, zu nie gesehener Fülle. 5000 Menschen defilierten binnen zwei Tagen an der Bahre vorbei. Die Glocken von St. Jakob begleiteten den Leichenzug. August Bebel starb wie ein Kaiser, und das war er ja auch für viele gewesen: ein »Kaiser der Arbeiter«, der kleinen Leute.

In meinen jungen Jahren ging ich ein wenig zu sicher davon aus, daß nur die Linke innerhalb der Linken in der Tradition Bebels stehe. Aber ich schrieb doch auch, die Linken hätten verkannt, was sie seinem Erbe schuldig gewesen seien. So hatten sie die Bedingungen der Russischen Revolution schematisch auf die deutschen Verhältnisse übertragen wollen. Schon als Achtzehnjähriger sah ich im Kampf um Sozialismus ein »hohes sittliches Ringen« und in Bebels Lebenswerk weit mehr als einen »gewöhnlichen Machtkampf«. Am 13. August 1963, zum fünfzigsten Todestag, stand ich auf dem Zürcher Friedhof, wo er – ganz in der Nähe Gottfried Kellers – seine letzte Ruhestätte gefunden hat. Schweizer Freunde brachten mir eine goldene Uhr, die Bebel hinterlassen hatte. Sie ging noch gut. Meine Partei hat sie mir zu treuen Händen überlassen. Sie wird an die nächsten Vorsitzenden der deutschen Sozialdemokraten weitergegeben.

Nicht vom Brot allein

Das täglich Brot war in meinen jungen Jahren nichts, das ich für selbstverständlich halten konnte. In gewisser Hinsicht gilt dies auch für Teile meiner Zeit im Exil.

Wenn man heutzutage manche Leute mehr oder weniger sorgenvoll über satte und hungernde Völker sprechen hört – und ich wünschte, diese Sorge ließe sie unter dem doppelten Gesichtspunkt der Vernunft und der Moral nicht mehr los! –, dann könnte man den Eindruck gewinnen, sie beschäftigten sich mit einer völlig neuen Fragestellung: fast so, als habe es, abgesehen von Jahren in den beiden großen Kriegen oder kurz danach, immer genug zu essen gegeben. Oder als sei in Deutschland und anderswo in Europa nur in den Jahren nach 1945 gehungert worden. Daß nicht geringe Teile der arbeitenden Menschen in unseren Breiten bis weit in dieses Jahrhundert durchweg unterernährt waren, kann man sich kaum noch vorstellen. Sogar die ostelbischen Landarbeiter waren weithin Zwangsvegetarier. Zur häufig nahezu fleischlosen Erbsensuppe gab es einen Salzhering, und der stand größtenteils dem Familienvater zu. Zu den Kartoffeln, dem Hauptnahrungsmittel, gehörte ein Deputat nicht von Speck, sondern von Schnaps. Nun will ich nicht behaupten, der Mensch müsse viel Fleisch essen und dafür unnötig viel Getreide verfüttern. Auch will ich nicht wehleidig vorgeben, in der Kindheit sei ich meistens nicht satt geworden. Aber wahr ist doch, daß sich die meisten der frühen Erinnerungen mit dem Essen verbinden. Als ich etwa zehn war, bekam ich – vom Arzt für Wochen verordnet – eine Magermilchsuppe, die guttat. Als ich zur Realschule ging, kaufte ich mir für einen Groschen gern einen Ring trockener Feigen, die schön satt machten.

Ein wichtiges Kindheitserlebnis, ich war etwa acht Jahre alt, hat mit Brot zu tun – und mit Arbeiterstolz: Die Belegschaft des Betriebs, in dem der Großvater arbeitete, war ausgesperrt. Wir wohnten in einer Art Dienstwohnung neben dem Werk. Einer der Direktoren, der täglich vorbeikam und freundlich zu mir war, sprach mich im Vorbeigehen auf der Straße an. Ob wir genug zu essen hätten? Ich habe wohl mit der Antwort gezögert, jedenfalls nahm mich der Staatsanwalt, wie der Direktor wegen seiner voraufgegangenen Tätigkeit genannt wurde, mit zum Bäckerladen an der nächsten Ecke – und schenkte mir zwei schöne frischgebackene Brote. Mit denen zog ich froh nach Haus. Ich wurde nicht fröhlich aufgenommen, sondern mußte erklären, woher ich die Brote hatte. Sofort mußte ich sie zum Bäcker zurückbringen. Auf diese Weise lernte ich – früher und eindrücklicher als in theoretischen Erörterungen über Klassenbewußtsein –, daß sich ein aufrechter Arbeiter, zumal im Arbeitskampf, nicht mit Almosen abspeisen läßt.

Daß man Brot nicht wegwerfen soll, wurde für mich früh zu einem ungeschriebenen Gesetz, nicht erst als Reaktion auf den Hunger in der Welt. Als ich in den Wochen nach der Invasion Norwegens im Frühjahr 1940 zum verzweifelnden Nichtstunkönnen verurteilt war, gehörte eine kleine Ausarbeitung zum Thema des sorglosen, also unverantwortlichen Umgangs mit Lebensmitteln zu dem wenigen, das ich zu Papier brachte. Während der Berliner Blockade 1948/49, als es wirklich wenig zu essen gab, empörte mich die Nachlässigkeit, mit der in manchen Häusern der Alliierten mit Lebensmitteln umgegangen wurde.

Mit anderen Worten: Ich habe nicht aus Büchern erfahren, sondern selbst erlebt, was das täglich Brot für breite Schichten des Volkes bedeutete. Doch zugleich habe ich auch früh gelernt, wieviel die Bewegung der Lohnarbeiter, wie zuvor die des Bürgertums, mit der alten Wahrheit zu tun hatte, daß der Mensch vom Brot allein nicht lebt. Die aufstrebende Arbeiterschaft suchte mehr als materielle Lebensinhalte. Die

Arbeiterbewegung als Kulturbewegung hatte nicht allein mit einem Nachholbedarf zu tun. Sie entwickelte ihre eigenen Ansprüche und Ausdrucksformen.

Den Arbeiterbildungsvereinen wurde im vorigen Jahrhundert, im Vorfeld der politischen und gewerkschaftlichen Zusammenschlüsse, große Bedeutung beigemessen; Bebel selbst kam aus diesem Bereich. Lokale Bildungsgruppen, Musik- und Geselligkeitsvereine sorgten an vielen Orten für den Zusammenhalt, den man durch das Anti-Sozialistengesetz hatte sprengen wollen. Gesangvereine boten, nachdem sie ihren Namen geändert hatten, oft sogar noch während der Nazijahre den Rahmen für eine regelmäßige Begegnung von Gesinnungsfreunden.

Meine Mutter gehörte zur »Freien Jugend«, die in Lübeck wenige Jahre vor dem Krieg gegründet worden war. Sie war noch nicht einmal zwanzig Jahre älter als ich, wirkte lebhaft, unbeschadet ihrer Neigung zur Korpulenz, hatte unter ihrem dichten dunkelblonden Haar die mir in abgemilderter Form vererbten »slawischen« Backenknochen. Martha Frahm war, auf eine unverkrampfte Art, naturverbunden und kulturhungrig. Anders als der Großvater zog sie das Hochdeutsch dem Platt vor und sprach es, was nicht selbstverständlich war, ohne Fehler.

Die Lübecker Organisation war Teil jener »Arbeiterjugend«, die schon vor dem Ersten Weltkrieg als eine Mischung von Klassenorganisation und Wandervogel entstanden war. Manche fanden über sie den Weg zu unterschiedlichen kulturellen Vereinigungen, so etwa zu den »Naturfreunden«, einem Wanderverein, der eigene bescheidene Heime unterhielt, in denen man für wenig Geld übernachten konnte. Einige meiner Sommerferien verbrachte ich in einem solchen Naturfreundehaus auf dem Priwall an der Ostsee, heute direkt an der Grenze zum anderen deutschen Staat. Ihr Abonnement bei der »Volksbühne« war der Mutter wichtig. Sie beteiligte sich auch am »Proletarischen Sprechchor«, den der engagierte Regisseur Karl Heidmann an unserem Stadttheater betreute. (In der Nazizeit gab er in Berlin eine illegale Zeitung für Siemens- und Borsig-Arbeiter heraus.)

Für mich war es ganz normal, daß ich mit acht oder neun Jahren zu einer Kindergruppe der Arbeiter-Turner kam, später zum Arbeiter-Mandolinenklub. Zu den »Falken« ging ich durch eigenen Entschluß, als ich vierzehn war, und von dort vollzog sich ein Jahr später fast automatisch der Übergang zur SAJ, der Sozialistischen Arbeiterjugend. In den Kinder- und Jugendgruppen fehlte es nicht an kulturellen Impulsen.

Wir wurden auf Bücher hingewiesen, lernten diskutieren und kleine Vorträge halten. Mir sagte man schon früh nach, daß ich gut rezitieren könne.

Lübeck hatte ein Sozialistisches Kulturkartell, das Kunstabende und Lichtbildervorträge veranstaltete. Im Herbst 1930 kam eine Volksfilmbühne hinzu. Daneben bestanden Bücherkreise. Es gab auch ein Arbeiter-Sportkartell, in dem neben den Turnern die Radfahrer dominierten; Schützen und Schachspieler waren auch dabei. Wir hatten verdienstvolle Arbeiter-Samariter, auch Arbeiter-Esperantisten, Arbeiter-Briefmarkensammler, Arbeiter-Stenografen und einen Arbeiter-Abstinentenverein – eine durchorganisierte »Subkultur«, wie solche Gemeinschaften später lieblos und etwas herablassend genannt wurden. In Wirklichkeit ging es darum, daß selbstbewußt gewordene Arbeiter ihre kulturellen Ausdrucksformen fanden – und sich damit freilich zuweilen auch im Sektenhaften verloren. Die Beteiligung an jener »Subkultur« reichte kaum über die Angehörigen der politischen und gewerkschaftlichen Arbeiterbewegung hinaus, doch das war eine stattliche Zahl.

»Man« war zunächst und vor allem in Partei und Gewerkschaft (häufiger: in umgekehrter Reihenfolge), auch im Konsumverein. Die Männer zudem im »Reichsbanner«, dem republikanischen Verband ehemaliger Frontkämpfer, die Frauen in der Arbeiter-Wohlfahrt, und »man« war abonniert auf den »Volksboten«, das tägliche Parteiblatt. Manche gehörten einer Siedlungsgenossenschaft an, viele einem Kleingartenverein. Die Produkte dieses eigenen Stückchens Land zählten für das Familienbudget. Nicht selten hielt man sich noch einen kleinen Kartoffelacker. Oft war man bei der Volksfürsorge versichert oder hatte sich in den harten Inflationsjahren einer Notgemeinschaft für Bestattungen angeschlossen – damit man für ein paar Groschen im Monat »anständig« unter die Erde käme oder, wenn es die Überzeugung forderte, verbrannt würde.

Mit der Lutherischen Kirche, der ihre Anlehnung an die Mächte des Kaiserreichs vorgeworfen wurde, wollte man nicht viel zu schaffen haben. In Lübeck spielte der Freidenkerverband keine Rolle, doch viele Sozialdemokraten waren in der Freireligiösen Gemeinde. Ich weiß nicht, warum man mich zunächst zum lutherischen Kindergottesdienst gehen ließ, wo es mir im übrigen gut gefiel. Am Religionsunterricht sollte ich nach des Großvaters Willen nicht teilnehmen. Mit vierzehn Jahren konnte ich darüber selbst entscheiden. Ich wollte teilnehmen, was ich schon deshalb nicht bedauert habe, weil wir am Johanneum den Vorzug hatten, in Religionsgeschichte eingeführt zu werden. Doch 1931/32 wollte ich mit der Kirche, deren Repräsentanten zu einem erheblichen Teil mit den politisch weit rechts angesiedelten Kräften sympathisierten, nichts mehr zu tun haben. Später wurde ich durch meine Einbürgerung automatisch Angehöriger der (Lutherischen) Norwegischen Kirche. Ich blieb danach »evangelisch«.

Fragen nach dem Überirdischen trieben mich nie sonderlich um. Noch als Kind meinte ich herausgefunden zu haben, daß dem Menschen, jedenfalls mir, nicht gegeben sei, die Frage nach dem »Woher« zu beantworten. Ich wußte noch nicht, daß sich Agnostiker nennen kann, wer die Antwort auf die Frage hinter den Fragen offen läßt und Gott zu leugnen für anmaßend hält. In der Nachkriegssozialdemokratie habe ich mit meinen Freunden, unter ihnen nicht wenige engagierte Christen unterschiedlicher Konfession, den Wert einer politischen Programmatik erkannt, die Glaubensentscheidungen nicht nur in neutraler Toleranz zur Kenntnis nimmt, sondern sie als die Gesellschaft positiv mitformende Kräfte erkennt.

Als Angehöriger der alten Arbeiterbewegung hatte »man« in einer eigenen Welt gelebt, die jene einer aufstrebenden Klasse war: einer Freiheitsbewegung, die Hunderttausende aus dem Nichts herausführte, doch zugleich gewisse Erscheinungsformen einer Massensekte aufwies. Die Selbstisolierung, die nicht selbst verschuldet war, hatte sicherlich den Nachteil, daß man an Teilen der Wirklichkeit vorbeilebte. Eine Mischung aus Wunschdenken und Orientierungslosigkeit trug dazu bei, daß man nicht erkannte, wie ernst es um die Republik bestellt war. Wann immer aufgerufen wurde – noch und gerade 1932, auch Anfang 1933 –, strömten viele, sehr viele zur Verteidigung der guten Sache zusammen. Aber die gefühlsmäßigen Strömungen beträchtlicher Teile des Volkes hatten sich an der demokratischen Arbeiterbewegung vorbeientwickelt. Die Machtverhältnisse in der Gesellschaft waren nach dem ersten großen Krieg ohnehin nicht wesentlich in Frage gestellt oder gar verändert worden.

Blauer Kittel, bunte Mütze

Nach 1945 konnte natürlich nicht einfach dort wieder angefangen werden, wo »man« 1933 hatte aufhören müssen. Die deutsche Sozialdemokratie sollte und wollte nicht eine unkritische Verlängerung der Linie von Weimar sein. Kurt Schumacher sprach aus gutem Grund davon, daß eine Neubegründung geboten sei; hierin stimmte ich mit ihm überein. Die Absicht blieb dann doch hinter dem Ergebnis erheblich zurück.

Zu dem Versuch, neu anzufangen, gehörte die Entscheidung, nicht mehr notwendigerweise auf »sozialistische« Art zu turnen, zu wandern, zu singen oder Briefmarken zu sammeln. Dies bedeutete den Verzicht auf jene »Subkultur«, die Überzeugungen befestigte und der politischen Arbeiterbewegung wichtige Rekrutierungsfelder geboten hatte. Ich habe diesen Teil des Wandels ohne eigentliches Bedauern beobachtet. Für eine auf mehr als formale Demokratie angelegte gesellschaftliche Ordnung ist es eher ein Vorteil, wenn sich die parteipolitische Abkapselung in Grenzen hält. Es gibt genug, um das in der Demokratie gestritten werden muß. Der nachwachsenden Generation bekommt es besser, wenn sie lernt, daß Glieder eines Volkes als Bürger des Staates oder der Gemeinde miteinander auskommen müssen – bei allen Unterschieden widerstreitender Interessen, konfessioneller Zuordnung oder auch politischer Überzeugung.

Mir hat die Jugendbewegung viel bedeutet: Durch die Gemeinschaftserlebnisse, wohl auch als Familienersatz und gewiß als Boden persönlicher Erprobung. Aus ihren Reihen gingen viele der Menschen hervor, denen später eine besondere politische Verantwortung anvertraut wurde. Dies war 1945, nach dem tiefen Einschnitt, deutlich zu sehen, obwohl Verfolgung und Krieg schmerzliche Lücken gerissen hatten. Bei uns in der Jugendbewegung wuchsen nicht nur das Gefühl der Zusammengehörigkeit und das Bewußtsein sozialer Verantwortung. Die Gruppen boten denen, die aus beengten Verhältnissen kamen, auch eine neue Art von Zuhause: mit Heimabenden und Zausestunden, bei Gesang und Volkstanz, auf Fahrten und am Lagerfeuer. Bei den Falken trug man blaue Kittel, zu ihnen gehörte man bis zum Abschluß der Volksschule. Das bedeutete in der Regel bis vierzehn, manchmal auch bis fünfzehn. Danach gingen die meisten zur Sozialistischen Arbeiterjugend und blieben dort, bis sie zwanzig waren.

Manche Verhaltensregeln der Falken lehnten sich an die der Pfadfinder an; so die Ermahnung, ehrlich, hilfsbereit und pünktlich zu sein, ebenso wie die Verpflichtung, Alkohol und Nikotin zu meiden. In der breiten Öffentlichkeit wurde es meist noch als ungewöhnlich und anstößig betrachtet, daß den Gruppen Jungen und Mädchen angehörten, die gemeinsam auf Wanderungen und Zeltfahrten gingen. Es wurde gespielt, gescherzt, geflirtet und gesungen: alte Volkslieder und neuere, Texte der deutschen und der internationalen Arbeiterbewegung, Revolutionäres von den Bauernkriegen aufwärts, Pazifistisches, Schwärmerisches.

Auch bei der SAJ ging es zu wie in einer »sozialistischen« Mischung von Wandervogel und Pfadfindern. Ich selber stimmte für den Ausschluß von Sündern, die eine Zigarette geraucht hatten. Rauchen galt als Vergehen, auch wenn es außerhalb der Gruppe geschah, Schnaps erst recht. Aus der Gemeinschaft von Jungen und Mädchen machten wir kein Dogma. Ich leitete, allerdings nicht lange, eine Gruppe, in der die Jungen unter sich sein wollten. Die Kittel wurden von blauen Hemden abgelöst; es war nicht das stumpfe Blau der Schlosseranzüge, sondern das leuchtende der Kornblumen. Dazu wurde ein Halstuch im Rot der Mohnblüten getragen – Kornblumen und Mohn gab es reichlich entlang der Landstraßen, bevor sie die Chemie zur Rarität werden ließ.

Mit fünfzehn Jahren wurde ich Vorsitzender einer der örtlichen Gruppen der SAJ. Deren Namen – meine erste hieß Karl Marx, die andere Paul Levi – zeugten vom Wunsch nach Radikalität und vom Bedürfnis, sich von der für schwächlich – oder auch langweilig – gehaltenen Mutterpartei abzuheben. Im Sommer 1930 wurde ich, obwohl erst sechzehn, entgegen der Üblichkeit schon in die SPD aufgenommen. Hemmungen, mich auf Parteiversammlungen mit eigenwilligen Beiträgen zu Wort zu melden, hatte ich kaum mehr. Meine Kühnheit konnte bei braven älteren Genossen nicht nur Zustimmung finden. Ich erinnere mich an Zurufe: Wo ich denn im Krieg gewesen sei? Ich solle doch erst mal trocken hinter den Ohren werden. Ich erwiderte frech, alt werden könne jeder Esel; oder: Das Alter komme von selbst, nicht der Verstand. Im ganzen, glaube ich, war ich dennoch gut gelitten. Ich wurde 1931 für kurze Zeit noch stellvertretender Bezirksvorsitzender der SAJ, und zwar des Bezirks, zu dem Lübeck mit Mecklenburg gehörte. Aber das war schon kurz vor einer Weggabelung, die mich von der Partei wegführte.

Damals war ich achtzehn. Als ich mit neunzehn nach Oslo verschlagen wurde, war ich von rechthaberischen Anfechtungen nicht frei. Ich erkannte bald, daß manches am Lübecker Gruppenleben ziemlich verkrampft war. Auch in den Gruppen der norwegischen Arbeiterjugend begegnete ich genug weltverbesserischem Elan. Es fehlte nicht an ernsten Vorträgen, die ernst diskutiert wurden. Auch der gemeinsame Gesang war wichtig. Aber nach dem »seriösen« Teil wurde bei den norwegischen Heimabenden erst Kaffee getrunken (und »Kopenhagener« gegessen, die man im Norden sinnigerweise »Wienerbrot« nannte) und dann »richtig« getanzt. Diese Art von Jugendbewegung war offener als die der alten Heimat.

Was man vor 1933 in Deutschland »Falken« nannte, war Teil jener Kinderfreunde-Bewegung, die vor dem Krieg in Österreich begonnen hatte. Ihr Vorsitzender im Reich war der Neuköllner Stadtschulrat Kurt Löwenstein. Zu meiner Zeit waren in etwa 800 Ortsgruppen 120 000 Kinder zusammengefaßt. Neben den Roten Falken oder Wanderfalken gab es Jung- und Nestfalken für die Kleineren. Die SAJ, mit ihren nicht mehr als 50 000 Mitgliedern, war eng mit der Partei verbunden. Sie hatte, wie ich erwähnte, als Nachwuchsorganisation eine wichtige Funktion. Ihr Vorsitzender, der aus einer Magdeburger Maurerfamilie stammende Erich Ollenhauer, war nicht so recht jugendbewegt, sondern im Sinne der Partei um Erziehung bemüht. Oppositionsgeist sagte man ihm nicht nach.

Dr. Kurt Löwenstein (der ursprünglich einmal im Rabbinerseminar gewesen war) wohnte in der Hitlerzeit – bis zu seinem Tod im Mai 1939 – in der Nähe von Paris und kümmerte sich um die Reste der Sozialistischen Erziehungs-Internationale. In Deutschland leitete er auch die Arbeitsgemeinschaft sozialdemokratischer Lehrer. In Berlin-Neukölln half er beim Aufbau des ersten Gesamtschulprojekts und richtete Arbeiter-Abiturientenkurse ein. Ich war ihm zuerst begegnet, als er uns 1928 in unserem norddeutschen Falken-Lager in der Lüneburger Heide besuchte. Mir war aufgetragen, den großen Vorsitzenden aus Berlin, der auch Reichstagsabgeordneter war und zum linken Flügel gehörte, willkommen zu heißen. Das fiel wohl etwas steif aus, denn er empfahl mir weniger Feierlichkeit. Mit einer gewissen Sturheit trat Löwenstein, auch durch Parteitagsanträge über Einkommensgrenzen, dafür ein, daß Partei- und Gewerkschaftsführer sich eines bescheidenen Lebensstils zu befleißigen hätten.

Die Falken-Bewegung unterhielt sommerliche Zeltlager, die man Kinderrepubliken nannte. Diese waren in Dörfer gegliedert, die Rundzelte stammten aus ursprünglich englischen Militärbeständen. Die

Serie der Kinderrepubliken begann im Sommer 1927 in Seekamp bei Kiel. Mehr als 2000 Kinder waren dort vier Wochen beisammen. Ich war damals nicht dabei, sondern ich konnte an einer, vom städtischen Jugendamt organisierten, Austauschreise teilnehmen, die nach Vejle im benachbarten Dänemark führte. Nach der Teilnahme an dem kleineren Lager 1928 in der Lüneburger Heide wurde 1929 das Zeltlager auf der Rheininsel Namedy bei Andernach ein starkes Erlebnis. Dies war meine erste größere Reise in Deutschland. Das Industrierevier prägte sich mir ein, Köln mit dem Dom, vor allem die Fahrt gen Koblenz. Die meisten jungen Leute hatten damals keine Gelegenheit zu großen Reisen, und sie kamen – es sei denn als Soldat – so gut wie nie ins Ausland. Das unterschied sie gründlich von jungen Menschen unserer Zeit, denen Ausflüge in alle Welt so selbstverständlich geworden sind.

Aus Lübeck waren wir mit knapp hundert Teilnehmern nach Namedy gekommen; ich schon nicht mehr als Falke, sondern als »Junghelfer«. Deshalb konnte ich nicht, wie es vorgeschlagen worden war, zum Vorsitzenden des Lagerparlaments gewählt werden. Statt dessen trug ich mit einem Kasperletheater zur Lagerunterhaltung bei. Dort gab ich für den Berliner Rundfunk, der noch in seinen Kinderschuhen steckte, mein erstes Interview. Viele werden es nicht gehört haben, Radios waren selten. Die Segnungen des Fernsehens waren uns unbekannt, sie kamen erst mehr als zwanzig Jahre später über uns.

1930 wurde, mit 2500 Teilnehmern, eine Kinderrepublik an der Lübecker Bucht veranstaltet. Die Teilnehmer besuchten zunächst die Stadt und wurden allesamt in Privatquartieren untergebracht. Das war eine beachtliche, aber zu jener Zeit nicht ungewöhnliche Leistung. Der festliche Auftakt im Hansa-Theater mit einem Stück, in dem ich die Hauptrolle spielte – »Hans Urian geht nach Brot« –, hinterließ in mir eine eher unangenehme Erinnerung: Ich hatte meinen Text nicht gut gelernt. Ohne tüchtige Souffleuse hätte das einen mittleren Skandal verursacht. 1931 nahm ich noch einmal, für kürzere Zeit und wieder an der Ostsee, an einem der großen Zeltlager teil. Den größeren Teil jener Sommerferien nutzte ich mit einem Freund für eine Fahrt nach Skandinavien: hin per Anhalter – viele Autos gab es noch nicht – über Dänemark, zurück über Südschweden. Von Kopenhagen (wo wir eine ganze Ansammlung deutscher Arbeitsloser, Kunden genannt, kennengelernt hatten) hatte uns ein kleiner Frachter nach Bergen mitgenommen. Ich erlebte ein paar wunderschöne Wochen an den Fjorden und in den Bergen des südlichen Norwegen. Sie gaben mir einen Vorgeschmack von der wortkargen Freundlichkeit und der natürlichen Anständigkeit der Menschen. (Gut zwanzig Monate später sollte ich wieder dort sein zu einer politischen Vagabondage von erheblicher Dauer.)

Bei unserer Nordlandfahrt waren wir kaum mit Reisegeld ausgestattet, so daß wir mehr von Geschenktem als von Gekauftem lebten. Allerdings hatte ich begonnen, meine ersten Artikelhonorare zu verdienen. Im »Volksboten« erschienen meine Reiseberichte in Fortsetzungen, und andere Provinzblätter veröffentlichten Nachdrucke. Dies zuwege zu bringen, half mir die – einzige – Redaktionssekretärin auf der zunächst einzigen Schreibmaschine, die die Redaktion besaß. Meine journalistischen Versuche hatten mit der Teilnahme an einem Kinderwettbewerb im »Volksboten« begonnen, der mir als einem Gewinner zu einem schönen Exemplar des »Lederstrumpf« verhalf. Ich schrieb dann nicht nur mit Namen gezeichnete Artikel für die Jugendseite, sondern auch zahlreiche – nur zum Teil signierte – Lokalglossen, Sportreportagen, Versammlungsberichte. Aus meinen frühen journalistischen Bemühungen – auch in dem einen oder anderen Gewerkschafts- und Genossenschaftsblatt konnte ich etwas unterbringen – wurde zunächst ein willkommenes Taschengeld, dann für viele Jahre meine berufliche Existenz. Dies war die Grundlage finanzieller Unabhängigkeit auch im Exil.

Als ich mit der Schule fertig war, wollte ich eigentlich (in Hamburg) studieren, um danach politischer Redakteur zu werden. Das war nicht möglich. Wenn man nicht zu den »Privilegierten« gehörte, war ein Universitätsstudium nur selten. Aber auch solche, denen es zu Hause besser ging als mir, wußten zumeist nicht, was aus ihnen werden sollte. In meinem Antrag, zur Reifeprüfung zugelassen zu werden, tat ich (Ende 1931) dar, was mich von fast allen Mitschülern unterschied: »Einen großen Teil meiner Freizeit widmete ich der Mitarbeit in der sozialistischen Jugendbewegung. Viel Freude und viele ernste Erfahrungen gaben mir die Gemeinschaftsarbeit, die Fahrten in die Natur und besonders die mehrtägigen Zeltlager in den Sommerferien.« Danach dieser Satz: »Ich habe schon als kleiner Junge viel gelesen, und auch jetzt bringen mir Bücher die meiste Freude.« Was ich in den ganz jungen Jahren las? Durchaus zunächst einmal, was zum »klassischen«, doch nicht nur deutschen Pflichtstoff der Schule gehörte. Dann auch Jack London und Upton Sinclair, B. Traven und Martin Andersen Nexø, Ludwig Renn und Henri Barbusse, Maxim Gorki und Ernst Toller.

Mein Schulgang wich von dem üblichen erheblich ab. Mit dreizehn kam ich für ein Jahr von der (rohrstock-)strengen Mittel- auf eine liberale Realschule, von dort für die letzten vier Jahre, ab 1928, auf ein recht modernes Reform-Realgymnasium: das Johanneum. Das war für einen Arbeiterjungen ungewöhnlich und nur möglich, weil einige Begabte gefördert werden sollten. Doch unsere Welt blieb von jener der »Bürgerlichen« ziemlich weit entfernt, auch durch die Sprachgrenze: Unsereins mußte erst mal Hochdeutsch lernen, wenn er zur Schule kam. Doch auf unsere niederdeutsche Sprache – Sprache, nicht Dialekt! – ließen wir nichts kommen. In meiner Schulzeit hatte ich mich über Zurücksetzungen nicht zu beklagen. Als ich einmal auf der »Reichsgründungsfeier« – also zur Erinnerung an die Proklamation im Versailler Spiegelsaal vom 18. Januar 1871 – in der Aula rezitieren sollte und zum Zeichen meiner Distanz in »Kluft« – in blauem Hemd mit rotem Schlips – erschien, ließ man mich nach Haus gehen; erkennbar nachteilige Folgen hatte der Vorgang nicht. Das Lernen fiel mir leicht. Die Zeugnisse waren in den letzten Jahren nicht mehr so gut – die Folge meines fast übersteigerten politischen Engagements; ich nahm mir einfach nicht genügend Zeit für Latein und Mathematik und blieb auch nicht selten mit selbstgefertigten Entschuldigungen, also auf skandalöse Weise, dem Unterricht fern. Darauf bin ich nicht stolz und will mich auch lübscher Arroganz enthalten, die hier eine Anleihe bei Heinrich Mann machen könnte: Der hat berichtet, er sei durch »die Erwerbung einer literarischen Bildung« so sehr in Anspruch genommen gewesen, daß er der Schule nur wenig Aufmerksamkeit habe gewähren können.

Weder meine in der Quasi-Uniform dokumentierte Gesinnung noch die materielle Beengtheit meines Zuhauses verhinderten es, daß ich mich zu Beginn jeden Schuljahrs mit einer der bunten Mützen ausstatten ließ, wie sie an den »höheren« Schulen üblich waren. Mutter und Großvater betrachteten dieses Statussymbol mit heimlichem Stolz. Ich habe die Mütze nicht oft, doch auch nicht mit schlechtem Gewissen getragen.

Der pensionierte Archivbeamte, der meinen frühen Bebel-Aufsatz aufstöberte, förderte – aus den Abiturunterlagen – auch meine Deutscharbeit zutage. Wir konnten zwischen drei Themen wählen: »Gedächtnisfeiern des vergangenen Jahres« interessierten mich nicht. Das obligate Goethe-Thema mochte ich auch nicht wählen, zumal ich gerade einen Studienaufsatz über »Besinnung auf Goethe« geschrieben hatte. Also nahm ich das dritte Thema, abgeleitet aus der Abschiedsrede eines Berliner Oberprimaners, der gesagt hatte, der Schule sei für ihre Erziehungsarbeit nicht zu danken; von dem, was sie gelehrt habe, sei nichts zu gebrauchen, und sie entlasse eine Jugend ohne Hoffnung. Außer mir war es nur noch ein anderer, der sich für dieses provozierende Thema entschied. Der lobte die Schule und wollte sich vor dem Durchfallen bewahren. Das gelang ihm auch. Bei mir stand die Sache umgekehrt. Ich gab dem Berliner Abiturienten weithin recht, allerdings mit dem altklugen Vorbehalt, daß man mit Schwarzweiß-Malerei nicht immer auskomme und daß es zwischen den Extremen mannigfache Zwischentöne gebe. Das Reifezeugnis nannte ich einen Berechtigungsschein, der zu nichts berechtigt: »Aber vielleicht kann ich ja Konditor mit Abitur werden.« Es sei nicht leicht, zu unterscheiden zwischen dem, was mir die Schule gegeben, und dem, was ich mir von sonstwoher erarbeitet habe. Andererseits: Ich hätte in der Schule gelernt, die Dinge zusammenhängend zu sehen; am meisten nähme ich sicherlich aus dem deutschen und geschichtlichen Unterricht mit. Ob ich das nicht auch ohne die Schule hätte lernen können? »Ich glaube ja. Mit mehr Mühe allerdings.« Zum Leidwesen meiner Lehrer sei ich die letzten Jahre meine eigenen Wege gegangen: »Ich bin nicht traurig darüber. Sondern ich freue mich, denn ich glaube, ich wäre ein armer Mensch, hätte ich nicht das, was ich mir selbst erarbeitet habe.«

Von der Schule meinte ich, sie lebe in einem schwankenden Liberalismus dahin und entbehre eines mehr als papiernen demokratischen Bodens. Die große Aufgabe sei es, nicht in die konservative Autorität zurückzufallen, sondern »eine neue Autorität, auf Gemeinschaft beruhend«, aufzubauen. Ob die neuen Modelle, teils aus Rußland, teils aus Italien, Wege »aus der Haltlosigkeit unserer Tage« zeigen könnten? Ich meinte, Mitteleuropas Wege würden andere sein, aber sie würden doch mit einer dieser Richtungen etwas zu tun haben. Im gleichen Zusammenhang hatte ich – 1932 – niedergeschrieben, was mich, mit leichten Abwandlungen, ein Leben lang gedanklich leitete: »Politische Demokratie allein gibt es aber nicht. Soziale und kulturelle Demokratie gehören zur wirklichen Demokratie hinzu.« Der Deutschlehrer wollte mir »Sehr gut« geben: »Eine Schule, die wie das Johanneum sich ihres Wertes und ihrer positiven Leistungen bewußt sein darf, kann jede Kritik vertragen, nur muß sie eine Logik in sich tragen.« Und die billigte er mir zu. Der Direktor war anderer Meinung und stufte die Zensur auf »Gut« zurück:

Der Schüler habe nicht glauben wollen, »daß seine verstärkte, bewußt enge parteipolitische Einstellung ihn geistig verarmen würde«. Aber gerade das sei eingetreten. Und so habe ich mich dann wohl im Zustand geistiger Verarmung durchs Leben schlagen müssen.

Hanseatische Tradition

Lübeck hatte in meiner Jugend gut 120 000 Einwohner, inzwischen sind es 100 000 mehr. Als Freie und Hansestadt hatte es – wie Hamburg und Bremen, anders als Köln oder Magdeburg oder Königsberg oder als Frankfurt, das noch von Bismarck zu Preußen geschlagen worden war – seinen Status als Gliedstaat bewahren können. Im 13. Jahrhundert war das aus einer wendischen Siedlung hervorgegangene Lübeck von Barbarossa zur Freien Reichsstadt erhoben worden. Es wurde zum Haupt der Hanse, jenes eigenartigen Städtebundes, dessen Netz im Mittelalter von London bis Nowgorod reichte, von Bergen über Bordeaux bis Lissabon.

Aus jener Zeit war mehr als nur die baulich gediegene Innenstadt erhalten. Das Gefühl, etwas Besonderes und mehr gewesen zu sein, wurde von Generation zu Generation weitervermittelt. In einem sich vielfältig fächernden Wirtschaftsleben war der Handel, mit einem noch durchaus ansehnlichen Anteil der Schiffahrt, weiterhin bestimmend. Nun steckten meine lübschen Wurzeln ja eindeutig im Milieu der Arbeiterbewegung, nicht in der Tradition der alten Familien. Aber es gibt keinen Zweifel, daß Geschichte und Kultur der »Stadt mit den sieben Türmen« in nicht geringerem Maße auch einen Menschen meiner Art geprägt haben, der außerhalb der historischen Stadtmauern aufwuchs und aus der Sicht der alten Familien aus dem Nichts kam – oder aus dem Chaos?

Bei feierlichen Gelegenheiten ist man leicht geneigt, die lübsche Herkunft mit weltbürgerlicher Vorformung und republikanischem Erbe in Zusammenhang zu bringen. Das kann ganz abwegig und muß dann doch nicht ganz falsch sein. Thomas Mann legte für seine Kreise einen Teil der Wirklichkeit bloß, als er über seine Vater- und meine Mutterstadt schrieb, dort sei »ein altertümlich-neurotischer Hintergrund« spürbar gewesen. Das bezog sich gewiß auf das Milieu der »feinen Leute«, der begüterten Kaufmannsfamilien, aus deren Reihen die Senatoren hervorgingen: die Manns wie die Eschenburgs oder die Fehlings. Aber auch wenn man zu den gar nicht für fein gehaltenen Leuten gehörte, konnte man schon als Schuljunge die Nähe zwischen weltweiten Geschäften und mittelstädtischer Enge spüren. Das hansestädtische Republikanertum beruhte stets auf unmißverständlicher Klassenabstufung: ein Nebeneinander, das für meinen Blick schon das Stadtbild prägte. Es hat wenig mit der Organik der mittelalterlichen Städte Mittel- und Süddeutschlands gemein. Lübeck wirkt deutlich angelegt, aber ohne alles Großsprecherische. Eine gewisse rationalistische Kühle schien die Gemütlichkeiten auch vom Kopfsteinpflaster der engen Seitenstraßen zu blasen, die oft so schmal waren, daß sie kein Wagen passieren konnte; hinter den engen Eingängen öffneten sich jedoch sympathische »Höfe«. Den Gütertransport hatte bis in meine Kindheit weitgehend ein eigener Berufsstand besorgt, die Träger, denen in Lübeck das zufiel, was andernorts gemeinhin Pferd und Wagen erledigten.

Lübeck hat mich gewiß geformt. Doch nach den langen Jahren erzwungener Abwesenheit wäre mir eine Rückkehr nicht leichtgefallen. Die Decke schien mir dort, als ich die Jahre des Exils hinter mir hatte, zu dicht über dem Kopf zu hängen. Doch ist auch dies richtig: Wohin ich in den Jahren nach 1933 auch verschlagen wurde, immer wieder stieß ich auf hansestädtische Spuren. Sei es in Amsterdam, in Brügge oder in Bergen, wo der alte Kai jahrhundertelang »Tyskebryggen« hieß – erst die Naziokkupation hatte es zuwege gebracht, daß 1945 der erste Teil des Wortes gestrichen wurde. Die Hanse war auch in Stockholm nahe, jener nordischen Metropole, die sich aus dem Lübeck-Handel entwickelt hatte und wo Zeichen jener Zeit erhalten waren, in der es zwei Bürgermeister gegeben hatte, einen hanseatischen und einen eigenen. Bis ins 16. Jahrhundert hatten die Deutschen dominiert, und reiche Kaufleute aus unserer Gegend hielten schwedische Bergwerksanteile. – Lübeckern begegnete ich während aller Jahre meines Exils. Mit einigen politischen Freunden aus der Heimatstadt blieb ich nach 1933 in geheimer Verbindung. Wenige lebten gleich mir in Skandinavien, wie der Wandergefährte aus dem Sommer 1931, der zum leitenden Techniker eines schwedischen Weltunternehmens wurde.

Die Sozialdemokraten hatten in Lübeck eine der stärksten und aktivsten Organisationen in ganz Deutschland aufgebaut. Sie hatte zu Beginn des Ersten Weltkriegs etwa 10 000 Mitglieder, das war viel; Anfang 1933 lag die Zahl nicht niedriger. Ein sozialdemokratischer Reichstagsabgeordneter war zum erstenmal im Februar 1890 gewählt worden – bei jenen Wahlen, die der Aufhebung der Sozialistengesetze vorausgingen. Der frühere Former und Seemann Theodor (»Tetje«) Schwartz war Ende der sechziger Jahre zu den Lassalleanern gestoßen; 1903 brachte er es »bei uns« auf 55 Prozent der abgegebenen Stimmen. (Im Weltkrieg stimmte Schwartz, anders, als es der Stimmung in seinem Wahlkreis entsprach, mit der Opposition. Doch man hielt die Meinungsverschiedenheit unter der Decke; bis zur Revolution wurde in Lübeck kein Ortsverein der »Unabhängigen« gebildet.) Die gewaltige Teilnahme an seiner Beerdigung – er starb 1922 über achtzigjährig – gehört zu den starken Eindrücken meiner Kindheit.

Die sozialdemokratischen Arbeiter hatten begonnen, sich mit ihrer Stadt zu identifizieren und standen bereit, sie mitzuregieren. Doch die dominierende Kaufmannschaft hielt nicht viel von gemeinsamer Verantwortung. Die Mitglieder des Senats, der Stadtregierung, stellte sie aus ihren Reihen. Auch in der Bürgerschaft kamen bis 1919 nur einige Mitglieder aus den breiten Schichten, denn es wurde nach Steuerklassen gewählt. Bei den Wahlen zur Nationalversammlung im Januar 1919 erhielten die Sozialdemokraten in Lübeck fast 59 Prozent der Stimmen. Im Februar erreichten sie 42 von 80 Sitzen in der Bürgerschaft, aber im Senat blieben sie wegen des alten Wahlmodus auch danach in der Minderheit. Erst 1926 gab es einen sozialdemokratischen Bürgermeister, Paul Löwigt, der – eine damals typische Karriere – Schriftsetzer gelernt hatte und Parteiredakteur geworden war.

Von einer mitgestaltenden Beteiligung an der 700-Jahr-Feier war die stärkste Partei noch kurz zuvor – durch jene bornierte Gruppierung, die sich »vaterstädtisch« nannte – ausgeschlossen worden, und sie hatte es sich gefallen lassen. Es wäre also eine unerlaubte Idealisierung gewesen, hätte man der berühmten Inschrift am Lübecker Holstentor den Charakter einer Zustandsbeschreibung verleihen wollen: »Concordia domi, foris pax« – dies habe ich an all den Tagen lesen können, an denen ich morgens in die Schule ging oder am Abend nochmals mit dem Rad in die Innenstadt fuhr. Und dieses »Eintracht im Innern, Friede nach außen« (oder noch einfacher: Friede im Innern und nach außen) hat sich mir für immer eingeprägt, obwohl – oder gerade? – weil es von der Wirklichkeit so weit entfernt war. Ich nahm das Wort auf, als ich im Herbst 1960 zum Kanzlerkandidaten nominiert wurde, und wiederholte es, als ich im Herbst 1969 meine erste Regierungserklärung abzugeben hatte. Aber ich habe damit nicht Geschichte beschrieben, sondern Ansprüche an die Zukunft angemeldet.

Bin ich durch die jungen Jahre in Lübeck ein Hanseat geworden? Das wird man wohl nur mit Abstrichen sagen können. Ich gehörte mehr zum anderen Lübeck als zu dem der »Tradition«, die durchaus nicht immer in weltoffenem Geist gepriesen wurde. Und doch hat mich das geschichtlich-kulturelle Erbe früh und stark beeindruckt. Mein Schmerz war bitter, als ich im Herbst 1945 sah, daß es die alte Stadtsilhouette nicht mehr gab: von den sieben alten »goldenen« Kirchtürmen hatten nur zwei den Bombenkrieg überstanden.

Es war nicht nur die Stadt, es war auch die Umgebung – ins Mecklenburgische, Holsteinische, Eutin-Oldenburgische und Lauenburgische hinein –, es waren die Trave, die Seen und vor allem auch die Ostsee, die sich zu dem mir liebgewordenen Bild von der engeren Heimat zusammenfügten. Wie stark ich hansestädtischer Überlieferung trotz allem verbunden war, teilte sich meinen Freunden, zu deren amüsierter Überraschung oder auch kopfschüttelndem Erstaunen, mit, als ich mich – halb im Scherz, mehr im Ernst – mit dem Verlust der heimatstädtischen Eigenstaatlichkeit nicht abfinden wollte. Lübeck – das Hitler vor 1933 nicht in seine Mauern ließ und das von ihm daraufhin mit Nichtachtung gestraft wurde – hatte seinen eigenständigen Status 1937 verloren. Die neuen Machthaber hatten es – als Teil des Groß-Hamburg-Gesetzes – in die preußische Provinz Schleswig-Holstein eingegliedert. (Es war vermutlich aus mehr als einem Grund vernünftig, daß ich nach dem Krieg der Möglichkeit, Lübecker Bürgermeister zu werden, nicht folgte. Ich kann nicht ausschließen, daß ich mir als Aufgabe gestellt hätte, Lübeck wieder »Land« werden zu lassen. Vielleicht wäre es mir sogar gelungen. Doch für eine selbständige Existenz war es, trotz der Verdoppelung seiner Einwohnerzahl durch Flüchtlinge und Vertriebene, zu klein geworden, und seine »Selbständigkeit« hätte auch auf die Gliederung der Bundesrepublik keine günstige Wirkung gehabt. Ohne die deutsche Teilung hätte es allerdings einen guten Sinn ergeben, Mecklenburg und Schleswig-Holstein – mit Lübeck als Scharnier – zu einem »Land« zusammenzufassen.)

In meinen jungen Jahren träumte mir nicht, daß ich eines Tages – Anfang 1972 – Ehrenbürger der Stadt würde, in der ich zur Welt gekommen war. Lübeck ging mit dieser Form der Ehrung sparsam um. Ich war seit Anfang des vorigen Jahrhunderts der sechzehnte, wenn man vier Nazigrößen außer Betracht läßt, deren Namen nach dem Krieg gelöscht wurden. Der fünfzehnte war 1955, in seinem Todesjahr, »Professor

Dr. Thomas Mann, Kilchberg bei Zürich«, gewesen. Bei ihm und bei mir hatte es sich das Stadtparlament nicht leichtgemacht. So war es denn nicht verwunderlich, daß der Bürgermeister vom Verhältnis der Stadt zu solchen Söhnen sprach, »die sie früh verlassen und es später in der Welt zu Ansehen und Anerkennung gebracht haben«.

In meiner Dankrede im Audienzsaal des alten Rathauses erinnerte ich an zwei Männer, die auf mich, über jugendlichen Widerspruchsgeist hinweg, einen bleibenden Einfluß ausübten: »Dr. Julius Leber, der kämpferische Republikaner und Sozialdemokrat, mit dem ich während des Krieges wieder in Verbindung kam, bevor er als ein Ehrenretter der Nation sein Leben lassen mußte. Und Professor Eilhard Erich Pauls, mein großartiger Geschichts- und Deutschlehrer, bei dem ich vor vierzig Jahren am Johanneum mein Abitur machte.« Von Professor Pauls, einem baumlangen, rotblonden, schnauzbärtigen Friesen – er machte sich auch als Heimatschriftsteller einen Namen –, war die Rede. Über Julius Lebers Opfergang für Deutschland und Europa ist zu berichten.

Der Mann aus dem Süden nahm von seiner hanseatischen Wahlheimat so intensiv und überzeugend Besitz, daß sich die Arbeiter von Lübeck mit ihren Sehnsüchten, auch ihren kühnen Erwartungen, in ihm wiedererkannten. Julius Leber hatte ihr Vertrauen, weil sie richtig empfanden: Hier war ein Unbedingter, kein Fanatiker, aber ein Mensch mit kämpferischer Entschlossenheit. Der Dreißigjährige – stämmig und breitschultrig, mit hoher Stirn und vollen Lippen – war im Frühjahr 1921 nach Lübeck gekommen, um die Chefredaktion des »Volksboten« zu übernehmen. Er war gebürtiger Elsässer, trat 1913 in die SPD ein, war im Krieg Leutnant gewesen, optierte für Deutschland und hatte sich (beim Kapp-Putsch 1920) als mutiger Republikaner bewährt. Leber war bald nicht nur Chefredakteur. Mit seiner kraftvollen Erscheinung und seiner großen rednerischen Begabung – ihm waren die Anlagen eines Volkstribuns eigen – wurde er zur konkurrenzlosen Führungspersönlichkeit der Lübecker Sozialdemokraten. In die Bürgerschaft war er noch 1921 gewählt worden. Dem Reichstag gehörte er ab 1924 an. Sein Ruf reichte über den lokalen Bereich hinaus, doch blieb ihm ein wirksamer Einfluß in die Gesamtpartei versagt. Die Arbeiter vor Ort verehrten ihn. Ein borniertes Bürgertum brachte ihm blanken Haß entgegen. Mir war er ein Vorbild: ein höheres Lebensziel als das eines Chefredakteurs und Reichstagsabgeordneten konnte ich mir ohnehin nicht vorstellen.

Lebers Herkunft wurde als »mehr proletarisch denn kleinbürgerlich«

aufgehellt. Er wuchs als Sohn eines Maurers auf; seine Mutter wollte den Namen des wirklichen, offenbar vermögenden Vaters, von dem sie als Abfindung ein Stück Land erhielt, nicht preisgeben. Aus ihm wurde kein bloßer Kopfarbeiter, sondern einer, der in vorderster Linie stand, wenn schwarz-weiß-roten oder nazistischen Provokateuren die Stirn zu bieten war. Als er im Gefängnis saß, schrieb er – im Juni 1933 – seiner Frau Annedore (sie war die Tochter des Direktors unseres »Katharineum«, des Humanistischen Gymnasiums), die drei ersten Lübecker Jahre seien seine einheitlichsten und folgerichtigsten gewesen. Für ihn waren sie »Jahre des unerbittlichen Kampfes gegen die reaktionäre Indolenz bürgerlichen Durchschnittsgeistes und zugleich gegen die passive Mittelmäßigkeit der eigenen Partei«. Damals sei er revolutionär gewesen und auch als »radikal im Parteisinn« verstanden worden: »Im Reichstag lernte ich dann die Macht des Mittelmaßes kennen und die noch größere Indolenz der sogenannten Radikalen in unseren Reihen.«

Bei der einen und anderen Gelegenheit hatte er schon von der Lust an der Ohnmacht als von einer sozialdemokratischen Erbsünde gesprochen. In einer seiner Lübecker Reden rief er aus: »Wir müssen in Zukunft viel konsequenter wissen, was die Macht in der Republik bedeutet, und mehr Rücksicht nehmen auf die Festigkeit der Demokratie.« Aber uns Jungen – auch einigen Älteren – galt Leber als »zu rechts«. Dabei war er alles andere als ein Nachbeter der Politik des Berliner Parteivorstands, die sich allzuoft als dogmatisch verbrämte Kraftlosigkeit (oder als wortgewaltige Impotenz) darstellte. Mit dem, was Leber als Geburtsfehler des Weimarer Staates erkannte, ging er nicht glimpflich um. Er wollte eine Politik, die ein Ja zum Staat voraussetzte und den Willen zur Demokratisierung der Staatsorgane beinhaltete. Manche seiner Vorstellungen mündeten später in die Programmatik der nach 1945 wiedererstandenen deutschen Sozialdemokratie.

Die Partei-Linken, die nicht wenige von uns Jungen beeindruckten, wollten die sozialistische Tradition wieder mit Leben erfüllen. Die militanten Partei-Rechten wollten die Schlacken erstarrter Tradition abstreifen. Objektiv hatten die anspruchsvolleren Kritiker von links und rechts – gegenüber dem »Sumpf« der Kraft- und Saftlosigkeit – mehr gemeinsam, als ihnen bewußt war. Sie hätten, den aktivistischen Temperamenten nach, einander näherkommen müssen. Tatsächlich wurden sie durch ideologische Scheuklappen daran gehindert. Zumal wir jungen Linken lebten in Vorstellungen, die zu wenig an der Wirklichkeit gemessen wurden. Lebers Mut imponierte uns allerdings auch dann noch, als wir uns in aller Form von ihm getrennt hatten.

Julius Leber verdanke ich einen frühen journalistischen Rat, an den ich mich leider nicht oft genug gehalten habe. Es war im Sommer 1930; ich war sechzehn und hatte aus meiner »linken« Position für eine Parteizeitschrift in Berlin einen Beitrag geschrieben, der hart mit deren Chefredakteur (Ernst Heilmann, dem Fraktionsvorsitzenden im Preußischen Landtag) ins Gericht ging. Ich wunderte mich, daß man für solche Kritik noch ein Honorar überwiesen bekam. Einer der beiden örtlichen Parteisekretäre war empört, daß so etwas »Linkes« aus Lübeck kam. Er bestellte mich zu einem Termin, den er mit Leber in dessen Redaktionszimmer verabredet hatte. Das Gespräch verlief anders, als es sich der biedere Parteiwebel vorgestellt hatte. Leber erörterte nicht den Inhalt meines Artikels, den er ganz gewiß nicht billigte, sondern er sagte, nachdem der Sekretär gegangen war: »Junger Freund, Sie können schreiben. Ich rate Ihnen, wenn Sie etwas geschrieben haben, dann legen Sie es in die Schublade und schauen es sich am nächsten Tag wieder an. Und wenn's geht, danach noch einmal. Dann wird es oft besser.«

Die Sozialdemokraten besaßen bis zur Nazizeit über 100 Tageszeitungen mit einer Million Auflage. In Lübeck war der »Volksbote« mit seinen mehr als 20 000 Abonnenten zu einem beachtlichen politischen Regionalblatt geworden. Er wurde – neben Leber und der einen Redaktionssekretärin – von ganzen drei Redakteuren gemacht: dem Lokalchef Hermann Bauer, einem aus der Schweiz stammenden Schriftsetzer, der den Krieg in Lübeck knapp überlebte, dem hochbegabten Feuilletonredakteur Erich Gottgetreu, der nach Israel auswandern konnte, wo ich ihn später wiedertraf, und dem politischen Ressortchef Fritz Solmitz, der zu den frühen Opfern des braunen Terrors gehörte. Dr. Solmitz, damals vierzig, war Berliner aus wohlhabendem jüdischem Elternhaus und gehörte zu Lebers Studienfreunden. Wie dieser war auch er freiwillig in den Krieg gezogen und hatte geglaubt, im Bebelschen Sinne ein »Vaterland der Liebe und Gerechtigkeit« erstreiten zu helfen. 1924 war er nach Lübeck gekommen und hatte sich den Genossen als ein kultivierter und bescheidener Mensch vermittelt. Daß er mehr fromm als fortschrittsgläubig war, behielt er für sich.

Am ersten Sonnabend nach den Hitler-Hugenberg-Wahlen vom 5. März schleiften ihn SA-Leute durch die Straßen Lübecks. Vom Burgtorgefängnis kam er ins KZ Fuhlsbüttel. Willi Bredel hat (in »Die Prüfung«) beschrieben, wie er nach wochenlangen nächtlichen Mißhandlungen – in der Nacht zum 19. September – in den Selbstmord getrieben wurde. In jenem Buch wird er Fritz Koltwitz genannt; Bredel schrieb: »Er weiß, sie wollen, daß er sich aufhängt. Ein Tau ist da. Hinweise sind genügend gemacht worden. Aber er will nicht, nein, er will nicht, er will leben ...« Dann folgt eine bittere Passage, in der davon die Rede ist, daß sich Koltwitz-Solmitz von »Genossen« in Lübeck schmählich im Stich gelassen fühlte; er hatte geglaubt, die jahrelang sozialdemokratisch geführte Polizei würde fähig und willens sein, ihn zu schützen. Seine Abschiedsworte fand Karoline Solmitz – sie war in Lübeck Vorsitzende der »Kinderfreunde« – in der Taschenuhr, die ihr, neben der Asche, ausgehändigt wurde. Sie klangen aus mit dem letzten Vers von Hebbels Gedicht »Dem Schmerz sein Recht«: »Dann, vergessend in der innern Öde, Daß einst frisch das Herz geschlagen habe, Ist ein Mensch der Nessel gleich, Die schnöde Wuchert über seinem eig'nen Grabe.«

Lebers Leidensweg dauerte länger. Er saß während der ersten Jahre der NS-Herrschaft hinter Gittern und im Lager: erst Esterwegen, dann Sachsenhausen. Über besonders schlimme Mißhandlungen, die er erlitt, weil er sich weigerte, seine Exkremente zu essen, sagte er einem Vertrauten: »Das, was ich für die Weigerung erdulden mußte, habe ich fast wie eine Erleichterung auf mich genommen.« – Später, in Berlin, wurde er zu einer der zentralen Persönlichkeiten des verzweifelten Versuchs, Hitlers Regime während des Krieges im Zusammenwirken mit der Militäropposition abzuschütteln. Hätte er überlebt, dem Lübecker aus dem Elsaß wären gewiß bedeutende Aufgaben in der deutschen und europäischen Politik zugewachsen.

Ein schreibender Bürger wird Sozialist

Noch immer war in der Schule ein Nachgrollen jener ziemlich kleingeistigen Aufregung zu spüren, die zwölf Jahre vor meiner Geburt von den »Buddenbrooks« hervorgerufen worden war. Zwar hatte man den großen Sohn der Stadt zum 700-Jahr-Jubiläum reden lassen und ihn zum Professor ernannt, ganz aber schien der Groll aus Lübecks feineren Stuben doch noch nicht abgezogen zu sein.

So las ich sehr aufmerksam das Gespräch, das Fritz Solmitz für den »Volksboten« geführt hatte – ohne als knapp Fünfzehnjähriger freilich ganz zu begreifen, worin die eigentliche Bedeutung der Worte lag. Thomas Mann hatte eben auch Lübeck im Rahmen einer Lesungsreise besucht, es war Anfang Dezember 1928. Der Kern seiner Ausführungen besagte, daß eine antisozialistische Haltung »heute einfach atavistisch« sei, »ebenso wie eine nationalistische Haltung heute Atavismus ist«. Er sei kein Marxist, doch »aus einer lebenswichtigen, lebensfreudigen Gesinnung heraus« in gewissem Sinne Sozialist.

Ich begegnete im Laufe der Jahre so manchen, auch Älteren, die meinten, der Dichter habe erst 1930, in der berühmten »Deutschen Ansprache«, Farbe bekannt. Das war nicht der Fall, wie ich aus eigener Erinnerung wußte. Heute ist mir klar, daß man nicht zur Kenntnis nehmen wollte, was so gar nicht ins geistige – oder geistlose – Schema deutscher Bürger in der Epoche ihres schlimmsten Versagens paßte. 1918 brach das Kaiserreich zusammen, endete der Weltkrieg – und bald danach erschienen jene »Betrachtungen eines Unpolitischen«, von denen sich Thomas Mann schon entfernt hatte, als das Buch auf den Markt kam. Es setzte ein, was Peter de Mendelssohn den »Prozeß der Demokratisierung Deutschlands und seiner selbst« genannt hat.

Was den Schriftsteller angeht, so wurde jener Prozeß durch anfängliche Kontakte mit deutsch-konservativen Kreisen, durch die Wahrnehmung »ihrer persönlichen und geistigen Realität« eher gehemmt als beschleunigt. Jene Kreise jagten ihm ein für allemal »den Schrecken ins Gebein«. Als ihm dann, 1921, Rathenaus Ermordung einen »schweren Choc« versetzte, notiert er: »Ich denke daran, einen Geburtstagsartikel über Hauptmann zu einer Art Manifest zu gestalten, worin ich der Jugend, die auf mich hört, ins Gewissen rede …« Man hat leider nicht auf ihn gehört. Was wäre uns erspart geblieben, hätte man sich die Rede, die er 1922 in Berlin hielt, zunutze gemacht! Absurd sei es, führte er aus, Tatsachen zu leugnen und sich im Wirklichen nicht ausprägen lassen zu wollen, da sie für jedermann innerlich seien. »Die Republik, die Demokratie, sind heute solche inneren Tatsachen, sind es für uns alle, jeden einzelnen, und sie leugnen heißt lügen.«

In diesen beschwörenden Worten steckt der Keim aller weiteren geistig-politischen Entwicklung Thomas Manns, der sein Gewicht desto unmißverständlicher in die Waagschale der republikanischen Linken legte, je hemmungsloser die Republik durch »unseren Gassennationalismus« angefeindet wurde. In der Rede »Von deutscher Republik« warb Mann nicht nur für die Anerkennung der neuen Staatsform, sondern auch »für das, was Demokratie genannt wird und was ich Humanität nenne«. Zu der Erkenntnis, daß es nur eine demokratische Zukunft für den Humanismus gebe, fügte sich das Bewußtsein der Unzulänglichkeit, ja, Gefährlichkeit nationaler Enge. Daß er – wie übrigens große Teile der Arbeiterbewegung auch – dem Versailler Vertrag mit Widerwillen begegnete, stand dazu nicht im Gegensatz. Als Weltbürger im Geistigen gehörte er zu denen, die in den zwanziger Jahren hofften, aus der Solidarität der Intellektuellen werde sich ein neues Europa entwikkeln. Zwar sah er Deutschland in einer Mittelstellung zwischen Ost- und Westeuropa, doch gewann das Verhältnis zum Westen, zu Frankreich besonders, zunehmend an Bedeutung für ihn. Eine Reise nach Paris – die erste nach langen Jahren – stärkte seine Überzeugung, daß Deutschland niemals so sehr den Kontakt mit dem westeuropäischen Denken hätte verlieren dürfen.

Immer wieder wandte sich Thomas Mann an »das Bürgertum«, um es zu beschwören, nicht nur endlich Frieden mit der Arbeiterschaft zu schließen, sondern sich die Idee der sozialen Demokratie selber zunutze zu machen. Im Oktober 1930, in jener schon erwähnten »Deutschen Ansprache« – die übrigens (wie die große Rede von 1922) im Beethoven-Saal in Berlin gehalten wurde –, hieß es konkret: Der politische Platz des Bürgertums sei an der Seite der Sozialdemokratie. Er wies auf das »krankhafte und gefahrdrohende Spannungsverhältnis« hin, »welches sich in unserer Welt hergestellt hat zwischen dem Geist, dem von den Spitzen der Menschheit eigentlich bereits erreichten und innerlich verwirklichten Erkenntnisstande, und der materiellen Wirklichkeit, dem, was in ihr noch immer für möglich gehalten wird«. Weiter: »Diese beschämende und gefährliche Diskrepanz nach Möglichkeit zu tilgen, legt aber die sozialistische Klasse, die Arbeiterschaft, einen unzweifelhaft besseren lebendigeren Willen an den Tag als ihr kultureller Widerpart …« Die »deutschnationalen Oberlehrer der Gestaltungskraft« (ein Typ, der die Berufsbezeichnung überlebt hat) verübelten ihm seinen Sozialismus. Aber auch mancher Spießer von links fühlte sich angesichts einer geistig und ästhetisch recht weit nach oben gerückten Meßlatte unbehaglich.

Nachdem die Katastrophe nicht verhindert, nein: betrieben worden war, Naziterror und Weltkrieg grauenvolle Wirklichkeit geworden waren, sprach er ein Vierteljahrhundert später aus gleichem Geist vom Antibolschewismus als »Grundtorheit der Epoche«. Was hätte es bedeutet, wenn ihn das Bürgertum, das sich gern zu Weihezwecken mit ihm schmückte, rechtzeitig ernst genommen hätte – auch als politischen Denker und Mahner!

Wenn Thomas Mann ein Konservativer war, dann in einem anderen Sinn als jene, die sich auch so nannten, aber alle die Sünden begingen, die Mann beklagte. Er war natürlich kein enger Parteigänger irgendeiner linken Gruppierung, sondern ein selbständiger Geist, der versuchte, das beste am 19. Jahrhundert, das er ein idealistisches nannte, im Kopf zu behalten, um es in seine Zeit fortzudenken. »Ist nicht der Sozialismus nur eine Manifestation dieses Idealismus und Moralismus?« fragte er. Und in diesem Sinn sah er in der Gerechtigkeit »die herrschende Idee der Epoche«, ihre Verwirklichung betrachtete er als »eine Angelegenheit des Weltgewissens«, und er verlangte »eine umfassende Finanzierung des Friedens« als »humanistischer Kommunismus, der dem inhumanen den Rang abliefe«.

Während es in manchen Kreisen üblich wurde, Naziverbrechen mit idealistischer Gesinnung zu entschuldigen, die sichtbehindernd gewesen sei, litt Thomas Mann unter der Geistfremdheit jener Rotte … Ihre übelste Ausbrut, der Nazismus, könne ideenmäßig gar nicht gefaßt werden, sagte er: der sei einfach eine Schlechtigkeit. Dieser Mangel eines ideellen Kerns hob in seinen Augen alles andere, auch den realen Kommunismus – trotz allem, was er sich in Rußland zuschulden kommen ließ – grundsätzlich vom Faschismus ab, der nur »Haß, Rache, gemeine Totschlagslust und kleinbürgerliche Seelenmesquinerie« beinhalte, wie er 1933 in einem Brief an Albert Einstein feststellte.

»Die bürgerliche Revolution«, schrieb Thomas Mann 1950, »muß sich ins Ökonomische fortentwickeln, die liberale Demokratie zur sozialen werden. Jeder weiß das im Grunde, und wenn Goethe gegen das Ende seines Lebens erklärte, jeder vernünftige Mensch sei doch ein gemäßigter Liberaler, so heißt das Wort heute: Jeder vernünftige Mensch ist ein gemäßigter Sozialist.« Ich habe keinen Grund, das anders zu sehen als der große Schriftsteller – nur vielleicht nicht allzu übertrieben »gemäßigt«.

Bevor Thomas Mann 1938 nach Amerika ging, war er – davon wird die Rede sein – an einem kurzlebigen Versuch beteiligt, eine gemeinsame Plattform des deutschen Exils zu schaffen. Während des Krieges mußte er jene enttäuschen, die ihn gern an der Spitze einer Vertretung der »freien« Deutschen gesehen hätten. Doch nicht wenige – zu denen auch ich ebenso gehörte wie Fritz Tarnow in Stockholm und Ernst Reuter in Ankara – waren der Meinung, in einem vom Hitlerismus befreiten Deutschland sollte die Reichspräsidentschaft ihm zukommen. (Nein, ich habe mich nicht verschrieben – wir haben auch 1944 noch »Reich« gesagt.)

Weimars Niedergang

Man hat die Weimarer Republik eine Demokratie ohne Demokraten genannt. Das war eine erlaubte Übertreibung, aber gewiß auch eine drastische Verschiebung von Verantwortlichkeiten: Man schiebe dem Volk möglichst viel zu, damit an den führenden Gruppen möglichst wenig hängenbleibe! Zweier Voraussetzungen hätte es bedurft, um 1930/31 die tödlichen Gefahren abzuwenden, die der demokratischen Republik drohten: eines klaren Machtwillens der demokratischen Kräfte und eines überzeugenden, konstruktiven Programms zur Bekämpfung der Wirtschaftskrise.

Wir jungen Sozialisten hatten mit den Feinden der Demokratie nichts im Sinn. Aber wir meinten, den Führern unserer Partei sei vorzuwerfen, daß sie nach dem Krieg nicht den Sozialismus durchgesetzt hätten. »Republik, das ist nicht viel, Sozialismus ist das Ziel«, hieß es auf einem der Transparente, die mitzuführen uns die Partei nicht hinderte. Die Losung war grundehrlich gemeint, aber mit realistischer Politik hatte sie nichts zu tun. Wir schrieben und riefen auch, der Hauptfeind stehe im eigenen Land. Das war nicht so abwegig, sondern sogar richtiger, als wir es wissen konnten.

Wir waren antimilitaristisch und antinationalistisch – nicht antinational. Wir standen zum Beispiel in der großdeutschen Tradition und forderten einen gerechten Frieden. Während eines Teils meiner Schulzeit war ich dabei, für eine deutsche Schule in Nordschleswig zu sammeln (wie wir sagten – Südjütland, wie es die Dänen nennen).

Wir wollten vor allem, daß sich die Lebensverhältnisse der Arbeiter wesentlich verbesserten. Wir waren überzeugt, die Macht des Großkapitals müsse gebrochen werden und die arbeitende Klasse zu entscheidendem Einfluß gelangen. Dies und einiges mehr verdichtete sich im Ruf nach »Sozialismus«.

Ich lernte erst später, welches das eigentliche Versäumnis beim Übergang vom Kaiserreich zur Republik war, nämlich: daß die neue Demokratie nicht fester verankert wurde, politisch und sozial. Es wäre darauf angekommen, endlich die steckengebliebene bürgerliche Revolution nachzuholen. Der Novemberumsturz 1918 mündete in eine moderne Verfassung, aber die alten Mächte überlebten und gediehen: in der hohen Bürokratie und Justiz, in der militärischen Führung, an den Universitäten. Bei Leber las man das 1923 so: »Schule, Verwaltung, Polizei – alles andere, nur nicht republikanisch.« Großgrundbesitzer und »Schlotbarone« stützten die nationalistische Rechte und halfen mit, daß ein Geistesverbogener mit seinen Kumpanen die Macht an sich reißen konnte – ein moralisches Ungeheuer, das sich durch einen »genialen« Verzicht auf alle Humanität tatsächlich vom Rest der Menschheit unterschied. Die wirtschaftlichen und sozialen Erschütterungen, die das Volk zweimal im Laufe eines Jahrzehnts in bittere Not stürzten, haben die demokratische Aufgabe fast unmöglich gemacht. Die Kurzsichtigkeit der Siegermächte – einiger mehr als anderer – verweigerte den Demokraten Zugeständnisse, die Hitler kurz danach ohne Schwierigkeiten einstrich.

Was die große Inflation, die 1923 unvorstellbare Größenordnungen erreichte, politisch und psychologisch bedeutet hat, ist, wie manches andere auch, an die jüngere Generation kaum noch zu vermitteln. In der letzten Phase des Geldverfalls rannten Frau und Kinder zum Lebensmittelgeschäft, sobald der Mann den Wochenlohn nach Hause gebracht hatte; am nächsten Tag war das Geld schon fast nichts mehr wert. Als man im November den Übergang zur neuen Rentenmark vollzog, war der Dollarkurs bei 4,2 Billionen (nicht Millionen, nicht Milliarden, sondern Billionen!) alter Mark angekommen. Dies bedeutete, daß aus zehn Milliarden Mark alter Währung ein neuer Pfennig wurde. Ich habe mir das aufgrund eines von Schuldgefühl nicht ganz freien Vorgangs gemerkt: Wir wurden aufgefordert, die zu Hause oder bei Nachbarn herumliegenden alten Geldscheine mit in die Schule zu bringen. Dort wurden sie in großen Körben gesammelt und als Altpapier zur Zentrale für Private Fürsorge gebracht. Bevor wir das taten, haben ein paar Mitschüler und ich je zehn Milliarden abgezweigt und dafür jeder ein Stück Lakritze im Wert von einem neuen Pfennig erstanden.

Viele ältere Menschen fanden sich damals einfach nicht mehr zurecht, manche verloren den Verstand. Zweieinhalb Jahrzehnte später kam es noch einmal zu einer kompletten Geldentwertung: kein Wunder, daß die Inflationsangst zu einem so neuralgischen Punkt im Empfinden meiner Landsleute geworden ist.

Der anschließende Aufschwung hatte gerade ein halbes Jahrzehnt gedauert, als die Weltwirtschaftskrise einsetzte. Für politische Erneuerung, die erst mal überzeugend hätte formuliert werden müssen, blieb kaum Raum. Dennoch schien sich bei den Reichstagswahlen im Mai 1928 noch einmal eine Art republikanische Erneuerung durchsetzen zu können. Die Linksparteien und das katholische Zentrum schnitten nicht schlecht ab. Der fränkische Sozialdemokrat Hermann Müller bildete eine Regierung der Großen Koalition unter Einschluß der rechtsliberalen Deutschen Volkspartei, in der Außenminister Gustav Stresemann seine nationalistischen Freunde weit überragte.

Für mich bleibt es eine offene Frage, wie die Fehlentwicklung am Ende des Ersten Weltkriegs hätte verhindert werden können. Hätte man die Macht der Reaktion nach dem Zusammenbruch brechen können? Hätte sich, in den Jahren danach, die Demokratie durchsetzen und befestigen lassen? Führende Sozialdemokraten verteidigten sich damit, die Spaltung der Arbeiterbewegung habe sie am größeren Fortschritt gehindert. Dem kann man entgegenhalten, daß ein konsequent und in die Tiefe gehendes demokratisches und soziales Programm vielleicht doch die Chance geboten hätte, breitere Schichten für ein fortschrittliches Bündnis zu gewinnen. Für jene Republik, von der – nicht nur – junge Linke sagten, sie sei »nicht viel«, haben sich deutsche Arbeiter jedenfalls in stattlicher Zahl – und außer ihnen nicht viele – auf erstaunliche Weise in die Bresche geworfen: »Und wieder wurde es offenbar, daß der ärmste Sohn der getreueste war ...« Sie haben sich für die schwarz-rot-goldenen Farben geschlagen, für jene neue Fahne also, die von den Feinden der Republik geschmäht und besudelt wurde. Zu den erstaunlichen Begleiterscheinungen der deutschen Spaltung gehört es, daß sich beide Staaten die Farben der frühen deutschen Demokraten zu eigen machten.

Gerade in Lübeck hatte der Flaggenstreit nicht selten die Gemüter erregt; er endete oft in bösen Schlägereien. Junge Sozialdemokraten, die schwarz-weiß-rote Fahnen, mit denen gegen die Republikaner provoziert werden sollte, heruntergeholt hatten, wurden vor Gericht zitiert. Das reaktionäre Spießertum, das sich »vaterstädtisch« gerierte und im Zweifel mit den Landsknechten sympathisierte, die auf ostelbischen Gutshöfen Unterschlupf gefunden hatten, war schon schlimm. In jenen Kreisen züchtete man die Ressentiments gegen die Republik, mochte den Ausgang des Weltkriegs nicht verwinden und wollte den Arbeiter gern wieder eindeutig als Untertan eingestuft wissen.

Große Protestdemonstrationen aus den frühen zwanziger Jahren prägten sich in meine Kindheitserinnerungen: 1920, als die Gewerkschaften die Waffe des Generalstreiks gegen den Kapp-Putsch einsetzten; 1922, als Außenminister (und AEG-Chef) Walther Rathenau nach dem Finanzminister (und südwestdeutschen Zentrumspolitiker) Matthias Erzberger von nationalistischen Fememördern erschossen wurde; 1923, als die Republik von allen Seiten bestürmt wurde – von innen und außen, nicht zuletzt auch durch den bodenlosen Fall der Mark. Die ganz überwiegend mehr vorstandstreuen als aufmüpfigen Lübecker Sozialdemokraten konnten nicht verstehen, weshalb »die in Berlin« gegen das linke Sachsen Militär einsetzten, während sie gegenüber dem putschenden Bayern – Hitler war schon dabei! – mehr als anderthalb Augen zudrückten.

Im August 1923 hatten bei uns in Lübeck Polizisten auf Teilnehmer an einer Erwerbslosen-Demonstration eingeschlagen. Mitglieder eines sozialdemokratischen Ordnungsdienstes waren verprügelt worden, es gab Schwerverletzte. Der Senat, die Stadtregierung also, fand kein Wort des Tadels. Aber der Polizeiherr mußte sich damit abfinden, daß Arbeiter für Ruhe und Ordnung in der empörten Stadt sorgten. Die berufsmäßigen Ordnungshüter ließen sich überzeugen, daß es ratsam sei, sich während dieser Tage kasernieren zu lassen; ihre Aufgaben waren auf die »Vereinigung Republik« übergegangen. Dort erfüllte man seine Aufgaben mit norddeutscher Genauigkeit. Meinem Großvater hatte ich das Mittagessen im Kochgeschirr aufs Polizeirevier zu bringen, wo er – wie seine Kameraden durch eine Armbinde ausgewiesen – am Schreibpult seines Amtes waltete. Ein Mann, den die republikanischen Ordnungshüter an einer Straßenecke beim Pinkeln erwischt hatten, erhielt ein paar leichte Schläge mit dem Gummiknüppel auf den Hintern: »Ordnung muß sein.« Lenins – von Radek übernommene – Vermutung war nicht ganz abwegig, daß die Deutschen, sollten sie einmal eine (eigene) Revolution machen, dafür sorgen würden, daß die Revolutionäre erst nach Bahnsteigkarten anstünden. (Die »Vereinigung Republik« ging 1924 im windjackenuniformierten »Reichsbanner Schwarz-Rot-Gold« auf, dem vor allem, aber nicht nur Sozialdemokraten angehörten, und das ein Gegengewicht zu den halbmilitärischen Formationen der Rechten – vor allem »Stahlhelm« und SA – sein sollte; die Kommunisten formierten, ebenfalls Anfang 1924, ihren »Rotfrontkämpfer-Bund«.)

Die Regierung Müller blieb keine zwei Jahre im Amt. Sie stürzte im März 1930: formal wegen des Beitrags zur Arbeitslosenunterstützung, dessen Erhöhung (um je ein Viertel Prozent) die sozialdemokratische

Reichstagsfraktion nicht glaubte, verantworten zu können. Den meisten Beteiligten dürfte damals nicht klargewesen sein, daß zugleich über das Ende der parlamentarischen Regierungsform entschieden wurde; danach regierte man in allem wesentlichen mit Notverordnungen. Inzwischen ergibt die Aktenlage, daß die Regierung der Großen Koalition ohnehin zu Ende gegangen wäre, weil die Deutsche Volkspartei sich absetzen wollte. Insofern ist die Behauptung, bei noch mehr Nachgiebigkeit der SPD wäre alles gut verlaufen, mit mehr als einem Fragezeichen zu versehen – gefragt gewesen wären weniger Taktieren und etwas Strategie.

Die umgebenden Bedingungen waren alles andere als freundlich, nicht nur wegen der beginnenden Weltwirtschaftskrise. Für die Sozialdemokraten folgte daraus, daß sie das kleinere Übel schluckten und den neuen Reichskanzler schließlich tolerierten. Dies war der ebenso rechtschaffene wie farblos-sparwütige Zentrumspolitiker Heinrich Brüning, der mancherorts erheblich überschätzt worden ist, wie spätestens seine im amerikanischen Exil geschriebenen Memoiren gezeigt haben: Darin war er ein zum Nationalismus neigender Kleinbürger, der einen patriotischen Minderwertigkeitskomplex mit sich herumschleppte; dies war eine Wirkung dessen, was Bismarck in seinem »Kulturkampf« den katholischen Deutschen eingebleut hatte.

Man wollte Schlimmeres verhüten, und das war verständlich: bis zu den alarmierenden Ergebnissen der Wahlen vom September 1930. Aber die Regierung der gemäßigten Rechten bedeutete nicht, daß ein Wall gegen die »braunen Bataillone« errichtet wurde. Ihre altmodische Politik war ungeeignet, den verheerenden Ergebnissen der Wirtschaftskrise entgegenzuwirken. Anfang 1930 gab es drei Millionen Arbeitslose, Anfang 1932 stieg die Zahl auf sechs Millionen. (In Lübeck hatte man Anfang 1930 fast 10 000, Anfang 1932 über 20 000 Arbeitslose. Zu Beginn des Jahres 1933 war die knappe Hälfte der 10 000 SPD-Mitglieder ohne Arbeit. Wenn wir mit der Jugendgruppe auf eine Wochenendfahrt gingen, konnten die arbeitslosen Mitglieder die vier oder fünf Groschen dafür kaum aufbringen. Doch es fehlte nicht an der Bereitschaft, die Pfennige zusammenzulegen.)

Für die deutsche Politik wurde das Gesetz des Handelns zunehmend in einem gefährlichen Kraftfeld erheblich rechts von der Mitte bestimmt. Im März 1931 sprach Dr. Kurt Schumacher in der Lübecker Stadthalle »Gegen Mord und Mordhetze«. Im Herbst fanden sich die Deutschnationalen und der »Stahlhelm« mit den Nazis und ihren Kampfverbänden in der »Harzburger Front« zusammen. Die alten Reaktionäre hielten den Zeitpunkt für gekommen, mit Hilfe der neuen Massenbewegung (der Deklassierten und Verzweifelten) ein autoritäres Regime zu errichten und die organisierten Arbeiter ihrer Rechte zu berauben. Wirtschaftskreise beteiligten sich mit Wohlwollen und Geld. Die Gegengründung einer »Eisernen Front« – zu der, auf dem Papier mehr als in der Wirklichkeit, neben dem Reichsbanner die betrieblichen »Hammerschaften« der Freien Gewerkschaften und die Verbände des Arbeitersports gehörten – ging nicht in die Tiefe. Aus neuer Aktivität suchte man neue Kraft zu schöpfen, doch der Zustand der demokratischen Lähmung und innenpolitischen Zersetzung war schon weit gediehen.

Im Frühjahr 1932 mußte Brüning weichen, da ihn Hindenburg, der unvorstellbar einfältige Reichspräsident, fallenließ und durch den Herrn von Papen ersetzte, ein rechtskatholisches, bei der Schwerindustrie gut gelittenes Leichtgewicht. Im Reichstag hatte Papen fast nichts hinter sich. (Leber sah ihn als Repräsentanten jener Adelsclique, die vorhabe, auf dem Rücken der braunen Kamele in die Arena der Diktatur zu reiten.) Hindenburg war mit Ach und Krach wiedergewählt worden – mit sozialdemokratischer Unterstützung, um Hitler zu verhindern. Doch bei den Neuwahlen zum Reichstag Ende 1932 schließlich erhielten die Nazis mehr als 33 Prozent der Stimmen und – verglichen mit 1930 – fast doppelt so viele Mandate. In Lübeck wurden die Nazis mit 37 Prozent der Stimmen fast ebenso stark wie die SPD; die Kommunisten hatten über 11 Prozent.

Im Sommer jenes Jahres hatten die Nazis bei den Wahlen noch besser abgeschnitten. Am 20. Juli – die Wiederholung dieses Datums im Jahre 1944 hatte ihre bittere Ironie – enthob Papen die seit elf Jahren sozialdemokratisch geführte Regierung des Landes Preußen ihres Amtes, die freilich keine parlamentarische Mehrheit mehr hatte. Daß dies sang- und klanglos geschehen konnte, wirkte auf die Arbeiterschaft tief demoralisierend. Am Abend jenes 20. Juli hatte ich in Lübeck zu sprechen, da ein aus Berlin erwarteter Redner nicht gekommen war: Nicht nur tiefe Niedergeschlagenheit machte sich breit, sondern sogar lähmendes Entsetzen. War dies die Quittung für alle Mäßigung? Immer mehr griff die Gewalt um sich: In der ersten Jahreshälfte waren mehr als 150 Menschen bei politischen Auseinandersetzungen ums Leben gekommen.

Die preußischen Minister, die kampflos kapituliert hatten, waren um entschuldigende Erklärungen nicht verlegen: Die NSDAP war zur Massenbewegung geworden. Die Kommunisten »taktierten« oft in makabrem Zusammenspiel mit der Gegenseite. Das »bürgerliche« Parteienlager befand sich in der Zersetzung. Mancherorts paßte man sich bereits den Nazis an – das Frühjahr 1933 vorausnehmend, als im Reichstag alle Abgeordneten rechts von der Sozialdemokratie für Hitlers Ermächtigungsgesetz stimmten, wenn auch, wie ich wohl weiß, in manchen Fällen aus purer Angst vor dem Tod oder um (immer noch) »Schlimmeres« zu verhüten.

Wesentliche Teile der Reichswehr sahen den kommenden Machthabern mit Sympathie entgegen – oder waren nicht bereit, gegen sie anzutreten. Hindenburg mochte den »böhmischen Gefreiten« nicht, doch er geriet immer mehr unter den Einfluß von Kreisen, die der braunen Diktatur den Weg bereiteten. Die Arbeiterschaft war durch die Arbeitslosigkeit gelähmt. Da fast jedes zweite Gewerkschaftsmitglied erwerbslos war, schien ein Generalstreik unmöglich. So glaubten die Spitzen der Sozialdemokratie und der republikanischen Organisationen nicht, gegen Papens Staatsstreich mit Aussicht auf Erfolg, Widerstand leisten zu können.

Carl Severing, der langjährige preußische Innenminister – Metallarbeiter aus Ostwestfalen, gewissenhaft, kulturbewußt, alles andere als ein Dutzendfunktionär –, bot in seinen Erinnerungen wenige Jahre nach dem Dritten Reich eine fast erdrückende Häufung von Argumenten auf. Er – den ich noch flüchtig kennenlernte, als er in seiner Heimat die sozialdemokratische Bewegung wiederaufbauen half – schilderte, wie er in den Tagen vor dem 20. Juli mit politischen Freunden die Möglichkeit eines bewaffneten Widerstands erörtert hatte: sie seien einhellig davon abgekommen. Die Polizei habe sich zwar trotz aller Zersetzungsversuche »fest in der Hand der Regierung« befunden (Otto Braun, der preußische Ministerpräsident, urteilte, was das Gros der Polizei angeht, weniger günstig); allerdings sei sie nur schwach bewaffnet gewesen. Für das Reichsbanner und die übrigen republikanischen Verbände habe es so gut wie keine Kampfmittel gegeben. (Was allerdings Karl Höltermann, den Bundesvorsitzenden des Reichsbanners, nicht daran hinderte, intern für Widerstand zu plädieren – so auch andere, wie Ernst Reuter, damals Magdeburger Oberbürgermeister, der sogar Polizei nach Berlin schicken wollte.) Auf der anderen Seite habe man es laut Severing mit der schwerbewaffneten Reichswehr zu tun gehabt, die leicht in der Lage gewesen wäre, die nazistischen Formationen (SA und SS) und den »Stahlhelm« auszurüsten.

Es wäre also, aus dieser Sicht, zu einem »sinnlosen Blutvergießen« gekommen. Bei der kritischen Erörterung mit Mitgliedern des Parteivorstands fiel das Wort, der preußische Innenminister habe nicht das Recht, auf Kosten seiner Polizeibeamten tapfer zu sein. Friedrich Stampfer, der Chefredakteur des »Vorwärts«, meinte in der Rückschau, es sei noch nie die Sache eines guten Sozialdemokraten gewesen, andere sterben zu lassen, um selbst als Held gefeiert zu werden.

Bei uns in Lübeck gab es solche Diskussionen nicht; an der Basis war man zum Kampf bereit und tröstete sich allenfalls damit, daß der Befehl schon noch zum genau berechneten Zeitpunkt kommen werde. Dem »Berliner« Argument läßt sich entgegenhalten: Die zu befürchtenden Opfer erschienen damals vielleicht nicht sinnvoll; durch das Ausweichen vor der harten Entscheidung konnte jedoch leider ein Prozeß ausreifen, der zur europäischen Katastrophe mit Millionen von Todesopfern und letztlich auch zur Misere der europäischen und deutschen Zerklüftung führte. Nach jenem 20. Juli wußte die Führung der Nazis, daß die Kampfkraft der Demokratie gebrochen war.

Viele Tausende Reichsbannerleute, Angehörige der Arbeiterbewegung, Republikaner überhaupt, waren nicht nur verbittert und entmutigt, sondern auch in ihrer Seele schwer verwundet. Ihre tiefe Enttäuschung über den schmählichen Zusammenbruch der Organisationen und Ideale, an die sie sich geklammert hatten, trug wesentlich zur Stabilisierung des braunen Systems bei. Es tritt den damals Verantwortlichen nicht zu nahe, wer zu dem Schluß kommt, daß sie die Konsequenzen des Staatsstreichs nicht klar genug sahen oder sehen wollten. Sie wurden von Legalitätsvorstellungen geleitet, die durch die Verhältnisse nicht mehr gedeckt waren. Man meinte, die »Rechtslage« jener Verfassung nicht verlassen zu dürfen, die von der anderen Seite schon brutal beiseite geschoben wurde.

Wäre eine Festigung der Hitlerdiktatur im gleichen Maße oder überhaupt möglich gewesen, falls der Anspruch auf demokratische Rechtmäßigkeit, wenn auch vielleicht ohne momentanen Erfolg, militant verteidigt worden wäre? Diese Frage stellte sich noch einmal für die Wochen vor und nach jenem 30. Januar 1933, als Hitler Reichskanzler wurde. Falls es noch Chancen für eine Wende – oder mindestens für eine ehrenvolle Niederlage – gegeben haben sollte: Sie sind nicht wahrgenommen worden. Dies schreibt einer, dem nichts fremder ist, als auf Kosten anderer tapfer reden zu wollen, und der auf seine Weise lernen mußte, daß man von einem Ochsen kein Schweinefleisch erwarten kann.

In den Reichstagswahlen Anfang November 1932 verlor Hitlers Partei immerhin zwei Millionen Stimmen. Gregor Strasser, der Organisationschef, brach mit dem »Führer«. Aber es gelang nicht, die Krise zu nutzen. Papen mußte zurücktreten (nachdem er von 554 nur noch 32 Abgeordnete des Reichstags hinter sich hatte). Er wurde durch den schwer durchschaubaren General Kurt von Schleicher ersetzt. Der war kein Demokrat, hatte eine eher reaktionäre Vergangenheit, war aber durchaus kein Komplice der Nazis (die ihn dann auch mit anderen im Juni 1934 ermordeten). Schleicher schien eine Lösung jenseits des Parteiensystems vorzuschweben, gewissermaßen ein »Bündnis zwischen Arbeitern und Soldaten«. So bemühte er sich um Unterstützung einerseits durch die (freien und christlichen) Gewerkschaften, andererseits durch den Strasser-Flügel der Hitlerpartei. Der vielgewandte General hat offensichtlich auch versucht, die Sozialdemokraten zur Tolerierung seiner Pläne zu bewegen. Daraus wurde nichts.

Damals, in meiner frühen Jugend, hätte ich diese Partnerschaft für absurd gehalten. Später fragte ich mich, ob nicht angesichts außerordentlicher Gefahren auch ungewöhnliche Experimente geboten waren, um das Schlimmste abzuwenden und dadurch die Chance einer Atempause zu erhalten. Ein intelligenter »rechter« Kritiker des Parteivorstands, der später vom Volksgerichtshof zum Tode verurteilte Theodor Haubach, sagte von der Sozialdemokratie in jener Phase, sie werde »ausgezeichnet verwaltet, aber keineswegs geführt«. Ich habe mich oft gefragt, ob es nicht 1932, wie schon mehrfach seit 1918, ein Vorteil gewesen wäre, wenn das stark ausgeprägte oder sogar übersteigerte Staats- und Machtbewußtsein eines Ferdinand Lassalle stärkere Spuren hinterlassen hätte.

Ende November 1932 verhandelten in der Tat die Vorsitzenden der Gewerkschaften mit Schleicher – den man von rechts den »sozialen General« schalt – wegen eines Arbeitsbeschaffungsprogramms. Mitte Dezember gelangten Vorschläge des Reichskanzlers an führende Mitglieder der SPD: Vertagung des Reichstags ohne Neuwahlen, aber auch entschiedene Maßnahmen gegen die Nazis. Die sozialdemokratische Parteiführung, die ihm mißtraute, entschied gegen jedes »Paktieren« mit Schleicher. Der Fraktionsvorsitzende Breitscheid gab dem ADGB-Vorsitzenden Leipart jedoch den Rat, seine Gespräche nicht abzubrechen. Etwa zum gleichen Zeitpunkt machte Otto Braun, der abgesetzte preußische Ministerpräsident, dem Reichskanzler ein Angebot, das auf einen »Staatsstreich der Mitte« hinauslief. Schleicher habe sich, so konnte man später bei Braun nachlesen, zu einem Bündnis nicht durchringen können; er scheint immerhin, wenn auch spät, bereit gewesen zu sein, Waffengewalt gegen die Nazis einzusetzen. Als dieses Zwischenspiel seinem Ende zuging, warfen die Deutschnationalen ausgerechnet der Regierung Schleicher ein »Abgleiten in sozialistisch-internationale Gedankengänge« vor. Hinter den Kulissen wurde das braune Regierungsbündnis vorbereitet, unter wesentlicher Mitwirkung Papens und mit Unterstützung führender Kreise der Großwirtschaft. Eine wesentliche Rolle spielten offenbar die Intrigen, durch die man Hindenburg gegen Schleichers Siedlungspläne im Osten aufbrachte; schon Brüning hatte solche Pläne zu den Akten legen müssen. Großagrarische Interessenten, darunter Freunde des Reichspräsidenten, legten sich dazwischen, nachdem sie sich erheblich bereichert hatten.

Julius Leber nannte die Lust an der Ohnmacht eine sozialdemokratische Erbsünde. Immobilismus und Phantasielosigkeit waren nicht nur für den letzten Abschnitt der Republik kennzeichnend. Die Wirtschaftskrise bedeutete ja nicht nur Massenarbeitslosigkeit, sondern auch die massenhafte Vernichtung mittelständischer und bäuerlicher Existenzen. Es fehlten Alternativen, wie man sie um jene Zeit als New Deal in den Vereinigten Staaten oder als sozialdemokratische Krisenprogramme in Skandinavien entwickelte. Das parlamentarische System und seine Parteien wurden in den Augen der Wähler zunehmend diskreditiert. Es ist wahr, daß 1931 Pläne zur Arbeitsbeschaffung entwickelt wurden und daß daraus im Frühjahr 1932 ein Programm der Gewerkschaften wurde. Aber diese Vorstellungen drangen nicht durch oder sie scheiterten an einer Mischung von Kleinmut und ökonomischer Orthodoxie. Man mag auch die Frage aufwerfen – und hat dies bei Betrachtungen über den Niedergang der Weimarer Republik oft getan –, ob ein ernster Versuch zur Überwindung der Krise und zur Rettung der Demokratie nicht auf jeden Fall hätte scheitern müssen, weil es neben dem Aufmarsch von rechts außen eine miserabel geführte kommunistische Massenbewegung gab. Doch man macht es sich zu leicht, wenn man diese Frage einfach bejaht. Dies gilt sogar für die letzte Phase, als darüber zu entscheiden war, ob man kampflos untergehen wollte.

Die Vermutung spricht vielmehr dafür, daß die Masse der kommunistischen Anhänger mitgerissen worden wäre, wenn man sich allen Bedenken zum Trotz für konstruktive Krisenpolitik und für demokratisch-militanten Widerstand entschieden hätte. Aber wahr bleibt gewiß, daß sich die offizielle Linie der Kommunistischen Partei jeder vernünftigen Rechnung entzog. Die Verfechter dieser »Strategie« wollten den grundsätzlichen Unterschied zwischen bürgerlicher Demokratie und faschistischer Diktatur nicht verstehen. Sie wurden bis zuletzt nicht müde, die Sozialdemokratie als Hauptfeind anzuprangern. Dieser wahnwitzigen Politik, wie sie von der internationalen Befehlszentrale verordnet wurde, dürfte eine doppelte Fehleinschätzung zugrunde gelegen haben: Zum einen wurde der Charakter einer faschistischen Herrschaft in Deutschland verkannt; zum anderen wurde irrigerweise angenommen, daß sich aus ihr Vorteile für die russische Außenpolitik ergeben würden – es sei denn, Hellseher hätten 1932 erkennen können, daß 1945 durch den Ausgang des Zweiten Weltkriegs für die Sowjetunion die Voraussetzungen gegeben sein würden, ihre Macht bis tief nach Mitteleuropa hinein auszubreiten und militärisch bis zur Elbe vorzudringen. Aber die Kraft zu solcher Vorausschau existierte gewiß auch bei den Schriftgelehrten im Kreml nicht.

… wo das Herz schlägt

Im Herbst 1931 spaltete sich eine »linke« Gruppierung von der Sozialdemokratischen Partei ab, und ich, der daran beteiligt war, hielt dies damals für ein wichtiges politisches Geschehen. Das war eine Fehleinschätzung. Die deutsche Entwicklung gegen Ende der Weimarer Republik wurde von diesem Ereignis nicht beeinflußt. Doch für meinen eigenen Weg war dieser Einschnitt wichtig. Der Zwang, an sich selbst zu arbeiten, war in einer kleinen Organisation stärker, als er es in der großen Partei sein konnte. Wenn man Glück hatte, konnte man auch die Gefahren des Sichabkapselns überwinden. Für mich war es keine schlechte Lernzeit. Es ist eine Herausforderung eigener Art, gegen den Strom schwimmen zu müssen. Daß ich kurz danach heimisch wurde in der skandinavischen Arbeiterbewegung, hat mir geholfen, die Rechthaberei der Gruppengesinnung nicht allzu hoch wuchern zu lassen.

Im Oktober 1931 wurde in Berlin die SAP gegründet; Sozialistische

Arbeiterpartei war der Name, unter dem sich 1875 in Gotha die »Eisenacher« mit den »Lassalleanern« vereinigt hatten. Voraufgegangen war im September 1931 der Ausschluß der Reichstagsabgeordneten Max Seydewitz und Kurt Rosenfeld aus der SPD. Ihnen wurde vorgeworfen, daß sie unerlaubte verlegerische und organisatorische Tätigkeiten, also »Fraktionierungsarbeit« betrieben. Natürlich ging es mehr um politische Inhalte als um Statuten. Mit den Ausgeschlossenen solidarisierten sich einige andere Abgeordnete, Teile der Partei vor allem in Schlesien und Sachsen, nicht zuletzt ein wesentlicher Teil der sozialdemokratischen Jugend. Der neuen Partei schlossen sich verschiedene linkssozialistische Gruppen an, nach einigen Monaten auch ein Teil der »Rechten«, die im Zeichen des »Ultralinksertums« aus der Kommunistischen Partei ausgeschlossen worden waren.

Seydewitz, damals knapp vierzig, hatte 1930 in einem Stadtteil Lübecks gesprochen; ich war dabei, und er schrieb später, ich hätte ihn bei jener Gelegenheit an Radikalismus übertroffen. Das kann, muß aber nicht stimmen. Doch wie viele in der sozialdemokratischen Jugend, war ich mit meinen Sympathien gewiß bei jenen Abgeordneten, die gegen die Politik der »Tolerierung« (einer Rechtsregierung) opponierten. Die Opposition hatte nicht erst mit dem Übergang der Kanzlerschaft von Hermann Müller zu Heinrich Brüning begonnen. Symbolhafte Bedeutung gewann die Auseinandersetzung um den Bau eines ersten Panzerkreuzers, nachdem die Partei im Wahlkampf von 1928 »Kinderspeisung statt Panzerkreuzer« gefordert hatte. In Wirklichkeit ging es hier nicht nur um einen solchen Widerspruch, sondern auch darum, daß es an einer überzeugenden sozialdemokratischen Wehrpolitik fehlte (zumal man sich an die Reform der Reichswehr nicht herantraute). 1931 kam es zum Eklat, als im Reichstag neun Sozialdemokraten gegen den Verteidigungshaushalt stimmten, während die übrige Fraktion sich der Stimme enthielt. Nachdem die Identifikation mit dem neuen Staat nicht hinreichend gelungen war, konnte man nicht erwarten, daß sich nach dem (endgültigen) Ausscheiden aus der Regierung allgemeine Zustimmung zu den Mitteln für die bewaffnete Macht ergeben würde.

Im Herbst 1931 vermittelte sich jungen Leuten wie mir der Eindruck, als würden sich ansehnliche Gruppierungen in einem neuen Lager links von der SPD zusammenfinden. Männer wie Carl von Ossietzky – »Was als Spaltung gebrandmarkt werden soll, stellt sich bei näherem Hinsehen als ein letzter Rettungsversuch dar« –, Kurt Tucholsky, Lion Feuchtwanger, auch Albert Einstein bekundeten der neuen Partei ihre Sympathie. Die Vertreter der Sozialistischen Jugend, die sich den SAP-Gründern anschlossen, ließen sich weder durch niedrige Mitgliederzahlen enttäuschen noch durch bekannte Namen über Gebühr beeindrucken. Uns leuchtete das Aufbegehren gegen eine Politik ein, die wir als kompromißlerisch-schwächlich empfanden. Wir glaubten, einer »reinen« Lehre näher zu sein, und wir hegten die Hoffnung, daß ein neuer Versuch in der Arbeiterbewegung für unser Volk gut sein würde.

Bei uns in Lübeck – wo sich auf einer Funktionärskonferenz der Partei eine überwältigende Mehrheit gegen die Spaltung aussprach – ging weit mehr als die Hälfte der Jugendorganisation zum SJV, dem Sozialistischen Jugendverband der neuen Partei. Die Zahl der Älteren, die zur SAP überwechselten, blieb auf wenige Dutzend beschränkt. Wenige Tage bevor wir uns für Jahre trennten, bat mich Julius Leber in sein Redaktionszimmer zu einer Unterhaltung, deren Tenor mir nicht einleuchten wollte. Er verhöhnte »linke« Abgeordnete, die er aus dem Reichstag kannte, wegen ihrer Unzulänglichkeiten. Was ich bei solchen Leuten zu suchen hätte? Ich wisse doch, wie er höre, die Gunst eines schönen Mädchens und auch schon einen guten Tropfen zu schätzen. Der Bezug auf den guten Tropfen wäre einige Jahre später eher angebracht gewesen. Damals fand ich Lebers flapsige Bemerkungen unangebracht. Ich lernte erst noch, daß Absplitterungen und Sondergruppen auf Querulanten und Neurotiker – in stärkerem Maße, als es im Geschäft der Politik ohnehin der Fall ist – eine besondere Anziehungskraft ausüben.

Damit niemand eine nur leicht verbrämte Idylle vermutet: Leber äußerte sich damals über radikale junge Leute wie mich ohne Schonung, und wir blieben ihm nichts schuldig. In seinen »Notizen« aber, die er 1933 im Gefängnis schrieb, fand ich den Satz, keiner habe der Jugend der Partei gesagt, daß sie entweder von ihrem doktrinären Taumel zum politischen Tatsachentum übergehen oder aber die Führung an die Jugend, die auf der anderen Seite heranwachse, abtreten müsse. Resigniert folgte die Bemerkung: »Die sozialdemokratische Jugend hätte dies alles ja auch nicht geglaubt.«

Jüngere und Ältere haben es in der Politik schwer miteinander, auch im linken Spektrum – dies bleibt bis heute wahr. Das Element jugendlichen Aufbegehrens wurde als Faktor des nationalistischen Umsturzes unterschätzt. Eine der entscheidenden Schwächen der Weimarer Sozialdemokratie war das Verwelken ihrer Anziehungskraft auf die junge Generation. Auch dies bleibt ein warnendes Beispiel.

Kleinparteien werden im besonderen Maße von Richtungskämpfen heimgesucht. Diese Richtungskämpfe sind gerade deshalb von so vergifteter Heftigkeit, weil von ihrem Ausgang objektiv wenig abhängt. Manchem von uns Jüngeren sagte die Richtung, die durch die zur neuen Partei gestoßenen ehemaligen Rechtskommunisten – etwa 1000 an der Zahl – vertreten wurde, zu. Uns beeindruckte, daß sie nicht nur den schwächlichen »Reformismus« der Sozialdemokratie geißelten, sondern ebenso auch mit dem »ultralinken« Kurs von KPD und Komintern hart ins Gericht gingen: mit Putschtaktik und Revolutionsspielerei, Gewerkschaftsspaltung und Anspruch auf die Diktatur über die Massen. Mir stellte sich nie die Frage, ob ich zur Kommunistischen Partei überwechseln sollte. Als die Kieler Gestapo später den gegen mich gerichteten Antrag auf Ausbürgerung aus dem Deutschen Reich begründete, hat sie, neben anderem Unsinn, aufgeschrieben, ich sei in Lübeck »kommunistischer Jugendredner« gewesen. Das ist schlicht falsch; die Gestapo – mit ihrem Grobraster »Marxisten und Kommunisten« – war ja auch sonst nicht ein Quell reiner Wahrheit. Mit der KPD und auch mit ihrem Jugendverband hatten die meisten von uns jungen Linkssozialisten nichts im Sinn. Aber dem Gedanken der Einheitsfront, des Zusammengehens der Arbeiterparteien und der Gewerkschaften, waren wir durchaus zugetan. 1932/33 hielten auch einige sozialdemokratische Führer dies für erstrebenswert.

Bei uns in Lübeck waren die Kommunisten nicht stark. In anderen Teilen Deutschlands war das anders. In manchen Industriegebieten, in zahlreichen großen Städten war ihr Anhang stärker als jener der Sozialdemokraten. Der »Bruderkampf« wurde nicht zimperlich, auch nicht nur mit starken Worten, sondern häufig genug auch mit Handgreiflichkeiten ausgetragen. Und doch galten die Kommunisten damals als – wenn auch in die Verirrung geratene – Nachkommen der alten Arbeiterbewegung. Ihr Revoluzzertum und das Nachplappern importierter, doktrinärer Lehrsätze versperrte ihnen den Zugang zu den treuen Anhängern der Sozialdemokratie und der Gewerkschaften. Mich konnte der KPD-Vorsitzende Ernst Thälmann – ein vermutlich überforderter, aber standfester Arbeiter, der sich auch durch vieljährigen Kerker nicht brechen ließ – nicht beeindrucken, als ich ihm auf einer Hamburger Versammlung zuhörte. Der stalinistischen, von Moskau verordneten

Parteidoktrin zufolge war die Sozialdemokratie eben gleich Sozialfaschismus. Die Gründung der SAP wurde als »gegenrevolutionäres Betrugsmanöver« bezeichnet. Sie wurde »die Filiale der Hindenburg-SPD« genannt und diese »der Zwillingsbruder des Hitlerfaschismus«. Übereifrige Moskau-Anhänger wollten sogar aus den Falken »kleine Sozialfaschisten« machen. In weiten Teilen der Sozialdemokratie begegnete man der Sowjetunion jedoch eher mit interessiert-kritischer Aufmerksamkeit als mit feindseliger Ablehnung. Wir hatten den Eindruck, daß in der Sowjetunion unter ungewöhnlich schwierigen Bedingungen die Grundlagen für eine Art russischen Sozialismus geschaffen würden. Das beschäftigte uns sehr, aber ein einfaches Vorbild vermochten wir darin nicht zu erkennen.

Waren wir Marxisten? Die Frage ist nicht einfach zu beantworten. Nicht nur der linke, sondern auch der größere Teil der deutschen Sozialdemokratie betrachtete sich damals als »marxistisch« – und war es der Programmatik und häufig auch der Wortwahl nach. Wir lasen Broschüren der sozialistischen »Klassiker«. Mit dem »Kapital« machte ich mich erst näher vertraut, als ich 1934 bei der Übersetzung ins Norwegische – die es bis dahin nicht gab! – herangezogen wurde. Im Laufe der norwegischen Jahre formte ich mir von der Entwicklung sozialistischen Denkens ein eigenes Bild: Die Arbeiten von Marx und Engels hatten darin ihren wichtigen Platz, alles andere erdrückend waren sie nicht.

Der Sozialismus, mit dem ein junger Deutscher meiner Zeit aufwuchs, war, wie ich erwähnte, weniger »wissenschaftlich« begründet, als moralisch motiviert. Für uns war Sozialismus gleichbedeutend mit Kampf gegen Unrecht und Ausbeutung, Unterdrückung und Krieg: links, wo das Herz schlägt … (Was ich jedoch nicht so verstanden wissen möchte, als sollte ein Konservativer moralisch disqualifiziert werden!) Wir waren dabei durchaus nicht auf das eigene Land fixiert. Die internationalen Zusammenhänge waren uns bewußt. Das Unrecht in anderen Ländern ließ unsere Kreise nicht gleichgültig. Stark erregte mich, was an extremer Ungerechtigkeit in der näheren Umgebung geschah. So das Schicksal eines Landarbeiters aus unserer Gegend, der aufgrund eines Indizienbeweises zum Tode verurteilt wurde, weil er sein uneheliches Kind umgebracht haben sollte; bald nach der Hinrichtung mit dem Fallbeil stellte sich heraus, daß er einem Justizirrtum zum Opfer gefallen war. Auch aus dieser Erfahrung ergab sich früh meine Haltung zur Todesstrafe.

Trotz des Unrechts im eigenen Land, trotz der wachen Erinnerung an den Ersten Weltkrieg – unsere Grundstimmung neigte zu einem verheißungsvollen Zukunftsglauben. Eines unserer schönen Lieder meinte, der Mensch sei gut. Wir wurden durch Tradition (und Illusionsbereitschaft) an die Erwartung gewöhnt, eine gerechte Ordnung der menschlichen Dinge werde kommen. Zunächst kam es ganz anders.

Die Trennung von der Mutterpartei bedeutete auch für meine beruflichen Pläne einen tiefen Einschnitt. Leber hatte mir in Aussicht gestellt, daß mir für ein Studium Hilfe zuteil würde und daß ich nebenher für die Parteipresse arbeiten könne. Diese Möglichkeit war entfallen, und es war unklar, was ich tun sollte, nachdem ich im Februar 1932 das Abitur gemacht hatte. Zunächst war ich ein jugendlicher Arbeitsloser mit Reifezeugnis. Von der Berufsberatung ließ ich mich dann als Volontär – gegen eine minimale Vergütung – zu einer Schiffmaklerfirma vermitteln. Ich empfand es nicht als Last, mich im Klarieren und Konossieren – dem Vermitteln von Frachten und dem Ausfüllen von Zollpapieren – zu üben. Es waren überwiegend kleine skandinavische und holländische Schiffer, auf die ich angesetzt wurde.

Die Abende und Sonntage gehörten der politischen Arbeit. Ich hielt eine Vielzahl kleiner und kleinster Versammlungen ab, trat bei zahlreichen Gelegenheiten in der Diskussion auf und fand, daß mir das Reden leichtfalle. Damals konnte ich über fast jedes Thema frei sprechen. Mit meinen achtzehn Jahren, in meiner Doppelexistenz und ohne daß die Öffentlichkeit viel davon merkte, war ich zu einem Parteiführer im kleinen geworden. (Als mich mecklenburgische Genossen 1932 baten, bei ihnen für den Landtag zu kandidieren, waren sie ganz verdutzt, daß ich die Altersbedingungen nicht erfüllte; man war dort ab zwanzig nicht nur wahlberechtigt, sondern – damals eine Ausnahme – auch schon wählbar. Ich aber war noch nicht neunzehn.)

Die Wahlergebnisse wurden für die SAP – von einigen kommunalen Ausnahmen abgesehen – zu einer Kette von bitteren Enttäuschungen. In Lübeck entfielen auf uns etwa so viele Stimmen, wie es der Zahl von (ein paar hundert) Mitgliedern entsprach. Die Mitgliederzahl im Reich lag nicht wesentlich über 25 000. Der Einfluß – es gab immerhin eine Tageszeitung und mehrere Wochenblätter – reichte weiter, als es diese Ziffern ausdrücken. Aber von gewichtigem gesamtpolitischem Einfluß konnte, wenn man es genau bedachte, keine Rede sein.

Hatte also die Gründung der linkssozialistischen Partei einen Sinn?

Ich spreche in der Rückschau von einem politischen Fehler. Es handelte sich um eine zwar interessante, aber nicht sehr gewichtige Begleiterscheinung eines unglücklichen Zerfallsprozesses, von dem die erste deutsche Republik heimgesucht wurde. Die Gesinnung, aus der heraus ich entschied, bedarf keiner Entschuldigung.

Das traurige Ende

Am 30. Januar war es soweit: Hitler konnte in die (alte) Reichskanzlei einziehen. Wenn ich zurückblicke, will mir nicht scheinen, als sei die Bedeutung dieses Vorgangs gleich erkannt worden. Das Ereignis war von Verwirrung und Betrug, auch Selbstbetrug überschattet. Es regte sich Opferbereitschaft, die nicht gefordert wurde. Während die Gleichschaltung begann und die Desorientierung lähmte, fanden sich mancherorts Tausende und Abertausende zu Protestkundgebungen zusammen. Bei uns in Lübeck mochten die organisierten Arbeiter es nicht hinnehmen, mundtot gemacht zu werden. Viele glaubten, man würde sie doch noch zum Widerstand rufen.

Am Abend des 31. Januar wurde Julius Leber auf dem Nachhauseweg von SA-Leuten überfallen; ihm war das Nasenbein zerschnitten, auch am Auge war er verletzt worden. Einer der uniformierten Nazis kam durch Notwehr zu Tode. Man verhaftete Leber und einen ihn begleitenden Reichsbannermann (im Mai wurden sie »wegen Raufhandels« zu zwanzig beziehungsweise zwölf Monaten Gefängnis verurteilt). Bei den Arbeitern in unserer Stadt herrschte Empörung. In einem der Großbetriebe, der LMG (Lübecker Maschinenbaugesellschaft), kam es zu einer spontanen Arbeitsniederlegung. Abends – ich war dabei – fand eine Protestkundgebung »gegen die faschistischen Methoden der Lübecker Justiz« statt. Mit Freunden versuchte ich, einen Proteststreik in Gang zu bringen. Wir gingen mit unserem Aufruf zum Geschäftsführer des ADGB-Ortsausschusses und erlebten, wohin brave Funktionäre mit den ihnen eingeimpften Vorstellungen von Disziplin und Legalität gelangt waren. Nachdem wir etwas zu unserem Text gesagt hatten und als wir ihn übergeben wollten, bekamen wir zu hören: »Nehmt das von meinem Schreibtisch. Wißt ihr nicht, daß Streik jetzt streng verboten ist? Die in Berlin werden schon wissen, was zu geschehen hat. Wir warten auf Weisungen und lassen uns nicht provozieren.«

Am 3. Februar kam es mit breiter Zustimmung mittags zu einer einstündigen generellen Arbeitsniederlegung. Und am 19. Februar erlebte Lübeck, bei bitterer Kälte, im Zeichen einer spontanen Einheitsfront, mit über 15000 Teilnehmern seinen größten Aufmarsch seit der Novemberrevolution. Leber – mit seinem verbundenen Auge – war gegen Kaution aus dem Gefängnis entlassen worden, aber er konnte nicht reden und rief den Demonstranten auf dem Burgfeld nur ein trotziges »Freiheit« zu. Die Protestrede hielt sein Freund Solmitz. Leber fuhr anschließend zur Erholung nach Bayern und wurde am 23. März in Berlin auf dem Weg zum Reichstag verhaftet und danach jahrelang gequält.

Einige von uns glaubten damals, in der Zeit zwischen dem 30. Januar und den Reichstagswahlen am 5. März 1933, noch an die Möglichkeit einer Wende. Warum hätten wir in der Provinz so viel klüger sein sollen als die erfahrenen Parteiführer in Berlin? Von ihnen hörte man, gestrenge Herren regierten nicht lange und der Jubel könne bald in Katzenjammer umschlagen. Die KPD-Führung sprach gar vom nahenden »Roten Oktober«, und die Komintern ließ noch Monate später verkünden, die Faschisten seien Eintagskönige. In der Gruppe, zu der ich gehörte, verstärkte sich die Überzeugung, wir hatten gegenüber den großen, jedoch »morschen« Parteien recht gehabt, wohl auch die Hoffnung, eine Kampfgemeinschaft der Arbeiterbewegung könne doch noch erreicht werden. Friedrich Stampfer, der Chefredakteur des »Vorwärts«, hatte den Kommunisten in letzter Minute einen Nichtangriffspakt vorgeschlagen.

Heute kennt man eine Reihe von lokalen und regionalen Berichten über den Widerstand während der NS-Jahre, doch es gibt noch keine Untersuchung über die Städte, in denen Anfang 1933 Beweise eines Sichaufbäumens zu verzeichnen waren. Außer in Lübeck wurden Ansätze politischer Streiks jedenfalls in Hannover, Chemnitz, Düsseldorf, Harburg, Straßfurt, Tangermünde registriert. Auch bei den Hafenarbeitern in Hamburg. Groß war die Zahl der Protestdemonstrationen bis in die ersten Märztage. Nicht selten wurden dabei die Trennungslinien der vergangenen Jahre durchbrochen.

Hitler hätte kaum mehr zur Preisgabe der Regierungsmacht gezwungen werden können. Aber es bleibt meine Überzeugung: Erstens ein Naturgesetz, demzufolge die Weimarer Republik hätte untergehen müssen, gab es nicht. Zweitens hätte die Zukunft Deutschlands (und Europas) anders ausgesehen, wenn die Nazis nicht nahezu kampflos das Feld hätten übernehmen können. Deutschland und der Welt wäre in der Tat viel erspart geblieben, wäre das Lager der sozialen Demokratie – im umfassenden Sinne des Wortes, also über die sozialdemokratischen Parteigrenzen hinaus – stärker, einflußreicher, schlagkräftiger gewesen!

Die Reichstagswahlen am 5. März, die – eine Woche nach dem Reichstagsbrand – schon im Zeichen weitverbreiteten Terrors standen, brachten der NSDAP nicht die erhoffte Mehrheit. Die Nazis blieben unter 44 Prozent. Um sich als Mehrheit darzustellen, mußten sie die Deutschnationalen mitzählen. Die Sozialdemokraten behaupteten sich mit über sieben Millionen Stimmen; sie verloren nur ein Mandat. Die Kommunisten büßten eine Million Stimmen ein; sie waren nach dem Reichstagsbrand, der ihnen in die Schuhe geschoben wurde, schon bösen Verfolgungen ausgesetzt; ihre Mandate wurden annulliert. (In Lübeck erhielten am 5. März 1933 die Nazis 42,8, auch zusammen mit den Deutschnationalen nicht 50 Prozent, die Sozialdemokraten 38,3 und die Kommunisten 8,3 Prozent.)

Nach den Märzwahlen wurden sozialdemokratische Zeitungen verboten, ganze Gruppen von Funktionären und aktiven Mitgliedern verhaftet – doch andere noch verschont. So gedieh mancherorts die Illusion, es könnte Chancen eines weiteren legalen Wirkens geben, wenn man gewisse Konzessionen mache und sich von Leuten absetze, die als besonders störend empfunden wurden. Nicht zuletzt in führenden Gewerkschaftskreisen gab man sich solchem Wunschdenken hin, das nur möglich war, weil man den Charakter des neuen Regimes gründlich verkannte.

In Lübeck wurde am 20. März eine Anzahl Personen in sogenannte Schutzhaft genommen. In jenen Tagen begann die Umbenennung von Straßen (Horst Wessel statt August Bebel!). Der »Volksbote« versuchte sich durchzumogeln und wurde im Mai zum offiziellen Organ der Hitlerpartei.

Es war ein widerspruchsvolles – oder widersprüchlich erscheinendes – Bild, das die Sozialdemokratie in jenen Monaten bot. Am 23. März hielt der Parteivorsitzende Otto Wels seine mutige Rede im Reichstag, in der er begründete, weshalb die Sozialdemokraten – als einzige – gegen das Ermächtigungsgesetz stimmten; und dies, obwohl ihn befreundete Zentrumspolitiker warnten, es sei ein blutiges Gemetzel geplant. Eine Woche später erklärte derselbe Parteivorsitzende seinen Austritt aus dem Büro der (Sozialistischen Arbeiter-) Internationale, um nicht mit deren scharfen Stellungnahmen gegen die Hitlerregierung belastet zu werden. Der Parteivorstand hatte sogar Abgesandte ins benachbarte Ausland geschickt, um von zugespitzter Berichterstattung – angeblicher Greuelpropaganda – über das Dritte Reich abzuraten.

»Wir deutschen Sozialdemokraten«, hatte Otto Wels im Reichstag ausgerufen, »bekennen uns in dieser geschichtlichen Stunde feierlich zu den Grundsätzen der Menschlichkeit und der Gerechtigkeit, der Freiheit und des Sozialismus.« In diesem äußersten Punkt, in ihrem Verhältnis zur Diktatur, hat die SPD nie Konzessionen gemacht. Keine andere politische Gruppierung in Deutschland konnte dies von sich sagen. In seiner Rede am 23. März erinnerte Wels an das Sozialistengesetz von 1878/90 und verglich, was nicht vergleichbar war: »Auch aus neuen Verfolgungen wird die Sozialdemokratische Partei neue Kraft schöpfen.« Bekennermut und naive Hilflosigkeit gegenüber dem Nazismus lagen, wie in dieser Rede, in weiten Teilen der Partei eng beieinander. Aber die alte SPD war immerhin realistischer als die KPD-Führung mit ihrem Geschwätz vom bevorstehenden »Roten Oktober«.

Die Sozialdemokraten als Partei und die meisten derer, die nun auf sich selbst gestellt waren, unterwarfen sich nicht. Einige der gewerkschaftlichen Führer schlugen – um Schlimmeres abzuwenden, wie sie hofften – den Weg einer taktisch gemeinten Anpassung ein. An manchen Orten bildeten sie, die auf sozialdemokratischen Listen gewählt worden waren, eine eigene Fraktion. Ansehnliche Geldbeträge, die man im Ausland in Sicherheit gebracht hatte, wurden wieder zurückgeholt. Zum 1. Mai 1933, als die Nazis diesen traditionellen Feiertag der Arbeit für sich mit Beschlag belegten, machten Gewerkschaftsführer gute Miene zum schlechten Spiel – und sie entschuldigten sich damit, daß sie die Arbeiter in ihrer Gewissensnot nicht allein lassen wollten. Das war ein unnützes Manöver. Tags darauf wurden alle Gewerkschaftshäuser besetzt, viele Funktionäre verhaftet und mißhandelt.

Ende April wurde auf einer Reichskonferenz in Berlin der Parteivorstand der SPD neu gewählt. Anfang Mai ging Otto Wels mit einigen anderen Vorstandsmitgliedern ins Ausland. Mitte Mai brach ein ernster Konflikt aus, als die Reichstagsfraktion mit Mehrheit entschied, der »Friedensresolution« Hitlers die Zustimmung nicht zu verweigern. Zwei Vorstandsmitglieder, Vogel und Stampfer, kehrten nach Berlin zurück, um die Fraktion zu einer anderen Haltung zu bewegen: Sie konnte zum Beispiel der Sitzung fernbleiben. Die Möglichkeit, eine eigene Erklärung abzugeben, wurde den Sozialdemokraten nicht eingeräumt, und an bösen Drohungen fehlte es nicht. Die bürgerlichen Parteien hatten sich mit der NSDAP auf eine gemeinsame Erklärung geeinigt: In der »Schicksalsfrage der Gleichberechtigung des deutschen Volkes« wollten sie geschlossen hinter der Regierung stehen. Dieser Haltung beugten sich nun auch die SPD-Abgeordneten, soweit sie anwesend und noch auf sozusagen freiem Fuß waren; 65 von 120. Am 10. Juni sprach sich die Reichstagsfraktion – auf ihrer letzten Sitzung – dafür aus, daß der Parteivorstand in Berlin zu bleiben habe. Ein paar Tage später wurde auf einer weiteren Reichskonferenz ein neuer Vorstand gewählt, unter anderen mit dem langjährigen Reichstagspräsidenten Paul Löbe, dem Berliner Bezirksvorsitzenden Franz Künstler und dem Parteisekretär Johannes Stelling, der zuvor Lübecker Abgeordneter und mecklenburgischer Ministerpräsident gewesen war.

Es half alles nichts mehr. Die Nazis lösten die Partei kurzerhand auf. 3000 Funktionäre wurden auf einen Schlag verhaftet, eine Anzahl von ihnen ermordet. So wurde Stelling mit zehn anderen, nach schrecklichen Mißhandlungen, eines der Opfer der »Köpenicker Blutnacht«. Seine in einen Sack gehüllte Leiche, die aus der Dahme gezogen wurde, wies 21 Dolchstiche auf. Den Mitgliedern der kleinen SAP kam, wenn auch bei weitem nicht überall, zunächst zugute, daß ihre Partei offiziell als nicht mehr existent galt. Wenige Tage nach dem Reichstagsbrand hatten Seydewitz und Rosenfeld die Auflösung bekanntgegeben; sie mußten ohnehin damit rechnen, auf einem anstehenden Parteitag in die Minderheit zu geraten.

Jener Parteitag fand nun unter ungewöhnlichen Bedingungen statt. Ich war dabei, als dort beschlossen wurde, die Arbeit unter den dramatisch veränderten Bedingungen unverdrossen weiterzuführen. Diese keineswegs mehr legale Tagung unserer linkssozialistischen Gruppe wurde am Wochenende nach den Reichstagswahlen – am 11. und 12. März 1933 – in einer Gaststätte in einem Vorort von Dresden abgehalten. Etwas mehr als 60 Delegierte vertraten 15 600 Mitglieder, 1500 waren mit den bisherigen Vorsitzenden verlorengegangen. Anläßlich der Eisenbahnfahrt nach Dresden – die Mütze eines Oberprimaners vom Johanneum schien mir als geeignete Tarnung; in Wirklichkeit kam sie einem Steckbrief nahe – war ich zum erstenmal für einige Stunden in Berlin. Am Dresdner Bahnhof wurde ich von einem durch eine bestimmte Zeitung ausgewiesenen Kontaktmann abgeholt. Die Tagungsgaststätte war durch eine Gruppe von Beobachtern gesichert, vermutlich auch durch eine Absprache mit sympathisierenden Polizisten. Wir wohnten in Privatquartieren, an denen es in Dresden keinen Mangel gab: Allein der Jugendverband hatte dort an die 1000 Mitglieder, mehr als die Partei.

Wir hatten auf jener illegalen Tagung den nicht ganz falschen Eindruck, daß unsere Gruppe eine Rolle spielen könne, die beträchtlich über ihr zahlenmäßiges Gewicht hinausreichte. Die Berichte, auch der meine, handelten von der tiefen Enttäuschung bei den Anhängern der großen Parteien. Wir schleppten unsere Art von Illusionen mit uns herum, aber in Dresden überwog das realistische Urteil, daß die NS-Herrschaft nicht von heute auf morgen überwunden sein würde. Mein letzter unmittelbarer Eindruck in Lübeck war der »Judenboykott« am 1. April. Bald gesellten sich andere widerwärtige Bilder hinzu: wie die von den Bücherverbrennungen im Mai, an denen Professoren im Talar teilnahmen. Man geriet mehr als einmal in Versuchung, sich seiner deutschen Herkunft zu schämen.

Ich ging mit der Vorstellung ins Ausland, daß Jahre harter Prüfung vor uns lägen, doch ich war auch überzeugt, daß der Widerstand wachgehalten und organisiert werden müsse – in der Heimat und außerhalb der deutschen Grenzen. Zugleich war mir durchaus bewußt, daß ich mich als Angehöriger einer Bewegung, die versagt hatte, ins Exil begab: versagt, weil sie es nicht vermocht hatte, die Unmenschen von der Macht fernzuhalten; versagt auch, weil sie nicht einmal imstande war, das Ausmaß des moralisch Ungeheuerlichen deutlich zu machen. Wir ließen uns nicht ins Ungeheuerliche verstricken, doch im Laufe weniger Jahre wurde mir immer klarer, daß man auch als deutscher Antinazi keinen Grund hatte, sich auf ein hohes Roß zu setzen. Wir gingen mit sauberen Händen, aber doch mit der Last der Mitverantwortung für das Scheitern der deutschen Demokratie: damit für das Unglück, das über Deutschland und Europa kommen sollte.

Julius Leber hielt 1933 in seinen Gefängnisaufzeichnungen fest, die deutsche Sozialdemokratie als Organisation sei tot: »Man schwamm nicht mit dem Strom, man schwamm auch nicht dagegen. Man stand erstaunt und hilflos am Ufer. Und als der Damm brach, und das Ufer versank, da gab es nur noch einen Ausweg, die kopflose Flucht ...« Bei Wilhelm Hoegner, dem späteren bayerischen Ministerpräsidenten, damals junger Staatsanwalt und Reichstagsabgeordneter, liest sich das so:

»Wir waren weder Fisch noch Fleisch … Offenkundige Schwäche wirbt nicht, sondern stößt zuletzt die treuesten Anhänger ab.«

Die Bewegung, aus der ich hervorging, durfte sich in der Tat ihrer Mitverantwortung für den Niedergang von Weimar nicht entziehen. Man hatte das beste gewollt … Von dieser Kurzformel will ich mich in der Rückschau nicht ausnehmen, obwohl ich auf Jugendamnestie plädieren könnte. Über eigenes Versagen wurde allzuoft und allzuleicht hinweggeredet: Hitler hätte ohne die Unzulänglichkeiten der »Linken«, der demokratischen Kräfte, nicht siegen können. Dies ist keine Entlastung für die Hugenberg, Schacht, Papen und die anderen Reaktionäre, die glaubten, sich der Nazis als Lakaien bedienen zu können, die sie dann an die Leine legten. Sie verdienten kein Mitleid. Sie kamen nach 1945 viel zu leicht davon.

Meine Lebenserfahrung sagt mir: Das Lager der sozialen Demokratie muß seine Bereitschaft zur Selbstkritik immer wieder schärfen. Wichtig bleibt die Erkenntnis, daß von einem gewissen Punkt an politisches Handeln nicht mehr möglich ist. Und niemals darf die schreckliche Erfahrung vergessen werden, daß die Hölle auf Erden ausbrechen kann, wenn sich die Macht in den Händen von Menschenteufeln oder von Technikern der Menschenverachtung befindet.

OSLO

Über die Ostsee

Am 11. und 12. März 1933, am Rande der Konferenz in Dresden, wurden Vorbereitungen dafür getroffen, einige unserer Genossen ins Ausland zu schaffen, damit sie von dort aus die »illegale« Arbeit im Lande unterstützen könnten. Beim höchst geheimen Gespräch in einer Privatwohnung fiel mir die Aufgabe zu, einem der führenden Mitglieder unserer Gruppe – dem Publizisten Paul Frölich – nach Dänemark entkommen zu helfen. Von dort sollte er sich nach Norwegen begeben, um in Anlehnung an die Arbeiterpartei für einen Stützpunkt zu sorgen.

Einige Tage danach kam er nach Lübeck. Ich hatte vorbereitet, daß er (am 21. März) zur Insel Fehmarn gebracht wurde. Dort sollte er einen hilfsbereiten Fischer finden. Dieser Fluchtversuch mißlang. Frölich war aufgefallen. Er wurde auf der Insel in Landkirchen verhaftet. (Doch er hatte noch Glück: Im Dezember 1933 wurde er entlassen und von Freunden rasch über die tschechische Grenze gebracht. Im Februar 1934 sahen wir uns in Paris wieder.)

Nach dem mißlungenen Fehmarn-Transport war ich in Lübeck – auch aus anderen Gründen – nicht mehr annähernd sicher: So entschied die Reichsleitung – der Ausdruck wirkt heute fremd, doch er war damals nicht ungewöhnlich! –, ich solle trotz meiner jungen Jahre die Frölich zugedachte Aufgabe in Norwegen übernehmen. Ich bestätigte den Auftrag. Was er im einzelnen bedeuten und wie lange er mich von Deutschland fernhalten würde, konnte ich allerdings kaum ahnen. An einem der ersten Tage im April verließ ich Lübeck. Ein Fischkutter sollte mich von Travemünde über die Ostsee nach Dänemark bringen. Mein Großvater hatte mir 100 Reichsmark mitgegeben, die er von dem für mich angelegten Sparbuch abgehoben hatte. Meine Mutter war besorgt, doch sie verstand mich. Mein Halbbruder, vierzehn Jahre jünger als ich, wußte noch nicht, wovon die Rede war. Meine Freundin fühlte sich in der Pflicht für »die Sache«; sie folgte mir dann noch im Sommer nach Norwegen.

Nachdem ein politisch sympathisierender Fischer durch ein Mitglied unserer Gruppe vorbereitet worden war, fuhr ich zu ihm nach Travemünde. Er nahm mich freundlich in seinem kleinen Haus auf. Das Wetter war günstig und sprach dafür, noch in der Nacht mit seinem Schwiegersohn in See zu stechen. Vorher hätte das Unternehmen zweimal an einem Malheur scheitern können. Mit einem Angehörigen der Familie Johannsen ging ich leichtsinnig noch ein Glas Bier trinken. In der Gastwirtschaft stieß ich auf einen Bekannten, der – älter als ich – in der Arbeiterjugend eine kleine Führerfunktion hatte – jetzt äußerte er sich verdächtig freundlich über die Nazis. Vielleicht war er sogar einer von denen, die ihr Hakenkreuzabzeichen schon einige Zeit unter dem Revers getragen hatten? In Lübeck gab es nur wenige Überläufer. Von denen, die nach Tradition und Überzeugung in der deutschen Arbeiterbewegung verankert waren, sind auch anderswo nur wenige zu den Nazis gegangen.

Der einstige Genosse in der Travemünder Gastwirtschaft ließ sich ablenken. Er hat mich nicht denunziert. Die zweite, größere Gefahr: Bevor das Boot TRA 10 nach Mitternacht ablegte – ich war ein paar Stunden vorher an Bord gebracht und gut verstaut worden –, kam ein Zöllner zur Routinekontrolle. Wäre es nicht mehr Routine als Kontrolle gewesen, das Versteck hätte nichts genützt.

Die Überfahrt nach Rødbyhavn auf der dänischen Insel Lolland war stürmisch und unangenehm. Jedenfalls hat sie sich mir so eingeprägt. Der Fischer, der mich hinüberbrachte, erinnerte sich anders. Es habe sich um eine ganz ruhige Fahrt gehandelt, erzählte er, meine Seekrankheit sei Einbildung gewesen. Doch wer einmal richtig seekrank war, was bei mir nur in jungen Jahren vorkam, der wird das kaum vergessen. Im übrigen mag gerade ein solch kleines Beispiel – mit einem zugleich eklatanten und banalen Widerspruch – zeigen, was es mit den Schwierigkeiten des Sicherinnerns auf sich hat. (Man stelle sich vor: Mein hilfreicher »Fährmann« und ich hätten vor Gericht aussagen müssen!) Im übrigen war er mir gram, weil ich nach dem Krieg, aus Berlin, nicht viel von mir hören ließ. Es geschah auch sonst gelegentlich, daß alte, also frühe Weggefährten meinten, ich hätte mich besser an sie erinnern sollen. Ich bin sicher, daß ich mich von Versäumnissen nicht freisprechen kann. Oft mag die erwartete Aufmerksamkeit an meiner Abneigung gescheitert sein, vor allem aus der persönlichen Vergangenheit zu leben. Außerdem: Wenn man halbwegs bekannt geworden ist, kennt man bei weitem nicht alle Menschen, die einen zu kennen glauben. Die Fähigkeit zur Wahrnehmung flüchtiger Kontakte ist begrenzt, auch für einen Menschen mit einem ziemlich guten Gedächtnis. Dennoch hätte ich Anlaß, darüber nachzudenken, ob Politiker – nicht viel anders als Künstler – von einer besonderen Egomanie heimgesucht werden: Die »Aufgabe«, die natürlich vom Ausdruck der eigenen Persönlichkeit nicht zu trennen ist, drängt oft die Teilnahme am Geschick von Gefährten und Bekannten beiseite. Dies kann manchmal nicht anders sein. Mir scheint es zu billig, dieses Dilemma, dem in einem produktiven und öffentlichen Leben kaum jemand entgeht, mit Phrasen oder Gesten wegzulügen. Doch ich meine, guten Gewissens sagen zu können, daß ich menschliche Bindungen nicht der politischen Opportunität oder den sogenannten Notwendigkeiten geopfert habe.

In Rødbyhavn, wohin ich mit dem Travemünder Fischkutter kam, war von Paßkontrolle keine Rede. Statt dessen wurde ich mit meinem Fährmann von einer Gruppe örtlicher Fischer eingeladen, uns am frühen Morgen mit ihrer Mischung von Aquavit und gezuckertem Kaffee zu stärken. (Bei den Norwegern hieß dies, wie ich erst noch zu lernen hatte, »Kaffeedoktor«.)

Von der Insel Lolland fuhr ich – mit einer dicken Aktentasche als einzigem Gepäckstück – per Bahn nach Kopenhagen. Dort meldete ich mich beim sozialdemokratischen Jugendverband und wurde für die nächsten Tage bei einem »linken« Parteijournalisten, dem Arbeiterdichter Oskar Hansen, einquartiert, der für die skandinavische Arbeiterbewegung einige Liedertexte schrieb, die niemand, der sie kannte, jemals ganz vergaß. Hansen, den ich im gemeinsamen schwedischen Exil wiedertraf, notierte freundliche Erinnerungen an meinen Besuch, doch er hat mich offensichtlich zeitweise mit einem anderen Gast verwechselt. Es habe ihn gewundert, schrieb er, daß »der nette Junge aus Lübeck« sich bei seiner Frau mit Handkuß eingeführt habe. Das wäre ja keine Schande gewesen, aber die Geste paßte nicht zu mir. Später mag ich in Anflügen von Unsicherheit über Stil und Form, vielleicht auch als Zuneigung, diese und jene Hand geküßt haben. Meine Art der Begrüßung war dieser Ausdruck mitteleuropäischer Höflichkeit nicht. Doch was hätte ich dagegen haben sollen, daß jemand, der mit dieser Manier aufwuchs, ihr auch treu blieb? Ein proletarisch aufgemachter Purismus hat mich nie überzeugt.

Die wenigen Tage in Dänemark bestätigten Eindrücke, die ich schon als Dreizehnjähriger gewonnen hatte, als mich eine nette Familie Nielsen in Vejle bei sich aufgenommen hatte. Auf den jungen Lübecker wirkte das nördliche Nachbarland, dessen Grenze buchstäblich vor den Toren seiner Stadt gelegen hatte – schon in jenen Jahren –, wenig fremd. Die Menschen erschienen mir relativ wohlhabend und ziemlich ausgeglichen.

In Kopenhagen belegte ich einen Dritte-Klasse-Platz auf dem Schiff nach Oslo. In meinem Paß aus dem Jahre 1931 fehlte der neu eingeführte Sichtvermerk, aber das wurde von den Norwegern nicht weiter beanstandet. Die ersten paar Wochen nahm mich eine liebenswürdige, liberale Familie am Stadtrand auf – ich hatte die Tochter auf dem Schiff kennengelernt und mich mit ihr ein wenig angefreundet. Für die nächsten Monate fand ich ein möbliertes Zimmer in einem einfachen und blitzblanken Arbeiterhaushalt.

Der erste politische Weg führte mich, am Tage nach meiner Ankunft, zu Finn Moe, dem Außenpolitiker in der Redaktion von »Arbeiderbladet«, dem mein Kommen aus Berlin – und aus Lübeck – avisiert worden war. Er, der leicht spöttelnd der »Reiseonkel« der Arbeiterpartei genannt wurde, war ein glatzköpfiger, stark bebrillter, geheimrätlicher Mann von dreißig Jahren, der sich in der Welt auskannte. In den kommenden Jahren fanden wir bei unseren häufigen Berührungen zu einem guten Verständnis – trotz unterschiedlichster Temperamente: Im Vergleich zu ihm war ich ein sprudelnder Südländer, er im Vergleich zu mir der Zögerer par excellence. Nach dem Krieg wurde Finn Moe Vorsitzender des Auswärtigen Ausschusses im Storting, dem norwegischen Parlament. Zeitweilig vertrat er sein Land bei den Vereinten Nationen, auch im Sicherheitsrat. Früher als andere bemühte er sich um engen Kontakt mit dem neuen Deutschland; und er gehörte zu den Politikern, die engagiert dafür arbeiteten, den Kalten Krieg zu überwinden und Wege der Entspannung zwischen Ost und West zu suchen.

Finn Moe gehörte noch dem Vorstand der Jugendorganisation an. Für das 14tägig erscheinende Blatt des Verbandes, in der Nummer zum 1. Mai 1933, schrieb ich meinen ersten norwegischen Artikel: natürlich radikal und von Illusionen ganz und gar nicht frei. Doch meine Einschätzung dessen, was kommen würde, war so abwegig nicht: Der Faschismus werde – so meinte ich – die Erschütterungen nicht überleben, die ein Krieg mit sich führe. Bald danach publizierte ich, zuerst bewußt nicht in der Parteipresse, Artikel, in denen nachgewiesen wurde, daß die Kriegsvorbereitungen rasch nach der Machtübernahme in Gang gekommen waren; ich stützte mich auf konkrete Informationen und begründete Annahmen.

Kein typischer Weg

Ich ging nicht schlechten Gewissens an Bord des Fischkutters, der mich über die Ostsee brachte. Feigheit in meiner politischen Existenz habe ich mir in der Rückschau auf jene Jahre nicht vorzuwerfen. Eine sittliche Pflicht, im Dritten Reich zu bleiben und es dem Zufall zu überlassen, ob man schon früh in einem Keller erschlagen oder erst später in einem hassenswerten Krieg verheizt würde, konnte es nicht geben. Über den Entschluß zur Flucht mußte sich jeder selbst Rechenschaft ablegen. Mein Lebensweg blieb ohnehin atypisch.

Mitte der siebziger Jahre untersuchte der Bonner Zeitgeschichtler Hans Georg Lehmann in einer verdienstvollen Habilitationsschrift die Ausbürgerungspraxis des Dritten Reiches. Dabei meinte er, eine auf mich bezogene »Fluchtlegende« widerlegen zu sollen. Doch: Wie anders als durch Flucht hätte ich nach Skandinavien gelangen sollen? Daß mir in Lübeck Verhaftung – mit damals nicht absehbaren Konsequenzen – drohte, wie mir unterderhand angekündigt wurde, läßt sich aus den Polizeiakten der Nazizeit offenbar nicht nachweisen. Vielleicht blieben sie nicht erhalten, obschon sich über die Jahre des Schreckens hinweg Akten oft als beständiger erwiesen denn Häuser oder gar Menschen. Akten könnten auch verschwunden sein, als Zuständigkeiten der Politischen Polizei von Lübeck nach Kiel übergingen. Im Laufe des April 1933 wurden einige meiner Freunde in Lübeck verhaftet. Sie kamen glimpflich davon, weil sie fast alles auf mich abwälzen konnten. Falls es einer Rechtfertigung meines Fortgehens bedurft hätte, schon hier allein wäre sie gegeben gewesen.

Wohlmeinende, auf vorhandene oder fehlende Akten fixierte Zeitgenossen, nicht nur bösartige Widersacher, fragten gelegentlich, was denn wohl ein Neunzehnjähriger von den neuen Machthabern zu befürchten hatte. Mußte er mit Schlimmerem als einer Tracht SA-Prügel oder kurzfristiger Verhaftung rechnen? Wer hätte eine sichere Antwort geben können? Es wurde ohnehin immer schwerer, einer nachfolgenden Generation zu erklären, was schon oder gerade in den ersten Monaten des Jahres 1933 möglich war. Polizei und Justiz waren zwar noch nicht völlig gleichgeschaltet, aber in SA-Kellern und provisorischen

Straflagern wurde manche Rechnung falsch aufgemacht und böse beglichen. (Wer sich beim Aufarbeiten damaliger Zustände auf amtliche Akten stützt, ist ohnehin stets in der Gefahr, nur einen Teil der Wirklichkeit zu erfassen.)

Ob ich ohne Szenenwechsel überlebt hätte? Das war eher zu bezweifeln. Gewiß, ich war noch jung und jenseits unserer Stadtgrenzen so gut wie unbekannt. Aber in Lübeck kannten mich manche aus der terroristischen Umgebung der neuen Machthaber. Sie gingen in einigen Fällen gnadenlos mit den Opfern um, die ihnen in die Hände gerieten.

Wenn ich schon nicht in Deutschland bleiben konnte, sollte und wollte, war Skandinavien die natürliche Wahl. Wer in Lübeck aufwuchs, hatte in gewisser Hinsicht stets den Norden im Visier, vielleicht sogar im Blut – frei von allem »germanischen« Zauber. Durch Bücher war ich auf Skandinavien schon ein wenig vorbereitet. Die sprachliche Verständigung fiel mir leicht. In dem Jahr vor meiner Flucht hatte ich viel mit skandinavischen Schiffern zu tun gehabt, vor allem beim Ausfüllen ihrer Papiere. Die Lektüre schwedischer, dänischer und norwegischer Zeitungen bereitete mir kaum Schwierigkeiten. Mit dem Niederländischen ging es fast noch leichter. Mit Schiffern aus Holland und Flandern verständigte ich mich mühelos, wenn ich unser Platt sprach – das ich leider nicht mehr völlig beherrschte, als ich 1945 wieder »nach Haus« kam. (Im Johanneum war – nach Englisch, Französisch, Latein – für die letzten beiden Jahre eine vierte Sprache zu wählen. Da ich mir Schwedisch nebenbei aneignete und Russisch nebenher für zu schwierig hielt, entschied ich mich für Spanisch.)

Es war mir fast selbstverständlich, daß ich mich außerhalb der deutschen Grenzen zurechtfinden würde. Schon während meiner Gymnasialjahre wurde ich gelegentlich als eine Art Fremdenführer engagiert, wenn diese oder jene Arbeiterorganisation in Lübeck ausländischen Besuch bekam – zu jener Zeit eher eine Seltenheit. Man traute meinen Sprachkenntnissen mehr, als es gerechtfertigt war. Unsere politische Sicht mag begrenzt gewesen sein, aber eine gewissermaßen unverdorbene europäische Gesinnung nährte das Gefühl, internationale Verständigung könne helfen, neue Kriege zu verhindern. Dann kam Hitler, von dem wir mit unseren Altvorderen gesagt hatten, er bedeute Krieg. Bald sollte sich zeigen, daß diese Voraussage richtig war.

Jahre nach meiner Rückkehr mußte ich mich fragen lassen, warum ich es mir hätte gutgehen lassen, während andere in Deutschland Not litten. Einige Gegner stellten während einer Wahlkampagne – sogar auf Flugzeugtransparenten – die scheinheilige Frage, was denn der Brandt wohl während des Krieges in Norwegen angestellt habe. Franz J. Strauß, tonangebend für andere, verband die Frage, was ich zwölf Jahre lang draußen gemacht habe, mit dem hintergründigen Zusatz: »Wir wissen, was wir drinnen gemacht haben.« So und ähnlich suchte der eine und andere Entlastung für ein nicht immer gutes Gewissen.

In der Kampagne, der ich Ende der fünfziger und in den sechziger Jahren ausgesetzt war, tauchte immer wieder die Behauptung auf, ich sei ins Ausland gegangen, um mich der Strafverfolgung wegen Körperverletzung oder Schlimmerem zu entziehen. Zunächst glaubte ich, man wollte einen Vorgang hochspielen, bei dem sich einige Hitlerjungen blutige Nasen geholt hatten. Vor den Bundestagswahlen 1972 landete in zahlreichen bundesdeutschen Briefkästen ein »Offener Brief«, aus dem sich ergab, was rechtsradikale Kreise schon vorher in Form dunkler Andeutungen kolportiert hatten. Ein früherer Kriminalobersekretär, der bei der Gestapo in Dänemark gedient und einige Jahre in einer psychiatrischen Anstalt hinter sich hatte, beschuldigte mich nicht nur, am Tod des SA-Mannes schuldig zu sein, der beim Überfall auf Leber am 31. Januar 1933 umgekommen war; er wollte mir auch den Tod eines anderen Nationalsozialisten anhängen, dessentwegen zwei Reichsbannerleute im Herbst 1933 zum Tode verurteilt wurden. Die CDU distanzierte sich von dem Machwerk des geistesgestörten Gestapomannes; manche verbreiteten seine Schmähschriften trotzdem weiter, in Lübeck noch im Jahr 1980.

Ich weiß heute, daß ich mich zu oft und zu lange bei diesen infamen und absurden Beschuldigungen aufgehalten habe und mir dadurch Kraft für Wichtigeres nehmen ließ. Ich hätte meine Feinde entschiedener auf das Wesentliche hinweisen sollen: Mein Lebensweg wich in der Tat von dem der meisten meiner Landsleute erheblich ab. Das war nicht deren Schuld, doch auch nicht meine Schande. Ich wollte als junger Mann mit dem deutschen Staat, der rechts- und menschenfeindlich war, nichts zu tun haben. Ich kehrte in mein Land zurück, als es aus tausend Wunden blutend die Chance einer neuen rechtlichen und menschlichen Existenz erhielt. Denen, die eine Pflicht zur nationalen Solidarität auch dann für selbstverständlich erachten, wenn das eigene Land in die Hände verbrecherischer Machthaber gefallen ist, konnte ich nicht gerecht werden; ich habe es als einen Vorzug, auch als ein Vorrecht betrachtet, nicht mit dem Verderben paktieren zu müssen.

Von mir abgesehen: Kein Zweifel, daß der innere Widerstand und das Exil Elemente nicht der Schande, sondern der deutschen Ehre darstellten. Man sprach von den »wenigen Habenstellen« in der jüngsten deutschen Geschichte: gewiß zumindest gegen antideutsche Klischees und törichte Thesen von der Kollektivschuld.

Ich war immer der Meinung, daß es sehr unvernünftig gewesen wäre, den zum Dableiben verurteilten Landsleuten Vorwürfe zu machen oder dem Landser anzulasten, daß er tat, was er als seine Pflicht betrachtete. Aber noch widersinniger wäre es, nachträglich eine Pflicht zum Ausharren feststellen zu wollen. Hätten denn die Mann und Zweig, Feuchtwanger und Brecht und Seghers, Werfel, Renn und Zuckmayer wirklich bleiben sollen? Viele hätte dieser Entschluß das Leben gekostet, das ist gewiß. Der Massenexodus von Schriftstellern (und deutsch-jüdischen Gelehrten) durfte nicht den Vertriebenen, sondern mußte dem verbrecherischen Regime angelastet werden, das sie austrieb. Wer das nicht verstehen will, beweist ein kümmerliches Nationalgefühl. Gerade dem schreibenden Exil ist es zum guten Teil zu danken, daß der Name Deutschlands niemals nur mit Hitler identifiziert wurde und das Bild vom »anderen Deutschland« nicht völlig verdunkelt werden konnte.

... und fürchte dich nicht

Meinen Namen kannte man noch nicht. Doch auch mich hat das Exil nicht in die Selbstzerknirschung getrieben. Im übrigen neigte ich denen zu, die mit einer langen und dann doch zu kurz bemessenen Frist des Wahnsinns rechneten.

Mir ging es in meinen norwegischen Jahren nicht schlecht. Meine materielle Existenz war, nach einem etwas harten Beginn, sorgenfreier als die der meisten Schicksalsgefährten in anderen Ländern. Gefahren für Leib und Leben entkam ich mit mehr Glück als Geschick. Ohne daß es mir recht bewußt wurde, wuchs ich rasch in die Gewohnheiten, den Lebensstil, auch das Denken meiner neuen Umgebung hinein. Den Freunden in Deutschland blieb ich eng verbunden. Doch in vielem und für lange Perioden lebte und dachte ich wie die jungen norwegischen Arbeiter und Studenten, bei denen ich nun zu Hause war.

Ich muß festhalten, was gewesen ist – unabhängig davon, ob dumme Menschen immer noch einmal plappern, »den Emigranten« sei es unverschämt gut gegangen. Führten sie nicht ein Leben ohne Not und Gefahr? An gutgefüllten Fleischtöpfen, während in Deutschland gehungert wurde? Im Krieg ohne russische Winter und alliierte Bombennächte? Und haben sie sich nicht abgewandt von ihrem Volk?

Die Abwendung von Hitler-Deutschland war für die meisten von uns unvermeidlich, doch sie war nicht bequem. Mit einem sorgenfreien Leben und den vollen Fleischtöpfen war es nicht weit her. Wer aus politischen Gründen ins Exil ging, verstand diesen Schritt nicht als Abwendung von seinem Volk, sondern als Dienst an der deutschen (und europäischen) Zukunft. Die Deutschen jüdischer Herkunft litten oft besonders an dem ihnen widerfahrenen Unrecht. Den Holocaust sahen sie so wenig voraus wie wir nichtjüdischen Antinazis. Viele lebten von kärglichen Unterstützungen. In fast allen europäischen Ländern, in denen die politischen Flüchtlinge Zuflucht fanden, herrschte Arbeitslosigkeit. An einen legalen Broterwerb war schon deshalb nicht zu denken. Mit Gelegenheitsarbeiten in Haushalten und bei Bauern ließ sich manchmal etwas verdienen. Die Chancen waren von Land zu Land unterschiedlich. Handwerker waren besser dran als Akademiker. Eine Elite von Wissenschaftlern und Schriftstellern konnte sich auf ihren internationalen Ruhm stützen – aber sie fiel der Zahl nach kaum ins Gewicht. Wie, zum Beispiel, sollte sich ein nicht mehr junger Jurist durchschlagen? Ihm war eine Umstellung im Beruf kaum je ermöglicht oder erlaubt gewesen.

Meine Jugend machte mich flexibler als die meisten meiner Schicksalsgenossen. Ich hatte keine hohen materiellen Ansprüche. Die Unterstützung durch einen Hilfsfonds (der Arbeiterpartei und der Gewerkschaften), auf die ich freilich nicht lange angewiesen war, betrug 15 Kronen in der Woche plus einem monatlichen Mietzuschuß; für Büroarbeiten, die mir das Flüchtlingskomitee anvertraute, wurde mir der wöchentliche Betrag verdoppelt. Das war nicht so wenig, wie es sich heute anhört; die Krone war auch noch etwas mehr wert als die Reichsmark.

Meinem Selbstverständnis entsprach es, daß meine Zeit in erster Linie für politische Arbeit zur Verfügung zu stehen habe, und es war für mich auch selbstverständlich, daß sie ohne Bezahlung zu leisten sei. Ich nahm viele Kontakte für die Freunde in Deutschland wahr. Zum anderen versuchte ich, die Menschen im Gastland über die Gefahren des Nazismus aufzuklären und Hilfen für den Widerstand zu erschließen. Meine Berliner Genossen hielten Oslo für eine wichtige Relaisstation, und sie setzten manche Hoffnungen auf die Norwegische Arbeiterpartei: zuviel, wie sich bald herausstellte. Die – für skandinavische Verhältnisse – große Partei gehörte wie die kleine SAP zu einer Arbeitsgemeinschaft unabhängig-sozialistischer Parteien. Die Norweger waren allerdings im Begriff, sich aus dieser Vereinigung zurückzuziehen und zur engeren Zusammenarbeit mit den sozialdemokratischen Parteien der skandinavischen Nachbarländer zurückzukehren. Auch aus anderen Gründen war es nicht realistisch, die Arbeiterpartei als Nährmutter des Linkssozialismus in anderen Ländern zu betrachten. Gleichwohl wurden in Oslo für uns einige Druckaufträge erledigt, und wir konnten regelmäßig etwas Geld sammeln, das für Hilfsaufgaben und für unsere Auslandsvertretung in Paris von Nutzen war. Was wir für das »andere« Deutschland unternahmen, wird zu berichten sein.

Mein Leben in Oslo war das eines jungen Zugereisten, der freilich rasch heimisch wurde – vor allem im Arbeiterjugendverband. Der zunehmend vertraute Umgang mit der Sprache war während meiner zwölf Jahre im Norden – und auch noch danach – eine entscheidende Hilfe, und er machte mir Spaß. Hätte ich Norwegisch nicht so gut beherrscht, ich würde ein paar kritische Situationen während meines Berlinaufenthalts 1936 und die Wochen in einem Gefangenenlager 1940 vermutlich nicht heil überstanden haben. Mit einem Schuß Selbstironie pflegte ich noch in den Bonner Jahren zu sagen, ich schriebe Norwegisch »etwas besser als Deutsch«.

Meine ersten kleinen Vorträge in der Sprache des neuen Landes hielt ich – auf Veranlassung des Arbeiterbildungsverbandes – in Bergen und am Sognefjord, sechs Wochen nachdem ich mich in Norwegen niedergelassen hatte. Nach dem Besuch in der Industriegemeinde Høyanger fuhr ich zum Aurlandsfjord und marschierte von dort das Tal hinauf zur Eisenbahn, die mich nach Oslo brachte. Während der Wanderung an einem wunderbar klaren Frühlingstag hielt ich mir die Rede, die ich hätte halten mögen, wäre es mit Hitler zu Ende gewesen und ich nach Lübeck zurückgekehrt. Solche Übungen halfen, einen Rest von Heimweh zu überspielen, den selbst die Nazis nicht zu töten vermochten. Mein Lebensgefühl drückte am klarsten das erste der Heineschen »Zeitgedichte« aus: »Schlage die Trommel und fürchte dich nicht …«

Vielen der Schicksalsgefährten ging es elend. Für manchen war es ein großes Ereignis, wenn er zu einem Essen eingeladen wurde oder an der einen oder anderen Spende teilhaben konnte. Ende 1938 machte ich eine besonders deprimierende Erfahrung: Ich hatte zwischen zwei streitenden Gruppen österreichischer Flüchtlinge – der gleichen politischen Richtung! – zu schlichten, als sie bei der Verteilung von Hemden und Unterwäsche meinten, sie seien von den Kameraden übers Ohr gehauen worden. Ähnliche und schlimmere Beispiele menschlicher Kümmerlichkeit waren und sind freilich immer wieder aus Gefangenenlagern zu hören.

Die Flüchtlingsnot war groß – die materielle und erst recht die seelische. Die Flüchtlinge und Vertriebenen waren geschlagene, enttäuschte, entwurzelte, manchmal sogar demoralisierte Menschen, oft noch intim untereinander verfeindet. Sie schleppten ihre Illusionen mit sich. Vor allem die Parteiführer wollten nicht wissen, was der Untergang von Weimar und die wachsende Macht der Nazis für sie und die Welt bedeuteten. Sie versuchten im Namen der Großparteien immer wieder, die Niederlage selbstgerecht fortzuerklären. Doch in Wahrheit trugen sie schwer an den psychischen Wunden, die ihnen das kampflose Debakel geschlagen hatte.

Ich lebte recht und schlecht von freier Journalistik: Berichte aus und über Deutschland, bescheidene außenpolitische Kommentare, Beiträge für Gewerkschaftsblätter (auch solche in den Niederlanden und der Schweiz), nach einiger Zeit gelegentlich die eine oder andere Serie für die Provinzpresse. Ich schrieb viel. Weniger wäre mehr gewesen. Zeilenhonorare (oder ähnliches) erziehen nicht zur Qualität. Bescheidene, doch willkommene Honorare kamen hinzu, wenn der Bildungsverband mir Vorträge bei seinen Kursen anbot. In der ersten Zeit gab ich auch einige Deutschstunden. Mehrere Gewerkschaften, mit deren Vorsitzenden ich auf gutem Fuß stand, nahmen meine Dolmetscherdienste in Anspruch, wenn sie zu ihren Verbandstagen Engländer, Niederländer und Belgier, Schweizer, ein paarmal auch Franzosen zu Gast hatten. Für mich war das besonders interessant, nicht nur wegen der Menschen, die ich kennenlernte, sondern auch wegen der gedanklichen Herausforderung: Schon in der ersten Phase einer Beratung – natürlich nicht bei der Übertragung von Begrüßungsreden – galt es, die Argumente der Gesprächspartner so zu erfassen, daß man den gemeinsamen Nenner oder den möglichen Kompromiß rasch herauszufinden vermochte. Dies konnte, wenn ich für die eine wie die andere Seite übersetzte, einem raschen Gang der Verhandlung sehr zugute kommen.

Als der Krieg näher rückte, im Herbst 1938, wurde ich – wenn auch noch nicht mit behördlicher Erlaubnis – als Sekretär für Öffentlichkeitsarbeit beim Norwegischen Spanienkomitee angestellt. Aus dieser Organisation entwickelte sich später die Norwegische Volkshilfe. Für diese Tätigkeit gab es 500 Kronen im Monat. Mit journalistischer Arbeit konnte ich diesen Betrag verdoppeln. Ich brauchte schon lange nicht mehr, wie in den ersten beiden Jahren, im möblierten Zimmer zu wohnen. Mit Hilfe meiner Lübecker Freundin, die im Sommer 1933 nach Oslo gekommen war, gelang es, eine kleine Wohnung zu mieten und einzurichten.

Norwegen war natürlich nicht eines der großen Länder des deutschen Exils. Im Laufe der Jahre sammelten sich in dem kleinen Land nicht mehr als knapp 200 »Politische« aus dem Dritten Reich. Trotz aller Streitigkeiten und Intrigen gründeten wir in Oslo eine überparteiliche Flüchtlingsvereinigung; zeitweilig war ich deren Vorsitzender.

An der irreführenden Bezeichnung »Emigranten« nahmen wir lange keinen Anstoß. Doch wenn dieser Begriff – nach einem Wort Oskar Maria Grafs – bedeutete, untätig abseits zu bleiben, dann traf er auf uns nicht zu. Die meisten der zwischen 400 000 bis 500 000 Emigrierten verließen »Großdeutschland«, weil sie infolge ihrer Herkunft gefährdet waren. Kaum ein Zehntel erfüllte die Kriterien der politisch aktiven Flüchtlinge, davon weniger als 5000 Sozialdemokraten.

Ob Tausende oder nur Hunderte: In jeder Ansammlung von Exilierten neigt man zu rechthaberischem Streit und zur Zersplitterung. Man versucht, die zu Haus versäumten Schlachten in endlosen Diskussionen nachzuholen. Reden, die in der Heimat nicht gehalten werden können, werden durch leicht entflammte Streitgespräche kleiner und kleinster Gruppen ersetzt. Mißtrauen geht um, Solidarität zerbricht, menschliches Elend nimmt zu. Auf einige meiner norwegischen Freunde wirkte der Umgang mit deutschen Flüchtlingen so abschreckend, daß sie sich später während der Okkupation trotz ernster Gefährdung nicht dazu entschließen konnten, nach Schweden zu fliehen. Einer von ihnen sagte: »Wir fürchteten, daß wir euer Schicksal erleiden könnten, deshalb gingen wir trotz aller Gefahren nicht fort.«

Die Zahl der Menschen, die am eigenen und an dem sie umgebenden Elend zerbrachen, ist nicht klein. In der Liste der Opfer stehen die

Namen von Persönlichkeiten, die weit über ihre Zeit hinauswirkten. Kurt Tucholsky nahm sich schon 1935 in der schwedischen Kleinstadt Hindås das Leben. Ernst Toller suchte den Tod in New York, Stefan Zweig in Brasilien. Im Juni 1940, bevor Lion Feuchtwanger die Flucht aus dem südfranzösischen Lager gelang, verübte – fast an seiner Seite – Walter Hasenclever Selbstmord. Der deutsch-österreichische Schriftsteller Ernst Weiß brachte sich um, als deutsche (und deutsch-österreichische) Truppen in Paris einzogen. Der Kunstschriftsteller Carl Einstein – während des Spanienkrieges Freiwilliger in einer Einheit der Anarchosyndikalisten – rannte auf der Flucht in den Tod. Walter Benjamin setzte seinem Leben ein Ende, nachdem er die Pyrenäengrenze überschritten hatte und auf spanischer Seite gestellt worden war. Die Liste ist noch lang.

Es gab Abschiebungen und Auslieferungen – auch von einst prominenten Persönlichkeiten. Der Krieg holte sich seine Opfer. Der Schriftsteller Rudolf Olden und seine Frau ertranken, als das Schiff, das sie von England nach den USA bringen sollte, von einem deutschen U-Boot torpediert wurde. Das Geschick von vielen Namenlosen blieb unbekannt. Ich denke an einen jungen Genossen, der – war es Ende 1934 oder Anfang 1935? – von untergeordneten tschechischen Behörden an die Nazis ausgeliefert wurde. Oder an jenen begabten und grundanständigen jungen Mann aus Münster, der bei uns in Oslo den Verstand verlor; man brachte ihn mit großer Mühe nach Kopenhagen, damit ihn die Eltern dort abholen konnten. Oder an eine jüdische Studentin in Dresden, der wir im Sommer 1939 die Chance für eine norwegische Scheinheirat besorgten. Sie blieb dann doch in Paris, bis es zu spät war. Sie war blond – das Bild einer »nordischen« Frau –, sie endete dennoch in der tödlichen Deportation. Und der junge Mann, der mit ihr hatte zum Standesamt gehen wollen, starb – als verhinderter Englandfahrer – unter den Schüssen eines deutschen Hinrichtungskommandos … Nein, die »Emigration« war nicht satt und gefahrlos.

Meine »Laufbahn«, die mich später zum respektablen norwegischen Staatsbürger und – nach dem Krieg – zum Staatsdiener werden ließ, begann, als der Polizeichef mich so rasch wie möglich wieder loswerden wollte. Die Arbeiterpartei war noch nicht an der Regierung. Bei der Ausländerpolizei hatte sie auch dann nicht viel zu bestellen. Mir wurde zunächst ein dreimonatiger Aufenthalt genehmigt – mit der Auflage, mich erstens nicht politisch zu betätigen, woran ich mich nicht halten konnte, und zweitens, keiner bezahlten Arbeit nachzugehen. Mit dem Artikelschreiben nahm man es nicht so genau. Aber noch spät im Jahre 1939 – der Krieg hatte begonnen – bestand die Fremdenpolizei auf einer Liste der Artikel, die ich in anderen Ländern veröffentlicht hatte, um meine Behauptung zu prüfen, daß ich von ihrer Honorierung meinen Lebensunterhalt bestritt. Noch lange Jahre bereitete mir jeder Kontakt mit Polizei Unbehagen. Ich weiß von Schicksalsgefährten, daß sie ihre Angst nie mehr loswurden. Mich beunruhigten selbst die sympathischen berittenen Verkehrspolizisten in der norwegischen Hauptstadt.

Wohl im Herbst 1937 erreichte mich eine Vorladung (damals wohnte ich in Sinsen, einer Neubausiedlung außerhalb der alten Stadtgrenze, die Behörde befand sich hinter dem Osloer Polizeipräsidium): Auf Veranlassung des Völkerbundes wurden Flüchtlinge befragt, ob sie »nichtarischer Abstammung« seien. Ich verweigerte aus grundsätzlichen Erwägungen eine Antwort. Die Schalterbeamtin – nichts Böses im Schilde führend – geriet in Verlegenheit, als ich erklärte, dies könne ich mit Bestimmtheit nicht sagen. Ob sie denn »Arier« schreiben könne? Ich verneinte auch das. Was sie schließlich eingetragen hat, blieb mir verborgen. (Übrigens war es auch anderswo, zum Beispiel bei der Berner Zentrale der Schweizer Fremdenpolizei, durchaus üblich, die Nürnberger Judengesetze als rechtens zu betrachten.) Auch war Norwegen nicht so flüchtlingsfreundlich, wie später dann und wann behauptet wurde. Die politische Rechte gab dort wie anderswo ihre Sympathien für Hitler und für Mussolini nicht auf. Man schätzte an den Diktatoren, daß sie »für Ordnung sorgten« und »mit dem Kommunismus aufräumten«.

Die Untersuchungen des Bonner Politologen Lehmann riefen mir auch in Erinnerung, daß sich einige »bürgerliche« Blätter in Oslo im Sommer 1933 mit mir beschäftigt hatten. Ihnen war gesteckt worden, ich sei noch immer in Norwegen, obwohl die befristete Aufenthaltserlaubnis abgelaufen sei. Auch sei ich, entgegen den Vorschriften, im sozialdemokratischen Pressebüro tätig. Einige Monate später brachte mich ein Boulevardblatt grund- und sinnlos mit zwei anderen Deutschen in Verbindung, die beschuldigt wurden, in eine »Sabotageaffäre« verwickelt zu sein. In diesem Fall wies die Polizei die Gerüchte zurück. Ich wäre in Verlegenheit geraten, wenn nicht Männer aus der Führung der Arbeiterpartei bei der Fremdenpolizei und dem reaktionären, gelegentlich bösartigen Chef des »Centralpasskontor« für mich interveniert hätten. Dem Parteivorsitzenden (und späteren Regierungschef) Oscar

Torp rechnete ich hoch an, daß er mich den Ärger, den ich ihm anfangs in der Partei bereitete, nicht vergelten ließ.

Die Deutsche Gesandtschaft in Oslo scheint sich in den ersten Jahren um mich kaum gekümmert zu haben. Vermutlich wußte sie auch nichts von den Beschattern, die besonders 1934 wochenlang hinter mir her waren – und durch ihre langen Mäntel auffielen. Der deutsche Kontakt zu Teilen der norwegischen Bürokratie (wie dem erwähnten Chef des Centralpasskontor) war im übrigen eng. Auf beiden Seiten, vor allem auf der norwegischen, erlaubte man sich erstaunliche Naivität. Die Akten weisen aus, daß das Justizministerium die Möglichkeit prüfte, wie man Flüchtlinge durch Auslieferung loswerden könne. Dabei wurde die Ansicht vertreten, zunächst müsse geklärt werden, ob Deutschland »gewisse Sicherheiten« dafür biete, ausgebürgerte politische Flüchtlinge wieder aufzunehmen, falls Norwegen sie abschieben wolle. Die Gesandtschaft in Berlin sollte beauftragt werden, dieser Frage nachzugehen. Den beteiligten Bürokratien fiel vermutlich nicht ein, daß sie mit dem Leben von Menschen spielten.

Auf Anraten von Freunden ließ ich mich im Herbst 1933 an der Osloer Universität immatrikulieren. Die »Vorbereitende Prüfung« in Philosophie bestand ich im folgenden Jahr mit »Gut« – zu meiner Überraschung, denn ich war nicht gut genug vorbereitet. Die norwegische Sprache läßt der, auch philosophierenden, Phraseologie wenig Auslauf. Mit meiner kleinen Klausurarbeit über Auguste Comte kam ich nur deshalb zu einer guten Zensur, weil ich gebeten hatte, mich der deutschen Sprache bedienen zu dürfen; dies wurde mir ohne Schwierigkeiten gewährt. Sonst hätte ich bei gleich geringem Wissen einen nicht annähernd so umfangreichen Text produzieren können.

Ich hörte Vorlesungen in Geschichte, las viel Pflichtstoff, saß an ein paar politisch-historischen Manuskripten, die im Krieg verlorengingen. Mein politisches Engagement mit den damit verbundenen langen Abwesenheiten erlaubte kein abgeschlossenes Studium. Die Ehrendoktorwürden späterer Jahre dürfen kaum als Ersatz für einen ordentlich erworbenen akademischen Titel betrachtet werden.

In Oslo und auch in Stockholm war für mich jede Tätigkeit der antinazistischen Aufgabe untergeordnet. Deswegen war ich im Exil.

Nordische Demokratie

Der Aufenthalt in Oslo – dieser nicht besonders schönen, aber dafür um so schöner gelegenen Hauptstadt mit ihrem herben Reiz, in gewisser Hinsicht provinziell und doch weltoffen – kam meiner persönlichen Neigung und meinen politischen Sympathien durchaus entgegen. In der überschaubaren Metropole blieben mir die Bedrückungen erspart, unter denen ich in den Riesen- und Weltstädten zunächst immer litt: dem Gefühl, nicht richtig Luft holen zu können, womöglich erwürgt oder erstickt zu werden. Das war 1933 in Berlin nicht anders als 1934 in Paris oder 1937 in London. Und als ich nach dem Krieg zum erstenmal durch New Yorker Straßenschluchten ging, kam das gleiche Gefühl wieder auf. Das breit hingelagerte und dabei doch übersichtliche Oslo gewann für mich etwas Vertrautes und Familiäres. An den langen Sommerabenden boten Fjord und Wald viele Möglichkeiten der Freude und Erholung. Sonntags unternahmen wir – auch wenn der Sonnabend nicht selten lang geworden war – fast immer mehrstündige Wanderungen, zur Winterszeit auf Skiern.

Politisch fühlte ich mich wohl, weil in der Arbeiterpartei eine frische und unverbrauchte Atmosphäre herrschte. International galt sie als unabhängig, etwas links von der traditionellen Sozialdemokratie. Ich wies schon darauf hin, daß die älteren Parteifreunde, die mich mit der Oslo-Mission betraut hatten, die Gemeinsamkeiten überschätzten. Sie wußten nicht, daß sich die Norweger anschickten, sich ohne schlechtes Gewissen zu Reformisten zu mausern, auch wenn sie sich wegen der Streitigkeiten nach 1918 überwiegend nicht Sozialdemokraten nennen mochten. Doch auf dem Weg, der sie 1935 an die Spitze der Regierung führte, waren sie den schwedischen und dänischen Sozialdemokraten wieder nahegekommen. Diesen Weg ging ich, nach anfänglichem Stolpern, schließlich gern mit. Dabei lernte ich viel für meine spätere Arbeit. Die nordischen Jahre waren in mancher Hinsicht die prägendsten Jahre meines Lebens. Ich begann zu verstehen, was nicht nur Rechtsstaatlichkeit und Freiheitlichkeit, sondern auch Liberalität und mitbürgerliche Solidarität bedeuten konnten. Ich begriff die Chancen einer Sozialpolitik, die eine Orientierung an der Armenhilfe weit hinter sich läßt.

Ich war ein eifriges, zu Beginn aufmüpfiges Mitglied des Jugendverbandes. Dieser war der Arbeiterpartei kollektiv angeschlossen. Aufgrund dieses Organisationsaufbaus waren drei oder sogar vier verschiedene Mitgliedschaften einer Person in der Partei nicht ungewöhnlich.

Ich gewöhnte mich an manches, was anders als bei uns war, verlor einen Teil meiner übertriebenen Selbstsicherheit, doch nicht meiner kritischen Grundhaltung. Die Norweger nahmen mich auf ihre zunächst abwartende, doch freundliche und hilfsbereite Art bei sich auf. Die Gastgeber, die mir Verwandte wurden, erlebte ich als ein – alles in allem – ehrliches, rechtschaffenes, freiheitsliebendes Volk. Vor allem die Ehrlichkeit verblüffte den Fremden: Man konnte seinen Koffer für Stunden auf dem Bahnhof stehenlassen, ohne ihn bei der Rückkehr zu vermissen. Auch das Fahrrad brauchte man nicht abzuschließen; ein Freund holte das seine dort wieder ab, wo er es Wochen zuvor sorglos abgestellt hatte, als er nach Dänemark fuhr. Das Haus – erstaunlich viele Menschen außerhalb der größeren Städte hatten ihr eigenes Häuschen – wurde normalerweise nicht abgeschlossen: Lang ist es her … Man ließ im übrigen das Licht brennen, auch wenn man es längst nicht mehr brauchte, mancherorts rund um die Uhr: Strom war billig. Die aus der Wasserkraft gewonnene Elektrizität schien unerschöpflich.

Norwegen hatte im Mittelalter seine Unabhängigkeit verloren. Bis ins frühe 19. Jahrhundert (und bis zur Union mit Schweden) war es eine Art dänischer Kolonie. Im Gang der Jahrhunderte wurde es zur vorherrschenden Überzeugung, daß das Land »durch das Gesetz gebaut, nicht durch Gesetzlosigkeit zerstört« werden solle. Eigenverantwortung wurde viel größer geschrieben, als es sich mir aus deutscher Geschichte (und norddeutscher Erfahrung) mitgeteilt hatte. Es gibt nicht viele Länder in Europa, in denen das Bauerntum in dem Bewußtsein lebte, immer frei gewesen zu sein. Es gibt auch nicht viele Staaten, in denen die Demokratie weniger von den Städten als vielmehr vom Lande, von der bäuerlichen Bevölkerung her durchgesetzt wurde. Der Vater eines meiner Freunde sprach oft von seiner Überzeugung, daß sich die Arbeiterbewegung als das legitime, »echtgeborene« Kind des Liberalismus zu verstehen habe. Dies hatte er nicht anders gesagt, als er in den zwanziger Jahren zu den führenden Radikalen seines Landes (und zum Exekutivkomitee der Komintern) gehörte. Die freiheitliche Geschlechterfolge bedeutete in diesem Verständnis, daß die Arbeiterbewegung das Erbe der – überwiegend bäuerlichen – »Venstre« angetreten habe. Venstre, so hieß die »Linke« – im Gegenteil zur »Høyre«, der konservativen »Rechten« –, die beim Übergang vom vorigen Jahrhundert die politische Demokratie begründet und für breite Schichten des Volkes erfahrbar gemacht hatte. (Erst im Vergleich wird richtig klar, wie unendlich viel schwieriger es in Deutschland um das liberale Erbe bestellt war: Die Repräsentanten des Bürgertums brachten es nicht einmal zuwege, daß die elementaren Bürgerrechte Wirklichkeit wurden. Diese historische Rückständigkeit erklärt einen Teil der deutschen Fehlentwicklungen.)

Der starke Wille zu Unabhängigkeit und Freiheit, nicht selten bis hin zum Eigenbrötlerischen, mochte zum Teil aus den Gegebenheiten der weitflächigen – und oft unwegsamen – Natur stammen. Die Tradition des Seefahrens wirkte gewiß nach, auch die jahrhundertelange Abwehr fremder Vormundschaft. Der Wille zum freien und geschützten Eigenleben war so stark, daß selbst die »Sicherheitsorgane« nach 1940 ihn nicht brechen konnten. Der Widerstand gegen Nazismus und Besatzung stützte sich auf ein hochentwickeltes Rechtsbewußtsein. Es waren Richter, die sich allen anderen voran gegen Übergriffe auflehnten und Versuche der Gleichschaltung zurückwiesen. Der Präsident des Obersten Gerichts gehörte (nach seiner Absetzung) zur engsten Führung des zivilen Widerstands. Welten trennten dieses nordische Land von jenem Dritten Reich, in dem sich die Justiz zur Dirne der Terrorpolitik machen ließ (ohne daß die Blutrichter anschließend zur Rechenschaft gezogen worden wären!).

Odd Nansen, der Sohn des Polarforschers, wurde mir ein guter Freund, nachdem er in einer deutschen Lagerhölle unsäglich gelitten hatte. Seine aus Sachsenhausen herausgeschmuggelten Aufzeichnungen sind eines der erschütternden Dokumente unserer Zeit. Fridtjof Nansen, der Vater, nicht gerade der Typus eines modernen Demokraten, wurde beim Völkerbund – an den man in allen skandinavischen Ländern übertriebene Hoffnungen knüpfte – zu einem großen Fürsprecher für Menschlichkeit. Er organisierte die Hilfe für das hungernde Rußland; einige Kategorien von Staatenlosen erhielten einen Paß, der nach ihm benannt wurde. Der Sohn, Architekt von Beruf, führte die Tradition weiter. Vor dem Krieg half er Flüchtlingen, denen es an politischen Fürsprechern fehlte. Nach dem Krieg wandte er sich sofort wieder humanitären Aufgaben zu. Es gab viel zu tun … Ob für notleidende Spanier am Ende des Bürgerkriegs oder für Berliner Kinder nach der Blockade: Fast alle Hilfsaktionen weckten im Norden bei vielen Menschen die Bereitschaft, praktische Menschlichkeit zu beweisen. Mich beeindruckte, mit welcher Selbstverständlichkeit sich Angehörige aller Schichten, nicht selten großzügig, an Sammlungen beteiligten. Man verließ sich nicht darauf, daß Vater Staat schon seine Pflicht oder Pflichtübung tun werde.

Vertreter von Gewerkschaften und Wirtschaftsverbänden, der Kirche, des kulturellen Lebens, freiwilliger humanitärer Organisationen zeigten sich immer wieder bereit, für Verfolgte und Bedrängte zusammenzuarbeiten. Diese Art von Hilfsbereitschaft erschien mir beispielhaft.

Doch es gibt kein Volk, das allein vorteilhafte Eigenschaften für sich in Anspruch nehmen könnte – sofern es überhaupt angeht, ganzen Völkern einheitliche »Charaktere« zuzuschreiben. Zweifel an solcher Art kollektiver Psychologie drängen sich auf, wenn man bedenkt, wie sich das Rollenbild zum Beispiel der (einst so friedfertigen) Deutschen oder der (einst so kriegslüsternen) Schweden im Laufe der Jahrhunderte wandelte. Mir würde es nicht schwerfallen, neben den guten norwegischen Eigenschaften auch solche vorzuführen, die nicht zum Beifall einladen. Aber weshalb sollte ich? Es könnte vom Hang zur Selbstgerechtigkeit und von der Anfälligkeit für Eigenbrötlerisches die Rede sein, vom Widerspruch zwischen Freiheitspathos und pietistischem Kleingeist, vom streitsüchtigen Starrsinn kleiner Bauern, die sich für kleine Könige halten – all diese Eigenarten können beschwerlich, ärgerlich und zugleich auch auf schwierige Weise sympathisch sein. Mit der Neigung, sich als Mittelpunkt der Welt zu betrachten, stehen die Norweger weiß Gott nicht allein da.

Auf merkwürdige Weise hat sich die Legende verbreitet, Norwegen sei schon lange, mindestens seit Anfang dieses Jahrhunderts, ein wohlhabendes Land. Überdies glaubt man, in jenem Land habe seit eh und je nationale Harmonie geherrscht – und Spannungen seien ihm stets fremd gewesen. Das ist, übrigens, auch was Schweden und Dänemark betrifft, natürlich nicht zutreffend. Als ich in den Norden kam, kämpfte man in den Städten mit den Problemen der Arbeitslosigkeit, und auf dem Lande waren Zwangsversteigerungen der Schrecken der Bauern. Von den Klischees traf eines zu: Das Land blitzte vor Sauberkeit. Die hygienischen Verhältnisse waren für jene Zeiten vorbildlich, die Kindersterblichkeit niedriger als in irgendeinem anderen Land der Welt. Doch es gab Not. Auch in den Arbeitskämpfen dieser – angeblich – »heilen Welt« waren Polizei oder Militär gegen streikende Arbeiter eingesetzt worden. Die Bitterkeit war mit den Händen zu greifen. Stark hat sich mir die Armut der hart geforderten Waldarbeiter eingeprägt. Vielen Fischern und Kleinstbauern ging es nicht besser.

Die ärmsten Schichten waren – wie überall – am stärksten vom Alkoholismus gefährdet. Ich fand hier Parallelen zu mecklenburgischen

Landarbeitern (oder schlesischen Webern); allerdings war es im Norden üblich, Schnaps für Eigengebrauch zu brennen. Eines Abends hatte ich in einer Waldarbeitergemeinde einen Vortrag gehalten. In der Pause vor dem unterhaltenden, gewissermaßen gemütlichen Teil bat man mich herauszukommen. Eine Gruppe von Vorstandsmitgliedern stand hinter dem Gemeindehaus. Man fragte mich: Ich sei doch wohl nicht Abstinenzler. Das konnte ich nicht guten Gewissens bejahen. Aber ich fand es durchaus nicht angenehm, mit von der Partie zu sein, als eine Schnapsflasche in heimlicher Dunkelheit die Runde machte.

In Norwegen wurde der Kampf gegen den Suff als wichtiges Element des Kampfes um die soziale Befreiung verstanden. Für die Generation von Arbeiterführern, der ich begegnete, war das Abstinenzprogramm von elementarer Bedeutung. Dabei spielten, in manchen Regionen stärker als in anderen, pietistische Einflüsse ihre eigene Rolle. Auch in Schweden, kaum in Dänemark, gab es in der Arbeiterbewegung eine alkoholfeindliche Tradition. August Palm, ein aus Dänemark gekommener Schneidergeselle, der in Deutschland in die Lehre gegangen war, hatte der schwedischen Arbeiterbewegung durch seine sozialistische Agitation Bahn gebrochen; in seinen späten Jahren donnerte er – wie Peter Weiss festhält – »alttestamentarisch gegen den Sittenverfall, den Alkoholismus an«. (In Österreich verzichtete Victor Adler auf jeden Alkoholgenuß, um vor denen glaubwürdig zu sein, deren Denken er gefährdet sah.)

Einige Monate ehe ich nach Oslo kam, war die von der Bauernpartei gestellte Regierung abgelöst worden. Ein Major namens Vidkun Quisling, der zu traurigem Ruhm gelangen sollte, war zu jener Zeit Verteidigungsminister. Die Führung der nachfolgenden Regierung übernahm ein Schiffsreeder aus Bergen, der ein angesehener Liberaler war. Im Oktober 1933 brachten die Wahlen zum Storting der Arbeiterpartei einen großen Erfolg. Sie gewann 22 Mandate hinzu und wurde mit 69 von 150 Sitzen zur eindeutig führenden Kraft. Mit der Forderung »Das ganze Volk in Arbeit« war sie in den Wahlkampf gezogen, und sie bemühte sich nun – in gewisser Parallelität zu den schwedischen Sozialdemokraten – um eine positive Antwort auf die Wirtschaftskrise. Bei uns in Deutschland war eine solche Antwort nicht gegeben worden. In den Vereinigten Staaten weckte Franklin D. Roosevelt mit seinem New Deal neue Hoffnung. Die Skandinavier fanden ihren eigenen Weg.

Die »Bürgerlichen« versuchten zunächst noch, die Arbeiterpartei von der Regierungsverantwortung fernzuhalten. 1935, nachdem ein »Kuhhandel«, die parlamentarische Stützung durch die Vertretung der Landwirte, gesichert war, konnte Johan Nygaardsvold – ein grundsolider, nicht gerade brillierender, jedoch instinktsicherer, Vertrauen und Ruhe ausstrahlender Mann aus der Arbeiterschaft – das Amt des Ministerpräsidenten übernehmen. In den skandinavischen Ländern wird der Regierungschef als »Staatsminister« bezeichnet. Er blieb – über die Wahlen von 1936 hinweg – in diesem Amt, bis er 1945 aus dem Londoner Exil zurückkehrte. Nach dem Krieg wurde zunächst eine Allparteienregierung gebildet.

Während des Krieges und im Exil zeigte sich, welches Glück die Norweger hatten, als sie 1905 den dänischen Prinzen Carl zu ihrem König (Haakon VII.) machten. Er ermöglichte seinem schwergeprüften und durch mancherlei Spaltung bedrohten Volk, sich in einem unangefochtenen Staatsoberhaupt wiederzufinden. »Radikale« republikanische Dichter huldigten dem König 1940 und nahmen dafür Verfolgung auf sich! Anders als mit seinem Sohn und Nachfolger Olav, hatte ich nie Gelegenheit, mit König Haakon zu sprechen. Doch Freunde, die an Regierungssitzungen unter seinem Vorsitz teilgenommen hatten, berichteten von seinem gleichermaßen sozialen und demokratischen Engagement. Er zögerte nicht zu sagen, daß er sich als eine Art Sozialdemokrat verstehe, »wenn auch vielleicht von mehr dänischer Prägung«; der Hinweis auf Dänemark sollte betonte Mäßigung zum Ausdruck bringen.

Als der König nach den Wahlen von 1927 nicht von dem ungeschriebenen Gesetz abwich, den vom parlamentarischen Führer der stärksten Partei vorgeschlagenen Kandidaten mit der Regierungsbildung zu beauftragen, wurde er von empörten Herren aus der konservativen Ecke bedrängt. Man erzählte: Als einer von ihnen aufgeregt im Schloß erschien, um Majestät zu sagen, er dürfte doch nicht einen »Kommunisten« die Regierung bilden lassen, erhielt er die einfache und entschiedene Antwort: »Ich bin auch der König der Kommunisten.«

Ein älterer liberal-konservativer Professor, der vor dem Ersten Weltkrieg Minister war und zu meiner Zeit dem Nobelinstitut vorstand, erinnerte sich: Zahlreiche Arbeiter waren 1911 von einer Massenaussperrung betroffen; sie litten Not, und das sozialdemokratische Zentralorgan in Oslo – damals noch Christiania – rief zu Spenden auf. Der König, der die Aussperrung als Unrecht empfand, ließ den – dem Ressort nach zuständigen – Justizminister kommen, um ihn zu bitten, sich für eine rasche Beilegung des Konflikts zu verwenden – sonst werde er sich unter Nennung seines Namens an der Spendensammlung beteiligen. Das wirkte.

Martin Tranmæl

Wer die Skandinavier nur oberflächlich kennt, mag von ihren Gemeinsamkeiten beeindruckt sein: engverwandte Sprachen und Kulturen, hoher Lebensstandard, moderne Demokratie mit altmodischer (repräsentativ-monarchischer) Staatsspitze. Doch diese nordischen Nachbarn und Verwandten weisen im Verhältnis zueinander auch erhebliche Gegensätzlichkeiten auf. Unterschiede der Mentalität sind, bei erlaubter Verallgemeinerung, mit den Händen zu greifen.

Im Mai 1936 sollte ich für »meine« Norweger bei einem Gewerkschaftskongreß in Paris dolmetschen. Sie kamen gemeinsam mit ihren schwedischen und dänischen Kollegen am Gare du Nord an. Man aß in dem nicht weit entfernten Hotel, in dem alle drei Delegationen untergebracht waren. Nach dem guten Essen und dem Kaffee »mit avec« wünschten die Schweden gute Nacht: sie seien müde. Die Dänen meinten, man sollte noch einen trinken. Als auch das passiert war, sagte einer meiner beiden Norweger: »Willy, jetzt schauen wir uns Paris an.« Das taten wir. Wäre auch ein Finne dabeigewesen, hätten wir unsere nächtliche Wanderung womöglich noch bis zum Frühstück nicht beendet gehabt. Die Unterschiede der Temperamente spiegelten sich in der Politik.

Die Arbeiterbewegungen und sozialdemokratischen Parteien der nordischen Länder wiesen viel Gemeinsames auf, aber sie hatten sich dennoch voneinander unabhängig und unterschiedlich entwickelt. Die Sozialdemokratie in Dänemark war die älteste, und sie hatte sich dort am ruhigsten entfaltet. Das hing mit dem gemächlichen Tempo der industriellen Entwicklung zusammen: Handwerksbetriebe und Kleinunternehmen herrschten vor, Großbetriebe waren die Ausnahmen. Die Zahl der Industriearbeiter wuchs nur langsam; dies dämpfte die sozialen Gegensätze. Auch die Reibungen innerhalb der politischen und gewerkschaftlichen Bewegung waren geringer als in den anderen skandinavischen Ländern. Das Leben in Dänemark zeichnete sich durch ein hohes Maß der bedächtig-behaglichen »Gemütlichkeit« aus; davon hatte ich mich schon 1927 und wieder im Sommer 1931 überzeugen können.

Schweden und Norwegen aber erlebten zu Anfang des Jahrhunderts, vor allem durch die Nutzung von Wasserkraft, eine explosive industrielle Entwicklung. Soziale Turbulenzen waren unvermeidlich, und die wirkten natürlich in die Arbeiterbewegung hinein. In allen drei Ländern war ein starker Einfluß von programmatischen Aussagen der deutschen Sozialdemokratie zu beobachten. Dies galt vor allem für die Dänen. Syndikalistische Einflüsse kamen in Schweden und Norwegen hinzu und mischten sich mit einem Radikalismus, der gegen Ende des Ersten Weltkriegs durch die Russische Revolution beflügelt wurde und von dem in den ersten Jahren danach in nicht geringem Maße die kommunistischen Parteien profitierten.

In Finnland, das zur »nordischen« Familie zählt, zur »skandinavischen« aber strenggenommen nur durch seinen schwedischen Bevölkerungsteil, war die Arbeiterbewegung infolge der Zugehörigkeit zum alten Rußland und später auch infolge der Nähe zur Sowjetunion geprägt worden. Ideologisch fühlte sie sich der deutschen Sozialdemokratie eng verbunden. Von der tragischen Entwicklung, die die Finnen mit ihrer Arbeiterbewegung zwischen den beiden Weltkriegen zu durchschreiten hatten, wird die Rede sein.

Island habe ich erst Jahrzehnte später kennengelernt. In meiner Jugend gehörte es noch zu Dänemark. Die Norweger empfanden eine besondere Nähe zu den isländischen Verwandten. Einigen von ihnen begegnete ich auf eine Art, die Eindrücke lebhafter Sympathie hinterließ, in meinen Stockholmer Jahren. Doch ich lernte auch die beachtlichen Eigenwilligkeiten kennen, mit denen die im Nordmeer heimischen Europäer ausgestattet sind. Eine Sozialdemokratie gab es seit dem Ersten Weltkrieg, die Arbeiterbewegung hatte etwas früher begonnen. Ihre wiederholte Radikalisierung hat mit den Menschen zu tun und mit den Bedingungen, unter denen sie ihr Land modern gestalten.

In Norwegen verbanden sich Ende des Ersten Weltkriegs Sympathien für die Russische Revolution mit den Aktivitäten einer linken Opposition, die in der Arbeiterpartei und im Gewerkschaftsbund die Führung übernahm; beide – Partei und Gewerkschaften – blieben eng miteinander verbunden. Die Partei basierte – damals und später – zu wesentlichen Teilen auf der Mitgliedschaft lokaler Gewerkschaften, doch nicht – wie in England – ganzer Gewerkschaftsverbände. (Auch in Schweden gab es kollektive Mitgliedschaften, während die dänische Sozialdemokratie – ähnlich der deutschen – auf individuelle Mitgliedschaft baute.)

Die radikale »Linke« eroberte auf dem Parteitag Ostern 1918 die Mehrheit. Die Arbeiterpartei gehörte im folgenden Jahr zu den Gründungsmitgliedern der Komintern – als zunächst einzige Massenpartei außerhalb Rußlands.

Die Neigung zu einer gewissen Radikalität war nicht nur durch die Eigenheiten der politischen Geschichte, sondern vor allem auch durch die Sprunghaftigkeit der wirtschaftlichen Entwicklung bedingt, die sich parallel zur Lösung von der schwedischen Krone vollzog. Die industrielle Nutzung der Wasserkraft ließ an geeigneten Plätzen, mit Vorzug an Fjorden, neue Zentren der Elektrochemie und Elektrometallurgie entstehen. Der Ausbau der Infrastruktur nahm Arbeitskräfte in Anspruch, die im wesentlichen vom Lande kamen; Söhne von Kleinbauern, nicht von städtischen Handwerkern oder von Tagelöhnern. Sie gelangten aus der Naturalwirtschaft, nahezu ohne Zwischenstufen, in die neuen Industriezentren. Eine so rekrutierte Arbeiterschaft war aufnahmebereit für revolutionäre Ideen. Schwedische Arbeiter, die unter anderem zum Bau von Eisenbahnlinien ins Nachbarland kamen, übten gewissen Einfluß aus. Nach Schweden aber waren Ideen des französischen Syndikalismus vorgedrungen. Ähnliche Impulse aus den Vereinigten Staaten erreichten Norwegen auf dem direkten Wege.

Damit begegnen wir der für Jahrzehnte führenden Persönlichkeit der norwegischen Arbeiterpartei: Martin Tranmæl, 1879 nicht weit von Trondheim geboren, Bauernsohn, Malergeselle, später Journalist. Ich habe diesen Mann bewundern gelernt, doch zunächst war er mir unheimlich – seine einzelgängerische Persönlichkeit neigte zu rednerischen Explosionen. Wesentlich geprägt hatten ihn zweifellos die Herkunft vom Lande und zwei USA-Aufenthalte zu Beginn des Jahrhunderts.

1905, im Jahre der norwegischen Trennung von der schwedischen Krone, hatte er in Chicago an der Gründung des Gewerkschaftsbundes IWW (International Workers of the World) teilgenommen. Jene Organisation folgte zunächst radikalen sozialistischen Ideen, nach 1905 geriet sie in ein antipolitisch-syndikalistisches Fahrwasser. Bei Tranmæl ließ sich das frühe Bemühen spüren, Ideen des revolutionären Syndikalismus mit solchen des demokratischen Sozialismus zu verschmelzen. Aus den USA brachte er zudem die Überzeugung mit, daß den Arbeitern nicht mit Innungsgewerkschaften gedient sei, sondern daß sie Industrieverbände brauchten.

Als Handwerksgeselle hatte Tranmæl vor dem Ersten Weltkrieg das europäische Ausland kennengelernt. Wir plauderten gelegentlich während der Stockholmer Jahre, und er erzählte von den Erfahrungen eines wandernden Gesellen in Hamburg, Köln und Wien, von Paris und Italien. Berlin rühmte er als »eine der ansprechendsten, saubersten und gesündesten Städte der Welt«. Das Vorurteil, die Norweger hätten mit dem Rücken gen Westeuropa gelebt, beruht überhaupt – wie das geistige Leben zeigt – auf einem Irrtum. Richtig ist jedoch, daß, schon infolge der Seefahrt, der Kontakt zum Angelsächsischen besondere Spuren hinterließ. Die starken Verbindungen mit Amerika stammten aus den ungewöhnlich hohen Auswanderungszahlen; das gleiche gilt für Schweden. Manches wirkte auch von drüben zurück.

Tranmæl, ein bedeutender Mann, der in seinem Land in der langen Epoche von 1910 bis 1960 entscheidenden Einfluß ausübte, blieb in der Welt, ganz gewiß in Deutschland, unbekannt. So wenig wissen europäische Nachbarn voneinander. Er bewies ein seltenes Talent im Umgang mit der Macht – weniger der des Staates als der durch die Organisation. Ich hielt ihn – wie ich mit einer Prise Ironie sagte – für den tüchtigsten Fraktionspolitiker nach Stalin. Julius Braunthal schrieb von ihm, er sei »ein hinreißender, von echtem ethischem Pathos bewegter Redner, ein begabter Journalist und glänzender Organisator« gewesen. Borkenau nannte ihn gar einen Stilisten. Richtig ist, daß er jahrzehntelang seine Schlüsselstellung als Chefredakteur von »Arbeiderbladet« glänzend zu nutzen verstand. Richtig ist weiter, daß er eine Unzahl von Leitartikeln zu Papier brachte. Aber daß er ein großer Stilist gewesen sein soll, halte ich für eine starke Übertreibung. Seine einhämmernden Kolumnen waren im Flugblattstil geschrieben: mit einem Wortschatz, der eher noch unter dem Adenauers lag. Er bediente sich einer eigenwilligen Zeichensetzung, die den Abstand zwischen zwei Punkten so kurz wie möglich hielt, und scheute sich nicht vor einer Wiederholung, wenn sie ihm wirkungsvoll zu sein schien. Er war in der Tat ein ungewöhnlicher Organisator und – realiter – ein Parteichef, der nie in Verlegenheit geriet, wenn er einen Vertrauensmann von Partei oder Gewerkschaft aus noch so fernen Gefilden traf. Er erinnerte sich immer, wann und wo sie einander zuletzt begegnet waren, wann der Sohn zur Schule gekommen oder die Tochter konfirmiert worden war.

Gewiß war er auch ein – viele, doch nicht alle – mitreißender Redner. Ich erlag jedoch kaum der Hypnose seiner Rhetorik. Das gefühlsbetonte und manchmal sogar aufwühlende Pathos dieses seltsamen Menschen mit den tiefliegenden und stechenden Augen steigerte sich leicht bis zur Ekstase. Seine orgiastischen Ausbrüche empfand ich als nicht angenehm.

Diesen merkwürdigen Mann habe ich zuerst bestaunt, dann respektiert und geschätzt; schließlich durfte ich den viel Älteren als Freund betrachten. Als er im Juni 1939, kurz vor Ausbruch des Krieges, sechzig wurde, dankte ich ihm, »daß du vielen von uns den Glauben wiedergegeben hast«. 1949, als er siebzig war, traf ich ihn in der Osloer Redaktion mit anderen, die gleich mir in jüngeren Jahren gegen den Stachel der Parteidisziplin gelöckt hatten. Einer von denen fragte: »Sind wir nicht nette Jungs geworden, Martin?« Der gab blitzschnell zurück: »Vielleicht ein bißchen zu nett ...« Tranmæl starb 1967. Er war lange Jahre der Chef der Arbeiterpartei, doch er hatte nie Vorsitzender, geschweige denn Minister oder Regierungschef werden wollen. 1918, bei der Übernahme des Parteiapparats durch die Linken, konnte er es nicht verhindern, daß er zum Parteisekretär in die Zentrale berufen wurde. Bald danach übernahm er die Osloer Parteizeitung – auch ihr Chefredakteur wurde vom Parteitag gewählt –, und er bündelte diesen Einfluß mit dem der gleichzeitigen Zugehörigkeit zu den engeren Vorständen der Partei wie des Gewerkschaftsbundes. Einmal, 1934, habe ich erlebt, wie Opponenten aus unterschiedlichen Ecken und gelenkt von recht unterschiedlichen Motiven, den Versuch machten, ihn in den Gewerkschaftsvorsitz zu zwingen. Er entging diesem Schicksal nur, weil die Stimmen vermutlich nicht ganz korrekt ausgezählt wurden. Vorher hatte er in bewegenden Worten an den Kongreß appelliert, ihn nicht zu wählen. Dazu muß man wissen: Es galt in der Norwegischen Arbeiterpartei als ungeschriebenes Gesetz, daß man Funktionen (sie hießen ausdrücklich: Vertrauensaufträge!) anzunehmen hatte, wenn sie einem angetragen wurden. Die Frage, ob man eine Kandidatur annehme, gab es nicht. Man konnte in einem solchen Fall nur, wie Tranmæl 1934, herzlich oder eindringlich darum bitten, nicht gewählt zu werden.

Diesem Mann kann nicht gerecht werden, wer nicht zwei seiner besonderen Leidenschaften erwähnt. Zum einen war er einer der frühen, instinktiv weitsichtigen und energisch warnenden Ökologen. Ich begriff langsam, was es mit seinen regelmäßig wiederkehrenden Artikeln auf sich hatte, in denen er inständig dazu aufrief, das Wasser rein und die Wälder sauberzuhalten. Wie recht er hatte! Zum anderen war er auch einer der Engagiertesten unter den Arbeiter-Abstinenzlern. Mir gegenüber war er allerdings erstaunlich tolerant: Bei einem Abendessen in einem Stockholmer Hotel 1941 – wir begrüßten Gewerkschaftsführer, die sich in Oslo nicht mehr hatten halten können – war mein Platz neben ihm, doch ich konnte nicht pünktlich sein. Um so erstaunter war ich, bei meinem Gedeck ein Glas Aquavit zu finden, der in Schweden zum Heringsvorgericht gehört. Martin: »Das habe ich für dich stehenlassen.«

1919 hatten die Norweger nicht viel Kontakt mit der neuen Internationale, der sie sich angeschlossen hatten. Auf einem außerordentlichen Parteitag sprachen sie sich für eine Räteverfassung aus, aber nicht nur für die der Arbeiter, sondern auch der Bauern und Fischer. Im Klassenkampf wollten sie auf die Anwendung von Waffengewalt verzichten. Aber schon 1920 begehrten sie richtig auf, als die Russen auf dem 2. Komintern-Kongreß jene »21 Bedingungen« durchsetzten, die durch Maßnahmen gegen angeblichen Opportunismus und nationale Eigenständigkeiten die Bolschewisierung der Parteien bewirken sollten. Tranmæl fuhr in jenem Jahr mit drei norwegischen Abgesandten nach Halle, um dort mit Sinowjew zu sprechen, der – damals Vorsitzender der Komintern, später unter Stalin zu Tode gebracht – nach Deutschland geeilt war, als sich die »Unabhängigen« spalteten (und in ihrer Mehrheit zur KPD gingen, die erst dadurch zu einer großen Partei wurde). Sinowjew akzeptierte die Vorbehalte, die die Norweger zu den »21 Bedingungen« machten. Doch dies war nur ein Vorgeplänkel. Die Norweger reagierten immer stärker auf den Versuch der Russen – und der ihnen verbundenen eifernden Emissäre aus anderen Ländern, nicht zuletzt aus Deutschland –, in ihre inneren Angelegenheiten hineinzuregieren und ihnen die Zwangsjacke der Bolschewiki zu verordnen. Tranmæl war es vor allen anderen, der gegen ein »kommunistisches Papsttum« zu Felde zog und sich leidenschaftlich mit den ihm zutiefst suspekten »Mönchsmarxisten« auseinandersetzte.

Kein Wunder, daß ein Berufsrevolutionär wie Karl Radek – der Erfinder der »Bahnsteigkarte«, der sich lange auch in Deutschland tummelte – ziemlich rasch zu dem Urteil gelangte, die Norske Arbeiderparti sei »mit falschem Paß« in die Komintern gekommen. Andere sagten anläßlich des Bruchs im Jahr 1923, die Komintern habe »ihre glänzendste Partei in Europa« verloren. Beide Meinungen waren nicht abwegig. Die Hinwendung zu den Russen hatte wohl von Anfang an auf einem

Mißverständnis beruht. Nicht zuletzt der Kronstädter Aufstand 1921 erschütterte das Vertrauen in die Bolschewiki entscheidend. Tranmæls Kreis begann Ende 1922, den Austritt aus der Komintern zur Diskussion zu stellen. Auf dem Parteitag im Februar 1923, an dem neben Radek auch der Leninvertraute Bucharin teilnahm, wurde eine Erklärung verabschiedet, die auf der Unabhängigkeit der Partei in ihren eigenen Angelegenheiten bestand und unverfälschte innerparteiliche Demokratie verlangte. Auf dem folgenden Parteitag im November desselben Jahres kam es zum Bruch. Tranmæl hatte zuvor erklärt: »Die Norwegische Arbeiterpartei ist eine Einheit. Sie kann nicht durch eine außerhalb stehende Instanz geteilt werden.« Geteilt wurde sie gleichwohl. Eine Minderheit blieb bei der Komintern. Eine andere Minderheit hatte sich schon ein paar Jahre zuvor unter sozialdemokratischer Flagge selbständig gemacht. Die eigentliche Arbeiterpartei präsentierte sich mit einer sehr jungen Führung. Der Vorsitzende Oscar Torp war 29, der Parteisekretär Einar Gerhardsen 25; beide haben nach dem Krieg ihrem Land als Regierungschefs gedient.

Die dreifache Spaltung, der weitere Splitterungen folgten, wurde als die Periode des Bruderkriegs betrachtet. Auf einem Einigungskongreß Anfang 1927 kehrten die »Sozialdemokraten« und ein Teil der »Kommunisten« zur Arbeiterpartei zurück, die bei den Wahlen im Oktober desselben Jahres zur stärksten Partei wurde. Sie hatte, da ihr der König trotz Widerratens, wie erwähnt, den Auftrag dazu erteilte, Anfang 1928 die Regierung zu stellen. Wegen des Drucks der Banken blieb das ein auf neunzehn Tage begrenztes Experiment.

Zu der Zeit, als ich nach Norwegen kam, vollzogen sich unter dem Eindruck der faschistischen Welle in Europa tiefgreifende Wandlungen. Bei der Bekämpfung der Wirtschaftskrise wartete die Parteiführung nicht darauf, bis einige Intellektuelle Keynes übersetzten, sondern sie ging von dieser simplen Erkenntnis aus: Eine ausgepowerte Arbeiterbevölkerung kann sich weder verteidigen, noch kann sie eine bessere Gesellschaft erstreiten. Das Vertrauen in die politische Demokratie kann nur aufrechterhalten werden, wenn es gelingt, die vordringlichen wirtschaftlichen Probleme zu lösen.

Zum anderen trieb gerade Tranmæl seine Genossen voran, als die nazistische Drohung einer traditionellen Militärfeindlichkeit – er selbst war notorischer Gegner des Militärdienstes gewesen – den Boden entzogen hatte. Stärker als ihre Kollegen in der Regierung engagierten sich die Führer der Partei für die Landesverteidigung. Die Ergebnisse blieben bescheiden.

Der Weg der Arbeiterpartei vom organisations- und wortstarken Linkssozialismus zur Sozialdemokratie eigener Prägung wurde noch vor dem Krieg prinzipiell entschieden. 1939 gab sich die Partei ein neues Grundsatzprogramm, in dem einiges von dem zu finden ist, was die deutschen Sozialdemokraten zwanzig Jahre später in Godesberg zu Papier brachten: Die Festlegung auf »den Marxismus« kam nicht mehr vor. Man stützte sich auf die gemeinsamen Interessen von Arbeitern, Bauern und Fischern. Der Wille zur »gesellschaftlichen Regulierung und Planung« des Wirtschaftslebens verband sich mit der Absage an Diktatur in jeglicher Form. Eine »schlagkräftige« Demokratie sollte dem arbeitenden Volk dienen, die Macht zu erobern. Alles in allem wurde ein Klassenprogramm – mit viel »linkem« Verbalismus – durch ein breites und eigenständiges demokratisches Reformprogramm abgelöst. Ihren traditionellen Namen aber hat die Arbeiterpartei über alle gesellschaftlichen und ideologischen Wandlungen hinweg behalten. Wenn sie Schwierigkeiten hatte, dann nicht aus diesem Grund.

Man könnte vermuten, daß es mir – mit meinem spezifischen deutschen Hintergrund – schwergefallen wäre, diesen Wandlungen und Weiterentwicklungen zu folgen. Das war nicht der Fall. Wohl aber lassen Texte jener Jahre erkennen, daß ich mich in den Diskussionen mit meinen engeren Freunden im Exil und den Genossen des Gastlandes einer zum Teil widersprüchlichen Terminologie bediente. Es wurde mir erst später bewußt, daß die konkurrierenden Einflüsse der Tradition und der neuen Umgebung bei mir eine Art »Doppeldenken« bewirkt hatten. Der spätere schwedische Außenminister Torsten Nilsson berichtet in seinen Memoiren von einer Diskussion, die er, damals Vorsitzender des schwedischen Jugendverbandes, im Frühjahr 1935 in Oslo einleitete; ich beteiligte mich an der Debatte, und zwar als Opponent. Nilsson schreibt, ich hätte ihm mehr als eine Überraschung bereitet: erstens weil ich fließend Norwegisch sprach, zweitens wegen meines Auftretens, das er als »fast samtweich« empfand, jedenfalls anders, als er es von einem deutschen Redner erwartete. Er meinte, ich müsse das Opfer widerstreitender Empfindungen gewesen sein: »Sein Norwegisch tendierte zum Reformismus, während er als Deutscher weiterhin revolutionärer Sozialist war.«

Das war so falsch nicht. Mit dem neuen Programm der Norweger aber identifizierte ich mich auch vor meinen deutschen Freunden. Der Eintritt in die Regierungsverantwortung erschien mir logisch, obwohl ich von Illusionen über die Möglichkeiten einer »Arbeiterregierung« nicht frei war. Bei linken Dogmatikern stand ich schon früh im Verdacht mangelnder Prinzipienfestigkeit. Es muß Anfang 1935 gewesen sein, als ich mich in Paris in einer ultralinken Umgebung auf einen Streit über die »NAP-Frage« – also die Frage der Norwegischen Arbeiterpartei – eingelassen hatte. Ich nahm den nicht sehr originellen Vergleich mit dem Bergsteiger zu Hilfe, dem es nicht in den Sinn komme, auf geradem Weg zum Gipfel zu gelangen. »Aber der Genosse Brandt wird nie dorthinkommen«, wurde mir entgegengehalten, »denn er hat die NAP im Rucksack.« Das Gepäck war, wie sich erwies, nicht zu schwer.

Selbsternannte Eliten

Der Jugendverband AUF (Arbeidernes Ungdomsfylking), in den ich 1933 kameradschaftlich aufgenommen wurde, stellte mit seinen, in Gruppen über das ganze Land verstreuten, gut 20 000 Mitgliedern eine Massenorganisation dar; es war, als hätte die SAJ in Deutschland nicht über 50 000, sondern eine halbe Million Mitglieder verfügt. In jenem Verband stieß ich auf eine breite oppositionelle Strömung. Die Vorsitzende der Gruppe »Friheten«, zu der ich gehörte, stand auf der Seite der Oppositionellen, so auch andere junge Leute, mit denen ich mich anfreundete. Ihre Kritik richtete sich gegen einige Spitzenfunktionäre, die dem Alter und Temperament nach nicht mehr in die Jugendbewegung gehörten. Die »Sozialdemokratisierung« der Partei stieß außerdem auf wenig Zuneigung. (Nach der Spaltung 1923 hatte sich der Jugendverband der Arbeiterpartei, um es den Moskau-treuen Opportunisten zu geben, sogar »linkskommunistisch« genannt!) In die halbkonspirativen Zirkel dieser Jugendopposition ließ ich mich stärker hineinziehen, als es Vernunft und Takt geboten hätten.

An Selbstbewußtsein fehlte es mir nicht. Und so erlag ich der Versuchung, mich an fraktionellen Streitigkeiten zu beteiligen, von denen ich meinte, sie hätten mit einem Mehr oder Weniger an sozialistischer Gesinnung und Durchsetzungskraft zu tun. Subjektiv kam die Absicht hinzu, aus der deutschen Niederlage »Lehren« zu vermitteln. Das war nicht völlig unverständlich, denn wir hatten bittere Lektionen empfangen. Die »deutschen Fragen« gingen nicht nur die Deutschen, sondern ganz Europa an, wie man rasch erfahren sollte. Doch nachträglich ist mir die eifernde Überheblichkeit eher peinlich, mit der man als Versprengter einer Armee, die keinen Ruhm an ihre Fahnen geheftet hatte, anderen beibringen wollte, wie sie Niederlagen vermeiden oder Schlachten gewinnen sollten. Die Deutungen deutscher Oppositionsgruppen hatten mit der skandinavischen Wirklichkeit oft wenig zu tun.

Jugendarbeit hieß freilich in der Regel nicht »große« Politik. Für unsere Gruppen war die Geselligkeit wohl genauso wichtig – und manchmal sogar wichtiger. Junge Menschen hatten damals nur ein Minimum an Taschengeld, außerhalb der Städte gab es wenig Unterhaltung. Hier übernahm die Jugendorganisation eine Aufgabe, die man nicht unterschätzen sollte. Die Mittwochabende – an denen Dienstmädchen Ausgang hatten – gehörten in unserer Gruppe wie in anderen nicht nur Vorträgen mit Diskussionen, sondern im Anschluß auch einem »gemütlichen Beisammensein«. Während der Woche kamen Studienzirkel zusammen, an einigen Sommerabenden unternahmen wir Wanderungen und übers Wochenende oft Fahrten.

Bei der Führung der Arbeiterpartei fiel ich nicht nur unangenehm auf, weil ich mich mit den Jung-Linken angefreundet, sondern mehr noch, weil ich mich mit einer Intellektuellengruppe eingelassen hatte, die bei Tranmæl und seinen Leuten äußerst unbeliebt war: die Gruppe Mot Dag (Dem Tag entgegen), zu der ich nirgendwo sonst eine Entsprechung gefunden habe. Sie war kurz nach dem Ersten Weltkrieg als eine Vereinigung von Studenten und jungen Akademikern der Arbeiterpartei entstanden. Es wurde daraus eine ordensähnliche Organisation, die ihrer spezifisch linken Position nach schwer einzuordnen war. Bei der Spaltung 1923 waren die Mot-Dagisten, zumal die Komintern ihren Ausschluß gefordert hatte, der Mehrheit gefolgt. Zwei Jahre später wurden sie aus der Arbeiterpartei verbannt und gehörten einige Zeit zur KP. Als ich nach Norwegen kam, waren sie (noch) bei der IVKO, der Internationalen Vereinigung Kommunistischer Oppositionen, angesiedelt: bei jenen Gruppen, die 1928/29 als »Rechtsabweichler« aus der Komintern ausgeschlossen worden waren. Aus diesem Kreis kam Jacob Walcher, der in Dresden beauftragt wurde, die Auslandsarbeit unserer Gruppe zu leiten. Er führte mich im Sommer 1933 mit Erling Falk, dem »Chef« von Mot Dag, zusammen. Wir trafen uns in einem schönen Ort nördlich von Oslo, in dem die Mot-Dagisten während der langen Sommerferien ein bäuerliches Anwesen gemietet hatten und an einem sechsbändigen

Arbeiterlexikon schrieben. Im folgenden Sommer, in noch schönerer Umgebung an der südlichen Küste, habe auch ich etwas – und zwar etwas mehr als ausgewiesen – zu diesem Lexikon beigetragen. Falk und sein engerer Kreis besaßen die Neigung und die Fähigkeit, einen Menschen völlig zu binden. Bei mir dauerte es über ein Jahr, bis ich mich wieder selbständig machte. Inzwischen hatte ich Mot Dag zu vermitteln, was im Jugendverband der Arbeiterpartei vor sich ging. Ich wurde dabei in Aktivitäten einbezogen, die mir wegen ihrer Geheimnistuerei nicht lagen und die ich auch nicht klar genug durchschaute. Es liegt auf der Hand, daß ich mir Schwierigkeiten einhandelte.

Die elitebewußte und ordensähnliche Gruppe – mit etwa hundert Mitarbeitern in Oslo, ein paar Dutzend in Trondheim und einigen verstreuten Mitgliedern an anderen Orten – bestand aus Intellektuellen, locker begleitet von einer nachgeordneten kleinen »Arbeitergruppe«. Die Mitglieder stammten durchweg aus gutbürgerlichen Familien. Die meisten von ihnen gingen, neben der politischen Arbeit, schon ihrem Beruf nach: als Anwälte oder Ärzte, Architekten, Studienräte oder wissenschaftliche Assistenten. Einen wesentlichen Teil ihrer Einkünfte hatten sie an die Organisation abzuführen. Das taten sie ohne Murren. Die noch studierten, wurden angehalten, ihre Väter oder Onkel zu Spenden anzuregen. Man hatte sich zunächst als Männergesellschaft organisiert, aber als ich dazustieß, gab es schon einige weibliche Mitglieder. Die Disziplin, der man sich zu unterwerfen hatte, war streng. Man hatte die unterschiedlichen Aufgaben – vom Übersetzen eines fremdsprachigen Buches bis zum Zeitschriftenverkauf in Restaurants – so auszuführen, wie sie zugewiesen wurden. Auf der Büroetage, zu der eine gute Bibliothek und eine für meine Begriffe hervorragende Küche – »Kantine« wäre hier eine irreführende Bezeichnung! – gehörten, nahmen viele ihre Mahlzeiten ein, manche schon ihr Frühstück, Freizeiten wurden gemeinsam verbracht. Wer in der zweiten Monatshälfte Taschengeld brauchte oder schon vorher blank war, mußte sich um das Wohlwollen des Kassenwarts bemühen. Mehr als den Gegenwert eines Päckchens Zigaretten und von ein paar Glas Bier gab es bei ihm auch nicht oft.

Unter der recht autoritären, freilich auch gedankenreichen Führung von Falk bewirkte diese relativ kleine Zahl von Menschen viel. Sie gaben eine anspruchsvolle Zeitschrift heraus und betrieben einen Buchverlag, kontrollierten wichtige studentische Vereinigungen, unterhielten eine Abendschule. Neuland wurde mit einer Zeitschrift betreten, die – zu jener Zeit ungewöhnlich und folglich attackiert – der breiten Aufklärung über sexuelle Fragen diente.

Es mag überraschen, daß erst in den dreißiger Jahren – im Fram-Verlag – in einer größeren Zahl dünnerer, broschierter Bände eine norwegische Ausgabe von Marxens Hauptwerk »Das Kapital« erschien. Der sich um die Übersetzung mühende spätere Professor Johan Vogt bat dabei gelegentlich um meine Hilfe. Ich meinte damals gewiß, Marxist zu sein. In den folgenden Jahren fiel es mir zunehmend schwer, die ökonomistischen und deterministischen Vereinfachungen zu akzeptieren, die unter Berufung auf den Mann aus Trier dargeboten wurden, der in der Geschichte sozialistischen Denkens einen so hohen Platz einnimmt.

Durch Mot Dag kam ich rascher, als es sonst geschehen wäre, in engeren Kontakt mit norwegischen Literaten und Künstlern. Der Schriftsteller Sigurd Hoel gehörte zu den frühen Mitgliedern von Mot Dag. Während der Stockholmer Jahre führten wir viele gute Gespräche. Den begnadeten Lyriker Arnulf Øverland, der sich politisch stark engagierte und auch den Konflikt mit der Besatzungsmacht nicht scheute, traf ich bei Kriegsende wieder, als er ausgemergelt und verbittert aus Sachsenhausen zurückkam; er hat sich dann, was ja nicht selten ist, von den radikalen Überzeugungen nicht nur seiner jungen, sondern auch seiner reifen Jahre ziemlich weit entfernt. Diese Freundschaften vermittelten mir Respekt und Zuneigung zum kulturellen Leben, dessen heimatliche oder nationale Note so unverkennbar war. Ihm blieb immer eine gehörige Portion von Peer Gynt eigen, doch es verkam im ganzen nie zum Krähwinklerischen. Man nahm und gab Impulse und brauchte keinen Vergleich mit anderen Ländern zu scheuen. Nicht wenige Namen aus diesem kleinen Volk erlangten Weltruhm.

Mot Dag war völlig geprägt von dem Mann, der die Gruppe geschaffen hatte und mit dessen gesundheitlichem Verfall sie in Auflösung geriet: Erling Falk war in Nordnorwegen geboren, zehn Jahre jünger als Tranmæl, hatte länger als dieser – ein gutes Jahrzehnt – in den USA verbracht und wurde dort stärker als dieser in die revolutionär-syndikalistische IWW (Industrial Workers of the World) einbezogen. Er lebte sich später in Marxsches Denken ein und eignete sich ein fundiertes Wissen auf unterschiedlichen Gebieten wie Geschichte, Wirtschaft und Gesellschaft an. Er war ein hochaufgeschossener, kränkelnder, eher häßlicher Mensch: Auf einem Geierhals saß der Kopf eines gerupften Vogels, die Augen waren wie die eines Adlers. Er verstand zu formulieren und zu analysieren, zu hypnotisieren und zu bezaubern. Er wußte seine Jünger anzuspornen oder mit Worten zu züchtigen. Ich stellte damals – und später noch mehr – fest, wie in einer politischen Gemeinschaft sadistische Neigungen sublimiert ausgelebt und masochistische Bedürfnisse anderer befriedigt werden können. Diese psychischen Mechanismen verdienten, offener dargelegt zu werden. Sexuelle Verklemmtheit scheint für begabte Hasser und Intriganten zu sorgen: Politik als Ersatzliebe tarnt sich nicht selten als selbstlose Unbedingtheit und bekommt den Sachen so wenig wie den Menschen.

Erling Falk war, wie man gesagt hat, ein »intellektueller Hohepriester« und ein »asketischer Guru« – in hohem Maße neurotisch, was sich an seinem verkrampften und verbogenen Verhältnis zum anderen Geschlecht unschwer ablesen ließ. Einer, der ihm nahestand, hat geschrieben, Falk habe wohl »Angst vor Frauen im fortpflanzungsfähigen Alter« empfunden. Das verquere Verhältnis zu Frauen hatte er mit dem Parteiführer Tranmæl gemeinsam, mit dem ihn sonst vor allem die profunde gegenseitige Abneigung verband. Von beiden ging eine ungewöhnlich suggestive Wirkung aus, jedoch auf sehr unterschiedliche Weise, auch gegenüber zumeist sehr unterschiedlichen Adressaten.

Trotz ihrer Qualitäten litt die norwegische Mot-Dag-Gruppe unter der Arroganz, die selbsternannte Eliten an sich haben. Ich erlebte hier das Scheitern des Konzepts einer Avantgarde, die glaubt, leisten zu müssen, wozu die »einfachen« arbeitenden Menschen von sich aus angeblich nicht fähig sind: Das richtige Bewußtsein müsse ihnen eingehaucht werden, hieß es bei den Bolschewiki und ihren französischen Vorläufern. Ende der sechziger Jahre wurde dieser Geist bei einigen Ideologen der amerikanischen und europäischen Neuen Linken wieder sichtbar – das Ergebnis war nicht umwerfend.

Von Mot Dag zog ich mich im Frühjahr 1935 ganz zurück. Mit einigen Mitgliedern blieb ich verbunden. Bei meiner Trennung führte ich übrigens auch ein falsches Argument ins Feld: als ob sie gegenüber der Regierung der Arbeiterpartei, die nun ans Ruder kam, plötzlich zu aufgeschlossen und damit opportunistisch gewesen wären. Ausschlaggebend war, daß ich gewisse hochmütige, elitäre Attitüden nicht länger ertragen mochte. Im selben Jahr noch setzte der Prozeß ein, der – beschleunigt durch einen finanziellen Kollaps und den gesundheitlichen Verfall des Chefs – zur Auflösung der Gruppe führte und zur Eingliederung der Mitglieder in die Arbeiterpartei.

Ehemalige Mot-Dagisten gelangten in führende Stellungen, einschließlich wichtiger Ministerämter und Bürgermeistereien von Oslo über Trondheim bis Narvik. Falk wurde, was seine bisherigen Gefolgsleute vorher wußten, nicht in die Partei aufgenommen. Ihm bin ich, als er so gut wie verlassen war, noch ein paarmal begegnet, zuletzt 1940 – nach der Besetzung Norwegens – im Stockholmer Serafimer-Lazarett. Er war wegen einer Mißbildung der Hypophyse operiert worden. An seinem Sterbebett fand sich nun auch Tranmæl ein.

Meine skandinavischen Erfahrungen impften mich gegen jegliches Sektierertum und ließen mich vor selbsternannten Eliten auf der Hut sein. Das war nützlich, denn mit solchen Fehlentwicklungen hatte ich mich im Laufe der Jahre noch häufiger zu befassen.

Blick auf Deutschland

Meine norwegischen und meine deutschen Aktivitäten ergänzten sich. Was bedeutete konkret die »deutsche Aufgabe«? Im Gastland versuchte ich über die deutsche Knechtschaft und über die vom Dritten Reich ausgehenden Gefahren aufzuklären. Viele wollten die Gefahr nicht sehen. Zugleich mußte jenen schrecklichen Vereinfachern widersprochen werden, die am liebsten alle Deutschen in einen Sack mit dem Etikett »Nazis« gesteckt hätten.

Der Kontakt mit Freunden in der alten Heimat, mit »illegalen« Gruppen und vertrauenswürdigen einzelnen – die mit dem Ausdruck »deutscher Widerstand« nicht differenzierend genug bezeichnet sind – war das Herzstück unserer politischen Arbeit. Dazu gehörten Grenztreffen und die Betreuung von Kurierreisen. Briefe mußten mit unsichtbarer Tinte geschrieben, Informationen eingeschleust werden: Bücher, Zeitungen, Schriften, die – auf Bibelpapier gedruckt – für unauffällige Verbreitung geeignet waren. Opfer des Terrors brauchten Hilfe. Es galt, ausländische Proteste zu organisieren, wenn immer wieder Menschen ihrer Überzeugung wegen vor Gericht gestellt wurden – Arbeiterpartei und Gewerkschaften protestierten nicht selten bei der deutschen Gesandtschaft, so zum Beispiel im Sommer 1935 wegen mich bedrückender Massenprozesse in Hamm und Dortmund. Man mußte auch Geld sammeln, um – so es sich bewerkstelligen ließ – Anwälte zu bezahlen und notleidenden Familien ein wenig beizustehen.

Die Grenztreffen dienten dem Kontakt mit Freunden, die in der Lage waren, sich legale Reisepapiere zu besorgen oder »illegal« über eine der Grenzen zu kommen und nach Deutschland zurückzukehren. Das war in den ersten Jahren an der Gebirgsgrenze zur Tschechoslowakei relativ leichter als anderswo. Im Norden bot die Landesgrenze nach Dänemark nur geringe Möglichkeiten. Wer nicht unter unmittelbarer Kontrolle stand, konnte sich an Wochenendfahrten mit dem Schiff nach Kopenhagen beteiligen, um sich dort von der Reisegesellschaft zu entfernen. Wer so oder auch auf anderem Wege kam, mußte eine Deckadresse anlaufen und wurde von dänischen Freunden in eine Wohnung gebracht, in der man ohne Gefahr miteinander reden konnte, meistens bis in die Nacht, mit Fortsetzung am nächsten Morgen. Die Berichte aus dem Reich waren fast immer erschütternd. Gelegentlich gelang es, wie Pfingsten 1936, in Kopenhagen durch einen Freund, der zu Besuch aus Bremen gekommen war, Informationen über die NS-Auslandsorganisation zu erlangen. Bei Treffen in Dänemark – oder auch bei seltenen Besuchen in Norwegen – ergab sich die willkommene Möglichkeit, ein paar der Freunde aus Lübeck wiederzusehen und andere aus der weiteren norddeutschen Heimat – meist unter einem nom de guerre – neu zu gewinnen. (Meine Mutter hatte 1935, ohne daß die Gestapo sich einmischte, an einer Dampferfahrt nach Kopenhagen teilgenommen; eine Cousine suchte mich 1938 in Oslo, aber ich war zu dieser Zeit in Paris.)

Kurierreisen: In Norwegen, wie anderswo, gab es Freunde, die bereit waren, ihren Paß zur Verfügung zu stellen, damit er für jemand von uns (wie etwa für mich während meines Berlin-Aufenthaltes 1936) »frisiert« würde, andere nahmen das Risiko von Deutschlandreisen mit besonderem Auftrag auf sich. In der ersten Zeit konnte ich beispielsweise einen angesehenen Bibliothekar – damals in Rjukan, später in Oslo – dafür gewinnen, nach Lübeck und Berlin schriftliches Material zu bringen und sich dazu mit Koffern ausstatten zu lassen, die – auf altmodische Weise – mit doppeltem Boden versehen waren. Später fand ich einen Ingenieur, der keine Bedenken hatte, seine Uniform – er war Hauptmann der Reserve – obenauf in den Koffer zu legen und in die Uniformjacke gewisse Nachrichten einnähen zu lassen. Eine gebräuchliche Form war es, Bücher mit einem besonders präparierten und »angereicherten« Einband zu versehen.

Viele Kurierkontakte wurden durch Seeleute wahrgenommen. Von Schweden aus, wo ich nicht direkt damit zu tun hatte, funktionierten solche Verbindungen bis in den letzten Kriegswinter. In Oslo war auch ich – wenngleich nicht intensiv – mit der Tätigkeit der ITF (Internationale Transportarbeiter-Föderation) verbunden. In Norwegen und in Amsterdam traf ich deren Generalsekretär, den eindrucksvoll-löwenmähnigen und von mitmenschlicher Leidenschaft vibrierenden Holländer Edo Fimmen; er kam ursprünglich aus der Heilsarmee, während des Krieges starb er, seelisch gebrochen, in Mexiko. Über die ITF lief eine Vielzahl von Eisenbahner- und Seeleutekontakten, die seit mehreren Jahren vorbereitet worden waren. Auf deutscher Seite waren daran Hans Jahn (Kramer) und Walter Auerbach maßgeblich beteiligt. Der eine wurde mein Kollege im Ersten Bundestag und Vorsitzender der Gewerkschaft der Eisenbahner Deutschlands. Der andere hat als Staatssekretär (in Niedersachsen und in meinem ersten Kabinett) die deutsche Sozialpolitik der Nachkriegszeit stark beeinflußt.

Geld: Unsere kleine Osloer Gruppe – ein Dutzend Mitglieder, mit einigen weiteren im Lande – konnte immerhin dazu beitragen, der Pariser Auslandsstelle die Arbeit zu erleichtern. Bescheidene, doch für die Betroffenen wichtige Mittel wurden allmonatlich für humanitäre Zwecke gesammelt. In unserem Fall liefen die Mittel über einen Eckstein-Fonds, benannt nach einem Breslauer Rechtsanwalt und Stadtverordneten, der, unter der Sonderherrschaft des Fememörders und Polizeipräsidenten Edmund Heines, ermordet worden war. Ernst Eckstein, »Anwalt der Armen«, war örtlicher SPD-Vorsitzender gewesen. Im Herbst 1931 hatte er sich an die Spitze des ersten Ortsvereins der neuen Partei gestellt. Er wurde Anfang Mai 1933 in einem der ersten Folterlager zu Tode gequält. Tausende Breslauer Arbeiter ließen sich nicht davon abhalten, ihn zum Grabe zu geleiten.

Mit einer gewissen Selbstverständlichkeit und unbefangener als in den großen Zentren des Exils bemühten wir uns in Skandinavien um die Zusammenarbeit der Nazi-Gegner. Kommunistische Schicksalsgefährten waren in diese Bemühungen einbezogen. Sie versuchten, ihnen ihren Stempel aufzudrücken. Das ärgerte mich und weckte meine Skepsis. Doch was immer die Apparate machten und dachten (sofern sie dachten): Mir schien es logisch zu sein, draußen auf jeden unnötigen Streit der Hitlergegner untereinander zu verzichten. In Oslo verständigte man sich zeitweise auf eine gemeinsame Aufklärungsschrift über das »Verborgene Deutschland«, aber ich muß zugeben, daß wir wenig bewirken konnten. Politische Exilprominenz war in Oslo zunächst nicht anzutreffen. Von den kulturellen Repräsentanten, die Norwegen besuchten, lernte ich den einen und anderen ganz gut kennen: So den Theaterschriftsteller und früheren Arzt Friedrich Wolf (»Kolonne Hund«, »Matrosen von Cattaro«, »Zyankali«, »Professor Mamlock«), so auch den politisierenden Mathematikprofessor E. J. Gumbel, der Heidelberg verlassen und nach Lyon gehen mußte, weil ihn die Reaktionäre wegen seiner nüchternen Feststellungen über den rechten Terror, die Fememorde, schon vor der Machtübernahme verfolgt hatten.

Wir mobilisierten die Öffentlichkeit zugunsten der Eingesperrten und besonders für Genossen, von denen man wußte, daß ihnen das Todesurteil drohte: Als ein herausragendes Beispiel nenne ich den Köhler-Szende-Prozeß vor dem Volksgerichtshof (freilich in einer konservativen, noch nicht völlig gleichgeschalteten Besetzung) in Berlin Ende November, Anfang Dezember 1934. Man verhandelte gegen die Mitglieder von zwei »illegalen« Inlandsleitungen der SAP, die nacheinander entdeckt worden waren. Wir wußten, daß mehrere der Freunde schwere Folterungen erlitten hatten, und wir mußten befürchten, daß Extremurteile gefällt werden könnten. Deshalb sollten wirkungsvolle Proteste auf die Tische der Richter in Berlin gelangen. Meine norwegischen Bemühungen konnten dabei von Nutzen sein. Unter den 24 Angeklagten zogen zwei ein besonderes Interesse auf sich: Max Köhler und Stefan Szende. Köhler, damals 37 Jahre alt, Tischler von Beruf, hatte 1916 die Spartakus-Jugend mitgegründet, ein Berliner Original. (Mit seiner Frau hatte er im Sommer 1933 nach Oslo reisen und mich dort besuchen können.) Der Schriftsteller Stefan Szende, damals 33jährig, stammte aus Ungarn, war über Wien nach Berlin gekommen und hatte bis zu seiner Verhaftung Ende 1933 eine geistig führende Rolle in unserer Berliner Gruppe gespielt. Als er die Haft hinter sich hatte und ins Ausland entkommen war, wurden wir bald verläßliche Freunde.

Für alle 24 Angeklagten galt als Anklagepunkt »Fortführung einer verbotenen Partei«; sonst hatte man abgestuft zwischen »Aufforderung« und »Vorbereitung« zum Hochverrat. Für Szende enthielt die Anklage noch »Hochverrat, begangen in Verbindung mit dem Ausland«. Darauf stand Todesstrafe. Szende schrieb in seinen Erinnerungen, die von mir in Oslo eingeleitete »Juristenaktion« sei nicht ohne Erfolg geblieben. Der Vorwurf, in Verbindung mit dem Ausland Hochverrat begangen zu haben, wurde stillschweigend aus dem Prozeßmaterial gestrichen. Stefan war halb zu Tode geprügelt worden, aber mit dem Fallbeil brauchte er nun nicht mehr zu rechnen. Was hatte es mit dieser »Juristenaktion« auf sich? Ich hatte lediglich die Namen von ein paar Dutzend Richtern und Anwälten zusammengebracht. Zwei der Anwälte – einer von ihnen der spätere Osloer Bürgermeister Brynjulf Bull – unterzeichneten für die anderen mit; sie erweckten damit den Eindruck, als äußerten sie sich als Körperschaft. In ihrer Eingabe an das Berliner Gericht brachten sie eindeutig juristische Argumente zur Geltung, zum Beispiel: Kein zivilisiertes Land habe zuvor versucht, neuerlassene Gesetze rückwirkend anzuwenden – daß es darum rechtsunwürdig sei, die Anklage gegen einen der Beschuldigten aufgrund eines Gesetzes aufrechtzuerhalten, das elf Monate nach dessen Inhaftierung verkündet worden war. Diese Eingaben wurden – wie auch Protesttelegramme aus anderen Ländern – im Gerichtssaal verlesen, und man wird verstehen, daß sich die Angeklagten darüber freuten. Zu der von mir veranlaßten Intervention, die als eine des Norwegischen Juristenverbandes mißdeutet wurde, meinte der Vorsitzende, »die Herren in Norwegen, die sich Juristen nennen«, sollten gefälligst zur Kenntnis nehmen, daß das nationalsozialistische Deutschland und die deutsche Justiz von keinem Ausländer Belehrungen entgegennähmen. (Einer der Unterzeichner, der für die Gewerkschaften tätige Anwalt Viggo Hansteen – dessen Zustimmung zur Mitunterschrift ich in seiner Wohnung abgeholt hatte –, wurde 1941 während des Ausnahmezustands in Oslo standrechtlich erschossen.)

Da Journalisten zugelassen waren und auch befreundete Beobachter aus mehreren Ländern Zutritt hatten, wußten wir über alle Einzelheiten Bescheid. Sogar drei uns nahestehende Anwälte, wenn auch nicht aus dem Ausland, konnten engagiert werden. Die Angeklagten kamen mit relativ niedrigen Strafen davon: drei Jahre Gefängnis für Köhler und die anderen Mitglieder der ersten illegalen Inlandsleitung, zwei Jahre Zuchthaus für Szende. Die (vermutlich deutschnationalen) Richter wollten wohl zeigen, daß sie den Volksgerichtshof nicht einfach als Willkürinstanz betrachteten – eine extravagante Auslegung, die kaum mehr als episodische Bedeutung hatte. Doch damals gehörte gewiß Mut dazu, derart »milde« Strafen zu verhängen. Und zu dulden, daß unsere Freunde während des Prozesses berichteten, wie sie mißhandelt worden waren und was es mit den unter Einfluß von Torturen gefälschten Vernehmungsprotokollen auf sich hatte.

Da geschah etwas, was kaum noch jemand für möglich gehalten hätte. Der für die SAP zuständige Kommissar der Gestapo, ein Freiherr von Plotho, wurde vorgeladen und wegen Mißbrauchs der Amtsgewalt im

Gerichtssaal verhaftet. Lange saß der gewiß nicht im Untersuchungsgefängnis, denn bald war zu hören, daß er seinem üblen Geschäft wieder nachgehen konnte.

Stefan Szende traf ich zum erstenmal Weihnachten 1936 in Prag, wohin er nach Verbüßung seiner Strafe mit Frau und Tochter hatte ausreisen dürfen – mit seinem ungarischen Paß, der allerdings so gekennzeichnet war, daß er bei Überschreiten der ungarischen Grenze verhaftet worden wäre. In Schweden machte er sich als Schriftsteller und Volksbildner einen Namen. Max Köhler entkam nach seiner Entlassung aus dem Gefängnis über die grüne Grenze in die Tschechoslowakei und fuhr von dort nach Paris, wo wir uns im Sommer 1937 wiedersahen. Er ließ sich in Kopenhagen nieder, wo er sich während der deutschen Okkupation unerkannt durchschlagen konnte. Mitte der fünfziger Jahre kehrte er nach Berlin zurück, wo er sich wieder linken Aktivitäten zuwandte, die ihn noch zwei Jahrzehnte bis zu seinem Tod beschäftigten. Seine politischen Ratschläge lagen nicht immer nahe bei der Wirklichkeit, aber seine Gesinnung blieb durch und durch anständig. (Und er hatte es nicht verdient, daß er zwischendurch – ohne daß ich energisch widersprochen hätte – aus der Berliner SPD ausgeschlossen wurde, weil er sich im Mitteilungsblatt der Freidenker unfreundlich über Martin Luther – genauer: über dessen Antisemitismus – ausgelassen hatte. Man kann im Verhältnis zwischen Partei und Kirche auch des Guten zuviel tun.)

Friedenspreis für Ossietzky

Unter den Kampagnen, die gegen den nazistischen Terror gerichtet waren, waren zwei von besonderem Rang: die Aktionen im Zusammenhang mit dem Reichstagsbrandprozeß, die anderen um den Friedensnobelpreis 1936. Nach dem Reichstagsbrand war freilich ein nahezu genialer Organisator am Werk, um Opposition und Presse zu mobilisieren: Willi Münzenberg, mit Sitz in Paris, der über erhebliche Mittel verfügte, um Braunbuch, Gegenprozeß und vieles andere voranzutreiben. Der bulgarische Kommunist Georgi Dimitrow – in tapferer Überzeugungstreue und mit der Hoffnung, nach Rußland ausgetauscht zu werden – konnte vor dem Reichsgericht in Leipzig die Rolle seines Lebens spielen.

Im Jahr 1936 engagierten sich ein paar nicht parteigebundene Frauen und einige Exiljournalisten für einen schon halbtot geprügelten Pazifisten. Ihre Bemühungen schienen zur Erfolglosigkeit verurteilt. Ich war nicht in Oslo, sondern in Berlin, als im November 1936 der Friedenspreis dem Journalisten und KZ-Häftling Carl von Ossietzky zugesprochen wurde. An dieser Kampagne, die entgegen allen Erwartungen nun schließlich doch geglückt war, hatte ich mich von Anfang an beteiligt. In Paris traf ich die Ossietzky-Sekretärin Hilde Walter (die während des Krieges in den USA war und danach noch bis Anfang 1976 in Berlin lebte). Sie vermittelte mir die Bekanntschaft mit der Osloer Studienrätin Mimi Sverdrup Lunden, die auch in der Flüchtlingshilfe engagiert war. Diese beiden Frauen brachten es – ohne Büros und Pressereferenten, ohne eigene Mittel oder Zuschüsse – mit bewundernswerter Zähigkeit zuwege, eine internationale Bewegung in Gang zu setzen. Aus Prag beteiligte sich Kurt Grossmann von der »Liga für Menschenrechte«. In Paris gingen wesentliche Impulse von Hellmut von Gerlach aus, dem langjährigen Chefredakteur der »Welt am Montag«, der prominentes Mitglied der Deutschen Friedensgesellschaft war. Bei Frau Walter lernte ich auch Konrad Heiden kennen, der – in Deutschland noch bei der »Frankfurter Zeitung« – ein bemerkenswertes Buch über Hitler geschrieben hatte. Die großen Namen – wie Albert Einstein, Karl Barth, Thomas Mann – gewannen wir erst später für die Kampagne, die ich mit Bedacht eine Bewegung nenne und die DDR-Publikationen nachträglich, wie anderes auch, für die KPD vereinnahmen möchten.

Zum erstenmal hörte ich von der Idee, Ossietzky für den Nobelpreis vorzuschlagen, im Frühjahr 1934 von dem Journalisten Berthold Jacob, der sich aus Straßburg an mich wandte. Ich kannte ihn nur dem Namen nach: Er war Mitarbeiter der »Weltbühne«, des von Ossietzky (zunächst gemeinsam mit Kurt Tucholsky) herausgegebenen Wochenblattes, und er war – wie Ossietzky auch – mit der Justiz in Konflikt geraten; im übrigen hatte er sich der SAP angeschlossen. Sein in Straßburg erscheinender »Unabhängiger Zeitungsdienst« wurde gerüchteweise mit einem französischen Geheimdienst in Verbindung gebracht. Davon wußte ich nichts – oder es interessierte mich nicht. Mich erstaunte freilich die Unbekümmertheit, die ich auch bei anderen beobachtete: Niemand schien sich darüber Gedanken zu machen, welche Vorschlagsfristen für den Nobelpreis gesetzt waren, wer zu Nominierungen berechtigt war und wie ein Vorschlag begründet werden mußte. Das hatte ich auch nicht auf der Schule gelernt. Ich erkundigte mich über die Prozeduren. Wir wollten symbolhafte Hilfe mit einer symbolhaften Verurteilung des

Regimes verbinden: Für das »andere Deutschland« konnte dies ein moralischer Erfolg von großer Bedeutung sein. Als mir die hohe Auszeichnung 1971 zufiel, erinnerte ich in meiner Rede in der Osloer Universität an Ossietzky: »Seine Ehrung war ein Sieg über die Barbarei. Ich möchte dem Nobelkomitee heute im Namen eines freien Deutschland dafür in aller Form einen späten Dank aussprechen.« Gleichzeitig grüßte ich »die ehemalige Résistance in allen Ländern« und sagte ein Wort der Ermutigung für alle, »die sich um Menschen kümmern, die wegen ihrer Überzeugung gefangengehalten oder auf andere Weise verfolgt werden«.

Ossietzky war in Hamburg geboren (1889, im selben Jahr wie Hitler). Er stammte – trotz des »von« – aus einer oberschlesisch-katholischen Kleinbürgerfamilie. Der Krieg machte ihn zum Republikaner und leidenschaftlichen Antimilitaristen. Hier kann nicht debattiert werden, ob sich die Linke (und zumal die linken Intellektuellen) zu Beginn der Weimarer Republik mit ihrem zugespitzt pazifistischen Ansatz zu weit von der konkreten Möglichkeit entfernte, auf die Gestaltung der Republik Einfluß zu nehmen. Ich folge freilich auch nicht dem Spießerargument, die »Weltbühne« sei »zu negativ« gewesen. Wohl kann man beklagen, daß der begnadete Tucholsky – mehr noch als Ossietzky – zu oft einer grundpessimistischen Stimmung nachgab, die zur Resignation einlud, nicht zum Handeln.

Ganz gewiß hat die Geschichte den Kampf der »Weltbühne« gegen den Militarismus und seine konspirativen Unternehmungen gerechtfertigt. Keine andere Zeitung war bereit, die Skandale um die (illegale) Schwarze Reichswehr, den Schutz der Fememörder, die getarnten Geheimrüstungen (zum Teil im Zusammenwirken mit der »Lufthansa«), die Zusammenarbeit mit der sowjetischen Armee mit solcher Unerschrockenheit aufzudecken. Ossietzky erkannte übrigens schon 1928 in der sowjetischen Außenpolitik Elemente eines camouflierten russischen Imperialismus.

Die »Weltbühne« kostete fünfzig Pfennig – das war viel Geld für einen Schüler. Ich las sie mit Freunden in einer linken Kaffeestube (wo man für fünfzehn Pfennig eine Tasse Kaffee und ein Stück Kuchen bekam). Mit einer Auflage von nicht mehr als 15 000 Exemplaren erzielte sie eine erstaunliche Wirkung. Wir folgten mit leidenschaftlichem Interesse den Prozessen, die Ossietzky vor 1933 angehängt wurden. Ein verschlepptes Verfahren vor dem Reichsgericht, in dem er sich (nach dem Presserecht) für die Enttarnung von geheimen Rüstungen zu verantworten hatte, endete 1931 mit der Verurteilung zu anderthalb Jahren Gefängnis. Ein Mitarbeiter, den die gleiche Strafe traf, hatte sich nach Paris abgesetzt und seinen Chefredakteur kompromittiert. Ossietzky trat im Mai 1932 seine Strafe an. Im Dezember wurde er, dank einer Weihnachtsamnestie für »Politische«, wieder freigelassen. Am Morgen nach dem Reichstagsbrand wurde er abgeholt und in eines der ersten Konzentrationslager gebracht: das alte Zuchthaus Sonnenburg. Dort erlitt er böse Mißhandlungen. Mitte Februar 1934 wurde er in das berüchtigte Moorlager Papenburg-Esterwegen, nahe der holländischen Grenze, verlegt. (Dorthin kam Anfang 1935 auch Julius Leber und, neben vielen anderen Leidensgefährten, Georg Diederichs, der spätere Ministerpräsident von Niedersachsen.) Die wenigen zuverlässigen Nachrichten, die man über Papenburg erhielt, sagten übereinstimmend, die Lagerleitung lege es darauf an, Ossietzky zugrunde zu richten – »fertigzumachen«, wie man sich in der Sprache jener Jahre ausdrückte. (Das unmenschliche Wort blieb uns erhalten.)

Im Frühjahr 1936 wurde Ossietzky als Gefangener in ein Berliner staatliches Krankenhaus gebracht: ein erster Erfolg der Friedenspreis-Kampagne.

Im Jahr 1934 war Ossietzkys Nominierung gescheitert, weil die Statuten nicht beachtet wurden. Zum folgenden Jahr wurden vor dem Schlußdatum des 31. Januar gültige Eingaben von mehreren vorschlagsberechtigten Personen eingereicht: Trägern des Preises, Mitgliedern nationaler Parlamente, Professoren der Philosophie und des internationalen Rechts. Doch Ende 1935 verzichtete das Komitee auf eine Preisverleihung. Einige Wochen vor dieser Entscheidung (am 1. November 1935) hatte ich nach Paris geschrieben: »Leider muß man damit rechnen, daß die großen Bemühungen für C.v.O. nicht mit Erfolg gekrönt sein werden.« Ich sei der Meinung, daß man die Kampagne dennoch mit ganzer Kraft fortsetzen müsse. Anfang 1936 wurde Ossietzky von neuem, diesmal von vielen hundert Vorschlagsberechtigten, nominiert, so von den 69 Abgeordneten der Arbeiterpartei im norwegischen Storting und 59 Sozialdemokraten im schwedischen Riksdag. Aus der Schweiz kamen die Unterschriften von 124, aus Frankreich die von 120 Parlamentariern.

Von den früheren Preisträgern engagierten sich die amerikanische Philantropin Jane Addams (sie hatte den Preis 1931 erhalten) und der deutsche Professor Ludwig Quidde (ihm war der Preis 1927 zusammen mit einem Kollegen aus der französischen Friedensbewegung zugesprochen worden), der nach Genf emigriert war. Aus Frankreich trafen die Appelle von Romain Rolland und dreizehn Professoren, aus England von Bertrand Russell und H. G. Wells, Aldous Huxley und J. B. Priestley ein. Die Sozialistische Arbeiter-Internationale trat – neben den Skandinaviern – mit Namen wie Emile Vandervelde und Clement Attlee in Erscheinung. Professor André Philip aus Paris und Harold Laski von der London School of Economics plädierten für unseren Kandidaten. Doch neben Ossietzky war Professor T. G. (Tomáš Garrigue) Masaryk vorgeschlagen. So versuchte man, diesen nationalen Demokraten und herben Humanisten zu überreden, er solle dem Osloer Komitee sein Desinteresse – damit: seinen Verzicht – melden: Ich weiß nicht, wer weiß, ob er es tat. Leicht kann das ihm, der Grund hatte, um den Bestand seines jungen Staates zu bangen, jedenfalls nicht gefallen sein. Hinter den Kulissen regte sich – noch durch Gerlach instruiert – der vielgelesene Emil Ludwig, der eine Masaryk-Biographie geschrieben hatte. Im November 1935 wandten sich fünfzehn amerikanische Gelehrte und Publizisten, auch Albert Einstein, an den Präsidenten. Thomas Mann schrieb nicht nur an Masaryk, der ihm und seiner Familie die Staatsangehörigkeit verliehen hatte, sondern auch an das Komitee in Oslo – jener Brief wurde zu einem Meisterwerk der Ironie.

Ein anderes Problem ergab sich aus der Arbeitsweise des Nobelkomitees in Oslo (das nur den Friedenspreis vergibt, während über die anderen Preise in Stockholm entschieden wird). Der Storting wählt die fünf Mitglieder (mit Stellvertretern) des Komitees, die dem Parlament nicht angehören müssen. Sie beraten geheim und in aller Regel so lange, bis sie Übereinstimmung erzielt haben.

Den Vorsitz führte damals der liberal-konservative Professor Fredrik Stang, ein früherer Justizminister, den ich in Verbindung mit König Haakon erwähnte. Er hatte bis zuletzt Zweifel, ob die im Herbst 1936 getroffene Entscheidung von der Sache her ganz richtig sei. (Diese Bedenken bestätigte mir viele Jahre später Professor Frede Castberg, der als Konsulent in Sachen Ossietzky tätig war.) Von den Mitgliedern schieden vor der Einigung auf Ossietzky zwei aus, wohl beide aus Gründen der Opportunität: der sozialdemokratische Außenminister Koht, Geschichtsprofessor, und der liberale Parteiführer und frühere Ministerpräsident Mowinckel, Schiffsreeder aus Bergen. Der liberale Reeder wurde durch einen Bankdirektor, der Außenminister durch Chefredakteur Tranmæl vertreten. Auch Tranmæl hielt sich streng an die Regeln der Verschwiegenheit, doch hatte sich der Vorstand der Arbeiterpartei mit »unserer« Kandidatur befaßt und sie moralisch nachdrücklich unterstützt. Ein anderes Mitglied des Komitees konnte ich ein wenig mit Argumenten versorgen: Dr. Christian Lange, dessen Sohn Halvard nach dem Krieg als Außenminister diente; Vater Lange hatte 1921 selbst den Preis als Generalsekretär der Interparlamentarischen Union erhalten.

Zu einem Aufschrei der Empörung war es Ende 1935 gekommen, als der alte Knut Hamsun – von anderen angeregt? – mit einem Zeitungsartikel gegen den wehrlosen Ossietzky zu Felde zog. Der greise Dichter fragte böswillig-naiv, warum sich Ossietzky denn habe einsperren lassen. Er hätte doch emigrieren können! Und was sei falsch daran, daß Deutschland militärisch stärker werde? »Dieser eigentümliche Friedensfreund«, schrieb Hamsun, »dient nun seiner Friedensidee dadurch, den Behörden seines Vaterlandes permanent unbequem zu sein.«

Der Aufschrei bei den norwegischen Schriftstellern – von Sigrid Undset bis zu den ganz jungen – verdunkelte die Tatsache, daß die Urteilsfähigkeit des Alten wohl schon damals beträchtlich gelitten hatte. Sein Haß gegen England war pathologisch – und so seine kritiklose Bewunderung deutscher Macht. Daraus resultierte die Tragödie dieses Greises, der sich während des Krieges wie ein Kollaborateur aufführte und der Verachtung seiner Landsleute anheimfiel. Es ist eine bittere Ironie, daß Ossietzky zu den deutschen Bewunderern Hamsuns gehörte. Noch kurz vor seinem Tod Anfang 1938 bestellte er dem Mann einen Gruß, der ihn geschmäht hatte. Der Schwerhörige hat die Botschaft wohl kaum noch aufgenommen – hätte sie wohl auch nicht aufnehmen mögen, als sie ihm im Fahrstuhl seines Hotels in Oslo gesagt wurde.

Die Entscheidung zugunsten Ossietzkys fiel fast auf den Tag ein Jahr nach der Attacke Hamsuns: am 23. November 1936. Die gleichgeschaltete deutsche Presse reagierte pikiert, wovon ich mich an Ort und Stelle überzeugen konnte, denn ich war, wie gesagt, zu dieser Zeit in Berlin. Sie konnte manche törichte Auslandsstimme zitieren, wie die des schwedischen Weltreisenden Sven Hedin oder eines Mitglieds der Familie Alfred Nobels. Die Reichsregierung verfügte, daß Deutsche keinen Nobelpreis mehr annehmen dürften. Hitler scheint erwogen zu haben, Ossietzky nach Oslo reisen zu lassen und ihn dann auszubürgern. Göring hatte Ossietzky aus der Gefangenenabteilung des Krankenhauses zu einem Gespräch zitiert. Die Vermutung spricht dafür, daß dem kranken Gefangenen Vorteile in Aussicht gestellt wurden, wenn er auf den Preis öffentlich verzichte. Sicher ist, daß er sich Göring gegenüber zu seinen Überzeugungen bekannte. Als Ossietzky vom Beschluß des Nobelkomitees unterrichtet wurde, durfte er immerhin telegrafieren: »Dankbar für unerwartete Ehrung.« Nach Oslo ließ man ihn natürlich nicht reisen. Um den Geldpreis brachte ihn ein betrügerischer Anwalt. Es entstand die groteske Lage, daß sich die Gestapo der Interessen Ossietzkys anzunehmen schien und den Anwalt einsperrte. Ossietzky galt nach dem Göring-Gespräch im November nicht mehr als Schutzhäftling. Er konnte sich auf der Tbc-Station eines normalen Krankenhauses behandeln lassen und danach in ein kleines Privatsanatorium im Norden Berlins umziehen. Doch er blieb unter Kontrolle der Gestapo. Sein physischer Zustand war beklagenswert; er lebte noch – ohne die Fünfzig zu erreichen – bis zum Mai 1938. Über seinem Bett hing ein gerahmter Spruch: »Durch alle Niederlagen und alles Unglück leuchtet doch die Hoffnung wie ein ewiger Leitstern.«

Der Initiator Berthold Jacob überlebte zwei Entführungen durch die Nazis – und fast hätte er auch das Dritte Reich überlebt. Wegen seiner Enthüllungen in Sachen Schwarze Reichswehr und Fememorde gehörte er wohl zu den meistgehaßten Berliner Journalisten. Schon vor der »Machtübernahme« ging er 1932 ins Ausland, lebte in Straßburg und reiste gelegentlich nach Basel. Im März 1935 wurde er mit Hilfe eines Täuschungsmanövers von dort über die deutsche Grenze und weiter nach Berlin gebracht. Die Verhöre, an denen Reinhard Heydrich, der Chef des »Reichssicherheitshauptamtes« beteiligt war, galten vor allem der Frage nach den Quellen für die militärischen Informationen in Jacobs Straßburger Zeitungsdienst. Die Erklärung war einfach: Er verstand es, Zeitungen und Zeitschriften zu lesen und Statistiken intelligent auszuwerten.

Die Schweizer Regierung bestand mit ungewöhnlichem Nachdruck auf Jacobs Rückführung. Erstaunlicherweise lenkten die Nazis ein. Jacob wurde zurückgeschickt und nach Frankreich abgeschoben. In Paris schloß er sich dem Kreis um Münzenberg an, der unter anderem bei einer Tagung 1935 in London mehrere Fälle von Menschenraub anprangern ließ. (Noch im Mai 1939 wurde ein Schweizer Lehrer, der mit SAP-Gruppen in Baden und Württemberg Kontakt hielt, auf deutschem Gebiet in die Fänge der Gestapo gelockt.) Im September 1941 wurde Berthold Jacob zum zweitenmal durch Gestapoagenten entführt – nun aus Lissabon. Er war im April 1941 mit gefälschten Papieren von Südfrankreich nach Spanien gelangt, dort festgenommen und bei Madrid interniert worden. Einige Monate später entkam er nach Portugal. Die Gestapohäscher verschleppten ihn nach dem Kidnapping über Madrid mit dem Flugzeug nach Berlin. Wieder wurde er intensiv verhört. Manche meinten, die Nazis versuchten, einen Schauprozeß vorzubereiten. Im Februar 1944, kurz vor seinem Tod, wurde Jacob in die Reste des Jüdischen Krankenhauses von Berlin gebracht. Dort beließ man einige Menschen, die wohl für die eine oder andere »Sonderverwendung« geschont werden sollten.

Hodann und Reich

Als ich nach Norwegen kam und kurz danach Kontakt mit der Gruppe Mot Dag gewann, gehörte die neue Zeitschrift für sexuelle Aufklärung zu den erfolgreichen verlegerischen Aktivitäten dieses Kreises. Die Verantwortung dafür lag bei einer Gruppe sozialistischer Mediziner um den damals 30jährigen Dr. Karl Evang. Dieser drahtige, energische, ungewöhnlich disziplinierte Arzt wurde bald der höchste Gesundheitsbeamte seines Landes, und er half nach dem Krieg beim Aufbau der Weltgesundheitsorganisation.

Wie in Norwegen entstanden auch in Schweden Organisationen, deren Beratungsarbeit sich vor allem auf die Geburtenkontrolle konzentrierte. Dem »Reichsverband für sexuelle Aufklärung«, der 1933 in Stockholm gegründet worden war, stand die mutige Elise Ottesen-Jensen vor. »Ottar«, wie ihre Freunde sie nannten, war als siebzehntes Kind einer norwegischen Pastorenfamilie aufgewachsen; sie heiratete Albert Jensen, den zu jener Zeit bekanntesten schwedischen Syndikalisten. 1953, als 67jährige und zwanzig Jahre vor ihrem Tod, wurde sie Präsidentin der in Stockholm ins Leben gerufenen »Internationalen Föderation für Familienplanung«; die Universität Uppsala verlieh ihr den Ehrendoktor.

In Deutschland hatte ich nur von fern wahrgenommen, daß in Berlin und anderen großen Städten ähnliche Beratungsstellen wie in Oslo und Stockholm gegründet wurden. Wir sprachen nicht selten über das Elend, das durch den berüchtigten Paragraphen 218 des Strafgesetzbuches gekennzeichnet war. Da und dort regte sich ein Aufbegehren gegen das heuchlerische Sexualstrafrecht, das wir in der Bundesrepublik erst Ende der sechziger Jahre ernsthaft zu entrümpeln begannen. Eine der ersten Mütterberatungsstellen hatte Max Hodann eingerichtet, der 1934 nach Oslo kam. Ich hatte ihn zwei Jahre zuvor in Lübeck kennengelernt, als er meiner Einladung zu einem aufklärenden Vortrag folgte. Das ohnehin bescheidene Honorar bestritten wir aus dem Eintrittsgeld von zwanzig Pfennigen – und es waren weniger Karten verkauft worden, als wir erhofft hatten. Dr. Hodann war Mitarbeiter am Institut des Sexualforschers Magnus Hirschfeld und Stadtarzt in Reinickendorf, einem der zwanzig Bezirke von Groß-Berlin. Wir Jungen wurden auf ihn durch seine volkstümlichen Schriften aufmerksam, die unter dem Titel »Bub und Mädel« und »Bringt uns wirklich der Klapperstorch?« erschienen. Als Vortragender strahlte er Vertrauen aus. In Oslo traf ich ihn gelegentlich. Er nahm als Arzt am Krieg in Spanien teil. In Paris trennte er sich 1938 – wegen Willi Münzenberg – von der KP, mit der er eng verbunden gewesen war. Während des Krieges arbeitete er, ohne amtliche Genehmigung, in Stockholm bei Elise Ottesen-Jensen. Danach erhielt er eine Anstellung bei der britischen Gesandtschaft. Kurz nach dem Krieg starb er im Alter von 62 Jahren.

Intensiver war mein Umgang mit Wilhelm Reich, dem Analytiker, der 1934 nach Oslo übergesiedelt war. Er stammte aus dem österreichischen Galizien, wurde in Wien ausgebildet und wirkte in den letzten Jahren vor Hitler in Berlin. In beiden Städten beteiligte er sich an der Aufklärungs- und Beratungsarbeit linker Gruppen der Arbeiterbewegung, von denen sich eine hochtönend »Reichsverband für proletarische Sexualpolitik« nannte. Reich wurde freilich – wegen seiner nonkonformistischen Lehren – aus der KPD ausgeschlossen. Und kurz danach auch aus der Internationalen Psychoanalytischen Vereinigung. Von Sigmund Freud hieß es, er habe Reich für seinen vielleicht begabtesten Schüler gehalten. Dem »Methodenstreit« der Psychoanalytiker vermochte ich als Laie nicht zu folgen. Doch Reich eröffnete mir einen gewissen Zugang zu jener Seelenforschung, von der ich in der Romanliteratur einige Spiegelungen gefunden hatte – auf der Schule und in meiner Umgebung wußte man freilich nichts von jener Welt. Nun begriff ich besser, daß Freud, seine wissenschaftlichen Konkurrenten und Schüler Türen zu Bereichen aufgestoßen hatten, die man früher als Dunkelkammer der Seele fürchtete. Manche der Einsichten hatten nicht lange Bestand, andere wurden vertieft und weiterentwickelt, doch niemand konnte sich den umwälzenden Einsichten der Psychoanalyse völlig entziehen.

Wilhelm Reich – rötliches Gesicht, graue Haare, stechender Blick, bezwingende Sprache – bildete in Norwegen, genauer: schon auf dem Weg dorthin in Dänemark, eine Gruppe, die er »Sexpol« (Sexualpolitik) nannte. Er hatte ein beachtetes Buch über »Massenpsychologie des Faschismus« geschrieben, und er bediente sich dabei einer Argumentation, die Elemente der Psychoanalyse mit solchen des Marxismus verband. Er sah Zusammenhänge zwischen ökonomisch bestimmten Tabus, sexueller Unterdrückung und autoritären Strukturen von Familie und Gesellschaft. Ich hörte viel dummes Spotten und idiotische Zotereien über seine Äußerungen zum Thema der Sexualunterdrückung. Doch den Aufgeschlossenen leuchtete ein, daß der Nazismus und verwandte Herrschaftsformen in der Tat auch von sexuellen Repressionen bestimmt waren. Man begann zu verstehen, daß viele Menschen freier, vielleicht sogar glücklicher hätten sein können, wären ihnen in jungen Jahren nicht Schuldkomplexe eingepflanzt worden, hätten sie vielmehr gelernt, zum Leben ja zu sagen.

Mir fehlten die Voraussetzungen, Schwächen oder Stärken der Reichschen Analyse und Therapie zu beurteilen. Manche seiner Patienten und Jünger, die sich als eine Art Gemeinde empfanden, gehörten zu meinem guten Bekanntenkreis. Reich selbst war mir in den ersten Osloer Jahren in Sachen Politik, Literatur und Sexualverhalten als gesellschaftliche Kategorie ein anregender und phantasievoller Gesprächspartner. Meine Lübecker Gefährtin wurde Reichs Sekretärin. So ergab es sich, daß wir uns oft auch mit Freunden aus der Jugendbewegung – in Schweden gelegentlich sogar mit illegalen Besuchern aus Deutschland – trafen. Als Reich im Sommer 1939 nach New York übersiedelte, zog Gertrud ihm voraus. Sie beabsichtigte, nach einiger Zeit nach Norwegen zurückzukehren. Der Krieg kam dazwischen. Ihre Arbeit bei Reich dauerte auch nicht mehr lange, zumal sie seine Auffassung von »Arbeitsdemokratie« nicht teilen konnte. Nur in dem Bereich, in dem ein Mensch arbeitet, beschied Reich, sollte er das Recht haben, an Entscheidungen mitzuwirken, die mit diesem Arbeitsprozeß zusammenhängen. Doch was mit den Zusammenhängen zwischen den Arbeitsprozessen und den übergeordneten wissenschaftlich-technischen oder gesamtökonomischen Bedingungen? Und was mit den gesellschaftlichen und politischen Vorgängen?

Darüber stritten wir im Dezember 1938, am Abend meines 25. Geburtstags. Reich bestand darauf, daß eine Regierung der besten Wissenschaftler und Experten der Massendemokratie mit all ihren Schwächen vorzuziehen sei. Ich fragte, ob daraus nicht ein fachidiotisches Chaos werden müsse. Mir wurde ziemlich früh deutlich, daß die gesamtpolitische Entscheidungsfähigkeit der Spezialisten beschränkt ist – und darum auch begrenzt werden sollte.

Reichs Assistentin, ein halbes Jahr jünger als ich, war eine offene, willensstarke Lübeckerin. Sie kam aus der Arbeiterschaft und aus der Arbeiterjugend wie auch ich, und wir lernten uns bei einer Balgerei kennen, in die ihre und meine Gruppe gerieten. Gertrud und ich zogen zusammen, nachdem sie sich in Oslo zunächst als Dienstmädchen durchgeschlagen hatte: Wir hausten zuerst im möblierten Zimmer, schließlich in einer bescheidenen, aber schönen Neubauwohnung. Man hielt uns, trotz unserer Jugend, für Mann und Frau auch im Sinne des Gesetzes. Die blonde Lübeckerin, die sich der Sprache und Lebensart des Gastlandes ebenso leicht anpaßte wie ich, war politisch wach und von einer seltenen Hilfsbereitschaft. Zeitweilig nahm sie mir – der gemeinsam für wichtig gehaltenen Aufgabe zuliebe – dank ihrer eigenen Arbeit die Last ab, hinter kleinen Artikelhonoraren herjagen zu müssen.

Reichs Experimente wurden für mich undurchschaubar, als er sich in naturwissenschaftliches Niemandsland begab. Ich hatte freilich den Eindruck, daß dieser beachtliche Intellekt auf Abwege geriet. In Oslo überraschte er uns noch durch die Entdeckung der »Bione«. In den USA führte ihn die Suche nach der einen zentralen Lebenskraft zur »Orgon«-Theorie; für ihn gab es Orgon-Akkumulatoren und eine Orgon-Therapie. Ein Zentrum, das der Meister mit einigen seiner Jünger während des Krieges im Staate Maine errichtete, wurde Orgonon benannt. (Der Vorläufer jener Akkumulatoren in Gestalt einer schwarzen Kiste war noch in Oslo entstanden. Ich habe sie nicht gesehen, aber mir wurde bedeutet, wer sich in sie hineinbegäbe, könne durch auf ihn wirkende Impulse von allen möglichen Gebrechen geheilt werden.) Der Analytiker hatte schon in Oslo davon gesprochen, daß er das allem zugrunde liegende Geheimnis des Übergangs von anorganischem zu organischem Leben lüften werde. In den Vereinigten Staaten begann er mit Krebsbehandlungen. Er schien keine Grenzen seiner Künste mehr zu respektieren und versuchte sich als Regenmacher. Er entwarf ein Oranus-Experiment, das die fürchterlichen Wirkungen der Atombombe ausschalten sollte. Schließlich identifizierte er sich mit Jesus und schrieb ein Buch unter dem Titel »Der Christusmord«. Die Behörden reagierten auf die

Geisteskrankheit mit einer eigenartigen Zerstörungssucht. Sie vernichteten seine Bücher und Instrumente. Reich wurde wegen Kurpfuscherei zu zwei Jahren Gefängnis verurteilt; er starb Ende der fünfziger Jahre, knapp sechzigjährig.

Als Wilhelm Reich Ende der sechziger Jahre wiederentdeckt wurde, wußten die Angehörigen der Studentenrevolte vermutlich wenig vom Verfall dieser großen und schöpferischen Begabung. Für viele war er ein Vorkämpfer der »sexuellen Revolution«. Doch manche der Steine, die er ins Wasser geworfen hatte, sorgen noch immer für Bewegung. Was jemand wie ich als schwierigen Prozeß der »Aufklärung« verstand, wird nun oft als erste Stufe einer »sexuellen Revolution« gewertet.

Zu den wenigen Büchern in unserem Lübecker Arbeiterhaushalt gehörte »Die sexuelle Frage« des Schweizer Arztes Auguste Forel – und natürlich Bebels »Die Frau und der Sozialismus«, das zuerst 1879 (unter anderem Titel in der Schweiz) erschienen war und – als der Alte 1913 starb – 50 deutsche Auflagen mit 200 000 Exemplaren erreicht hatte. Bebel nannte starke Argumente für die Gleichberechtigung. Von den Schwächen des zeitüblichen naiven Fortschrittsglaubens war er nicht frei. Den Lesern wurde der Eindruck vermittelt, die Frauenfrage sei »nur eine Seite der allgemeinen sozialen Frage«. Bebel unterlag dem Mißverständnis, die Gleichstellung der Frauen verlange ihre Angleichung an die männliche Welt. Doch gemessen an seiner Epoche schrieb Bebel erstaunlich offen und unverkrampft: Der Mensch solle über sich selbst verfügen, sagte er – »unter der Voraussetzung, daß die Befriedigung seiner Triebe keinem anderen Schaden oder Nachteil zufügt«. Die Befriedigung des Geschlechtstriebs sei jedes einzelnen persönliche Sache: »Niemand hat darüber einem anderen Rechenschaft zu geben, und kein Unbefugter hat sich einzumischen.« Die sogenannten tierischen Bedürfnisse seien auf die gleiche Stufe wie die sogenannten geistigen zu stellen; die Befriedigung des Geschlechtstriebs sei eine Voraussetzung für die physische und geistig-seelische Entwicklung von Mann und Frau. »Kulturell« erworbene Behinderungen, so meinte er, sollten durch Sexualerziehung für beide Geschlechter überwunden werden.

Die Sozialdemokraten – aber auch andere Gruppen der Arbeiterbewegung – waren zu einer unverbogenen Bejahung des Sexuellen, wie sie sich bei Bebel andeutete, lange nicht fähig. In meiner Kindheit und Jugend beobachtete ich, daß die meisten Repräsentanten und Funktionäre der sozialistischen Bewegung ganz den überkommenen Moralvorstellungen unterworfen waren. Von Ausnahmen abgesehen, unterschieden sich »Linke« nicht von »Rechten«. Die Russische Revolution schien einen Ausbruch aus überkommenen Konventionen anzukündigen. Doch bald danach regierte in der Sowjetunion ein verspießerter Puritanismus – womöglich noch enger als der bürgerliche.

In unserem Teil der Welt erlebte ich tiefgreifende, geistige, natürlich auch materielle Wandlungen im Verhältnis zwischen den Geschlechtern. Beobachtungen, die ich während der Osloer Jahre machte, ermutigten mich nicht, die Entwirrung von Kindheitsproblemen durch eine Analyse zu versuchen. Ich bestand das Leben auch ohne diese Hilfe.

PARIS

Fast ausgeliefert

Anfang 1934 fuhr ich zum erstenmal von Oslo nach Paris: erst mit dem Zug nach Kopenhagen und weiter nach Esbjerg, von dort mit dem Schiff nach Dünkirchen. Zuvor hatte ich noch ein ernstes Gespräch mit dem französischen Konsul zu bestehen; um das Visum leichter zu bekommen, war es zweckdienlich, einen elsässischen Onkel zu erfinden. Ich reiste mit dem deutschen Paß, der 1931 ausgestellt war, noch nicht mit einem vorteilhafteren norwegischen Reisepapier. Achtmal bin ich in Paris in den Vorkriegsjahren gewesen. Einige Aufenthalte erstreckten sich über viele Wochen. Die Niederlande und Belgien lernte ich auf Hin- und Rückreisen ganz gut kennen.

1934, bei meiner ersten Reise in den Süden, kam ich am Morgen des 12. Februar am Gare du Nord an. In ganz Paris waren an jenem Tag die Arbeiter in den Generalstreik getreten, weil sie sich nicht mit der Gefahr eines Staatsstreichs abfinden wollten, der sechs Tage zuvor durch Manifestationen der extremen Rechten in greifbare Nähe zu rücken schien. Auch die Taxifahrer streikten. Also begab ich mich, meinen Koffer schleppend, auf einen längeren Fußmarsch vom Nordbahnhof zu Freunden im Quartier Latin. Ich war freilich nicht gekommen, um die Krise zu studieren, sondern um an der ersten Auslandskonferenz unserer Gruppe teilzunehmen. Zunächst wollte ich in Paris Vorbesprechungen für eine Jugendkonferenz in den Niederlanden führen.

Die Pariser Unterhaltungen in jenem Februar kreisten vor allem um die »Perspektive« (man nannte es: die Frage der Perspektive) unserer Arbeit: nämlich die zu vermutende Dauer der NS-Herrschaft. Dieses Thema nahm immer wieder unendlich viele Stunden der Diskussion und der Selbstgrübelei in Anspruch. Einer unserer Theoretiker, der Wirtschaftswissenschaftler und Publizist Fritz Sternberg – wir nannten ihn Ungewitter –, war aus der Schweiz herübergekommen. Er erklärte mit einer Fülle von Argumenten, daß es vernünftig sei, uns auf eine Zeitspanne einzustellen, die den vier Jahren des (Ersten) Weltkriegs entspräche. Ich hielt seine Einschätzung für realistisch, doch für manche unserer Schicksalsgefährten schien sie schwärzester Pessimismus zu sein. Wie so oft in diesem Jahrhundert sollten die wahren Pessimisten recht bekommen, die von vornherein von einem Jahrzehnt sprachen, von zwölf Jahren oder mehr ... Kurt Schumacher, der erste Nachkriegsvorsitzende der deutschen Sozialdemokraten, sagte 1933 im Konzentrationslager Heuberg zu dem späteren Generalstaatsanwalt Fritz Bauer: »Hier sitzen wir zehn Jahre, und deshalb zwinge ich den Fraß in mich hinein, den ihr anderen verschmäht.«

Zu der Konferenz in den Niederlanden – von der ich nach Paris zurückkehrte – hatten die Jugendverbände der beiden dortigen linkssozialistischen Parteien eingeladen. Ich war inzwischen von den Freunden in Berlin beauftragt worden, die Auslandsvertretung unseres Sozialistischen Jugendverbandes wahrzunehmen, für den wir in Oslo Mitteilungsblätter und Schulungsbriefe herausgaben – auch Schriften, die ins Reich eingeschleust wurden. Gemessen gerade an der Pflicht, in der wir gegenüber den Freunden »im Reich« standen, ist allerdings die Quantität der meist hektografierten Schriften hinter der Qualität ihres Inhalts zurückgeblieben.

An der Jugendkonferenz, die mit einer Busfahrt von Amsterdam nach Laren begann, beteiligten sich neben den Holländern und uns Deutschen (außer mir waren es vier Delegierte des SJV, von denen ich zwei vorher nicht kannte) Schweden, Norweger, Engländer, Exilitaliener und Delegierte aus acht weiteren Ländern. In Laren hatten wir am Nachmittag des 24. Februar in der Jugendherberge »De Toorts« – nach Kaffee und Kuchen – die Begrüßungsreden hinter uns gebracht, als Polizei in den Versammlungsraum eindrang und die Veranstaltung kurzerhand auflöste. Feldgendarmerie hatte das Gebäude umstellt. Ein Dutzend ausländischer Arrestanten, darunter ich, wurden mit einem Bus zurück nach Amsterdam gebracht. Die vier deutschen Genossen wurden von uns getrennt. Am nächsten Tag hörten wir, daß man sie – auf Anordnung des (nazistisch gesinnten) Bürgermeisters von Laren – mit Handschellen an die deutsche Grenze geführt und bei Emmerich »den zuständigen Behörden« des Reiches übergeben hatte. »De duitschers over de grens gezet« hieß es in niederländischen Zeitungen. Im Parlament gab es heftige Proteste. Dies führte vermutlich auch zu Interventionen in Berlin, von der Verhängung der Todesstrafe abzusehen.

Von den Ausgelieferten stand mir der sieben Jahre ältere Hamburger Franz Bobzien nahe. Dieser drahtige und doch sensible, marxistisch argumentierende, doch vor allem ethisch motivierte Junglehrer hatte mich ein paarmal in Lübeck besucht – vor unseren Gesprächen bestand er darauf, die alte Marienkirche aufzusuchen. Seit Mitte 1933 lebte er in Kopenhagen und war von dort, unabhängig von mir, in die Niederlande gekommen. Er wurde – wie die drei anderen – zunächst in Berlin verhört, dann in seiner Heimatstadt zu vier Jahren Zuchthaus verurteilt; hätte er nicht einiges auf mich abladen können, wäre das Urteil wohl noch härter ausgefallen. Nachdem er seine Strafe abgesessen hatte, wurde er ins KZ Sachsenhausen gesteckt. Dort gelangte er in die illegale Lagerleitung, und ihm unterstand ein Block, der mit jugendlichen Polen belegt war. Einer schilderte ihn später als »tapferen Jungsozialisten« und »wahren Deutschen«. Bei einem Bombenräumkommando kam Franz Bobzien im März 1941 ums Leben.

Aus der Tschechoslowakei, wo er eine Grenzstelle betreute, war der Dresdner Kurt Liebermann nach Laren gekommen. Er wurde, im Januar 1935, nach schweren Mißhandlungen, zu sechs Jahren Zuchthaus verurteilt, doch er hat die Nazizeit überlebt und war noch Stadtrat in Dresden. Die beiden anderen Ausgelieferten – Hans Goldstein und Heinz Hoose – hatten mehr Glück. Der eine durfte nach Palästina auswandern. Der andere lebte in Bochum unter Gestapokontrolle und wurde 1939 zur Wehrmacht einberufen; nach dem Krieg fand er sein Arbeitsfeld in der Kommunalpolitik.

Mir blieb das Schicksal meiner deutschen Freunde erspart, weil ich das Glück hatte, daß zwei norwegische Freunde mich in ihre Obhut nahmen. Sie ließen sich auch bei der Ausweiskontrolle nicht von mir trennen. Auf ihren Rat behielt ich meinen deutschen Paß in der Tasche und wies mich statt dessen mit einem gelben Heft aus, das meine »Daueraufenthaltserlaubnis« bescheinigte, die mir inzwischen in Oslo bewilligt worden war. Zunächst hatten wir damit Erfolg. (Außerdem soll es bei der Larener Polizei nur vier Zellen gegeben haben.) Doch am selben Abend wurde im Amsterdamer Polizeigefängnis natürlich die volle Identität festgestellt. Die beiden Freunde, die sich so rührend um mich kümmerten, waren Finn Moe, der erwähnte »Reiseonkel« der Arbeiterpartei, und Aake Ording von der Mot-Dag-Gruppe, ein eher langweilig wirkender, aber idealistischer und ungewöhnlich hilfsbereiter Rechtsanwalt. (Es trifft nicht zu, was gelegentlich geschrieben wurde: daß ich in Begleitung der beiden mit falschen Papieren durch Deutschland gereist sei.) Nachdem man uns ein paar Tage in Amsterdam festgehalten hatte, wurden wir unter Aufsicht mit der Eisenbahn bis kurz vor die belgische Grenze gebracht. Von einer kleinen Station aus gelangten wir – ein Polizist vorneweg, ein anderer hinterher – auf einem Schleichweg bis nahe an die »grüne« Grenze. Dann waren wir uns selbst überlassen. Dies war damals auch andernorts in Europa eine nicht ungewöhnliche Art, mißliebige Ausländer loszuwerden. Wir marschierten auf der anderen Seite der Grenze mit unserem Gepäck zum nächsten Bahnhof und fuhren nach Brüssel. Dort wurde – in einer Schule und in kleinerem Kreis – am 28. Februar 1934 wenigstens fragmentarisch jene Konferenz abgewickelt, die für Laren geplant gewesen war. Aus Gründen der Tarnung wurde, wie es damals nicht ungewöhnlich war, ein anderer Ort als der wirkliche angegeben. In diesem Fall sprachen wir von der »Liller Konferenz«.

Über das »Internationale Jugendbüro«, das zu bilden in Brüssel beschlossen wurde, brauchen nicht viel Worte verloren zu werden, denn es blieb bei Ansätzen. Die Schweden hätten sich um das Sekretariat kümmern sollen. Tatsächlich überließen sie die Arbeit den Mot-Dagisten, und ich hatte während der nächsten anderthalb Jahre mehr damit zu schaffen, auch mehr Ärger, als mir lieb war. Das Unternehmen blieb ein blutleeres Gebilde, die wortstarken Texte besagten wenig, und es fehlte der gemeinsame Nenner: Die Rechthaberei der Trotzkisten, die von den Holländern eingeladen waren – mindestens einer auch aus den USA –, nahm anderen die Lust an der Zusammenarbeit. Doch Kontakte mit Gruppen aus Rumänien, Polen und Palästina behielt ich aus jener Zeit in lebhafter Erinnerung – zum Beispiel mit den »Hashomer Hatzair«, einer Kibbuz-Jugendbewegung, die sich für einen jüdisch-arabischen Gemeinschaftsstaat engagierte.

Interessante Verbindungen ergaben sich zu »Linken« in der Sozialistischen Jugend-Internationale: führenden Mitgliedern der Jeunes Gardes in Belgien, der Jeunes Socialistes in Frankreich, der Young People's Socialist League in den USA. Bald bekam ich zur sozialdemokratischen Seite hin noch mehr zu tun: Meine Norweger schlossen sich – wie die Partei der Arbeiter-Internationale – der Jugend-Internationale an. Und meine deutsche Organisation, der SJV, verließ – im Sommer 1937 auch in aller Form – das internationale »revolutionäre« Büro. Statt dessen beteiligten wir uns an den Bemühungen, antifaschistische und sozialistische Einheit zustande zu bringen. Das »Büro« war Ende 1936 nach Barcelona verlegt worden und geriet unter den Einfluß einer Gruppierung, mit deren Thesen wir wenig anfangen konnten.

Die Zusammenarbeit mit den Trotzkisten hatte, kaum war sie begonnen, schon wieder aufgehört. Ich will nicht verschweigen, daß auch Exkommunisten anderer Provenienz und ultralinke Besserwisser eigener Prägung ihr gerütteltes Maß an Verantwortung für den Mißerfolg trugen. Unter den Sektierern und Weltfremdlingen fanden sich – wie sollte es anders sein – begabte und sympathische junge Leute; manche lösten sich später aus ihrer sendungsbewußten Verkrampftheit.

Während des kurzen Aufenthalts im Amsterdamer Polizeigefängnis lernte ich Heinz Epe kennen, einen etwa gleichaltrigen Rheinländer (der Vater war Malermeister in Remscheid), der das Jugendsekretariat der Trotzkisten vertrat. Er nannte sich Walter Held. Bald darauf siedelte er nach Norwegen über; 1940 landete er, wie ich, in Stockholm, und wir wohnten einige Zeit in derselben Pension. Bald wollte er in die USA, was in einigen Fällen auf dem Weg über Sibirien und Japan noch möglich war, bevor der Hitler-Krieg gegen die Sowjetunion begonnen hatte. Epe erhielt das Visum für sich, seine norwegische Frau Synnøve und den zweijährigen Sohn Ivar. Ich riet ihm von einer solchen Reise ab. Er wollte auf jeden Fall weiter, und Böses kann er nicht im Schilde geführt haben. Doch zur Vorsicht deponierte er bei einigen schwedischen Zeitungen eine Erklärung. Falls er verschwinde, sollte man wissen, was es damit auf sich habe: Er werde dann ein Opfer politischer Rache oder Willkür sein. Die Epes kamen nie in den USA an. Sie blieben in der Sowjetunion verschollen. Später berichtete ein Arzt, er sei mit ihnen 1942 oder 1943 in einem der Lager gewesen. Offiziell wird das erste dieser beiden Jahre als Lebensende der drei angegeben oder angenommen. Doch noch in den frühen fünfziger Jahren tauchte ein Bericht auf, der Totgesagte sei in einem Lager gesehen worden.

Februar 1934/Mai 1936

Frankreich befand sich Anfang 1934, mehr als mir bewußt war, in einer krisenhaften Lage. Dem turbulenten Marsch auf das Parlament, den am 6. Februar viele Tausende unter der Führung der extremen Rechten unternommen hatten, folgte der Generalstreik am 12. Februar, den riesige Demonstrationen begleiteten. Die Arbeiterschaft forderte gemeinsame Aktionen der Linken, mit anderen Worten: Die »Basis« begann Druck auf die intim verfeindeten Parteiführungen auszuüben. Man hat jenen 12. Februar als den Beginn der Front Populaire bezeichnet.

Wenn ich mir diese Deutung zu eigen mache, widerspreche ich damit der gängigen These, die Volksfront sei bloß ein Geschöpf Moskauer Strategie und kommunistischer Taktik gewesen. Im Vergleich zu Deutschland war die französische Linke in nicht geringem Maße von nationalem Eigenwillen bestimmt. Überdies sind in romanischen Ländern politische Entscheidungen – stärker als bei uns – auch von Spontaneität geprägt.

In jenem Spätwinter 1934 verteidigte sich in Teilen Österreichs der sozialistische »Schutzbund« gegen die Machenschaften jenes Engelbert Dollfuß, der ein Mini-Metternich sein wollte und doch nur eine Mussolini-Kopie war. Die opfervolle Rebellion hielt den Austrofaschismus nicht auf, aber sie verlieh aktiven Teilen der österreichischen Arbeiterbewegung das Gefühl, von der Schmach einer kampflosen Niederlage verschont geblieben zu sein. Als sich dann in Spanien, im Oktober 1934, die Bergarbeiter Asturiens unter sozialistischer Führung gegen eine reaktionäre Herausforderung erhoben, hätte man meinen können, die Zeit der Kapitulationen sei endlich vorbei. Dies war eine der unerfüllt gebliebenen Hoffnungen jener Jahre.

An die Volksfront in Frankreich und in Spanien haften sich Bürgerschreckklischees, die kaum aus der Welt zu schaffen sind. Es sollte aber die Pflicht politischer Zeitgenossen – und erst recht der Historiker – sein, eine differenzierte Betrachtung zu versuchen. Zunächst sollte man zur Kenntnis nehmen, daß die Kommunisten zwar über eine starke Position in der französischen Arbeiterschaft verfügten, aber sie waren nicht die entscheidende Macht, als kritische Intellektuelle, wache Gewerkschafter und andere besorgte Republikaner die Einheit der Linken zu fordern begannen. Noch am 6. Februar schienen sich die KP-Führer, nach ihren Erklärungen zu schließen, näher bei den rechten Feinden der Demokratie als bei den sozialistischen Führern aufzuhalten, denen sie nachsagten, sie seien die Hauptstütze der Bourgeoisie und dienten mit ihr dem Bestreben, ein faschistisches Regime zu errichten. Im Februar 1934 rügte und maßregelte die KP-Führung tatsächlich noch Funktionäre, die sich für ein Zusammengehen mit den Sozialisten aussprachen. Ihr Kurswechsel erfolgte nicht so sehr unter dem Druck der Massen, als unter dem Gebot der sowjetischen Außenpolitik: Moskau, das sich über das deutsche Regime keine Illusionen mehr machte, nahm Kurs auf »kollektive Sicherheit«, es suchte Absicherung im Westen. (Dem Beitritt zum Völkerbund folgte ein sowjetisch-französischer Bündnisvertrag.

Den Komintern-Parteien wurde aufgetragen, die Außenpolitik der Sowjetunion propagandistisch zu unterstützen und nach Möglichkeit innenpolitisch abzusichern.)

Die idiotischen Parolen vom Sozialfaschismus wurden vergraben. Es steht dahin, wie viele diesen Unsinn geglaubt haben. Eines ist gewiß, man wollte die Sozialisten, die SFIO, auf Distanz halten; Section Française de l'Internationale Ouvrière nannte sich – noch bis 1971 – offiziell die Sozialistische Partei, deren erster Mann Léon Blum war. Und der verdient, daß ich mich mit ihm noch etwas beschäftige.

Ich hatte zunächst zu lernen, wie sich Geschichte in Frankreich auswirkt und wie sie sich in der politischen Kultur des Landes ausprägt. Die Wirtschaftskrise (die dort freilich weniger erstickend war) mobilisierte bei unserem Nachbarn nicht automatisch antisozialistische und antidemokratische Ressentiments. Es gab also dort kein Naturgesetz, das besagt, daß immer die radikale Rechte von der Not profitieren müsse. Die vergleichbaren sozialen Gruppen, von denen sich Hitler seine Wählerstimmen holte, ebneten in Frankreich einem intellektuellen Sozialisten (obendrein noch jüdischer Herkunft) wie Léon Blum den Weg zur Regierungsverantwortung. Der erbitterte Streit zwischen den Arbeiterparteien schwächte die Linke. Doch er hob die französische Tradition nicht auf, die es der Mitte nahelegte, sich nicht krampfhaft von links abzugrenzen. Ein wichtiges Faktum: Anders als bei uns bestand in Frankreich eine breite, liberale Mitte. Ich lernte auch, daß man Parteinamen in Frankreich (und anderswo) nicht zu buchstäblich nehmen darf. Sonst hätte man die liberalen »Radikalsozialisten« womöglich für radikale Sozialisten gehalten. Oder man hätte die »Gauche radicale« tatsächlich als linksradikal betrachtet und sich nicht vergewissert, daß es sich bei den »Républicains de gauche« ebenso wie bei den »Démocrates de gauche« um Rechtsparteien handelte.

Zur Linken zu gehören (oder gehört zu haben), galt in Frankreich nicht als anrüchig. Auch im Parlament war seit langem eine latente Allianz der Linken vorhanden; links im Sinne von freiheitlich und progressiv, gegenüber rechts im Sinne von autoritär und verharrend.

Aber die deutschen Ereignisse wirkten bald nach Frankreich hinüber, obschon die europäische und nationale Herausforderung lange unterschätzt oder gar nicht erkannt wurde. Einige Jahre später hörte man bei der demoralisierten Rechten, Hitler sei ihr lieber als Blum. Es besteht auch kaum ein Zweifel darüber, daß die weltfremde Verteidigungsabstinenz in Teilen der Sozialistischen Partei die Kapitulation vorbereiten half. Und die Kommunisten übernahmen in nennenswertem Umfang erst nach dem deutschen Überfall auf die Sowjetunion ihre opfervolle Rolle im französischen Widerstand.

Nicht im Februar, wohl aber im Juni 1934 sprach sich die KP in aller Form für »Aktionseinheit« aus. Im Herbst begann man, die Volksfront »für Arbeit, Freiheit und Frieden« zu propagieren. Am 14. Juli 1935 war in Paris im Zeichen der Front Populaire eine halbe Million Menschen auf den Beinen. Auf dem VII. Weltkongreß der Komintern in Moskau vom Juli/August 1935 (eigentlich hätte er schon 1930 stattfinden sollen) wurden alle Parteien zu einer Politik der Volksfront angehalten. Von einer gründlichen Absage an die frühere Politik war freilich keine Rede, und die alten Funktionäre blieben in ihren Ämtern. Allerdings gelang es dem Bulgaren Georgi Dimitrow, der im Reichstagsbrand-Prozeß eine so mannhafte Rolle gespielt hatte und an die Spitze der Komintern gestellt wurde, den neuen Kurs auf eine ansprechende Weise zu begründen: Nationale Belange sollten ernst genommen werden, Einmischungen in die Angelegenheiten der einzelnen Parteien unterbleiben. Im Westen – auch im sozialistischen Milieu – ahnte man freilich nichts von der Unsicherheit und Angst, die – wie man bald erfuhr – schon während der internationalen Tagung umgingen; die Sowjetunion befand sich am Vorabend der großen »Säuberungen«.

Bei den französischen Wahlen im Frühjahr 1936 siegten die Parteien der Volksfront. Sie erhielten 334 von 618 Mandaten. Es war ein Sieg mehr der Stimmung als der Stimmen. Tatsächlich hatten die Parteien der Linken nur zwei Prozent Stimmen gewonnen. Ich war kurz vor dem 1. Mai nach Paris gekommen und begegnete dem Enthusiasmus einer breiten Volksbewegung. Viele einfache Menschen wollten offensichtlich nicht warten, bis das neue Parlament mit seiner Arbeit begonnen hätte. Noch vor dem zweiten Wahlgang begann die größte soziale Erhebung in der Geschichte der Dritten Republik. Es war kein gewöhnlicher Streik. Die Arbeiter besetzten viele Fabriken in spontanen und friedlichen Aktionen, nicht um sie zu zerstören, sondern um ihren Forderungen nach besseren Sozialbedingungen auf besondere Art Nachdruck zu verleihen: nämlich durch den demonstrativen Hinweis, daß die Stätten der Produktion auch den Beschäftigten gehörten, nicht nur den »Patrons« und Kapitaleignern. Als Léon Blum Anfang Juni seine Regierung bildete, hielten ein paar Millionen Arbeiter Fabriken besetzt. Sie erwarteten mehr, viel mehr, als ihnen der neue Ministerpräsident geben konnte.

Paris erlebte ich zu seiner schönsten Jahreszeit, im Frühling, gemeinsam mit deutschen Freunden, die sich an die Chancen der »Einheit« klammerten. Dieser Pariser Frühling – den wir vermutlich vereinfachend mit den Zuständen überall in Frankreich verwechselten – zeigte uns ein Volk, das zu neuen Ufern aufzubrechen schien. Auf einer großen Versammlung deutscher Schicksalsgefährten, vor allem aus den Jugendorganisationen, sprach ich von der neuen Hoffnung, die uns erfüllte, und von den verbesserten Chancen, die sich für den Kampf gegen Hitler ergeben könnten. Auf einem Kongreß der gewerkschaftlichen Einigung in einem der Pariser Vororte erlebte ich auf beglückende Weise die Stimmung von Arbeitervertretern, die meinten, daß die Zeit der Erneuerung gekommen sei. (Am 1. März hatten sich die beiden Gewerkschaftszentralen auf einem Kongreß in Toulouse zusammengeschlossen. Jetzt waren die Verbände der Kommunalarbeiter an der Reihe.) Meine Aufgabe war es, den norwegischen Gastdelegierten als Dolmetscher und Fremdenführer zur Seite zu stehen. Sie und die anderen Skandinavier wurden mitgerissen von der Aufbruchstimmung jener Tage, und so erklärte nicht nur unser Flüchtlingsdasein die heißen Herzen und feuchten Augen, mit denen wir die Ereignisse erlebten.

In jenem Mai 1936 begegnete ich zum erstenmal auf intensivere Weise dieser Stadt Paris, ihren Vororten und ihrer Umgebung. Und wie es mir immer in großen Städten erging: Ich brauchte meine Zeit, um mit der französischen Metropole vertraut zu werden – mit ihrer Mischung von großzügiger Planung und rührendem Wildwuchs, geschichtlicher Größe und dörflicher Armut. Am leichtesten fand ich mich im Quartier Latin zurecht, wo ich in einem kleinen Hotel in der Rue Monsieur le Prince wohnte. Abends saßen wir oft im Stammlokal deutscher Freunde am Boulevard St. Michel, meist eifrig diskutierend, nicht selten auch fröhlich. Nur gelegentlich zogen wir um zum Montparnasse. Die nähere Umgebung lernte ich kennen, als ich bei Freunden in Plessis-Robinson wohnte, einer Neubausiedlung, die man mit dem Bus von der Porte d'Orléans erreichte. Von dort, schon etwas außerhalb, wurde in der Regel am Sonntag ein Ausflug zu touristischen Attraktionen unternommen oder Waldwanderungen, die von einem Picknick oder der Einkehr in eine nette ländliche Gaststätte unterbrochen wurden. Schließlich nahm ich die Zeugnisse der Geschichte in mich auf – in dieser Stadt, in der fast jeder Quadratmeter voll von Geschichte ist: die Monumente der Großen Revolution, Napoleons, der großen Kriege, auch der Pariser Commune.

Viel Geld hatten wir nicht. Immerhin hatte ich herausgefunden, wo man billig und gut essen konnte. Reichte es nicht zu mehr, waren Weißbrot und Käse mit Rotwein immer noch eine gute Mahlzeit. Mit skandinavischen Freunden erlebte ich manchmal den Reiz eines russischen oder chinesischen oder nordafrikanischen Lokals: Wir waren noch nicht verwöhnt. Der gesellschaftliche Kontakt zu Franzosen war begrenzt. Es schien bei ihnen nicht üblich zu sein, Bekannte zu sich nach Hause einzuladen. Sprachliche Hemmungen hatte ich nicht, aber meine langen, noch etwas holprigen Bemühungen trugen zu jener Art von Distanz bei, über die Freunde in Paris auch später geklagt haben. Unter dem unzulänglichen Verständnis anspruchsvoller Nuancen des Französischen litten auch die Artikel in der norwegischen Zeitung, für die ich berichtete. Dort fiel das allerdings nicht auf.

Es war eine Zeit der Erwartungen, leider sollten sie sich letztlich überwiegend als nicht gerechtfertigt erweisen. Von linken Illusionen bekam ich einiges mit, als ich in jenem Mai 1936 in Paris an einer Konferenz teilnahm, auf der Marceau Pivert – von der Führung der oppositionellen Seine-Föderation – über die französische Entwicklung nach den Wahlen referierte. Er war der Meinung, Léon Blum solle nicht erst bei Zusammentreten des neuen Parlaments Anfang Juni, sondern gleich die Regierung übernehmen. Vor allem begeisterte er sich für die 40-Stunden-Woche und mochte den Hinweis, daß man in Deutschland bald wieder bei einer 60-Stunden-Woche sein werde, nicht gelten lassen. Auf die Frage, wie er sich die militärische Sicherung gegenüber dem rasch aufrüstenden Hitler-Staat vorstelle, meinte dieser Schwärmer, er lasse sich in seinem Antimilitarismus nicht erschüttern und sei unverändert dafür, die Maginotlinie zu schleifen. Einer meiner deutschen Freunde, der aus Stockholm gekommen war – der Schwabe August Enderle –, war außer sich. Wir konnten ihn nur mühsam zurückhalten. So grummelte er vor sich hin: »Wer so redet, könnte von Goebbels Geld bekommen, oder er ist wirklich sehr dumm.«

Das war ungerecht. Dem französischen Linkssozialisten – der im folgenden Jahr eine eigene Partei aufmachte – war es mit seinem Pazifismus ernst. Er engagierte sich zugunsten Spaniens, aber am »revolutionären Defätismus« hielt er im großen fest, als habe sich an den Fragestellungen seit dem Ersten Weltkrieg nicht viel geändert. Damit stand er nicht allein. Der linke Labour-Advokat Sir Stafford Cripps zum Beispiel, der 1940 Winston Churchills Stellvertreter im Kriegskabinett wurde, hatte noch kurz vor Kriegsausbruch die These vertreten, bei der Wahl zwischen Imperialismus und Faschismus sei der Imperialismus das größere Übel …

Die Volksfront speiste die Arbeiter in ihrer ersten schwungvollen Phase nicht mit pathetischen Resolutionen ab. Sie zwang vielmehr die Unternehmer zu bedeutenden Konzessionen, die sie gewährten, um »Schlimmeres abzuwenden«: das Recht auf kollektive Tarifverträge, die Wahl von Betriebsräten, die 40-Stunden-Woche und zum erstenmal einen bezahlten zweiwöchigen Urlaub mit verbilligten Fahrten auf der Eisenbahn. Gewiß ist es wahr, daß die Regierung der Sozialisten und der »Radikalen« nicht mehr als Anfangserfolge zu verzeichnen hatte. Mit der Wirtschafts- und Finanzkrise wurde sie nicht fertig. Dazu hätten Maßnahmen gegen die Kapitalflucht der Großbourgeoisie und mit ihr verbundener politischer Kräfte gehört.

Die Außenpolitik der Regierung Blum kann man nicht überzeugend nennen. Ich werde mich dazu am Beispiel Spanien noch äußern. Der Vorwurf, die Regierung der Linken habe nichts für die Verteidigung unternommen, war unberechtigt. Tatsächlich wurden im September 1936 die Militärausgaben über die Voranschläge der militärischen Führung hinaus erhöht. William Shirer, ein guter amerikanischer Beobachter, schrieb, es habe durchaus die Möglichkeit bestanden, den Vorsprung Deutschlands auszugleichen: »Blum und sein Verteidigungsminister Daladier überließen es den Generälen, wie sie das Geld verwenden wollten – ein Fehler, den sie später bereuten.« (Es handelte sich um die gleiche militärische Führung, die im März 1936 davon abgeraten hatte, auf die – vertragswidrige – Remilitarisierung des Rheinlands zu reagieren. Im Laufe der Jahre erfuhr jeder, der es wissen mochte: Auch nach Meinung führender deutscher Militärs hätte Paris wenig riskiert, wenn es der Remilitarisierung des Rheinlands entgegengetreten wäre; die deutschen Truppen wären zurückgezogen worden, hätte es auch nur Anzeichen einer ernsten Warnung gegeben. Von Hitler selbst ist das Wort überliefert, die 48 Stunden nach dem Einzug ins Rheinland seien »die aufregendste Zeitspanne« in seinem Leben gewesen. Sein Vabanquespiel wurde mit einem gewaltigen Prestigegewinn belohnt.)

Blum hielt sich nur ein gutes Jahr im Amt. Die dubiose Haltung der Kommunisten trug dazu bei: Sie waren resolute Burschen, aber unsichere Kantonisten. An der Regierung wollten sie sich nicht beteiligen, denn Operationsfreiheit war ihnen wichtiger als Mitverantwortung. Mit der Begründung, man dürfe »die Bürgerlichen« nicht erschrecken, konnten sie sich auch nicht dazu entschließen, konkrete Maßnahmen zur Bekämpfung der Krise zu unterstützen.

Als Léon Blum einige Jahre später, als Gefangener des Pétain-Regimes, darüber nachdachte, ob das Bündnis von 1936 richtig gewesen sei, kam er trotz allem zu einer positiven Antwort. Ohne eine »Allianz aller Kräfte der Demokratie und der Republik«, so schrieb er, wäre Frankreich in den Zustand Franco-Spaniens verfallen. Auf dem Weg zu diesem resignativen Urteil hatte der Chef der Sozialisten ernste Herausforderungen in der eigenen Partei zu bestehen. Paul Faure, der Generalsekretär, mit dem Blum viele Jahre eng zusammengearbeitet hatte, wandte sich am Vorabend des Krieges mit pazifistischer Begründung gegen den Parteiführer. Nicht lange danach gehörte er Marschall Pétains »Conseil National« an. Noch weiter nach rechts verschlug es die Neo-Sozialisten. Aus ihren Reihen gelangte der Nazi-Kollaborateur Marcel Déat zu einer deprimierenden Prominenz. 1930 hatte sich Déat noch auf Eduard Bernstein berufen. 1933, nach der Trennung der »Neos« von ihrer ursprünglichen Partei, war er schon in die Nähe italienischer Vorstellungen vom Korporationenstaat gelangt. In Vichy wurde er Faschist.

Im französischen Neo-Sozialismus – und nicht nur dort – schlugen sich auch die Ideen nieder, die der Belgier Hendrik de Man entwickelt hatte, der den Sozialismus – »über den Marxismus hinaus« – stärker als moralische Kraft verstanden wissen wollte: als Erbe und Bannerträger jener demokratischen und christlichen Ideale, die das Bürgertum verraten habe. De Man übte im eigenen Land mit seinem »Plan der Arbeit« noch einmal starke Wirkung aus. Hier ging es um eine »gemeinsame Haltung aller produktiven Schichten gegen die Macht des parasitären Geldes«. Während des Krieges geriet Hendrik de Man – auch wegen seiner Nähe zum König, der nicht ins Exil ging – bei einem Teil seiner Landsleute in den falschen Verdacht der Kollaboration. Anders Paul-Henri Spaak. Ihn hatte ich Anfang 1935, wenn auch nur flüchtig, als einen Mann vom äußersten linken Flügel der belgischen Sozialisten kennengelernt, bevor er erst Post- und Verkehrs-, dann Außenminister und Regierungschef wurde. Über den revolutionären Titel und Ton der Zeitung, die der oppositionelle Spaak herausgab, wären die späteren Mitarbeiter des NATO-Generalsekretärs vermutlich schockiert gewesen.

Léon Blum

Den wichtigsten Mann der französischen Sozialisten zwischen den Kriegen lernte ich persönlich nicht kennen. Ich habe ihn freilich einige Male beobachten können – das erste Mal sogar schon im Mai 1923. Der Zufall wollte es, daß ich als Neunjähriger in einen internationalen sozialistischen Kongreß hineinschauen konnte, den Gründungskongreß der Sozialistischen Arbeiter-Internationale. Chef der französischen Delegation war Léon Blum.

Ich war damals mit der Kindergruppe unserer Lübecker Arbeiterturner in Hamburg. Man ließ uns für einige Minuten in den Saal des Gewerkschaftshauses am Besenbinderhof – ich habe dort seitdem an Dutzenden von Veranstaltungen teilgenommen –, in dem 600 Delegierte aus 30 Ländern versammelt waren. So erhaschte ich einen Blick von Männern wie Karl Kautsky und Eduard Bernstein, dem Engländer Arthur Henderson, dem Dänen Stauning, Branting aus Schweden, Vandervelde aus Belgien, dem Österreicher Friedrich Adler (der 1916 – aus Protest gegen die Kriegspolitik – den Kanzler Graf Stürgkh erschossen hatte und nun in Hamburg zum Generalsekretär gewählt wurde).

Während ich zum Norden einfachen Zugang fand, schloß sich mir das romanische Europa nicht so leicht auf. In der Zeit meiner Kindheit war die Hansestadt Lübeck weit von Frankreich entfernt. Berichte von den großen, schrecklichen Schlachten des Ersten Weltkriegs formten zuerst mein Bild von Frankreich und Franzosen: Damals – und viele Jahre danach, bevor die braune Flut über uns kam – war es, als hätten erwachsene Männer von nichts anderem zu erzählen als von Verdun und Fort Douaumont, dem Hartmannsweiler Kopf und Arras.

Man schilderte »den Franzosen« nicht ohne Grund als harten Gegner und als harten Sieger. Der Gegner wäre vielleicht auch für mich zum Feind, womöglich zum Erbfeind geworden, wäre in unserem Milieu – bei aller ursprünglichen Heimatliebe – nicht jener Internationalismus lebendig geblieben, der 1914 so tragisch scheiterte: eine Ahnung von Solidarität in der Armut, die über die Grenzen hinausreicht, und ein Traum von der gemeinsamen Freiheit der Völker, den sie nur gegen die Obrigkeit der Staaten und ihrer herrschenden Klassen verwirklichen könnten.

Ich wußte wohl: Jean Jaurès war 1914 für den Frieden gefallen, und August Bebel war ins Gefängnis gegangen, weil er sich 1870 den Zielen des Krieges gegen Frankreich widersetzt hatte. Manche liberale, auch manche christlich-konservative Geister teilten damals die Einsichten des Führers der jungen Sozialdemokratie. Auch sie erhofften von einer preußischen Einigung der Deutschen kein Glück. Hier war, wenngleich kraftlos, die Koalition freiheitlicher Gesinnungen des Revolutionsjahres 1848 noch einmal erwacht. Hier hatte man Heinrich Heine, den Wanderer zwischen Frankreich und Deutschland, noch nicht vergessen.

Auf uns Junge gingen in den zwanziger Jahren starke Wirkungen aus von der radikalen pazifistischen Literatur jener Jahre – mit Romain Rolland und Henri Barbusse auf der einen, Ludwig Renn und Erich Maria Remarque auf der anderen Seite. Es war 1929, als ich vom Zeltlager Namedy nach Koblenz fuhr und am »Deutschen Eck«, am Zusammenfluß von Mosel und Rhein, französische Soldaten sah. Sie erschienen mir nicht als Feinde, aber sie waren mir sehr fremd; obwohl ich nicht nationalistisch erzogen war, fand ich, sie gehörten nicht dorthin. Welche Veränderungen haben sich seit damals vollzogen! Um wie vieles sind die jungen Generationen der beiden Völker einander nähergekommen! Mein eigenes Denken geht, anders als das der Jungen, zurück zu Briand und Stresemann, die in den zwanziger Jahren an der Borniertheit ihrer Landsleute scheiterten. Wir haben ihren Traum vom einigen Europa nur in gebrechlichen Stückwerken in Wirklichkeit umsetzen können. Doch man greift dem Urteil der Geschichte kaum vor, wenn man feststellt, daß wenigstens die deutsch-französische Gemeinsamkeit im Denken beider Völker und im Kalkül beider Staaten verankert ist. Wenigstens diese Frucht wuchs aus der Katastrophe.

In den Jahren zwischen 1934 und 1938 wurde mir Frankreich zu einem europäischen Erlebnis, wie es sich mir in meiner zweiten skandinavischen Heimat mit so ganz anderen Akzenten mitgeteilt hat. Eilige Zeitgenossen schlossen aus meiner raschen Verwurzelung im Norden, daß mein Europäertum einseitig skandinavisch-angelsächsisch geprägt worden sei. Wenn es so wäre, gäbe es nichts zu entschuldigen. Aber es existieren hier in Wahrheit keine Ausschließlichkeiten. In Frankreich kannte ich mich besser aus als in England, das ich in jenen Jahren ohnehin nur einmal besuchen konnte.

Ich darf nicht den Eindruck erwecken, daß mir die politische Erscheinung Léon Blums – des Mannes mit dem, laut Heinrich Mann, »vorzüglich durchgebildeten Gesicht« – zunächst einen besonderen Eindruck gemacht hätte. Er schien mir eher ein politisierender Schöngeist und wortgewaltiger Zauderer zu sein: kultiviert und vornehm, dabei gutwillig, halbherzigen Kompromissen zugeneigt. Mindestens dreimal in meinem Leben hatte ich mich mit Blum intensiver zu beschäftigen: zunächst bei seiner Regierungsübernahme 1936; dann in dem Bemühen – das taten natürlich auch andere –, ihn vor dem Tod in Buchenwald zu bewahren; nicht zuletzt, als ich mich anhand einer Biographie noch einmal gründlich mit seiner Persönlichkeit auseinandersetzte. Anfang 1978 schenkte mir Shimon Peres, der Vorsitzende der Israelischen Arbeiterpartei, Jean Lacoutures großartiges Blum-Buch, das gerade erschienen war. »Hieraus magst du sehen«, so Shimon, »was für eine Art von Sozialist ich bin.« »Was für eine denn?« »Kultursozialist«, sagte Peres, »im Sinne von Léon Blum.«

Im März 1981 nannte François Mitterand – zu Beginn seiner dritten Präsidentschaftskampagne – den Sozialismus »zuerst einmal ein kulturelles Vorhaben«. Diese Identifikation ist vermutlich eine ähnliche Vereinfachung, wie sie vielen zu eigen war, die sich auf Marx bezogen.

Blum berief sich nicht selten auf das marxistische Erbe, doch als seinen eigentlichen Vorgänger sah er Jaurès, den französischen Studienrat, der sich vom deutschen Handwerker Bebel so grundlegend unterschied. In Anlehnung an Jaurès gewann Blum die Vorstellung, daß Sozialismus wesentlich mit der Verwirklichung von Kultur zu tun hat. Mit den Worten Lacoutures: ein als Kultur konzipierter Sozialismus und eine von Jaurès übernommene Ethik.

Als Léon Blum im August 1945 am ersten Nachkriegsparteitag der französischen Sozialisten teilnahm, trat er mit dem Entwurf einer neuen Grundsatzerklärung hervor: Marx habe dem Kampf der Arbeiterklasse »ein machtvolles Element der Lebenskraft« verliehen, weil die Bestimmung der Geschichte für sie wirke. Jaurès habe gezeigt, daß die soziale Entwicklung nicht allein die unentrinnbare Konsequenz der ökonomischen Entwicklung sei, sondern »gleichzeitig auch das Ziel der ewigen Forderung nach Vernunft und des menschlichen Bewußtseins«. Bei einer anderen Gelegenheit sagte er, das Erbe von Jean Jaurès bedeute, im freiheitlich-demokratischen Sozialismus das geeignete Instrument zu sehen, um das Werk der Großen Revolution zu vollenden: Kein Recht des Individuums und keine Form der Freiheit könnten voneinander getrennt werden.

Auf jenem Nachkriegsparteitag formulierte er: Die soziale Umgestaltung sei Mittel, nicht Endzweck. Sie sei die wesentliche Vorbedingung, um das Los des Menschen zu ändern. Das Ziel der »Revolution« sei nicht nur die Befreiung des Menschen von wirtschaftlicher und sozialer Ausbeutung wie auch von allen sekundären Formen der Sklaverei; wesentlich sei, dem Menschen in einer kollektiven Gesellschaft die volle Ausübung seiner Grundrechte und die volle Ausschöpfung seiner persönlichen Neigungen zu sichern. Das Ziel »der Revolution« sei die Herstellung der Harmonie zwischen dem einzelnen als gesellschaftlichem Bestandteil und dem sozialen Ganzen der zukünftigen Gesellschaft. Es gehe nicht allein darum, die eine Wirtschaftsordnung durch eine andere zu ersetzen, sondern die Lebensbedingungen der Menschen grundlegend zu verändern – »nicht allein die Befreiung des Menschen von ökonomischer Herrschaft und allen Formen der Dienstbarkeit, sondern auch die Sicherung aller seiner fundamentalen Rechte«.

Hier knüpfte er unmittelbar an die Schrift an, die er in der Haft geschrieben und Ende 1941 abgeschlossen hatte: »A l'échelle humaine«. Den Vorstellungen von einem Rachefrieden hatte er schon zu Beginn des Krieges hartnäckig widersprochen, und dabei blieb er. Er nahm das Thema wieder auf, als er aus Buchenwald – auf amerikanisch-italienischen Umwegen – nach Haus kam. Die Kollektivschuld lehnte er ab, und er warnte vor einer unvernünftigen Besatzungspolitik. Die französischen Sozialisten, die ihm in ihrer Mehrheit folgten, mußten für ihre Besonnenheit mit Einbußen bei den Wählern bezahlen.

Der Führer der französischen Sozialisten hatte bewundernswerte Qualitäten, doch war ihm die in der Politik zuweilen gebotene Härte nicht eigen. Er verschloß sich nicht den Erfordernissen der Landesverteidigung, doch die Furcht vor einem militärischen Konflikt trieb ihn so um, daß er von dem Vorwurf bedenklicher Unterlassungen kaum freizusprechen ist. Ich habe dies vor allem am Beispiel des spanischen Krieges verfolgt. Die gewiß unvollkommenen Eindrücke, die ich damals gewann, vor allem aber die Erkenntnisse, die sich aus den historischen Unterlagen ergaben, besagen klar, daß für Frankreich keine zwingende Notwendigkeit bestand, sich von einer (konservativen) englischen Regierung das Gesetz des Handelns vorschreiben zu lassen. Es wäre vielmehr geboten gewesen, einer Kraftprobe – auch im eigenen Land – nicht auszuweichen.

So zu urteilen, berührt die Ehrenhaftigkeit der Blumschen Motive nicht im geringsten. Es muß im Gegenteil festgehalten werden, daß er Anfang August 1936, als ein Kabinettsbeschluß zugunsten von Lieferungen an die spanische Republik revidiert wurde, seinen Rücktritt erwog. Er wurde gerade von spanischen Freunden eindringlich gebeten, im Amt zu bleiben. Auch Rudolf Breitscheid, der Prominenteste unter den deutschen Sozialdemokraten in Frankreich, urteilte, ein Zusammenbruch der französischen Volksfront wäre für Hitler »ein weit größerer Erfolg, als es ein Sieg der spanischen Rebellen sein könnte«. (In einem Brief aus der Haft im Juli 1942 meinte Blum, Frankreich sei 1936 mehr als der Bürgerkrieg erspart geblieben.)

Nach dem Krieg wurde Léon Blum im Dezember 1946 noch einmal Premierminister. Aber mit seiner Synthese von marxistischer Analyse und dem Idealismus Jaurès' konnte er sich in der wiedererstandenen SFIO nicht durchsetzen. Auf dem zweiten Nachkriegsparteitag, 1946 in Paris, wurde er scharf kritisiert. Der Studienrat Guy Mollet, ein junger Widerstandsmann aus Arras (wo er lange Bürgermeister war), hielt Blums »socialisme humaniste« für eine Abweichung. Er wurde Generalsekretär der SFIO und blieb dies 23 Jahre, bis seine Partei fast zur Splitterpartei reduziert war. Guy Mollet machte als Premierminister weder beim Suez-Abenteuer noch in der Algerienfrage eine überzeugende Figur. Unsere persönlichen Beziehungen waren nicht schlecht, doch vertrauensvoll kann ich die Zusammenarbeit nicht nennen. Seine rechthaberischen Voreingenommenheiten machten mir eine Verständigung schwer. Er fühlte sich freilich als engagierter Europäer und trat mit einer respektablen Konsequenz für gutnachbarschaftliche Regelungen der deutsch-französischen Probleme ein.

Léon Blum war 77 Jahre alt, als er 1950 starb. Er stammte aus einer wohlhabenden jüdischen Familie, die aus dem Elsaß nach Paris gekommen war. Der blendende Jurist machte sich als Theater- und Literaturkritiker einen Namen. Ende der neunziger Jahre geriet er unter den Einfluß von Jaurès, 1919 wurde er in die Kammer gewählt. Auf dem Spaltungsparteitag in Tours im Dezember 1920 führte er die Fraktion, die den französischen Sozialismus von Moskau unabhängig wissen wollte. Nach jenem Parteitag übernahm er die Chefredaktion des »Populaire«. Deutlicher als bei den Deutschen lassen sich in Frankreich die geistigen Ursprünge erkennen, aus denen sich die unterschiedlichen sozialistischen Gruppen und Parteien entwickelt haben. Als die Sozialisten mit Léon Blum zum erstenmal den Regierungschef stellten, glaubten viele, damit sei ein historischer Durchbruch geglückt. Das war ein Irrtum. Dies änderte nichts an dem starken Eindruck, den die Sozialreformen aus dem Jahr 1936 in Frankreich, aber auch anderswo vielerorts hervorriefen. Blum sprach von der »Versöhnung der frustrierten Arbeiter mit dem natürlichen Leben«. Im Riom-Prozeß, den das Vichy-Regime gegen ihn anstrengte, sprach er auf eine rührende Weise von den radelnden Arbeitern, die die Freizeit neu entdeckt hätten. Für ihn war dies, ganz im Sinne von Jean Jaurès, ein Schritt gegen die – für deutsch-marxistisch gehaltene – »Heiligsprechung der Arbeit«. (Paul Lafargue, der zweite französische Schwiegersohn von Marx, hatte über das »Recht auf Faulheit« geschrieben!)

Ich habe darauf hingewiesen, daß die Kommunisten die Volksfront nicht loyal stützten und daß der Regierung die außenpolitischen Schwierigkeiten über den Kopf wuchsen. Hinzu kam, daß Blum und seine Partei hin und her gerissen waren zwischen einem ehrenhaften, doch wenig realistischen Pazifismus und einem engagierten, auch national begründeten Antifaschismus. Als sich Léon Blum nach dem Krieg vor einem Untersuchungsausschuß der Nationalversammlung äußerte, kam er zu der Einsicht, daß ein Präventivschlag das einzige Mittel gewesen wäre, den Zweiten Weltkrieg zu verhindern; die Initiative dazu hätte – was immer man sich darunter vorstellen mag – »vom internationalen Sozialismus« ausgehen müssen …

Als ein Jahr später, im Juni 1937, Léon Blum von einem liberalen Regierungschef abgelöst wurde, war er nicht nur das Opfer rechter Sabotage, sondern auch linker Wirklichkeitsferne geworden. Als der Opportunist Daladier im April 1938 die Regierung übernahm, war die Volksfront zerbrochen. Die Massen der Anhänger verliefen sich. Die sozialen Errungenschaften gingen zum Teil wieder verloren. Der Generalstreik, der Ende November 1938 gegen antisoziale Maßnahmen und gegen die »Kapitulation von München« versucht wurde, fiel angesichts harter Drohungen der Regierung kläglich zusammen.

Die Verfolgungen, denen die französischen Sozialisten 1940 ausgesetzt waren, hatten eine andere Dimension als die der deutschen Sozialdemokraten 1933. Manche bemühten sich um ein Arrangement mit Pétain. Andere nahmen früh den Kampf auf und engagierten sich im Widerstand. Vom inhaftierten Léon Blum ging eine beträchtliche moralische Kraft aus. Solange er in Frankreich war, konnte er einen gewissen Kontakt mit den Freunden im Land halten oder sogar gelegentlich – wie an de Gaulle – Botschaften ins Ausland gelangen lassen. Im Frühjahr 1943 wurde er nach Deutschland, in ein Außenlager von Buchenwald, deportiert. Dorthin war auch sein deutscher Kamerad Rudolf Breitscheid gebracht worden, der im August 1944 zu Tode kam. Blum gehörte zu den prominenten Häftlingen, die im April 1945 über Dachau nach Tirol evakuiert wurden. Dort wurden sie, nach Wochen extremer Unsicherheit, der Wehrmacht überstellt, die sie den Amerikanern übergab.

In den letzten Jahren wuchs in Frankreich die Verehrung für Léon Blum: Auch François Mitterrand hat mir diesen Eindruck bestätigt. Die 1971 in Epinay begründete Sozialistische Partei ist keine einfache Weiterführung der SFIO. Doch der ursprüngliche Geist der Front Populaire wurde wach, als am 21. Mai 1981 eine gewaltige Menge Menschen dem eben ins Amt eingeführten Präsidenten der Republik durch die Rue Soufflot zum Panthéon folgte: Mitterrand allein an der Spitze, mit der Rose in der Hand, ich in der breiten ersten Reihe, Arm in Arm mit Daniel Mayer, der einer der jungen Leute Léon Blums war und dem – ihm nicht allein – die Tränen in den Augen standen, zu meiner Rechten mit Edgard Pisani, den ich bereits als Minister de Gaulles schätzengelernt hatte. Der Präsident verneigte sich vor den Gräbern von Jean Jaurès und von Jean Moulin, einem Helden des Widerstands. Vor dem Panthéon spielte ein Symphonieorchester Beethovens Neunte (und »Freude, schöner Götterfunken« wurde in der Sprache des Dichters gesungen). Es war ein erregender Tag.

Heinrich Manns Volksfront

Paris wurde zum Ausgangspunkt der Bemühungen um eine »Deutsche Volksfront«, die natürlich im Exil keine Massenbasis finden konnte. Es wäre in der Tat wünschenswert gewesen, wenn sich die Repräsentanten der in alle Winde zerstreuten Hitlergegner zu Gemeinsamkeit entschlossen hätten. Wie das Beispiel des Friedenspreises für Ossietzky zeigte, waren mit bescheidenen Mitteln beträchtliche Wirkungen zu erzielen. Was spricht gegen die Vermutung, daß eine wirkliche Bündelung der schwachen Kräfte stärkere Wirkungen erzielt hätte? Warum versammelten sich nicht wenigstens von Zeit zu Zeit die Abgeordneten, denen bei den letzten halbwegs freien Wahlen ein Mandat für den Deutschen Reichstag gegeben wurde? Warum gelang nicht ein gewichtiger, repräsentativer Zusammenschluß der Schriftsteller, Künstler, Wissenschaftler – eines bedeutenden Teils des geistigen Deutschland –, die Hitlers Deutschland verlassen mußten? Trotz guten Willens vieler der Beteiligten ist es niemals geglückt, eine gemeinsame Vertretung der Deutschen im Exil zu schaffen.

Die Pariser Volksfront-Bemühungen waren ein Versuch. Doch vermutlich traf die Einsicht zu, die besagte, daß man eine Volksfront nur schlecht ohne Volk machen könne. Das Auslandsdeutschtum kehrte, anders als große Teile der italienischen Emigration, dem Antifaschismus in seiner Mehrheit den Rücken. Die Menschen im Reich warteten keineswegs »in ihrer erdrückenden Mehrheit« (wie es ein schönes Papier ausdrückte) nur auf den Augenblick, an dem sie mit Hitler »das undeutsche System der Willkür« loswerden konnten. Die Wirklichkeit war komplizierter – und deprimierender zugleich. Wie hätte es auch einfach sein können, im Ausland eine gemeinsame Front zu schaffen, da man die Zerwürfnisse in der Heimat in die Fremde mitgeschleppt hatte?

Die Sozialdemokraten auf den oberen Etagen waren 1933 in offenen Streit geraten. Der Exilvorstand in Prag tapste zwischen Texten über »revolutionären« Sozialismus, Kommunistenfurcht und Hoffnungen auf die Reichswehr hin und her. Die nichtsozialistische Linke und die Mitte waren kaum vernehmbar. Brüning, der in Harvard lehrte, hielt sich – nach außen hin – von allem politischen Geschäft fern. So auch andere aus dem Lager des politischen Katholizismus, während der Vatikan die neuen deutschen Machthaber möglichst wenig reizen mochte. Von den Parteiliberalen und konservativ-monarchistischen Hitlergegnern war nicht viel zu hören. Die Kommunisten waren hart geschlagen und klammerten sich an die von oben verordneten Wunschvorstellungen. Man hätte ironisch feststellen können, das Exil sei eine Fortsetzung von Weimar mit anderen Mitteln gewesen.

Die sogenannte Deutsche Volksfront war nur zum Teil von den französischen Ereignissen beeinflußt. Wichtiger war die Moskauer Kursänderung. Auf einer »Brüsseler« Konferenz, die nach dem Komintern-Kongreß in der Nähe der sowjetischen Hauptstadt stattfand, übten führende Mitglieder der deutschen KP ein gewisses Maß an Selbstkritik. Mit ihren Einheitsvorschlägen wollten sie nicht mehr zerstörerisch »von unten« ansetzen, sondern schmeichelnd auch »von oben«. Adressat war zunächst die Sopade: der Auslandsvorstand der SPD in Prag. Den kommunistischen Emissären (dem späteren Staatsratsvorsitzenden Walter Ulbricht und dem ZK-Mitglied Franz Dahlem) wurde vom stellvertretenden Parteivorsitzenden Hans Vogel und von Friedrich Stampfer die kalte Schulter gezeigt. Der Schwerpunkt der Einheitsaktivitäten verlagerte sich von Prag nach Paris. Dort wurde im Dezember 1935 ein Aufruf publiziert, den führende Sozialdemokraten und Kommunisten gemeinsam unterzeichnet hatten.

Die Hauptstadt der Tschechoslowakei hatte aus der Sicht deutscher Antinazis gewichtige Vorzüge. Dort lebte man in einer Atmosphäre, die historisch von deutscher Kultur mitgeprägt war. Es war von dort – wenn man sich im Gebirge auskannte – nicht weit nach Sachsen, Berlin oder München. Das »Reich« war von Paris aus schwieriger zu erreichen. Doch auch die Hauptstadt Frankreichs beherbergte ein eigenes Stück deutscher freiheitlicher Tradition. Hier gab es Handwerkervereine, in denen sich Männer wie Wilhelm Weitling getummelt hatten. Hier hatte in den vierziger Jahren des vergangenen Jahrhunderts Karl Marx gewohnt, bis er auf Begehren der preußischen Regierung ausgewiesen wurde. Sein Freund Heinrich Heine, Korrespondent der »Augsburger Zeitung«, blieb in der Wahlheimat und schrieb seine Werke von humaner Romantik und bissiger Ironie. Bisweilen, heißt es, hätten die beiden stundenlang neue Verse diskutiert. Dann kühlte die Freundschaft ab, doch in der Stadt ihres gemeinsamen Exils ordneten sich immer neue Farben des geistigen Spektrums im Licht der Aufklärung.

Paris wurde also nach 1933 rasch wieder das wichtigste Zentrum des deutschen Exils. Vielen ging es schlecht. Einige hielten sich mit Geschick über Wasser. Richtige Arbeit fanden wenige. Alle großen Emigrationen kämpften mit materieller Not, alle waren den Gefahren der Demoralisierung ausgesetzt. Selbst »meine« Norweger, die man für grundsolide hielt, zeigten sich nicht nur von ihrer besten Seite, als sie während des Krieges zu Zehntausenden in Schweden Zuflucht suchen mußten, doch im Vergleich mit den Deutschen verfügten sie über einen starken Zusammenhalt. (Außerdem wurde für ihre Unterstützung gut gesorgt.)

»Ja, man ist so handlungsfähig, daß man das Ausland tadelt, weil es nicht mit Waffengewalt das zu erreichen versucht, was man selbst aus Furcht oder aus anderen Empfindlichkeiten nicht einmal auszusprechen wagte.« Dieses Zitat stammt nicht aus dem Jahr 1936, sondern aus dem französischen »Journal intime« eines antinapoleonischen Emigranten des Jahres 1814. Friedrich Engels bezeichnete die deutsche Emigration seiner Jahre als eine »Schule des Skandals und der Gemeinheit«. Rudolf Breitscheid wiederholte das Wort in Paris.

Die Hitler-Emigration nannte einer der Beteiligten »wohl die in sich heterogenste und beziehungsärmste, die je in die Welt gejagt wurde«. Alfred Döblin verwünschte in einem Pariser Vortrag »das klägliche Nebeneinander«. Man stritt mehr über Vergangenes, als sich über Künftiges vernünftige Gedanken zu machen. Die zersetzende Wirkung der Niederlage und die Aussichtslosigkeit des Kampfes fanden ihren Ausdruck in disziplinloser Nörgelei, und die wurde allerdings mit deutscher Gründlichkeit gepflegt. (In Pariser Cafés machte man sich bald über Berliner lustig, die jeden zweiten Satz mit einem »chez nous« begannen: bei ihnen sei vieles nicht nur anders, sondern grundsätzlich besser gewesen.) Schließlich war es entmutigend, daß viele einflußreiche Bürger der Gastländer eher geneigt waren, Hitler Respekt zu bezeigen, als sich mit deutschen Hitlergegnern einzulassen.

Die Zwangsemigranten jüdischer Herkunft stellten die große Mehrheit. Die meisten dieser Flüchtlinge hatten in Deutschland kaufmännische oder sogenannte akademische Berufe ausgeübt. Allerdings wurde festgestellt, daß immerhin ein Drittel der deutschen (einschließlich der saarländischen) Emigranten in Frankreich Facharbeiter waren. Auch die jüdische Emigration war von sozialen und politischen Gegensätzen zerklüftet. Viele der deutschen Staatsbürger jüdischen Glaubens – laut Tucholsky: »deutsche Staatsjuden bürgerlichen Glaubens« – fühlten und dachten durchaus nicht republikanisch und demokratisch, sondern (wie schade für den Antisemitismus!) konservativ und deutschnational.

Im Sommer 1935 fanden sich in Paris linksorientierte Literaten zu einem »Vorläufigen Ausschuß« zusammen. Ab Frühherbst trafen sie sich gemeinsam mit einer Gruppe um den KP-Mann Willi Münzenberg, den »alten Revolutionär in der Erscheinung eines modernen Geschäftsmannes«. Der brachte es zuwege, den Volksfront-Gesprächen einigen Elan zu verleihen: Dank seiner begabten Betriebsamkeit schienen sie mehr, als sie sein konnten. Die Leitung lag bei ihm, doch der Vorsitz bei Heinrich Mann, als dem Ausschuß in jenem Herbst 1935 eine festere Form gegeben wurde. Heinrich Mann lebte in Nizza, arbeitete an seinem »Henri IV«, konnte auch druckreife Artikel für französische Zeitungen schreiben. Über das Exil sagte er, es sei »die Stimme eines stumm gewordenen Volkes«. Daran knüpfte er, 1934 in Paris, die Hoffnung, eine deutsche Emigration, die sich behaupte, werde »ihre leidvolle und kämpfend erworbene innere Zucht einst übertragen auf ihr ganzes Volk«. Heinrich – zeit seines Lebens mehr republikanisch und mehr politisch und dabei doch, wie er einmal sagte, »weniger radikal« als Bruder Thomas – half Münzenberg, Kontakte mit Schriftstellern im Gastland zu schaffen: Barbusse, Malraux und einige andere stellten sich für Einzeldienste oder für Kampagnen zur Verfügung.

Es waren fünfzig oder sechzig Repräsentanten des deutschen Exils, die sich ab Frühherbst 1935 im Hotel Lutétia am Boulevard Raspail trafen; daher die Bezeichnung Lutétia-Kreis. (Lutétia: Das war der Name der – keltischen – Stadt Paris zur Römerzeit; und es ist der Titel des Pariser Tagebuchs von Heinrich Heine.) Unter den Teilnehmern befanden sich Leute wie Georg Bernhard, der in Berlin für die »Vossische Zeitung« verantwortlich gewesen war und nun die »Pariser Tageszeitung« herausgab, oder Leopold Schwarzschild, dessen Zeitschrift »Tagebuch« mit dem Zusatz »Neues« weitererschien. Aus dem »bürgerlichen« Lager fand ein Mann wie Otto Klepper Beachtung, der ursprünglich von den Deutschnationalen kam und 1931/32 für die Deutsche Staatspartei preußischer Finanzminister gewesen war (er starb 1957 in Berlin). Klepper stand auch mit der sogenannten Deutschen Freiheitspartei in Verbindung; das war eine lockere Exilgruppierung liberal-konservativen Zuschnitts mit »betont nationalem Programm« um den linkskatholischen Carl Spiecker. (Nach dem Krieg trat er in Nordrhein-Westfalen zunächst als Zentrums-, dann als CDU-Politiker noch einmal hervor.) Auch Johannes Hoffmann, »der Dicke«, nach dem Krieg ungeliebter Regierungschef im Saarland, gehörte in den Kreis der Exilkatholiken, die zur Zusammenarbeit mit der Linken bereit waren.

Auf sozialdemokratischer Seite zeigten eher die »linken« Gruppen Interesse an den Volksfrontbestrebungen. Sie waren in der »Landesgruppe Frankreich« der deutschen Sozialdemokratie ansehnlich vertreten. Rudolf Breitscheid, der frühere Vorsitzende der Reichstagsfraktion, hielt freilich Distanz, bis es Münzenberg gelang, sein Mißtrauen zu überwinden. Ernst Reuter aus der Türkei und Wilhelm Hoegner aus der Schweiz meldeten – in vernünftigen Grenzen – ihre Sympathie für eine Zusammenarbeit der Verfolgten und Gegner des Naziregimes, zeitweise auch Max Brauer, bevor er in die USA ging. Mit großer Vorsicht äußerte sich Paul Hertz, der frühere Sekretär der Reichstagsfraktion. Wohl mit am stärksten engagiert in Sachen Volksfront war zunächst Max (Matthias) Braun von der Saar – mit dem gemeinsam ich im Mai 1936 auf einer größeren Veranstaltung in Paris sprach –, ein Volksschullehrer aus dem Rheinland, später Chefredakteur der »Volksstimme« in

Saarbrücken. Vor der Volksabstimmung 1935 – mit dem so ungleichen Kampf für den Status quo und gegen die Eingliederung in das Dritte Reich – hatte er eine »Freiheitsfront« gegründet, zu der auch die Kommunisten gehört hatten. (In England arbeitete er während des Krieges in der antinazistischen Propaganda; er starb im Sommer 1945, als die Koffer für die Heimkehr schon gepackt waren.)

Meine linkssozialistischen Freunde, die sich an den Pariser Volksfront-Zusammenkünften beteiligten, blieben gegenüber kommunistischen Drahtziehern mißtrauisch – nicht ohne Grund. Sie blieben auch, mehr, als es vernünftig sein konnte, auf Abstand zur »bürgerlichen« Demokratie. Die Losung von der »Einheitsfront der Arbeiterparteien« schien griffiger, jedenfalls traditionell stärker abgesichert als das Projekt einer breiteren und eher verschwommenen »Volksfront«. Die Ausrichtung auf eine Zukunft im Zeichen des revolutionären *und* freiheitlichen *und* unabhängigen Sozialismus scheint freilich durch die Entwicklung nicht bestätigt; doch das konnte man damals nicht wissen.

Anfang Februar 1936 wurde durch einen Aufruf, unterzeichnet mit 118 Namen, endlich ein »Ausschuß zur Vorbereitung der Deutschen Volksfront« ins Leben gerufen. Unter den Unterschriften vom Februar 1936 war auch die meine. Die Freunde in Paris hatten dies so vorgeschlagen. Neben je sechzehn Sozialdemokraten und Kommunisten sowie zehn SAP-Leuten hatten zahlreiche »unabhängige Persönlichkeiten« unterschrieben: unter ihnen – neben Heinrich Mann – die Schriftsteller Lion Feuchtwanger, Arnold Zweig, Ernst Toller, Ernst Bloch, Anna Siemsen. An der Redaktion des Februar-Manifests war Heinrich Mann selbst maßgeblich beteiligt. Hier wurde, wie berichtet, gegen das »undeutsche System« der Willkür, der Gewalt, des Gewissenszwangs und der persönlichen Bereicherung der Machthaber gewettert. Man unterstellte »eine tiefe und einheitliche Sehnsucht nahezu aller Deutschen, ausgenommen der direkten Nutznießer des Systems, nach dem Ende dieses Terrors und nach Wiederherstellung der elementarsten Menschenrechte …«. Wäre es nur so gewesen.

Mein Name stand auch unter dem Aufruf – »Seid einig gegen Hitler!« – vom Mai 1936, der nach der Rheinlandbesetzung vor Hitlers Kriegspolitik warnte. Breitscheid und Ulbricht unterzeichneten mit je fünf Reichstagskollegen. Unter den Unterzeichnern waren auch diesmal Lion Feuchtwanger, Georg Bernhard, Ernst Toller. Ich hielt mich in jenen Wochen in Paris auf. Kurz vor Weihnachten 1936 erschien, während ich in Berlin war, ein neuer Aufruf, doch die Freunde in Paris durften über meinen Namen verfügen. Für mich war dies eher ein Schutz. Die Gestapo konnte auf solche Weise irregeführt werden. Später wollte man mir einen Strick daraus drehen, daß ich nicht nur zusammen mit sozialistischen Freunden – neben Ernst Bloch, Arnold Zweig, Oskar Maria Graf – unterschrieb, sondern auch »gemeinsam mit Ulbricht«. Das war formal zutreffend. »Walter« – als der er unterzeichnete – hatte neben dem in Moskau stationierten Wilhelm Pieck die Führung der KPD übernommen. Ich bin ihm nie begegnet und habe ihn, wie es üblich war, lange unterschätzt. Dem, was er und wie er es vertrat, habe ich besonders wenig abgewinnen können. Sein taktisches Geschick zugunsten des kommunistisch regierten deutschen Teilstaates und sein Stehvermögen – gelegentlich auch gegenüber den Russen! – erscheinen mir in der Rückschau bemerkenswert.

Auch Herbert Wehner begegnete ich damals nicht. Die Volksfront-Aufrufe waren von ihm – mit seinem Parteinamen Kurt Funk – ebenso unterzeichnet wie von mir. Als der Dezember-Aufruf erschien, war er allerdings schon nach Moskau beordert, wo böse Erfahrungen auf ihn warteten. Ich lernte Herbert Wehner auch in Schweden nicht kennen, sondern erst 1946 in der Redaktion des »Hamburger Echo«, wo er arbeitete, bevor er seine wichtigen Funktionen in der SPD und in der deutschen Nachkriegspolitik übernahm.

Der Begriff der Volksfront war, alles in allem, für einen jungen Antinazi attraktiv. Front Populaire und Frente Popular – hieß das nicht, daß eine Wiederholung der deutschen Schmach vermieden werden könnte? In Frankreich und Spanien bedeutete die Umgruppierung 1935/36 ja auch, daß sich die liberale Mitte mit den Linksparteien verbündete. Ich konnte nicht bedauern, daß diese Versuche unternommen wurden; ich bedauerte vielmehr, daß sie scheiterten – und wie man nachträglich einsah: scheitern mußten.

Im deutschen Exil entstanden mancherorts – auch in Südamerika – Zweigstellen des Lutétia-Kreises. Allzu erfolgreich waren sie nicht. Und in Paris begannen einige der ersten Teilnehmer bald, sich wieder zurückzuziehen. So Leopold Schwarzschild, der, ebenso wie Professor Bernhard, eine Verfassung für das »Vierte Reich« entworfen hatte. Er nannte es Ende 1936 das belehrendste Erlebnis des Volksfront-Experiments in deutscher Ausgabe, »daß die Idee, alle vorhandenen Gruppen zu addieren und dadurch zu mehr zu gelangen, als jede für sich darstelle«, sich als illusorisch erwiesen habe; die Addition habe nicht mehr ergeben, sondern noch weniger als die einzelnen Teile.

Die Deutsche Volksfront fiel nach einem Jahr in sich zusammen. Als im Herbst 1938 noch einmal eine Konferenz im Hotel Lutétia stattfand – die einzige, an der ich als Beobachter teilnahm –, waren viele schon nicht mehr dabei: so Breitscheid und andere Sozialdemokraten, auch der Promotor Münzenberg. Die SAP-Vertreter hielten sich seit über einem Jahr auf Abstand, nachdem sie wegen der Moskauer Prozesse und wegen Spanien von den Komintern-Leuten übel beschimpft wurden: In der kommunistischen »Deutschen Volkszeitung«, die in Prag erschien, bescheinigte man uns freundlicherweise, auf den Sieg Hitlers und Mussolinis hinzuarbeiten.

Bei jener Zusammenkunft in der zweiten Hälfte September 1938, an der zwischen 40 und 50 Personen teilnahmen, herrschte die Meinung vor, daß der Zug in Richtung Krieg abgefahren sei. Weniger als zwei Jahre später saß in jenem Hotel am Boulevard Raspail die »Abwehr«.

Bevor jene Zusammenkunft begann, wurde ich dem Vorsitzenden vorgestellt: Ihn interessierte ein 25jähriger Lübecker, der in Oslo lebte, Berlin kannte und in Spanien gewesen war. Heinrich Mann – hochgewachsen, doch gedrungen wirkend – suchte in Gedanken die Stadt auf, aus der er stammte. Die Tränen kamen ihm in die Augen, als er sagte: »Die sieben Türme werden wir wohl nie mehr sehen.« Ich habe daran gedacht, als ich im September 1945 von Bremen aus in die Stadt meiner jungen Jahre wiederkehrte: Die sieben Türme hatten den Bombenkrieg nicht überstanden. Doch ich habe erleben dürfen, daß und wie rasch sie wiederaufgebaut wurden.

Die Veranstaltung im Hotel Lutétia hinterließ in mehr als einer Hinsicht einen makabren Eindruck. Die ferngebliebenen Münzenberg und Breitscheid wußten, daß ich dort sein würde. Das Aufgebot an Intellektuellen und an »freiheitlichem Bürgertum«, wie man es nannte, war zusammengeschrumpft. Zudem hatte ich den Eindruck, Heinrich Mann werde mißbraucht. Er las vor, was ihm aufgeschrieben worden war. Hielt er sich daran fest? Seine Erinnerungen geben darüber keinen Aufschluß. Sie prägt auf langatmige Weise eine erstaunliche Naivität. Gewiß war er kein Kommunist. Doch er glaubte einfach an den Wahrheitsgehalt der Moskauer Prozesse. Er glaubte auch, daß Stalin sich selbst überflüssig machen und der Demokratie den Weg bereiten würde.

Obwohl er Frankreich nicht als ein Land des Exils empfand, mochte er auch vom Glauben an das aufgeklärte republikanische Deutschland nicht lassen. Der ihm aufgeschrieben hatte, was zu sagen sei (und der dann Texte für mindestens zwei Aufrufe und Vorschläge für einen neuen Arbeitsausschuß verlas), war ein als »Parteiloser« operierender KP-Mann namens Hermann Budzislawski, der erst in Prag, dann in Paris »Die Neue Weltbühne« herausgab. Nach dem Krieg wurde er Professor in Leipzig.

Als »Budzis« die Namen der »Vertreter der Sozialdemokraten, der Kommunisten, des freiheitlichen Bürgertums, der Gewerkschaften, der Frauen, der Jugend, der Schriftsteller« verlas und schließlich der Name Kantorowicz genannt wurde, kam aus dem Hintergrund der Zuruf: »Alles Kommunisten!« Manche schauten empört auf … Heinrich Mann, nachdem er sich gefangen hatte, wandte sich an »Kantor«: »Verhält es sich so, Freund Kantorowicz?« fragte er. Der antwortete: »Jawohl, es verhält sich so, Freund Mann.« Mann: »Das verändert allerdings völlig die Lage.« Darauf regte sich bei einigen ein fast unterdrücktes, verlegenes Kichern, denn an der »Lage« hatte sich überhaupt nichts geändert. Der Vorsitzende hatte nur nicht bemerkt, was gespielt wurde. Naivität ist keine Schande, in der Politik kann sie trotzdem gefährlich werden. – Der Schriftsteller und Literaturhistoriker Alfred Kantorowicz verließ 1957 die DDR. In der Bundesrepublik hat man ihn – da er Kommunist gewesen war – skandalös benachteiligt. Bis zu seinem Tod 1979 kümmerte er sich mit großer Hingabe um Heinrich Manns literarisches Erbe.

An jener Tagung nahm ich zusammen mit meinem Freund Boris Goldenberg teil. Man hatte uns gebeten, gut zu beobachten, was vor sich gehe – mitzuarbeiten gebe es dort wohl nichts mehr. Boris und ich beteiligten uns also nicht an der Aussprache. Wir unterschrieben keinen Aufruf, ließen uns auch in keinen Ausschuß wählen. Da uns das Unternehmen zu langweilen begann, kamen uns dumme Einfälle. So stellten wir aus Jux Namen von dort Versammelten für eine Kabinettsliste zusammen. Mein Freund notierte den anwesenden Helmut Klotz als Anwärter auf das Amt des Marineministers: Der Marineflieger, mittlerweile Mitte Fünfzig, hatte zu den ersten Nazis gezählt und mit Hitler auf der Festung Landsberg gesessen. Später brach er mit der NSDAP und schloß sich dem Reichsbanner an. Klotz gehörte zu denen, die nach der französischen Niederlage ausgeliefert wurden: 1940/41 Sachsenhausen, Ende 1942 Todesurteil, 1943 hingerichtet. »Bei lebendigem Leibe gevierteilt«, las ich in einem Bericht.

Ein schmähliches Ende nahm später auch der Münzenberg-Mitarbeiter Otto Katz, der sich André Simone nannte. Er leitete während des Spanienkrieges für die Kommunisten die westeuropäische Propagandaarbeit. Im Spätsommer 1938 war es sein Auftrag, Thomas – jawohl Thomas, nicht Heinrich – Mann dabei zu helfen, ein Komitee zu bilden. Während des Krieges, im mexikanischen Exil, war er, der zuvor als Münzenbergs Mann gegolten hatte, wieder Mitglied der KPD. Anfang 1946 kam er in seine Heimatstadt Prag zurück und arbeitete als Parteijournalist. Anfang 1952 wurde er im Zusammenhang mit der Slánský-Affäre verhaftet; mit den anderen wurde er als angeblicher britischer und zionistischer Agent zum Tode verurteilt und hingerichtet. 1963, ein Jahrzehnt nach Stalin, wurde Katz »rehabilitiert«.

Was hatte es auf sich mit dem Komitee des großen Thomas Mann? Er wußte nicht, was wir wissen, nämlich daß die KPD dahinterstand – auch bei den 20 000 Pfund (das war viel Geld), von denen die Rede war und für die er wohl englische Quellen vermutete. Thomas Mann, der sich von der Emigrantenpolitik sorgsam ferngehalten hatte, kam im Herbst 1938 nach Paris. Es war vor seiner Einschiffung in die Vereinigten Staaten. Er hatte eine Berufung nach Princeton angenommen. Der Dichter meinte, er solle sich um einen »Burgfrieden« bemühen. In seinem kurzlebigen Ausschuß waren die Sozialdemokraten Friedrich Stampfer und Max Braun und von den Österreichern Julius Deutsch. Als »Bürgerliche« gehörten zu jenem Kreis Hermann Rauschning, Carl Spiecker sowie ein Theologe, Professor Fritz Lieb. Als Kommunisten Franz Dahlem und Willi Münzenberg, der freilich schon nicht mehr Mitglied der KPD war. Und dann also der betriebsame, stets elegant gekleidete Otto Katz, der mit Münzenberg lange Jahre zusammengearbeitet hatte. Im März 1939 schrieben die Mitglieder des Komitees, sie möchten ihren Auftrag in die Hände Thomas Manns zurücklegen.

Als Heinrich Mann nach der Niederlage Frankreichs die Möglichkeit erhielt, von Lissabon nach New York zu kommen, bedeutete dies für ihn nicht den Tod, doch er brach in ein Abenteuer auf: Mit seiner Frau, dem Neffen Golo Mann, Franz Werfel und dessen Frau Alma Mahler-Werfel trat er die nächtliche Flucht über die Pyrenäen an. Auf steilen Bergpfaden, die für Ziegen und ihre Hirten gedacht waren, nicht für einen Schriftsteller reiferen Alters, schlug sich die Gruppe nach Spanien und Portugal durch. Mann war immerhin fast 70 Jahre alt: »Und überhaupt, wie kommt man dazu? Man ist schließlich kein Verbrecher!« rief er denen zu, die dabeiwaren. Reisepapiere hatte er vom tschechischen Konsul (der Exilregierung) in Marseille erhalten, der dort bis 1941 wirken durfte. Vladimir Vochoč war selbst nach Vichy gereist und hatte die Ausreisevisa für »die Manns, die Werfels« sofort bewilligt bekommen – vom Innenminister Marquet, einem Exsozialisten. Heinrich Manns Urteil über Frankreich aus dem Jahr 1940 ließ an Deutlichkeit nichts zu wünschen übrig: Es sei nicht besiegt worden, sondern »es wurde betrogen, überrannt, verraten, ausgeliefert ...«.

Zu Bitterkeit war in der Tat Anlaß. Noch vor der Invasion hatten die Franzosen (genauer: die für sie tätigen Behörden) die Opfer ihrer Feinde gefangengesetzt. Danach erschienen infame Artikel der Vichy-Presse, in denen man deutsche Emigranten der Hauptschuld am französischen Debakel bezichtigte, und Heinrich Mann wurde zum Hauptsündenbock ernannt: sie hätten verkehrte Angaben über die Stärke Deutschlands gemacht!

Als alles zu Ende war, begegnete dieser Schriftsteller – wie andere, die draußen waren – bei uns einer Verschwörung des Schweigens. Wenn ich mich recht erinnere, haben die Verantwortlichen in seiner, unserer Geburtsstadt kaum seines hundertsten Geburtstags gedenken mögen. Beiden Manns, Heinrich und Thomas, wurde niemals ganz verziehen, daß sie sich draußen gegen Hitler – und damit gegen Hitler-Deutschland – engagiert hatten. Heinrich wurde überdies zum Vorwurf gemacht, daß er sich von Ost-Berlin sozusagen beschlagnahmen ließ. Die weniger Prominenten unter den Schriftstellern litten nach dem Krieg noch tiefer unter dem Gefühl, totgeschwiegen zu werden. (Es mußte wohl eine neue Generation heranwachsen, die genauer verstand, was das Exil für sich reklamiert hatte: wenn nicht das eigentliche, so doch wenigstens das bessere Deutschland repräsentiert zu haben.)

Münzenberg, Breitscheid, Hanna Kirchner

Als ich den fast 50jährigen Willi Münzenberg im Sommer 1938 in Paris kennenlernte, hatte er den inneren Bruch mit seiner Partei hinter sich; im Herbst begründete er ihn, noch vorsichtig und eine Tür offen haltend, in einem Rundschreiben an Freunde. Im Mai war sein Ausschluß aus dem Zentralkomitee bekanntgegeben worden. Man hatte ihn 1936 »zur Rechenschaft« nach Moskau gerufen. Er sollte dort bleiben und möglicherweise die Agitpropabteilung der Komintern übernehmen.

»Ercoli« – der italienische KP-Führer Palmiro Togliatti – half, daß der Eigenwillige nach Paris zurückkehren konnte. Doch dies bedeutete nur einen Aufschub. Ulbricht löste ihn nach wenigen Monaten im Volksfront-Ausschuß ab. Kurz danach, im Herbst 1937, wurden die KP-Mitglieder dieses Ausschusses davon unterrichtet, daß Münzenberg nicht mehr der Partei angehöre. Veröffentlicht wurde der Parteiausschluß erst im April 1939. Zu Beginn der Pariser Aktivitäten hatte Münzenberg mehr als die KPD vertreten. Er besaß – was nur wenige wußten – das persönliche Vertrauen von Dimitrow an der Spitze des Kominternapparats in Moskau.

Willi Münzenberg war vor dem Ersten Weltkrieg als junger Fabrikarbeiter von Thüringen in die Schweiz gekommen, gewann dort engen Kontakt mit dem Kreis um Lenin und wurde hauptamtlicher Sekretär der Sozialistischen Jugend in der Schweiz. Dieser Mann – von mittlerer Größe, mit einem blassen, schmalen, etwas schief geratenen Gesicht – erwies sich bald als ungewöhnlich begabter Organisator; ein Genie auf dem Gebiet, das man später »public relations« nannte. Er entwickelte auch ein bemerkenswertes verlegerisches Können (bei den Linken eine Rarität, bei den Sozialdemokraten noch mehr als bei anderen).

Ende 1919 wurde er der erste Sekretär der Kommunistischen Jugend-Internationale. Anfang der zwanziger Jahre, beginnend mit Kampagnen für das hungernde Rußland, gründete er die Internationale Arbeiterhilfe. Zum Münzenberg-Konzern in Berlin gehörten – neben anderen Zeitungen und Zeitschriften – die »Welt am Abend«, »Berlin am Morgen«, die »Arbeiter-Illustrierte«, einige Buchverlage und eine Filmgesellschaft; daher die leicht übertriebene Bezeichnung »roter Hugenberg«. Er war zeitweise Mitglied des Reichstags und war im Zentralkomitee der KPD. Vielleicht war er es, der den Begriff »Sympathisierender« erfand, bevor andere daraus den »fellow traveller« machten.

Nach Paris kam er 1933 und fand – nicht nur, wie erwähnt, durch Heinrich Manns Fürsprache – Kontakt zu linken Intellektuellen, obwohl ihm die Sprache des Landes fremd blieb. Es fiel ihm, hier wie anderswo, nicht schwer, ein Gefühl von Aufrichtigkeit zu vermitteln. Ein Mann wie Axel Eggebrecht schrieb, auf die Berliner Zeit bezogen, »Willi« sei »umwerfend sympathisch« gewesen. Einige seiner Parteioberen warfen ihm allerdings »opportunistische Grundsatzlosigkeit« vor.

Seine Spezialität war schon vor der Nazizeit die Organisation von Kongressen gewesen, auf denen Bündnisse gegen Imperialismus, Krieg und Faschismus geschlossen und beschworen wurden: eine Weltliga, ein Weltkomitee, ein »Bund«, nämlich der Freunde der Sowjetunion. Von Paris aus weiter und neu: Kampagnen gegen den Faschismus und für dessen Opfer, gegen den Krieg und für die Volksfront.

Arthur Koestler schrieb über den Freund aus den dreißiger Jahren: »Willi brachte Komitees hervor, wie ein Taschenspieler Kaninchen aus seinem Hut hervorzaubert. Sein Genie bestand darin, daß er die Tricks eines Zauberkünstlers mit der Hingabe eines Kreuzritters in einzigartiger Weise verband.« Im Herbst 1935 war er nicht nur in Sachen Deutsche Volksfront engagiert, sondern auch für eine Weltfriedensbewegung, die – nach dem Angriff auf Äthiopien (Abessinien, wie wir noch sagten) – in Brüssel als »Rassemblement pour la paix« begründet worden war. Daran beteiligten sich auch einige prominente deutsche Sozialdemokraten wie Breitscheid und Stampfer.

Was war der eigentliche Grund dafür, daß einer der Tüchtigsten aus der – noch gar nicht so – alten Garde der deutschen Kommunisten 1937 im Exil verstoßen wurde? Ich habe von ihm nichts gehört, was die Frage hätte schlüssig beantworten können. Offensichtlich sah er in Ulbricht den »bösen Geist«: der habe ihn auf Weisung der Komintern entfernt, aber wahrscheinlich mit seinen Leuten die Maßregelung in Moskau betrieben. Man weiß inzwischen, daß Münzenberg »trotzkistische« Abweichungen nachgesagt wurden (was allein lebensgefährlich war, weshalb er dann auch eine »Einladung« nach Moskau auf sich beruhen ließ) und daß er »zu sozialdemokratisch« und »zu bürgerlich« geworden sei. Die extreme Willkür, mit der die Moskauer »Säuberungen« betrieben wurden, machten die Absurdität der stalinistischen Parteijustiz deutlich. Bei Münzenberg erschien mir bemerkenswert, daß er den Russen gegenüber vorsichtig blieb und einen Wechsel ihrer Politik – der auch ihn hätte rehabilitieren können – nicht völlig ausschloß. In einem Schreiben an »Die Partei« vom März 1939 erwähnte er den Mangel an innerparteilicher Demokratie und zeigte Widersprüche auf zwischen der offiziell anzustrebenden demokratischen Volksrepublik und der weiterhin geplanten Einparteiherrschaft.

Münzenbergs Kreis nannte sich ab Mai 1939 »Freunde der sozialistischen Einheit«. Er beteiligte sich an einem Arbeitsausschuß deutscher und österreichischer Sozialisten. Münzenberg selbst gab »Die Zukunft« heraus, mit je einer deutsch-englischen und deutsch-französischen Ausgabe. An die letztere schloß sich eine Union Franco-Allemande, zu der Hermann Rauschning gehörte, der Verfasser der »Gespräche mit Hitler«. Er hatte sich 1931 der NSDAP zugesellt und war 1934 unter Druck als Senatspräsident von Danzig zurückgetreten; auch Herbert Weichmann, der spätere Erste Bürgermeister von Hamburg, zählte zu diesem Zirkel. Der Chef der »Gruppe Münzenberg« beteiligte sich auch an Spieckers – von englischen Stellen geförderter – »Freiheitspartei«. Mit großer Schärfe äußerte er sich im Herbst 1939 zum deutsch-sowjetischen Vertrag. Nach Kriegsausbruch war er an den von Jean Giraudoux im Auftrag seiner Regierung eingerichteten Propagandaaktivitäten beteiligt.

Vor dem Einmarsch der deutschen Truppen wurde Willi Münzenberg trotz seiner guten Verbindungen interniert. Er ließ sich dann, was gegenüber dem Internierungslager als großer Vorteil erschien, als »prestataire« – also Mitglied einer aus Ausländern gebildeten Arbeitskompanie – einziehen und landete in einem Lager östlich von Lyon, auf dem Gelände eines alten Artillerieübungsplatzes. Nach dem Zusammenbruch Frankreichs machte er sich zusammen mit anderen davon. Sie wollten versuchen, über die Grenze in die Schweiz zu entkommen. Kurze Zeit später fand man seine Leiche – mit einem Drahtseil um den Hals – unter einer Eiche, in einem Wald nicht weit von Saint Marcellin. Niemand konnte aufklären, ob er aus Verzweiflung in den Freitod gegangen – was seinem Naturell nicht entsprochen hätte – oder ob er umgebracht worden war. Ein Auftraggeber wäre dafür noch mehr in Betracht gekommen als ein anderer. Auch Mord durch ein paar geldgierige junge Mitflüchtlinge – man weiß, daß er Geld bei sich hatte – kann man nicht ausschließen. Seine Frau mußte die Suche nach der gültigen Antwort aufgeben: Auch für die Version eines stalinistischen Fememords, so schrieb sie, hätten sich stichhaltige Beweise und Zeugnisse nicht erbringen lassen.

Auch Münzenbergs ganz anders strukturierter sozialdemokratischer Partner Rudolf Breitscheid landete bald im Vorhof der Vernichtung. Breitscheid war als junger Liberaler im Rheinland zur Sozialdemokratie gestoßen und hatte sich während des Krieges den Unabhängigen angeschlossen. Im Reichstag machte er sich ab 1920 einen Namen als Außenpolitiker; er galt als eindeutig westorientiert und pflegte Stresemann auf den Reisen nach Genf zum Völkerbund zu begleiten. Ich fand den hochgewachsenen, lässige Eleganz vermittelnden Mann recht imposant, als ich ihm Anfang 1931 im Lübecker Gewerkschaftshaus zuhörte und über das Gehörte berichtete. Die Zigarette ließ er nicht ausgehen, während er auf der Bühne auf und ab ging, mehr plaudernd als vortragend. Den Lord nannten ihn manche, andere schmähend den Oberkellner. Als Mitvorsitzender der Reichstagsfraktion trug er seinen Teil der Mitverantwortung für den Niedergang von Weimar. Seine Niedergeschlagenheit stand einer nüchternen und gründlichen Selbstkritik im Wege, doch hatte ich den Eindruck, daß ihn mehr als andere Mitglieder der alten Parteiführung die Frage quälte, ob man wirklich alles versucht und ausgelotet habe, das hätte dazu verhelfen können, die Machtübernahme Hitlers zu verhindern.

Als er mich im Spätsommer 1938 – er war mittlerweise 66 Jahre – in Paris zu einem längeren Spaziergang einlud, wurde seine liebenswürdige Bereitschaft, einem Jungen zuzuhören, von seinem tiefen Pessimismus überschattet. Während der ersten Zeit des Exils hatte er sich gegen »linke« sozialdemokratische Gruppen gewandt; mit »falschem Radikalismus« wollte er nichts zu tun haben. Später gab ihm die (sowjetische) Politik der kollektiven Sicherheit zu denken, und auch die französischen Einheitsbemühungen verfolgte er mit wachem Interesse. Seine Verbindung zum Prager Exilvorstand, der dies alles anders sah, ließ er dennoch nicht abreißen.

Zu Münzenberg gewann er ein vertrauensvolles, ja, sogar freundschaftliches Verhältnis. Allerdings blieb er reserviert, als von einer deutschen Exil-Volksfront die Rede war. Als deren Basis wünschte er eine Einheitsfront der Arbeiterparteien (oder ein Kartell der »marxistischen« Linken). Noch im April 1937 waren Sozialdemokraten und Linkssozialisten in Paris stolz darauf, daß sie miteinander und gegen die KPD die Formulierung durchgesetzt hatten, das deutsche Volk werde sich – »auf der Grundlage der neueroberten demokratischen Freiheiten« – nicht nur ein freies und glückliches, sondern auch ein sozialistisches Deutschland erkämpfen …

Mit meinen engeren Freunden protestierte Breitscheid gegen die Moskauer Prozesse. Im Sommer 1938 hielt er schriftlich fest, die Haltung der Kommunisten laufe den Voraussetzungen gemeinsamer Arbeit zuwider. Er konstatierte: »Ich will unter keinen Umständen im Moskauer Schlepptau segeln.« Auch Max Braun setzte sich von den Kommunisten ab.

Im späten Frühjahr 1940, als die deutsche Invasion über Frankreich hereinbrach, suchte Breitscheid – mit seiner Frau, dem früheren Reichsfinanzminister Rudolf Hilferding und Erika Biermann (der Tochter Hermann Müllers, die seine Sekretärin war) – Zuflucht in der Provinz, unter anderem bei Vincent Auriol, dem späteren Staatspräsidenten. Nach dem Waffenstillstand gelangten die Flüchtlinge nach Vichy und suchten Léon Blum auf, der zuvor einer beträchtlichen Zahl deutscher Gesinnungsgenossen behilflich gewesen war, aus den Internierungslagern herauszukommen. Laut Lacouture sagte Breitscheid: »Wir haben Gift bei uns, meine Frau und ich.« Blum konnte ihn nicht beruhigen, denn er mißtraute dem Gerücht, Hitlers Generalfeldmarschall Keitel habe den Franzosen versichert, daß von den Auslieferungsbestimmungen des Kapitulationsvertrags kein Gebrauch gemacht werde. Die Freundschaft zwischen dem Exabgeordneten und dem Expremier ist wohl überschätzt worden. (Breitscheid hatte 1935/36 über das gestörte Verhältnis zu »ehemaligen Freunden« in Frankreich geklagt; doch Anfang 1937 war er Mitglied der SFIO geworden.) Aber es kann keinen Zweifel geben, daß sich Blum im Rahmen seiner begrenzten Möglichkeiten bemühte, den guten deutschen Genossen zur Ausreise über Bordeaux oder Marseille zu verhelfen.

In der Metropole am Mittelmeer landeten Breitscheid und Hilferding (dessen Frau Rose noch im besetzten Paris war) im August 1940. Sie hatten wohl zunächst noch die Hoffnung, legal in die Schweiz zu gelangen, um nach Portugal zu fliegen und von dort mit dem Schiff in die USA weiterzureisen; dort hatte Heinrich Brüning ein Visum besorgt. Doch in Marseille zeigten sich die Folgen einer Flüchtlingspolitik, die immer widersprüchlicher wurde: Hilfsbereitschaft und Fremdenhaß, Schlamperei und Hinterhältigkeit waren einander eng benachbart. Manchem glückte das Abenteuer der Rettung. Ein junger Parteisekretär (namens Fritz Heine, der später beim Wiederaufbau der SPD eine Rolle spielte) und ein paar andere organisierten, unterstützt durch amerikanische Freunde, die Flucht besonders Gefährdeter; sofern es diese nicht vorzogen, sich – wie mehrere meiner Freunde – mit falschen Papieren als Landarbeiter durchzuschlagen. Mehr als 700 Sozialdemokraten waren unter denen, die aus Frankreich entkamen. Breitscheid und Hilferding gehörten nicht dazu. Um nach Portugal gelangen zu können, hätten sie mit einem falschen Paß durch Spanien reisen müssen. Bei Breitscheids Statur wäre das nicht einfach gewesen. Er lehnte die Zumutung überdies ab: schließlich sei er weder Pole noch Grieche …

In Marseille hatte der Präfekt ihm und seinem Gefährten die Sicherheit zugesagt. Hans Oprecht, der Vorsitzende der Schweizer Sozialdemokraten, der zu jener Zeit nach Südfrankreich fuhr, riet ihm, sich illegal über Spanien davonzumachen. Breitscheid zog es vor, sich auf das Ehrenwort des Präfekten zu verlassen. Auch wollte er sich nicht von Hilferding trennen. (Brüning an Hoegner: »Ich hatte alles vorbereitet im September, um sie herauszubringen … Aber die Abneigung, unter einem angenommenen Namen auszureisen, hat alles durchkreuzt.«)

Der Präfekt mit dem Ehrenwort konnte nichts daran ändern, daß dem früheren Fraktionsvorsitzenden und dem früheren Finanzminister ein Hotel Forum in Arles – am Mistralplatz, wo ich mich genau vierzig Jahre später umschaute – als Zwangswohnsitz zugewiesen wurde. In der Nacht zum 9. Februar 1941 wurden die beiden von Beamten in Zivil abgeholt, um auf dem Kommissariat zu hören, die Deutschen hätten ihre Spur gefunden, und nun wolle man sie an einen sicheren Ort bringen. Sie hatten Schiffskarten und Visa für Martinique, die ihnen abgenommen wurden. Im Auto wurden sie nach Vichy gebracht und am 10. Februar an der Demarkationslinie der Gestapo übergeben. (Einen Monat nach der Übergabe bat ein französischer Diplomat die Reichsregierung, den guten Willen anzuerkennen, den man mit der Auslieferung der »großen Leute« bewiesen habe … Tatsächlich war die größte Zahl derer, die ausgeliefert wurden, nicht angefordert worden.)

Rudolf Hilferding wurde schon auf der Fahrt nach Paris mißhandelt und kam am nächsten oder übernächsten Tag im Gefängnis La Santé zu Tode, wahrscheinlich durch Veronal, das er in seinen Kleidern versteckt gehalten hatte. Er wurde 64 Jahre alt. Bevor ihn Bebel 1906 an die Parteischule in Berlin holte, war er Kinderarzt in Wien gewesen. Im Krieg schloß er sich den Unabhängigen an. In der wiedervereinigten SPD hatte er maßgebenden Einfluß auf das Heidelberger Programm von 1925. Als er das erste Mal Finanzminister war, bereitete er die Währungsreform von 1923 vor, für die Hjalmar Schacht den Ruhm kassierte. Das zweite Mal diente er in gleicher Funktion der Regierung Müller, bis er 1929 dem Koalitionsdruck von rechts und der Nachgiebigkeit der eigenen Partei weichen mußte.

Breitscheid kam von Paris nach Deutschland und landete für elf Monate bei der Gestapo in der Berliner Prinz-Albrecht-Straße. Überraschenderweise blieb ihm ein Prozeß wegen Hochverrat erspart. Statt dessen schien man höheren Orts sogar zeitweilig mit dem Gedanken zu spielen, ihn auf amerikanisches Ersuchen hin zur Übernahme einer

Dozentur ausreisen zu lassen. Wahrscheinlich wollte man ihn als Geisel aufbewahren. Mit seiner Frau wurde er in das Außenlager des KZ Buchenwald gebracht. Die Breitscheids teilten ihre Baracke mit einer italienischen Königstochter, der Prinzessin Mafalda von Hessen. In einem gleichen Barackenhaus »wohnte« der österreichische Bundeskanzler Schuschnigg mit seiner Frau.

Die NS-Presse meldete: Bei einem Angriff der britischen Luftwaffe auf die Umgebung von Weimar am 28. August 1944 sei auch das KZ Buchenwald von zahlreichen Sprengbomben getroffen worden. Unter den dabei ums Leben gekommenen Häftlingen befänden sich die ehemaligen Reichstagsabgeordneten Breitscheid und Thälmann. – Dies stimmte mit Sicherheit nicht, was Ernst Thälmann betraf, denn er war am 17. August mit dem Wagen aus Bautzen gebracht worden und wurde in der Nacht zum 18. August im Krematorium von Buchenwald erschossen. Man kennt den Sprechzettel vom 4. August, den Himmler benutzte, als er auf der Wolfsschanze bei Hitler Vortrag hielt. Danach hakte er den Namen des KPD-Vorsitzenden zur Hinrichtung ab und schrieb dazu: »Ist zu exekutieren.«

Der Luftangriff hat tatsächlich schon am 24. August stattgefunden. Vieles spricht dafür, daß Breitscheid durch die Wirkung einer britischen Fliegerbombe umgekommen ist und nicht durch einen Revolverschuß, wie gelegentlich vermutet wurde. Hermann Brill – thüringischer Landtagsabgeordneter, 1932 noch in den Reichstag gewählt, später mein Kollege in den ersten Legislaturperioden des Bundestags – arbeitete in Buchenwald als Sanitäter in der Quarantänebaracke. (Er war 1939 zu zwölf Jahren Zuchthaus verurteilt worden, nach fünf Jahren kam er ins Lager, und dort setzte er im April 1945 ein Manifest der demokratischen und sozialistischen Erneuerung auf.) Brill berichtet, an jenem Augusttag habe er unter großen Mühen und Risiken Frau Breitscheid aufgesucht, der er erst am dritten Tag nach dem Bombardement den Tod ihres Mannes bestätigen konnte. 1970 habe ich mich in Buchenwald davon überzeugen können, daß Breitscheids Name dort in Ehren gehalten wird.

Nicht nur die beiden führenden Sozialdemokraten, über die man im Laufe der Jahre viel berichtete, wurden nach der Niederlage Frankreichs an die Gestapo ausgeliefert – oft genug, ohne daß auch nur ein deutscher Anspruch unter Berufung auf den Waffenstillstandsvertrag geltend gemacht wurde. Bei den anderen – Hunderten an der Zahl – denke ich zum Beispiel an Richard Kirn, den saarländischen Bergarbeitersekretär (und späteren Landesminister), der nach seiner Auslieferung mit einem auf acht Jahre Zuchthaus bemessenen Urteil davonkam. Oder an die Frankfurter Sozialdemokratin Johanna Kirchner, die erst zu zehn Jahren Zuchthaus, danach in einer ungewöhnlichen Revision zum Tode verurteilt und im April 1944 mit dem Fallbeil getötet wurde.

»Hanna« war eine hübsche, lebendige, hilfsbereite Vierzigerin, als sie 1933 nach Saarbrücken ins Exil ging. Sie stammte aus einer alten sozialdemokratischen Familie und widmete sich dem Aufbau der Arbeiterwohlfahrt; ihr Mann war Vorsitzender der Stadtratsfraktion in Frankfurt. Nach dem Anschluß des Saargebiets an das Dritte Reich arbeitete sie im französischen Forbach in einer Betreuungsstelle für Flüchtlinge, die auch Verbindungen nach Deutschland wahrnahm. Die Grenzstelle leitete der Reichstagsabgeordnete Emil Kirschmann aus Idar-Oberstein, der sich nach einiger Zeit in Mühlhausen niedergelassen hatte. Während Kirschmann und seine Schwägerin Marie Juchacz – die zentrale Leiterin der Arbeiterwohlfahrt und erste Sozialdemokratin, die im Reichstag das Wort ergriffen hatte – über Martinique nach New York entkamen, wollte Johanna Kirchner in Frankreich bleiben und landete in Gurs, einem bald berüchtigten Internierungslager im Vorland der Pyrenäen. Von dort infolge Intervention entlassen, fand sie Unterschlupf in einem Kloster, begab sich auf die Suche nach einem, den sie liebgewonnen hatte, wurde von französischer Polizei aufgespürt und am 9. Juni 1942 ausgeliefert. Im letzten Brief an ihre beiden Töchter heißt es: »Möge Euch ein baldiger Frieden wieder glücklich vereinen … Seid tapfer, es kommt eine bessere Zukunft für Euch.«

Versuche der Umgruppierung

Anstelle der gescheiterten »Deutschen Volksfront« diskutierten die linkssozialistischen Gruppen ab 1937 über eine engere Verbindung miteinander. Aus dieser »Konzentration« ist nicht viel geworden. Im August 1938, als ich in Paris war, erhielt das Bemühen um den Zusammenschluß einen gewichtigen Anstoß: von der Auslandsvertretung der RSÖ (Revolutionäre Sozialisten Österreichs, wie sich die im Untergrund scharf nach links gerückten österreichischen Sozialdemokraten nannten). Deren führende Vertrauensleute waren zu diesem Zeitpunkt nach Paris übergesiedelt. Die RSÖ schlugen ein »Kartell« vor, in dem sie mit den verschiedenen Gruppen der deutschen Sozialisten zusammenarbeiten wollten. Sie dachten in den Kategorien einer »gesamtdeutschen« Revolution.

Der SPD-Exilvorstand, der aus der Tschechoslowakei nach Paris hatte übersiedeln müssen, mochte sich mit dem Kartellvorschlag nicht befreunden: Erstens wollte er sich nicht zu einer Gruppe neben anderen degradieren lassen, zweitens war ihm das österreichische Linksertum nicht geheuer. So stellte sich die Sopade beiseite. Beteiligt waren die SAP, »Neu Beginnen« sowie eine Minderheit der Landesgruppe deutscher Sozialdemokraten in Frankreich, in einer zweiten Runde auch der ISK (Internationaler Sozialistischer Kampfbund) und die Gruppe Münzenberg. Nach dem Nein der Sopade wurde im September 1938 eine »Arbeitsgemeinschaft für Inlandsarbeit« begründet. Ich war daran beteiligt und traf dort zum erstenmal den bayerischen Sozialdemokraten Waldemar von Knoeringen. Er hatte eine Grenzstelle in der Tschechoslowakei geleitet und vertrat nun »NB«, die Gruppe »Neu Beginnen«.

Von der Auslandsorganisation der SAP werde ich im nächsten Kapitel berichten. Bei »Neu Beginnen« handelte es sich um eine Kaderorganisation, deren ursprünglich kommunistische Mitglieder sich in den letzten Jahren vor 1933 um Funktionen in der SPD, auch in der SAP, bemüht hatten. Ob ihre Konzeption der konspirativen Arbeit überwiegend aus Lenins »Was tun« oder nicht ebenso aus anderen Elitetheorien abgeleitet war, mag dahingestellt bleiben. Die Miles-Gruppe, wie sie nach dem Verfassernamen ihrer theoretischen Broschüre im Exil zunächst genannt wurde, verfügte über gute internationale Verbindungen und fand im Reich, besonders in Berlin, die Unterstützung tüchtiger junger Sozialdemokraten. Miles war in Wirklichkeit der Kaufmann Walter Loewenheim, der schon zum Spartakusbund gehört und sich 1927 von der KPD gelöst hatte. Im Frühsommer 1935 hat sich seine Organisation von ihm getrennt; später lebte er als – durchaus nicht mehr besonders linker – Einzelgänger in England. Die führende Funktion ging auf den gebürtigen Wiener Karl Frank über, der das Prager Auslandsbüro von »NB« leitete. Karl Frank – alias Willi Müller, alias Paul Hagen, der auch als Josef oder Maria firmierte – war vierzig, als er von Berlin nach Prag auswich. Ihn umgab die Aura eines gutaussehenden, blitzgescheiten, mutigen und dem Abenteuerlichen nicht ganz abgeneigten Mannes, dessen Haltung in einer Kadettenschule geprägt worden war: auf verquere Weise wohl auch in seinem späteren revolutionären Leben. Ich war ihm gegenüber mißtrauisch – und nicht grundlos: Er hatte sich aus taktischen Gründen in den Vorstand der SAP wählen lassen; im Herbst 1932 propagierte er dann den Übertritt zur SPD. Er verstand es, junge Menschen zu beeindrucken. Doch wenn man seine Tricks durchschaute, reagierte er sachlich. In Prag überraschte ich ihn mit dem Hinweis, mir sei nicht verborgen geblieben, daß er einen seiner Leute in meine Osloer Gruppe geschickt habe. Das bestritt er nicht, sondern schwieg und ließ die Sache bei nächster Gelegenheit in Ordnung bringen.

In Prag trat Richard Löwenthal (der unter dem Namen Paul Sering publizierte) neben Karl Frank in die Leitung des Auslandsbüros ein, nachdem der spätere Berliner Professor fast drei Jahre im Berliner Untergrund ausgehalten hatte. Bevor er nach London ging, traf ich ihn in Paris in der Wohnung meines Freundes Boris Goldenberg – mit dem zusammen ich im Herbst 1938 ins Hotel Lutétia zur Sitzung mit Heinrich Mann ging – und seiner (ersten) Frau Rosa, zu der ich mich hingezogen fühlte. Boris, 1905 in Petersburg geboren, hatte in seinen jungen Jahren etwas von der Erscheinung eines südländischen Granden. Er gehörte in Paris zu unserer Auslandsleitung, gleichzeitig zur Linken in der SFIO. Er kannte Gott und die Welt. Bei ihm traf ich nicht nur »Rix« (Löwenthal), sondern auch Arthur Koestler oder K.O. Paetel. Koestler, der in Spanien mit knapper Not dem Tod entronnen war, brach mit der KPD im Sommer 1938; er arbeitete eng mit Münzenberg zusammen. Karl Otto Paetel kam aus der Bündischen Jugend und hatte nationalbolschewistische Neigungen. Er ließ sich in New York nieder. (Boris bekam kein Einreisevisum für die USA, sondern landete 1941 in Kuba und blieb dort fast zwei Jahrzehnte, wurde auch kubanischer Staatsbürger. Nach seiner Rückkehr in die Bundesrepublik kümmerte er sich um die Lateinamerika-Redaktion der Deutschen Welle. Rosa, die aus Südosteuropa stammte, hatte es mit ihrer liebenswerten Hartnäckigkeit in Frankreich noch geschafft, ihre ärztliche Ausbildung abzuschließen. Sie wurde in New York Psychotherapeutin.)

In Paris besuchte ich 1938 auch den 50jährigen Paul Hertz. Sekretär der Sozialdemokratischen Reichstagsfraktion war er geworden, als er 1922 mit der USP zur Vereinigten Partei stieß. 1935 hatte er versucht, den Leuten von »Neu Beginnen« beizustehen, als denen von der Sopade das Geld gesperrt wurde. Bei der Übersiedlung von Prag nach Paris wurde Hertz aus dem geschäftsführenden Vorstand ausgebootet. Seine freundschaftlichen Verbindungen zu »NB« gab er nun offen zu erkennen. Zu den tüchtigen Grenzsekretären, die dieser Gruppierung zuzurechnen waren, gehörten neben Knoeringen (Michel) der Stuttgarter Erwin Schoettle (Hacker) und der Pfälzer Franz Bögler (Helmut Hertel). Sie nahmen alle drei nach 1945 in der SPD führende Aufgaben wahr; der dritte schied allerdings in Unfrieden von unserer Partei.

Der Bedeutendste aus dem Kreis »Neu Beginnen« war ohne Zweifel Fritz Erler, Jahrgang 1913 wie ich. Seine illegale Arbeit blieb bis 1938 unentdeckt. Er kam, nach der Aushebung seiner Gruppe, mit einem Urteil von zehn Jahren Zuchthaus davon. Seine Gruppe hatte ihn – den »Genossen Grau« – schon zu Beginn der Nazizeit nach Zürich zu Friedrich Adler geschickt, um, unter Umgehung der Sopade, ihre Anerkennung durch die Internationale zu erwirken. (Ihn traf ich, als der Krieg zu Ende war, auf einem Landesparteitag in Berlin. Paul Hertz wurde 1949 von Ernst Reuter nach Berlin zurückgerufen. Er war in meiner Stadtregierung ein allseits angesehener Wirtschaftssenator. Karl Frank fand nicht mehr den Anschluß an das Nachkriegsgeschehen. Er ließ sich in New York – wo ich ihn bei meiner ersten Amerikareise 1954 wiedersah – als Psychoanalytiker nieder.)

Zu den »Linken« in der Landesgruppe Frankreich der SPD gehörte der – auch wegen seiner Verbindungen ins Rheinland und nach Hessen wichtige – Kreis um den erwähnten Reichstagsabgeordneten Emil Kirschmann. Die »Revolutionären Sozialisten« am Rande der Exil-SPD hatten sich zu diesem Zeitpunkt schon aufgelöst. Es war ohnehin keine starke Gruppe gewesen; allerdings standen an ihrer Spitze zwei »Linke«, die im April 1933 in Berlin in den Parteivorstand gewählt worden waren und Anfang 1935 – wegen des Vorwurfs fraktioneller Arbeit – aus der Sopade ausgeschlossen wurden. Der eine war der sächsische Landtagsabgeordnete Karl Böchel, er ließ sich in Norwegen nieder. Der andere, der Reichstagsabgeordnete Siegfried Aufhäuser – Vorsitzender der »freien«, sozialdemokratisch orientierten Angestelltenverbände –, ging in die USA und kehrte später nach Berlin zurück. Andere deutsche Sozialdemokraten, die dem Exilvorstand kritisch gegenüberstanden, lehnten sich an den früheren Reichstagsabgeordneten (und Vorsitzenden des 600 000 Mitglieder starken Freidenkerverbandes) Max Sievers, der in Brüssel sein »Freies Deutschland« herausgab. Heinz Kühn, der spätere nordrhein-westfälische Ministerpräsident, der an der Redaktion beteiligt war, hat hierüber – wie über anderes – in »Widerstand und Emigration« berichtet. Sievers, den die Häscher in Nordfrankreich entdeckten, wurde 1944 hingerichtet.

Der Internationale Sozialistische Kampfbund (ISK) war Anfang 1926 aus einem Jugendbund um Professor Leonard Nelson hervorgegangen, der aus der Sozialdemokratie ausgestoßen worden war. Die Nelsonianer – mit ihrer idealistischen Philosophie, ihren eher liberalen Wirtschaftsvorstellungen und einem demokratiefernen Führungsprinzip – fügten sich nicht leicht in sozialdemokratische Denkkategorien. Man stieß sich auch an Lebensregeln, denen sich die ISK-Leute zu unterwerfen hatten: Sie mußten aus der Kirche ausgetreten sein, aktiv in einer Gewerkschaft mitarbeiten, auf Alkohol verzichten und vegetarisch essen. Außerdem hatten sie regelmäßig finanzielle Opfer zu bringen und sich, wie es hieß, um Unabhängigkeit in persönlichen Beziehungen zu bemühen – oder, wie es auch hieß, die Zustimmung der Leitung zu erwirken, falls sie eine feste Bindung eingehen wollten. Kein Wunder, daß sie mitunter als »proletarische Heilsarmee« verspottet wurden.

In der Illegalität waren sie aktiv, auch im Exil spielten sie eine gewisse Rolle. Unbestrittener Leiter war Willi Eichler, ursprünglich Nelsons Privatsekretär. In Berlin hatte er die Zeitung »Der Funke« herausgegeben, und in Paris redigierte er die »Sozialistische Warte«. Einiges Geld kam von Freunden in anderen Ländern, die vegetarische Restaurants betrieben. (Auch im Reich wurde die Arbeit durch einige vegetarische Gaststätten und eine Brotgroßhandlung gefördert.) Der ISK war nicht nur an der »Konzentration« in Paris, sondern während des Krieges auch – ebenso wie »Neu Beginnen« und die SAP – an der »Union« in London beteiligt, in der die Eingliederung der Gruppen in die SPD vorbereitet wurde. (Eichler nahm als Mitglied des SPD-Parteivorstands eine besondere Verantwortung auf kulturpolitischem und programmatischem Gebiet wahr. Das Godesberger Programm trägt in manchen wichtigen Formulierungen seine Handschrift.)

Die großdeutsche Orientierung war ein Zwischenspiel geblieben: An der »Union« in London waren die Österreicher nicht mehr beteiligt. Vogel und Ollenhauer vertraten den Restparteivorstand. Löwenthal und Eichler spielten eine aktive Rolle. Von Stockholm aus ermunterte ich die SAP-Freunde in London, konstruktiv mitzuarbeiten.

Für Linkssozialisten, die in der KPD gewesen waren, schien es zumeist unendlich schwierig, wieder Sozialdemokraten zu werden. Für mich stellten sich die Probleme nicht so kompliziert dar. Schon 1937 schrieb ich den Freunden im Exil, man möge sich daran erinnern, daß es sich – für mich, für viele von uns – im Herbst 1931 vor allem um die

Sezession ungeduldiger junger Sozialisten gehandelt habe. Die allgemeine Orientierung hin zu einer Einheitspartei reiche nicht aus, unseren Standort genau genug zu bestimmen. Unser Platz könne nicht bei den von der Komintern dirigierten Kräften sein, sondern wir gehörten zu den »fortschrittlichen Kräften der deutschen Sozialdemokratie«.

Sektierer aller Länder …

Nach dem Ersten Weltkrieg gab es zwischen der II. und III. Internationale die – wie man sagte – Zweieinhalbte, in der die Österreicher den Ton angaben. Nach der Vereinigung auf dem Hamburger Kongreß 1923 blieb ein Kreis von »unabhängigen« Parteien unterschiedlichen, meist geringen Gewichts übrig. Dazu gehörte, wie gesagt, die Norwegische Arbeiterpartei, während der kurzen Zeit ihrer legalen Existenz auch die SAP. Sie nahm noch an Konferenzen teil, die im Mai 1932 in Berlin, im August in Amsterdam, Anfang Februar 1933 in Paris stattfanden. Außer den deutschen und den norwegischen waren Linkssozialisten aus Großbritannien, Holland, Frankreich und Polen beteiligt. Um das Sekretariat dieser Gruppierung kümmerte sich eine Italienerin ukrainisch-jüdischer Herkunft: Angelica Balabanoff, die ich allerdings erst 1960 als Anhängerin von Giuseppe Saragat in Rom kennenlernte. Damals war sie 85. Sie konnte sich, wie sie sagte, nicht damit abfinden, daß sie Anfang des Jahrhunderts in der italienischen Schweiz den Gastarbeiter Mussolini zum Sozialisten gemacht hatte. (Und daß die Russen, die sie 1919 zunächst als einen der Sekretäre der III. Internationale toleriert hatten, sie auf ein überflüssiges Amt in der Ukraine abschoben.)

Ein neuer Anlauf wurde – nach Hitlers Machtübernahme – auf einer Konferenz im August 1933 in Paris versucht. Dort waren vierzehn Parteien oder Gruppen aus elf Ländern vertreten, außerdem das Internationale Sekretariat der »Linken Opposition« (so nannten sich die Trotzkisten). Mit ihnen und den beiden niederländischen Kleinparteien – OSP und RSP – schloß Jacob Walcher für die SAP einen »Viererpakt«, der nichts weniger als eine neue Internationale ins Auge faßte. Daraus konnte nichts werden, weil man die objektiven Voraussetzungen falsch einschätzte. Hinzu kam, daß sich die Anhänger Leo Trotzkis durch ihre übliche Arroganz auszeichneten. Realität wurde, in aller Bescheidenheit, eine Internationale Arbeitsgemeinschaft (IAG), die ihren Sitz in London bei der ILP, der Unabhängigen Arbeiterpartei, hatte.

Ich nahm an vier ihrer Konferenzen teil: im Februar 1935 und im Mai 1936 in Paris, im Sommer 1937 in England und im Sommer 1938 wieder in Paris. Dabei lernte ich einige eindrucksvolle, kantige Persönlichkeiten kennen, die sich entschlossen hatten, in ihrem jeweiligen Land den schweren Weg der kleinen Gruppe zu gehen. Aber ich erlebte auch Gezänk, das mit proletarischem Bewußtsein so wenig zu tun hatte wie mit Pflichten gegenüber der Arbeiterklasse. Bei den Niederländern, die sich 1935 zur RSAP zusammenschlossen, ging mir die Rechthaberei zunächst am meisten auf die Nerven. Dabei hatten wir Deutschen wenig Grund, mit dem Finger auf andere zu zeigen und ihnen »calvinistische« Enge vorzuwerfen. Im Umgang mit dem internationalen Linkssozialismus wie mit der deutschen Emigration erinnerte ich mich mehr als einmal des geflügelten Spottworts, daß sich politische Gruppen wie niedere Lebewesen durch Zellteilung fortzupflanzen versuchten. Sozialisten, die laut Marx und Engels die »Proletarier aller Länder« vereinigen sollten, waren öfter mit ihren Spaltungen beschäftigt. Doch durfte man nicht vergessen, daß eine gewisse politisch-geistige Enge mutigen Einsatz keineswegs ausschloß. Den Trotzkisten beispielsweise wurden durch den Terror der Nazis und der Stalinisten entsetzliche Opfer abverlangt. Der niederländische RSAP-Vorsitzende Heinrich Sneevliet wurde während der deutschen Okkupation erschossen.

Die britische Independent Labour Party mochte gelegentlich verschroben wirken, doch sie war ein Stück wirklicher Arbeiterbewegung. Sie wurde, vor der Jahrhundertwende, noch ohne die Unterstützung der Gewerkschaften gegründet und schloß sich 1900 der als Dachorganisation gebildeten Labour Party an, aus der sie 1931 ausschied – mit drei Abgeordneten, denen sich bei der nächsten Wahl noch ein paar hinzugesellten. Fast alles, was im britischen Sozialismus Rang und Namen hatte – ob Keir Hardie oder Ramsay MacDonald –, hatte einmal in der ILP angefangen. Der Generalsekretär Fenner Brockway trug zugleich die Verantwortung für das »Londoner Büro«. Dieser hochaufgeschossene Schotte mit zerfurchtem Gesicht konnte Strenge ausstrahlen wie ein erzpuritanischer Diener Gottes und war doch ein hilfsbereiter und liebenswürdiger Mensch. Seit Jahren schon stand er im Kampf gegen Militarismus und Imperialismus, engagierte er sich für Menschenrechte und die Befreiung der Kolonialvölker. Wie hätte ich ahnen können, daß ich ihm, als ich – während meiner Zeit als Bundeskanzler – in Westminster zu Mitgliedern beider Häuser sprach, als Lord (Baron) Brockway begegnen würde. Doch die alte Melodie war in ihm nicht verklungen.

Fenner, wie wir ihn nannten, war 26 zu Beginn des Ersten Weltkriegs. Als Kriegsdienstverweigerer aus Gewissensgründen ging er ins Gefängnis. Nach dem Krieg betätigte er sich in internationalen Antikriegsverbänden. 1939, zu Beginn des Zweiten Weltkriegs, modifizierte er seinen Pazifismus. Trotzdem war ich nicht wenig erstaunt, als ich ihn im Frühjahr 1946 – auf dem ersten Nachkriegsparteitag der SPD in Hannover – in Uniform auftreten sah; anders hätte er, nach den Vorschriften der Militärregierung, nicht einreisen können. Eine verrückte Welt: Auch ich trug in Hannover eine Uniform – die eines alliierten Korrespondenten.

Als ich im August 1937 zur Sommerschule der ILP nach Letchworth kam, um an einer Sitzung des IAG-Büros teilzunehmen, lernte ich flüchtig auch den legendären James Maxton kennen – im Verständnis vieler die eigentliche Personifizierung der »Unabhängigen«. Dieser gelernte Schulmeister war ein Feuerkopf, lang und dürr wie Fenner; seine dunklen Haare fielen ins Gesicht, und er war ein mitreißender Redner. Von 1922 bis zu seinem Tod 1946 vertrat er einen Glasgower Wahlkreis im Unterhaus. Auch die anderen ILP-Leute waren von einer impulsiven Radikalität und einem ehrlich empfundenen Pathos erfüllt. Mit dem Marxismus hatten sie nicht viel im Sinn, die »gradualistische«, also: reformistische, Tradition der britischen Arbeiterbewegung prägte weithin auch ihren linken Flügel. Ich höre noch einen der Abgeordneten – auf einer Sitzung in Paris – aus seiner Sicht und Überzeugung leidenschaftlich gegen die marxistische These anreden, daß der Staat als Machtinstrument der herrschenden Klasse zu betrachten sei. Ein anderer der damaligen Abgeordneten, der mich später im Berliner Rathaus besuchte, hatte seine Heimat bei der »Moralischen Aufrüstung« gefunden, sein sägend-mahnender Ton hatte sich nicht geändert.

Am stärksten war die ILP in Schottland verankert. Als 1939 die allgemeine Dienstpflicht wieder eingeführt werden sollte, beantragten ihre Abgeordneten im Unterhaus: Erstens eine Begrenzung der einzuberufenden Jahrgänge auf die Altersgruppen unter 18 und über 65; alternativ die Freistellung aller jungen Männer mit Ausnahme derer, die Väter mit einem schönen Einkommen hatten; und als weitere Alternative die Ausnahme für alle Schotten. Aber neben Witz offenbart dieser Antrag eines: Der ILP, wie auch sonst einem Teil der Linken in anderen Ländern, fiel es schwer, den qualitativen Unterschied zwischen dem

Faschismus – besonders dem Nazismus – und den bis dahin bekannten Formen des Imperialismus zu begreifen. Ein Jahr vor Kriegsausbruch hatte George Orwell die Frage beantwortet, warum er Mitglied der ILP geworden war. Er meinte, es sei die einzige, »die, als Partei, aller Wahrscheinlichkeit nach den richtigen Weg gegen den imperialistischen Krieg oder gegen den Faschismus einschlagen wird, wenn dieser in seiner britischen Form auftritt«.

Die Norweger hatten an der Februar-Konferenz 1935 in Paris schon nicht mehr offiziell teilgenommen. Neu unter den Teilnehmern waren österreichische, belgische und französische Linke aus den Sozialistischen Parteien. Es erschien auch der aus der KP ausgeschlossene Jacques Doriot, Bürgermeister von St. Denis; damals genoß er noch Achtung, doch bald war aus ihm ein führender Faschist geworden.

Ein besonderer Neugewinn schien in der Gestalt von Karl Kilbom zu bestehen. Der stand an der Spitze – wenn auch der Form nach, wie Tranmæl, »nur« als Chefredakteur – der »Sozialistischen« Partei Schwedens und kam für sie nach Paris. Diesen bemerkenswerten, lebenserfahrenen und noblen Schweden wallonischer Herkunft hatte ich im Sommer 1933 im norwegischen Minnesund bei den Mot-Dagisten kennengelernt. Dort beschimpfte er uns Deutsche, weil wir nicht fähig seien, »richtig Ferien zu machen«. Kurz darauf, im Herbst, besuchte ich ihn und seine Freunde in Stockholm. Kilbom hatte es als junger Mann 1917 übernommen, den Bolschewiki bei ihren Kontakten in Stockholm – so, als Lenin und seine Gruppe auf der Rückkehr nach Rußland einen Zwischenaufenthalt einlegten – behilflich zu sein; auch am 2. Rätekongreß in Petrograd hatte er schon teilgenommen. Unbeschadet seines Ranges in der Komintern gehörte er Ende der zwanziger Jahre zu den »rechten« Abweichlern, versammelte jedoch beim Ausschluß die Mehrheit seiner Partei hinter sich. Seine Seite, die die sozialdemokratische Regierung stützte, behielt ein halbes Dutzend Abgeordnete, einen mehr als die Kominternsektion. Kilbom und die meisten seiner früheren Anhänger kehrten 1937/38 zur Sozialdemokratie zurück. Der Restbestand nahm während des Zweiten Weltkrieges ein schmähliches Ende.

Mit den italienischen »Maximalisten«, die links von Pietro Nenni standen – auch mit deren Jugendgruppe –, gab es manchen, meist angenehmen Kontakt. Bei der Lektüre des »Avanti!«, der in Lugano oder auch in Paris gedruckt wurde, konnte ich feststellen, daß mir die italienische Sprache – in politischen Texten! – kaum Schwierigkeiten bereitete.

Die Pariser Sitzung im Mai 1936 war von den französischen und spanischen Entwicklungen geprägt, und Teilnehmer aus beiden Ländern gaben ihre farbigen, wenn auch einseitigen Deutungen. Die Tagung im August 1938 habe ich – gemeinsam mit Max Diamant – vorzeitig verlassen. Die SAP ist kurz danach aus dem Büro ausgetreten. Die meisten anderen hielten sie ohnehin für »zu opportunistisch«. Statt dessen wurde Jay Lovestones amerikanische Gruppe aufgenommen. (Gemerkt hatte ich mir von jener Sitzung vor allem einen Vertreter der Völker Ostafrikas, der aus London herübergekommen war. Sein mir sehr fremd erscheinender Gang um den Tisch und die Eindringlichkeit seiner Bitte um moralische Unterstützung prägten sich mir für immer ein: Es handelte sich um Jomo Kenyatta, den späteren Präsidenten von Kenia, wir haben 25 Jahre später in Nairobi Erinnerungen ausgetauscht.)

»Rechte« und »linke« Oppositionelle, die die Komintern-Parteien verließen oder verlassen mußten, stimmten mit den meisten Linkssozialisten in der Ablehnung von Stalins »ultralinker« Politik überein. Sie betrachteten auch die Herrschaft der sowjetischen Bürokraten mit wachsender Kritik. Die trotzkistischen Linken fanden sich mit Stalins Programm vom »Sozialismus in einem Land« nicht ab, sondern bestanden auf einem radikalen Internationalismus.

Leo Trotzki habe ich nie gesehen, obwohl er 1935/36 der bei weitem prominenteste politische Flüchtling in Norwegen war. Bevor ich Anfang 1935 nach Frankreich fuhr, war mitgeteilt worden, daß ich den legendären Organisator der Roten Armee und Intimfeind Stalins werde besuchen können. In Paris wurde ich mit der Begründung wieder ausgeladen, »der Alte« habe sich über meine opportunistische Haltung zur »Norwegischen Frage« geärgert. Später hatte ich dann keine Lust mehr, eine Begegnung zu suchen, zumal mein Ärger über manche seiner Anhänger beträchtlich war. Doch in jenen Jahren war auch für mich häufig der Schatten dieses Mannes präsent, der neben Lenin wohl der wichtigste »Gründervater« der Sowjetunion war – eine ungewöhnliche, im Grunde sehr »westliche« Persönlichkeit. Er beeindruckte als politisch-historischer Schriftsteller und als schneidend polemischer Stilist. Noch in Deutschland hatte ich seine erste Biographie gelesen. Mich beeindruckte, wie klar er die bei uns aufziehende Gefahr erkannte, daß er zur Einheitsfront gegen den Faschismus aufrief und – durchaus nicht den Sozialdemokraten zu Gefallen – Stalins Theorie vom »Sozialfaschismus« geißelte.

Später überraschte mich das Mißverhältnis zwischen einer außergewöhnlichen intellektuellen Kraft und den zänkischen Allüren des Chefs weithin imaginärer Truppen, die teils als Fraktionen in anderen Parteien, teils auch als Miniparteien tätig waren. Trotzki dachte stark in historischen Analogien: So wie es die schwachen Bolschewiki im Ersten Weltkrieg zuwege brachten, zur führenden Kraft zu werden, wollte er in den dreißiger Jahren – in sicherer Erwartung des kommenden Krieges – eine ideologisch »reine« revolutionäre Kadergruppe aufbauen, und sei sie noch so klein. Die einzigen Länder, in denen Trotzkisten Parteien von politischem Gewicht aufbauten, waren Ceylon (das heutige Sri Lanka), Vietnam und Bolivien. (Im Sommer 1964 traten drei Trotzkisten in das Kabinett von Frau Bandaranaike ein; mit ihrer Partei wurden sie prompt aus der IV. Internationale ausgeschlossen.)

Trotzki selbst war 1929 von seinem Verbannungsort Alma Ata (aus dem ihn der Kampfflieger Malraux hatte befreien wollen!) ins türkische Exil, nach Prinkipo, entlassen worden. Von dort kam er Ende 1932 nach Frankreich. Als sich die französisch-sowjetische Verständigung abzeichnete, suchte er bei den Norwegern um Asyl nach. Mitte Juni 1935 traf er mit dem Schiff in Oslo ein und zeigte sich enttäuscht, daß ihm Beschränkungen seiner politischen Aktivität auferlegt wurden; außerdem war seine Aufenthaltsgenehmigung auf zunächst sechs Monate begrenzt. Er fand in einem Städtchen nicht weit von Oslo bei dem Storting-Abgeordneten Konrad Knudsen Unterkunft: einem Malergesellen, der wie Tranmæl Anfang des Jahrhunderts in den Vereinigten Staaten gewesen war und in Chicago zeitweise die skandinavische Zeitung »Socialdemokraten« redigiert hatte.

Der Moskauer Prozeß im August 1936 gegen Sinowjew und andere alte Bolschewiken hatte in Norwegen eine doppelte Wirkung zur Folge. Man bäumte sich gegen die ungeheuerlichen Behauptungen, Selbstbezichtigungen und Schreckensurteile auf. Doch zugleich spürte das kleine Norwegen den Druck des furchteinflößenden Nachbarn. Die Sowjets gaben vor, Trotzki sei der »Hauptanstifter« der vor dem Moskauer Tribunal behaupteten »Verbrechen«. Schon die Befürchtung, die russische Seite könnte Repressalien gegen die Fischwirtschaft ergreifen, blieb nicht ohne Auswirkungen. Die kleinlichen Schikanen der norwegischen Behörden erklärten sich zum guten Teil aus solcher Furcht. Der sowjetische Botschafter beschwerte sich, daß Trotzki Norwegen als Basis für terroristische Handlungen benutze. So wurde der Flüchtling unter Hausarrest gestellt. Danach internierte man ihn in einem kleinen, von der Regierung gemieteten Haus. Die Ausreise in ein anderes Land wurde ihm dringend nahegelegt. Isaac Deutscher, der Lenin- und Stalin-Biograph, schreibt: »Die Geschichte von Trotzkis Aufenthalt in Norwegen liest sich wie eine breite Variation von Ibsens ›Ein Volksfeind‹.« Das Stück spielte tatsächlich eine Rolle, als Justizminister Trygve Lie – 1945 der erste Generalsekretär der Vereinten Nationen – ein letztes Gespräch mit dem Internierten führte und auf dessen Sarkasmus stieß. Kurz danach – am 19. Dezember 1936 – reiste Trotzki mit einem Frachter nach Mexiko. Die polizeiliche Begleitung wurde einem Beamten namens Jonas Lie, später Quislings Polizeiminister, anvertraut. Seine Landsleute änderten seinen Vornamen in Judas.

Bei der Ankunft in Mexiko galt Trotzki zunächst als Gast der Regierung. Betreut wurde er von seinem Anhänger, dem Monumentalmaler Diego Rivera. Es dauerte zwei Jahre, bis sich die beiden zerstritten hatten: eine Entzweiung unter vielen … Trotzki hat viele Anhänger verbraucht.

Der Rest seines tragischen Lebenslaufs ist bekannt. Am 20. August 1940 wurde er von einem eingeschleusten Agenten an seinem Schreibtisch erschlagen – mit einem Eispickel. Der stalinistische Apparat hatte nicht geruht, bevor er nicht im Anschluß an die Moskauer Prozesse auch noch den Schöpfer der Roten Armee zur Strecke gebracht hatte.

Während der Studentenrevolte Ende der sechziger Jahre begannen trotzkistische Einflüsse wieder Leben zu gewinnen, zumal in Frankreich. Vorher hatten sie sich schon in Algerien, später auch in Lateinamerika geltend gemacht. In der europäischen Sozialdemokratie, vor allem in der britischen Labour Party, ließen sich in den letzten Jahren trotzkistische Einflüsse bedenklichen Ausmaßes feststellen. Die Schriften Trotzkis und andere Zeugnisse einer vermeintlich reinen, allumfassenden Lehre von der gesellschaftlichen Entwicklung – mit der Verheißung einer sozialistischen Revolution – übten lange eine gewisse Anziehungskraft aus. Dies galt gerade für manche jungen Radikalen, die den Stalinismus und die Ergebnisse des »realen Sozialismus« nicht akzeptierten. Darüber hinaus ist die Kritik an der Bürokratie von großen Teilen der Linken aufgenommen worden.

BERLIN

Reise ins Ungewisse

Juli 1936: Ich hatte keinen Urlaub genommen, sondern war in Oslo geblieben. Wie an allen Wochentagen ging ich am späten Vormittag zu meinem Postamt, um das Schließfach zu leeren. Das unterhielt ich aus Tarnungsgründen unter dem Namen einheimischer Freunde, und ich behielt auch nie zu lange dasselbe. Ich fand einen Luftpostbrief aus Paris, der mich in camouflierten Wendungen aufforderte, für einige Zeit nach »Metro« – das hieß: nach Berlin – zu gehen. Dort waren wieder einige unserer Freunde verhaftet worden. Die Verbindungen waren bedroht. Ich sollte für politische Informationen in beiden Richtungen sorgen.

Ich nahm diese Aufforderung nicht mit Begeisterung auf. Niemand konnte mich zwingen, und doch wäre es mir nicht in den Sinn gekommen, den Auftrag abzulehnen oder mich hinter einem Vorwand zu verstecken. Aber ich zögerte meine Antwort einen Tag oder zwei hinaus, da Persönliches zu bereden war, bevor ich zusagte. Zuerst sollte ich zu Besprechungen nach Paris kommen. Ich beschloß, mich auf der Hinfahrt schon einmal in Berlin umzusehen – mich gewissermaßen zu akklimatisieren.

Doch zunächst mußte ein gutes Reisepapier präpariert werden: ein norwegischer Paß, ausgestellt auf den Studenten Gunnar Gaasland. Die »Frisur«, das Einsetzen des Bildes, besorgte ein befreundeter Graphiker. Ich mußte eine fremde Unterschrift lernen und mir einen alternativen Lebenslauf einprägen. (Die Daten hatte ich bis in meine Bürgermeisterzeit völlig parat.) Der gute Gaasland, der zu Mot Dag gehörte, war während des Krieges in England. Später fand er eine Anstellung bei der Kanadischen Botschaft in Oslo. Pro forma hatte er meine Gefährtin Gertrud geheiratet, die auf diese nicht unübliche Weise ohne weitere Umstände die norwegische Staatsangehörigkeit erlangte. (Dies hatte den komischen Nebeneffekt, daß Gertrud und ich in einem Prager Hotel, auch den Papieren nach, plötzlich als Eheleute galten.)

So machte ich mich – im Spätsommer – auf den Weg: von Kopenhagen nach Gedser, mit dem Fährschiff nach Warnemünde und dann weiter nach Berlin, wo gerade die Olympischen Spiele zu Ende gegangen waren. Von dort, nach der Übernachtung in einem kleinen, bescheidenen Hotel am Kurfürstendamm, fuhr ich über Aachen und Lüttich nach Paris.

Diese Reise konnte von seelischen Erschütterungen nicht frei sein. Wie würde das Dritte Reich, über das ich sonst nur hörte, las und diskutierte, unmittelbar auf mich wirken? Würde ich mich gut genug verstellen können, um heil durchzukommen? Ob man es nun Angst oder nur Unsicherheit nennen mag: Ich dachte mit Unbehagen an die Prüfung meiner Papiere. Im mecklenburgischen Warnemünde betrat ich zum erstenmal seit mehr als drei Jahren wieder deutschen Boden. Ein Zollbeamter, der mich – Verdacht witternd? – kritisch musterte, kam aus Lübeck. Ich erkannte ihn, und ich mußte damit rechnen, daß auch er mich identifizieren könnte. Es geschah nichts. Er wandte sich ab.

Der Zug hielt auf dem Lübecker Bahnhof: »Heiße Würstchen – kalte Brause!« Wer würde einsteigen? Wie sollte ich mich verhalten, wenn ich plötzlich jemand gegenüber hätte, der mich kannte? Es kam nicht dazu. Der Zug fuhr einfach weiter.

Am übernächsten Tag, beim Zugwechsel in Aachen, beim Frühstück im Bahnhofsrestaurant, kam ich mit einer schwarzhaarigen jungen Frau ins Gespräch, die aus Rumänien stammte und – nach den Ferien – zum Studium zurückkehrte. Kaum waren wir über die Grenze, ließ sie – Maria war ihr Name – ihrer Wut über die Nazis freien Lauf. Als ich, nun schon auf französischem Gebiet, in den Speisewagen ging, wollte sie nicht mitkommen. Ich fand sie wenig später in einem lautstarken Streit mit dem Schaffner: Ein Koffer war vom Gepäcknetz gefallen und hatte – so behauptete sie – ihren schönen Kopf gestreift. Maria, die Medizin studierte, malte die möglichen Konsequenzen in krassen Farben aus. Ihren Anspruch an die französische Eisenbahn wollte sie sofort und nachdrücklich anmelden. Auf der nächsten Station wurde sie mit dem Gepäck aus dem Zug gebeten, damit alles schön zu Papier gebracht werden könne. Ich habe sie nicht wiedergesehen, glaube jedoch, sie hat – mit medizinischer Begründung – einen bescheidenen Erfolg gehabt. (In Paris legten es manche junge Emigranten darauf an, auf einem Zebrastreifen angefahren zu werden, um von der Entschädigung eine Zeitlang ihren Lebensunterhalt bestreiten zu können …)

Während meines kurz bemessenen Paris-Aufenthalts sollte ich in die Berliner Aufgabe eingewiesen werden. Ich hatte unter anderem dafür zu sorgen, daß »Metro« mit mehreren Delegierten auf einer für den Anfang des nächsten Jahres vorgesehenen Konferenz in der Tschechoslowakei vertreten sein würde. Die »Einweisung« beschränkte sich im wesentlichen darauf, daß festgestellt wurde, wann und wo ich – mit welcher Zeitung, Erkennungsfrage und Antwort – meinen Kontaktmann treffen würde. Zur generellen Aufgabenstellung: Ich sollte den Berliner Bereich politisch betreuen, ein Organisationsleiter war an Ort und Stelle. Ihm sollte ich zunächst begegnen, und er sollte die Treffs mit Vertrauensleuten aus den verschiedenen Bezirken der Stadt arrangieren.

Die inneren Auseinandersetzungen, deren Zeuge ich bei den Pariser Freunden wurde, waren alles andere als eine ermutigende Vorbereitung auf meine Aufgabe. Am Abend vor meiner Abfahrt nach Berlin schüttete ich in Plessis-Robinson meinem Freund Max mein Herz aus. Ich fragte mich wohl sogar einen Augenblick, welcher Teufel mich dazu gebracht habe, meinen Kopf in den des Raubtiers legen zu wollen: »Soll ich für diesen Quatsch wirklich alles riskieren?«

Max Diamant hatte mir fünf Jahre voraus. Doch er wirkte infolge seiner Erfahrungen und theoretischen Kenntnisse wesentlich älter: ein Mann von untersetzter, breitschultriger Statur und mit dichtem schwarzem Haar. Er war voller Energie und beherrschtem Optimismus. Seine analytischen Neigungen machten es ihm nicht schwer, auch für sehr komplizierte Tatbestände rationale – wenngleich natürlich nicht immer richtige – Erklärungen zu finden. Er war in Lodz geboren, und sein Vater hatte dem polnisch-jüdischen »Bund« angehört, bevor er Kommunist wurde. 1936 wurden die Eltern – was wir nicht wußten – in Leningrad verhaftet. Beide blieben verschollen. Max war als ganz junger Mann nach Deutschland gekommen. Er trat der SPD bei und wurde 1931 Bezirksvorsitzender der SAP in Baden. Während der ersten Zeit in Frankreich wirkte er als Grenzsekretär im Elsaß. 1941 half er anderen – in der Nachfolge Fritz Heines – bei der Flucht aus Südfrankreich. Er selbst landete in Mexiko, wo er noch lange nach Kriegsende blieb. Bis in die siebziger Jahre kümmerte er sich bei der Industriegewerkschaft Metall um die Ausländerarbeit.

Mit einigen Gläsern gebrannten Obstwassers und mit Hilfe der Vernunft meines Freundes fand ich mein Gleichgewicht wieder. Die innere Spannung mußte neutralisiert werden. An Ort und Stelle konnte ich sie ohne Schwierigkeit beherrschen. Ich nahm im Schlafwagen von den Grenzbeamten kaum Kenntnis.

In Berlin hatte ich mich – völlig getrennt von der Organisation – zu legalisieren und eine geeignete, preiswerte Bleibe zu finden. Dies machte keine Schwierigkeiten. Ich fand ein mir bequemes, möbliertes Zimmer – mit Frühstück und mit der Möglichkeit, ein Abendbrot angerichtet zu bekommen – bei einer netten Frau Hamel an der Ecke Kurfürstendamm/Joachimsthalerstraße. Die liebenswürdige Wirtin war nicht gut auf die Nazis zu sprechen, doch ich stellte mich naiv: norwegischer Student, an Politik nicht sonderlich interessiert, wohl aber an deutscher Geschichte. Später versuchte sie – vielleicht war sie in Schwierigkeiten geraten – mich in Oslo brieflich zu erreichen. Aber ich war in Spanien; »Gunnar Gaasland« hätte ihr ohnehin leider nicht helfen können.

Der erste von Paris aus arrangierte Treff klappte auf Anhieb: am Kaufhaus Wertheim. Der organisatorische Leiter unserer Berliner Gruppe war, wie ich später erfuhr, ein braunschweigischer Lehrer. Die Mundart deutete seine Herkunft an, doch das ging mich nichts an: Ich hatte mich an seinen Decknamen zu halten. Seine Frau war Buchhändlerin, wie ich aus Hinweisen schließen konnte, doch von Namen und Adresse hatte ich keine Ahnung. Eigentlich war auch dies schon zu viel; die Regeln der Illegalität waren streng, und das hatte seinen Sinn. (1938 entkam Werner Buchheister mit seiner Frau nach Norwegen. 1940 gelang es ihnen, auf einem Schiff nach England mitgenommen zu werden. Nach dem Krieg übernahm er die Leitung einer der deutschen Gewerkschaftsschulen.)

Zu meiner Legalisierung gehörte, daß ich mich als Ausländer bei der Polizei zu melden hatte. Weiter, daß ich mir die Erlaubnis holte, in der Preußischen Staatsbibliothek arbeiten zu können. Weiter, daß ich mir einen Monatswechsel aus Norwegen als – billige – »Studienmark« überweisen ließ. Und nicht zuletzt, daß ich mich konsequent daran hielt, Deutsch mit norwegischem Akzent zu sprechen. In der Staatsbibliothek war es nicht schwer, eine Karte für regelmäßigen Zugang zu erhalten, und ich arbeitete dort jeden Vormittag. Allerdings blieb für eigentliche Quellenarbeit zur Geschichte des vorigen Jahrhunderts nicht viel Zeit. Ich ließ mir vor allem die NS-Literatur von Hitler über Rosenberg bis Darré kommen und machte mir fleißig Auszüge. Damit gebe ich zu, daß ich zu den vielen gehörte, die Hitlers »Mein Kampf« nicht gelesen hatten. Es waren im übrigen nicht die Buchprodukte jener kurzlebigen »Klassiker«, von denen die großen Gefahren ausgingen.

Bei der zuständigen Filiale der Reichsbank, an die meine Osloer Freunde die in Reichsmark zu wechselnden Kronen schickten, meinte der freundliche Schalterbeamte, es passe sich gut, daß gerade ein anderer norwegischer Student anwesend sei; der könne mir helfen, mich zurechtzufinden. »Der andere« war hilfsbereit, aber er hatte sein Abitur in Oslo im selben Jahr gemacht wie »ich«, das heißt: wie der, dessen Paß mich auswies. An welcher Schule, bei welchen Lehrern? Viele Gymnasien gab es damals nicht in der norwegischen Hauptstadt. Doch man mußte sich schon in der Stadt und in ihren Schulen auskennen. Ich war nicht unvorbereitet; trotzdem war es zweckmäßig, das Gespräch knapp zu halten. (Mein Norwegisch mußte erst recht standhalten, als ich im Frühjahr 1940 für einige Wochen in einem deutschen Gefangenenlager zubrachte.)

»Der andere« bei der Reichsbank hatte mich um meine Adresse gebeten. Ich konnte sie ihm nicht verweigern. Er erschien auch zweimal, glücklicherweise in meiner Abwesenheit, bei der Wirtin, um mich in einen Klub skandinavischer NS-Leute einzuladen. Das hätte mir gerade noch gefehlt ... Eines Tages wurde ich zum Polizeirevier – an der Gedächtniskirche – bestellt. Ohne Begründung wurde mir der Paß abgenommen. Einige Tage danach konnte ich ihn wieder abholen und mich erleichtert fühlen; der Osloer Paßkünstler hatte wirklich gute Arbeit geleistet. Es gibt Dinge, von denen man meint, es könne sie nicht geben. Zum Beispiel: In den ersten Wochen des Berlin-Aufenthalts besuchte ich das »Moka Efti« an der Friedrichstraße. Dort saß ein bekannter Lübecker Sozialdemokrat, ein Lehrer, von dem ich vermutete, er sei noch im Lager. Er, noch erstaunter als ich, gab durch Blick zu erkennen, daß ich nicht an seinen Tisch kommen möge. Vielleicht fühlte er sich beschattet? Später konnte ich ihn nicht mehr fragen. Er ist 1937 umgekommen.

Die Olympischen Spiele hatten den Nazis einen beträchtlichen Prestigegewinn eingebracht. Selbst einige Mannschaften aus zivilisierten Ländern schämten sich nicht, mit erhobenem Arm an Hitler vorbeizudefilieren. Man hatte den Druck ein wenig gelockert. Schilder, die Juden als »unerwünscht« bezeichneten, wurden in Berlin während der Spiele vorübergehend entfernt. Auch die Kirchen konnten vorübergehend ein wenig aufatmen. Der Flottenvertrag mit England 1935 und die Besetzung des entmilitarisierten Rheinlands Anfang 1936 waren propagandistisch beträchtliche Erfolge. Die allgemeine Wehrpflicht war eingeführt worden. Die Aufrüstung wurde beschleunigt. Die meisten Menschen hatten wieder Arbeit, wenn auch die Löhne der Arbeiter und die Gehälter der

Angestellten bei langen Arbeitstagen recht bescheiden waren. Die Stimmung in den breiten Schichten der Bevölkerung war nicht überschwenglich, doch auch dem Regime gegenüber nicht feindlich. Selbst viele Arbeiter, die früher »links« gewählt hatten, waren von den Erfolgen beeindruckt: Es herrschte Vollbeschäftigung, und die Siegermächte machten dem Dritten Reich erstaunliche Zugeständnisse.

Trotzdem teilte ich nicht das Urteil jener ausländischen Korrespondenten, die schrieben, eine überwältigende Mehrheit der Deutschen habe sich leichten Herzens mit dem Verlust der politischen Freiheit abgefunden. Es ist wahr: Viele paßten sich an, und sei es aus Angst, während sich andere von dem Pomp und der massiven Propaganda beeindrucken ließen. Es wurde viel vom Krieg geredet. Ob Spanien, trotz der schwächlichen Haltung der Westmächte, zu Weiterungen führen könnte? Ob ein großer Konflikt noch zu vermeiden sein werde? Man sprach, schon im Jahre 1936, von der Tschechoslowakei. Von Freunden, mit denen man offen reden konnte, war mancher besorgte Hinweis auf das Rüstungstempo zu erfahren.

Ich registrierte Stimmen tiefer Enttäuschung: Hitler wurde in den Schoß geworfen, was die Alliierten der deutschen Demokratie verweigert hatten; in Spanien war ein Sieg Francos erkennbar, und in Moskau wurde der erste der großen Schauprozesse inszeniert.

Wie unter diesem Regime den Deutschen der Alltag wirklich schmeckte, blieb mir freilich zu einem wesentlichen Teil verborgen. Ich lernte keine überzeugten Nazis kennen. An solchen Kontakten war ich nicht interessiert. In der Bibliothek und bei meinen Mahlzeiten stieß ich eher auf Mitläufer oder Angepaßte. Aber ob sie es wirklich waren? Ob sie sich nicht gegenüber dem ausländischen Studenten bewußt zurückhielten?

Ich war im Grunde ganz auf das angewiesen, was mir die eingeschworenen politischen Freunde bei unseren Treffs berichteten: Sie redeten vor allem von Opposition, zumal in den Betrieben. Die Anpassung und das Mitläufertum waren gewiß zum guten Teil von Angst und Terror bestimmt. Man unterschätzte, wie sehr der Faktor des »Nationalen« zugunsten der Nazis wirkte. Den Unterschied zwischen den deutschen und europäischen Gegebenheiten unter der Knute des Nazismus verstand ich erst, als ich mich um die Jahreswende 1940/41 im besetzten Norwegen aufhielt: Auch dort mußte ein Mensch, der mit falschen Papieren reiste, auf Kontrollen gefaßt und darum vorsichtig sein;

doch alles in allem lebte man im besetzten Land unter einer sympathisierenden Bevölkerung wie ein Fisch im Wasser. In Berlin fand man standhafte Freunde und anständige Leute: Doch man fühlte sich als Illegaler wie ein Aussätziger. Nicht viele haben empfunden, daß unsere Illegalität »beherrscht war von Zeichen konspirativer Rechtmäßigkeit« (Peter Weiss). Bei anderen Völkern – so bei den Franzosen, so auch bei den Skandinaviern – hatte sich die nationale Idee deutlich mit der demokratischen verbunden. Bei uns war ein Gegner der Nazis Feind im eigenen Land. Erst nach der Katastrophe ging es vielen Deutschen auf, daß Hitler und seine Helfer die Verräter an der Nation gewesen waren.

Die Stadt Berlin – der »preußische Wasserkopf«, wie man in Lübeck sagte, oder die »konzentrierte Provinz«, wie ich mein Vorurteil im Abituraufsatz formulierte – lernte ich freilich in den Monaten der Illegalität schätzen. Von Woche zu Woche schwand die unbehagliche Fremdheit. Ich erlebte eindrucksvolle Beispiele von Gesinnungstreue und einer Hilfsbereitschaft, die Gefahren nicht auswich. Ich lernte jene Berliner »Schnauze mit Herz« kennen, die während der bösen Jahre nie ganz unterzukriegen war. Meine Situation verlangte eine strikte Abschottung und asketische Zurückgezogenheit. Es gab keinen gesellschaftlichen Umgang, keinen Flirt, keinen Alkohol, von einem Glas Bier zum Essen abgesehen. Außerdem mußte ich mit meiner monatlichen Überweisung vorsichtig umgehen. Sie war bescheiden. Das Bild vom Studenten aus nichtbegüterter Familie verlangte Anspruchslosigkeit. Doch es machte Spaß herauszufinden, wo es für wenig Geld reichlich zu essen gab.

Vormittags saß ich regelmäßig in der Staatsbibliothek. An den Nachmittagen und in den frühen Abendstunden nahm ich meine Treffs wahr. Später las ich entweder auf meinem möblierten Zimmer oder besuchte eine kulturelle Veranstaltung. Meine eigentliche Entdeckung war die Berliner Philharmonie unter Wilhelm Furtwängler. Bis dahin hatte ich zu klassischer Musik keinen rechten Zugang gefunden. (Nach dem Krieg verteidigte ich den »Staatsrat« Furtwängler gegen den Versuch, ihn als »Nazi« nicht mehr dirigieren zu lassen, und ich war dabei, als die Amerikaner ihn 1947, im Titania-Palast, zum erstenmal wieder auftreten ließen. Der große Dirigent schien wirklich zu glauben, er habe in Nürnberg nur von Zeit zu Zeit »Die Neunte« aufgeführt; daß dort jeweils auch ein Reichsparteitag stattgefunden hatte, war Nebensache.)

Im deutschen Untergrund

Seit die Nazis die Staatsmacht erobert, sich das Medienmonopol ausgebaut hatten, war es immer schwerer geworden, Widerstand zu organisieren oder auch nur die Verbindung zu Gleichgesinnten wachzuhalten. Polypenähnlich legte sich die NSDAP mit ihren Organisationen um nahezu alle Teile der Gesellschaft. Berichte über Folterkeller und aus Sklavenlagern verbreiteten Furcht und Schrecken. Das Netz der Gestapo wurde immer dichter. Viele Gruppen und Verteilerzirkel waren gesprengt worden. Grenzkuriere wurden verhaftet, in einigen Fällen sogar Verbindungsstellen auf ausländischem Boden überfallen, Mitarbeiter nach Deutschland verschleppt.

Um die zurückliegende Jahreswende hatte ein Bericht der Prager Sopade resignierend festgestellt, die meisten Arbeiter zeigten nur noch Interesse an der Arbeit; und die gab es – wenn auch meist unter wenig befriedigenden Bedingungen. Manch einer, der das System ablehnte, fragte nach dem Sinn der ihm zugemuteten Risiken. Was schließlich sollte der einzelne auf sich nehmen, wenn die Regierungen der europäischen Demokratien Hitler so leicht nachgaben! Die Mitglieder der eigenen Organisation hatten keine Illusionen mehr, sondern waren bereit, ihren Preis zu zahlen. Aber sie berichteten, was im Kopf derer vor sich ging, mit denen sie im Betrieb oder in der Nachbarschaft oder in der Verwandtschaft sprachen.

Bald nach der Machtergreifung war für oppositionelle Organisationen im alten Sinn kein Raum mehr. Dem einzelnen Gegner des Regimes blieb häufig nichts anderes, als sich zu tarnen und nicht erwischen zu lassen. Wer wollte außerdem darüber rechten, daß es menschliche Schwächen gab! Auch die politische Opposition der besetzten Länder bewies wenige Jahre danach nicht nur Heroismus und Edelmut. Freilich muß auch gesagt werden, daß man nach 1945 mit dem Etikett »Widerstand« etwas zu großzügig umging. In Wirklichkeit waren wir Deutschen für die illegale Arbeit ziemlich unbegabt.

Wer im Untergrund ausharrte, mußte vor allem aufs Durchhalten und Überleben bedacht sein. Die Mitglieder der antinazistischen Gruppen luden sich eine schwere Last auf. Weltfremde Parolen und falsche Prognosen machten es nicht leichter, diese Last zu tragen. Doch jene Minderheit, die in Zirkeln des deutschen Untergrunds zusammengeschlossen blieb, brachte mit Treue und Unerschrockenheit ihre Opfer. Ihr wurde ein hoher Blutzoll abverlangt. Oft hat man im Ausland nicht zur Kenntnis nehmen wollen, daß die Konzentrationslager zunächst für deutsche Antinazis errichtet worden waren, von denen viele Tausende zugrunde gingen, bevor der Krieg begonnen hatte und fremde Länder okkupiert wurden.

Nachdem sich die »Weiterführung von Legalität mit anderen Mitteln« im totalitären Staat als eine schmerzhafte Illusion erwiesen hatte, fanden viele Mitglieder der Linksparteien – auch andere Gegner des Regimes – Unterschlupf in nicht verbotenen Vereinen. So ergab sich eine Vielzahl von halblegalen Zusammenkünften, zum Beispiel in Anlehnung an Sportvereine und Konsumgenossenschaften. Zu einer Art Gemeinschaft von Getreuen wurden Arbeiter-Gesangsvereine, die ihren Namen geändert hatten. Das gleiche galt für Kegelklubs, Sparvereine, Vereinigungen von Laubengärtnern, Sterbekassen. In vielen Betrieben bildete sich eine Schicht von Vertrauensleuten, an die – ob gewählt oder nicht – sich ihre Kollegen hielten. Mancher aus den illegalen Gruppen blieb im eigenen Betrieb reserviert, um seine Verbindungen anderswo ungefährdeter wahrnehmen zu können. Die Mitglieder solcher Gruppen überlebten am ehesten, wenn sie auf jede Propaganda verzichteten.

Jene lockeren Gemeinschaften der Getreuen, zu denen sich Sozialdemokraten und Gewerkschafter zusammengefunden hatten, wurden von jungen Menschen mit revolutionärer Gesinnung leicht unterschätzt. Natürlich wurde dort »nichts getan«. Doch der Zusammenhalt selbst hatte seinen Wert, vielen half er in einer tiefdeprimierenden Zeit. Das Alter erwies sich als ein differenzierendes Element: Die überwiegend jungen Arbeiter und Angestellten, denen ich begegnete, konnten mit den entpolitisierten Vereinen nicht viel anfangen. Das war nicht ihr Milieu. Gerade in Berlin fragte man sich oft, weshalb die Gestapo jene Vielzahl von halblegalen Zusammenkünften durchgehen ließ: Stiftungsfeste, auch Beerdigungen früherer Abgeordneter. (So wurde noch mitten im Krieg, im September 1942, Franz Künstler, der langjährige Vorsitzende der Berliner Sozialdemokraten, von einer großen Schar Gleichgesinnter zu Grabe getragen; sie waren mündlich unterrichtet worden.) Ganz ohne Gefahr waren Zusammenkünfte dieser Art nicht, die Geheimpolizei konnte manche Schlüsse ziehen, wenn sie sie beobachtete.

Es glaubte kaum noch jemand an die reale Chance, das Regime durch Aktionen zu erschüttern oder gar loszuwerden. Man erhoffte den Umsturz durch den inneren Zerfall der Machtstruktur – oder durch den

Krieg, der erst die Bedingungen für eine radikale Änderung schaffen würde. Die Wahrscheinlichkeit des Krieges bewies die Rüstung, die sich in vielen Betrieben registrieren ließ.

So blieb die Frage, ob die Militärführung den Nazis bedingungslos folgen werde. Angehörige der »bürgerlichen« Opposition und ein Teil der alten Sozialdemokraten klammerten sich an die Hoffnung, daß Generale ihre besondere Verantwortung für die Nation begreifen würden. Doch meine Berliner Freunde und ich konnten uns nicht vorstellen, daß sich die Wehrmacht gegen Hitler wenden werde: Sie verdankte ihm zuviel. Später wußte man: Schon 1936 und 1938 regte sich in Ansätzen die Opposition, die schließlich im Juli 1944 den Aufstand wagte.

Ich lebte in Berlin isoliert. Während jener Monate habe ich mich mit niemandem in einer Wohnung verabredet, auch nicht in Restaurants. Alle Treffs fanden im Freien statt, die Gespräche beim Spazierengehen, fast immer nur mit einer Person. Den Organisationsleiter traf ich mehrfach in der Woche, die anderen, die Informationen brachten und Anregungen an wenige Vertrauensleute in ihrem Stadtbezirk weitergaben, nur einmal. Sie nannten mich Martin. Wir arbeiteten mit Fünfergruppen. Nur ein Mitglied durfte die Verbindung zur nächsten Ebene unterhalten. Dadurch hoffte man, das Risiko bei Verhaftungen verringern zu können. Bei einigen wenigen Gelegenheiten habe ich mich mit Vertrauensleuten aus mehreren Stadtteilen zu einer sonntäglichen Wanderung durch die schönen Wälder im Norden Berlins getroffen. Es war geboten, die Zahl klein zu halten: außer mir nicht mehr als drei oder vier. Die Gefahr von Kontrollen nahm zu, wenn eine Gruppenbildung vermutet wurde. Für den Fall einer Kontrolle schärfte ich den anderen ein: »Ich bin Student, ihr habt mich eben erst getroffen und kennt mich weiter nicht.« Im Ernstfall hätte das wohl wenig geholfen. Trotzdem: Wir hatten halbwegs begriffen, den einzelnen von Vorgängen abzuschotten, die er nicht wissen mußte und von deren Kenntnis er auch in seinem eigenen Interesse ferngehalten werden sollte.

Die Verbindung nach draußen nahm ich, mit Hilfe getarnter Korrespondenz, selbst wahr. Ich benutzte eine recht simple Geheimtinte, deren Substanz beim Rasierzeug untergebracht war – ebenso wie die blutstillende Watte, die ich brauchte, um Mitteilungen in den an mich gerichteten Privatbriefen zu enttarnen, bevor sie vernichtet wurden. Der zu übermittelnde Text wurde mit der Geheimtinte zwischen die Zeilen eines regulären Briefes geschrieben oder auch an den Rand von bestimmten Seiten einer Zeitschrift oder zwischen die Zeilen eines Buches.

Um das Einschleusen von Schriften kümmerte sich der Organisationsleiter. Ihm half der Beamte einer Gesandtschaft – ich glaube, es war die tschechoslowakische, doch ich wußte es nicht. Wäre ich hierzu vernommen worden, ich hätte bei noch so peinlichem Verhör nicht aussagen können. Ich wußte auch nicht, wie der Kontakt zur Grenzstelle in der ČSR funktionierte. Allenfalls hätte ich mir dazu die notwendige Information holen können, wenn ich zur plötzlichen Flucht gezwungen worden wäre. Einige Zeit zuvor war es unserer Berliner Organisation immerhin ohne Waffen und ohne Schmiergeld gelungen, einen verhafteten Genossen durch mehrfache Täuschung aus den Fängen der Gestapo zu befreien und über die Grenze nach Prag zu bringen.

Ende 1934 hatte unsere Berliner Gruppe noch 700 Mitglieder. Durch die Verfolgungen war die Zahl auf weniger als die Hälfte geschrumpft, als ich 1936 nach Berlin kam. Eine Reichsleitung gab es nicht mehr, aber natürlich persönliche Verbindungen zwischen verschiedenen Städten, in manchen Fällen sogar bis Kriegsende. Die einzelnen regionalen Organisationen waren auf sich gestellt, und bei weitem nicht alle hielten Kontakt mit der Auslandsorganisation. Anderen war dies zu schwierig und gefährlich geworden. Wir hatten den Vorteil, uns vor allem auf treue junge Menschen stützen zu können; das kam auch der Unauffälligkeit meiner Treffs zugute. Die SAP hatte mehr jugendliche Mitglieder als andere Teile der Arbeiterbewegung. Die etwa 300 Menschen, die wir zu diesem Zeitpunkt als »Kader« straff organisiert hatten – wenige hundert unter den über vier Millionen Bürgern von Berlin –, versuchten durch Austausch von Informationen möglichst gut im Bilde zu sein.

Mit unterschiedlichem Eifer widmeten sie sich Aufgaben der politischen Schulung, um für »die Zeit danach« möglichst gut gerüstet zu sein. Nur noch selten wurde eine Schrift herausgegeben, um einen größeren Kreis zu unterrichten. Es war nicht zu rechtfertigen, dafür sinnlos Menschen zu opfern. Deshalb formulierte ich gemeinsam mit den Berliner Freunden unseren Beschluß, »weiterhin die Sicherung und Festigung unserer Kader zum obersten Gesetz unserer Arbeit zu machen«. Wichtig blieb die diskrete Hilfe für Freunde, die im Gefängnis oder im Lager saßen. Wir mußten Anwälte bezahlen, die man noch immer, wenn auch nicht leicht, finden konnte. Es galt, Familien zu unterstützen, die Not litten.

Wo die Voraussetzungen gegeben waren, wirkten wir auf betriebliche Strukturen ein. Das schloß die offiziellen »Vertrauensräte«, die eigentlich der Arbeitsfront zuzurechnen waren, nicht von vornherein aus, doch ich riet, sich vor allem um die »natürlichen« Vertrauensleute zu kümmern, die infolge ihrer gewerkschaftlichen Tätigkeit früher Ansehen erworben hatten und die auch die Nazis bis zu einem gewissen Grad respektieren mußten. Da und dort konnten wir an »sozialistische« Ideale von Führern der Hitler-Jugend anknüpfen. In vielen Gesprächen, auch in einer schriftlichen Zusammenfassung, bat ich die Freunde, nie aus dem Auge zu verlieren, daß für den einfachen Menschen das Leben nicht aus Ismen besteht, sondern aus Essen und Schlafen, Fußballspiel und anderem: Wir müßten lernen, nicht immer von der hohen Politik zu reden, sondern ihr »durch das jeweilige Teewasser den Weg zu bahnen«. Mit dem Beispiel bezog ich mich auf Lenin; der hatte unter den Bedingungen des zaristischen Rußland die Forderung nach Teewasser genannt, um zu zeigen, wie an die unmittelbaren Interessen der Arbeiter anzuknüpfen sei.

In Berlin – und natürlich nicht nur dort – existierten im linken Untergrund manche Querverbindungen. Während der ersten Zeit der Illegalität hatten einige meiner Berliner Freunde Kontakte mit dem »Roten Stoßtrupp«, in dem sich sozialdemokratische Studenten mit Reichsbannerleuten und Mitgliedern der Arbeiter-Jugend zusammengefunden hatten. (Auch in Lübeck gab es während einiger Zeit einen solchen Kreis.) Diese zur Aktivität drängenden Gruppen wurden brutal aufgerieben.

Ende 1936 machten wir uns mit dem Zehnpunkteprogramm einer Gruppe vertraut, die sich »Volksfront« nannte: Sie war im Jahr zuvor von dem Gewerkschafter Otto Brass und dem erwähnten Hermann Brill geschaffen worden. Eines der Ziele dieser illegalen Gruppierung war es zunächst, bei Wahlen der betrieblichen Vertrauensräte ausgesprochenen Nazikandidaten das Wasser abzugraben. Dann kamen 1936 aus Frankreich und Spanien die Volksfrontsignale. Der Brass-Brill-Kreis und die Berliner Gruppe von »Neu Beginnen« fanden im Winter 1937 zusammen. Sie beschlossen ein gemeinsames Programm für die Freiheit Deutschlands, bevor die führenden Mitglieder verhaftet wurden. Brass und Brill erhielten zwölf, Fritz Erler (der damals zur Kurzausbildung bei der Wehrmacht war und den die Todesstrafe getroffen hätte, wenn sich nicht ein Offizier als Sachverständiger so wirksam für ihn verwendet hätte) zehn Jahre Zuchthaus.

In der eigenen Gruppe faßten wir im Spätherbst 1936 eine Anzahl von Punkten zusammen, die eine Diskussion lohnten: die Vorbereitung des Krieges, zu der mancher in seinem Betrieb interessante Beobachtungen machen konnte. Wir nahmen ferner an, Nazideutschland werde eine ungewöhnliche Bundesgenossenschaft gegenübertreten: nämlich die »kapitalistischen« Westmächte und die Sowjetunion. (Dazu kam es dann auch, mit einiger Verspätung.) Doch uns lag an einer doppelten Abgrenzung: Wir wollten nicht zu Anhängseln der »imperialistischen« Mächte werden. Wir konnten uns auch nicht vorstellen, daß die Arbeiterbewegung jener Länder ihren Kampf aufgeben würde. Zum anderen wünschten wir nicht, daß Hitler über die kapitalistischen Westmächte triumphiere. Für die Sowjetunion konstatierten wir drittens »eine Entwicklung voller Widersprüche«. Es war nicht leicht, die tatsächliche Lage zu erfassen. Wir weigerten uns, für bare Münze zu nehmen, was im Frühherbst 1936 im ersten Schauprozeß gegen die alten Bolschewiki vorgebracht wurde. Aber die meisten von uns weigerten sich auch, die Anklage für bloßen Schwindel zu halten. Steckte nicht vielleicht doch etwas dahinter, was unsereiner noch nicht durchschauen konnte?

Im Dezember 1936 wurde mit der Bekanntgabe der neuen sowjetischen Verfassung die Verwirrung noch größer. Manche meinten, sie könne mehr Rechtssicherheit bringen oder sogar Demokratie, wie einige Überoptimisten meinten.

Ein anderer Schwerpunkt der Diskussionen, die wir in jenem Herbst unter so schwierigen Bedingungen und auf so mühsame Weise führten, waren die Einheitsbestrebungen im Ausland und im Exil. Niemand rechnete mit unmittelbaren Vorteilen für die Arbeit im Reich. Aber was ergab sich aus den positiven, was aus den negativen Erfahrungen, die in Frankreich und in Spanien gesammelt wurden? Für eine Gruppe wie die unsere galt es außerdem, die Vorstellung zu korrigieren, wir seien zum Kristallisierungspunkt der Neuen Partei ausersehen. Man lernte, kleine Brötchen zu backen. Meine Freunde in Berlin waren skeptisch. »Trotz der vielen Verirrungen«, hieß es in unserem Text, sei die Volksfrontpolitik »grundsätzlich« zu bejahen. Es war klar: Diese Genossen im Reich, überwiegend aus der Jugendbewegung hervorgegangen, wollten an einer – wie sie hofften – erneuerten, einer »revolutionären« Bewegung teilhaben, doch zu einem Spielball stalinistischer Machenschaften wollten sie nicht werden.

Ein weiterer Punkt und typisch für die Arbeit unter Bedingungen der

Illegalität: Die Berliner Freunde verlangten – und ich mit ihnen –, die Arbeit müsse viel mehr »auf das Reich konzentriert«, die Parteileitung »draußen« müsse durch Vertreter wichtiger Bezirke »drinnen« ergänzt werden – was sich leichter formulieren als verwirklichen ließ.

Über den Charakter des NS-Regimes sprachen wir weniger, als es dem Gegenstand angemessen gewesen wäre. In dem ersten Artikel, den ich im Mai 1933 in Oslo veröffentlichte, hatte ich gesagt, im Nationalsozialismus als Massenphänomen manifestiere sich zu einem nicht geringen Teil ein Stück Aufbegehren der jungen Generation; eine der Schwächen der Weimarer Sozialdemokratie war gewiß die mangelnde Anziehung, die sie auf diese junge Generation ausgeübt hatte. Der Faschismus habe das Generationenproblem nicht geschaffen, schrieb ich an anderer Stelle, er habe es für sich ausgenutzt.

Die These vom Nazismus als bloßem Büttel des Großkapitals reichte wahrhaftig nicht aus, um der Wirklichkeit gerecht zu werden. Sie sagte nichts über die soziale Massenbasis – zunächst von entwurzelten Elementen, verarmtem und von Proletarisierung bedrohtem Mittelstand, von den Ressentiments des Bürger- und Kleinbürgertums, auch von enttäuschten und sich anpassenden Teilen der Arbeiterschaft … Die Basis sagte nichts über die Wucht dieser antihumanistischen und antirationalistischen Bewegung: Einer nannte es das »apokalyptische Jakobinertum von rechts«.

Wir hatten zuwenig darüber nachgedacht, wie eine Konterrevolution dieser Art sich entwickeln konnte. Wie ein starker Einfluß des großen Kapitals erhalten blieb und doch etwas entstand, was sich bald wie eine Herrschaft des weitverzweigten NS-Apparats oberhalb der Klassen darstellte. Und wie sich die Interessen der an Aufrüstung und Kriegsvorbereitung Interessierten so verschmolzen, daß man von einem Militärfaschismus sprechen konnte. Auch fehlte uns die Antwort auf die Frage, warum es für viele unserer Landsleute ganz selbstverständlich wurde, verbrecherische Befehle zu befolgen – ja, sie geradezu herbeizusehnen.

Einige Jahre später, zur fünften Wiederkehr des Tages, an dem Hitler die Macht übernahm, schrieb ich: Objektiv habe der Nationalsozialismus zum Wächter von Reaktion und rückständiger Kapitalmacht werden sollen, subjektiv aber seien die Massen »antikapitalistisch« gewesen. Ich war erschüttert, wie leicht es dem Regime gelang, Schwäche in Stärke umzuwandeln. Hitler konnte sich nicht nur auf die gewaltsame Knetbarkeit von Massen verlassen, sondern auch darauf, daß einflußreiche Kreise in England und Frankreich vor allem an einer stabilen Lage Deutschlands interessiert seien. Dies war in der Tat ein starker Eindruck: die Angst des alten Europa vor grundlegenden, zumal sozialen Veränderungen.

Was hätte Rosa gesagt?

Ich wurde mehr als einmal gefragt, wie sich eine kleine linkssozialistische Partei behaupten konnte, die zudem offiziell – durch die alte Vorstandsmehrheit – aufgelöst worden war. Woher kam die Kraft zum Zusammenhalt, ja, sogar zu erstaunlicher Entfaltung – verbunden mit erheblicher Selbsteinschätzung – in der ersten Phase der illegalen Arbeit? Welches waren die geistig-politischen Impulse?

In der neuen Führung unserer Gruppe hatten Angehörige jener KPO (KP-Opposition) eine wichtige Funktion, die sich uns im Frühjahr 1932 angeschlossen hatten. Sie kamen zu einem wesentlichen Teil noch aus der Vorkriegssozialdemokratie, hatten zu Rosa Luxemburgs und Karl Liebknechts »Spartakusbund« gehört – benannt nach den im Weltkrieg verbreiteten »Spartakusbriefen« – und waren an der Gründung der KPD beteiligt gewesen. Dort hatten sie Lenins Lehren in sich aufgenommen und mehr oder weniger kritisch verarbeitet. Für uns Jüngere waren das überwiegend böhmische Dörfer. Was wir vor allem glaubten, von Lenin lernen zu können, waren die Regeln der Kaderarbeit. Auch eindeutig antikommunistische Hitlergegner machten sich mit »leninistischen« Prinzipien vertraut: Illegalität verträgt sich nicht mit den normalen Erfordernissen einer demokratischen Organisation. Bei uns kam etwas anderes hinzu: nämlich die latente Neigung, sich – in polemischer Abgrenzung von der Komintern – für »wahrhaft kommunistisch« zu halten. Dies bedeutete, daß wir an die theoretischen Ausgangspositionen anknüpfen wollten: Marx und Engels hatten ihr Manifest aus dem Jahre 1847/48 »kommunistisch« genannt, August Bebel hatte später gesagt, er lasse sich – »mit einem gewissen Stolz« – ebensogern Kommunist wie Sozialist nennen. Wenn wir »wahrhaft« sagten, so zeigte sich darin der Wunsch, aus den Ursprungsquellen zu schöpfen und uns zumal von der unwürdigen Rolle der Komintern-Sektionen im Verhältnis zur Moskauer Zentrale abzugrenzen.

Unsere Kritik an den »reformistischen« Unzulänglichkeiten der SPD und an den »ultralinken« Fehlern der KPD schien durch die Tatsachen weithin bestätigt worden zu sein. Eine Gruppierung wie die SAP war nun deshalb relativ stark, weil sie deutlicher als die gescheiterten Großparteien das Wesen und die Gefahr des Nazismus erkannt und die Notwendigkeit einer Einheitsfront konsequent formuliert hatte. Als »Mäckie« Köhler (der später, wie berichtet, mit Szende und anderen vor dem Freislerschen Volksgerichtshof stand) mich im Sommer 1933 in Oslo besuchte – und dort mit Walcher zusammentraf, der sich auf dem Weg nach Paris befand –, war er ernsthaft der Meinung, der Einfluß der illegalen SAP könne sich in Berlin und anderswo mit dem der beiden großen Parteien messen. Das war zu jenem Zeitpunkt nicht so unangemessen, wie es sich anhört. Allerdings waren die Umfelder der einen und der anderen nicht miteinander vergleichbar.

Die Tradition, die sich an Rosa Luxemburg anschloß, hatte im linken Flügel der Weimarer SPD eine Heimat: zum Beispiel durch den Rechtsanwalt und Reichstagsabgeordneten Paul Levi, der zu seinem geistigen Haupt geworden war (er hatte 1919/20 die junge KPD geführt). Er stammte aus Hechingen in Schwaben, wurde 1906 Anwalt in Frankfurt, zog später nach Berlin. Er verteidigte Rosa Luxemburg in ihren politischen Prozessen und galt als einer der besten Redner jener Zeit. Sein Ausschluß aus der KPD, deren Leitung er nach dem Tod von Luxemburg und Liebknecht übernommen hatte, erfolgte wegen seiner Kritik an der »Märzaktion« – einem im wesentlichen auf Mitteldeutschland konzentrierten, putschistischen Unternehmen – und an der Rolle, die der Komintern-Apparat dabei spielte. Als Hüter des Luxemburgischen Erbes verteidigte er die Vorstellung von einer breiten, freiheitlich-revolutionären Bewegung der arbeitenden Massen – und deren Mehrheitsherrschaft – gegen das Konzept der bolschewistischen »Berufsrevolutionäre und Parteidiktatur«. So gab er auch die »Kritik der Russischen Revolution« heraus, die Luxemburg im Herbst 1918 noch im Gefängnis geschrieben hatte. – Im übrigen zweifelte Paul Levi, wieder Sozialdemokrat und in seinem Verständnis weiterhin revolutionärer Marxist, früh daran, daß ausschließlich der Glaube an die rationale Lösbarkeit politisch-sozialer Konflikte ausreichte, um Erfolge zu erzielen. (Levi, den man einen frühen Eurokommunisten nennen könnte, hat sich in einer Februarnacht 1930 aus dem Fenster seines Berliner Krankenzimmers gestürzt.)

In der sozialdemokratischen Jugend meiner Zeit herrschten starke Sympathien für Rosa Luxemburg und Karl Liebknecht. – Sie waren im

Januar 1919 von einer mordwütigen Soldateska umgebracht worden. Infolge des Martyriums, das sie erleiden mußten, zogen sie menschliche Sympathie und romantische Verehrung auf sich.

Die überragende geistige Kraft ging von der klein gewachsenen Frau aus polnisch-jüdischer Familie aus. Sie war 1899, achtzehn Jahre alt, emigriert, hatte in Zürich studiert und ließ sich noch vor der Jahrhundertwende in Berlin nieder. Offiziell hieß sie »Frau Dr. Lübeck«, nachdem sie in Basel eine Scheinehe mit dem Sohn eines ihrer in der Schweiz lebenden Freunde geschlossen hatte. In der deutschen Sozialdemokratie war sie rasch zu Hause – als Theoretikerin und Lehrerin, Redakteurin und Agitatorin. Gleichzeitig blieb sie mit der polnischen und damit der gesamtrussischen Arbeiterbewegung verbunden. Grundsätzliche Differenzen mit den Bolschewiki fanden dort ihren Ursprung. Im Ersten Weltkrieg wurde sie ins Gefängnis geworfen. Karl Liebknecht, Sohn des alten Wilhelm Liebknecht, Weggefährte von Bebel, war ein Feuerkopf, der sich besonders dem Kampf gegen den Militarismus gewidmet hatte. Er hatte den Kriegskrediten Ende 1914 im Reichstag mit als erster widersprochen.

Rosa Luxemburg setzte sich, sogar im Gefängnis – aus dem sie literarisch bemerkenswerte Briefe schrieb – mit Lenin kritisch auseinander: Es war ihr Credo, daß – auch im Ringen um die revolutionäre gesellschaftliche Umgestaltung – zu gelten habe: Wahre Freiheit sei »immer nur Freiheit des anders Denkenden«. In der Schrift, die sie im Kerker verfaßt hatte, nannte sie es »eine offenkundige, unbestreitbare Tatsache, daß ohne freie ungehemmte Presse, ohne ungehindertes Vereins- und Versammlungsleben gerade die Herrschaft breiter Volksmassen völlig undenkbar ist«. Und weiter: »Freiheit nur für die Anhänger der Regierung, nur für Mitglieder einer Partei – mögen sie noch so zahlreich sein –, ist keine Freiheit.« Dies war die Vorwegnahme des Postulats »Kein Sozialismus ohne Demokratie«.

Die Gründung der KPD entsprach nicht Rosa Luxemburgs ursprünglichen Intentionen. Die Formierung der neuen Partei wurde durch (Radek und) die »Bremer Linke«, zu der auch Paul Frölich gehörte, forciert. Von der Gründung einer russisch dominierten Komintern wollte sie nichts wissen. So instruierte sie auch noch den Vertreter des KPD-Spartakusbund, der nach Moskau fuhr. Man kann sich schwer vorstellen, welche Rolle der von ihr geführte oder mitgeprägte Teil der Linken in der Weimarer Republik hätte spielen können. Wir bleiben auf

Vermutungen angewiesen. Einer ihrer Biographen fragte: »Wie sähe die deutsche, wie die ganze Geschichte seitdem aus, hätten die Deutschen jenem Genie erlaubt, die in ihm ruhenden Gaben ausreifen zu lassen?«

Für manche von uns Jungen waren Liebknecht und Luxemburg Repräsentanten der »unverfälschten« Sozialdemokratie. Für unsere Älteren, die so alt nicht waren, nahm sich das alles viel komplizierter aus: Ich denke an Walcher und Frölich, die in der Auslands-SAP zusammenwirkten und dabei in einem Zustand permanenter gegenseitiger Spannung lebten. Sie hatten beide als junge Männer – der eine 31jährig, der andere 34jährig – an jener Konferenz zur Jahreswende 1918/19 teilgenommen, auf der die KPD gegründet wurde. Der Schwabe Jacob Walcher war in Wain geboren, Dreher von Beruf, in den letzten Vorkriegsjahren bei der »Schwäbischen Tagwacht«, während des Krieges beim Spartakusbund, auf dem Gründungsparteitag einer der beiden Verhandlungsleiter; sein Kollege bei der Gelegenheit: Wilhelm Pieck. Der andere, Paul Frölich, kam aus Leipzig, arbeitete dort und in Altenburg, später in Hamburg und Bremen als Parteiredakteur. Zum Gründungsparteitag wurde er als Delegierter der Bremer »Linksradikalen« geschickt, die unter dem Einfluß jenes Karl Radek standen, der aus Polen stammte, lange in Deutschland lebte und zu einem der gewandtesten Emissäre des revolutionären Rußland wurde (und als Chefzyniker der Komintern galt). Radek kam Weihnachten 1918 mit dem Kriegsgefangenen Ernst Reuter zurück nach Berlin. In den dreißiger Jahren war er unter denen, die den Stalinschen Säuberungen zum Opfer fielen.

Frölich kannte ich von Besuchen in Lübeck und von dem mißglückten Versuch, ihn 1933 über die Ostsee ins Ausland zu bringen. Walcher war für mich einer der kernigsten Repräsentanten der alten deutschen Arbeiterbewegung: selbstsicher und kulturbewußt, kein blutleerer Intellektueller, sondern ein intelligenter und vitaler Facharbeiter. Man kann sich heute kaum noch vorstellen, welche Bildung, auch klassischer Prägung, und welches Kunstverständnis sich dieser Typus eines klassenbewußten Arbeiters angeeignet hatte.

Die beiden stritten beinahe in Permanenz über die Sowjetunion. Sie waren sich einig, daß Stalin das Regime in schlimme Entartungen gestürzt hatte. Gleichzeitig klammerten sie sich – Walcher mehr als Frölich – an die Hoffnung, der Sowjetstaat stehe trotz allem für ein sozialistisches Prinzip, wenngleich es durch die Rückständigkeit der russischen Verhältnisse lädiert sei. Zudem sprach fast alles für die Vermutung, daß die Sowjetunion ein Ziel nazistischer Aggression sein würde: Daraus müsse sich – ungeachtet aller Differenzen – eine objektive Bundesgenossenschaft ergeben. So wurde die Lage bis in die Reihen »rechter« Sozialdemokraten gesehen. Erst recht galt das für »liberale«, nicht parteigebundene Intellektuelle. Allerdings beobachteten gerade viele Linkssozialisten den Weg der Sowjetunion mit besonderer Wachsamkeit – und sie konkurrierten nahezu in der Heftigkeit der Enttäuschung, die ihnen zuteil wurde. Auch Walcher war erschüttert, als er die Moskauer Prozesse verfolgte. Doch er ließ sich nicht von der Hoffnung abbringen, daß »gesündere« Kräfte sich durchsetzen würden. Frölich war reservierter. Walcher stand mir als Typ und Temperament näher, doch ich konnte seinen gesundbeterischen Optimismus nicht teilen. Es war unvermeidlich, daß ich meinen eigenen Weg ging.

Ähnlich quälend und zeitraubend waren die Diskussionen um die »Kriegsfrage«. Die einen, wie Frölich, beriefen sich auf Liebknecht und Luxemburg: Der Hauptfeind stehe im eigenen Land, in jedermanns eigenem imperialistischen Staat. Die anderen, wie Walcher, argumentierten, man müsse alles tun, um zunächst das Hitlerreich und seine Verbündeten niederzuzwingen. Dafür ließen sich sogar Marx und andere Klassiker in Anspruch nehmen. Man müsse, so sagten sie, die Frage nach dem historischen Fortschritt stellen – oder besser danach fragen, wie der gravierende, ganz Europa bedrohende Rückschritt abzuwenden sei. Manche schenkten sich die theoretisierende Verkleidung: Sie empfanden es, gerade auch der Zukunft des eigenen Volkes wegen, als Pflicht, alles Notwendige zu tun, den Sieg des Hitlerregimes im heraufziehenden Krieg verhindern zu helfen.

Für mich gab es daran immer weniger einen Zweifel. Die wiederholte Frage »Und was würde Rosa gesagt haben?« begann mir zum Hals herauszuhängen. Doch die deutschen Nazigegner waren gewiß in keiner beneidenswerten Lage: Wer darauf gesetzt hatte, das Dritte Reich werde im Laufe weniger Jahre abwirtschaften, mußte umlernen. Wer den großen Krieg verabscheute, der mußte darauf hoffen, daß die Westmächte dem Wahnsinnigen rechtzeitig das Handwerk legten. Bei der Remilitarisierung des Rheinlands Anfang 1936 wurde diese Chance aus zwielichtigen Gründen nicht genutzt. Frölich beharrte bis zuletzt auf seiner »antiimperialistischen« Haltung, die mir unrealistisch erschien. Aber auch die Erwartung, der Krieg gegen Hitler werde in die soziale Revolution münden, erwies sich als Illusion.

Es war anregend, Frölich zuzuhören, wenn er von seiner Teilnahme an der Räterepublik in München 1919 und von anderen Abschnitten seiner dilettantisch-revolutionären Vergangenheit erzählte. Oder wenn er Rosa Luxemburg interpretierte, deren Werke er herausgegeben hatte, bevor er selbst über sie schrieb. Er, der zweimal in den Reichstag gewählt worden war, verfügte über ein bemerkenswertes Sprachempfinden, was seinen schriftlichen Äußerungen wie seinen Reden zugute kam. Im persönlichen Umgang wirkte er eher nervös und etwas furchtsam, auch kränkelnd. Daß er sich zur Glatze einen Leninbart hielt, brachte ihm nicht nur bewundernde Blicke, sondern auch spöttische Kommentare ein. (Die Zeit der Bärte war noch nicht – wieder – gekommen.) 1950 kehrte er mit seiner Frau Rose – die eine selbständige politische Rolle spielte – aus den USA zurück. Wenige Jahre darauf ist er, fast siebzigjährig, in Frankfurt gestorben.

Nachzutragen bleibt, was aus den beiden Vorsitzenden wurde, die Anfang 1933 die Auflösung der SAP beschlossen hatten. Der Rechtsanwalt Kurt Rosenfeld kündigte damals seinen Übertritt zur KPD an. Er trat in der Emigration wenig hervor und starb während des Krieges in New York. Max Seydewitz hatte gesagt, er werde wieder zur SPD gehen und gab sich in Prag auch als linker Sozialdemokrat aus. Tatsächlich ließ er sich 1934 – wie Walter Ulbricht später bestätigte – in die KPD aufnehmen. Auch als er 1938 nach Oslo übersiedelte, führte er sich als Sozialdemokrat auf, dem die Einheit am Herzen liege. In Wirklichkeit war er geheimes Mitglied der Kominternsektion. In den Memoiren seiner Frau und in seinen eigenen wird über dieses Doppelspiel in verblüffender Offenheit berichtet. Ruth Seydewitz: »Nur drei Mitglieder des Politbüros der KPD in Prag wußten, warum mein Mann, der seit 1934 Kommunist war, nicht offiziell als Mitglied der Partei auftrat. Von den Genossen in Norwegen und Schweden war nur Hermann Matern informiert ...« (Manchem war aufgefallen, daß er 1936/37 ein peinlich stalinistisches Buch herausgegeben hatte, und es regte sich der Verdacht, er könnte – wegen der Verhaftung seiner Söhne aus erster Ehe – unter Druck gesetzt worden sein.) Seine Frau berichtete in ihren Memoiren auch, sie und ihr Mann seien zunächst in Oslo »von der damaligen Frau von Willy Brandt« aufgenommen worden; ich sei in Amerika gewesen, »bei Karl Frank, dem Leiter der Gruppe Neu Beginnen«. Es trifft zu, daß meine Gefährtin die beiden vorübergehend aufgenommen hatte. Ich war allerdings in Paris, denn in die Vereinigten Staaten kam ich erst 1954.

Während der Kriegszeit lebte Seydewitz in Schweden. In der DDR wurde er sächsischer Ministerpräsident und, nach der Abschaffung der Länder, Direktor der Staatlichen Museen in Dresden. Ich hatte mit ihm nichts mehr zu tun.

Kattowitz

Unmittelbar vor Weihnachten 1936 fuhr ich mit der Eisenbahn von Berlin nach Prag. Die Berliner Wirtin glaubte, ich würde im Januar zurück sein. Das schloß auch ich nicht aus, doch es war wahrscheinlicher, daß ich »draußen« bliebe. Die Kontrolle an der Grenze verlief reibungslos; mir fiel ein Stein vom Herzen. Keine Begegnung mit den Sicherheitsorganen des Dritten Reiches war frei von innerer Spannung.

Meine Gedanken aber konzentrierten sich auf die Zusammenfassung der Beobachtungen, die ich den Freunden vermitteln sollte. Mein Haupteindruck: Das militärfaschistische Regime, wie ich es nannte, war auf dem Marsch in den Krieg nicht zu stoppen. Meine Hoffnung: Jedenfalls daraus werde sich eine den Nazismus wegfegende Revolution ergeben und unsere illegale Arbeit rechtfertigen.

Im »goldenen Prag« verbrachte ich trotz des ungemütlichen Wetters einige schöne Tage. Die Atmosphäre in der Hauptstadt der Tschechoslowakei war – ich erwähnte es – geprägt von einem reichen Kulturerbe: eine fruchtbare Mischung von deutschen – hier befand sich immerhin die älteste der deutschen Universitäten – und westslawischen, von jüdischen und spezifisch österreichischen Elementen.

Die Deutschen lebten draußen in den Provinzen in ihren geschlossenen Siedlungsgebieten, die man reichlich vereinfacht als Sudetenland bezeichnete. Sie hatten in der Mehrzahl sich nicht damit abgefunden, daß man sie in den Friedensregelungen dem Staat der Tschechen und Slowaken zugeschlagen hatte. Aber nun, im Ausklang des Jahres 1936 – in Deutschland jährte sich die Machtübernahme der Nazis bald zum viertenmal – wollte es scheinen, als könnte Masaryk und seinem designierten Nachfolger Beneš ein Werk der inneren Aussöhnung gelingen. Der Schein trog.

Die Exildeutschen fanden in Prag Verständnis bei vielen Bürgern und Ämtern. Sie wurden von Sozialdemokraten und anderen Antifaschisten, von Universitätsangehörigen, von wohlhabenden Juden unterstützt. Für Literaten aus Berlin war es nicht allzu schwer, sich hier eine Ersatzheimat zu schaffen. Auf diesem Kulturboden wuchs Kafka, hier lebten Werfel, Brod und Kisch. Auch Parteileute fühlten sich in Prag fast zu Hause. »Emigranten« im genaueren Sinn wurden sie erst in Paris, London, in Skandinavien oder in den Vereinigten Staaten.

Meine Freunde und ich diskutierten in deren Wohnung oder in einem Lokal am Wenzelsplatz. Bei einigen Treffs tauschte ich Beobachtungen mit Genossen aus, die an der Grenze Kontakte nach Sachsen wahrnahmen. Für die Jahreswende war eine mehrtägige Zusammenkunft mit Vertretern unserer Gruppe aus dem In- und Ausland geplant. Wir bezeichneten sie als die »Kattowitzer Konferenz« – eine der üblichen Tarnungen, denn Kattowitz stand für Mährisch-Ostrau, eine Kohlenstadt nicht weit entfernt von der polnischen Grenze mit einem beträchtlichen deutschen Bevölkerungsanteil. Ursprünglich war als Tagungsort Brünn vorgesehen, doch die Gestapo hatte ein Signal aufgefangen und ließ bei der Prager Regierung intervenieren. Um so sorgsamer wurde unser Tagungslokal abgesichert. Wir wohnten bei »sudetendeutschen« Arbeitern: armen, stolzen und solidarischen Söhnen der dort noch intakten sozialdemokratischen Familie. Ihnen war ein bitteres Los beschieden. Die Nazis dachten nicht daran, das »Deutschtum« ihrer linken Gegner zu respektieren.

Auf unserer Konferenz wurde festgestellt, daß wir – neben der Berliner Organisation – kaum mehr als 1000 »Kader«-Mitglieder aus dem Reich vertraten. 1000 oder 1500 Mitstreiter – das nimmt sich im Rückblick als eine bescheidene Zahl aus. Doch es mußten nicht nur die Genossen dazugerechnet werden, die in Gefängnissen und Lagern saßen, sondern auch die anderen, die das Risiko einer regelmäßigen Verbindung nach draußen scheuten und gleichwohl in ihren lokalen Zirkeln zusammenhielten. Außerdem: Wir waren nur eine Gruppe neben anderen. Von manchen aktiv gebliebenen Gruppen erfuhren wir auch erst, als es mit dem braunen Spuk vorbei war.

Niemand konnte genau wissen, wie viele der 14 000 SAP-Mitglieder, die wir ein Jahr nach dem Übergang in die Illegalität zählten, in unserem Sinn aktiv geblieben waren. Bis ins Jahr 1937 konnten von der Tschechoslowakei aus die Verbindungen mit einer Anzahl sächsischer und schlesischer Gruppen gehalten werden. Vom Westen, auch aus der Schweiz, zogen sich bis ins Jahr 1938 hinein Linien ins Rheinland und nach Südwestdeutschland. Einige norddeutsche Städte waren von Schweden her bis in die Kriegszeit erreichbar. Wir waren ziemlich zuverlässig über die Verhaftungen von Genossen informiert. Wir verfolgten die Prozesse: 1933 in Breslau, Dresden, Berlin, 1934 und in den folgenden Jahren immer wieder in Ostsachsen, Zwickau, Plauen und im Vogtland. 1935 standen in Dortmund 43 uns verbundene Angeklagte aus Duisburg und Hamborn vor Gericht, darunter mein späterer Bundestagskollege Eberhard Brünen, der zu fünfzehn Jahren Zuchthaus verurteilt wurde. In Hamm griff die Nazijustiz achtzehn SJV-Mitglieder aus Köln, die ich durch skandinavische Interventionen zu entlasten versuchte. 1936, während ich in Berlin war, wurden Massenprozesse gegen unsere Freunde aus Magdeburg inszeniert. 1939 erreichten uns Meldungen über SAP-Verfahren mit mehreren hundert Verurteilten in Breslau und Berlin, Kassel und Stuttgart, Karlsruhe und Mannheim.

In »Kattowitz« – also Mährisch-Ostrau – waren die meisten Auslandsgruppen vertreten. In Paris hatte unsere Gruppe 70 bis 80 Mitglieder (von denen sich bald noch ein Drittel abspaltete). Die zweite stärkere Gruppe gab es in Prag. Die gesamte Auslandsorganisation – Schweiz, Großbritannien, Belgien, Niederlande, skandinavische Länder, Palästina, Amerika – hatte nicht mehr als etwa 300 Mitglieder. Die drei Berliner Delegierten, zu denen ich als vierter gehörte, waren die wichtigste Inlandsvertretung. Zu ihnen gehörte eine junge Frau, deren Verlobter im Gefängnis saß. Sie hatten ihre Mandate in einem komplizierten Auswahlverfahren erhalten. Nun hatten sie sich einige Tage Urlaub geben lassen und waren gleich nach Weihnachten über die Grenze gekommen – natürlich getrennt voneinander, um die Gefahrenschwelle niedrig zu halten. Meinen Berlinern war auf dieser »Reichskonferenz« nicht wohl in ihrer Haut: Ausgerechnet ihnen fiel es zu, die Streitereien in der Auslandsorganisation nicht nur in aller Ausführlichkeit anzuhören, sondern sie auch noch zähmen zu helfen: eine Aufgabe, die sie als deprimierend empfanden. Ich verstand sie allzugut und erinnerte mich an das Pariser Gezänk, das mich fast zur Verzweiflung trieb.

Die Berliner begriffen auch nicht, warum meine Wahl in die (engere) Parteileitung am Veto einiger der Älteren, denen ich zu respektlos war, scheiterte. Eine gesetzte Dame verkündete in unangenehmem Tonfall, daß »die Zeit der 23jährigen noch nicht gekommen« sei. Mir hat dieser Dämpfer, wenn es überhaupt einer war, nicht geschadet. (Doch ich konnte mir nicht verkneifen, bei nächster Gelegenheit Goebbels zu zitieren: der hatte die Kritik jüngerer an älteren Künstlern für unzulässig erklärt.) Vermutlich konnte ich dankbar sein, daß ich von einer zusätzlichen Belastung verschont blieb.

Ich habe in jenen Jahren lernen müssen, was andere »Emigranten« schon zu früheren Zeiten häufig genug erfahren hatten: Die Verantwortung für eine kleine Zahl Engagierter, die dem Heimatboden entrissen und mit allen möglichen persönlichen Problemen beladen sind, kann viel Zeit und Nervenkraft beanspruchen. Doch möchte ich jene Erfahrung nicht missen: Sie war der Vorteil, den die Tatsache bot, mit der kleinen Gruppe gegen den Strom schwimmen zu müssen (und Sozialismus nicht nur als »dauernde Aufgabe«, sondern auch ohne Tagegelder zu betreiben).

Auf der Konferenz wurde, wie so oft in diesen Jahren, unsere Haltung zum bevorstehenden Krieg und zur Sowjetunion debattiert. (Hier erfuhren einige von uns zum erstenmal Ungeschminktes über die dort in Gang befindlichen Verfolgungen.) Einheitspartei und Volksfront blieben in hohem Maße umstrittene Themen – mit der Folge, daß sich die Gruppe »Neuer Weg« abspaltete, an deren Spitze der Journalist und spätere Professor Walter Fabian stand; er hatte die junge Partei in Ostsachsen geführt und war entkommen, als unsere zweite illegale Reichsleitung in Berlin ausgehoben wurde.

Im Rückblick registriere ich irritiert, mit welchem Eifer und Mißtrauen und mit wieviel Verdächtigungssucht gestritten wurde: als hätte das Elend unserer Freunde im Reich, als hätten die Gefahren für unser Volk und für Europa nicht den Verzicht auf doktrinäres Gruppendenken verlangt. Vielen der Beteiligten war nicht bewußt, daß wir eine Art Glaubenskrieg führten und uns von einem thesentheologischen Eifererertum überwältigen ließen. Darin drückte sich eine Beziehungslosigkeit zur Realität aus, die vermutlich die tiefste Schwäche vieler Linken war. Zum anderen sahen wir die Drohung, unter der unser Volk und Europa standen, soviel klarer als die konservativen Zeitgenossen, die sich der Illusion hingaben, Hitlers Stammtischvisionen vom Zustand der Welt seien Ausdruck eines neuen Realitätsgefühls. Dieser Widerspruch ist nicht leicht aufzulösen. Man darf nicht aufhören, sich über ihn den Kopf zu zerbrechen, denn die Gefahren doktrinärer Zerfaserung und missionarischer Überheblichkeit sind bis heute nicht überwunden. Wahrscheinlich litten auch wir – nicht nur die konservative und gar die »jakobinische« Rechte – an jenem »Realitätsverlust«, der eine Krankheit unserer Epoche, ja, unserer Zivilisation ist.

Unter diesen Aspekten wird es mir schwer, die Diskussionen von Mährisch-Ostrau heute gerecht zu rekapitulieren: Walcher und Frölich stimmten in der Forderung nach einer »neuen« und »revolutionären« Einheitspartei überein, deren Kristallisierungspunkt natürlich die eigene Gruppe sein sollte. Aus der »Einheitsfront« (der Arbeiterparteien) sollte sich nach Möglichkeit eine unabhängige Einheitspartei neuer Art entwickeln. Bei der Bildung der »Volksfront« aber begannen sich die Meinungen zu teilen. Frölich blieb überaus mißtrauisch. Er schloß sich nicht aus, doch dem Zusammenschluß verschiedener sozialistischer Gruppierungen in der »Konzentration« (ohne die KPD) begegnete er wieder zurückhaltend. Walcher zeigte sich bereit, an einer Einigung auf dem Boden der II. (Sozialistischen Arbeiter-) Internationale mitzuwirken. Doch seine innerparteilichen Widersacher unterstellten ihm – damals wohl zu Unrecht –, daß er nur auf Umwegen zur KPD zurückstrebe. Mit seiner Rückkehr nach Ost-Berlin im Jahre 1947 schien er den Verdacht freilich nachträglich zu bestätigen.

In Mährisch-Ostrau wurde vereinbart, daß ich für einige Zeit nach Spanien gehen würde. Das erschien mir als eine interessante Aufgabe. Doch zunächst wollte ich für ein paar Wochen zurück nach Oslo. So holte ich mir beim polnischen Konsulat ein Durchreisevisum. Fragen erledigten sich durch ein simples Argument: Ich legte, wie es üblich war, etwas Geld in den Paß. Mit dem Zug reiste ich nach Danzig, das schon gleichgeschaltet, aber noch nicht wieder ins Reich eingegliedert war. Ein dänischer Frachter beförderte mich weiter.

Im Frühjahr 1938, also noch vor dem Münchner Abkommen, wurde der Druck der Nazis auf die Prager Regierung so stark, daß der Vorstand der deutschen und die Auslandsvertretung der österreichischen Sozialdemokraten nach Paris umziehen mußten. Grenzstellen, von denen aus Verbindungen nach Sachsen und Schlesien, auch nach Bayern und Berlin wahrgenommen wurden, ließen sich vom Sommer 1937 an nicht mehr halten.

Sverre

Mit einem Bremer Mandat kam ein Freund nach Mährisch-Ostrau, der den Decknamen Sverre trug. Er war Ende 1934 in Oslo eingetroffen, nachdem wir zuvor »illegal« miteinander korrespondiert hatten. Er hieß mit wirklichem Namen Walter Michaelis, war ein gutes Jahr jünger als ich, stammte wie ich aus der Jugendbewegung, war Büroangestellter, doch wirkte er eher – nicht nur wegen der dicken Brillengläser – wie ein blutjunger Privatgelehrter. Er kritisierte mich zunächst von »links«, in Anlehnung an Argumente der Trotzkisten, aber erstaunlich rasch fand er zu einer differenzierten Beurteilung unserer Lage. Nur wenige wußten, wie stark in dem jungen Politiker musische Neigungen, vor allem eine starke musikalische Begabung ausgeprägt waren.

Er reiste mehrfach von Oslo über Kopenhagen ins Reich, nach Berlin und Norddeutschland, um für politische Unterrichtung zu sorgen und zerrissene Verbindungen wiederherzustellen. Im Frühjahr 1936 waren wir gemeinsam in Paris. Zuvor war er gebeten worden, sich einige Zeit an Ort und Stelle um die »Metro« – hieß: Berlin – zu kümmern. Das geschah jetzt wieder, 1937. Auch ihn tarnten wir als norwegischen Studenten, sein Paßname war Harald Kittelsen. Er schrieb sich, seinem Talent folgend, als Pianist am Berliner Konservatorium ein. Die Lust am Musikstudium und seine Sensibilität hielten ihn nicht davon ab, die ihm anvertrauten, gefährlichen Aufgaben zu erfüllen. Bei unserem letzten Gespräch in Oslo Ostern 1938 sagte er: »Lebend kriegen die mich nicht.« Ihn bedrückte, daß er infolge seiner Kuriertätigkeit viel wußte und nicht sicher sein konnte, was die Gestapo aus ihm herausquälen könnte, wenn er ihr in die Hände fiele. Ich versuchte, ihn – wie andere zu anderer Zeit in ähnlicher Lage – davon zu überzeugen, daß man auch unter scheinbar aussichtslosen Bedingungen nicht in den Selbstmord flüchten dürfe: Man könne doch nicht wissen, ob sich am Ende nicht ein Ausweg ergebe.

Mein Rat war nicht fruchtlos. Sverre traf systematische Vorbereitungen für den Fall seiner Verhaftung. Sie waren ungewöhnlich: Er begann mit einer eigenwilligen Sammlung von Zeitungsausschnitten und mit der Niederschrift fingierter Aufzeichnungen, die ihn bei der Gestapo entlasten sollten (und aus denen dann sogar eine »Denkschrift« für Hitler wurde). Durch die Auswahl der Ausschnitte und die Aufzeichnungen, die echt wirkten, sollte der Eindruck erweckt werden, er habe eine schwere seelische Krise bestanden und sei im Begriff, die Bedeutung und den Wert des Nationalsozialismus zu erkennen. Von Woche zu Woche schienen – laut vorliegendem Text – seine Zweifel an der alten Überzeugung zu wachsen. Um so kräftiger formulierte er seine Bewunderung für die Errungenschaften des Dritten Reichs. Eine Mischung von Musik- und Vaterlandsliebe schienen den jungen »Marxisten« bekehrt zu haben. Für die Echtheit dieser Wandlung sprach, daß sich das schriftliche Bekenntnis wie eine Beichte las, die sich der Schreibende insgeheim abgerungen hatte.

Ende Dezember 1938 war Sverre bei unseren Freunden in Paris, die ihn dringend hatten sehen wollen. Die Genossen fragten sich (und auch mich), ob Sverre vielleicht dabei sei, sich von einigen unserer Grundvorstellungen abzuwenden. Die »Alten« waren mißtrauisch nicht nur wegen seiner generellen Unabhängigkeit gegenüber der Auslandsleitung, sondern vor allem auch, weil er die Arbeit im Reich neu begründet wissen wollte: Der Sozialismus bleibe historische Notwendigkeit, doch seine alten organisatorischen (und propagandistischen) Formen müßten aufgegeben werden, hieß es in einer Stellungnahme der Berliner Bezirksleitung vom Mai 1938. Sverre erläuterte: Die Illegalen könnten sich nicht in einem permanenten Generalangriff befinden. Jeder einzelne müsse sich, auch in NS-Verbänden, ein legales Umfeld schaffen und vor allem in diesem Umfeld agieren. (Das Thema beschäftigte uns, als wir im Sommer 1937 in Südschweden eine Arbeitstagung unseres Jugendverbandes durchführten. Der Delegierte aus Bremen berichtete, wie die dort entstandenen »gemischten« Jugendgruppen nicht nur als Chöre und Sportvereine getarnt, sondern auch dadurch etwas abgesichert waren, daß mehrere der Beteiligten Funktionen in der Hitlerjugend und im Arbeitsdienst übernommen hatten.)

Die Mitglieder der Auslandsleitung hielten den Mann in Berlin für gefährdet und wollten ihn am liebsten nicht zurückfahren lassen. Sie erklärten sich mit einer begrenzten Fortsetzung seiner Mission einverstanden. Ich glaube nicht, daß in der Peripherie des Pariser Führungskreises ein Spitzel am Werk war. (Von vornherein auszuschließen war auch das nicht, denn es ist zum Beispiel aktenkundig geworden, daß Zuträgereien in Paris im Spiel waren, als die Gestapo meine Ausbürgerung beantragte.) Sverre und ich hatten noch während seines Aufenthalts in Frankreich miteinander korrespondiert. Als er sich mehrere Tage nach seiner Rückkehr nicht meldete, rief eine Freundin von Oslo aus seine Wirtin an. Die Frau konnte nicht offen sprechen, doch aus ihren Andeutungen ließ sich schließen, was geschehen war: Ihr Untermieter war kein freier Mann mehr. Was er anstellte, um mit dem Leben (zunächst) davonzukommen, erfuhren wir im einzelnen erst viel später, doch es lag auf der Linie dessen, was er mir vor über einem halben Jahr angekündigt hatte. Unklar blieb, ob er auf der Rückreise aus Paris beschattet wurde. Sicher ist, daß er in Stuttgart einen Onkel aufsuchte, der Opernsänger war (und von dem es im Prozeß hieß, er habe ihn beschworen, sich zu stellen). Jedenfalls brachte er eine bestimmte Buchsendung nach Oslo auf den Weg. Dies war das verabredete Signal für den Notfall.

Sverre ging aufs Ganze. Er bestand darauf, sich direkt an »den Führer« wenden zu dürfen, war wohl auch in der Reichskanzlei und hatte von seiner »Denkschrift« Kopien an acht oberste Reichsbehörden aufgegeben. Er legte dar, daß er aus Norwegen zurückgekehrt sei, weil er es in der Emigration nicht mehr ausgehalten habe. Er könne nur noch in Deutschland leben. Des falschen Passes habe er sich bedient, weil er keine andere Möglichkeit der ehrenhaften Rückkehr gesehen habe. Auch sei es praktisch gewesen, die Freunde in Oslo für das Musikstudium zahlen zu lassen. Revanchiert habe er sich mit läppischen Informationen. Seine Aufgabe habe – anders als bei früheren Aufenthalten – allein darin bestanden zu berichten, nicht Organisationsarbeit zu leisten. Hinterher ließ man ihn in der NS-Presse sagen: »Seine Auftraggeber in Paris speiste er durch inhaltlose ›Berichte‹ ab und hielt sie durch die Übermittlung belangloser politischer Witze einigermaßen in Stimmung.« Er sei in Berlin durch Augenschein und Gespräche zu einem Anhänger des neuen Deutschland geworden.

Mir ist – neben anderem – nie klargeworden, wie es ihm gelingen konnte, der Gestapo einzureden, daß er keinerlei illegale Treffs mehr wahrgenommen habe. Ich erfuhr dann, er sei zu einigen Treffs, die er vielleicht als »früher aktiv« genannt hatte, absichtlich zu spät – und natürlich unter getarnter Bewachung – gekommen, um auf diese Weise zu warnen. Jedenfalls hatte die illegale Gruppe in Berlin aus diesem Anlaß keinen Verlust zu beklagen. Das galt auch für andere Städte, in denen er Genossen kannte. Nach Oslo schickte er – zusätzlich zu dem erwähnten Buch – einen längeren Brief, dessen Text, nach einem abgesprochenen Verfahren, eine genaue Umkehrung der wörtlichen Aussage ergab. Trotzdem blieb zu fragen, warum er sich nicht abgesetzt hatte oder einfach in Paris geblieben war. Die Antwort ergibt sich wohl weitgehend aus der Liebe zur Musik, die in ihm wachgeworden war – und aus der Liebe zu einer Kommilitonin, die er in Berlin kennengelernt hatte.

Vorteilhaft für den Verhafteten wirkte sich aus, daß Professoren und der »Studentenführer« günstig für ihn aussagten. Ein Mitarbeiter des Propagandaministeriums bekam – durch die Kopie – Wind von der

Affäre und meinte, sie eigne sich gut, dem Ausland und besonders den Skandinaviern präsentiert zu werden, doch der Krieg kam dazwischen. Sverre hatte bis zum Prozeß unwahrscheinliches Glück. Von der Gestapo wurde er nicht lange festgehalten. Auch Mißhandlungen blieben ihm erspart.

Im Gerichtsbericht (»Berliner Morgenpost«, 21. Mai 1940; der Prozeß hatte tatsächlich am 28. November 1939 stattgefunden) war zu lesen, daß er in seinem Schreiben an Hitler »die wundersame Geschichte seiner Wandlung« in allen Einzelheiten niedergelegt und darum gebeten habe, von einer Ehrenstrafe abzusehen, »um ihm nicht die Möglichkeit zu nehmen, seinem wiedergefundenen Vaterlande mit der Waffe in der Hand zu dienen«. Durch seine Erfahrung sei »die ganze Tragik und Bitterkeit des Emigrantenschicksals« enthüllt worden: »In ihm siegte die Stimme des Blutes über die Vorurteile des marxistischen Irrglaubens ... Anklagevertreter und Gericht waren tief beeindruckt von dem mannhaften Verhalten dieses Angeklagten, den die Liebe zur Heimat zurückgerufen ...« In der Prozeßakte steht zu lesen, das Gericht habe »die ungewöhnliche Art« gewürdigt, »wie sich dieser Angeklagte aus freien Stücken ganz allmählich von der marxistischen Irrlehre gelöst, den deutschen Behörden gestellt und den Weg zurück in die Volksgemeinschaft gefunden hat ...«.

Im Frühsommer 1940 fürchtete ich einen Augenblick, er sei von der Gestapo nach Norwegen geschleppt worden und bei der Invasion in der Nacht zum 9. April mit der »Blücher« untergegangen. Die »Deutsche Zeitung« in Norwegen berichtete ohne Nennung seines Namens über seinen »Fall«: annähernd so, wie ich es erst viel später in der »Berliner Morgenpost« nachgelesen habe.

Tatsächlich wurde Sverre Ende November 1939 – wegen Vorbereitung zum Hochverrat – zu einem Jahr Gefängnis verurteilt (der Staatsanwalt hatte fünf Jahre Zuchthaus beantragt). Auch diese unglaublich milde Strafe wurde ihm erlassen. Statt dessen wurde er sofort eingezogen und kam zunächst an den Westwall. Er fiel im November 1943 an der Ostfront, als er – wie ein Kamerad den Eltern berichtete – seinem schwerverwundeten Kompanieführer zu Hilfe eilen wollte.

Als ich 1947 seine Eltern im Ostsektor von Berlin, Bezirk Mitte, besuchte, waren sie noch vom Schmerz gelähmt. Die Mutter meinte sicher zu sein, daß »Sverre« lebe – eine der Millionen Mütter von Millionen Gefallener und Vermißter, Mütter, die sich weigerten, die Hoffnung aufzugeben.

Von Bauer zu Kreisky

Nach der »Kattowitzer« Konferenz in Mährisch-Ostrau fuhr Jacob Walcher mit mir und unserem Freund Max Diamant nach Brünn, zum Sitz der Auslandsvertretung der österreichischen Sozialisten, um Otto Bauer, das geistige Haupt der Linken in der II. Internationale, zu besuchen. Auch um uns bei ihm für die Hilfe zu bedanken, die er uns für die in Brünn geplante Konferenz zugedacht hatte.

Dr. Bauer, der uns in seiner Wohnung empfing, war damals 55 Jahre alt: in seiner Erscheinung ganz der »Denker«, doch keiner vom blutleeren Typ, freilich auch von Spuren der Resignation gezeichnet. Bruno Kreisky schrieb später, Bauer habe den Eindruck des Hochmuts hinterlassen – nicht so sehr bei Arbeitern und Angestellten, aber häufig bei Intellektuellen und Akademikern aus den eigenen Reihen. Das habe ihm viele Feinde eingebracht, »denn Hochmut ist bei einem so überaus klugen Menschen schwer zu erklären; er läßt sich nur aus Bauers Wunsch verstehen, dem Provinzialismus der österreichischen Politik, der extremen Enge des kleinlichen Spießbürgertums zu entfliehen, das es ja hierzulande immer in besonderem Maße gab und unter dem so viele gelitten haben«. Uns teilte sich keine Arroganz mit, vielmehr ein Eindruck von Selbstlosigkeit, gepaart mit einem hohen moralisch-politischen Prestige.

Er fragte nach dem Verlauf unserer Konferenz, er hörte Diamants sorgenvollen Bericht über Spanien an und nahm konzentriert die Eindrücke auf, die ich in Berlin gewonnen hatte. Er bereitete damals eine Schrift über »Die illegale Partei« vor, für die ihm unsere Erfahrungen nützlich waren. Seine Sympathien galten den linkssozialistischen Kräften der deutschen Bewegung, die – wie er selber auch – der Prager Sopade kritisch gegenüberstanden. Persönliche Antipathien zwischen den führenden Männern in beiden Parteien mögen sein Urteil mitgeprägt haben. Mir imponierte die Haltung des österreichischen Parteiführers, der sagte, die alte Führung habe in der Konsequenz der Niederlage beiseite zu treten; sie solle sich darauf beschränken, ihre Erfahrungen auszuwerten und sie den neuen, jüngeren Kräften zu vermitteln: Geschlagene Feldherren müßten abtreten. Die Partei sei voller Groll gegen Führer, die eine Schlacht verloren hatten: »Wir Älteren, deren Denkbahnen sich in der Vorkriegszeit, in einer völlig anderen Welt geformt haben, sind nicht berufen, die junge Bewegung zu führen, die heute in Österreich wie in den anderen faschistischen Ländern entsteht.« Das war eine andere Sprache als jene, die wir von den deutschen Parteiführern gewohnt waren.

Otto Bauer hatte, wie der übrige Parteivorstand, nicht für den bewaffneten Widerstand gegen das Dollfuß-Regime im Februar 1934 plädiert. Doch er wollte nun den jungen Kräften in der illegalen Partei helfen, so gut er es konnte. Von »Aufstand« konnte ohnehin nicht die Rede sein. Als sich Kanzler Dollfuß im März 1933 die deutschen Ereignisse zunutze machte, hatte sich auch die österreichische Sozialdemokratie zum Zurückweichen genötigt gesehen. Als es zur extremen Provokation kam, führte zwar der Schutzbund drei Tage lang einen ehrenvollen und opferreichen Kampf. Aber der Appell zum Generalstreik verhallte ungehört – unter den Zeitungen in Wien war es ausschließlich und ausgerechnet die »Arbeiter-Zeitung«, die nicht erscheinen konnte. Die Einsicht von den Grenzen der Arbeitermacht gegen (intaktes) Militär und Polizei war nicht widerlegt, sondern bestätigt worden.

Die alte österreichische Sozialdemokratie war vor dem Ersten Weltkrieg – wie hätte es anders sein können! – in besonderem Maße mit der Nationalitätenfrage befaßt. Die große Frage war: Würde man den Vielvölkerstaat bewahren können, wenn man ihn demokratisierte? Der junge Otto Bauer versuchte ein Konzept zu entwerfen, das die Bedeutung der nationalkulturellen Autonomie für die Arbeiter und Bauern umriß. Auch half er seiner Partei, eine undogmatische und ausgewogene Agrarpolitik zu entwickeln. Nach der Novemberrevolution 1918 wurde Bauer, in der Nachfolge des unerwartet verstorbenen Victor Adler, Außenminister der jungen Republik. (Der große, auf Ausgleich bedachte alte Mann der Sozialdemokraten in der Doppelmonarchie – gewissermaßen der österreichische Bebel auf akademisch – hatte im »linken« Bauer seinen Nachfolger auch als Parteiführer gesehen. Das wurde er nicht organisatorisch, aber ein gut Teil der Autorität als geistiger Führer fiel ihm zu.) Nachdem es nicht gelungen war, aus der Doppelmonarchie eine Föderation demokratischer Staaten zu machen, plädierte Bauer für die »Konstituierung der deutsch-österreichischen Länder im Prozeß der Auflösung« und für »Anschluß der österreichischen Revolution an die Revolution in Deutschland«. Schon 1908 hatte er geschrieben, gegenüber »dem Deutschland des Friedens, der Arbeit, der Wissenschaft« würden die österreichischen Sozialdemokraten »ihre Bündnispflicht erfüllen«. Im November 1918 stellte, gewiß nicht ohne sein Zutun, die Wiener Nationalversammlung fest: »Deutsch-Österreich ist ein Bestandteil der deutschen Republik.« Im Februar 1919 ließ man auf einer Wiener Festversammlung der Volkswehr und des Soldatenrats »das sozialistische Großdeutschland« hochleben. Und Bauer schloß kurz danach als Außenminister bei einem Besuch in (Berlin und) Weimar mit der deutschen Regierung ein damals nicht veröffentlichtes Abkommen über den Zusammenschluß.

Dies alles mag für eine neue Generation in beiden Ländern unverständlich oder auch befremdlich sein. Doch die Anschlußidee war keine Erfindung Hitlers. Die demokratische Tradition war »großdeutsch«, wie nicht nur das Jahr 1848 gezeigt hatte; »kleindeutsch« war – aus seinen machtpolitischen Gründen – Bismarck. Die Franzosen und ihre Alliierten schlugen sich nach 1918 gewissermaßen an Bismarcks Seite und zwangen das Rumpfösterreich zur Selbständigkeit. Der Gedanke der Zusammengehörigkeit der beiden Völker, die die gleiche Sprache sprechen und ein gut Stück gemeinsamer Kultur haben, blieb lebendig. Karl Renner – der Staatskanzler von 1918/19, der erste Bundeskanzler im Jahr 1945 und von 1946 an Bundespräsident – erklärte anläßlich Hitlers Volksbefragung im Jahre 1938, er werde für den Anschluß stimmen: Er mochte damals dem Druck nachgegeben haben, aber das demokratische Erbe schien ihm das Nachgeben leichtergemacht zu haben. Otto Bauer sagte im Exil, »von der deutschen Revolution« werde »der Sozialismus Österreich nicht losreißen«. Stärker noch legten sich die »Revolutionären Sozialisten« im österreichischen Untergrund für die Gemeinschaft der beiden Völker ins Zeug. Ich lernte eine bemerkenswerte Ausnahme kennen: Bruno Kreisky.

Von ihm hörte ich zum erstenmal, als er 1936 in Wien vor Gericht stand und eine brillante Verteidigungsrede hielt, nachdem er unmittelbar zuvor die mündliche Prüfung zum Doktor der Rechte abgelegt hatte. Es brauchte in der Tat ein schönes Selbstvertrauen, einige Stunden vor der Verurteilung beim Ordinarius zum Staatsexamen zu erscheinen! Kreisky sagte damals seinem deutschnationalen Professor auch noch ins Gesicht, daß er die Rechtmäßigkeit eines Gesetzes über den Anschluß Österreichs an das Reich bestreite. Ein Fanatiker war der Ordinarius kaum, sonst hätte er die Unerschrockenheit seines Doktoranden nicht mit einer glänzenden Note belohnt. Kreisky kam aus der sozialdemokratischen Schüler- und Jugendbewegung. In der Illegalität zählte er zu den »Revolutionären Sozialisten«. Schon während der Dollfuß-Diktatur saß er im Gefängnis. Nach dem »Anschluß« 1938 nahm ihn die

Gestapo in Untersuchungshaft. Einflußreiche Fürsprecher erwirkten seine Freilassung, und ausgerechnet am Tag des Münchner Abkommens konnte er Österreich verlassen. In Schweden fand er eine nützliche und lehrreiche Tätigkeit in der Zentrale der Konsumgenossenschaften. Er wurde von der skandinavischen Erfahrung mindestens so stark geprägt wie ich. Auch Kreisky war ein linker Sozialdemokrat. Doch anders als viele seiner exilierten Landsleute hielt er nichts von einer »großdeutschen« Perspektive. Das Argument, Österreich habe sich nicht als lebensfähig erwiesen, ließ er nicht gelten. Er war engagierter Österreicher und blieb es. Er brauchte nicht die Bestätigung durch den Moskauer Beschluß der Alliierten vom Jahre 1943, die die Wiedererrichtung eines selbständigen österreichischen Staates in aller Form zu einem ihrer Kriegsziele erklärten.

Mit dem Staatsvertrag von 1955 – an dem er als Staatssekretär einen nicht geringen Anteil hatte – erreichte er das Ziel: die Freiheit eines selbständigen Österreich, für das er so entschlossen und flexibel zugleich gearbeitet hatte. Diese beiden Eigenschaften vereinte er mit einer gehörigen Portion Zivilcourage. Seine staatspolitische Fixierung auf ein freies Österreich hielt ihn nie davon ab, europäische Entwicklungen ins Auge zu fassen und sein kleines Land in internationale Verantwortungen einzubinden. Man hat gelegentlich die Kontraste seiner »Doppelnatur« beschrieben, und in der Tat kann er gütig sein und grantig zugleich. Er wirkt großbürgerlich und ist doch sehr bescheiden. Er ist Sozialist mit einem guten Schuß Liberalität. Man prägte das Bonmot von der »Quadratur des Kreisky«, um den Spannungsreichtum seiner Persönlichkeit deutlich zu machen. Man sagte auch, er beherrsche die Kunst, so zu sprechen, daß ein Universitätsprofessor es noch akzeptiere und ein Bauhilfsarbeiter es noch kapiere. Sein Realitätssinn schien seiner Prinzipientreue selten in die Quere zu kommen.

In einer Rede, die er zu Otto Bauers hundertstem Geburtstag – im September 1981 – hielt, forderte er, ein sozialistischer Redner müsse immer auch ein Lehrer und Erklärer sein: »Die Zeit der Trommler und Trompeter ist längst vorbei, sie kann die Demokratie nicht brauchen.« Über Otto Bauer, den er intellektuell bewunderte, urteilte er, sein Scheitern in der Ersten Republik sei unvermeidlich gewesen: indem er Koalitionen ablehnte, habe er dazu beigetragen, die Gegensätze zu verschärfen. Allerdings, dies die Gegenrechnung, habe er die Einheit »der Partei« gerettet. So gewannen die Kommunisten in Österreich nie auch nur annähernd das Gewicht, über das sie in Deutschland verfügten. Auf dem berühmten Linzer Programmparteitag 1926 vertrat Bauer die Auffassung, daß man zum Regieren auf die Mehrheit – die 51 Prozent – warten müsse. Die Arbeiterschaft werde allerdings zur Gewalt gezwungen sein, sollten reaktionäre Kräfte die Demokratie außer Kraft setzen.

Die Gegenposition hatte in Linz der »gemäßigte« Karl Renner vertreten. Er beschwor die Delegierten: Auch wenn die Partei 51 Prozent der Stimmen erreichte – das von Otto Bauer beschworene Ziel –, »müßte sie vernünftigerweise mit dem fortschrittlichen Teil der bürgerlichen Welt rechnen und im Interesse der Republik eine Koalition anstreben«. Seinen theoretisierenden Kritikern hielt er bei einer passenden Gelegenheit das kräftige Wort entgegen: »Die Armee wäre verloren, die ihre Feldprediger zu ihren Feldherren machen wollte.«

Otto Bauer hatte 1936 sein Buch »Zwischen zwei Weltkriegen?« veröffentlicht. Es war ein Versuch, die neue Situation zu erfassen und der sozialistischen Bewegung einen neuen Weg anzudeuten. Wir sprachen darüber beim Besuch in Brünn im Januar 1937. Auch über seine immer noch positive Wertung der Komintern-Schwenkung und die grandiose Fehleinschätzung der neuen sowjetischen Verfassung; er nannte sie »einen gewaltigen Schritt zur Demokratisierung«. In seinem Buch und danach suchte er nach Elementen eines »integralen Sozialismus«, der die geschichtlich überholten »reformistischen« und »revolutionären« Ausprägungen auf einer höheren Ebene überwinden sollte. (Ein kluger deutscher Gewerkschaftsführer wie Fritz Tarnow, der innerparteilich von rechts kam und den Kommunisten weiterhin nicht über den Weg traute, bewegte sich während der Kriegsjahre in Stockholm in ähnlichen Gedankenbahnen.)

Ein Mann wie Bauer hat sich ehrlich und ernsthaft bemüht, die Gründe der Niederlage klarzulegen. Und doch blieb er in erheblichem Maße ein Gefangener jenes deterministischen Denkens, das immer wieder zu der Feststellung führt, alles sei so gekommen, weil es so habe kommen müssen. Nicht nur beim »Austromarxismus«, sondern auch bei den deutschen Marxisten – oder solchen, die sich dafür hielten – existierte die fatale Neigung, sich auf die automatischen Folgen wirtschaftlicher Vorgänge zu verlassen und im »Proletariat« schlechthin den Erfüller der Vernunft zu sehen.

Die »deutsche Revolution«, die Otto Bauer 1918/19 vermutete und die den »Revolutionären Sozialisten« 1938 vorschwebte, blieb beide Male aus. Wäre es ein Unglück gewesen, wenn man es den Österreichern nach dem Ersten Weltkrieg erlaubt hätte, sich der Republik von Weimar anzuschließen? Die Geschichte hat diese Frage überholt. Doch man darf vermuten, daß die deutsche Republik in der Bindung an Österreich vielleicht einen anderen Weg genommen hätte. Österreichische Intelligenz und Organisationsstärke hätten der Sozialdemokratie helfen können, die Spaltung der deutschen Arbeiterbewegung auszugleichen, und dies hätte der deutschen Demokratie möglicherweise eine bessere Chance gegeben. Gewiß, Deutschland wäre etwas größer geworden – aber vielleicht weniger gefährlich für seine Nachbarn.

Otto Bauers letzter Konflikt – in der Juliwoche des Jahres 1938, in der er in Paris starb – führte zu seinem Ausscheiden aus der Auslandsvertretung seiner Partei; er wollte und sollte nur noch den »Sozialistischen Kampf« redigieren. Die Verantwortung ging – nach Bauers ungewöhnlicher Selbstverleugnung – im übrigen völlig auf jene Vertreter der »Revolutionären Sozialisten« über, die sich nach der Hitlerschen Rache an seiner Heimat in Paris etabliert hatten. Ihren Kopf Joseph Buttinger – mit dem Parteinamen Gustav Richter – habe ich in Paris kennengelernt. Es war, als wir miteinander – er sehr viel einflußreicher – um eine »Konzentration« deutscher und österreichischer Sozialisten bemüht waren. (Buttinger, 1906 geboren, war Landarbeiter und Glasschleifer gewesen, besuchte die Arbeiterhochschule und wurde Parteisekretär in Kärnten. Nach dem Februar 1934 war er einige Monate in Haft. Von Anfang 1935 bis zum März 1938 war er Obmann – wie die Österreicher einen Vorsitzenden nennen – in der Führung der RS. Ich habe ihn in New York wiedergesehen, wohin er geheiratet hatte; er ist nicht nach Österreich zurückgekehrt. Buttinger war von der revolutionären Perspektive überzeugt, obwohl er – in kritischer Abgrenzung zum »Austromarxismus« – den Glauben an die historische Notwendigkeit verwarf.)

Nur wenige hielten – wie der altgewordene Friedrich Adler – an einer großdeutsch-sozialistischen Orientierung fest. Bruno Kreisky war das kleine Österreich groß genug – und er hat es auf seine Weise immerhin fast zu einer diplomatischen Großmacht werden lassen. Für ihn war die Rückkehr kein Blumenfeldzug. Zuerst wollten ihn die Amerikaner nicht zurücklassen. (In aller Regel sollten Emigranten nach Meinung der Alliierten bis zur Rückkehr mindestens ein Jahr warten.) Er begann seine Nachkriegskarriere als Legationssekretär bei der Vertretung in Stockholm. Sein Anteil an der Erneuerung der Sozialdemokratie war eine seiner großen Leistungen. (Daß der Parteiname »Sozialisten« blieb, zeigt, wie wenig der Begriff mit Links oder Rechts zu tun hat!) Die Parteiführung fiel ihm (zwölf Jahre später) nicht in den Schoß. Seine erste Wahl zum Bundeskanzler im Jahre 1970 wurde von manchen als eine Art österreichisches Wunder betrachtet. Ich freute mich darüber fast noch mehr als über unseren Erfolg in Bonn. Danach aber vollbrachte Kreisky tatsächlich ein Wunder: Es gelang ihm, in einem Land von der Struktur Österreichs die Mehrheit seiner Partei kontinuierlich auszubauen und die Zerklüftung der politischen Landschaft zu verhindern, an der (unter anderem) die erste Republik zugrunde ging. Es wird nicht leicht sein, dieses als »Zustand Kreisky« gekennzeichnete Erbe zu hüten.

Josef Seligers Erben

Die deutschen Sozialdemokraten in Mährisch-Ostrau hatten mit ihrer Solidarität in der Armut unsere tiefe Dankbarkeit erworben. 27 deutsche Sozialdemokraten aus dieser kleinen Stadt mußten nach der Besetzung der Tschechoslowakei den Weg in deutsche Lager antreten – eine kleine Gruppe unter den 6000 sudetendeutschen Sozialdemokraten, die gleich zu Beginn Opfer der Nazis wurden. Die meisten wurden in Dachau eingeliefert; viele kamen nie mehr zurück.

Die Flüchtlinge vor dem braunen Terror im Reich und in Österreich hatten die bewundernswerte Hilfsbereitschaft ihrer sudetendeutschen Genossen erfahren. Sie richteten Unterstützungsfonds ein, obwohl sie selber wenig hatten. Sie druckten – in Karlsbad und anderswo – Schriften für die Emigration und zur Verbreitung im Reich. Für die illegale Arbeit wurde manches geeignete »Papier« angefertigt. Über solche Hilfe wurde wenig geredet oder gar geschrieben. Man war noch der altmodischen Auffassung, daß über Solidarität nicht gesprochen werde, sondern daß sie zu üben sei.

Die Sozialdemokraten in Böhmen und Mähren hatten ihre Wurzeln in der alten österreichischen Partei (wie in gewisser Hinsicht auch die Tschechen und Slowaken). Über Jahrhunderte hinweg hatten die Familien und Gemeinden der gut drei Millionen Deutschen in örtlicher und wirtschaftlicher Gemeinschaft mit den Tschechen und Slowaken gelebt, die, zusammengenommen, dreimal so zahlreich waren. Klare Trennungslinien gab es nicht, wie schon die Namen zeigten: Bei den sudetendeutschen Sozialdemokraten hieß der Vorsitzende Czech, auf der tschechischen Seite hieß der Vorsitzende mal Nemec (also Deutsch), mal Hampl.

Wie die Österreicher waren die Deutschen in Böhmen, Mähren und Sudetenschlesien in ihrer großen Mehrheit – auch der Arbeiter – für den Anschluß an die deutsche Republik. (Otto Bauer, noch als Außenminister in Wien, legte sich dafür ins Zeug, »das proletarische Deutschböhmen« gegen »die tschechische Annexion« zu verteidigen. Ihm schwebte vor, daß sich je ein innerösterreichischer, deutschböhmischer und sudetendeutscher Teilstaat dem Deutschen Reich anschließen sollten.) Die Tschechen und Slowaken wollten die Deutschen zwar nicht aus ihrem neuen Staat entlassen; sie wollten ihnen aber auch nicht die Rechte eines Staatsvolks einräumen. So begann die neue zentraleuropäische Republik ihren Weg unter bitteren Spannungen. Später war vom »Schweizer Modell« die Rede, das freilich ein fernes Ideal blieb. Die Verbindungslinien, vor allem nach Österreich, waren eng, gerade bei den Sozialisten: Victor Adler war in Prag geboren und wohnte in Bodenbach. Otto Bauer kam aus Böhmen, Karl Renner aus Südmähren. Bundespräsident Theodor Körner war in einer nordböhmischen Textilstadt zur Schule gegangen, seines Nachfolgers Adolf Schärfs Wiege hatte in Südschlesien gestanden. (Übrigens: auch Friedrich Stampfer stammte aus Brünn. Und der Weg des in Böhmen geborenen Karl Kautsky führte von Prag über Wien, London und Stuttgart nach Berlin.)

Im Frühherbst 1919 wurde die Deutsche Sozialdemokratische Arbeiterpartei (DSAP) »Böhmens, Mährens und Schlesiens« gegründet. Den Vorsitz übernahm der Teplitzer Parteiredakteur Josef Seliger – ein kleiner, pockennarbiger, energischer Weber, der schon ein Jahr später, nur 50jährig, starb: Wie so oft in jenem Stadium der Arbeiterbewegung wurde ihm viel abverlangt, nicht nur als Agitator und Organisator, als Journalist und Erzieher, sondern auch als Gewerkschafter und Sozialpolitiker und natürlich als Parlamentarier. (»Seliger-Gemeinde« nannten am Ende des Zweiten Weltkrieges vertriebene Sozialdemokraten ihren Zusammenschluß zur Erinnerung an diesen Mann.)

Es war eine tragische Verfehlung, daß es nicht gelang, die Tschechoslowakei bundesstaatlich zu organisieren und den Staatsvölkern eine kulturelle Autonomie zu gewähren. Die tschechischen Führer, die ihre Landsleute so lange als Bürger zweiter Klasse behandelt sahen, konnten sich nicht dazu durchringen, den Deutschen einen ebenbürtigen Part in ihrem Staat einzuräumen. Die demokratischen Parteien des deutschen

Bevölkerungsteils waren in der Prager Regierung vertreten, doch sie wurden im Schulwesen, bei der Bestallung von Beamten und auf anderen Gebieten benachteiligt. Die große Wirtschaftskrise verschärfte die Spannungen. Während sich die Demokraten in Prag um einen sachlichen Ausgleich bemühten, griff eine rechte, zunehmend unter nazistischen Einflüssen stehende Separatistenbewegung um sich. Die Sozialdemokraten gerieten – wie andere antinazistische Gruppierungen auch – zwischen die Mühlsteine. Sie wehrten sich tapfer – bis sie geopfert und zermahlen wurden. 1938 hatte die sudetendeutsche Sozialdemokratie noch 85 000 Mitglieder, darunter 25 000 Frauen, und in den Freien Gewerkschaften waren 250 000 Arbeiter und Angestellte organisiert. Sie opferte man vorweg, als das Münchner Abkommen ausgehandelt wurde.

Vor dem Ende, im März 1938, wurde Dr. Ludwig Czech, langjähriger Parteivorsitzender und Minister in mehreren Prager Regierungen, durch Wenzel Jaksch abgelöst, der aus dem südlichen Böhmerwald stammte. Er war als junger Maurer zur Arbeiterbewegung gestoßen. Seiner Partei suchte er – wie ich nicht ohne Sympathie beobachtete – kämpferischen Elan zu vermitteln. Czech weigerte sich, das Land zu verlassen, und starb 1942 in Theresienstadt. Jaksch wurde im März 1939 in Prag von der deutschen Besetzung überrascht, als er sich noch um das Herausschleusen gefährdeter Landsleute bemühte. Über die Beskiden gelangte er auf Skiern nach Polen und von dort über Schweden nach England.

Ludwig Czech hatte zu Beginn der Republik gefordert: »Wir verlangen die Umbildung des Staates in einen demokratischen Nationalitätenstaat, die Aufhebung der nationalen Fremdherrschaft, die Abschaffung des bürokratischen Herrschaftssystems.« Wenzel Jaksch sagte bei seiner Wahl im Frühjahr 1938, es bleibe wahr, »daß die tschechoslowakischen Grenzpfähle nur um den Preis eines neuen Weltkriegs ausgerissen werden könnten«. Nach dem Ende stellte er fest: »Wir haben die Menschenrechte höhergeschätzt, als daß wir das Selbstbestimmungsrecht aus den bluttriefenden Händen eines Tyrannen hinnehmen wollten, weil aus dem Bündnis mit dem Bösen niemals Gutes erwachsen ist.« Jaksch, viele Jahre Mitglied des Vorstands und der Bundestagsfraktion der SPD, war kein einfacher Partner, zumal in Fragen der Vertriebenenpolitik, doch er blieb bis zu seinem Tod Ende 1966 ein leidenschaftlicher deutscher Sozialdemokrat, in seinem Verständnis ein Gesamteuropäer von freiheitlicher Gesinnung.

Auch mit anderen Mitgliedern der deutschen Sozialdemokratie aus Böhmen und Mähren habe ich im Laufe der Jahre nicht wenig zu tun gehabt und fast immer gute Erfahrungen gemacht. In Stockholm und später in Bonn hatte ich viel mit Ernst Paul zu tun, der aus der Jugendbewegung mit Erich Ollenhauer befreundet war und, neben anderem, Vorsitzender der (deutschen) Parteiorganisation in Prag wurde. Den langjährigen Parteisekretär Siegfried Taub habe ich durch die dankbaren Berichte »reichsdeutscher« Genossen kennengelernt. Ernst Paul sagte über ihn: »Sein Einfluß auf die tschechische Politik war größer, als es dem Einfluß unserer Partei entsprach.« Taub kam aus tschechischer Umgebung, war Vizepräsident im Prager Parlament; über Schweden und Rußland entkam er in die Vereinigten Staaten, wo er kurz nach dem Krieg 1946 starb. Sein Sohn, der Schauspieler Valter Taub, und ich wurden während der Stockholmer Jahre Freunde und sind es geblieben. Er entschied sich für die tschechische Nationalität und wurde Kommunist. Doch wie viele andere wurde er nach 1968 der Zugehörigkeit zur Partei nicht länger für würdig erachtet.

Als wir mit Paul und anderen Genossen während des Krieges über die Zukunft Europas nachdachten, hielten wir es für ausgemacht, daß die Sudetengebiete nicht bei Deutschland bleiben, sondern zur Tschechoslowakei zurückkehren würden. Fanatische Nazis, nahm ich an, würden die ihnen zugefallene deutsche Staatsangehörigkeit behalten müssen. Doch ich konnte mir nicht denken, daß man die Sudetendeutschen massenhaft oder gar in ihrer Gesamtheit deportieren und aussperren würde. Edvard Beneš mit seiner Exilregierung in London dachte zunächst in Kategorien einer friedlichen Koexistenz – ihre Verbindung zu Jaksch und seinen Freunden war in den ersten Kriegsjahren nie abgerissen. Als der Exilpräsident entschied, daß engste Zusammenarbeit mit der Sowjetunion geboten sei, änderte sich sein Konzept. Ende 1945, während meines Aufenthalts in Nürnberg, erhielt ich von der Grenze erschütternde Berichte über die Vertriebenen und ihre Leiden. In den sechzehn Berichten – ich leitete sie nach Stockholm und London weiter – waren viele Einzelheiten über Schikanen und Peinigungen enthalten. Einige der »Antifaschisten« – über 20 000 »Sudeten-Sozialisten« hatten die Lager und Gefängnisse der Nazis kennengelernt – konnten zunächst in der Heimat bleiben. Im Sommer 1946 wurden auch sie ausgewiesen.

Beim Neuaufbau der SPD in der Bundesrepublik spielten sudetendeutsche Gesinnungsgenossen eine große Rolle. In mancher süddeutschen Region hätte es keine Ortsvereine meiner Partei gegeben, wenn Freunde aus der Seliger-Gemeinde sie nicht begründet und gefördert hätten.

Opfer ohne Zahl

Das millionenfache Morden – durch die Einsatzkommandos, in den Vernichtungslagern – stand der Menschheit noch bevor. Doch schon zuvor haben viele erfahren müssen, was die Umwelt nicht glauben wollte. Kaum etwas hat mich mehr erschüttert als die Beichte eines Kameraden, der 1936 aus dem KZ entkommen war und das Glück hatte, nach Norwegen zu gelangen. Er und ein anderer hatten im Lager unter Befehl gestanden, einen dritten Mitgefangenen zu schlagen. Prügeln oder geprügelt werden: darum ging es. Der Entkommene hatte geschlagen, um zu überleben. Nun weinte er und sagte: »Der andere hat sich lieber totschlagen lassen!« Darüber kam er nie hinweg.

Wir lernten, daß es sehr unterschiedliche Grenzen dessen gibt, was Menschen unterschiedlicher Beschaffenheit ertragen. Deshalb mochte ich mich auch nie daran beteiligen, jemand zu kritisieren, weil seine Widerstandskraft rascher als die anderer gebrochen wurde. (Die Vorsitzende unseres SJV, Edith Baumann, die später in der DDR eine Rolle spielte, gab sich vor dem Volksgericht als »kleines, unschuldiges, irregeführtes Mädchen« [Szende]. Als der Verteidiger eines ihrer Mitangeklagten wissen wollte, ob sie vor der angeblich freiwillig zu Protokoll gegebenen Aussage mißhandelt worden sei, erhielt er zur Antwort, sie habe nur einige, nicht allzu schlimme Ohrfeigen erhalten. Ich hatte sie zu Beginn der Illegalität in Dresden getroffen und konnte gut verstehen, daß sie es aufs Überleben anlegte.)

Widerstand gegen Terrorherrschaft kann gewiß unterschiedlich begründet sein; letztlich geht es um humane Grundwerte. Gerade weil dies so ist, brauchen sich deutsche Sozialdemokraten – die selbst gelitten oder als jüngere das Leid anderer begriffen haben – durch arrogante oder verlogene Belehrungen in Sachen Freiheit nicht beleidigen zu lassen. Die deutsche Arbeiterbewegung kämpfte für die Freiheitsrechte, als andere sich noch im vordemokratischen Tiefschlaf befanden.

Ende Februar 1933, nach dem Reichstagsbrand, wanderten bereits – neben einer noch größeren Zahl von Kommunisten – an die 3000 sozialdemokratische Funktionäre in die Gefängnisse. Andere mißhandelte man in SA-Kellern. Nach den Unterlagen der Gestapo wurden allein im Jahr 1936 1374 Sozialdemokraten verhaftet. Linke Intellektuelle, ob parteilos oder nicht, wurden von Beginn an verfolgt.

Im Sommer 1933 rechnete man damit, daß etwa 50 000 Hitlergegner in Schutzhaft genommen worden waren. Als 1939 der Zweite Weltkrieg in Gang gesetzt wurde, gab es im Deutschen Reich weit mehr als 100 000 politische Gefangene: Mindestens 30 000 saßen in Zuchthäusern und Gefängnissen, über 80 000 in Konzentrationslagern. Zwischen 1933 und Kriegsausbruch war etwa eine halbe Million Deutsche aus politischen Gründen für kürzere oder längere Zeit inhaftiert. Während der Kriegsjahre befanden sich an die 200 000 – allerdings bei weitem nicht nur deutsche – Hitlergegner in den Zuchthäusern und Gefängnissen. Man schätzt, daß zwischen 1933 und 1945 etwa 25 000 Deutsche von Zivil- und Militärgerichten zum Tod verurteilt wurden. Die Zahl der vom Reichsjustizministerium registrierten Hinrichtungen politischer Häftlinge stieg von 86 im Jahr 1937 auf 5765 im Jahr 1944. Die Opfer der Konzentrationslager erscheinen in diesen Statistiken nicht.

Als Menschen aus allen besetzten Ländern Europas während des Krieges nach Deutschland verschleppt wurden, stießen sie in den Lagern und Haftanstalten auf Schicksalsgefährten, die schon Jahre bitterer Leiden hinter sich hatten. Im gemeinsamen Leiden wurden Freundschaften begründet, die – wie ich in Norwegen erleben konnte – der Politik weit vorauseilten. Nicht selten widersprachen gerade die Verfolgten im Ausland einer pauschalen Verurteilung des deutschen Volkes.

In Deutschland unterschied man zwischen den Verfolgten des Regimes und den Opfern des Krieges, die an den Fronten (oder in den Städten) ihr Leben verloren hatten. Für mich aber waren sie alle Opfer des verbrecherischen Regimes.

Der deutsche Widerstand wurde lange geringgeachtet. Das Interesse konzentrierte sich – auch in ausländischen Veröffentlichungen – fast ausschließlich auf den 20. Juli 1944. Der Opfergang der Verschwörer fordert tiefen Respekt. Doch über die Rebellion der Offiziere und ihrer Mitverschworenen darf man den Widerstand der Antifaschisten nicht vergessen, der nicht mit der Aufmerksamkeit der Welt rechnen konnte. Er verlangte um so größere Tapferkeit von allen Beteiligten, ob sie Sozialisten oder Kommunisten, Konservative oder Liberale, Christen, Juden oder Atheisten waren. Sie dienten Europa, aber auch Deutschland.

Die Kameradschaft unter den Gegnern des Regimes war stärker als die ideologischen Schranken, die sie trennten. Das galt für verfolgte Katholiken und bekennende Protestanten, für die Angehörigen aus allen Teilen der Arbeiterbewegung. Man konnte von einer Einheit im Leiden reden, aus der die Hoffnung auf Einheit im künftigen Handeln erwuchs. Sie wurde durch mächtige Kräfte von außen zunichte gemacht. Die Führung im anderen deutschen Staat gibt vor, sie allein trage das Erbe des Widerstands. Ich bin der letzte, der die unermeßlichen Blutopfer kommunistischer Arbeiter und Parteiarbeiter geringachten wollte. Aber es gibt keinen Monopolanspruch auf den Widerstand und seine Opfer. Dies gilt zumal für eine politische Ordnung, deren Funktionäre sich nicht scheuten, Sozialdemokraten, die gegen Hitler gekämpft hatten, in Gefängnisse oder nach Sibirien zu schicken. Mancher Genosse lernte das Lager zweimal von innen kennen – vor 1945 und danach. Dies ist ein doppelter Anlaß zu deutscher Beschämung.

Die große geschichtliche Würdigung des deutschen Widerstands und seiner Opfer ist noch nicht geschrieben. Doch es gibt eine wachsende Zahl von Dokumentationen und Untersuchungen, die auch die sozialdemokratischen Aktivitäten in Städten und Regionen verdeutlichen. Zu lange hat man sich – in phantasieloser Einseitigkeit – auf das gestützt, was die Gestapo schriftlich festgehalten hat und nicht mehr rechtzeitig vernichten konnte. Immerhin, auch aus diesen Unterlagen ergibt sich, daß die Kräfte im Untergrund unterschätzt wurden.

Wer will, kann sich ein wahrhaftiges Bild davon machen, wie verfolgt, verhaftet, geprügelt und gedemütigt wurde. Man sagt, solche Aufklärung vermöge nicht die neuen Generationen zu erreichen, die das Grauen nicht mehr erlebten. Sollte das wahr sein, wäre dies ein bitteres Zeugnis für die Seelenverfassung unserer Zeit.

Kurt Schumacher erzählte zwei Jahre nach Kriegsende bei einer Sitzung in der Schweiz: Am 6. Mai 1945 versammelten sich einige hundert Frauen und Männer in Hannover, um ihre alte Organisation neu zu begründen. Sie wurden gebeten, auf einem Stück Papier die Dauer ihrer Haft zu notieren. »Ich prüfte die Zettel«, so berichtete Schumacher, »und mehr als tausend Jahre Haft starrten mir entgegen.« Ist es wirklich wahr, daß junge Menschen das Entsetzen, das sich aus dieser Episode mitteilt, nicht verstehen? Ich will es nicht glauben. Die Freiheit, die wir zu behaupten haben, ist eine Frucht des Widerstands und der Opfer. In der Kraft der Erinnerung drückt sich der Lebenswille der Demokratie aus.

BARCELONA

Eine aufregende Erfahrung

In »Kattowitz« zur Jahreswende 1936/37 war beschlossen worden, daß ich Max Diamant als Verbindungsmann unserer Gruppe in Barcelona ablösen sollte. Ich konnte diesen Auftrag mit der Berichterstattung für norwegische Blätter kombinieren.

Spanien zog seit Jahren das Interesse der europäischen Linken auf sich. Mir war in lebhafter Erinnerung, welche Begeisterung sich im Frühjahr 1931 einer sonst eher unterkühlten Versammlung im Lübecker Gewerkschaftshaus bemächtigt hatte, als die Nachricht vom Sturz der spanischen Diktatur und Monarchie bekanntgegeben wurde. Das war ein Zeichen der Hoffnung. Im Herbst 1934 hatte der Aufstand der asturischen Bergarbeiter weltweit Aufsehen erregt. In den Wahlen vom Februar 1936 siegte das Wahlbündnis der Frente Popular, und in Madrid regierten bürgerliche Demokraten.

Gegen sie, nicht gegen eine Regierung der »Roten«, richtete sich der Putsch vom Juli 1936, der durch Intervention von außen nicht lange ein Bürgerkrieg blieb. In Berlin, unter dem täglichen Eindruck der NS-Presse, trieb mich die Sorge um, Spanien könnte rasch zur Beute der Achsenmächte werden. In Paris erfuhr ich zuvor schon Beunruhigendes über die wachsenden Spannungen in der spanischen Linken. In unserem Gespräch mit Otto Bauer in Brünn legte Diamant dar, daß Vorbereitungen auf eine gewaltsame Auseinandersetzung im Lager der Arbeiterbewegung im Gang seien: »Mit unheimlicher Konsequenz und Beschleunigung«, fügte er hinzu. Auf der Konferenz in Mährisch-Ostrau war konkreter festgestellt worden, wie sich die Lage zuspitzte. Ein drastisches Beispiel: In Barcelona wurde zum Beispiel der linkssozialistische Justizminister aus der Regionalregierung verdrängt – auf Druck der sowjetischen Vertretung. Ein russisches Schiff, das im Hafen der katalanischen Metropole lag, war nur unter dieser Bedingung befugt, die aus Waffen bestehende Ladung zu löschen.

Nun ergab sich die Chance, mich an Ort und Stelle zu unterrichten. Vielleicht, dachte ich mir, könnte ich nicht nur neue Erfahrungen sammeln, sondern sogar auch auf die eine oder andere Weise ein wenig von

Nutzen sein. Später – bevor ich Berliner Bürgermeister wurde und noch einmal in der vergifteten Atmosphäre der Wahlkämpfe 1961 und 1965 – wurde mir unterstellt, ich sei »Rotfront-Kämpfer« gewesen. Das war nicht der Fall, doch ich wollte mich nicht mit falschen Argumenten verteidigen. Darum ließ ich meine Gegner wissen: »Ich würde mich nicht schämen, wenn ich – wie es einige meiner Freunde taten – mit der Waffe in der Hand verteidigt hätte, was sich mir als die Sache der legalen spanischen Republik und der europäischen Demokratie darstellte.« Ich sehe das heute nicht anders als damals.

Es gab allerdings einen anderen Willy Brandt (mit allen Taufnamen Liborius, Philipp, Wilhelm) aus Hessen, sechs Jahre älter als ich, der sich im Sommer 1936 in Spanien der »Centuria Thälmann« angeschlossen hatte. 1940 wurde er in Brüssel verhaftet und zur Gestapo nach Darmstadt verschleppt, von dort wanderte er ins KZ. Er berichtete später: »Bei den Vernehmungen in Darmstadt bin ich unter anderem gefragt worden, welche Gastrolle ich in Schweden und Norwegen gespielt hätte.« Hier war noch einmal einer, der Schläge auszuhalten hatte, die mir zugedacht waren. Von der Existenz dieses Willy Brandt aus Brüssel, der Dachau überlebte, erfuhr ich erst Jahre nach dem Krieg. Der geschundene Namensvetter eröffnete schließlich einen Blumenladen. Zu manchem Anlaß brachte er mir prächtige und bunte Sträuße, die er selber verdient hätte.

Ende Januar – oder war es Anfang Februar? – fuhr ich von Oslo wieder gen Süden: mit einem Fährschiff von Kristiansand nach Frederikshavn und von der Westküste Jütlands nach Antwerpen. Ich reiste gemeinsam mit einem befreundeten und gleichaltrigen norwegischen Journalisten, der meinte, ich sei schon in Spanien gewesen: So war ja meine monatelange Abwesenheit von Oslo aus Gründen der Tarnung erklärt worden. Nun hoffte er, sich durch meine Hilfe leichter zurechtfinden zu können. Ich mußte ihm die Wahrheit sagen. Er hatte Verständnis. Der Vater meines Freundes war der Verteidigungsminister Fredrik Monsen. In Barcelona und in Madrid suchten manche wichtigen Leute das Gespräch mit dem Sohn, weil sie glaubten, er könne seinen Vater von der Notwendigkeit militärischer Hilfe überzeugen.

Die norwegischen Arbeiterparteiler fühlten sich den spanischen Republikanern und Sozialisten verbunden. Sie durchschauten wohl auch den Nichteinmischungsbetrug, von dem die Rede sein wird. Mit Waffen wollten sie jedoch nicht helfen; sie hatten, was dies angeht, auch nicht viel zu bieten. Tranmæl brachte später von einer Sitzung der Internationale – der die Norweger gerade wieder beigetreten waren – den Beschluß mit, Spanien substantielle staatliche Hilfe zuteil werden zu lassen. Johan Nygaardsvold, der Regierungschef, stand auf, nahm seinen Hut und verließ die Sitzung der erweiterten Parteileitung mit den Worten: »Wir sind die Regierung Norwegens, nicht der Partei.« (Regierende Parteien und ihre regierenden Mitglieder hatten es, wie man sieht, auch früher nicht immer leicht miteinander.)

Mein Freund und ich hatten in Paris einige Tage zu warten. Die ominöse »Nichteinmischung« erforderte ein besonderes Ausreisevisum. Das war auch zu bekommen – doch leichter, wie es hieß, wenn man den passenden Geldschein in den Paß legte. Dieses Mittel hatte sich ja beim polnischen Konsulat in Prag als wirksam erwiesen. Diesmal sollte die knappe Reisekasse geschont werden. Nachdem wir an mehreren Tagen stundenlang vergeblich gewartet hatten, explodierte der Norweger und fluchte in seiner Heimatsprache wie der sprichwörtliche Fuhrknecht. Siehe da: Die Visa wurden endlich erteilt. Per Monsen klärte mich später auf: Seine Flüche wurden eben doch von dem üblichen Schein unterstützt.

Wir passierten mit einem spanischen Zug bei Cerbère den Tunnel nach Port Bou: die erste und überraschende Begegnung mit der katalanischen Wirklichkeit. In unserem Wagen reiste eine belgische Delegation, die aus wohlmeinenden, volksfrontfreundlichen Katholiken bestand. Ihnen sollte vorgeführt werden, daß im republikanischen Spanien die Religionsfreiheit gesichert sei. Als sich der Zug aus dem Tunnel schob, sah man linker Hand eine Kirche: Sämtlichen Heiligenfiguren auf dem Kirchenschiff waren leider die Köpfe abgeschlagen worden. Der Reiseleiter – der linke niederländische Schriftsteller Nico Rost – bemühte sich krampfhaft, die Aufmerksamkeit seiner Gruppe auf die Naturschönheiten zur rechten Hand zu lenken.

Die Belgier fanden gewiß Kirchen, die unzerstört und geöffnet waren. In der Zentralregierung sorgte vor allem der Vertreter der baskischen Republikaner dafür, daß der institutionalisierte Glauben auch in der Republik nicht unterging. Gerade im Baskenland hatten die Schergen Francos katholische Priester hingerichtet. Anderswo erschossen sie Pfarrer der kleinen evangelischen Minderheit. Auf »republikanischer« Seite wurden freilich in den ersten Wochen des Krieges Hunderte von Klerikern umgebracht. Zur spanischen Wirklichkeit gehörte die Bitterkeit des Volkes gegenüber den Repräsentanten der Kirche.

Es war keine Erfindung der – dort wie überall übereifrigen – Kriegspropaganda, daß in mehreren Fällen von Kirchtürmen auf Arbeiter gefeuert worden war. Doch der explosive Antiklerikalismus hatte tiefere Wurzeln: Der Haß galt dem Klerus, vor allem dem hohen, der so lange die Macht der feudalen Unterdrücker gestützt und legitimiert hatte. Ich dachte an Überlieferungen aus den deutschen Bauernkriegen: »Spieß voran, drauf und dran, setzt aufs Klosterdach den roten Hahn« (oder »den Herrn Kaplan«).

Aber eines ist gewiß: Grausamkeiten gab es nicht nur auf faschistischer Seite. Francoleute allerdings schlachteten Tausende in Stierkampfarenen und Gebirgsschluchten ab. An die 80 000 Menschen wurden – beide Seiten zusammengerechnet – im Sommer 1936 umgebracht.

Unvergeßlich bleibt mir eine schreckliche Szene an einem frühen Aprilmorgen: Ich besuchte Freunde an der Front, einige Kilometer vor Huesca. Von der vorgeschobenen Stellung des Stabes aus konnte ich durch das Fernglas beobachten, wie eine Ausländereinheit mit ihren spanischen Kameraden eine Anhöhe stürmte. Sie mußte wieder geräumt werden. Inzwischen wurden von den Freiwilligen wenige Gefangene zurückgeschleust. Doch eines Priesters, der sich bei den Francotruppen befand, nahmen sich einige der Spanier an. Mit dem Bajonett wurde ihm der Bauch aufgeschlitzt ... Ich fand bestätigt, daß der Krieg die Bestie im Menschen herauslockt.

Das Verhältnis zwischen Kirche und Demokratie erfuhr in den Jahrzehnten darauf eine gründliche Wandlung. Eine Generation später nahmen viele Priester, zumal jüngere, die Partei der Unterdrückten und Bedrängten. Da und dort boten Diener der Kirche das schützende Dach, unter dem sich Sozialisten und Gewerkschafter ohne allzu große Gefahr zusammenfinden konnten. Der spanische Katholizismus trug infolge seiner Veränderung in nicht geringem Maße dazu bei, daß der unmittelbare Übergang zur Demokratie Mitte der siebziger Jahre so schmerzlos geschehen konnte. (Ich schreibe dies als einer, der seinerzeit mit harter Kritik nicht hinter dem Berg gehalten, sondern zuweilen, von den ihm eingepflanzten Voreingenommenheiten angestachelt, in seinen Anklagen eher übertrieben hatte.)

An jenem milden Wintertag, an dem mein Freund und ich abends in der katalanischen Hauptstadt ankamen, wurden wir ins Hotel Falcon an der Rambla de los Estudios eingewiesen. In einem Restaurant nebenan wollten wir noch einen Happen essen. Das Lokal war »kollektiviert« wie die meisten Betriebe in Katalonien. Das hieß: von den Gewerkschaften übernommen – in diesem Teil Spaniens von der anarchosyndikalistischen CNT. Überall sah man denn auch die schwarz-roten Fahnen der Gruppen, die sich als die »Libertären«, die eigentlich »Freiheitlichen« unter den Sozialisten verstanden. Die Farben der Fahnen und Transparente waren allerdings etwas verblichen. Sie hingen auch schon seit einem halben Jahr. Die Begeisterung loderte nicht mehr. Aber die Hoffnung der einfachen Menschen war noch nicht erloschen, und sie zeigten sich noch immer bereit, für die Herrschaft des Volkes – oder wie viele meinten: für das Ende jeglicher Herrschaft – zu kämpfen. Sie wollten einen »Sozialismus der unmittelbaren Produzenten«. Was immer es damit auf sich hatte: Sie standen für die Freiheit.

Die Ideale halfen uns an jenem Abend wenig: In unserem »kollektivierten« Restaurant gab es nichts mehr zu essen. Aber Wein sei vorhanden, so ließ uns ein sehr selbstbewußter Compañero Kellner wissen, dessen Aufmerksamkeit wir nach erheblichem Bemühen auf uns lenken konnten. Als er uns, eine dicke Zigarre rauchend, schließlich eines Gespräches würdigte, erfuhren wir, daß er uns auch Oliven anbieten könne. Wein, Oliven, Apfelsinen (die auf dem Lande so billig waren, daß sich der Preis kaum errechnen ließ, wenn man nicht einen ganzen Korb davon nahm) halfen uns in den kommenden Monaten manchmal, den Hunger zu überwinden, wenn wir von kargen Rationen nicht satt wurden. (Wenn ich abends gelegentlich in eine nette kleine Weinstube ging und von dem mir zu jener Zeit sympathischen Malaga trank, kostete mich das Glas umgerechnet nicht mehr als zwei norwegische Øre – ungefähr gleich Pfennig.) Die Bedienung durfte nicht mehr durch leichtes Händeklatschen herbeigerufen werden, und es galt offiziell als unwürdig, Trinkgeld zu nehmen.

Die Lage in Katalonien – und im Land überhaupt – war nicht leicht zu durchschauen. Es bot sich ein verwirrendes Bild, das sich erst langsam ordnete. Ich fand bestätigt, daß sich dem Franco-Aufstand vom Juli 1936 eine spontane Erhebung breiter Volksschichten, vor allem der Arbeiterschaft in Stadt und Land, entgegengeworfen hatte. Doch hatte sich nicht nur der größte Teil von Armee, Gendarmerie und Polizei auf die Seite der »faschistischen« Rebellen gestellt, sondern auch viele der höheren Beamten, Richter und Diplomaten. Die Staatsmaschinerie war praktisch zusammengebrochen. Die Arbeiter hatten in vielen Städten Kasernen und Polizeiposten gestürmt, die Vertrauensleute ihrer Organisation Aufgaben der Verwaltung übernommen. Die Gewerkschaften kontrollierten viele Betriebe. Landarbeiter und Kleinbauern hatten die Güter der geflüchteten Granden übernommen. Bald wurde darüber gestritten, ob es die Kriegführung notwendig mache, die Revolution zu bremsen oder zurückzudrehen.

Die Auseinandersetzung wurde hart und durchaus nicht diszipliniert geführt, zu einem nicht geringen Teil wurde sie chaotisch und gewaltsam ausgetragen. Menschliche Größe und Niedrigkeit hausten, wie in schwierigen Zeiten immer, in enger Nachbarschaft. Doch immer wieder fand ich bewegende Beispiele von der Würde und dem Idealismus einfacher Menschen. Ich mochte diese Menschen mit ihrer Freiheitsliebe, ihrer schöpferischen Spontaneität, ihrem Zukunftsglauben.

Das südländische Phlegma störte mich nicht sehr, obschon ich mich kaum an das eigenartige Zeitempfinden gewöhnte, bei dem »mañana« morgen heißen konnte, aber auch nächste Woche oder irgendwann oder nie. Die Verantwortlichen kümmerten sich nicht immer um die Notwendigkeiten. Ich begann das Wort Bismarcks zu verstehen, der gesagt hatte, unter allen Nationen sei die spanische am meisten zu bewundern, denn: »Wie lebenskräftig muß doch dieses Volk sein! Seine Regierungen bemühen sich ausnahmslos, es zugrunde zu richten und haben es noch nicht fertiggebracht.«

Mit Blindheit geschlagen

Nach 1945 wurde in den Schulen, oft auch in den Zeitungen der Bundesrepublik (und nicht nur in der Bundesrepublik) unangefochten die Legende vom »kommunistischen Aufstand« in Spanien aufrechterhalten, der durch die Kräfte der Ordnung (und der Freiheit!) niedergeworfen worden sei. Anderswo kultivierte man den anderen Mythos von einer Revolution, die nichts als Edelmut kannte, und von einer Republik, die nur duldete. Die Wahrheit ist hier wie dort differenzierter.

Der Krieg begann in der Tat als ein innerspanischer Konflikt, der lange geschwelt hatte. Er wurde schließlich ein alarmierendes Vorspiel zum Zweiten Weltkrieg. Die Westmächte freilich erwiesen sich als unfähig, die Herausforderung zu erkennen und ihr entschlossen zu begegnen. Francos intensive Verbindungen mit Rom und Berlin waren notorisch. Die konservativen Kräfte in Frankreich, England und in den USA nahmen daran keinen Anstoß. Sie bewunderten eher, daß der Generalissimo alle Elemente von rechts unter seinem Kommando sammelte: Francisco Franco war 1936 kein unbeschriebenes Blatt mehr. Im Herbst 1934 hatte er – als Generalstabschef – Fremdenlegion und marokkanische Söldner aufgeboten, um die Erhebung der Bergarbeiter in Asturien niederzuschlagen. Das brachte ihm die Bezeichnung »Retter der Nation« ein und kostete mehr als 1000 Menschen das Leben. Die republikanische Regierung, die aus den Wahlen vom Februar 1936 hervorging, versetzte den General auf die Kanarischen Inseln. Das war jene milde Form der Maßregelung, mit der sich demokratische Regierungen allzu gern begnügen, wenn die Herausforderung nicht von »links« kommt, sondern von »rechts«.

Die demokratische Regierung erwies sich nach dem Putsch als ziemlich machtlos. Die alten Apparate zerbrachen. Die tatsächliche Macht ging zum guten Teil auf die Milizen über, die sich gegen das rebellierende Militär in die Bresche warfen. Die beiden großen Gewerkschaftsbünde – zunächst wohl noch mehr als die politischen Parteien – nahmen sich der improvisierten Verteidigung an. In Katalonien bestand neben der Regionalregierung ein »Zentralkomitee der Antifaschistischen Milizen«: eine Doppelherrschaft, die einer Situation entspricht, in der noch nicht klar ist, wie weit das revolutionäre Pendel ausschlägt. Offiziell wurden die Milizen im Oktober zum »Volksheer« umgewandelt. Tatsächlich gelang diese Prozedur nur im Ansatz, vor allem dort, wo die Anarchosyndikalisten eine wichtige Rolle spielten.

Franco hatte den allergrößten Teil der Offiziere mit zwei Dritteln des Heeres hinter sich, während ihm die Flotte und die (kleine) Luftwaffe mehrheitlich nicht folgten. In vielen Städten, vor allem in Madrid und Barcelona, war der Putsch gescheitert. Arbeitermilizen, die sich, wie aus dem Boden gestampft, formiert hatten, machten den Reaktionären in weiten Teilen des Landes einen Strich durch die Rechnung; allerdings hatten die improvisierten Einheiten oft Mühe, sich angemessen zu bewaffnen. Für die Anführer des Putsches war es entscheidend, daß sie die Chance hatten, rasch genug Truppen von Marokko – wieder die Fremdenlegion und die gefürchteten Moros! – ins spanische Mutterland transportieren zu können. Die Regierung in Madrid hätte den Putsch vermutlich schnell niederzuschlagen vermocht, hätte sie loyale Truppenteile und Milizen mit modernen Waffen ausstatten und durch Luftunterstützung sichern können. Waffenhilfe für die Faschisten ließ nicht auf sich warten. Als sich Franco an die Spitze der Truppen in Spanisch-Marokko setzte, um von dort den Bürgerkrieg ins Mutterland zu tragen, waren seine Abgesandten nach Deutschland unterwegs. Sie wurden von Hitler und Göring während der Bayreuther Festspiele empfangen. Der Oberbefehlshaber der Luftwaffe selbst kümmerte sich um die Transporte.

Das italienische Engagement war zahlenmäßig stärker als das deutsche. Mussolini bot 50 000 bis 60 000 Mann auf: vier Divisionen mit Panzereinheiten. Die deutsche »Legion Condor« bestand aus 10 000 bis 15 000 Soldaten mit mehr als 100 Flugzeugen. Mussolinis Truppen mußten im März 1937 an der Guadalajarafront eine schwere Niederlage hinnehmen. Was ich darüber hörte, ermutigte mich, die militärischen Möglichkeiten viel zu optimistisch einzuschätzen. Und ich folgte nur zu gierig den Schilderungen, welch wichtigen Anteil italienische Antifaschisten am Sieg über die Verbände des Duce hatten. Es waren die Italiener der Internationalen Brigaden, bei denen der Sozialistenführer Pietro Nenni als Politischer Kommissar diente. Für deutsche Antifaschisten gab es eher Anlaß zur Trauer: so, als in jenem Frühjahr – im April 1937 – Flieger der Luftwaffe das Städtchen Guernica, von den Basken als eine Art religiöse Hauptstadt betrachtet, »ausradierten«. (Für Picasso wurde dies zum Motiv eines aufrüttelnden Gemäldes; zu wenig Beachtung fand Hermann Kestens Roman »Die Kinder von Gernika«.)

Meine deutschen Landsleute hatten wenige Jahre danach unter dem Bombenkrieg bitter zu leiden. Viele erinnerten sich nicht, was voraufgegangen war: in Spanien, wo Madrid schon im Oktober/November 1936 bombardiert wurde, in Polen, in Norwegen – wo ich Zeuge war, wie mehrere Kleinstädte in Flammen aufgingen. Nicht zu vergessen Rotterdam im Mai 1940; als dort vierzig Jahre später des Tages der Zerstörung gedacht wurde, hatte ich eine Rede zu halten, die mir nicht leicht wurde.

Moskau hielt sich zunächst zurück und beteiligte sich an der Nichteinmischungsfarce. Stalin wollte Zeit gewinnen und möglichst nicht mit den Engländern in Konflikt geraten. Im Oktober 1936 begann er mit Waffenlieferungen. Sie blieben in Grenzen; die Waffen waren zum Teil museumsreif – und mußten mit purem Gold bezahlt werden. Gleichwohl wurden die Waffen, wie ich schon an einem Beispiel zeigte, als Hebel benutzt, um politische Bedingungen durchzusetzen. Als die Madrider Regierung die Sowjetunion um Hilfe bat, gehörten ihr keine

Kommunisten an; die KP galt auf der Linken als »El partido microscópico« – eine Splitterpartei. Doch das änderte sich rasch.

Das republikanische Spanien wurde nicht durch innere Zwangsläufigkeiten, sondern durch Pressionen von außen dem Einfluß des Kominternapparats unterworfen. Gab es auch kaum mehr als 3000 sowjetische »Berater«, so besetzten diese jedoch Schlüsselpositionen, nicht zuletzt in einem rasch aufgebauten Geheimdienst. Durch Verleumdung, Verfolgung und Vernichtung wurde das sozialistische und gewerkschaftliche Lager geschwächt. Groteskerweise waren es die offiziellen Kommunisten, die gegen die soziale Revolution Front machten: teils mit dem gewichtigen Argument, daß die militärischen Erfordernisse – erst den Krieg gewinnen! – Vorrang haben müßten, teils der taktischen Erwägung folgend, daß in einer ohnehin schwierigen internationalen Lage »revolutionäre« Verhältnisse kompromittierend wirken könnten. Linientreue Kommunisten pflegen sich überdies nur für Revolutionen zu engagieren, die sie lenken und verwalten können.

Objekt und Subjekt der »Kommunisierung« waren auch die Internationalen Brigaden, in denen sich Idealisten und Verzweifelte – Kommunisten, Sozialisten, Parteilose – und gewiß manche Abenteurer aus einer großen Zahl von Ländern gesammelt hatten. Ihre ersten Einheiten hielten im September 1936 Madrid. Sie bewährten sich an mehreren Fronten und brachten einen hohen Blutzoll. Den (fünf) Internationalen Brigaden gehörten im Gang des Krieges über 40 000 Mann an. Das größte Kontingent von etwa 10 000 kam aus Frankreich. Die Deutschen, Italiener, Polen waren mit je etwa 5000 Kämpfern vertreten. Man rechnet damit, daß ein Drittel aller Interbrigadisten – und die Hälfte der Deutschen! – gefallen ist. (Später spielten in der DDR einige der Überlebenden beim Aufbau des Polizei-, dann des Militärapparates eine wichtige Rolle.)

Zu Recht ist gesagt worden, über den Ausgang des spanischen Krieges sei in Paris, London, Rom und Berlin entschieden worden – nicht in Spanien. Die deutsch-italienische Intervention einerseits und das sowjetische Engagement andererseits machten es schwer, die Haltung der Westmächte zu verstehen. Furchtsamkeit und Wankelmütigkeit sind wohl ein Teil der Erklärung, ein anderer ist der eiskalte Einfluß der Kräfte, die – ihren Interessen gehorchend oder ideologisch fixiert – nach dem Motto »lieber rechts als links« handelten. Waffenlieferungen, um die Madrid die französische Regierung nach dem Putsch unverzüglich bat, hätten überhaupt nicht gegen internationales Recht verstoßen. Sie wären im Sommer 1936 für Frankreich nahezu risikolos gewesen. Weder Hitler noch gar Mussolini waren gesonnen, Spaniens wegen einen großen Krieg zu beginnen. Franco hätte sich gegen ein begrenztes, aber klares französisches Engagement nicht lange halten können. Ich war später erstaunt, daß 1936 Ernst von Weizsäcker im Auswärtigen Amt – er wurde kurz darauf Staatssekretär – die »Unfähigkeit Francos, aus eigenen Mitteln die Herrschaft über Spanien zu erringen«, aktenkundig machte.

Wie konnten die Verantwortlichen der Westmächte mit soviel Blindheit geschlagen sein? Vor allem für Frankreich deutete sich doch die Gefahr an, daß es mit einer zusätzlichen Bedrohung an den Pyrenäen und mit verstärktem italienischem Druck im Mittelmeerraum rechnen müßte. (Niemand konnte voraussehen, daß Franco mit soviel Geschick in einem neuen Weltkrieg militärische Neutralität bewahren würde.) In Paris und in London wagte man nicht, entschlossen vorzugehen. Roosevelt lehnte für die USA zu jenem Zeitpunkt strikt jede Verwicklung in die europäischen Händel ab. So blieb der Westen paralysiert: wie bei der Rheinlandbesetzung einige Monate zuvor oder 1938 bei der Annexion Österreichs und beim Ausverkauf der Tschechoslowakei. Die Angst vor Hitler war vermutlich nicht einmal entscheidend. In der Beurteilung der spanischen Situation wurde die Vernunft von der Wahnidee zersetzt, Hitler, Mussolini und Franco leisteten einen nützlichen Dienst gegen »die Roten«.

Für Léon Blum galt dies natürlich nicht. Seine Fehleinschätzung hatte andere Ursachen. Er wollte gewiß gern Solidarität üben, schreckte jedoch vor den Konsequenzen zurück. In Paris – wie in Madrid – stützte sich die Regierung auf die Volksfront. Blum war zunächst entschlossen, den Spaniern Waffen und Flugzeuge zu liefern. Die Regierung stimmte seinen Vorschlägen zu, und es wurde mit einigen Lieferungen begonnen. Doch nur wenige Tage später wurden diese Beschlüsse wieder aufgehoben. Einige versteckte Hilfe lief weiter, über private Firmen oder der Form nach über Mexiko: bei weitem nicht genug, den Sieg der Republikaner zu sichern.

Die französischen Sozialisten rannten in ein Verhängnis, das nicht das ihre bleiben sollte. Sie beugten sich den englischen Bedenken, die zunächst milde, dann härter angemeldet wurden. Die Briten drohten sogar mit Konsequenzen für das Bündnis: Die Franzosen müßten sehen, wie sie allein fertig würden, sollten sich internationale Verwicklungen ergeben. Gerade in London betrachtete man es vermutlich wohlwollend, daß Reaktionäre mit Roten aufräumten. Die Sowjetunion – die zweite große Bündnismacht Frankreichs – hatte wissen lassen, daß sie keinen Krieg wolle.

Blum sah sich auch mit beträchtlichen innenpolitischen Schwierigkeiten konfrontiert. Nicht nur dem Widerstand der Rechten, die jedes strategische Interesse vernachlässigte und ihre Sympathien für den spanischen Militärfaschismus nicht verbarg, sondern auch der britischen Drohung, die bei einem Teil der »Radikalen« durchschlug; sie fürchteten, Frankreich könne ohne Not in den Krieg schlittern. Andere hatten ganz einfach Angst vor der »spanischen Krankheit«. Der Staatspräsident Albert Lebrun soll mit Rücktritt gedroht haben. Das hätte eine Staatskrise bedeutet. Chautemps, ein »radikaler« Minister, der Blum 1937 als Premier ablöste, hatte schon Ende Juli 1936 in einer Pariser Zeitung geschrieben: »Niemand kann verstehen, warum wir wegen Spanien einen Krieg riskieren sollen, wenn wir es im Falle des Rheinlandes nicht getan haben.«

Ein dritter Grund war, fürchte ich, Léon Blums übergroße Vorsicht, die ihn vor einer Kraftprobe zurückschrecken ließ. Sozialdemokratische Führer gingen selten Wagnisse ein; sie nahmen statt dessen öfter in Kauf, daß ihre Übervorsicht und ihr Zögern schlimmere Krisen herbeiführten, deren sie dann gewiß nicht mehr Herr werden konnten.

Schlaue Beamte am Quai d'Orsay erfanden – gemeinsam mit ihren Kollegen vom Foreign Office – das Konzept einer Nichteinmischung, das zugleich zynisch und naiv war. Es gehörte dazu, von Francos Freunden in Berlin und Rom zu erwarten, daß sie sich an das im August 1936 in London unterzeichnete Abkommen über »Non-Intervention« halten würden. William Shirer schreibt zutreffend, dies sei »einer der grausamsten Schwindel der ganzen Epoche« gewesen und »eine der empörendsten diplomatischen Farcen, die sich zwischen den beiden Kriegen in Europa abspielten«. Der österreichische Sozialdemokrat Julius Braunthal fällte das harte Urteil, die Sache der Freiheit sei letztlich gescheitert »am Kleinmut, dem Verrat und der Feigheit der demokratischen Mächte des Westens, die der spanischen Republik die Waffen zu ihrer Verteidigung sperrten«. Ich selbst nannte in meinen Berichten die Non-Intervention eine »offizielle Hilfe für die faschistische Intervention«, und in Vorträgen fügte ich hinzu: Der große Krieg könne nicht verhindert werden, indem man den »kleinen« verlorengehen lasse!

Die Non-Intervention bewirkte auch – während Franco von Deutschland und Italien munter beliefert und massiv unterstützt wurde –, daß London und Paris zeitweilig der Sowjetunion das Feld überließen und mitansahen, wie Sozialisten, Syndikalisten, Unabhängige von Stalinschergen stranguliert wurden.

Im aufgeregten Barcelona erwartete man von den Westmächten nichts mehr. Anders im »ordentlicheren« Valencia, in dem ich mich während jenes Frühjahrs ein wenig umschauen konnte. Ich vergaß nie, wie verzweifelt eine junge sozialistische Rechtsanwältin auf mich einredete: »Was tut das Ausland? Warum unternimmt Frankreich nichts? Bisher hilft uns nur die Sowjetunion ...« George Orwell – den ich ein paarmal flüchtig gesehen hatte, da wir in Barcelona unter dem Dach desselben, von der linkssozialistischen POUM (Partido Obrero de Unificación Marxista) verwalteten Hotels wohnten – trug diesen Pessimismus mit nach Hause. Sein »Homage to Catalonia« schließt mit einer Klage über den »tiefen Schlaf« seines Landes, des Westens, der Demokratien: »Ich fürchte, wir werden nie daraus erwachen, ehe uns nicht das Krachen der Bomben daraus erweckt.«

Orwell, hochaufgeschossen und schmal, zehn Jahre älter als ich, war in Indien aufgewachsen und hatte in Burma bei der Polizeitruppe gedient. In Spanien verbrachte er, nach eigener Schilderung »fast sechs Monate an der Front von Aragon, in Huesca, bis ein faschistischer Scharfschütze mir durch die Kehle schoß ... Durch eine Reihe von Zufällen schloß ich mich nicht der Internationalen Brigade an, wie es die Mehrzahl der Ausländer tat, sondern der POUM-Miliz ...«

Der Zufall wollte es, daß ich in der Nähe war, als Orwell Mitte März 1937 schwer verwundet wurde. Ich kam – über das von der POUM beherrschte Lérida – herüber, um mit den deutschen Genossen zu sprechen, die – wie er – als Freiwillige zur 29. Division gestoßen waren. Nachmittags hatten wir diskutiert und als »Gruppe Front Aragon der SAP« – wenige Dutzend an der Zahl – eine Entschließung verabschiedet, abends saßen wir ohne viel Worte am Feuer: Das »Batallón de choque« sollte vor Tagesanbruch angreifen. Dieses Bataillon bestand aus meist mitteleuropäischen Sozialisten.

Seit Wochen hatten die republikanischen Einheiten versucht, acht Kilometer vor Huesca eine Anhöhe zu nehmen, auf der jenes »Manicomio« stand, ein zur Festung verwandeltes Irrenhaus, von dem auch in Ehrenburgs Memoiren die Rede ist. Ich ging nachts mit dem Divisionär

Josep Rovira nach vorn und konnte die deprimierenden Ereignisse von einem verlassenen Bauernhaus aus beobachten. Die Anhöhe wurde genommen, doch dann kam der Gegenangriff mit Luftunterstützung. Der Übermacht hatten die unseren nichts mehr entgegenzusetzen; offensichtlich war auch Spionage am Werk. Feindliche Artillerie schoß sich auf das »Manicomio« und auf den Stab ein, bei dem ich mich aufhielt. Die Landsleute von der »Legion Condor« nahmen uns vom Flugzeug aus mit dem Maschinengewehr aufs Korn. Das ist nicht allzu gefährlich, wenn es eine Mauer und einen Durchlaß gibt, die es erlauben, rasch genug die Seite zu wechseln. Der Artilleriebeschuß zuvor war unangenehmer: 100 Meter rechts, dann 50 Meter links, beim dritten Versuch 70 Meter zu kurz. Ich hatte mir vorher – zum erstenmal! – das Rauchen abgewöhnt, doch zwischen dem zweiten und dritten Einschlag bat ich meinen Nachbarn um eine Zigarette.

Bevor ich nach Barcelona zurückkehrte, besuchte ich einen Genossen aus unserem Jugendverband, der schwer verwundet im Lazarett lag. Wir nannten ihn Wolf – er hieß so mit seinem Nachnamen, der Vorname war Herbert. Er sollte von seinem Krankenbett in Siétamo nicht mehr aufstehen. Auch eine junge Genossin, die wir Trude nannten, war an der Aragonfront unter schrecklichen Umständen gefallen: Sie war Sanitäterin und kam gemeinsam mit drei französischen Frauen um. Aus der abstrakten Zahl der Opfer schauten mich die Gesichter der einzelnen an, die ihr Leben verloren. Das war eine Erfahrung, die für mich nicht in den Büchern über den Ersten Weltkrieg stand.

In seinem Katalonien-Buch schildert George Orwell den Terror der Kommunisten gegen ihre linken Widersacher. Es ist wahrscheinlich, daß er damals zu jenen schrecklichen Visionen inspiriert wurde, die uns in seinen späteren Büchern begegnen. In einem Text, den er während des großen Krieges verfaßte, widerspricht er falschen Deutungen des Geschehens (»Es gab keine russische Armee in Spanien!«) und geißelt noch einmal die Haltung des eigenen Landes: »... die herrschende Klasse in England tat in der gemeinsten, feigsten und heuchlerischsten Weise alles, um Spanien an Franco und die Nazis auszuliefern. Warum? Die Antwort ist einfach – weil sie profaschistisch war.« Vielleicht habe es dabei noch nicht einmal einen festen Plan gegeben: »Ob die herrschende Klasse in England bösartig oder nur dumm ist, das ist eine der schwierigsten Fragen unserer Zeit ...« Die Einseitigkeit polemischer Zuspitzung ist nicht zu übersehen.

Die Schwarz-Roten

Die spanische Arbeiterbewegung prägten ab den siebziger Jahren des vorigen Jahrhunderts zwei Hauptströme: zum einen die »marxistische« Partido Socialista Obrero Español mit ihrer Gewerkschaft UGT (Unión General de Trabajadores), zum anderen die syndikalistische CNT (Confederación Nacional del Trabajo), auf die – überwiegend als Geheimorganisation – die Federación Anarquista Ibérica (FAI) maßgeblichen ideologischen Einfluß hatte. Die »Marxisten« – vor allem durch Largo Caballero repräsentiert – hatten ihr Zentrum in Madrid, die Syndikalisten in Barcelona. Die einen gaben anderthalb Millionen, die anderen eine Million Mitglieder an; doch mit solchen Zahlen durfte man es, wie ich bald lernte, nicht allzu genau nehmen.

Die Anarchisten und die von ihnen beeinflußte Gewerkschaftsbewegung formierten sich im Jahr 1870, als Michail Bakunin, der russische Intimfeind von Karl Marx, dafür sorgte, daß eine spanische Sektion der Ersten Internationale ins Leben gerufen wurde. Die Richtung Bakunins wurde in der jungen Arbeiterbewegung nicht nur Kataloniens vorherrschend. Sie fand auch unter den Landarbeitern Andalusiens und anderer südlicher Provinzen erheblichen Anhang. Der Appell zur »direkten Aktion« stieß bei der Arbeiterschaft auch in Portugal und vor allem in Italien auf starken Widerhall.

Anarchistische Ideen waren einem jungen Sozialisten meines Schlages nicht völlig fremd. Einzelne Vertreter dieser Ideen hatten wir mit Respekt beobachtet, doch die Bewegung galt uns als utopisch und eher schädlich. In Spanien hatte ich nun Gelegenheit, die Schwarz-Roten nicht als Sekte, sondern als Massenbewegung kennenzulernen. An einem meiner ersten Abende in Barcelona besuchte ich eine große Versammlung der CNT und hatte das Gefühl, eine Veranstaltung des Deutschen Metallarbeiterverbandes hätte sich in einer bewegten Situation nicht viel anders gezeigt. Ich spürte mehr Geschlossenheit, als meine Voreingenommenheit mich erwarten ließ: eine Demonstration von geballter Kraft. Vermutlich legten die Reden, die geführt wurden, nicht Zeugnis von einer nüchternen Wirklichkeit ab, aber ich empfand die Atmosphäre als durchaus sympathisch. Man wollte neu gestalten und selbst bestimmen: Der revolutionäre Elan war von einem starken freiheitlichen Pathos getragen.

Unter dem Eindruck meines Spanienaufenthalts sagte ich, im spanischen Anarchosyndikalismus seien große moralische Qualitäten aufgespeichert und seine Verfechter zeigten großen Mut: »Aus dem dezentralistischen Postulat kommt dazu eine antibürokratische Haltung, die als Gegengewicht gegen die bürokratische Entartung, die die Arbeiterbewegung sonst angefressen hat, durchaus gesund sein kann.« In Spanien hatten die Anarchosyndikalisten, so stellte ich fest, einen wesentlichen Anteil an der Niederschlagung des »militärfaschistischen Aufstands« und in deren Folge starke schöpferische Kräfte freigesetzt. In der Tat, man begegnete nicht nur in Barcelona, sondern auch auf dem Lande, bei Bauern und Fischern, Menschen mit einer schönen Liebe zur Freiheit und einer imponierenden Leidenschaft für die Gleichheit. Mich interessierte, mit wieviel Respekt und Sympathie Jahre später, nach dem »Tauwetter«, ein Mann wie Ilja Ehrenburg über seine Erfahrungen mit spanischen Anarchisten schreibt: »Sie bewiesen, und gar nicht schlecht, daß es ohne Freiheit keinen echten Kommunismus geben kann.« (Ehrenburg hatte ich vor dem Spanienkrieg in Oslo getroffen. Vieles, was er schrieb, sagte mir nicht zu, und seine Haßtiraden im Zweiten Weltkrieg fand ich abstoßend. Offensichtlich war auch er zur Anpassung gezwungen. Um so nachdenklicher stimmte mich in den fünfziger Jahren eine Botschaft, in der es heißt: »Urteilt nicht so hart über Ehrenburg. Er konnte reisen und kam nie ohne Bücher und Zeitschriften zurück. Dadurch hat er einem Dutzend von uns das geistige Überleben möglich gemacht«: der dies gemeinsamen Freunden ausrichten ließ, war Boris Pasternak.)

Die spanischen Anarchosyndikalisten hatten gewaltige Veränderungen zu bestehen, als sie – die den Staat und jedes überkommene Herrschaftssystem ablehnten – selbst Regierungsverantwortung übernahmen. An der Madrider Regierung, die unter der Ministerpräsidentschaft Largo Caballeros Ende 1936 neu gebildet wurde, waren zum erstenmal Vertreter der beiden großen Gewerkschaftsbünde neben linken und liberal-demokratischen Parteien beteiligt. Zuvor schon waren die Anarchosyndikalisten in Katalonien – durch Vertreter der CNT – in der Regionalregierung maßgeblich vertreten. Wirtschaftsminister in Barcelona war Diego Abad de Santillán, der lange in Argentinien gelebt hatte; nach dem Sieg Francos kehrte er dorthin zurück und wirkte als Historiker. Das Justizministerium unter Caballero hatte der bekannte Anarchosyndikalist García Oliver übernommen.

Mir fiel Federica Montseny auf, die wohl bedeutendste Frau der spanischen anarchistischen Bewegung, die 1936/37 Gesundheitsministerin war; in diesem Amt legalisierte sie den Schwangerschaftsabbruch. Die gerade erst 30jährige – Theoretikerin der »reinen« anarchistischen Linie – war schon früh als Schriftstellerin hervorgetreten. Im französischen Exil – erst 1977 kehrte sie nach Spanien zurück – blieb sie der Ablehnung aller Politik im landläufigen Sinne treu.

Anarchistische Überzeugung und Tradition hatten es geboten, daß sich ihre Anhänger nicht einmal an Parlamentswahlen beteiligten: Wahlen wurden vielmehr als Betrug an den Arbeitern denunziert. Im Februar 1936 hatte die CNT jedoch zum erstenmal nicht zur Wahlenthaltung aufgerufen, und ihre Mitglieder gaben meist den Kandidaten der Frente Popular, vor allem Sozialisten, ihre Stimme. Man wollte dadurch erreichen, daß politische Gefangene freigelassen würden, was auch gelang. Einen viel tieferen Einschnitt bedeutete es natürlich, daß die Anarchosyndikalisten mit vier Ministern in die Zentralregierung eintraten, nachdem sie in der katalanischen Generalitat schon vertreten waren. Sie konnten ihre Staatsverneinung nur mühsam überwinden. Aber an Kampfesmut ließen sie sich von niemandem übertreffen. Für den Befehlshaber einer schwarz-roten Einheit war es Ehrensache, an der Spitze zu marschieren. In Barcelona und in Madrid hatten syndikalistische und sozialistische Arbeiter gemeinsam die putschenden Militärs niedergerungen und deren Hoffnung auf einen raschen Sieg zunichte gemacht. Für eine kurze Zeit schien es möglich, die traditionellen Gegensätze zwischen den beiden Richtungen zu überwinden.

Zwischen Largo Caballero und führenden Repräsentanten der syndikalistischen CNT bahnte sich eine vertrauensvolle Zusammenarbeit an; man diskutierte sogar über eine Vereinigung der Gewerkschaftsbünde. Die Kommunisten proklamierten statt dessen die Einheit der Parteien, weil sie sich ausrechneten, daß sie auf diese Weise die Sozialisten unter ihre Kontrolle bringen könnten; mit den beiden Jugendverbänden war ihnen dies noch kurz vor dem Juli 1936 geglückt. Den Weisungen ihrer Berater zufolge verlangten die spanischen Kommunisten, es dürfe nichts geschehen, das die bürgerlichen Volksfrontpartner abstoßen könnte – es müsse Schluß sein mit dem »Unkontrollierbaren« und den »Unordentlichkeiten« der Revolution. Das war ein Angriff besonders gegen die Anarchosyndikalisten. Die Kommunisten fanden – auch bei Polizei und Armee – nicht geringe Zustimmung. Sie präsentierten sich als die Partei der Ordnung. Sie forderten auch am massivsten, daß alles den Notwendigkeiten des Krieges unterzuordnen sei. Das war nicht so abwegig, aber das Prinzip erlaubte jeden Mißbrauch.

Trotzdem: Die soziale Revolution, die mit dem Krieg einherging, ließ sich nicht einfach abblasen. Sie war ja auch nicht durch Knopfdruck ausgelöst worden. Der staatliche Machtapparat war in Stadt und Land zusammengebrochen, das Vakuum von Arbeiterausschüssen gefüllt worden. Sie nahmen nun weithin die Verwaltungsaufgaben wahr. In diesen Komitees verfügten – jedenfalls in Katalonien – Vertreter der syndikalistischen CNT meist über dominierenden Einfluß. Auch bei den Milizen hatten sie das Sagen. In Katalonien kämpften zwei Drittel der Milizionäre unter schwarz-roten Fahnen und unter dem Kommando von Männern, die jedes Kommandieren eigentlich ablehnten. Ihre Vorstellungen von einer militärischen Auseinandersetzung waren auch für den Nichtmilitär – in diesem Fall: einen linken Sozialdemokraten aus dem Norden – ein wenig verwirrend. Einige hatten versucht, den Achtstundentag auch bei der Miliz einzuführen. Man glaubte da und dort, zumal zu Beginn des Krieges, über die Zweckmäßigkeit eines jeweiligen militärischen Vorgehens könne abgestimmt werden. Durch Mehrheitsbeschluß war gelegentlich entschieden worden, daß für einen Vormarsch nur die Landstraße in Betracht zu ziehen sei.

Einiges, das ausländische Beobachter den Anarchisten ankreideten, gehörte freilich zu den nationalen Eigenheiten: so die Siesta, die an manchen Frontabschnitten, an denen die Spanier unter sich waren, in gegenseitigem stillschweigendem Einvernehmen eingehalten wurde. Oder die Neigung, nach Hause zu gehen, wenn man keinen Wachdienst hatte. Bei den Barrikadenkämpfen im Mai 1937 in Barcelona hielt ein deutscher Anarchosyndikalist fest: »Mittags um 12 Uhr war Pause. Da ging man zum Essen. Da konnte man gehen, wo man wollte. Um 2 Uhr fingen dann die Kämpfe wieder an.«

Die soziale Revolution veränderte die Verfügungsgewalt über die Wirtschaft. In Katalonien wurden im Herbst 1936 die Errungenschaften des unmittelbaren revolutionären Prozesses festgeschrieben: Alle Betriebe mit mehr als 100 Beschäftigten galten als »kollektiviert«. Banken, Hotels und Versorgungsbetriebe – Eisenbahnen, städtisches Transportwesen, Gas und Elektrizität – waren schon vorher, teils von den Betriebsausschüssen der CNT oder gemeinsam mit der UGT, teils von der Generalitat (die Regionalregierung) oder auch von einer der politischen Organisationen übernommen worden. In anderen Teilen des republikanischen Spanien war der syndikalistische Einfluß geringer, doch Banken, Bergwerke, größere Fabrikbetriebe wurden durchweg verstaatlicht.

Die landwirtschaftlichen Kollektive – wiederum am stärksten ausgeprägt in Katalonien – blieben umstritten. Die Kommunisten machten dort, wo ihr Einfluß ausreichte, die Gründung von Produktionsgenossenschaften rückgängig, auch wenn es an ihrer Freiwilligkeit keinen Zweifel gab. Oft genug freilich war Zwang ausgeübt worden. Die Sympathien der bäuerlichen Bevölkerung für die republikanische Sache wurden dadurch nicht ermutigt. Auch fehlte die Industrie, die landwirtschaftliches Gerät hätte liefern können. In einzelnen der etwa 500 katalanischen Kollektivwirtschaften wurde mit einer geldlosen Gütergemeinschaft experimentiert. In einem Fall hatte man zuvor die in der Gemeindekasse vorhandenen Peseten gleichmäßig verteilt. Ich dachte an meinen Großvater, der in der Bebelschen Partei gelernt hatte, daß die Abschaffung des Geldes ein nicht zu fernes Ziel sei.

Die Ablösung staatlicher und privatökonomischer (oder staatskapitalistischer) Strukturen förderte örtliche Eigenbröteleien oder betriebsgewerkschaftliche Egoismen. Es war nicht viel Zeit, um die neuen Modelle und Experimente zu erproben. Doch viele der »Libertären« gewannen meine Achtung, obwohl ich als junger »marxistisch« orientierter Linkssozialist gelernt hatte, daß anarchistischer Individualismus abzulehnen, Antiparlamentarismus nicht vernünftig sei und daß Putschismus nicht dem Wohl des Volkes diene.

Die Auseinandersetzung mit dem Geist einer Linken, deren Ideenwelt sich vor und unabhängig von Marx geformt hatte, war zu oberflächlich geblieben. Von einzelnen Persönlichkeiten, die in Deutschland den Anarchisten zugerechnet wurden – wie den Schriftstellern Gustav Landauer und Erich Mühsam –, ging gleichwohl eine beträchtliche Wirkung aus. Der eine – eher Philosoph, Freund Martin Bubers, Verfasser eines schönen Buches über Shakespeare – hatte der ersten bayerischen Räteregierung 1919 angehört und wurde von konterrevolutionären Ordnungshütern erschossen. Mühsam, der als edelanarchistischer Dichter galt, in Berlin geboren und in Lübeck aufgewachsen, war ebenfalls Mitglied jener kurzlebigen Räteregierung; er starb im Sommer 1934 nach Folterungen im KZ Oranienburg. Mein Freund Stefan Szende schrieb von ihm: »Die Nazis haßten Mühsam mehr als uns andere. Der alternde Mann wurde häufiger gequält als irgendein Häftling in Oranienburg.«

In meiner Kindheit hörte ich Erzählungen von russischen »Sozialrevolutionären«, die ihr Leben bei Anschlägen auf zaristische Repräsentanten riskiert hatten. Viel Sympathie wandte sich den Italienern Sacco und Vanzetti zu, die 1920 in Boston wegen angeblichen Raubmordes zum Tode verurteilt worden waren und – unbeschadet weltweiter Proteste – sieben Jahre später hingerichtet wurden. (50 Jahre später hob ein Gouverneur von Massachusetts das zweifelhafte Urteil auf.)

Bei meinen Bemerkungen zur schwedischen und norwegischen Arbeiterbewegung erwähnte ich, daß sich in ihr zu Beginn des Jahrhunderts Einflüsse des revolutionären Syndikalismus aus Frankreich und Amerika geltend gemacht hatten. In vielen Ländern wurde der Sozialismus von anarchistischen Denkern beeinflußt – nicht so in Deutschland. Pierre-Joseph Proudhon (1809 bis 1865), ursprünglich Buchdrucker, zum Beispiel wirkte auf die sozialistische Bewegung in Frankreich mit seiner Zielvorstellung, die »Verwaltung von Sachen« anstelle der »Herrschaft über Menschen« zu setzen. Hieraus wurden die Forderungen nach freier Zusammenarbeit von Individuen und Gruppen ohne Ausbeutung und Zwang und einer Ordnung von Bünden aus Freiwilligkeit abgeleitet. Proudhon, dessen Haltung zu Fragen der Gewalt labil blieb, betrachtete die Revolution als den unumgänglichen Weg zur Gerechtigkeit: doch die wahrhafte Revolution sei nicht die politische, sondern »une révolution morale et sociale«.

Immanuel Kant noch setzte Anarchie gleich Gesetz und Freiheit ohne Gewalt. Tolstoi machte sich diese Definition zu eigen, doch Bakunin hat sie nie akzeptiert. Er und seine Jünger trieben zu Gewalttaten an, die ohne Sinn und Nutzen waren. Ein anderer »Klassiker« des Anarchismus, der Fürst Kropotkin, ging eigene Wege, die der Gewaltlosigkeit näher waren. (Die terroristischen Desperados der siebziger Jahre verdienten es in Wahrheit kaum, Anarchist genannt zu werden. Hierzu schrieb mir einer der bekanntesten deutschen und europäischen Anarchosyndikalisten, der mittlerweile 80jährige Augustin Souchy, der aus Schlesien stammte. Er wandte sich an mich nach einer Fernsehansprache, mit der ich im Juni 1972 auf das Umfeld der Baader-Meinhof-Gruppe mit Argumenten der Vernunft nicht erfolglos einzuwirken versuchte: Mit der Verurteilung des Terrorismus sei er einverstanden, »denn auch ich verabscheue sinnlose Gewalttaten, selbst wenn sie politisch motiviert werden«. Enttäuscht sei er, daß leider auch ich »wildgewordene, sich zu einem konfusen Neomarxismus und Maoismus bekennende Bürgersöhne und Bürgertöchter« als kriminelle Anarchisten bezeichnet habe: »Ich möchte Dein Augenmerk auch darauf lenken, daß die seinerzeit von Proudhon aufgestellten anarchistischen Prinzipien politischer Autonomie und freier Föderation bei gleichzeitiger Kooperation von selbständigen Kollektivunternehmungen heute als Alternative zur privatkapitalistischen Monopolwirtschaft einerseits und zur zentralen Verwaltungswirtschaft andererseits ernsthaft in Erwägung gezogen werden.« In meiner Antwort sagte ich, es liege mir fern, der irrigen Meinung Vorschub zu leisten, jeder Anarchismus sei auf Gewalt gerichtet und kriminell. So äußerte ich mich auch vor dem Bundestag. Meine Antwort an Souchy war freilich nicht sehr anspruchsvoll.)

Die revolutionär-syndikalistischen Ideen haben vermutlich ihre Zukunft hinter sich. Ihre Vertreter wollten statt politischer Arbeit stets den Massenstreik ins Zentrum von Aktivitäten der Arbeiterbewegung gerückt sehen. Dies war übrigens die Orientierung der französischen CGT noch vor der Jahrhundertwende, ähnlich wie die der italienischen USI. Nach dem Ersten Weltkrieg gesellte sich eine Anzahl der italienischen Anarchisten, Syndikalisten und Linkssozialisten zu den Faschisten Mussolinis. (Bei Georges Sorel, dem Theoretiker des revolutionären Syndikalismus, finden sich Anklänge an einen vorfaschistischen Antirationalismus.)

Der Einfluß der Anarchosyndikalisten in Südamerika – in Argentinien und Uruguay vor allem – ging inzwischen zurück. Die IWW in den USA, zu denen Tranmæl und andere »meiner« Norweger gehört hatten, verloren nach dem ersten Krieg ihren Anhang. Im Deutschland der Weimarer Republik hatte die Freie Arbeiter-Union (FAU) in den zwanziger Jahren etwa 50 000 Mitglieder. In Schweden unterhielt ich während des Krieges freundschaftlichen Kontakt zur gemäßigten SAC (Sveriges Arbetares Centralorganisation); sie zählte etwa 25 000 Mitglieder – vor allem unter den Waldarbeitern, Grubenarbeitern und bei den Bauarbeitern für Eisenbahnen, Häfen, Straßen –, und sie hatte zwei Tageszeitungen; an »Arbetaren« in Stockholm arbeitete ich gelegentlich mit. Meine beiden Kollegen im Norwegisch-Schwedischen Pressebüro, für das ich während des Krieges arbeitete, kamen aus dem Jugendverband dieser Organisation. (Aus dem gleichen Milieu stammte der befreundete Schriftsteller Eyvind Johnson, Nobelpreisträger für Literatur des Jahres 1974.)

Nicht alle ideologischen Schlachten von vorgestern müssen morgen noch einmal geschlagen werden. Anarchismus im Sinne von Herrschaftslosigkeit: Der Gedanke ist zu schön, um wahr werden zu können, wenngleich man es nicht einfach als Torheit abtun sollte. Fichte immerhin schrieb, es sei der Zweck aller Regierungen, die Regierung überflüssig zu machen. Die Würde der Maxime bleibt: Ich will nicht herrschen, mich aber auch nicht beherrschen lassen. Es ist ein eitler Wahn, die Menschen zu ihrem Glück zwingen zu wollen – was allerdings stets die fatale Neigung vieler Ideologien war. Mit der These, es müsse revolutionäre Gewalt eingesetzt werden, um jede Art von Gewalt abschaffen zu können, wurde viel Unheil angerichtet.

Etwas anderes ist es, wenn man in der »libertären« Tradition das Gegengewicht zu einer gewissen »marxistischen« Dogmatik sucht: Der freiheitliche und dezentralisierte Selbstverwaltungssozialismus hat seinen Stellenwert, und manche seiner Gedanken finden sich wieder in der deutschen oder schwedischen Debatte über Mitbestimmung oder der französischen über Autogestion. Das Ziel war eine ins Wirtschaftliche und Soziale übergreifende Demokratie, wovon einiges sich in den israelischen Kibuzzim und Moshaws darstellte oder auch in der jugoslawischen Konzeption der Arbeiterselbstverwaltung Ausdruck fand. Was immer die chinesische Kulturrevolution angerichtet hat: Daß Mao von ihr antibürokratische Wirkungen erhoffte, steht wohl außer Zweifel. Mindestens so sicher ist, daß die polnische Entwicklung 1980/81 durch den Rückgriff auf eigenständige Ideen von Selbstverwaltung mitbeeinflußt wurde. (Anders, als es die Unbedarften wissen und die Ideenverfälscher wahrhaben wollen, war auch Marx für »freie Vereinigungen der unmittelbaren Produzenten« – wo es um das »Absterben« des Staates ging, stritt er mit den Anarchisten nicht über das Ob, sondern über das Wie.)

Regierende Kommunisten, auch andere Staatssozialisten, kommen in Verlegenheit, wenn sie in Fragen Partizipation – Mitbestimmung – Selbstverwaltung gefordert werden. Allerdings zeigt die Erfahrung auch, daß anarchosyndikalistische (oder rätedemokratische) Aktivitäten noch nirgends dazu geführt haben, Interessenkonflikte gewaltfrei zu lösen. Statt dessen hat man erlebt, daß Andersdenkende gewaltsam ausgeschaltet und reaktionäre Folgen bewirkt wurden.

Zwischen den Stühlen

Als ich nach Spanien kam, hielt ich nichts für wichtiger, als daß eine zuverlässige Einheit der Antifaschisten geschaffen werde. Die Jugend und ihre Organisationen, auf die sich mein Interesse konzentrierte, waren von den vergifteten Streitigkeiten nicht verschont geblieben.

In Barcelona versuchte man im Frühjahr 1937, die Jugendverbände der Parteien und Gewerkschaften wenigstens zu einer gemeinsamen Feier des 1. Mai zu einigen. Ich war eingeladen worden, an den vorbereitenden Diskussionen hierüber teilzunehmen. Dieses Experiment war eine deprimierende Erfahrung. Bei der ersten Zusammenkunft schien es noch eine Chance zu geben, daß man sich zusammenraufe. Danach aber entzündete sich öffentliche Polemik, und beim zweiten Treffen war an Verständigung nicht mehr zu denken. Die Teilnehmer beschimpften sich und gingen zornig auseinander. Das Bemühen um Einheit, das zunächst Erfolg versprochen hatte, scheiterte an der Sturheit gerade der Gruppen, die sich mit ihren offiziellen Titeln der Einheit verschrieben hatten.

Mit den Vertretern der anarchosyndikalistischen Juventudes Libertarias, von denen die Initiative ausgegangen war, verstand ich mich gut. Um so mehr befremdeten mich einige Sprecher der POUM-Jugend wegen ihrer ultralinken und überheblichen Haltung – sie wollten sich immer zugleich gegen Faschismus *und* bürgerliche Demokratie artikulieren. Zuvor hatten die Kommunisten – in Katalonien nannten sie sich Einheitssozialisten – die größten Schwierigkeiten gemacht. In einem Bericht an meine Freunde in Paris bezeichnete ich das Beispiel der mißlungenen Jugend-Einheitsfront zum 1. Mai als äußerst lehrreich: Vor allem, weil die POum-Jugend in ihrer Zeitung erklärt hatte, zwischen der »revolutionären« und der »konterrevolutionären« Jugend könne und dürfe es kein gemeinsames Handeln geben. Diese Starrheit gegenüber den jungen Leuten, die zur sozialistischen Einheitsjugend gehörten, war im höchsten Maße töricht. Man fragt sich, ob nicht hinter allen ideologischen Zerklüftungen auch jener Charakterzug zum Ausdruck kam, den zeitgenössische spanische Denker den Don-Quichottismus genannt haben. Doch war auch kein Mangel an linken Sancho Pansas – sie waren eher noch öfter vertreten.

Wegen der allgemeinen Spannung, die in der Luft lag, wurden in Barcelona schließlich alle Versammlungen zum 1. Mai untersagt. Ein paar Tage später begann eine bewaffnete Auseinandersetzung: ein Konflikt im Konflikt, der auf den Straßen der katalanischen Hauptstadt ausgetragen wurde. Ich hatte das Gefühl, zwischen allen Stühlen zu sitzen. Das war eine nicht mehr ganz neue Erfahrung, und später gewöhnte ich mich an diese Lage. Wer im Besitz eines eigenen Kopfes durch die Welt geht, wird häufig mit Schwierigkeiten von mehr als einer Seite zu rechnen haben. Insofern war es auch nicht so erstaunlich, daß ich von den einen als eine Art Helfer Francos und Hitlers, von anderen als ein blutrünstiger Linksextremist geschmäht wurde. Das Bild von den Stühlen ist dennoch nicht ganz zutreffend: Zwischen ihnen befindet man sich nur, wenn man sie als die einzig mögliche Sitzgelegenheit akzeptiert. Man kann aber zum Beispiel auch zu ebener Erde Platz nehmen – oder einfach stehenbleiben.

Manch einer hat sich mit mir gefragt, woher die spezifisch linke Neigung zu Rechthaberei, Zersplitterung und unduldsamer Polemik rühre, und ich denke natürlich nicht nur an Spanien und an die dreißiger Jahre. Zum Teil ist die Neigung zur rechthaberischen Intoleranz gewiß ein Produkt buchstäblicher Ohn-Macht. Menschen, deren erste intellektuelle Erfahrung der Sozialismus ist, brauchen überdies oft ein Korsett der Doktrin. Sie beobachten, wie andere ihre Ideologie in Macht umzusetzen verstehen. Und links sein fordert wohl auch eine gewisse Bereitschaft – oder Fähigkeit – zum Konflikt. Wer verändern will, muß sagen, was ihm nicht paßt. Diese Streitbarkeit unterscheidet ihn von den Menschen, die alles beim alten lassen wollen und folglich die Ruhe als Selbstzweck propagieren. Der Wille zur Veränderung verlangt Zähigkeit und Beharrlichkeit. Diese Qualitäten können rasch in Unduldsamkeit und quasireligiöses Eiferertum umschlagen und stehen so einem Naturverhältnis zur Macht im Wege.

Linke sind per se und im wörtlichen Sinne Weltverbesserer. Sie meinen es (meist) gut, wollen (meist) das Gute–oder das Bessere, wenn nicht das Beste, was ebenso menschlich wie gefährlich ist. Sie haben gegen die Gewalt des Faktischen meist nur die Kraft der eigenen »Sache« zu setzen: Ideen gegen Tatsachen. Der Machtbüttel braucht mehr Sitzfleisch als Kopf. Doch aus Machtlosigkeit erwächst die Neigung zur Abstraktion, zur Erstarrung in der Doktrin, von der um kein Jota abgewichen werden darf. Aber wer sagt, wie die Doktrin im einzelnen auszulegen ist? Unsicherheit übersetzt sich in Splitterrichterei und Ketzerverfolgung.

Ob in Spanien »der Revolution« oder »dem Krieg« der Vorrang gebühre – das schien mir eine künstliche Fragestellung zu sein. Mir war damals – noch – nicht klar genug, wie stark die Berufung auf militärische Notwendigkeiten benutzt wurde, um die Sonderinteressen der Komintern und ihrer spanischen Dependanten zu fördern. »Zwei Thesen stehen einander gegenüber«, schrieb ich Ende März 1937 aus Barcelona: Die eine werde von den Kommunisten vertreten, einschließlich der katalanischen PSUC, also der dortigen Einheitspartei, und der Vereinigten Sozialistischen Jugend. Große Teile der Sozialisten und ihrer UGT-Gewerkschaft folgten der Einsicht, daß es sich im Grunde nicht (oder nicht mehr) um einen Krieg zwischen Spaniern handle, vielmehr um einen Krieg, den ausländische Mächte gegen Spanien führten; nicht um einen Klassenkrieg, sondern um einen Krieg für nationale Unabhängigkeit. Diese These, die sich auch die Volksfrontparteien der bürgerlichen Linken zu eigen gemacht hätten, führe zu dem Ruf nach nationaler Einheit gegen die ausländischen Eindringlinge. Auf der anderen Seite – so meine Kurzanalyse – verfochten die Anarchosyndikalisten und besonders die POUM die These: »Was in unserem Land vor sich geht, ist nicht die Verteidigung der Unabhängigkeit des Vaterlandes. Was sich abspielt, ist der Kampf des spanischen Proletariats gegen die spanische Bourgeoisie.«

Die Revolution war steckengeblieben, aber mit ihr auch der Krieg. Dabei entstand eine Zwangslage. Der Charakter des Krieges wurde tatsächlich mehr und mehr ein Kampf um Unabhängigkeit, der eine Masseninitiative verlangte. In Wirklichkeit war der Elan in einer gewissen Normalisierung erstarrt. Deshalb meine Einschätzung, es gelte, die bisherigen Errungenschaften der Revolution zu festigen und alles zu tun, um den Krieg zu gewinnen.

In einem Bericht, den ich im Juli 1937 in Paris – es war zur Zeit der Weltausstellung – erstattete, wies ich noch einmal auf den Doppelcharakter des Krieges hin: das Ringen um eine neue Gesellschaftsordnung und den nationalen Kampf gegen die Intervention. Ich sagte: Notwendig sei eine wirkliche Regierung mit dem Willen zum Sieg. Dafür müßten die Voraussetzungen durch den Aufbau einer zentralen Armee und die Zusammenfassung der wirtschaftlichen Anstrengungen geschaffen werden. Eine solche Politik sei an den Besonderheiten und Schwächen der verschiedenen Arbeiterorganisationen gescheitert. Ich sah Fehler und Irrtümer der »Linken innerhalb der Linken«. Aber, so sagte ich, niemand solle behaupten, das rechtfertige die Verfolgungen, die gerade zu jenem Zeitpunkt einen Höhepunkt erreichten: »Nein, dabei handelt es sich recht und schlecht um die wahnwitzige Zielsetzung der Komintern, alle Kräfte zu vernichten, die sich ihr nicht gleichschalten wollen.« Die internationale Arbeiterbewegung müsse einen solchen Schlag parieren.

Ich sprach schonungslos von »Mitteln der Fälschung, der gemeinsten Verleumdung, der Lüge, des Terrors«. Harte Worte waren geboten. Man hatte die POUM verboten und ihre führenden Mitglieder verhaftet; den tapferen Divisionär Rovira hatte man von der Front weggeholt und eingesperrt. Dies war nur die Spitze des Eisbergs. Während die Kommunisten von Demokratie sprachen, versuchten sie ihre Widersacher – und die sie zu solchen ernannten – zu eliminieren. Nicht der Sozialismus marschierte, sondern der Geheimdienst triumphierte. Nicht England und Frankreich wurden beruhigt, sondern es wurden die brutalen und zum Teil wahnwitzigen Bedürfnisse der Zentrale des Stalinismus bedient. Dies war in Wirklichkeit die letzte große Aktion der Komintern – und zugleich deren tatsächliches Ende.

Prinzip und Technik der stalinistischen »Säuberungen« wurden auf andere Parteien und Länder übertragen, wo immer sich Gelegenheit bot. Immer wieder wurde gefragt, wie es zugehen konnte, daß sich anständige und begabte Leute diesem kriminellen Irrsinn beugten. Die Antwort ergibt sich vor allem aus ihrem gläubigen Verhältnis zur »ersten Arbeiter- und Bauernmacht« und aus ihrer Hoffnung, daß die »Entartungen« eines Tages überwunden würden.

Der KP-Führer José Díaz sagte im Sommer 1937, es komme darauf an, den Krieg zu gewinnen *und* die »Volksrevolution« zu retten. Terminologisch stimmten die Lager fast überein – die Wirklichkeit war anders. Der Sozialistenchef Largo Caballero betonte zunächst – wie CNT und POUM – den Vorrang der Revolution. Dann korrigierte er die Wertung zugunsten der Notwendigkeiten des Krieges. Ähnliche »Frontbegradigungen« nahmen CNT-Führer vor. So, wenn sie erklärten, man sei auf dem besten Wege zu einer freien Gesellschaft: »Vorerst aber müssen wir den Krieg gewinnen.« Wenn es um den Krieg gehe, müsse die Regierung das Sagen haben!

Man könnte Bücherregale mit den Erwägungen und Polemiken füllen, ob damals »der Krieg« oder »die Revolution« den Vorrang zu beanspruchen hatten, wie die Zusammenhänge zwischen revolutionärer Volksbewegung und demokratischer Staatsmacht zu deuten waren, wo Weltfremdheit vorherrschte, wo doktrinärer Illusionismus sich breitmachte. Ich gelangte zu der Meinung, daß der Kampf gegen Franco und die Reaktion nicht ohne Einordnung, harte Arbeit und ein gewisses Maß an Disziplin zu gewinnen sei. Aber mindestens ebenso klar wurde mir, daß der Kampf mit Mitteln der Vergiftung und Zersetzung, geheimdienstlichen Unwesens und brutaler Unterdrückung nicht gewonnen werden konnte. Wenig Verständnis hatte ich für die Neigung, sich an revolutionären Parolen zu berauschen, noch weniger allerdings für Heuchler, die Kriegsdisziplin sagten und die Herrschaft ihres Apparats meinten.

Auch die POUM betonte »die Untrennbarkeit von Krieg und Revolution«. Doch als ich im Juli 1937 in Paris sprach, war ich zu dem Ergebnis gekommen, daß sie in den letzten Monaten »in fast jeder praktischen Frage« eine falsche Position eingenommen habe. Das war gewiß ein hartes Urteil. Doch ich hatte beobachtet, in welchem Maße sie ultralinken Neigungen nachgab. Ihre Führer hatten gesagt: »Wir sind für die Volksfront, weil wir dagegen sind« – diese Parole war mir im Ohr geblieben, als ich Joaquín Maurín im Mai 1936 in Paris zuhörte. Die Formel überzeugte nicht, sie zeugte von Übertaktieren. Die POUM hatte sich in jenem Jahr dem »Zwangsbündnis« angeschlossen, um so das erwünschte Mandat in Barcelona für ihren Vorsitzenden Maurín zu sichern. Was – bei gutartiger Auslegung – die Antiparole bedeuten konnte, war eine Strategie, die »über die Volksfront hinaus« zielte.

Die drei führenden Männer waren die Lehrer Maurín und Nin sowie der Journalist Gorkin. Da Joaquín Maurín im Franco-Gebiet verschwunden war, als der Bürgerkrieg begann, war es Andrés Nin, der für seine Partei in die »Generalitat« – die katalanische Regionalregierung – als Justizminister eintrat. Er und seine Freunde sprachen von einer »sozialistischen Arbeiterregierung«. Das war keine sehr genaue Definition. Später begründete er die Beteiligung an der Regierung mit dem nicht unvernünftigen Argument, sie würde sich anders von den Massen isoliert haben.

Die Partido Obrero de Unificación Marxista, wesentlich auf Katalonien konzentriert, war eine junge und nicht sehr mitgliederstarke Partei. Im Frühjahr 1936 schätzte man die Zahl der aktiven Anhänger auf 3000, später auf 10 000 Mitglieder. Gegründet wurde sie erst 1935 – durch einen Zusammenschluß von Mauríns (und Gorkins) »Arbeiter- und Bauernblock« und Nins »Kommunistische Linke«.

Maurín und Nin kamen beide aus der CNT und schlossen sich früh der KP an, Gorkin kam aus der Sozialistischen Partei. Von den Kommunisten aus durchsichtigen Gründen, von anderen vielfach aus Unkenntnis, wurde die POUM als schlechthin »trotzkistische« Partei gekennzeichnet. Die Moskau-Kommunisten gingen mit der Zuteilung dieses Etiketts auch sonst nicht wählerisch um.

Für andere war die genaue Zuordnung nicht ganz so einfach. Günter Grass wunderte sich während eines gemeinsamen Flugs 1965, wie sehr ich mich in einem Diktat – es ging um einen Rechtsstreit mit Verleumdern aus der rechten Ecke – in die Buchstaben POUM verbissen hatte. Er schrieb über die Episode einen kleinen Einakter – die Vergangenheit fliegt mit – und erläuterte: »Die POUM war eine spanische linkssozialistische Arbeiterpartei, die, innerhalb des republikanischen Lagers, von den Kommunisten bekämpft und mit stalinistischen Methoden als Trotzkisten-Partei verfolgt wurde.« George Orwell setzte ein Gleichheitszeichen; für ihn waren die POUM-Leute Trotzkisten. Gorkin schrieb dazu: »Das leugne ich kategorisch.« Er und seine politischen Freunde wollten Lenins bedeutendstem Mitstreiter während der Revolution gewiß nicht ihre Hochachtung versagen. Doch sie betrachteten sich nicht als »bloße Gegner des Stalinismus«. Trotzki selbst hatte erklärt: »Diese Partei ist nicht trotzkistisch«; sie habe vielmehr seine Anhänger aus ihren Reihen ausgeschlossen. Doch die kommunistischen Apparatschiks meinten nicht die Ausgeschlossenen, sondern die Gruppe um Nin, der sich 1934 von Trotzki getrennt hatte, als von ihm und seiner Gruppe verlangt wurde, in die Sozialistische Partei einzutreten, um dort eine Fraktion aufzubauen. (In der Literatur ist davon die Rede, daß man in Kreisen der POUM die Absicht hatte, Trotzki nach Spanien einzuladen – dies könne bei den Moskauer Maßnahmen eine mitwirkende Rolle gespielt haben. Mir ist nicht bewußt, daß ich dergleichen in Barcelona erfahren hätte.)

Joaquín Maurín machte auf mich, als ich ihn zwei Monate vor dem Franco-Krieg in Paris kennenlernte, den gewinnenden Eindruck einer in sich ruhenden Persönlichkeit: Er wirkte als politischer Führer. Zu jener Zeit war er knapp 40. Sein Weg führte von der syndikalistischen Bewegung zur Komintern, aus der er 1931 ausgeschlossen wurde. Danach bemühte er sich um »Arbeiterbündnisse«. Nach dem Juli und während meines Aufenthalts in Barcelona galt er als verschollen. Er wurde in Galicien vom Bürgerkrieg überrascht, und man glaubte, er sei von den Frankisten umgebracht worden. Diese Annahme wurde korrigiert, als ich im August 1937 an einer Tagung teilnahm, die nördlich von

London – in Letchworth bei Blackley – stattfand, wo die ILP in schöner und friedvoller Umgebung eine Sommerschule veranstaltete. (Welch ein Kontrast zur verfahrenen Lage in Barcelona, die nicht nur hektisch gewesen, sondern auch krankhaft geworden war!)

Maueríns Frau Jeanne, die ich, wie die anderen, für eine Witwe gehalten hatte, sagte mir, daß ihr Mann unter falscher Identität in einem Franco-Gefängnis saß, während mancherorts – so auch in Paris – Maurín-Gedächtnispostkarten vertrieben wurden. Jeanne, eine attraktive Französin, war die Schwester von Boris Souvarine, einem Franzosen russischer Herkunft, den sie als junges Mädchen nach Moskau begleitet hatte: Dort lernte sie ihren Mann kennen. Der Bruder wurde später – da war er nicht allein – ein schroffer Antikommunist. Jeanne zog mich ins Vertrauen: Maurín hatte ihr ein Lebenszeichen zukommen lassen. Sie zeigte mir den Brief, den sie unter ihrem Mädchennamen erhalten hatte. Ihr Mann hatte seine Papiere vernichtet, sein Aussehen verändert und versucht, die Grenze zu erreichen. Er wurde in Jaca gefangengehalten, ohne daß man wußte, wer er war. Nach seiner Entlassung – oder war es Flucht? – stellte ihn ein Polizist auf der Straße. Von neuem eingekerkert, trug – nach Deutung Gorkins – das Schicksal der in Katalonien verfolgten POUM-Führer dazu bei, ihn zu retten: »Die Franco-Behörden beuteten unsere Verhaftung und Nins Ermordung aus, indem sie darauf hinwiesen, daß sie das Leben unseres Führers schonten.«

Joaquín Maurín blieb noch mehrere Jahre im Gefängnis. Anfang 1941 wurde er zu 15jährigem Verlust der bürgerlichen Ehrenrechte und zur Deportation verurteilt. Nach dem Weltkrieg konnte er in die Vereinigten Staaten emigrieren, wo er 1973 in New York starb. Auf seine alten Tage kam er zu der Überzeugung, daß er einen schweren politischen Fehler begangen habe, als er 1935 seinen »Bloque Obrero y Campesino« mit der »Linken« (um Nin und Andrade) zur POUM verband, statt dem Ratschlag seines Freundes Gorkin zu folgen; der hatte den Beitritt zur Sozialistischen Partei (PSOE) empfohlen.

Andrés Nin, von Beruf Lehrer, fünf Jahre älter als Maurín, arbeitete ein knappes Jahrzehnt, bis 1930, im Moskauer Sekretariat von Profintern, der Roten Gewerkschaftsinternationale. Dort schloß er sich der Linken Opposition an. Damit geriet er in den Freundeskreis einiger prominenter sowjetischer Führer, die Opfer der Moskauer Prozesse wurden. Nach seiner Rückkehr in die Heimat bildete er seine eigene Gruppe, bis er in der POUM zur wichtigsten Figur neben Maurín aufstieg. Man empfand es als natürlich, daß er in die katalanische Regierung eintrat. Als er aus der Verantwortung gedrängt wurde, war in sowjetischen Zeitungen – im Dezember 1936 – schon davon die Rede, daß es notwendig sei, seine Partei zu beseitigen. So äußerte sich auch der sowjetische Botschafter Rosenberg zu Ministerpräsident Caballero. Als die POUM-Führer im Juni 1937 verhaftet wurden, trennte man Nin von den anderen. Wie er schließlich zu Tode kam, hat nie bis zum letzten geklärt werden können. Doch jedermann wußte, welcher Geheimapparat sich seiner bemächtigt hatte.

Julián Gorkin – eigentlich Julián Gómez y García-Ribera – lebte seit den zwanziger Jahren unter diesem Namen, den er aus Bewunderung für Maxim Gorki angenommen hatte. Er war ein Jahr nach der Jahrhundertwende in der Provinz Valencia geboren und in die sozialistische Jugendbewegung hineingewachsen. Wie viele andere führte die Anziehungskraft der Russischen Revolution auch ihn zeitweise in die Reihen der Kommunisten. Nach einem Aufenthalt in Moskau brach er mit der Komintern, doch blieb er in der spanischen Linken aktiv und gehörte 1935 zu den Gründern der POUM. Im selben Jahr, wie auch im folgenden, hatten wir uns in Paris getroffen. Julián Gorkin hatte mich in Barcelona freundschaftlich begrüßt, als ich Anfang 1937 dort eintraf. In einem seiner Bücher spricht er von unserer »brüderlichen Freundschaft«, die ich gern bestätigen will. Er ließ sich als Schriftsteller in Paris nieder. Als alter Mann schloß er sich der von Felipe González geführten PSOE an. (Maurín hat die Renaissance der Sozialistischen Partei in Spanien nicht mehr erlebt, doch seinen Freunden in Deutschland empfahl er ausdrücklich, der SPD beizutreten!)

»La Batalla«, die Tageszeitung der POUM, wurde am 28. Mai 1937 verboten. Sonst schien sich, von gravierenden Einzelübergriffen abgesehen, zunächst nichts Entscheidendes zu verändern. Doch am 16. Juni, während einer Sitzung, wurden die Mitglieder des Parteivorstands verhaftet, die Partei wurde wenig später zur illegalen Organisation erklärt. Die syndikalistische CNT trat aus der katalanischen Regierung aus. Auch die Zentralregierung geriet in eine ernste Krise.

Jenen Ereignissen waren die blutigen Maitage von Barcelona voraufgegangen, die ich voller Verzweiflung miterlebte: Hunderte Tote und zahlreiche Verletzte waren die unmittelbaren Opfer eines wahnwitzigen Unterkriegs. Er begann am 3. Mai 1937, als der von der CNT kontrollierte Teil der »Telefónica« – der großen, von einer amerikanischen Gesellschaft betriebenen Telefon- und Telegrafenzentrale – unter die Kontrolle der Regionalregierung gebracht werden sollte. Man kam später zu dem Schluß, daß diese Maßnahme durch einen KP-Vertreter betrieben wurde, der in die Führung der katalanischen Polizei eingeschleust worden war. So oder anders: Es handelte sich um eine Provokation. Die Besetzer trafen auf harten Widerstand, und die Kunde vom Zusammenprall verbreitete sich wie ein Lauffeuer überall in der Stadt. Vielerorts errichtete man Barrikaden. CNT und POUM standen zusammen: gegen die »einheitssozialistische« PSUC und die auf Ordnung bedachte nationalkatalanische liberale »Linke«. Dabei waren die Beziehungen zwischen den linken »Marxisten« und den anarchosyndikalistischen »Freiheitlichen« durchaus nicht nur freundschaftlicher Art. Die anderen sahen in den einen nicht selten »eine an der Diktatur verhinderte kleine politische Partei«. Und innerhalb der einen fragten manche sorgenvoll: Hieß es nicht, den Bogen zu überspannen, indem man sich an die »Machtfrage« heranmache, ohne sich über die Konsequenzen im klaren zu sein?

Am 6. Mai wurden die Straßenkämpfe eingestellt. CNT und POUM – die von der Aragonfront keine Truppen abgezogen hatten – akzeptierten ein Arrangement, das die städtische Sicherheit wieder herstellte. Die Zentralregierung entsandte einige tausend Mann effektiver Einheiten nach Barcelona. Die Angleichung an die von der KP gewünschten Strukturen machte Fortschritte – wenn man eine Gleichschaltung so nennen will.

Die führenden POUM-Leute wurden nun als Sündenböcke vorgeführt. Ihnen wurden alle Fehler und Unzulänglichkeiten angelastet, unter denen die Menschen zu leiden hatten. Es gibt keinen Zweifel, daß beabsichtigt war, auch den unbequemen Anarchisten das Kreuz zu brechen. Dies gelang nicht ganz, doch sie wurden empfindlich geschwächt. Sicherlich war auch der Sturz von Largo Caballero durch seine selbsternannten »Freunde« schon mit einkalkuliert. Mitte Mai wurde er zum Rücktritt veranlaßt.

Meine persönlichen Erfahrungen während der Maitage entsprachen der Lage zwischen den Stühlen. Ich sah die Provokation und konnte doch nur inständig hoffen, daß sich eine Verständigung erreichen lassen werde. Ich wollte mit dem absurden Bürgerkrieg nichts zu schaffen haben und mochte doch die Waffe nicht von mir weisen, als ich eine der Nächte bei Freunden verbrachte, die es übernommen hatten, ein bestimmtes Gebäude an den Ramblas zu bewachen. Wenn es notwendig geworden wäre, zum eigenen Schutz und dem meiner Freunde zu schießen, hätte ich daran auch nichts ändern können.

Ich war in jenen Tagen und Wochen viel mit Paul (Paul René) Gauguin beisammen, dem skandinavischen Enkel des großen Franzosen, Maler wie dieser. Wir kannten uns aus der Jugendbewegung in Oslo. (Im Frühjahr 1940, während der deutschen Invasion in Norwegen, kreuzten sich wieder unsere Wege.) Paul »der Jüngere« hatte eine norwegische Mutter, war in Kopenhagen geboren und in Rouen zur Schule gegangen. Noch bevor wir uns in Oslo trafen, hatte er in Spanien bei Fischern gelebt und sich 1933 geraume Zeit auf Ibiza durchgeschlagen: unter anderem als Maurerhandlanger. Die Welt ist immer wieder voll von Überraschungen: Der Mann, für den er am Bau einer Villa arbeitete, war jener Raoul Villain, der im Sommer 1914 Jaurès erschossen hatte und nach fünf Jahren Untersuchungshaft freigesprochen wurde. (Paul lebte nach dem Krieg in Kopenhagen und starb 1976 in seinem geliebten Spanien.)

Unmittelbar vor dem 3. Mai waren zwei befreundete schwedische Abgeordnete nach Barcelona gekommen, um sich und dann ihre Sozialistische Partei über die Lage zu informieren. Es waren dies der Schriftsteller Ture Nerman und der Eisenbahner August Spångberg, der eine Mitglied der Ersten, der andere der Zweiten Kammer. (Beide engagierten sich 1940 stark für die norwegische Sache.) Paul und ich waren bei Spångberg im Victoria Hotel an der Plaza de Cataluña, als Nerman ziemlich verstört hereinkam: Da man daranging, Barrikaden zu errichten, hatten Arbeiter ihn, einen Mitbegründer der schwedischen KP, als Klassenfeind entlarvt. Er »provozierte« – weil er einen Hut trug. Man hatte ihn zunächst festgehalten, dann unter Bedenken laufenlassen. Man konnte sich damals wohl tatsächlich auf eine Empfehlung der katalanischen Regierung berufen, keine Hüte zu tragen.

Nach dem 6. Mai 1937 sah es zunächst so aus, als könnten sich die Dinge normalisieren. Das war ein Irrtum, und in der zweiten Hälfte des Juni wurde immer klarer, daß meines Bleibens in Barcelona nicht mehr war. Ich konnte nicht einmal sicher sein, ob ich wegen meiner Verbindungen zur POUM nicht in Schwierigkeiten geraten würde. So übernachtete ich nicht mehr im Hotel. Zunächst wohnte ich bei einer Bekannten am Stadtrand. Danach fand ich Unterkunft in einer dubiosen Wohnung, die mir ein abgereister französischer Freund angeboten hatte. Als ich dort überflüssig gewordene Berichte und Notizen im Kamin verbrannte, stellte ich – kaum hatte es zu brennen begonnen – zu meinem Schrecken fest, daß unter dem Rost Munition lagerte. Das erforderliche Ausreisevisum wurde schließlich in meinen norwegischen Paß gestempelt, der so gut war, daß er die kritischen Blicke der deutschen Polizei bestanden hatte und kurz darauf auch bei den britischen Einreisebehörden kein Mißtrauen weckte. Zunächst reiste ich nach Paris. Hinter mir lagen lehrreiche, doch überwiegend unglückliche Monate.

Einige Freunde, die in Barcelona zurückblieben, wurden verhaftet. Es fehlte nicht an kuriosen Merkwürdigkeiten. Ein Freund aus dem Pariser Exil, der als Freiwilliger gedient hatte, saß schon im Zug, als man ihn aufrief. Er meldete sich und wurde festgenommen: Zwei Kameraden im Gefängnis hatten nach ihm gefragt, da sie einen dritten Mann zum Skat brauchten! Das kostete ihn anderthalb Jahre.

Böse Folgen, in Form einer dauernden gesundheitlichen Schädigung, hatte die Einkerkerung des Jahres 1937 für meinen Freund Peter Blachstein. Der Dresdner, der ursprünglich Schauspieler werden wollte und zu Beginn der Illegalität eingesperrt wurde, kam 1935 nach Oslo, wo wir ihn Hans Petersen nannten. Er war nach Spanien gegangen (wo er Fritz Sander hieß), während ich in Berlin war. Das »revolutionäre« Jugendbüro hatte sich in Barcelona etabliert, und dort war er tätig. In Gorkins Erinnerungen hat sich ein Irrtum eingeschlichen, wenn er annimmt, ich sei im späteren Frühjahr 1937 in Barcelona geblieben, um auf dem geplanten Kongreß der POUM-Jugend gemeinsam mit Blachstein unseren Sozialistischen Jugendverband – »die SAP-Jugend« – zu vertreten. Mit Freund Blachstein (der 1977 gestorben ist) war ich damals wegen der Einheitsfrage weit auseinander. Wir gehörten schon nicht mehr zur selben Gruppe. Er stand der POUM und ihrer Jugendorganisation viel näher, als ich dies von mir hätte behaupten können. Es wäre nicht richtig, wenn ich sagte, er sei mir für den Rest des Exils wohlgesonnen oder in der ersten Nachkriegszeit besonders hilfreich gewesen. Doch wir kamen einander wieder näher, als wir beide im Bundestag saßen. Als Außenminister habe ich ihn 1968 als Botschafter nach Belgrad geschickt, was er gesundheitlich leider nur ein Jahr durchzuhalten vermochte.

Bevor ich im August 1937 von England nach Norwegen zurückkehrte (und nachdem mir die ILP mit Reisegeld ausgeholfen hatte), leitete ich eine einwöchige Arbeitstagung unseres Jugendverbands in Südschweden. Aus Berlin nahm einer der Freunde teil, der auch in Mährisch-Ostrau dabeigewesen war. Auf dieser Tagung wurde beschlossen, daß wir uns an dem »revolutionären« Jugendbüro nicht mehr beteiligen, sondern uns verstärkt den Freunden in der Sozialistischen Jugendinternationale zuwenden wollten. Auch wurden die Kontakte bestätigt, die sich im Exil, vor allem in Paris und Prag, zwischen Angehörigen der früheren Arbeiterjugendverbände – unter der Bezeichnung Freie Deutsche Jugend! – entwickelt hatten.

Terror

Die Verfolgungen, denen oppositionelle Kommunisten, unabhängige Sozialisten und Anarchosyndikalisten ausgesetzt waren, fielen mit den Moskauer »Säuberungen« zusammen. Das war kein Zufall. Die stalinistische Liquidationsmaschine forderte ihre Opfer auch in den Reihen der nach Spanien entsandten Funktionäre. Der Missionschef in Madrid, Marcel Rosenberg, und der Generalkonsul in Barcelona, Antonow-Owsejenko (Held der zur Legende hochstilisierten Eroberung des Petrograder Winterpalastes 1917): beide alte Bolschewiki, beide zeitweilig »Linke«, beide Werkzeuge der spanischen Gleichschaltung – sie wurden umgebracht.

Chruschtschow sagte auf dem 20. Parteitag der KPdSU im Jahr 1956: »Der Kader der Führer, die militärische Erfahrungen in Spanien erworben hatten, wurde nahezu völlig liquidiert.« Ein typisches Beispiel war General Jan Berzin; er hatte die Tankoffiziere, Piloten und Techniker zusammengefaßt, die als Berater und Instrukteure geschickt wurden. Ein anderes Beispiel war General Emilio Kléber (ursprünglich Manfred Stern aus der Bukowina), zunächst als »der spanische Carnot« gefeiert; er wurde im Februar 1937 abgesetzt und verschwand spurlos. (Lazare Carnot war ein »Organisator des Sieges« während der Französischen Revolution.) Ein weiteres Beispiel: Michail Kolzow, Korrespondent der »Prawda«, wurde verhaftet und kam im Gefängnis um. Einer seiner Freunde notierte: »Auch dieser Saubere wurde ein Opfer der Wahnsinnsjahre.« Der Ungar László Rajk, Politischer Kommissar einer der Brigaden, nach dem Krieg Außenminister seines Landes, wurde erst ein Jahrzehnt später umgebracht. In seinem Prozeß im Jahre 1949 ließ man ihn gestehen, er sei im Auftrag der Geheimpolizei Horthys nach Spanien gegangen, »um die Kampffähigkeit des Rakosi-Bataillons zu reduzieren«, und habe dort überdies »trotzkistische Propaganda betrieben«. Die Gestapo habe ihn aus dem Lager in Südfrankreich geholt und in die illegale ungarische Partei lanciert. Artur London, einer der drei Überlebenden aus dem Prager Slánský-Prozeß, wies in einem dokumentarischen Werk nach, daß die aus Moskau in die ČSR entsandten Spezialisten besonders bestrebt waren, den Parteiapparat von Leuten mit Spanienerfahrung gründlich zu »säubern«. Es bleibt bemerkenswert, daß sich die DDR diesen Maßnahmen weitgehend entziehen konnte.

Vom stalinistischen Terror wurden nicht nur Kommunisten betroffen, die man, aus welchen Gründen auch immer, für abtrünnig oder unzuverlässig hielt. Oft ging die Verleumdung der physischen Vernichtung voraus: Wer auf einer schwarzen Liste stand, wurde leichthin als Landesverräter, Spion, Deserteur oder als Angehöriger von Francos Fünfter Kolonne bezeichnet. Die Diffamierung trieb abscheuliche Blüten. Das Gespenst des »Sozialfaschismus« ging wieder um. Neue Varianten waren der »Anarchofaschismus« und der »Nazitrotzkismus« (oder »Trotzkifaschismus«). Man mißbrauchte Kriegsrecht, um mit politischen Widersachern aufzuräumen. Deshalb stand in der Begründung der Polizeiakten gegen die POUM-Führung die ungeheuerliche Behauptung, sie habe mit Italien, Deutschland und Franco zusammengearbeitet.

Der von Ausländern gesteuerte, weitgehend von ihnen selbst betriebene Geheimdienst verfügte über mobile Gruppen und eigene Gefängnisse. Im Zusammenhang mit den Maitagen des Jahres 1936 in Barcelona wurden mir drei Mordtaten bekannt, die das Leben ausländischer Sozialisten auslöschten: Der 40jährige italienische Philosophieprofessor Camillo Berneri, seit 1926 als anarchistischer Sozialist im Exil, wurde in der Nacht zum 6. Mai umgebracht. Der junge Bob Smillie von der ILP, Sohn eines britischen Gewerkschaftsfunktionärs, hatte sich einer POUM-Einheit angeschlossen: Er wurde während der Maitage entführt und Anfang Juni in einem Polizeigefängnis von Valencia ermordet. Ein älterer Gewerkschafter sagte über ihn, selten habe er »einen so sympathischen, zutiefst aufrichtigen, warmherzigen, stets lächelnden Jungen« kennengelernt. Der 40jährige Wiener »Linkskommunist« Kurt Landau brachte 1936 (mit seiner Minigruppe) in das spanische Geschehen ein, was er – nach seinem Bruch mit Trotzki – für die ganz reine Lehre hielt. Als die POUM unterdrückt wurde, fand er im Regionalkomitee der CNT Unterschlupf. Nach einigen Wochen kehrte er in seine Vorortswohnung zurück. Er lief in eine Falle und verschwand für immer.

Landaus tragisches Schicksal – die Umstände seines Todes blieben unaufgeklärt – sollte mich geraume Zeit verfolgen. Im August 1937, auf der Tagung nördlich von London, überraschte es mich nicht, daß ein französischer Eiferer, der für die POUM sprach, meine und meiner Freunde abgewogene Haltung in der spanischen Frage kritisierte; das war sein gutes Recht. Doch ich wurde zornig, als er anfing, Verdächtigungen zu äußern: Irgend jemand hatte ihm weisgemacht, ich sei möglicherweise mit einem Bericht Landaus sorglos umgegangen; das Papier sei vielleicht in die Hände der Kommunisten gelangt und das belastende Material könne ihnen den Anlaß gegeben haben, Landau zu verhaften. Ich hatte mich während der Diskussion in großer Sachlichkeit mit den politischen Fragen auseinandergesetzt. Doch diese böse Unterstellung, die aus der haßerfüllten Atmosphäre fraktioneller Scherbenrichter stammte, konnte ich nicht ruhig hinnehmen. Mein Exemplar des fraglichen Berichts war nicht in falsche Hände geraten. Die Kommunisten wußten außerdem gut genug, daß Landau einer ihrer engagierten Widersacher war. Dies habe ich, wie ich fürchte, leidenschaftlich und ungeduldig dargelegt. Die längere Erwiderung gelang mir – auf englisch – durchaus fließend. Vielleicht war sie sprachlich nicht völlig korrekt, doch sie mußte überzeugt und gewirkt haben, denn der Abgeordnete Campbell Stephen, der den Vorsitz führte, erklärte die Debatte für abgeschlossen. Am nächsten Tag, bei einem anderen Punkt der Tagesordnung, fing ein zeternder Verdächtiger italienischer Herkunft noch einmal an. Ich war empört und zeigte meinen Zorn zu unbeherrscht. Nun führte Jeanne Maurín den Vorsitz. Sie bemerkte natürlich, daß ich aus der Rolle gefallen war, aber ihr entging auch die Gemeinheit des Angriffs nicht. Deshalb rügte sie nicht mich, sondern den Provokateur, der zog beleidigt ab. Die Landau-Affäre tauchte später in der Bundesrepublik in der Kampagne rechtsgerichteter Kreise gegen mich wieder auf; ich ging, obwohl ich grundsätzlich nicht viel vom Prozessieren halte, gerichtlich gegen die Verleumdungen vor und bekam mein Recht.

In Paris, im Sommer des folgenden Jahres, redete mir Jeanne Maurín ins Gewissen: Ob ich der zweifelhaften Politik nicht adieu sagen und mich einem ordentlichen Beruf zuwenden wolle. Ich setzte ihr (und damit mir selber) auseinander, daß ich mich in dieser kritischen Vorkriegssituation nicht aus meiner Arbeit und aus dem Kreis der Genossen lösen konnte. Von der Vorstellung, Politik nicht für einen »ordentlichen Beruf« zu halten, habe ich mich damals nicht abgegrenzt.

In Barcelona hatte sich schon vor den Mai-Ereignissen in meiner Umgebung ein Fall von Entführung zugetragen, der nicht gleich als solcher zu entlarven war. Es handelte sich um Mark Rein, den Sohn des russischen Sozialdemokraten Rafael Abramowitsch Rein. Der Vater – ursprünglich Bundist, dann Menschewik – war 1920, nach kurzer Haft, von Lenin ins Exil nach Berlin entlassen worden, hatte sich anschließend in Paris und schließlich in New York niedergelassen, wo er bis zu seinem Tod 1963 in der Exilorganisation der russischen Sozialdemokraten tätig blieb. Der Sohn war in Berlin aufgewachsen, in der Sozialistischen Arbeiterjugend groß geworden und hatte sich der Gruppe »Neu Beginnen« angeschlossen. In Barcelona arbeitete er im Dienst der katalanischen Regierung als Experte im Bereich des Fernmeldewesens. Wir freundeten uns an und hatten gute Gespräche. Eines Abends, wohl am 9. April 1937, besuchten wir gemeinsam eine Versammlung – wenn ich mich recht erinnere, war es eine Veranstaltung mit dem Einheitspartei-Vorsitzenden Comorera. Danach begleitete ich Rein bis zu seinem Hotel, es war das Continental, wie das meine an den Ramblas gelegen – und sah ihn nie mehr wieder.

Am übernächsten Tag suchte mich – besorgt, doch noch nicht aufgeregt – ein gemeinsamer Bekannter auf, ein gebürtiger Russe und naturalisierter Franzose, der für die katalanische Regierung in Waffengeschäften tätig war. Er hatte Mark Rein im Hotel besuchen wollen und dort erfahren, er sei abwesend. Das Zimmermädchen hatte das Bett unbenutzt gefunden. Nichts hatte er mitgenommen, nicht einmal die Zahnbürste; das mußte mißtrauisch machen. Nach mehreren Tagen kam der französische Russe wieder und berichtete: Mark habe ihm einen Brief auf russisch und dem Hotelier eine Mitteilung auf französisch geschrieben. Er sagte in diesen Nachrichten, er sei an dem fraglichen Abend noch mal an die Luft gegangen und habe einen Genossen getroffen, der ihm in seinem Wagen einen freien Platz nach Madrid anbot. Er werde einige Tage abwesend sein, man solle sich nicht beunruhigen. Das klang – angesichts der Schwierigkeiten, eine Transportgelegenheit nach Madrid zu finden – nicht unglaubhaft. Doch warum nahm er nicht einmal das Notwendigste mit? Überdies meinte der Empfänger des russischen Briefs, die handschriftliche Datierung sei manipuliert. Also bestand ernster Anlaß zu befürchten, daß der Freund entführt worden sei. Konnten die Kommunisten dahinterstecken? Sie mußten wissen, daß der Vater mit führenden Sozialdemokraten wie Léon Blum und Emile Vandervelde befreundet war.

In der Tat: Bald intervenierte das Büro der Internationale, auch einzelne Parteien verwandten sich für Rein. Mit meinen bescheidenen

Möglichkeiten versuchte ich, Klarheit zu schaffen und womöglich zu helfen. In der »Casa Carlos Marx« drang ich bis in das Büro eines Kominternvertreters vor, dessen hoher Rang mir zuvor nicht bekannt war. Es war der KPD-Mann Karl Mewis (damals: Fritz Arndt). Er saß im Seitenflügel jenes ehemaligen Bankgebäudes, in dem das »Militärkomitee für Ausländer« residierte. Ich sagte ihm, die Kommunisten müßten von allen guten Geistern verlassen sein, wenn sie die Entführung veranlaßt hätten, denn ein solches Vorgehen gegen den Sohn eines sozialdemokratischen Führers würde in Frankreich und anderen Ländern weitreichende Folgen haben. Doch niemand könnte die Kommunisten von diesem schweren Verdacht reinigen, es sei denn, sie selber. Sie müßten den Mann finden helfen. Mewis (nach dem Krieg SED-Sekretär in Mecklenburg und Ost-Berlin, danach DDR-Botschafter in Warschau) stellte sich unwissend. Ob wir »den Fall« nicht bei nächster Gelegenheit näher erörtern könnten? Darauf weitere Flausen: Ob ich nicht meinte, die Anarchisten könnten hinter der Affäre stecken? Ob es sich vielleicht um eine Frauengeschichte handle? (Mewis erwähnt in seinem Erinnerungsbuch Mark Rein mit keinem Wort. Über den »Putsch der POUM« äußert er sich ungewöhnlich primitiv. Alles spricht dafür, daß er nicht unwissend war.)

Der Vater – Rafael Abramowitsch – traf noch im April in Barcelona ein, um nach seinem Sohn zu fahnden. Wir berichteten ihm von unseren ergebnislosen Nachforschungen. Er, der schon vieles ertragen hatte, war nun ein gebrochener Mann. Er hoffte nur noch auf den Druck der öffentlichen Meinung. »Das mag ja alles stimmen«, erwiderte er auf den Hinweis, wie sehr die Kommunisten sich selbst schaden würden, »aber wo ist mein Sohn?« Der war, wie später mit annähernder Sicherheit ermittelt worden ist, tatsächlich entführt, eingesperrt und mißhandelt worden. Als die Affäre zuviel Staub aufwirbelte, wurde der junge Rein vermutlich »liquidiert«. Er blieb für immer verschwunden. Mich überzeugte die gelegentlich geäußerte Vermutung nicht, Mark Rein sei nach Rußland gebracht worden – möglicherweise, damit man seinen Vater erpressen könnte. Völlig auszuschließen ist freilich auch diese Möglichkeit nicht. Jüngste Untersuchungen haben ergeben, daß er mit einem russischen Schiff verschleppt worden sein könnte, das bis Monatsende April 1937 in Barcelona vor Anker lag.

Die Vermutung, auch Andrés Nin könnte – in diesem Fall über Valencia – auf einem Schiff entführt worden sein, scheint indes in die Irre zu gehen. Wenige Tage nach seiner Verhaftung im Juni 1937 war im kommunistischen Zentralorgan zu lesen, er sei von »Naziagenten« aus dem Gefängnis entführt worden. Daß er nach Folterungen ermordet wurde, konnte mit letzter Genauigkeit nicht bewiesen werden, doch die Indizien wiegen schwer. So auch die Erklärung des kommunistischen Exministers Jesús Hernández, Nin habe trotz geschwächter Gesundheit kein Geständnis abgelegt, das in einem Schauprozeß hätte verwendet werden können. – Die Version von der Entführung durch »Naziagenten« erschien in neuem Licht, als dargelegt wurde, welche Komödie der Ermordung Nins im Sondergefängnis in Alcalá de Henares bei Madrid voraufgegangen sei: Man habe die Wachen gefesselt und eine Aktentasche mit deutschen Geldscheinen und Papieren liegenlassen. So habe der Eindruck erweckt werden sollen, Nin sei von deutschen Agenten umgebracht worden. Man sprach sogar von einem Gestapotrupp, der sich in der Uniform der Internationalen Brigaden eingeschlichen habe.

Auch andere ruchlose Verbrechen konnten nie mehr aufgeklärt werden. Die vielen Fragen, die sich in diesem tragischen Zusammenhang stellten, sprechen ihre eigene, unmoralische Sprache. Aber selbst jenseits von schlichter Moralität: Die Methoden der Verleumdung, der Hetze und des Terrors mußten, wie ich 1937 schrieb, »die Kampfmoral untergraben und lebensgefährlich für den antifaschistischen Krieg werden«. Überdies drohten sie, »die internationale Arbeiterbewegung erneut zu vergiften und zurückzuwerfen«, sie drohten, »die Ansätze der Einheitsentwicklung in einen Scherbenhaufen zu verwandeln«.

Albert Camus nannte Nins Tod »eine Wende in der Tragödie des 20. Jahrhunderts« – des »Jahrhunderts der verratenen Revolution«. Für ein Komitee »zur Verteidigung der POUM« hatten sich Träger von Namen wie Gide, Mauriac, Duhamel, Roger Martin du Gard engagieren lassen. Der Prozeß gegen die POUM-Führer – mit Ausnahme von Nin, gegen den das Verfahren abgetrennt worden war – fand erst Mitte Oktober 1938 statt. Sie wurden, mit zwei Ausnahmen, jeweils zu fünfzehn Jahren Gefängnis verurteilt. Der Versuch, ihnen Verrat oder Spionage nachzuweisen, war allerdings gescheitert. Als ich in Skandinavien über den Prozeß schrieb, stützte ich mich auf Meldungen, die besagten, daß die POUM-Führer wegen ihrer angeblichen Verantwortung für die Mai-Unruhen verurteilt worden seien. So war es nicht. Vielmehr stützte sich das Urteil auf die absurde Beschuldigung, sie hätten – in ihrem Bestreben, die bestehende Ordnung umzustürzen – behauptet, »die Regierung der Republik empfange von Moskau Befehle und verfolge alle, die sich diesen Befehlen nicht beugten«. Eine solche Äußerung kam der Wahrheit nahe.

Der Epilog zum Epos des spanischen Freiheitskriegs wurde, wie es einer meiner Freunde ausdrückte, »mit dem Blut der Myriaden der Opfer Stalins« geschrieben. Der Traum von der sozialistisch-kommunistischen Einheit schien ein für allemal ausgeträumt – in Folterkellern und elenden Gefängniszellen vernichtet. Dennoch wurde die Hoffnung auf Einheit noch einmal der Strohhalm, an den sich viele in den Lagern der Nazis klammerten. Jahrzehnte später meldeten sich im Zeichen des Eurokommunismus und eines »Sozialismus mit menschlichem Antlitz« Stimmen zu Wort – auch unter zeitweilig regierenden Kommunisten –, die in den dreißiger und vierziger Jahren nicht vernehmbar gewesen waren. Humanität und Vernunft sind unter den Bedingungen des »real existierenden Sozialismus« – bei aller dem genannten System innewohnenden Engstirnigkeit – nie ganz verstummt.

Largo Caballero

Als prominentester Zeuge der Verteidigung im Prozeß gegen Gorkin und Genossen vom Oktober 1938 trat Francisco Largo Caballero auf – nach Pablo Iglesias, dem spanischen Bebel, der bekannteste unter den Führern des spanischen Sozialismus. Nach seinem Ausscheiden aus der Regierung hatte er den entscheidenden Einfluß in der Sozialistischen Partei eingebüßt. Da er sich 1937/38 nachdrücklich gegen einen Parteienzusammenschluß mit der KP stemmte, setzte er sich zusätzlichen Anfeindungen aus. Er wurde zeitweilig aus der Gewerkschaft, an deren Spitze er so lange gestanden hatte, ausgeschlossen und sogar unter Polizeiaufsicht gestellt.

In dem Prozeß – in dem auch Federica Montseny als Zeugin der Verteidigung aussagte – nannte Largo Caballero die Angeklagten seine Freunde und sagte, er habe nicht fünf Jahrzehnte gekämpft, damit es möglich sei, Menschen durch einen Regierungsbeschluß zu verhaften und ohne Schuldbeweis der Freiheit zu berauben. So hatte er im Mai 1937 als Regierungschef argumentiert, als ihm zugemutet wurde, er solle die Rechte der angeblichen Urheber der Mai-Unruhen aufheben. Am 15. Mai, Caballeros Rücktritt erfolgte zwei Tage später, hatten die beiden KP-Minister – der eine war für Landwirtschaft zuständig, der andere für Volksbildung – kategorisch die Auflösung der POUM gefordert; mit der Anschuldigung, sie sei eine verschleierte faschistische Organisation, die in einer Verschwörung mit Franco den Aufstand in Barcelona angestiftet habe, um den Sturz der Republik herbeizuführen. Der Ministerpräsident trat dem scharf entgegen: Er, selbst ein Arbeiter, würde sich niemals dazu hergeben, eine Arbeiterorganisation zu unterdrücken. Er sei in die Regierung nicht eingetreten, um den politischen Interessen einer besonderen in ihr vertretenen Partei zu dienen. Es sei Sache der Gerichte zu entscheiden, ob eine bestimmte Organisation sich so verhalten habe, daß sie aufgelöst werden müsse. Nach einer stürmischen Auseinandersetzung verließen die beiden kommunistischen Minister die Sitzung und demissionierten.

Der Einfluß von außen erlaubte es nicht, daß eine Regierung ohne Teilnahme der Kommunisten gebildet würde. Diese lehnten die weitere Zusammenarbeit mit Largo Caballero ab. Also mußte er das Feld räumen. Das wäre nicht möglich gewesen, wenn – abgesehen von den Anarchosyndikalisten und den »Bürgerlichen« – die Sozialisten dem Verlangen der KP und ihrer Vorgesetzten eindeutig widersprochen hätten. Doch es zeigte sich jetzt, daß mehrere der PSOE-Führer, die innerparteilich keineswegs als »links« galten, Largo Caballero nicht länger stützten. Sein Nachfolger wurde Juan Negrín, von dem man bald sagte, der sowjetisch-kommunistische Apparat – dessen Einfluß höher einzuschätzen gewesen ist als der der beiden Minister – verstehe ihn bequem zu benutzen. Wer über die Waffen und den Geheimdienst verfügte, hatte zuletzt das Sagen. Die avancierteren Typen des Apparats verstanden es immerhin, zwischen brutaler und listiger Gewalt zu differenzieren.

Ohne Differenzierung war, was man die KP-Führer verkünden ließ. José Díaz rief am 9. Mai 1937 zu einer Ausrottungskampagne gegen »die Trotzkisten« auf. Sie seien Agenten, Spitzel und Provokateure Francos und des internationalen Faschismus: »Da dies jedermann, auch die Regierung, weiß, warum werden sie nicht wie die Faschisten behandelt und erbarmungslos exterminiert?« Es ist fraglich, ob der Generalsekretär dies – mit dem »Exterminieren«, wie Ungeziefer! – selbst formuliert hatte. Denn als die Kominternleute – im selben Monat Mai – die Absetzung Largo Caballeros als Ministerpräsident verlangten, protestierte José Díaz Ramos, wenn auch ohne Erfolg. Als schwerkranker Mann ging er 1939 nach Moskau, er war Exekutivmitglied der Komintern. Eines Tages, Mitte März 1942, stürzte er aus dem vierten Stock des Krankenhauses in Tiflis. Es blieb ungeklärt, ob das ein Unfall, Selbstmord oder was sonst war. Er wäre nicht der einzige Spanier gewesen, dem der Todeskelch aus Genossenhand gereicht wurde.

Santiago Carrillo, der als 20jähriger an der Spitze der Vereinigten Sozialistischen Jugend stand (und gegen Ende des Krieges in Madrid auch Sicherheitsaufgaben übernahm, für deren Erfüllung er hart angegriffen wurde), verkündete noch nach 1945 im Exil, Trotzkisten müßten auf Schritt und Tritt bekämpft und angegriffen werden – zumal solche, die durch die Gestapo oder die Falange in die Reihen der aus den deutschen Lagern zurückkehrenden Genossen eingeschleust worden seien! Ob der spätere Eurokommunist, ab 1960 Generalsekretär der spanischen KP, diesen barbarischen Unsinn wirklich geglaubt hat? Oder ob er besorgt sein mußte, die eigene Haut zu retten? Santiago Carrillo, Sohn eines asturischen Metallarbeiters und sozialistischen Abgeordneten, hatte für eine kurze Zeit der Sozialistischen Jugend-Internationale angehört. Daher rührte seine Bekanntschaft mit Ollenhauer, Kreisky und den Skandinaviern. Ursprünglich hatte er sich der Förderung Largo Caballeros erfreuen können. Als dessen sterbliche Überreste nach Madrid überführt wurden, schien sich die gesamte spanische »Linke« bei einer der volkstümlichsten Gestalten der Arbeiterbewegung wiederzufinden: Auch die KP-Führung erwies dem »Verräter« ihre Reverenz.

Es war freilich eine gewisse Komik im Spiel – vielleicht war es auch Zynismus –, daß zu Beginn des Bürgerkrieges ausgerechnet die Kommunisten Largo Caballero zum »spanischen Lenin« hochstilisieren wollten. Sie brauchten eine Symbolfigur. Doch noch zwei Jahre zuvor, im Frühjahr 1934, galt er als »sozialfaschistischer Kollaborateur« – so in Dokumenten der Komintern und der spanischen KP. Doch töricht ist auch seine Charakterisierung in einer (im ganzen verdienstvollen) deutschen Veröffentlichung über den Spanienkrieg: Er habe im Spektrum des europäischen Sozialismus »auf der äußersten Linken« gestanden und sei »ein klassischer Marxist des 19. Jahrhunderts« gewesen. Das wäre ja keine Schande, doch die Wirklichkeit war anders. Francisco Largo Caballero, 1869 in Madrid geboren, ging nur ein Jahr zur Schule; als Siebenjähriger begann er in der Fabrik zu arbeiten. Mit 21 trat er der UGT bei, ein paar Jahre später auch der Partei; erst als erwachsener Mann lernte er richtig lesen und schreiben. 1919, als Generalsekretär der UGT, wandte er sich gegen den Beitritt der spanischen Sozialisten zur Komintern. Unter der Diktatur Primo de Riveras bekleidete er, ausdrücklich durch die UGT autorisiert, das Amt eines »Staatsratsmitglieds«.

In der Partei galt er als »Gemäßigter«. 1931 wurde er Arbeitsminister der republikanischen Regierung und ab Herbst des folgenden Jahres Parteivorsitzender. Auf diese Zeitabschnitte bezog sich der kommunistische Vorwurf der »Kollaboration«. Von den Anhängern in Partei und Gewerkschaft wurde Largo Caballero überwiegend als »Realist« eingeordnet. Man meinte damit seine Haltung während der Diktatur und auch seinen Bruch mit den Kommunisten im Jahr 1937. Im ersten Fall – unter Primo de Rivera – diente eine gewisse Neutralität dazu, die gewerkschaftlichen Organisationen zu bewahren und damit indirekt auch die Partei zu sichern. Im anderen Fall ging es um die Bewahrung der Eigenständigkeit gegenüber dem Druck eines furchterregenden internationalen Apparats.

Die Partido Socialista Obrero Español hatte 1879 die Parteibezeichnung angenommen, unter der sich 1875 – auf dem Einigungsparteitag von Gotha – »Lassalleaner« und »Eisenacher« zusammengefunden hatten. Eine Massenpartei wurden die spanischen Sozialisten allerdings erst in den Jahren vor dem Bürgerkrieg. Neben den »Gemäßigten« und den »Zentristen« gab es innerhalb der PSOE die »Radikalen«, die sich – angesichts des Wiedererstarkens der reaktionären Kräfte – 1933/34 um Largo Caballero zu scharen begannen.

Was seinen Sturz im Frühjahr 1937 angeht, so blieb mir unklar, ob vielleicht ein – damals nicht genannter – Zusammenhang mit Geheimverhandlungen in Paris vorliegen könnte, die kurz zuvor mit dem Ziel begonnen wurden, den Bürger- und Interventionskrieg zu beenden. Dieser Versuch des sozialistischen Botschafters Luis Araquistáin war gewiß vom Ministerpräsidenten (und dem Staatspräsidenten Azaña) gedeckt worden. Hjalmar Schacht, damals noch Hitlers Finanzminister, war bei einem Paris-Besuch an solchen Verhandlungsversuchen beteiligt; bekannt geworden war freilich nur sein Besuch bei Léon Blum. Aus diesem Experiment hätten sich Verdächtigungen und Anschuldigungen ableiten lassen. Es gibt deutliche Zeichen, daß Hitler Ende 1937 die Hilfe für Franco einschränken ließ, damit sich der spanische Krieg in die Länge ziehe; das Andauern der französisch-italienischen Spannungen war wichtig für seine geplanten Operationen gegen Wien und Prag.

Mein Urteil im Sommer 1937, die republikanische Seite habe weiterhin die größeren Erfolgschancen, war zu naiv: Juan Negrín, der die

Ministerpräsidentschaft übernommen hatte, setzte in seiner Art von Optimismus vermutlich darauf, daß der Weltkrieg schon 1938 ausbrechen würde. Richtig blieb, daß in Spanien Vorgefechte dessen, was kommen sollte, ausgetragen – und Waffen ausprobiert – wurden. Andererseits: Auch die Russen verlangsamten und reduzierten 1938 – »München« lag in der Luft – ihre Lieferungen. Die Internationalen Brigaden wurden – auf wessen Beschluß eigentlich? – im Herbst abgezogen. Vor Ausgang der Tragödie im frühen Frühjahr 1939 schrieb ich, die Spanier wollten vor allem Frieden – und sie wollten die Ausländer loswerden. Federica Montseny hatte schon vorher unmißverständlich gesagt: »Ich will Spanien wieder für die Spanier haben.«

Largo Caballero ging 1939, wie viele andere, ins französische Exil. Im Herbst 1940 verurteilte ihn ein Gericht der Vichy-Regierung, lieferte ihn jedoch nicht an Franco aus. (Dies widerfuhr, neben vielen tausend anderen, Lluís Companys, dem Führer der katalanischen linksrepublikanischen »Esquerra«, der eine Art Präsident von Katalonien gewesen war und im Oktober 1940 in Barcelona hingerichtet wurde.) Largo Caballero wurde 1943 von der Gestapo verhaftet und nach Oranienburg gebracht. Im Juni 1945 kehrte er nach Paris zurück und starb dort anderthalb Jahre später.

Man kennt einen Briefnachlaß aus dem Jahre 1945, dem die Rolle eines politischen Testaments beigemessen wurde. Darin zitierte Largo Caballero eine frühere Antwort auf die Frage nach dem Wie der demokratischen Ordnung Spaniens, die lautete: Republik, Republik, Republik. Wenn man ihm die Frage neu stellen würde, könnte er nur antworten: »Freiheit, Freiheit und noch einmal Freiheit – und meinetwegen kann jeder ihr einen Namen geben, den er für richtig hält!«

Ende und neuer Anfang

Als Katalonien zusammenbrach und sich ein Massenstrom von Flüchtlingen über die Pyrenäen ergoß, erlebte Madrid noch einen schrecklich opferreichen Ausbruch der Verzweiflung, bevor Franco am 28. März 1939 seinen Einzug hielt. Anders, als viele annehmen, habe ich die Hauptstadt zum erstenmal 1976 kennengelernt. Spanien blieb mir nah, doch ich mochte zu Francos Zeiten nicht in das Land reisen, mit dem mich so viele beschwerende Erinnerungen – und so viele Hoffnungen verbanden. Die einzige Ausnahme war 1969: Der Arzt hatte empfohlen, einen langen Flug zu vermeiden. So buchte ich meine einzige Schiffsreise nach den USA: von Neapel bis Halifax. Halbtägige Zwischenaufenthalte in Malaga und in Lissabon zeigten mir: Die iberische Welt begann sich zu verändern.

Lange nahm ich an, der Spanienkrieg habe 600 000 oder mehr Todesopfer gefordert. In den letzten Jahren hat die Madrider Regierung diese Zahlen korrigiert: 440 000 Tote, davon 126 000 durch politischen Mord und 285 000 durch die Verluste der kämpfenden Truppe; den Rest machten Opfer der Zivilbevölkerung aus. Fast eine halbe Million Soldaten und Zivilisten waren in Frankreich interniert.

Gurs, im Vorland der Pyrenäen, war eines der ersten Lager für geflüchtete Spanier. (Später wurden in Gurs deutsche Emigrantenfrauen interniert, danach brachte man 6000 badische Juden, auch solche aus der Pfalz und dem Saarland, dorthin, und im Sommer 1944 wurde es schließlich ein Lager für französische Kollaborateure.) Augenzeugen berichten: »Man hatte diese Scharen von abgekämpften Männern, von halb verhungerten Frauen und Kindern, die im Januar 1939 über die französische Grenze fluteten, auf einigen Plätzen der Mittelmeerküste zusammengetrieben und einen Stacheldraht um sie gezogen. Da saßen sie auf dem Strand im Sand, in Kälte und Regen, ohne Dach über dem Kopf, ohne Küche, ohne die geringste hygienische Einrichtung ...« Ein deutscher Angehöriger der Brigaden schrieb: »Plötzlich, auf einem Dorfplatz, entdeckten wir ein großes frisch gemaltes Schild: ›Au Camp de concentration!‹ Zum Konzentrationslager! Also nicht wie Veteranen eines Freiheitskriegs behandelte uns die französische Regierung, sondern wie Sträflinge, die nach Cayenne verschifft werden! Welch bittere Enttäuschung!«

Tausende von »Rotspaniern«, die man nicht an Franco ausgeliefert hatte, wurden in deutschen Lagern zu Tode gebracht. 7200 von ihnen waren allein im KZ Mauthausen registriert; umgekommen sind in deutschen Lagern rund 8000 »Rotspanier«. Auch viele von denen, die in die Sowjetunion gelangt waren, gerieten in Not. Die Führerschaft der spanischen KP wurde in der großen »Säuberung« des Apparats der Komintern dezimiert. Viele der einfachen Leute wurden nach Zentralasien oder in andere entlegene Regionen deportiert.

Gibt es eine Gnade der geschichtlichen Distanz? Man konnte später erkennen, erst aus der Entfernung, dann an Ort und Stelle: Die Spanier wollen keinen neuen Bürgerkrieg. Ich erlebte in Madrid, daß der König nicht anders als die Führer der Sozialisten den Blick nach vorn richtete. Damit waren die Gefahren für die spanische Demokratie noch nicht gebannt. Aber sie sind heute anderer Natur als in Henry Kissingers Zwangsvorstellungen über den »Vormarsch des Marxismus«.

In der Bundesrepublik dauerte es lange, bis sachlich über »Rotspanien« geredet werden konnte. Erst im Sommer 1972 – sofern sie ihren Wohnsitz im Ausland hatten, erst im Mai 1978 – wurden Deutsche, »die in Spanien auf republikanischer Seite gekämpft haben« (sowie deren Hinterbliebene), nach dem Bundesversorgungsgesetz mit den Angehörigen der Legion Condor gleichgestellt.

OSLO II

Staatenlos

Am 5. September 1938 bürgerten mich die nazideutschen Behörden aus. Ich hielt mich zu jener Zeit in Frankreich auf; die Nachricht erreichte mich erst Wochen später, als ich wieder in Oslo war. Ein Bekannter in Paris, der offizielle deutsche Publikationen auswertete, schrieb mir, er habe die Bekanntmachung im »Reichsanzeiger« (Deutscher Reichsanzeiger und Preußischer Staatsanzeiger) gefunden.

Ich kann mich nicht daran erinnern, daß mich diese Veränderung meines Status sonderlich beeindruckt hätte. Ausbürgern heißt entnazen, hatte Bertolt Brecht gesagt. Die Ausbürgerung hatte, unter den gegebenen Umständen, für mich keine praktische Bedeutung. Von meinem deutschen Paß, der bis zum Sommer 1936 gültig gewesen war, hatte ich sowieso keinen Gebrauch mehr gemacht. Immerhin, ich war nun einer von den schließlich 38 766 Deutschen – zusätzlich zu all den deutschen Juden, die nicht mal mehr dieser Prozedur unterworfen wurden –, die nach Naziwillen in aller Form nicht mehr Deutsche sein sollten. Für die Urheber dieser Praxis war das nicht eine bloße Formalität. Sie wollten die »Treulosen« ächten. Diese sollten nicht nur ihr Reisepapier und ihr Eigentum verlieren, sofern solches in Deutschland verblieben war (bei mir war da nichts zu holen): Die Ausgebürgerten sollten vogelfrei sein. Leider hatten bei weitem nicht alle Betroffenen die Möglichkeit, auch nur einen Fremdenpaß ihres Gastlandes zu erlangen. (Ich empfand es als tief beschämend, daß die Führung der DDR – in deren Reihen mancher weiß, was dies heißt – das Ausbürgerungsverfahren wieder einführte; sie konnte sich auf eine entsprechende sowjetische Praxis berufen.)

Manche der Prominenten – zu denen ich nicht gehörte – waren schon 1933 ausgebürgert worden, andere folgten mir. Ich stand auf der 51. Ausbürgerungsliste. (Es waren vier Listen, die Staatssekretär Stuckart am 1. September 1938 für seinen Minister Frick abzeichnete. Auf der 52. Liste stand unter anderem Waldemar von Knoeringen. Auf der 54. Liste findet man die Namen von Max Brauer, dem späteren Hamburger Bürgermeister, und von Rudolf Katz, der 1948 als Justizminister in Kiel für meine Wiedereinbürgerung sorgte.) Bei mir trugen wohl meine beiden Namen dazu bei, daß es lange dauerte, bis ich auf die Liste gesetzt wurde. Vermutlich führte die Gestapo getrennte Dossiers. Trotzdem ist nicht leicht zu verstehen, warum die Enttarnung nicht schon im Frühjahr 1934 erfolgte, als meine Gefährten aus den Niederlanden ausgeliefert wurden und vernünftigerweise versuchten, sich durch Hinweise auf mich zu entlasten. Auch war mir nicht verborgen geblieben, daß ich im Herbst 1934 intensiv beschattet wurde – von Männern, die leicht auszumachen waren, weil sie längere Mäntel trugen, als es damals in Norwegen üblich war. Aber Beobachtung durch die Gestapo und Maßnahmen des Innenministeriums waren zwei verschiedene Dinge. Das Auswärtige Amt hatte schon im Herbst 1933 angeordnet, daß Emigranten durch die Auslandsvertretung observiert werden sollten. Doch diese Weisung wurde mit unterschiedlichem, oft geringem Eifer befolgt.

Wie mein »Fall« in der deutschen Bürokratie behandelt wurde, erfuhr ich im einzelnen erst, als Mitte der siebziger Jahre in einer – schon erwähnten – Bonner Habilitationsschrift die nazideutsche Ausbürgerungspraxis an meinem Beispiel untersucht wurde. Der Bonner Professor fand heraus, daß die Deutsche Botschaft in Paris Zugang zu zwei Postschließfächern gefunden hatte, die unter französischen Namen unterhalten wurden, um Briefe aus anderen Ländern entgegenzunehmen. Im Mai 1937 gelangte eine Anzahl von Schriftstücken an die Zentrale des Auswärtigen Amtes. In dem mich betreffenden Bericht hieß es, »als Kurier für Emigrantenorganisationen« reise »ein gewisser Herbert Frahm«: »Er hat einen deutschen Reisepaß Nr. 472, ausgestellt durch das Polizeiamt Mecklenburg-Schwerin.« Dem Paß entsprechend folgten die Personalangaben, und als Zusatz: »In Norwegen steigt er bei Gunnar Nielsen in Oslo, Sørligate, ab.« Viel wußten die nicht, denn bei Gunnar Nielsen in der Sørligate stieg ich keineswegs ab; das war vielmehr – für eine gewisse Zeit – eine meiner postalischen Deckadressen. Und die »Kurierdienste« entsprangen der Phantasie eines Dreigroschenjungen. Die Botschaft in Paris hatte – wie sich zeigte – schon die Kopie einer Einladung zur Volksfront-Zusammenkunft am 8. April 1936 erhalten, die mir Münzenberg über Walcher geschickt hatte und der ich allerdings nicht hatte folgen können.

Unerklärlich bleibt mir, wie die Pariser Botschaftsspitzel in den Besitz meines abgelaufenen deutschen Passes gelangt sind. Ich hatte ihn 1934 – wohl auch noch 1935 – für Reisen in Westeuropa gebraucht. Danach reiste ich entweder – wie nach Berlin und Spanien – mit einem frisierten norwegischen Paß oder – wie ab 1936 nach Paris – mit einem ordnungsgemäß ausgestellten norwegischen Fremdenpaß. Das war außerhalb Skandinaviens ein vorzügliches Papier: Wenn man die Deckseite in eine Lederhülle steckte, war er bei einer normalen Kontrolle von einem »richtigen« norwegischen Paß nicht zu unterscheiden. Und nichts ging zu jener Zeit über ein solides skandinavisches Reisepapier! Für einen Fremdenpaß brauchte man allerdings ein Visum. Als ich im Herbst 1939 einmal kurz – ohne Visum – nach Schweden fahren wollte, um mich für das Wochenende jenseits der Grenze mit Freunden zu treffen, die mit ihren Papieren wesentlich schlechter dran waren als ich, fiel dem Grenzbeamten im Zug der Mangel auf. Doch der Schwede war verständnisvoll: Ich konnte den Fremdenpaß deponieren und am Abend des nächsten Tages bei der Polizei wieder abholen.

Ich war in Spanien, als ein Beamter der Pariser Botschaft seinen Bericht aufsetzte. Meinen deutschen Paß, der in seine Hände gelangt war, hatte ich, meiner bestimmten Erinnerung nach, niemandem zur Verwendung überlassen. Das wäre auch nicht sinnvoll gewesen, denn frisiert werden konnten immer nur Bild und Stempel, nicht der Name. Zu den Unterlagen, die der Bonner Professor zutage förderte, gehörte auch der Bericht eines Gesandtschaftsrats vom September 1937, mit dem Abschriften von Schreiben nach Berlin übermittelt wurden, unter anderem solche, die von »Kramer« (Hans Jahn) unterzeichnet waren und Tätigkeiten der Internationalen Transportarbeiter-Föderation berührten.

Diese Schreiben, so hieß es in dem Bericht, seien von einer Person übermittelt worden, »die Gelegenheit hatte, Einblicke in das Postfach von Roger Gerberon bei der poste centrale in der rue de Louvre zu nehmen«. Also waren Spitzel am Werk. Professor Lehmann schreibt: »Dieser Agent, der mehrere Menschenleben auf dem Gewissen hat und noch zu leben scheint, kann nur durch Indizien, also nicht einwandfrei überführt werden.« Die norwegische Spur, die der Zeitgeschichtler vermutete, führte in die Irre; eine weitere Aufklärung erfolgte nicht.

Es läßt sich rekonstruieren, wie der Anstoß der Pariser Botschaft in Berlin zu einem »Vorgang« wurde: Im März 1938 gab das Geheime Staatspolizeiamt, also die Zentrale der Gestapo, der Staatspolizeistelle Kiel eine Weisung, das Ausbürgerungsverfahren zu eröffnen. Der Wortlaut des Befehls hat sich nicht finden lassen, aber die Vermutung spricht dafür, daß der Bericht über meine Beteiligung am Volksfront-Ausschuß die auslösende Wirkung hatte. Zwei Jahre waren seitdem vergangen. Auch Himmlers Bürokraten ließen sich Zeit. Der stellvertretende Gestapoleiter in Kiel stellte seinen Antrag Ende April 1938 und stützte sich auf höchst unzulängliche Polizeiakten von 1933.

Für die beantragte Ausbürgerung wurden drei Gründe angeführt: Erstens hätte ich in Oslo Unterstützung vom »Flüchtlingskomitee« erhalten. Zweitens schriebe ich »in der marxistischen Tageszeitung ›Arbeiderbladet‹«, womit das Zentralorgan der regierenden Arbeiterpartei gemeint war. Drittens – hier schlug sich der Pariser Botschaftsbericht nieder – leiste ich »Kurierdienste zwischen den Emigrantenorganisationen in Frankreich und den nordischen Ländern«.

Beim Reichsminister des Innern wurde der Antrag schließlich von jenem SS-Mann Kurt Lischka gestellt, dessen Name während des Krieges in Frankreich zu einem Symbol des Schreckens wurde (er erhielt nach Prozeßverschleppungen, die bei uns zumal in NS-Verfahren nicht unüblich sind, schließlich im Februar 1980 in Köln für eine Beteiligung an den Verbrechen des Regimes eine Freiheitsstrafe von zehn Jahren). Lischkas Antrag mußte routinegemäß das Auswärtige Amt passieren. Er ging dort am 25. Mai 1938 ein, und die Gesandtschaft in Oslo wurde zur Stellungnahme aufgefordert. Der vom Gesandten Sahm – sein Sohn, der Botschafter Ulrich Sahm, wurde mein enger Mitarbeiter, als ich Außenminister und Bundeskanzler war – unterzeichnete Bericht kann ungewöhnlich dürftig genannt werden, Übereifer ist ihm jedenfalls nicht anzumerken. Sahm teilte nichts mit, was der Gestapo nicht ohnehin bekannt war. Er hat sich auch nicht, wie vorgeschrieben, dazu geäußert, ob »außenpolitische Bedenken« gegen meine Ausbürgerung bestünden. Dies mußte er in einem zweiten Bericht am 4. Juli nachholen. Der Gesandtschaftsbericht vom 9. Juni zeigt, daß man sich zunächst der großen Anstrengung unterzogen hatte, das Osloer Adreßbuch zu konsultieren. Also wurde nach Berlin eine Adresse mitgeteilt, die längst nicht mehr stimmte. Zum anderen hatte man bei der Fremdenpolizei vorgesprochen. Der Chef des »Centralpasskontor« hatte »auf Anfrage« bereitwillig Auskunft gegeben, aber aufregend war es nicht, was er der Deutschen Gesandtschaft mitzuteilen hatte: Der Arbeiterpartei-Vorsitzende Torp habe seine schützende Hand über mich gehalten, als im Herbst 1933 meine Ausweisung geplant gewesen sei. Auch könne er sich erinnern, daß ich »unter dem Decknamen Brandt« in »Arbeiderbladet« publizierte.

Nach der Ausbürgerung war ich staatenlos. Nach sorgfältiger Überlegung beantragte ich – im Herbst 1939 – die norwegische Staatsangehörigkeit. Was die Aufenthaltsdauer angeht, war das Mindesterfordernis erfüllt: Ich war mehr als fünf Jahre im Lande ansässig. Mit dem ebenfalls verlangten Nachweis, daß ich regelmäßig Steuern gezahlt hatte, konnte ich nicht aufwarten. Was ich tatsächlich verdiente, konnte ich nicht versteuern, weil ich – mit Ausnahme einiger Honorare aus den Niederlanden und der Schweiz – mangels Arbeitserlaubnis eigentlich gar nichts verdienen durfte. Den Antrag auf Einbürgerung stellte für mich der befreundete Anwalt, der nach dem Krieg Bürgermeister von Oslo wurde. Das Justizministerium ließ unterderhand wissen, man habe die Entscheidung zurückgestellt. In einem Jahr möge sich der Anwalt wieder melden. Dann kam die deutsche Besetzung. Als ich im Spätsommer 1940 nach Stockholm kam, wurde mir von der norwegischen Regierung in London rasch bestätigt, daß mir die Staatsangehörigkeit verliehen sei. Nach dortigem Recht wurde sie automatisch aufgehoben, als ich mich 1948 in Schleswig-Holstein – die Bundesrepublik gab es noch nicht – wieder einbürgern ließ.

September 1939

Das Jahr 1938 und die ersten Monate des Jahres 1939 waren furchterregend und tief deprimierend. Der Zweite Weltkrieg warf einen nur noch kurzen Schatten voraus: Österreich wurde dem Reich einverleibt. Die Tschechoslowakei erhielt durch das Münchner Abkommen den Todesstoß. Im März 1939 wurden Böhmen und Mähren zum Protektorat. In Spanien ließ man Franco siegen. In Frankreich war die Volksfront längst zerfallen.

Eines Tages traf ich in Oslo auf der Straße den notorischen (und schon erwähnten) SPD-Linken Karl Böchel aus Chemnitz (eigentlich Rheinländer, doch Überzeugungssachse). Ich hatte gehört, daß er dabei sei – mit etwas Geld seiner Frau –, eine kleine Bauernstelle unweit der Stadt zu kaufen. Auf die Frage, wie ich das verstehen solle, antwortete er: »Du weißt, ich habe jetzt viele Jahre mit Mist zu tun gehabt. Jetzt will ich damit so zu tun haben, daß ich sehe, daß Mistfahren zu etwas führt.« (Während der Kriegsjahre wurde Böchel in einem ländlichen Krankenhaus verborgengehalten. Er war kurz vor der Okkupation schwer krank geworden. Anfang März 1946 – ich war gerade von einem meiner Nürnberg-Aufenthalte zurück – habe ich ihm anläßlich seiner Beisetzung in Oslo einen letzten Gruß sagen können.)

Im Sommer 1939 sollte ich eigentlich nach Frankreich fahren, um – als Gastdelegierter – am Kongreß der Sozialistischen Jugend-Internationale teilzunehmen. Wir jungen Sozialdemokraten hatten, bei manchen weiterwirkenden Nuancen, wieder zusammengefunden; dies bestätigte sich in Gesprächen mit Erich Ollenhauer – 1938 in Paris, 1939 in Oslo. Ich zog dem Kongreß (der in Lille stattfand) ein Zeltlager in Sunndalsøra, an einem der schönen Fjorde, vor, ließ mich dort auch durch den Anruf des dänischen SJI-Vorsitzenden H.C. Hansen nicht aufscheuchen und bat einen der Pariser Freunde, mich zu vertreten.

In Oslo war mein Leben ruhiger als während der drei zurückliegenden Jahre. In eben der Etage von Storgaten 12, wo bis vor kurzem »Mot Dag« zu Hause gewesen war, hatte das Spanien-Komitee sein Büro. Ich war dort angestellt und half mit, als diese Organisation – gleichermaßen vor allem auf die Gewerkschaften gestützt – zur Norwegischen Volkshilfe wurde; in deutschen Begriffen: eine Zusammenfassung von Arbeiterwohlfahrt, Arbeiter-Samariterbund und humanitärer Auslandshilfe; letztere wurde während des finnischen Winterkrieges 1939/40 zur eigentlichen Aufgabe. Wegen der sachlichen Leistung in der Pressearbeit und der Fähigkeit zum Ausgleich hatte ich bei der Volkshilfe eine starke Position. Eines Morgens erschien der ehrenamtlich Vorsitz führende Gewerkschaftsboß, der mit seinem Angestelltenverband im selben Haus angesiedelt war, um uns drei Sekretäre zu ermahnen, etwas pünktlicher zu erscheinen. Ich kam stets als letzter, arbeitete trotzdem nicht wenig – zumal ich wichtigere Vorgänge mit nach Haus nahm – und wurde so wütend, wie man es werden kann, wenn man kein ganz gutes Gewissen hat. Aber es bedurfte keiner Widerrede, denn der Vorsitzende war die reine Milde, als er und ich allein am Tisch saßen: Er schätze meine Arbeit sehr, sagte er, und bat ruhig, ob ich nicht versuchen könne, etwas früher zu kommen; von den Damen erwarte man doch auch, daß sie pünktlich zur Stelle seien. Der Mann hatte recht und auch nicht: Ich brachte in späteren Jahren häufig vierzehn Stunden und länger am Schreibtisch und in Sitzungen zu. Dies ist manchmal unausweichlich, doch nicht immer produktiv. Menschen, von denen man – in der Politik wie anderswo – Schöpferisches erwartet, sollten die Möglichkeit haben, ihren Arbeitstag flexibel zu halten. Manchmal sind zwei Stunden am Schreibtisch genug, wenn man gut vorbereitet und zügig arbeitet.

Für den Bildungsverband übernahm ich weiterhin die eine oder andere Aufgabe, zumeist Kurse über außenpolitische Fragen oder über die Geschichte der Arbeiterbewegung. Auch schrieb ich immer noch Artikel und nun auch ein paar Broschüren, nicht nur der Honorare wegen. Wenn ich mir die Texte heute noch einmal anschaue, zeigt sich, daß meine Urteile realistisch waren. So verhielt es sich auch mit unseren Exildiskussionen; sie waren nüchterner und zugleich noch ernster geworden. Während in Paris – im Zeichen der »Konzentration« – jene Zusammenarbeit begonnen hatte, die deutsche und österreichische Sozialisten einbezog, bildeten wir in Oslo einen Arbeitskreis, der – in aller Bescheidenheit – etwas weiter ausgriff. Unsere Gruppe umfaßte deutsche, österreichische und tschechisch-slowakische (so war die Formulierung!) Sozialisten. Die beiden wichtigsten Partner aus dem Kreis der Österreicher waren der Gewerkschafter Rudolf Holowatyj, der später wie ich nach Stockholm ging, und mein Freund Ernst Winkler, der nach der Rückkehr aus den USA österreichischer Nationalrat wurde. Aus Lübeck war Paul Bromme dabei, den ich gut kannte; nach dem Krieg war er Abgeordneter und Senator. In jenem Kreis wurde besser diskutiert, als ich es mancherorts im Exil erlebt hatte.

Dem Angriff auf Polen folgten zwei Tage später – am 3. September 1939 – die Kriegserklärungen Großbritanniens und Frankreichs. Ich hatte – obwohl nur zu den nebenamtlichen Mitarbeitern gehörend, als Felix Franke, F. Franke, F.F. zeichnend – beim »Arbeiderbladet« den sonst nicht üblichen Dienst am Sonntagvormittag übernommen. Als ich den entscheidenden Satz Chamberlains, des britischen Prime Minister, im Radio hörte, rief ich erst den Chefredakteur, dann den Außenpolitiker an. Sie kamen in die Redaktion, wenn auch nicht in Windeseile. Ich fragte mich: Ist dies schon der große Krieg? Wird es noch einmal ein Einlenken geben? Welche Opfer würde die Überwindung Hitlers kosten? Ob Norwegen, ähnlich wie 1914/18, seine Neutralität bewahren konnte?

Die Osloer Zeitungen erschienen an jenem Sonntag mit Extrablättern. Unser Außenpolitiker, Finn Moe, schrieb einen merkwürdigen Kommentar: Einerseits spreche vieles dafür, daß ein großer Krieg begonnen habe, andererseits könne aber auch nicht ausgeschlossen werden, daß man es mit einer weiteren Form von Nervenkrieg zu tun habe ... Das entsprach zwar nicht meiner Einschätzung, aber sein Urteil schien durch die eigenartige Frühphase des Zweiten Weltkriegs bestätigt zu werden.

Die Monate, die Hitlers Blitzsieg und der Teilung Polens (dessen Regierung sich noch kurz zuvor am Zerfleddern der Tschechoslowakei beteiligt hatte) folgten, erschienen mir, wie vielen anderen, auf eigentümliche Weise unwirklich. Der Krieg im Westen fand nicht statt, noch nicht. Mir persönlich ging es so gut wie selten. Erst über Weihnachten, dann wieder zu Ostern war ich in den Bergen auf Skiurlaub – als sei die Welt noch in Ordnung. Ich hatte, über politische Bindungen hinaus, gute Freunde und angenehme Bekannte gefunden. Manche gingen mir freilich mit ihrer Weltfremdheit oder ihrer Neigung zur Weltflucht zuweilen auf die Nerven. Sie redeten lieber über den britischen Imperialismus in Indien und über die skandalöse Behandlung der Farbigen in den USA als über die ganz naheliegenden Gefahren des Nazismus. Daß Norwegen (und Dänemark) vor Frankreich überfallen werden könnten, hielten wenige meiner Gesprächspartner für wahrscheinlich – auch ich nicht.

Im September 1939 brachten einige meiner deutschen Freunde in Norwegen und ich eine Beurteilung der Lage zu Papier, um auf diese Weise zum Meinungsaustausch mit Schicksalsgefährten in anderen Ländern – soweit wir sie noch erreichen konnten – beizutragen. Wir stellten die Kriegsschuld des nazistischen Deutschland fest, hielten einen deutschen Sieg für unwahrscheinlich, wandten uns zugleich scharf gegen den Kurs Stalins und der von ihm abhängigen Parteien. Zum ersten – der Schuldfeststellung – fügten wir den Hinweis auf die tiefgehenden Konflikte hinzu, »die der imperialistischen Lösung des vorigen Weltkriegs entsprungen sind und sich zum vorherrschenden deutsch-englischen Gegensatz herauskristallisierten«. Nach »München« sei eine entscheidende Wendung der englischen Politik eingetreten; der Versuch, die Expansionsbestrebungen des Hitlerfaschismus nach dem Osten abzulenken und ihn womöglich zu zähmen, sei gescheitert. Der entstandene Konflikt »muß europäischen Charakter annehmen und enthält alle Tendenzen, zu einem neuen Weltkrieg zu werden«. Trotz der imperialistischen Konflikte, die dem Krieg zugrunde lägen: Unsere Haltung zum Krieg ergebe sich nach wie vor aus der Notwendigkeit der Niederlage Hitlers. In der deutschen Führung habe man offenbar damit gerechnet, Polen nach dem Abschluß des Pakts mit der Sowjetunion ohne Krieg unterwerfen zu können. Diese Rechnung war nicht aufgegangen. Die Westmächte seien »fast in jeder Beziehung« überlegen; sogar die französische Maginotlinie hielten wir für ein westliches Plus. Wie sehr dies Wunschdenken war, sollte sich im Mai 1940 zeigen. Doch wir wiesen auch schon darauf hin, daß die materiellen Ressourcen der Vereinigten Staaten bald mobilisiert würden: So gesehen müßte eine Auseinandersetzung zwischen Hitlerdeutschland einerseits und den Westmächten andererseits letzten Endes zur Niederlage Hitlerdeutschlands führen. Wir meinten, selbst eine weiterreichende Zusammenarbeit zwischen Hitler und Stalin werde nicht ausschlaggebend sein. Viel wahrscheinlicher sei jedoch in einer kommenden Runde eine »Auseinandersetzung zwischen Deutschland und Rußland«. Nachdem sich englische Hoffnungen auf einen Systemwechsel in Deutschland als irrig erwiesen hätten, müsse man eine um so erbittertere militärische Auseinandersetzung gewärtigen. Zusammenfassend lasse sich sagen: »Bei den heutigen Kräfteverhältnissen kann kaum mit ernsten hitlerdeutschen Erfolgschancen im Krieg gerechnet werden.«

Die deutschen Sozialisten – unterschiedlichster Schattierungen – hatten jahrelang ihre Anklagen gegen den Nazismus erhoben, doch ihn mit den Mitteln des Krieges zu beseitigen, hatten sie nicht gefordert. Immer wieder hatten wir geschrieben und gesagt, der nazistischen Expansion müsse Einhalt geboten werden. Die Informationen aus Deutschland zeigten uns, wie verhängnisvoll sich die Nachgiebigkeit der Westmächte auswirkte. Wir meinten, eine feste Haltung hätte vermutlich den Frieden sichern und die Kräfte in Deutschland stärken können, die gegen militärische Abenteuer waren: »Die große Politik ging jedoch in entgegengesetzte Richtung, und sie nahm – wie man verstehen kann – keine Rücksicht auf das, was die deutschen Emigranten sagten.«

Eine neue Lage war – nicht zuletzt für die Kommunisten – durch den deutsch-sowjetischen Vertrag entstanden. (Für uns in Skandinavien waren die Überlegungen zu Beginn des Zweiten Weltkrieges außerdem stark beeinflußt vom Angriff auf Finnland im November 1939 und von der sich abzeichnenden Annexion der baltischen Staaten durch die Sowjetunion.) Die deutsche Komintern-Sektion hatte bis Ende August immer wieder betont, man müsse für den Krieg gegen den Hitlerismus gewappnet sein, während sie gleichzeitig die mit Sicherheit folgende baldige Revolution in Deutschland voraussagte. Nach dem Nichtangriffspakt verstummte die KPD. Unter den Kommunisten im deutschen Untergrund ging tiefe Enttäuschung um, unter den Emigranten erhebliche Verwirrung, während, wie wir schrieben, »einige Parteisekretäre es über sich brachten, nicht nur den Pakt zu verteidigen, der es dem deutschen Regime möglich machte, den Krieg gegen Polen zu beginnen, sondern auch die neue russische Linie, die den Ausdruck Faschismus aus dem Wörterbuch gestrichen hat und alle Schuld abschiebt auf die Westmächte, die Neutralen und – die sozialistische Arbeiterbewegung«.

Ziemlich sicher fühlten wir uns in dem Urteil, daß den Komintern-Parteien weitgehend der Boden entzogen worden sei. Mit den Verteidigern der Stalinschen Politik konnten wir keine Gemeinsamkeit erkennen. Aber: Auch den Schlag für die deutsche Opposition müßten wir überwinden »und die Überzeugung stärken, daß das Werk der Befreiung der deutschen Arbeiter nur ihr eigenes Werk sein kann«. Dies war es dann durchaus nicht, weder im einen Teil Deutschlands noch im anderen.

Für einen »Informationsbrief« – den unser »Arbeitskreis« herausgab – schrieb ich zu Beginn des Jahres 1940, die Politik Rußlands habe die gesamte internationale Situation im besonderen Maße verändert: Der Pakt mit Deutschland habe das Dritte Reich aus einer hoffnungslosen Konstellation gerettet. Ob sich daraus gar noch mehr entwickeln könne? Stelle vielleicht die Zerschlagung des britischen Empire eine für die beiden so ungleichen Partner ein lohnendes Kriegsziel dar? Werde es vielleicht gelingen, auch die Japaner für ein solches Ziel einzuspannen?

Bei dieser Gelegenheit schrieb ich auch: Die ersten Kriegsmonate hätten unzählige Prognosen über den Haufen geworfen, doch die Fronten seien nicht klarer geworden. »Nichts berechtigt uns zu der Annahme, daß sich nicht weitere Verschiebungen und Umgruppierungen ergeben, wenn sich die erstarrten Fronten gelockert haben werden. Aber nichts berechtigt uns auch, daran zu zweifeln, daß der große Zusammenprall der Mächte Erschütterungen zeitigen und Kräfte auslösen wird, über die die Machtausüber von heute nicht mehr Herr sein werden.« – Das war keine in die Tiefe gehende Analyse, doch etwa so sahen wir die Dinge.

Finnland und sein großer Nachbar

Eine russische Schwenkung zur betonten Neutralität hätten wir eher verstehen können – nicht den Vertrag, den wir, den Wirkungen nach, als eine Hilfe für Hitler-Deutschland begreifen mußten: Der Pakt war der unmittelbare Auftakt zum Überfall auf Polen (dem militärisch beizustehen fast niemand von der Sowjetunion erwartete), und russische Lieferungen entlasteten sogar die Lage Hitlers im Vorfeld des eigentlichen Krieges. Wir sagten: »Ebenso wie die sowjetische Außenpolitik seit Jahr und Tag ausschließlich von den eigenen Interessen der Sowjetunion – wie sie von Stalin verstanden wurden – bestimmt war, ist auch die neue Schwenkung ohne Rücksicht auf die Interessen der internationalen Arbeiterbewegung und des Kampfes gegen den Faschismus erfolgt.« Das Stalin-Regime habe sich, so sahen wir es, mit unseren Todfeinden verbündet. Stalin sei bestrebt, sich aus dem europäischen Krieg herauszuhalten – »möglicherweise mit eitlen Spekulationen auf eine spätere russische Intervention in Europa«. Es sei aber damit zu rechnen, meinten wir mit einer gewissen Voraussicht, »daß die Expansionsbestrebungen des deutschen Imperialismus gegen den russischen Raum bestehen bleiben und daß sich nach einer Periode der Kooperation ein neuer Konflikt zwischen den beiden Mächten ergeben wird«. Die Sowjetunion werde dann möglicherweise so isoliert dastehen wie nie zuvor.

Das letzte erwies sich als unrichtig, die »Spekulationen« auf eine spätere Intervention in Europa dagegen waren durchaus nicht eitel. Für die Menschen in Skandinavien gewann die Politik Stalins infolge des Angriffs auf Finnland eine bedrückende Realität. Der Überfall erfolgte in der Nacht zum 30. November 1939. Er richtete sich gegen ein Land, mit dem die Sowjetunion zwei Jahre zuvor einen Nichtangriffspakt geschlossen hatte. Die Sympathien der Schweden, Norweger, Dänen gehörten den Finnen, die erst 1918 ihre Selbständigkeit gewonnen und danach blutigen Streit im eigenen Land überwunden hatten. Ihre Demokratie war im Begriff, sich zu festigen. In der Verteidigung standen sie zusammen, und die Nachbarn bewunderten ihre Tapferkeit: Als trete David noch einmal gegen Goliath an.

In Verhandlungen, die zwei Wochen vor dem Angriff begannen, hatte die sowjetische Seite Grenzänderungen und Basen verlangt; sie begründete diese Forderungen mit dem Anspruch auf größere Sicherheit für Leningrad. Es ist möglich (und eher wahrscheinlich), daß die Finnen die tatsächliche Lage falsch einschätzten und auf Hilfe rechneten, die nicht zu erwarten war. Ihre Verhandlungsführung war wenig flexibel. Es ist nicht ausgemacht, daß ihnen größere Geschicklichkeit viel genützt hätte. Angesichts der Lage mußten sie zum Schluß klein beigeben oder sich in jenem Krieg ohne Kriegserklärung verteidigen. Es war makaber, daß ausgerechnet der »Völkische Beobachter«, Hitlers Sprachrohr, großes Verständnis für die Sicherheitsinteressen der Sowjetunion zeigte.

Sympathie für die Finnen machte Menschen wie mich nicht blind. Im »Informationsbrief« schrieb ich im Januar 1940: »Dem aufmerksamen und kritischen Beobachter konnte nicht entgehen, daß es seit Anfang Dezember überall Kräfte gab, die aus der finnischen Front die europäische Hauptfront machen wollten. Statt Hitler wurde Stalin zum Weltfeind Nummer Eins gestempelt. Der Völkerbund entwickelte nach Jahren jämmerlichster Senilität plötzlich wieder jünglingshafte Triebe. Die Verräter an Abessinien, China, Spanien und der Tschechoslowakei erinnerten sich mit einemmal an die Grundsätze der kollektiven Sicherheit.« Dieser Ausbruch ist nur verständlich, wenn man daran erinnert, wie kümmerlich zu diesem Zeitpunkt die Politik der englischen und französischen Regierung war. Ich strich aber ebenso heraus, daß die Argumente, mit denen die Sowjetunion ihr Vorgehen zu begründen suchte, immer offensichtlicher aus Fehlschlüssen schöpften. Gerade durch das Vorgehen Stalins sei jene allgemein feindliche Stimmung gegen Rußland bestärkt worden, »die gegenüber einem auch nur einigermaßen neutralen Rußland bei den gegenwärtigen Machtverhältnissen in der Welt niemals hätte aufkommen können«.

Wir hatten uns eindeutig mit Finnland und seiner Arbeiterbewegung solidarisiert. Aber wir hatten es gleichzeitig abgelehnt, unseren grundsätzlichen Standort aufzugeben: »Für uns waren, sind und bleiben Hitler und das Hitlerregime der Hauptfeind. Daraus leiteten wir deutschen, österreichischen und tschechoslowakischen Sozialisten unsere Haltung zum Krieg zwischen Deutschland und den Westmächten ab. Und daraus ergab sich auch unsere Haltung zur Stalinschen Politik des Paktierens mit Hitler, nicht umgekehrt.«

In der Norwegischen Volkshilfe waren wir um humanitäre Hilfe für Finnland bemüht: Wir sammelten Geld- und Sachspenden, die trotz allen guten Willens nicht viel mehr sein konnten als ein Tropfen auf dem heißen Stein. Doch freiwillige Hilfe kann bekanntlich für den, der sie gibt, ebenso wichtig sein wie für den, der sie erhält. (Wir brachten in Skandinavien überdies einige Mittel für die gedemütigten Spanienflüchtlinge auf, die in französischen Lagern schmachteten. In makabrer Erinnerung blieb mir ein »linker« norwegischer Reserveoffizier, der mir Weihnachten 1939 auseinandersetzte, man könne in den

Flüchtlingslagern in Frankreich spanische Freiwillige für Finnland rekrutieren.)

In jenen Monaten lernte ich Vertreter der finnischen Arbeiterbewegung – darunter ehemalige Kommunisten – in ihrem wortkargen Nationalstolz schätzen. Einige Jahre später in Stockholm – während Finnlands zweiten Krieges (an der Seite Hitlerdeutschlands) – traf ich den einen und anderen Sozialdemokraten aus jener »Friedensopposition«, die allen Schwierigkeiten zum Trotz zum Ausgleich mit dem großen Nachbarn gelangen wollten. Sie hatten, wie ich meinte, bessere Argumente als Väinö Tanner, der »starke Mann« der finnischen Sozialdemokratie – damals, zuvor und danach. Ich begegnete ihm erst zwanzig Jahre später bei einem Parteitag in Deutschland. Wir verstanden uns nicht allzu gut. Dabei begriff ich – zumal damals als Berliner Bürgermeister –, daß Tanner Moskau anklagte, als Finne und als Demokrat. Sein Landsmann Juho Kusti Paasikivi, Präsident nach 1944, wies mit ergreifender Schlichtheit auf eine Tatsache hin (die man amerikanisch ein fact of life nennen könnte): Der Kreml sei kein Amtsgericht. Bei anderer Gelegenheit sagte er, es gehöre zum Wesen von Großmächten, imperialistisch zu sein.

Als ich den etwa 80jährigen Tanner traf, verfügte er längst wieder über beträchtlichen Einfluß. Doch eine gewisse Bitterkeit hatte ihn nicht mehr verlassen, seit er Ende 1944 – auf sowjetischen Druck hin – verhaftet und danach zu fünfeinhalb Jahren Gefängnis verurteilt worden war. Der Winterkrieg 1939/40 wurde, mit seiner Unterschrift als Außenminister, durch einen ungünstigen Frieden abgeschlossen. Nach dem Krieg an deutscher Seite war seine Verurteilung als »Kriegsverantwortlicher« gewissermaßen eine der Bedingungen des neuen Friedens. Die Gefängnisstrafe, von der ihm ein Teil erlassen wurde, mag demütigend gewesen sein; allzu hart war sie nicht. Er konnte Besuche empfangen und sich jede Woche mit politischen Freunden beraten. Auch durfte er schriftstellerisch arbeiten – ähnlich wie Bebel und Genossen in den »guten alten Zeiten« des kaiserlichen Deutschland. Ende 1948, als er entlassen wurde, meinte Tanner, sich nicht mehr politisch betätigen zu sollen. Doch 1949 gehörte er wieder dem Parteivorstand an, 1951 dem Reichstag, 1957 wurde er ein anderes Mal zum Vorsitzenden seiner Partei gewählt: mit einer Stimme Mehrheit, gegen meinen Freund Karl-August Fagerholm.

Tanner, der 85 wurde, war noch sturer, als es Finnen oft zu sein pflegen. In ihm hatte sich die Wachsamkeit, die auf Wahrung der eigenen Kultur gegenüber dem Zarismus bedacht war, mit Haß auf die Bolschewiki gepaart. Seine Zuneigung zu den Deutschen machte es ihm eher schwer, die Welt zu sehen, wie sie war. Die Nazis durchschaute er kaum. Er hatte wohl niemals das Gefühl, daß seine Identität gebrochen sei. Manche seiner innerparteilichen Gegner hielten ihn nicht für einen Sozialdemokraten, manche betrachteten ihn als einen Diktator. Schon 1907, als 26jähriger, war er in den Landtag gewählt worden, den der Zar seinem Großfürstentum zugestanden hatte. Nach dem Ersten Weltkrieg hatte er sich in der Führung der Genossenschaften verdient gemacht. Er wurde Parteiführer, in den zwanziger Jahren auch Ministerpräsident. Während des Zweiten Weltkriegs konnte er, als Minister, sogar Berlin besuchen. Auf diese Weise erfuhren wir – über die gemeinsamen schwedischen Freunde – zum Beispiel, wie es dort dem langjährigen Reichstagspräsidenten Paul Löbe erging, der 1933 durch seine legalistischen Illusionen die Unsicherheit verstärkt hatte (und mit dem mich in den Nachkriegsjahren eine herzliche Freundschaft verband). Er arbeitete als Korrektor im Verlag Walter de Gruyter. Göring hatte ihm eine Pension aufschwatzen wollen, doch Löbe hatte ihn abblitzen lassen.

Finnland gewann seine staatliche Unabhängigkeit im Gefolge der Russischen Revolution. Es war Lenin, der sie dem kleinen Nachbarvolk versprach. Doch der Etablierung des Staates ging ein Sturm voraus, den die einen den Freiheitskrieg nannten und die anderen eine blutige Konterrevolution: Weiß gegen Rot. Das »bürgerliche« Finnland – unterstützt durch deutsche kaiserliche Truppen – brach mit aller Brutalität das Aufbegehren der Arbeiterschaft, die sich an der Sozialdemokratie vorbeiradikalisiert hatte. Etwa 15 000 »Rote« wurden standrechtlich erschossen. Ebenso viele verhungerten in Gefangenenlagern. Das war ein böser Blutzoll. Anfang der dreißiger Jahre trieb die faschistische Lappo-Bewegung, die sich durch Signale aus dem Süden gestärkt fühlte, ihr Unheil. Wieder gab es viele Opfer aus den Reihen der Arbeiterbewegung und auch der Liberalen.

Um so bewundernswerter sind die Selbstzucht, die Standfestigkeit und die politische Klugheit, die finnische Demokraten nach dem Zweiten Weltkrieg bewiesen: Ihrer Haltung wurden unter außerordentlich schwierigen Bedingungen erstaunliche Erfolge zuteil. Der Frieden nach dem Waffenstillstand vom Herbst 1944 war härter als jener des Jahres 1940. Manch einer fragte sich, ob es die Finnen zuwege bringen würden, sich als unabhängige Nation zu behaupten. Es wurde ihnen gewiß nicht leichtgemacht. An Pressionen des großen Nachbarn fehlte es nicht. Ich kenne nicht viele Völker, die eine ähnliche Herausforderung so klug und tapfer bestanden hätten: Sie machten sich die Tatsachen der politischen Geographie bewußt und konzentrierten sich auf ihre Selbstbehauptung. Diese Leistung verdiente nicht den Hohn, mit dem manche ideologisch überfrachtete Schreibtischstrategen an beiden Ufern des Atlantiks das Wort »Finnlandisierung« für Zwecke der Denunziation in Anspruch nahmen. Von den realen Verhältnissen jenes Landes wissen sie nicht allzuviel: Die Kenntnis der Realität könnte freilich die allzu oberflächlichen Vorurteile erschüttern.

Urho Kekkonen, Finnlands Präsident von 1956 bis 1982, hat bei der Selbstbehauptung und gedeihlichen Entwicklung seines Landes eine wichtige Rolle gespielt. Er kam von rechts, hatte aber die Exzesse der Lappo-Bewegung abgelehnt. Anfang Dezember 1943 gehörte ich zu denen, die die Ohren spitzten, als er in einer Stockholmer Rede von dem Wunsch sprach, gute Beziehungen zum »russischen Erbfeind« erzielen zu können. Dies, so hatten er und andere erkannt, würde mit einer Neutralitätsformel alter Prägung nicht zu erreichen sein. Meine sozialdemokratischen Freunde, die seitdem wiederholt den Ministerpräsidenten stellten und aus deren Reihen der neue Präsident Mauno Koivisto kommt, haben ihren wichtigen Beitrag zu dem geleistet, was Finnland der Welt zu zeigen vermochte.

Die Zusammengehörigkeit der Finnen mit dem (skandinavischen) Norden wurde im Laufe dieser Jahrzehnte im Bewußtsein der Völker noch fester verankert. Mit Schweden bestanden seit Jahrhunderten enge politische Verbindungen. Finnland unterstand bis Anfang des vorigen Jahrhunderts der schwedischen Krone. 1809 wurde es zu Rußland geschlagen. Heute gehört es zur nordeuropäischen Familie.

Das Interesse der Norweger und noch mehr der Schweden war 1939/40 ganz auf den Winterkrieg gerichtet. Doch wichtiger war zweifellos die Gesamtentwicklung der sowjetischen Politik. Der Vertrag mit Hitler-Deutschland setzte den schärfsten außenpolitischen Akzent. Das innere Bild war durch die »Säuberung« bestimmt, von der die Welt von 1936 an durch die Schauprozesse erfuhr; in Wirklichkeit riß – was man erst später erfuhr – die Brandung Hunderttausende von Menschen, weit über die Parteikader hinaus, in den Abgrund.

Die Lenker des sowjetischen Staatswesens folgten nach einer kurzen

Anfangsphase in der Revolution den eigenen Interessen, wie sie sie verstanden. Die russisch-imperiale Tradition fand rasch Eingang in das Gehäuse des »revolutionären« Staates. Dies konnte vermutlich nicht viel anders sein. Das »Neue« schleppt meist das historische Erbe des »Alten« mit sich: seine Vorzüge und seine Sünden. (Auch bei der Beurteilung der ost- und südosteuropäischen Staaten nach 1945 wurde oft übersehen, daß sie – mit Ausnahme der Tschechoslowakei – über keine demokratischen Erfahrungen im westlichen Sinne verfügten. Polen hatte eine mehr freiheitliche als demokratische Überlieferung. In Ungarn war die 48er Bewegung stärker zurückgeworfen worden als in Österreich oder in Deutschland. Nicht nur in Polen und Ungarn, auch in Jugoslawien, Bulgarien und Rumänien waren in der Zwischenkriegsepoche autoritäre oder halbfaschistische Regierungen an der Macht gewesen.)

Lenin hatte gelehrt, daß die Russische Revolution um den Preis ihres Scheiterns den Anschluß an die deutsche Revolution – und dann nicht nur an diese – finden müsse. Trotzki hielt an der These von der »permanenten Revolution« fest. Als Stalin Ende 1924 die Formel vom »Sozialismus in einem Land« verkündete, bestätigte er den Kurs, dem die Sowjetunion in den zurückliegenden Jahren nach Krieg, Bürgerkrieg und Intervention mit einer gewissen Zwangsläufigkeit gefolgt war. Seine innerparteilichen Gegner waren der Wirklichkeit ferner als der schlaue Realist aus Georgien. Sie forderten den Generalsekretär kaum grundsätzlich heraus, was den Inhalt seines Begriffs von »Sozialismus« anging, und sie stemmten sich der Freiheits- und Kulturfeindlichkeit seiner Art von Bolschewismus nicht entgegen. Schon 1919 deutete sich an, daß auch die Kommunistische Internationale zu einem Werkzeug russischer Außenpolitik gemacht werden würde. Diese arrangierte sich mit den gegenüber England und Frankreich revisionistischen Kräften. Die Zusammenarbeit mit der durch den Versailler Vertrag eingeengten Reichswehr fügte sich in dieses Konzept. In Asien vor allem unterstützte man die antikolonialen Bewegungen nach Kräften. Doch zugleich hielt die sowjetische Außenpolitik immer ihre Alternative parat. So auch gegenüber Hitler-Deutschland: Zuerst wurde die zwischenstaatliche Zusammenarbeit unbeschadet des Umsturzes fortgeführt, doch im Herbst 1934 trat die Sowjetunion dem Völkerbund bei und im Frühjahr 1935 schloß sie ein Beistandsabkommen mit Frankreich. Nach dem Münchner Abkommen vom Herbst 1938 traf Moskau Vorbereitungen für eine radikale Umorientierung: Das Ergebnis war der Vertrag mit Berlin.

In einer Broschüre für die Norwegische Arbeiterpartei stellte ich die Frage, inwieweit man im Kreml schon zu einem frühen Zeitpunkt alternativ überlegte, mit dem erfolgreichen Nazismus streckenweise zusammenzuarbeiten: »Es ist wahrscheinlich, daß diese Alternative nicht ganz außer Betracht gelassen werden wird.« Bei gleicher Gelegenheit erinnerte ich daran, daß Stalin schon 1924 (in einer gegen Trotzki gerichteten Polemik) den Standpunkt bezogen habe, der sozialistische Staat müsse in einer gegebenen Situation darauf eingestellt sein, in anderen Ländern einzugreifen. (Walcher erzählte mir, wie sehr ihn 1923 Leo Trotzki in Moskau mit der simplen »Feststellung« überrascht habe, in Deutschland sei eine »revolutionäre« Situation eingetreten – die sowjetische Führung erwäge, Einheiten der Roten Kavallerie in Ostpreußen einrücken zu lassen.) Ich will nicht den Eindruck vermitteln, meine Haltung sei antisowjetisch um jeden Preis gewesen. Es war eher umgekehrt: In Übereinstimmung mit den norwegischen Freunden war ich der Meinung, die Arbeiterbewegung müsse sich auch weiterhin mit »der Revolution der russischen Arbeiter und Bauern« verbunden fühlen. Dies gelte auch für einen Aufbau, der angesichts gewaltiger Schwierigkeiten geleistet worden war. Die Arbeiterbewegung empfinde weiterhin Solidarität: »Aber mit der Entartung, die in der sowjetischen Politik stattgefunden hat, kann sie sich nicht solidarisieren.« – Auch dies ist der Versuch, die damalige Haltung korrekt wiederzugeben und nicht zu verschweigen, daß bei uns ein Mythos mitschwang, der auf Abstand nur noch schwer zu erklären ist.

Rückblickend auf den August 1939 sah sich Stalin nach dem hitlerdeutschen Angriff zu einer Rechtfertigung des Vertrags veranlaßt. Er sagte in einer Rundfunkrede am 3. Juli 1941: Es sei damals nur die beiderseitige vertragliche Zusage des Nichtangriffs ausgehandelt worden, und darüber habe sich Hitler auf verbrecherische Weise hinweggesetzt. Das letztere stimmte gewiß, aber der Kremlherrscher sah nicht voraus, daß die geheimen Zusätze zu dem von Ribbentrop und Molotow unterzeichneten Abkommen kurz nach Kriegsende bekannt würden. Schon 1948 wurden die Akten des deutschen Auswärtigen Amts publiziert – und mit ihnen mehr als eine Legende zerstört. Als das Abkommen unterzeichnet wurde, hielten sich die Verhandlungsführer Englands und Frankreichs noch in Moskau auf. Die Regierungen hatten ihnen wenig mehr als Zeit mit auf den Weg gegeben. Doch als sie (im April) mit ihren Gesprächen in der sowjetischen Hauptstadt begannen, waren bereits parallele sowjetische Unterhandlungen mit Berlin eingeleitet worden: Als das Abkommen unterzeichnet wurde, war die deutsche Mobilisierung gegen Polen in vollem Gang. Hitler wünschte, die sowjetische Seite nicht nur ruhigzustellen. Er ließ den sowjetischen Zugriff auf Polen vereinbaren, der am 17. September 1939 erfolgte.

Das war 75 Jahre später, nachdem Karl Marx in der »Inauguraladresse« der Ersten Internationale – auch ein Liberaler hätte es so sagen können – gegen »den Meuchelmord des heroischen Polens« protestiert hatte. Bei der vierten Teilung Polens berief sich die Sowjetunion darauf, daß sie die Gebiete zurückgenommen habe, die überwiegend von Ukrainern und Weißrussen bewohnt wurden. Dies war nicht völlig unrichtig; jedoch wurde damit programmiert, daß Polen ein »Staat auf Rädern« werde. Während Hitler die Russen zur Annexion Ostpolens einlud, wirkte Stalin fünf Jahre später darauf hin, daß Polen zu Lasten Deutschlands mehr als entschädigt wurde. Die Westverschiebung ging weiter, als selbst die polnische Exilregierung sie gefordert hatte.

Das Zusatzprotokoll gab Stalin freie Hand für Finnland, die baltischen Staaten und – das damals rumänische – Bessarabien. Die Kleinstaaten an der Ostsee wurden im Herbst 1939 zu Beistandspakten veranlaßt und im folgenden Sommer von der Sowjetunion annektiert. Auch Bessarabien wurde infolge des Zweiten Weltkriegs Teil der Sowjetunion: alles in allem der Teil, der im Spätsommer 1939 verabredet worden war.

Entartung?

Leute meines Schlages fragten sich in jenen Jahren, ob das noch die Sowjetunion sei, von der wir als junge Sozialisten gelernt hatten, daß sie trotz kritischer Distanz gegen Imperialisten und erst recht gegen faschistische Aggressoren in Schutz genommen werden müsse. Es wurde immer schwerer, diese Frage zu bejahen. Im linkssozialistischen Milieu – das war in Paris nicht viel anders als in Oslo – wurde die Debatte in hohem Maße von Exkommunisten unterschiedlicher Schattierung bestimmt. Den meisten von ihnen wurde es bitter, sich von der Vorstellung zu lösen, mit der Verstaatlichung der Produktionsmittel und mit der Herrschaft einer Partei, die von sich behauptete, sie vertrete die Interessen der Arbeiterklasse, seien schon die Grundlagen für eine sozialistische Gesellschaft geschaffen worden.

Traditionelle Sozialdemokraten hatten, wegen ihrer grundsätzlichen Haltung zur parlamentarischen Demokratie, von Anfang an einen deutlichen Trennungsstrich zum Bolschewismus gezogen. Dennoch – und trotz aller Feindseligkeit der Auseinandersetzung – betrachtete man die Kommunisten als Kinder der Arbeiterbewegung, die freilich auf Abwege geraten waren. Für die Sowjetunion schloß man die Chance einer Demokratie nicht völlig aus. (Für mich war inzwischen klar, daß Sozialismus sich nicht in der Übernahme von Produktionsmitteln durch den Staat erschöpfen könne. Ich schrieb, der Sozialismus verlange die wirtschaftliche Demokratie – er sei ohne Freiheit und Demokratie nicht denkbar. Dies bedeute, »daß immer breitere Schichten des Volkes Mitbestimmungsrechte über das Produktionsleben und ebenso über die Aneignung der produzierten Werte erhalten«.)

In Deutschland wie in vielen anderen Ländern überwog in den zwanziger und dreißiger Jahren gerade bei Intellektuellen eine freundlich-kritische Haltung gegenüber der Sowjetunion. Viele meinten, gute Beziehungen würden Möglichkeiten schaffen, den durch die Oktoberrevolution eingeleiteten Prozeß in demokratische Bahnen zu lenken. Manche, die über die »verpaßte Chance« in Deutschland klagten, waren geneigt, den Russen einen erheblichen Vertrauenszuschuß zu gewähren. Die meisten jedoch wollten keineswegs die Übernahme russischer Modelle und bolschewistischer Methoden. Nach 1933 ergab sich die objektive Gemeinsamkeit der Verfolgung durch Hitler und des Widerstands gegen ihn. So waren unsere Kommentare mehrschichtig: Einerseits war die Sowjetunion das »Land ohne Kapitalisten«, das einen, wie es uns schien, beeindruckenden wirtschaftlichen Aufbau vorzuweisen hatte. Andererseits mehrten sich die Anzeichen, daß sich die vermeintliche Herrschaft der Arbeiterklasse in ein »entartetes« Regiment des Partei- und Sicherheitsapparats verwandelte.

Entartung: Dieses Wort stand vor allem für die nahezu unumschränkte Herrschaft der einen Partei, und es stand schließlich für die Realität der Herrschaft eines Mannes und seiner Vasallen über diese Partei. Es stand, in der zweiten Hälfte der dreißiger Jahre, für die »Säuberungen«, in denen auch viele der Mitstreiter Lenins liquidiert wurden. Dies war nur die Spitze des Eisbergs. Selbst über die wußten wir nicht genug. Wir sträubten uns, uns die ganze schreckliche Wahrheit »einzugestehen«, die schon damals zu erfahren gewesen wäre, auch wenn man sich weigerte, der nazistischen Propaganda auf den Leim zu gehen.

Erschütterung führt leicht zu Verdrängung. Es war in der Tat erschütternd, daß eine große Zahl führender Mitglieder des bolschewistischen Flügels der alten russischen Sozialdemokratie nicht nur physisch vernichtet, sondern auch noch moralisch zerstört werden sollte. Unter meist absurden Beschuldigungen und auf demütigendste Weise wurden sie 1936, 1937, 1938 in Schauprozessen vorgeführt, zum Tode verurteilt, hingerichtet: an der Spitze Sinowjew und Bucharin, beide frühere Komintern-Präsidenten, Kamenew, Rykow, Pjatakow. Karl Radek kam mit zehn Jahren Haft davon; man ließ ihn danach in einem Lager verkommen. Fachleute schätzen, daß etwa 5000 Funktionäre in Stalins »großer Säuberung« ermordet wurden. Man hat dieses blutige Purgatorium nicht grundlos mit der Inquisition verglichen. Nikita Chruschtschow berichtete in seiner geheimgehaltenen Rede auf dem 20. Parteitag der sowjetischen KP im Frühjahr 1956: Von den 1966 Delegierten zum 17. Parteitag – im Jahre 1934 – seien 1108 als Verschwörer gegen Stalin verhaftet und erschossen worden; von 130 Mitgliedern des – 1934 gewählten – Zentralkomitees hätten weit mehr als die Hälfte, nämlich 98, den Tod durch die Exekutionskommandos gefunden.

Gelegentlich gerät in Vergessenheit, daß in den Terrorjahren nicht nur alte und führende Mitglieder der Arbeiterbewegung, sondern Abertausende gequält und zugrunde gerichtet wurden: In dieser blutigen Rechnung erscheinen die Opfer der revolutionären Phase und der Zwangskollektivierung. Auch das Schicksal der KPdSU wurde durch Chruschtschows Rede aus dem Jahre 1956 nur zum Teil enthüllt und aktenkundig gemacht.

Man hat gesagt, daß alle Macht verdirbt. Die Vermutung liegt nahe, daß absolute Macht absolut verdirbt. Aber wie erklärte sich die Willigkeit der Opfer, sich dieser Macht zu beugen und ihr durch Selbstbeschuldigungen und Zerknirschung auf eine qualvolle Weise zu huldigen? Was hatte es mit den absurden Selbstbezichtigungen der Angeklagten in den Moskauer Prozessen auf sich? Auch darüber existiert eine eindrucksvolle Literatur. Die ersten Bücher erschienen vor Ende der dreißiger Jahre, und sie wurden leidenschaftlich diskutiert. Das Rätsel löste sich niemals ganz. Wir verstanden (oder auch nicht völlig), daß die Persönlichkeit auch des Stärksten durch Hunger, Durst und Schlaflosigkeit zerstört werden kann. In Chruschtschows Rede wurde dann ziemlich unverblümt zugegeben, daß physische Tortur bis zum Verlust des Bewußtseins und bis zum geistigen Zusammenbruch angewandt wurde.

In manchen Fällen schloß dies nicht aus, daß den Gequälten suggeriert wurde, sie müßten »der Partei« einen letzten Dienst erweisen. Arthur Koestler hat diesen psychologischen Prozeß in seinem Buch »Sonnenfinsternis« geschildert; man könnte vom Rubaschow-Syndrom sprechen. Doch wurde auch diese totale moralische Unterwerfung nicht honoriert.

André Simone, den ich als Mitarbeiter Münzenbergs erwähnte, stand – ein Jahrzehnt nach den Moskauer Prozessen – vor einer schrecklichen Frage: Wie sollte er sich angesichts der drohenden Vernichtung verhalten? Er schrieb an Klement Gottwald, den Parteichef und ersten Mann der ČSR: »Ich war nie ein Verschwörer, niemals ein Verräter, ein Spion, niemals ein angeheuerter Agent eines westlichen oder anderen Geheimdienstes.« Er schrieb auch, unter welchem Druck und mit welcher falschen Erwartung er ein Geständnis abgelegt habe: Er habe seine Aussagen vor Gericht nicht widerrufen, weil ihm bewußt geworden sei, welch furchtbarer Schaden damit angerichtet würde. »Deshalb habe ich das Protokoll auswendig gelernt und meine Rolle zu Ende gespielt.« Rudolf Slánský, der Hauptangeklagte in jenem Prozeß gegen elf prominente Funktionäre – er war Erster Sekretär der tschechoslowakischen KP und stellvertretender Ministerpräsident –, wurde im November 1952 mit der Beschuldigung zum Tode verurteilt, er sei 1921 als ein Agent des Imperialismus in »die Partei« eingetreten.

Die Prozesse waren, je Genaueres man über sie erfuhr, eine schreckliche Herausforderung nicht nur der Humanität und aller sozialistischen Ideale, sondern auch der simplen Vernunft. Warum sollten nicht Rudimente einer Opposition gegen Stalin vorhanden gewesen sein? Doch was wurde präsentiert? Im Sinowjew-Prozeß 1936 ließ man einen der Angeklagten gestehen, er sei mit Trotzkis Sohn im November 1932 zusammengetroffen – und zwar im Kopenhagener Hotel Bristol. Aber das war schon 1917 abgerissen worden. Der Geheimdienst hatte offensichtlich eine Liste der Hotels in Oslo mit jener in Kopenhagen verwechselt. Im Prozeß vom Januar 1937 ließ man Pjatakow gestehen, er habe im Dezember 1935 – von Berlin aus, wo er sich in staatlichen Handelsgeschäften aufhielt – zu verschwörerischen Zwecken Trotzki in Norwegen besucht. Der ehemalige Chef der Roten Armee habe ihm gesagt, daß er mit »dem Naziführer Heß« – jenem Rudolf Heß, der 1941 nach England flog – »eine Zusammenarbeit in Krieg und Frieden« vereinbart habe. Als Trotzki 1940 in Mexiko umgebracht wurde, stand in der »Prawda«,

Lenins Vertrauter sei seit 1921 ein »internationaler Spion« gewesen. Beim Pjatakow-Geständnis ergab sich ein vor Ort registrierter Widerspruch: Zwischen September 1935 und Mai 1936 war kein einziges Flugzeug auf dem genannten Flugplatz gelandet oder gestartet.

Besondere Rätsel gab der Prozeß auf, der im Frühsommer 1937 gegen den – später rehabilitierten – stellvertretenden Verteidigungsminister, Marschall Michail N. Tuchatschewski, und andere hohe Offiziere geführt wurde. Zur Erklärung leistete Léon Blum einen wichtigen Beitrag, als er – nach dem Krieg – vor einem parlamentarischen Untersuchungsausschuß aussagte: Ende 1936 habe er von Edvard Beneš, dem Präsidenten der ČSR, eine vertrauliche Mitteilung mit dem Rat erhalten, bei Verhandlungen mit dem sowjetischen Generalstab äußerste Vorsicht walten zu lassen, denn führende Offiziere der Roten Armee seien in verdächtige Beziehungen zu Deutschland verwickelt. Es war von einem Komplott die Rede, das Stalin absetzen und eine deutschfreundliche Regierung etablieren sollte. Beneš berief sich auf Erkenntnisse des tschechoslowakischen Geheimdienstes. Kritische Zeitgeschichtler vermuten, er sei einer von den Nazis gepflanzten Fehlinformation aufgesessen. Andere neigen zu der Version, die GPU – wie der sowjetische Geheimdienst zu jener Zeit hieß – habe diese Gerüchte auf dem Wege über Prag lanciert. Es spricht mehr dafür, daß der krankhaft mißtrauische Stalin an Falschmeldungen glaubte, die in Berlin, in der Ostabteilung von Heydrichs SD – nach einem fingierten Einbruch im Oberkommando des Heeres in der Bendlerstraße –, fabriziert worden waren. Man muß sich in diesem Zusammenhang an die Zusammenarbeit zwischen Reichswehr und Roter Armee erinnern, die ja schon in den Jahren der Weimarer Republik begonnen hatte. Sie war vor allem dem Aufbau einer deutschen Luftwaffe zugute gekommen und wurde nach Hitlers Machtübernahme weitergeführt. Doch auch hier bleiben ungeklärte Fragen: Wie wollte Stalin einen Krieg – mit dem er rechnen mußte – ohne Katastrophe bestehen, nachdem er einen großen Teil der militärischen Kader – oberhalb der Majorsebene – hatte eliminieren lassen? Wie vermochte er andererseits die Lücken im Laufe weniger Jahre zu schließen? (Wenn man weiter fragt, wie er den Krieg gewinnen konnte, lautet die Antwort: Es war das russische Volk, das sich aufbäumte und aus der belagerten Festung die Invasion niederkämpfte. Die Nazis schließlich trieben mit ihren Verbrechen Volk und Armee und Führung zusammen.)

Gefälschte – oder heimtückisch gespielte? – Informationen bestimmten auch kommunistische Schauprozesse nach dem Krieg. So wohl nicht nur im Prager Verfahren gegen Slánský, sondern auch im ungarischen Bruderpartei-Tribunal über László Rajk. Die Vermutung, daß in diese Vorgänge gelegentlich auch westliche Geheimdienste verwickelt waren, ist nicht aus der Welt. Im Fall Rajk steht fest, daß ihm im Auftrag des stalinistischen Parteichefs Rákosi – der diese Methode gewiß nicht erfand – zugesichert wurde, er würde nicht hingerichtet, sondern die Chance eines ruhigen Lebens mit neuer Identität erhalten, wenn er die von ihm verlangten Geständnisse ablege. Er tat es, und es half ihm nicht. Zur gleichen Zeit wie Rajk wurde im Juni 1949 auch Traitscho Kostow verhaftet, Generalsekretär der bulgarischen KP und (unter Dimitrow) stellvertretender Ministerpräsident. Beide wurden beschuldigt, Spionage zugunsten von Jugoslawien (!), England, den USA und eine Verschwörung zum Umsturz der sozialistischen Ordnung betrieben zu haben. Der eine wurde im September, der andere im Dezember 1949 hingerichtet.

Zehn Jahre zuvor war in einem vertraulichen Protokoll zum »Grenz- und Freundschaftsvertrag«, der Ende September 1939 zwischen den in Berlin und Moskau Regierenden geschlossen wurde, vereinbart worden, daß deutsche Staatsangehörige, die in der Sowjetunion und in den russischen Interessengebieten lebten, nach Deutschland übersiedelt werden sollten, »sofern diese den Wunsch haben«. Das wurde zum Anlaß genommen, um mißliebige Deutsche, auch Kommunisten und österreichische Schutzbündler, nach Deutschland abzuschieben. Nicht wenige wurden von sowjetischen Polizisten der Gestapo übergeben und sofort in ein KZ gebracht.

Als jener Vertrag mit Deutschland abgeschlossen wurde, saßen mehr als 500 deutsche Kommunisten in sowjetischen Gefängnissen. Ein Teil von ihnen wurde über die Brücke in Brest-Litowsk in das deutschbesetzte Polen eskortiert: so die Witwe von Erich Mühsam und so Margarete Buber-Neumann, die Frau von Heinz Neumann, Mitglied des Politbüros der KPD, der in Moskau umgebracht wurde. (Sie war eine Schwester von Babette Gross, der Witwe Münzenbergs.) Mit Neumann fielen weitere Mitglieder der deutschen Parteiführung der »großen Säuberung« zum Opfer. Unter ihnen der »Versöhnler« Hugo Eberlein, der ein Mitstreiter Rosa Luxemburgs gewesen war (und der sich Anfang 1919, als in Moskau die Komintern gegründet werden sollte, für die KPD-

Spartakusbund der Stimme enthalten hatte). Wohl am schlimmsten unter den Ausländern traf der Terror die polnischen Kommunisten in Moskau. Von ihrer alten Führungsschicht blieb wenig übrig.

Im Herbst 1939 gerieten viele Sozialisten in Bedrängnis; durch die Deutschen im einen, die Russen im anderen Teil des besetzten Polen. Anhänger des traditionsreichen jüdisch-sozialistischen »Bund« litten doppelt. Zu Hunderten wurden sie in Lager getrieben oder kurzerhand zu Tode gebracht. Henryk Erlich und Wiktor Alter, die Führer des »Bund«, Mitglieder des Führungsgremiums der Internationale, wurden umgebracht. Ihren Mördern fiel nichts Gescheiteres ein, als sie »Naziagenten« zu nennen. (Alter war am 26. September in Kowel, Erlich am 4. Oktober 1939 in Brest verhaftet worden.) In Moskau verurteilte man sie – nach dem deutschen Angriff auf die Sowjetunion – wegen »Spionage« zum Tode. Ausländischer Druck hatte für kurze Zeit ihre Entlassung aus dem Gefängnis bewirkt. Dann wurden sie wieder verhaftet und nach einem Verfahren hingerichtet, das nichts als eine Farce war.

Die Wirkung der Schreckensberichte – die noch längst nicht die ganze Wirklichkeit schildern – auf die kommunistischen Parteien und ihre Anhänger war zunächst verheerend. Für manche stürzte die Welt ein. Ein guter Bekannter in Oslo, der als junger Mann bei den ganz Linken seine politische und geistige Heimat gefunden hatte, zog sich während der Moskauer Prozesse in eine völlige Stille zurück. Er sagte, es sei ihm einfach zuviel geworden. Einen anderen Kommunisten sah ich weinen, als ihm klarwurde, was der Stalin-Hitler-Pakt für Polen bedeutete. Besonders bitter war die Lage der Kommunisten in Deutschland, die allen Verfolgungen zum Trotz ihrer Partei treu geblieben waren. Dabei blieb es den meisten von ihnen erspart, den Kommentar zu lesen, den »Walter« (Ulbricht) für die Komintern-»Welt« (Stockholm, 6. Februar 1940) geschrieben hatte: »Wer gegen die Freundschaft des deutschen und des Sowjetvolkes intrigiert, ist ein Feind des deutschen Volkes und wird als Helfershelfer des englischen Imperialismus gebrandmarkt.« Das war eine böse »Taktik«. Wie sollte man in diesem Zusammenhang noch Angehörige der Arbeiterbewegung erkennen?

Bei Kriegsausbruch im September 1939 hatte die Führung der französischen KP – die der englischen noch stärker – zur Verteidigung aufgerufen. Wenige Tage später wurde die neue Linie verkündet: Nicht der Kampf gegen Hitler und Mussolini, sondern der Kampf »gegen den eigenen und den britischen Imperialismus« sollte Vorrang haben. So war es nach dem 9. April 1940 auch in Norwegen. Dort wie anderswo wurden idiotische Manöver versucht, um bei den Besatzungsbehörden Schonung und vielleicht sogar die Chance legaler Aktivität zu erlangen. Dort wie anderswo begann der organisierte kommunistische Widerstand – der nicht nur in Frankreich viele Opfer forderte – erst nach dem deutschen Angriff auf die Sowjetunion im Sommer 1941 – (Ich füge bewußt hinzu: Auch die Sozialdemokraten bewährten sich nicht überall ruhmreich. In Frankreich zum Beispiel stimmten die meisten der noch anwesenden sozialistischen Parlamentsmitglieder im Juli 1940 für Pétain. Und das war nicht der einzige Umfall.)

Ich fragte, wie andere auch, durch welche Zustände und Wandlungen im Innern ein außenpolitisches Manöver wie der Pakt mit Hitler zu erklären sei. Die Grundfrage reicht natürlich weit darüber hinaus (und konnte später auch nicht durch entschuldigende Hinweise auf den »Personenkult« überspielt werden): Wie tief lagen die Wurzeln dessen, was man Entartung nannte? Wieviel davon kam aus dem quasireligiösen Anspruch der Doktrin, wieviel entsprang einem russischen Erbe? Die Antworten darauf haben uns nach dem Krieg erheblich in Anspruch genommen. Ich gehörte zu denen, die deutlicher als in ihren jungen Jahren formulierten: Das Erbe eines Kampfes ganzer Generationen für die Gerechtigkeit wäre verloren, wenn wir es erlaubten, daß der Sozialismus die Freiheit des einzelnen und seine unveräußerlichen Rechte nicht mit der gleichen Leidenschaft verteidigte wie den Anspruch der vielen auf eine gesicherte Existenz.

April 1940

Die Meldungen in »Dagbladet« am 8. April 1940 erschienen den meisten Lesern mehr mysteriös als alarmierend: 100 Kriegs- und Transportschiffe, so hieß es, hätten die dänischen Meerengen mit nördlichem Kurs passiert. Das bedeutete in Wirklichkeit: Die Invasion hatte begonnen.

Am Nachmittag hörte man, ein Hamburger Dampfer sei durch ein U-Boot außerhalb der Südküste versenkt worden. Das Schiff habe Soldaten, auch Pferde an Bord gehabt, und von Schiffbrüchigen, die sich an Land retteten, habe man erfahren, ihr Bestimmungsort sei Bergen gewesen. (Es ist wohl bestätigt worden, daß die »Rio de Janeiro« durch ein U-Boot jener polnischen Streitkräfte vernichtet wurde, die mit großem

Elan an der Seite der Alliierten weiterkämpften – von Narvik bis Monte Cassino und nicht zuletzt im eigenen Untergrund!)

Die Invasion Norwegens war also im Gange. Für mich war jener 8. April ohnedies ein wichtiges Datum: Mittags fand ich auf dem Schreibtisch meines Büros das erste Exemplar meines ersten Buches: »Die Kriegsziele der Großmächte und das neue Europa«. Darin hatte ich versucht, die Diskussion der zurückliegenden Monate zusammenzufassen und meine Vorstellungen von einer föderativen Struktur Europas zu schildern. (Dieses Buch hat seine möglichen Leser nie erreicht. Vielmehr mußte die kleine Auflage eingestampft werden, nachdem die Gestapo sich den Verleger vorgeknöpft hatte. Bei Tiden Norsk Forlag erschienen bekanntere Autoren, darunter Maxim Gorki. Die Analphabeten, die die Gestapo geschickt hatte, verlangten die Adresse dieses schrägen Vogels mit dem verdächtig klingenden Namen. Warum ihn nicht verhaften?)

An diesem 8. April 1940 überstürzten sich die Meldungen. Doch das Gros der Norweger glaubte noch nicht an eine ernste Gefahr. Die Regierung wußte mehr – und sie hätte ganz gut informiert sein können. An jenem Tag hatten der britische und der französische Gesandte dem Außenminister Noten überreicht, die der norwegischen Regierung mitteilten, daß sich die Alliierten gezwungen sähen, Minenfelder entlang der Küste zu legen. Die Westmächte begründeten diesen Schritt mit der Notwendigkeit, den weiteren Mißbrauch der norwegischen Hoheitsgewässer durch deutsche Schiffe zu verhindern. Solche Verletzungen der norwegischen Neutralität gab es in der Tat, doch die Engländer nahmen es mit ihr auch nicht sehr genau. Die Regierung in Oslo wollte alles tun, das in ihrer Macht stand, um die Neutralität zu wahren und den deutschen Machthabern keinen Anlaß für Repressalien zu bieten. Der Außenminister und seine Kabinettskollegen – oder doch die meisten von ihnen – schienen anzunehmen, daß die Neutralität in erster Linie durch die Westmächte gefährdet werde. Man protestierte scharf gegen die notifizierten alliierten Minenfelder. Wer es nicht schon ahnte, sollte rasch erfahren, daß die deutsche Führung keiner westlichen Provokation bedurfte. Seit Monaten hatten sich Hitler und seine militärischen Kumpane darauf vorbereitet, die Besetzung Norwegens und Dänemarks so wirksam und geräuschlos wie möglich über die Bühne zu bringen.

Norwegen hatte es im Frühjahr 1939 abgelehnt, einen von der Hitlerregierung vorgeschlagenen Nichtangriffspakt abzuschließen. Dänemark unterzeichnete – und bezahlte den gleichen Preis. In den Noten, die von den deutschen Vertretern in den frühen Morgenstunden des 9. April 1940 in Kopenhagen und Oslo überreicht wurden, behaupteten die Nazis, sie seien zur Aktion gegen Dänemark und Norwegen gezwungen, um einem Angriff der Westmächte zuvorzukommen. Tatsächlich existierten alliierte Pläne, in Nordnorwegen Stützpunkte zu errichten, um den Transport von schwedischem Eisenerz über Narvik nach Deutschland abzuschneiden und Operationen deutscher U-Boote entlang der Küste zu unterbinden. Auch waren Vorbereitungen getroffen, Finnland während seines Winterkrieges mit gewissen Kontingenten – von Nordnorwegen aus – zu unterstützen.

An diesem »Nordweg« entlang des westlichen Teils der skandinavischen Halbinsel überschnitten sich Interessen der großen Mächte. Wider ihren Willen wurden die (damals) drei Millionen Norweger in den Strom des Krieges gerissen. Die alliierten Pläne – die sich durch viel Dilettantismus auszeichneten – können nicht eigentlich die deutsche Invasion ausgelöst haben, die schon im Oktober 1939 beschlossen worden war. Am 7. März 1940 waren alle Einzelheiten der »Weserübung« ausgearbeitet. Am 2. April gab Hitler den Einsatzbefehl. Tags darauf stachen die ersten Einheiten der Invasionsflotte in See. (Im Urteil des Nürnberger Prozesses 1946 wurde nicht in Abrede gestellt, daß man an führender deutscher Stelle mit alliierten Invasionsplänen gerechnet hatte. Doch hielt man es für dokumentarisch erwiesen, daß der deutsche Angriff nicht von einem akuten alliierten Vorgehen provoziert worden sei. Man konnte füglich bezweifeln, ob durch das in Nürnberg 1945/46 angewandte Verfahren historische Wahrheit ermittelt werden konnte. Mich hat immerhin beeindruckt, daß General Jodl Ende 1943 in München vor den Reichs- und Gauleitern feststellte, Dänemark und Norwegen hätten sich im Frühjahr 1940 außerhalb der unmittelbaren Gefahr befunden. Man habe jedoch befürchtet, daß sich England in den skandinavischen Ländern festsetzen wolle, um eine strategische Einkreisung vom Norden her zu versuchen und die Zufuhr der für die deutsche Kriegswirtschaft unbedingt notwendigen Eisen- und Nickellieferungen abzuriegeln. Außerdem habe man die nördliche Basis für maritime Operationen gebraucht.)

Die Führung der norwegischen Landesverteidigung schien noch bis in die Stunden vor den deutschen Landungen anzunehmen, die Flottenoperation sei gegen Dänemark gerichtet, vielleicht auch gegen die Färöer und die Shetlandinseln. Einige Offiziere waren wohl sogar geneigt, die Aussagen der Schiffbrüchigen, sie hätten sich auf dem Weg nach Bergen befunden, als kriegslistige Finte zu betrachten. Die Regierung ordnete keine Mobilisierung an. Es steht dahin, was die schwachen Streitkräfte hätten ausrichten können – doch lediglich die Küstenverteidigung wurde zu verstärkter Wachsamkeit angehalten. Am Abend vor dem 9. April wurden die Leuchtfeuer gelöscht.

Ich hatte in den vorhergehenden Jahren und Monaten an vielen, oft bedrückenden, manchmal auch gespenstischen Diskussionen über »die Kriegsfrage« teilgenommen. An jenem 8. April 1940 aber erlebte ich, wie leicht man sich durch Wunschdenken betäuben, ja, betrügen kann. Als die Zeitung meldete, starke deutsche Flotteneinheiten passierten die dänischen Meerengen, und als abends von der norwegischen Südküste konkrete Nachrichten über Truppentransporte vorlagen, brauchte man nicht viel Vorstellungsvermögen, um zu durchschauen, was vor sich ging.

An jenem Abend, wenige Stunden vor der Invasion, sprach ich auf einer Zusammenkunft unserer deutsch-österreichisch-tschechoslowakischen Gruppe. Ich sagte, niemand möge überrascht sein, sollten sich am nächsten Tag deutsche Flugzeuge über Oslo zeigen. Ich sagte es – und wollte doch nicht recht daran glauben. Ich selbst kümmerte mich nicht um meine Warnung. Ich wußte natürlich nicht, daß der norwegischen Gesandtschaft in London von der britischen Admiralität mitgeteilt wurde, mit einem deutschen Landungsversuch sei unmittelbar zu rechnen; allerdings bezogen sich diese englischen Hinweise – spiegelbildlich zu eigenen Planungen – auf Nordnorwegen. Oppositionelle deutsche Militärs hatten den einen oder anderen Wink gegeben; doch nach Oslo war davon offenbar nichts durchgedrungen. Einige Mitglieder von Gruppen der Hitlergegner im deutschen Offizierskorps hofften sogar, die Invasion werde an der britischen Flotte scheitern. Die Norweger setzten, ihrer traditionellen Bewunderung und ihrem Wunschdenken folgend, ohnedies zu große Hoffnungen auf die Navy.

Ich ging an jenem Abend nach Hause, redete meiner Gefährtin Carlota und mir ein, zur Beunruhigung bestehe kein Anlaß, und schlief den Schlaf des Gerechten. Den Luftalarm mitten in der Nacht wollte ich nicht ernst nehmen, sondern als Übung betrachten. Am frühen Morgen hörte ich ein ganz leises Klingeln. Ausgerechnet in dieser Nacht war mit dem Telefon – wohl zufällig – etwas nicht in Ordnung. In großer Erregung teilte mir ein deutscher Bekannter mit, er habe zwei Stunden lang vergeblich versucht, mich zu erreichen, doch sei die Leitung gestört gewesen. Deutsche Kriegsschiffe seien in den Oslofjord eingedrungen, an mehreren Stellen der Küste seien Truppen an Land gegangen.

Durch kombinierten Einsatz von Marine, Luftwaffe und Landungstruppen des Heeres wurden die wichtigsten Küstenstädte im Laufe weniger Stunden genommen. Auch die Flugplätze und die meisten Truppensammelplätze im südlichen Norwegen wurden in Überraschungsaktionen besetzt. Im Oslofjord wurde freilich die »Blücher«, Deutschlands modernstes Kriegsschiff, durch ein gar nicht modernes Geschütz versenkt. Dadurch änderte sich das Szenario für die Besetzer erheblich. Es änderte sich auch zu meinen Gunsten, denn unter den 1600 Mann an Bord der »Blücher«, die fast alle ertranken, befand sich ein größerer Stab für Verwaltung und Sicherheit, der wohl auch einschlägige Akten über politische Widersacher mitführte. Der »Einsatzstab« unter einem SS-Oberführer Stahlecker, der den Sonderauftrag hatte, Gegner zu verhaften oder unschädlich zu machen, traf erst eine Woche später ein. In Norwegen lebten etwa 1000 mißliebige Personen aus dem Reich und dem Protektorat. Die meisten konnten in den ersten Invasionstagen nach Schweden entkommen. Die »Blücher«-Panne lähmte zunächst die Aktivität des deutschen Gesandten – es war Curt Bräuer, Sahm war im Herbst 1939 gestorben. Sein Marineattaché hatte zu der ihm avisierten Zeit (04.15) an einem der Kais vergeblich gewartet.

Die norwegische Regierung lehnte in den frühen Morgenstunden jenes Apriltags die deutschen Forderungen nach Unterwerfung ab. Der König und die Regierung verließen die Hauptstadt mit der Eisenbahn. Einige Minister blieben zunächst zurück. Sie sorgten mit dafür, daß das Gold der Nationalbank fortgeschafft wurde. Es kam auf abenteuerliche Weise über England in die USA und wurde – neben der großen Handelsflotte – zu einer wichtigen Waffe der Regierung im Exil. In Hamar, 120 Kilometer nördlich – einer kleinen Stadt, die mir in folgenden Jahren recht vertraut wurde –, versammelten sich die Mitglieder des Storting, um sich vom Außenminister unterrichten zu lassen. Das Parlament wurde rasch durch die Meldung aufgescheucht, eine deutsche Einheit sei im Anmarsch. Die Volksvertreter begaben sich eilig in das weiter östlich gelegene Elverum. Dorthin kam auch ich mit einigen Freunden am Abend des 9. April 1940.

Am frühen Morgen hatten Carlota und ich unsere Wohnung, ganz in der Nähe der Universitätsbibliothek, verlassen und uns zu einer befreundeten Arztfamilie begeben. Dort wurde nach kurzer Bestandsaufnahme geklärt, daß meine Gefährtin – sie war Assistentin am Institut für vergleichende Kulturforschung – bleiben und ich mich an einem bestimmten Ort außerhalb der Stadt einfinden sollte.

Es waren Tausende, die Oslo verließen. Flugzeuge kreisten über der Stadt. Mit ihrem Lärm verbreiteten sie Angst und Schrecken. Aber fast jedermann meinte, dies sei nur eine Episode: In wenigen Tagen kämen die Alliierten, dann würde sich das Blatt rasch wenden. Wie immer in solchen Situationen fehlte es nicht an Amateurstrategen: Gewiß hätten die Engländer die Deutschen absichtlich in Norwegen an Land gehen lassen, vielleicht sogar in das Abenteuer gelockt; nun würden sie bald die Falle zuschnappen lassen. Die Verwirrung war groß.

An dem Treffpunkt außerhalb Oslos befanden sich Tranmæl und andere führende Mitglieder der Arbeiterpartei. Zu viert fuhren wir mit dem Auto nordwärts nach Gjøvik und von dort über den zugefrorenen Mjøsa-See nach Hamar. Tranmæl hatte sich, um vermutete Verräter zu täuschen, zu einer leichten Verkleidung überreden lassen. Für mich hatte wieder eine Fahrt ins Ungewisse begonnen.

König und Regierung waren schon weitergezogen, als wir am späten Abend eintrafen. Das Parlament hatte der Regierung ein Vertrauensvotum erteilt. Sie erhielt die Vollmacht, bis zum nächsten Zusammentreffen des Storting – das sollte immerhin fünf Jahre dauern! – alle Beschlüsse zu fassen, die ihr im Interesse des Landes notwendig erschienen. Im Zeichen der nationalen Einheit hatte man das Kabinett um je einen »konsultativen Staatsrat« – wir würden sagen: Minister ohne besonderen Geschäftsbereich – der nichtsozialistischen Parteien erweitert. Der (konservative) Parlamentspräsident stellte fest, daß sich König und Regierung auf keinen Fall gefangennehmen lassen dürften. Falls erforderlich, sollte die rechtmäßige Regierungsgewalt außerhalb der Grenzen des Landes aufrechterhalten werden.

Auf dem Wege von Hamar nach Elverum stießen wir auf eine gestaffelte Straßensperre. Es blieb uns nichts anderes übrig, als unseren Wagen – der dem Bildungssekretär der Partei gehörte – stehen zu lassen und am anderen Ende der Sperre nach einem kleinen Laster Ausschau zu halten, dessen Fahrer uns mitnehmen würde. Das Straßenhindernis war errichtet worden, nachdem gemeldet worden war, von Oslo nähere sich eine kleine Einheit – mehr Freikorps als Wehrmacht –, angeführt von dem deutschen Luftwaffenattaché, die den König gefangensetzen (oder die Regierung über die Grenze nach Schweden und damit außer Landes drängen) sollte. Ein Oberst namens Otto Ruge, bald danach zum Chef der Verteidigung berufen, vereitelte diesen Versuch mit einigen jungen Offizieren, Garderekruten und Freiwilligen; die Straßensperre erwies sich als wirksam.

Als meine Freunde und ich in der Nacht ostwärts fuhren – bei bitterer Kälte kauerten wir unter dem Segeltuchdach des kleinen Lkw –, überholte uns ein Wagen mit Trygve Lie, der dem Kabinett jetzt als Versorgungsminister und später in London als Außenminister diente. In einem knappen Gespräch ließ er uns wissen, wo wir die schwedische Grenze überschreiten könnten. Er und andere planten zu jenem Zeitpunkt, auf das benachbarte Territorium auszuweichen. Man wußte noch nicht, daß Oberst Ruges improvisierte Abwehraktion Erfolg hatte. In Nybergsund – das zu der langgezogenen Gemeinde Trysil zählt – war in den Morgenstunden des 10. April, kurz vor uns, auch der Regierungschef Johan Nygaardsvold eingetroffen. Der Bürgermeister begrüßte ihn am Ortseingang: Zur Einweihung der neuen Brücke im Jahr zuvor habe der Staatsminister ja nicht kommen können; er sei aber auch jetzt willkommen …

Am 10. April sprach der deutsche Gesandte dann doch in Elverum vor, um König Haakon auszurichten, der »Führer« beharre auf seinen Unterwerfungsbedingungen, und er verlangte, daß Vidkun Quisling als Ministerpräsident bestätigt werde – wozu sich dieser schon am 9. April selbst ernannt hatte. König Haakon sagte zu Mitgliedern seiner Regierung, er sei sich der Gefahren bewußt, die dem Land drohten. Die Regierung möge ohne Rücksicht auf ihn entscheiden. Sollte sie Hitlers Forderungen akzeptieren, werde er abdanken.

Nachdem die verbale Drohung nicht gefruchtet hatte, wurden tags darauf – am 11. April – Elverum und das weiter östlich gelegene Nybergsund mit Bomben belegt. Der König und die Minister kamen heil davon. Aber die Zerstörungen waren – für damalige Verhältnisse – beträchtlich. Ich hatte außerhalb des Ortes Unterschlupf gesucht. Am Abend nach dem Bombardement fand ich in einem Hotelzimmer in Nybergsund Koffer mit Regierungsakten. Sie waren in der Eile vergessen worden, als die Regierungskolonne landeinwärts fuhr; ich sorgte dafür, daß die Polizei die Koffer sicherstellte.

Meine Freunde aus der Arbeiterpartei, die mich aus Oslo mitgenommen hatten, vermuteten, daß ich über die schwedische Grenze gehen würde. Doch blieb ich ein paar Tage bei einem anderen, mir gut bekannten Arztehepaar, in deren bequemer Hütte ich mir schlüssig wurde, was zu tun sei. Ich entschied, daß ich mich in dieser Situation nicht von meinen norwegischen Freunden trennen wollte. Also schlug ich mich zurück in Richtung Hamar durch.

Von Quisling bis Doriot

Hauptmann Vidkun Quisling – später zum Major befördert – war in den frühen zwanziger Jahren Mitarbeiter Fridtjof Nansens gewesen, als sich der große Polarforscher der Hungersnot in Rußland annahm. Der junge Offizier – groß, blond, quadratschädlig – begleitete den alten Mann in die Sowjetunion, als er sich über die Ergebnisse der internationalen Hilfe unterrichten wollte. Wieder in Norwegen, suchte Quisling Kontakt mit der Linken; er bot seinen sachkundigen Rat beim Aufbau einer Art »Arbeiterwehr« an. Als er auf kein Interesse stieß, suchte sein Ehrgeiz andere Ziele. Er entwickelte seine Version einer »kosmischen« Weltanschauung, orientierte sich weit nach rechts und gründete 1933 die kleine, aber lautstarke »Nasjonal Samling«. Zuvor war er Verteidigungsminister in einer von der Bauernpartei gestellten Minderheitsregierung. Bei den Wahlen 1933 und 1936 wurde keiner der NS-Kandidaten ins Parlament gewählt. Die Partei blieb eine Sekte, mit einigem potentiellen Einfluß auf dem Lande, unter Gymnasiasten und bei verkrachten Existenzen.

Quisling kannte das genaue Datum der deutschen Invasion nicht. Er war jedoch nicht so unbedarft, als daß er aus den Nachrichten nicht seine Schlüsse ziehen konnte. Am Abend des 8. April 1940 übersiedelte der 53jährige in ein Osloer Hotel, von dem aus er am nächsten Tag gemeinsam mit einem norwegischen Vertrauten und einem deutschen »Amtsleiter« operierte. Als die Truppen in Oslo einrückten, begab er sich in einem deutschen Militärfahrzeug ins Verteidigungsministerium und verlangte telefonisch vom Polizeichef in Elverum, den König und die Regierung zu verhaften. Um halb acht Uhr abends erschien er gemeinsam mit dem Amtsleiter im Rundfunkgebäude, um eine Proklamation zu verlesen, durch die er bekanntgab, daß er die Regierungsgeschäfte übernommen habe. Deutschland sei Norwegen zu Hilfe gekommen, die Regierung Nygaardsvold habe demissioniert, Widerstand sei sinnlos und verwerflich.

Für den deutschen Gesandten – nun zum Bevollmächtigten des Reiches ernannt – und auch für General Falkenhorst, den Oberbefehlshaber, kam die putschartige Selbsternennung überraschend. Dr. Bräuer führte lange Telefongespräche mit Ribbentrop, dann mit Hitler selbst. Dem Gesandten, der seine Zweifel an den Qualitäten Quislings hatte, wurde bedeutet, der norwegische NS-Häuptling genieße unbedingtes Vertrauen des Führers. Damit war der Inhalt seiner Unterredung mit dem König am nächsten Tag – und deren Ausgang – vorgezeichnet. So hatte die deutsche Führung gleich zum Auftakt ihren gröbsten Fehler in Norwegen begangen. Mehr als der Überfall selbst weckte die Affäre Quisling den Widerstand der Bevölkerung. Daran änderte sich nichts mehr, als dem NS-Chef nach zwei Tagen bedeutet wurde, er habe seinen Platz zu räumen. Es dauerte eine Weile, bis er wieder an die Hebel der Macht (aus zweiter Hand) gelangte. Inzwischen fand die Besatzungsmacht ihren Partner in einem »Administrationsrat« hoher Beamter.

Die Rolle des Major Quisling bei der Vorbereitung der deutschen Invasion ist vermutlich überschätzt worden. Immerhin: Bei einem Berlin-Besuch im Dezember 1939 hatte er die dort genehme Lüge aufgetischt, Norwegen habe sich in einem Geheimabkommen mit einer britischen Besetzung einverstanden erklärt. Seine Partei erhielt, jedenfalls ab Neujahr 1940, finanzielle Unterstützung aus Berlin. Quisling riet seinen deutschen Kontaktleuten, den König und die Regierung durch rasche Besetzung Oslos außer Funktion zu setzen. Er warnte davor, den inneren Oslofjord zu forcieren, und empfahl, lieber mit Luftlandungen und Debarkierungen an beiden Seiten des äußeren Fjords zu operieren. Später sagte er, die deutsche Aktion hätte raschere Erfolge erzielt, wenn man sich strenger an seine Ratschläge gehalten hätte. Es ist unbestritten, daß Quisling, schon im Vorfeld der Okkupation, Landesverrat beging. Dem widerspricht nicht, daß er dabei im Glauben handelte, nationale Interessen zu vertreten. In den Jahren nach 1940 war er nicht einfach nur ein Werkzeug des Reichskommissars und der Gestapo. Wenn er im Prozeß im Sommer 1945, der mit dem Todesurteil endete, bis zuletzt den Vorwurf des Verrats zurückwies, war das nicht gespielt. Er handelte zweifellos in dem Wahn, seinem Vaterland zu dienen.

Mancher extreme Irrweg und mancher Wahnwitz hatten ihren Ursprung in übersteigertem Geltungsdrang, der wechselnde Überzeugungen und Ideologien bediente. Einige hatten ganz links begonnen. So Mussolini, der noch kurz vor dem Ersten Weltkrieg dafür gesorgt hatte, daß »Reformisten« aus der Sozialistischen Partei ausgeschlossen wurden. Oder Piłsudski, der an der Spitze der Sozialisten stand, bevor er seine Halbdiktatur in Polen errichtete. Auch in Japan gab es einige Sozialisten, die in den dreißiger Jahren eine Art von Faschismus vertraten. Sir Oswald Mosley, Chef der British Union of Fascists, ging aus der Labour Party hervor. Er hatte gar in MacDonalds zweiter Regierung ein Ministeramt. Im Ersten Weltkrieg war in Frankreich ein dezidierter Linker wie Gustave Hervé sehr weit nach rechts umgeschwenkt. Im Zweiten Weltkrieg wurden Marcel Déat und andere aus dem Lager der Neo-Sozialisten prominente Kollaborateure.

Norwegen kam zu der zweifelhaften Ehre, das internationale Vokabular mit dem Quisling-Begriff zu bereichern. Vielleicht wurde deswegen eine Weile zu Unrecht vermutet, das Land sei für nazistisches Agententum besonders anfällig gewesen. Dieser Irrtum wurde rasch korrigiert. Die Nazis leisteten in allen Ländern, die als Angriffsziele ausersehen waren, ihre Art von Vorarbeit. Es entsprach dem Charakter des Zweiten Weltkriegs, daß die Frontlinien nicht strikt »national« bestimmt waren. Auch in Norwegen ging da manches durcheinander. Manche Mitläufer hatten sich von großgermanischen oder antibolschewistischen Schlagworten beeindrucken und so vor den nazideutschen Karren spannen lassen.

Wohin zum Beispiel unkontrollierter Haß führen konnte, erlebte ich an zwei unterschiedlichen Beispielen in meiner skandinavischen Umgebung. Das eine betrifft den schwedischen Exkommunisten Nils Flyg, den ich bei den Linkssozialisten als innerparteilichen Rivalen Karl Kilboms kennenlernte. Dann wurde er immer mehr antisowjetisch – und antiwestlich zu gleicher Zeit. Im Krieg gesellte er sich mit den ihm verbliebenen, wenigen Anhängern zu den Verteidigern Hitler-Deutschlands. Seine heruntergekommene Tageszeitung, die auch mich zu denunzieren suchte, wurde mit deutschem Geld ausgehalten.

Im anderen Fall handelt es sich um einen ursprünglich guten Freund aus der Norwegischen Arbeiterpartei, den leicht bohèmehaften Håkon Meyer, der der Volksbühne vorstand, auch lange Zeit die Parteizeitschrift redigierte. Bei ihm war es die antimilitaristische Haltung, die ihn in Gegensatz zu denen brachte, die der Okkupation Widerstand entgegensetzten. Er meinte, daß man durch eine gewisse Zusammenarbeit mit den Besatzungsbehörden versuchen sollte, das Schlimmste zu verhindern: Die Verantwortung liege bei den zurückgebliebenen Vertrauensleuten der Bewegung, nicht bei den nach London und Stockholm ausgewichenen Führern. Mir ist nicht bekannt, daß Meyer irgend jemanden verraten hat. (Mir hat er, als ich mich außerhalb Oslos versteckt hielt und jemanden wegen einer Formalität zu ihm schickte, zwar nicht helfen können, doch sachlich Auskunft zukommen lassen. Ich weiß auch von einigen Gewerkschaftsführern, denen er diskret zu verstehen gab, daß ihnen ein Tapetenwechsel gut bekommen würde.) Aber – »um Schlimmeres zu verhüten«, ließ er sich auf zuviel Unmögliches ein. So wirkte er auch an der Gleichschaltung der Gewerkschaften mit. Er hat dafür mit harter Strafe büßen müssen. 1943 hätte er noch leicht abspringen können, doch das lehnte er ab: Er durfte nach Finnland reisen und kam über Stockholm zurück. Dort traf er seine Schwester und gab ihr zu, daß er auf einen Irrweg geraten war. Aber draußen bleiben wollte er nicht: »Ich werde nicht auf den Knien angerutscht kommen und Tranmæl um Verzeihung bitten.« – Da kam eine seit langem vorhandene Animosität als blanker Haß zum Ausbruch.

Ich meine, daß es sich empfiehlt, mit dem Vorwurf des Verrats in der Politik behutsam umzugehen. Parteiwechsel – zum Beispiel in Deutschland und Skandinavien selten, in England häufiger, in Frankreich früher nahezu die Regel – darf nicht mit Verrat verwechselt werden. Die Tatsache, daß einige »Neos« – mit ihrer Mischung aus antimarxistischer oder volkssozialistischer Revision und pazifistischem Nationalismus – zu Pétain und Laval überliefen, gibt niemandem das Recht, den Stab über die geistigen Urheber unkonventioneller Überlegungen zu brechen. Auch Mangel an Mut ist noch längst kein Verrat, Meinungswandel ist es erst recht nicht. Die Kommunisten folgten schon in Lenins Epoche der törichten Methode, Menschen als Feinde zu beschimpfen und zu verfolgen, die einfach nur anderer Meinung waren, als es der jeweiligen »Linie« entsprach. Ihre vermeintlich geschlossene Weltanschauung verleitete sie dazu, jeden Stolperer als einen Verräter zu bestrafen.

Der Stalinismus trieb manchen Kommunisten weit nach rechts: so den Bürgermeister von St. Denis, Jacques Doriot, der als nazistischer Agent in Süddeutschland ein elendes Ende nahm. Er kam aus der kommunistischen Jugend, galt als eine Art »französischer Karl Liebknecht« und arbeitete jahrelang in der antikolonialistischen Bewegung der Komintern, in Nordafrika wie auch in Asien. Anfang 1934 geriet er mit seiner Partei in Konflikt, weil er für ein Zusammengehen mit Sozialisten und Gewerkschaften eintrat, bevor dies dem neuen Kurs entsprach. Im April lehnte er es ab, einer Einladung (oder Kommandierung) nach Moskau zu folgen. Er fürchtete, daß er festgehalten werden könne. Münzenberg erzählte später (Doriot durfte er dies nicht sagen), daß beschlossen war, dem Rebellen die Führung der französischen KP zu übertragen.

Ich traf den 36jährigen Bürgermeister auf der linkssozialistischen Konferenz Mitte Februar 1935, auf der über eine weltweite Friedenskampagne beraten wurde. An einem der Abende waren wir Gäste in seiner Mairie, in der sich die Kombattanten versammelt hatten, die dem populären Agitator treu geblieben waren. Mehrere der ausländischen Gäste, auch ich, mußten zu den Versammelten sprechen. Nach der jeweiligen Rede kehrte man an die große Tafel zurück, die im Obergeschoß gedeckt war. Ich hatte das Gefühl, nie zuvor so kultiviert zu Abend gegessen zu haben.

Wenige Monate danach hörten wir, daß Doriot sich mit dem geschäftigen und undurchsichtigen Pierre Laval eingelassen hatte. 1936 gründete er seine »Volkspartei«, die dem rechtsradikalen Lager zuzurechnen war und aus italienischen – nach 1940 auch aus deutschen – Geldquellen gespeist wurde. Doriot selbst schien nun die einst unsinnigen Vorwürfe seiner früheren Genossen durch Zeichen moralischer Zersetzung zu bestätigen. Sein sich übersteigernder Haß trieb ihn zum Faschismus, zuletzt schreckte er auch vor rassistischen Exzessen nicht mehr zurück. Er repräsentierte ein klassisches Renegatenschicksal, dessen übliche Erscheinungsformen sich bei ihm pathologisch überschlugen.

Während des Krieges führte er einen zähen Kampf gegen seine faschistischen Konkurrenten. Ende 1944 übernahm er – auf süddeutschem Boden – die Führung der Kollaborateure. Er war als Freiwilliger an der Ostfront gewesen. Nun trat er, um seinen Einfluß zu sichern, der französischen Waffen-SS bei. Im Februar 1945 fand er bei einem Tieffliegerangriff in der Nähe des Bodensees sein Ende. Louis-Ferdinand Céline schreibt: »Wir haben nur seinen zerschossenen, zerfetzten Wagen gesehen … Das hatte man davon, wenn man aus Konstanz rausfuhr.« Ein wichtiger Abwehrmann bemerkte: »Auf ihn und seine Mitarbeiter – alle Antikommunisten – war unbedingter Verlaß.« Ein deutscher Historiker kam zu dem Schluß, Doriot sei letztlich an sich selbst gescheitert, nicht zuletzt an seinem maßlosen Ehrgeiz und seiner skrupellosen Machtgier.

In Gefangenschaft

In jenem April 1940, als ich mich entschieden hatte, in Norwegen zu bleiben, gelangte ich zunächst über Hamar nach Lillehammer, wo ich auf Kollegen vom Büro der »Volkshilfe« stieß. Sie hatten begonnen, Wolldecken und Verbandszeug zu sammeln. Ich wetterte dagegen, wie leichtfertig selbst in dieser kritischen Lage mit Lebensmitteln umgegangen wurde.

Von einer systematischen Verteidigung in Südnorwegen war kaum die Rede. Also konnten meine Kollegen und ich nicht bleiben, wo wir waren. Wir fuhren mit dem uns zur Verfügung stehenden Auto landaufwärts und begegneten im Gudbrandsdal einem Teil der kümmerlichen britischen Einheiten, die um den 15. April 1940 südlich und nördlich von Trondheim an Land gesetzt worden waren. Sie hätten – gemeinsam mit einigen norwegischen Mannschaften, die nach der ersten Lähmung mobilisiert wurden – den Deutschen die Landverbindung zwischen Oslo und Trondheim streitig machen können. Aber dazu hätte es anderer Anstrengungen bedurft. Die englischen Soldaten, die ich sah, boten kein imposantes Bild. Als ich wenige Wochen später, als Gefangener, ein englisches Versorgungslager in einem Gehölz nicht weit von Dombås abräumen half, war der Eindruck noch verheerender: Es war, als seien die Tommys für einen größeren und recht fröhlichen Betriebsausflug an Land gegangen. Es hatte sich bei ihnen offensichtlich auch nicht herumgesprochen, daß Norwegen zu den kühleren Regionen Europas zählt. Der Vorrat zum Beispiel an Tennisschlägern jedoch war eindrucksvoll.

Nach knapp zwei Wochen wurden die Norweger verständigt, daß die Engländer es für geboten hielten, sich aus den südlichen Teilen des Landes zurückzuziehen. Am 1. Mai wurde die kleine Stadt Åndalsnes, die ich ein paar Tage zuvor während starker Luftangriffe passiert hatte, geräumt, ein paar Tage später Namsos. Die norwegischen Streitkräfte kapitulierten, freilich nicht in Nordnorwegen. Dort dauerten die Kämpfe bis zum 9. Juni. Inzwischen war Narvik von Alliierten – britischer Marine, französischen und polnischen Truppen – und Norwegern zurückerobert worden. Daß dieser Stützpunkt schließlich verlorenging, erklärt sich aus der Entwicklung in Westeuropa nach dem 10. Mai 1940: der Okkupation der Niederlande und Belgiens und dem raschen Zerfall der französischen Verteidigung. – Zwei Tage vor der Kapitulation im Norden waren der norwegische König, die Regierung und einige ihrer

Mitarbeiter an Bord eines Kriegsschiffs gegangen, das sie nach England brachte. Hitlers Herrschaft über den größten Teil des Kontinents – mit ein paar neutralen Einsprengseln – war wenige Wochen später eine vollendete Tatsache. Ich war gar nicht sicher, daß dieser miserable Zustand in fünf Jahren beendet sein würde.

Als die Engländer Åndalsnes verließen, hielt ich mich mit meinen Kollegen von der »Volkshilfe« in einem etwas nördlicher gelegenen Tal auf. Wir erfuhren erst einen Tag später davon, daß die britischen Einheiten eingeschifft worden waren. Mit den Freunden beriet ich, wie ich mich der zu erwartenden deutschen Kontrolle am besten entziehen könnte. Als Ausgebürgerter mußte ich auf alles gefaßt sein. Das Tal hatte nur einen Straßenzugang. Sollte ich versuchen, auf Skiern über die Berge zu fliehen? Diese Möglichkeit wurde verworfen, zumal ich mich in der Gegend nicht auskannte. Statt dessen folgte ich dem Rat, eine norwegische Uniform anzuziehen und mich mit den vielen hundert versprengten Soldaten gefangennehmen zu lassen. Als einer unter vielen Kriegsgefangenen durfte ich hoffen, unentdeckt zu bleiben und vermutlich sogar bald wieder freigelassen zu werden. So vernichtete ich denn meine restlichen Ausweispapiere und zog die Uniform von Paul Gauguin »dem Jüngeren« an. Der Freund aus Oslo, mit dem ich drei Jahre zuvor aufregende Wochen in Barcelona erlebt hatte, gehörte zu einer zusammengewürfelten Einheit von Freiwilligen, die sich in unserer Nähe einquartiert hatte; scherzhaft nannten sie sich die »Labskaus-Kompanie«. Paul, dem ich durch puren Zufall begegnete, wollte nicht in Gefangenschaft geraten, sondern sich auf eigene Faust zu Bekannten durchschlagen, das gelang ihm auch. Seine Uniform war mir ein bißchen eng. Sein Gewehr landete mit allen anderen Waffen auf dem Sammelplatz, den die Deutschen angegeben hatten. Bei der »Labskaus-Kompanie« traf ich Bekannte, auf die ich mich verlassen konnte. Gemeinsam mit einigen hundert Soldaten wurden wir – nach wenigen Tagen norwegischer Selbstverwaltung – auf Lastwagen unter Bewachung nach Dovre transportiert. Dort diente uns eine ländliche Schule, die ich von der Reise landaufwärts bereits kannte, als Gefangenenlager.

Aus der Uniformierung, die der Gefangennahme voraufging und die, bei einem gewissen Risiko, meinem Schutz diente – wie aus meinem Alliiertenstatus nach Kriegsende –, haben nationalistische Widersacher (und solche, die nationalistische Ressentiments ausschlachten wollten) jahrelang versucht, eine Art von »Vaterlandsverrat«-Legende zusammenzuleimen. Sie wollten mich vor einer Öffentlichkeit, der mein Lebensweg fremd sein mußte, als den Treulosen bloßstellen, der auf unschuldige Landsleute geschossen habe … Um politisch bestehen zu können, mußte ich dafür sorgen, daß die wahren Zusammenhänge vor Gericht festgestellt wurden. Ich war sicher, mir nichts vorwerfen zu müssen, blieb allerdings von den üblen Kampagnen nicht unberührt. Die juristische Klärung besagte nicht, daß es für einen antinazistischen Deutschen – zumal einen, dem man die Staatsbürgerschaft entzogen hatte – unehrenhaft gewesen wäre, mit allen Mitteln für die Niederwerfung des Hitlerregimes zu kämpfen. Ich bin dem Schicksal trotzdem dankbar, daß es mich nicht vor die gleiche Lage wie die eines der Freien Franzosen unter General de Gaulle stellte, die in bewaffnete Auseinandersetzungen mit ihren Landsleuten in den Vichy-Streitkräften gerieten. Niemand konnte ihnen freilich ihre patriotische Gesinnung absprechen.

Für meinen Widerstand mit politischen und publizistischen Mitteln hatte ich mich nicht zu entschuldigen. Im übertragenen Sinne empfand ich mich selbstverständlich als »Kriegführender«. Aber gerade auch in jenem Stadium des Krieges, das bei so vielen vernünftigen Menschen die Gefühle zu Lasten des Verstandes herausforderte, habe ich – neben meiner Loyalität gegenüber Norwegen – nie auf das verzichtet, was ich für meine Pflicht gegenüber dem anderen, eigentlichen Deutschland betrachtet habe. Das brachte mich gelegentlich auch in Konflikt mit ausländischen Freunden. Während des Krieges schrieb ich, es sei für mich, als hätte ich zwei Vaterländer verloren und müsse für beider Freiheit kämpfen. Als mir im Juni 1960 der Sankt-Olavs-Orden – das höchste Ehrenzeichen Norwegens – überreicht wurde, sagte ich: Norwegen habe mir sein Staatsbürgerrecht verliehen, nachdem andere mich staatenlos machten. Meine norwegischen Freunde hätten es mir jedoch keinen Augenblick verübelt, daß ich in Berlin blieb, um nach besten Kräften am Wiederaufbau mitzuarbeiten und meinen Dienst an der Sache der Freiheit zu leisten. Die Norweger bat ich, mich weiterhin als einen zu betrachten, der ihnen unlösbar verbunden sei: »Ich bitte um Vertrauen zu den durch bittere Erfahrungen geläuterten Kräften des deutschen Volkes«, bemerkte ich in meinem Dank für die Ordensverleihung: »Wir dürfen die Vergangenheit nicht vergessen, sondern wir müssen aus ihr lernen.«

Für meinesgleichen war der Nazismus der eigentliche Feind: Hitler mußte überwunden werden, damit auch Deutschland leben könne. Im übrigen: Was die Interessen eines Landes und seiner Menschen sind, liegt meist nicht so klar zutage, wie es die Nationalisten vorgeben wollen, die ihren Völkern oft genug nur Schaden zufügten. Meine Haltung bedeutete keine Identifikation mit den Sonderinteressen fremder Mächte und ihrer Regierungen. Meine Freunde und ich bewahrten unsere Unabhängigkeit.

Das waren niederdrückende Wochen in jenem Frühsommer 1940. Die Zukunft schien nahezu ohne Hoffnung. Etwas Persönliches half mir: Carlota – fast zehn Jahre älter als ich – hatte mir in der Nacht zu jenem 9. April 1940 gesagt, daß wir bald zu dritt sein würden. Ich hoffte, der Mut zu unserem Kind werde sie nicht verlassen, und klammerte mich in nahezu verzweifelten Stunden an den Gedanken, daß in unserem Kind etwas von mir weiterleben würde, sollte ich nicht überleben. Vom Lager aus konnte ich durch Mittelsmänner Kontakt mit Oslo aufnehmen. Doch zugleich befürchtete ich, daß mir wohlgemeinte Interventionen zum Verhängnis werden könnten. Zum Glück sind Suchaktionen über das Rote Kreuz nur erwogen, aber nicht tatsächlich unternommen worden.

Die vier Wochen im Lager von Dovre boten mir unverhofft Gelegenheit zu persönlichen Kontakten mit der deutschen Jugend, die unter dem Nazismus herangewachsen war. Die Wachmannschaft bestand überwiegend aus jungen Rheinländern. Den Soldaten war eingeschärft worden, die Norweger mit Respekt zu behandeln: Da diese doch »Germanen« waren, müßte es ein Leichtes sein, sie für das Dritte Reich zu gewinnen – nur Blindheit und Verhetzung hätten sie zu Feinden des neuen Deutschland gemacht.

Ich konnte rasch feststellen, daß der Nazismus für die meisten dieser jungen Soldaten Fassade geblieben war – oder eine Naturgewalt, der man sich am besten nicht entgegenstellte. Politik war für sie etwas, mit dem sich »die da oben« befassen und auf das man keinen Einfluß hat: Man tut gut daran, sich auf die eigene private Welt zurückzuziehen und sein Denken und Hoffen auf die geplante Heirat nach dem Krieg zu richten, auf den Küchenschrank und die Schlafzimmereinrichtung, die sich die Braut wünschte.

Um sein Wohlwollen zu bekunden, gewährte uns der Kommandant des Lagers manche Vergünstigungen, die für gewöhnlich Kriegsgefangenen nicht zugebilligt werden. So durften wir in Begleitung von Wachsoldaten die umliegenden Bauernhöfe besuchen, um Lebensmittel einzuhandeln. Während wir in der Bauernstube den Londoner Rundfunk abhörten und uns freundlich bewirten ließen, saß unser Wächter brav auf der Türschwelle vor dem Haus und ließ sich das Schinkenbrot und die Milch schmecken, die ihm die Bäuerin auf unsere Bitte hin brachte. Die äußere Harmonie war freilich trügerisch. Die Feldjäger hatten in der Nähe einen jungen deutschen Soldaten erschossen, weil der in einem Haus ein Schmuckstück gestohlen hatte. Die Norweger stimmte dieses rabiate Exempel von »Ordnung muß sein« unbehaglich. Das Mitgefühl gehörte dem armen Sünder!

Ein hochgeschossener Unteroffizier behauptete in einer Gesprächsrunde auf dem geräumigen Schulhof forsch, der norwegische König sei ein Feigling. Das war, bevor König Haakon auf einem britischen Kreuzer außer Landes gebracht wurde. Folglich wird gemeint gewesen sein, daß Staatsoberhaupt und Regierung nach Nordnorwegen ausgewichen waren. Falsch war es in jedem Fall. Ich entgegnete in einem leicht, aber systematisch gebrochenen Deutsch (wie ich es auch in Berlin gesprochen hatte), ohne Rücksicht auf Logik: Das müsse er zurücknehmen, sonst müsse er sich von den Norwegern sagen lassen, der »Führer« sei das, was er den König genannt habe. Der Herausforderer schaute entsetzt und glaubte, nicht richtig gehört zu haben. Wollte hier einer Hitler als Feigling beleidigen? Ich blieb ganz ruhig. Viele der Kameraden ringten sich um uns. Wenn er seine Beleidigung zurücknehme, sagte ich, seien wir quitt. Die Aufregung endete, als dem Unteroffizier von einem Vorgesetzten bedeutet wurde: »Lassen Sie doch den verrückten Studenten.« Das war eine Charakterisierung, die mir unter den gegebenen Umständen nur recht sein konnte, denn sie gewährte mir eine gewisse Narrenfreiheit.

Der 17. Mai ist Norwegens Nationalfeiertag: An diesem Tag wurde im Jahr 1814 das Grundgesetz, die staatliche Verfassung, proklamiert. Man beschloß, den Kommandanten zu bitten, die norwegische Fahne auf dem Schulhof auf halbmast setzen zu dürfen. Die Bitte wurde abgelehnt. Meine Freunde gaben sich nicht geschlagen. Jeden Morgen mußten wir, sobald das Signal ertönte, im Schulhof zur Arbeit antreten. Am Morgen dieses Tages wartete man das Signal nicht ab. Ein paar Minuten vorher waren alle versammelt und standen ausgerichtet in Reih und Glied. Lautlose Stille, keiner rührte sich. Dann trat einer vor und sagte laut und vernehmlich: »Vergeßt niemals diesen 17. Mai, an dem wir unsere Flagge nicht einmal auf halbmast setzen durften.« Die kleine Demonstration war schon vorüber, als die Wachmannschaft herbeieilte. Ausgerechnet an jenem Vormittag wurde den Gefangenen zugemutet, am Bahnhof Bomben von einem Munitionszug auf Lastautos zu verladen. Mein Freund Johan Cappelen (von Mot Dag), einer der gewählten Vertrauensmänner, erklärte sofort, daß nach internationalem Recht Kriegsgefangene nicht zu militärischen Hilfeleistungen herangezogen werden dürften. Der Protest fruchtete nicht. Ein rabiater und sehr blonder Oberleutnant fummelte an seiner Handwaffe und gab uns kurze Bedenkzeit: Entweder wir leisteten seinem Befehl Folge, oder er würde auf der Stelle »ein Exempel statuieren«. So mußte man sich fügen.

Doch sobald wir ins Lager zurückgekehrt waren, bestand Cappelen darauf, dem Lagerkommandanten vorgeführt zu werden. Der ließ ihn auch kommen. Mein Freund – der nach dem Krieg in den diplomatischen Dienst eintrat – wußte als Jurist, was er im Interesse seiner Kameraden vorzubringen hatte. Der Kommandant brauste nicht auf; er drohte auch nicht, sondern verlegte sich aufs Parlamentieren. »Wenn ich Ihren Protest an die Division weiterleite«, sagte er, »haben wir beide nur Unannehmlichkeiten. Die Gefangenen werden für ihre Widersetzlichkeit bestraft und ich für meine Nachgiebigkeit. Also ist es besser, der Protest unterbleibt. Dafür verspreche ich Ihnen, daß die Gefangenen nicht wieder zu Arbeiten dieser Art herangezogen werden.« Er hielt sein Versprechen.

Hitlers Vorliebe für die »nordischen« Menschen hatte einen Vorteil: Alle norwegischen Gefangenen wurden damals nach wenigen Wochen entlassen. Wir wurden Mitte Juni heimgeschickt. Ich durfte gratis in meinen »Heimatort Oslo« zurückkehren und verfügte über eine Bescheinigung mit der Unterschrift des Kommandanten Hauptmann Nippus, daß ich Gefangenensold und Verpflegung bis zum Tag der Entlassung erhalten hätte. Sobald ich im Zug saß, suchte ich den Waschraum auf, zog mir einen Trenchcoat über, den ich vorsorglich im Rucksack aufbewahrt hatte, und steckte die Soldatenmütze in den Rucksack. Nun sah ich wieder halbwegs wie ein Zivilist aus. So erreichte ich den Osloer Bahnhof.

Natürlich konnte ich nicht mehr nach Hause gehen. Wo war schon noch mein Zuhause? Ich konnte mich auch nicht in der Stadt sehen lassen, denn die Gestapo hatte sich inzwischen installiert, und sie hätte mich nur zu gern in Empfang genommen. Noch im Lager war ich verständigt worden, daß ich mich nach meiner Freilassung bei einer bestimmten Adresse in einem Vorort Oslos melden sollte. (Es war die Wohnung von Dr. Stang und Ragna Thiis Stang, die später Direktorin des Munch-Museums wurde.) Dorthin kam die angehende Mutter unserer Tochter. Doch nach wenigen Tagen mußte ich weiter. Ich durfte die Freunde nicht unnötig belasten.

In einem abgeschiedenen Sommerhäuschen in Nærsnes am Oslofjord, das mir ein Kollege von der »Volkshilfe« zur Verfügung stellte, lebte ich in den folgenden Wochen als Einsiedler. Um bei den notwendigen Gängen zum Krämer nicht aufzufallen, hatte ich mein Aussehen etwas verändert; wenn man als junger Mann noch einen guten Haarwuchs hat, ist das nicht allzuschwer. Dem Kollegen Per Borgersen war es gelungen, mein rückständiges Gehalt lockerzumachen. Materielle Not litt ich nicht. Aber die Sorge um meine, um unsere Zukunft war groß.

Was sollte ich unternehmen? Ich versuchte Ordnung in meine Gedanken und Gefühle zu bringen – es war weiß Gott nicht der Mangel an freier Zeit, der es mir schwermachte, über Pläne auf längere Sicht nachzudenken. Was, wenn Hitler für eine geraume Zeit der Herr Europas bleiben würde? Welche Konsequenzen würden sich daraus ergeben? Meiner Überzeugung nach durfte niemand, der sich unseren Ideen verschrieben hatte, den Weg der Anpassung wählen. Unseres Erbes und unserer Würde wegen, auch als ein Beispiel für eine neue Generation, mußten wir eher bereit sein, mit der Flagge unterzugehen.

Was man über das Radio erfuhr, war nicht viel, und es war nicht erfreulich. Meine Norweger waren von den Briten bitter enttäuscht. Das sollte sich angesichts des Wunders der Luftschlacht über England wieder ändern. Auf mich machte Winston Churchill einen unauslöschlichen Eindruck. Im Mai 1940 hatte er das Ruder des Staatsschiffs übernommen. In jenen Tagen war er es, wirksamer als alle anderen, der den Glauben an das Überleben und an die Wende verkündete – auch wenn er seinen Landsleuten zuerst nicht mehr als »Blut, Schweiß und Tränen« versprechen konnte. Charles de Gaulle habe ich selbst sagen können, wie ich ihn damals, im Juni 1940, bewunderte, als er von London aus verkündete, Frankreich kämpfe weiter. Dieser Mann – mit seiner skurrilen Mischung aus Vorstellungen des ausklingenden 20. und solchen des frühen 18. Jahrhunderts – glaubte so stark an Frankreich, daß er sein Land allein aus der Kraft dieses Glaubens, wenn nicht zur Weltmacht im alten Sinne, so doch zum Rang einer Großmacht honoris causa zurückführen konnte. Franklin Delano Roosevelt war der dritte Staatsmann des Westens, auf den sich viel Hoffnung richtete. In meiner Hütte am Oslofjord konnte ich im Radio seine dritte Nominierung für die Präsidentschaftswahl 1940 miterleben. Ich hielt den liberal-konservativen Amerikaner damals für eine Art von Sozialdemokraten, und mich tröstete der Gedanke, daß er die Wahl gewiß gewinnen würde. Im Frühjahr 1945 betrauerten wir in Stockholm seinen Tod. Das Empfinden, daß der kranke Mann nicht mehr in der Lage war, die stärkste Macht der Welt angemessen zu führen, wurde damals noch respektvoll unterdrückt.

Im Winter 1939/40 hatte ich – in meinem Buch, das nicht mehr unter die Leute kam – geschrieben, der neue Frieden werde nicht als Geschenk von einzelnen großen Männern gestiftet. Die »großen« Männer, die es am Ende des Ersten Weltkrieges übernahmen, für die Völker zu handeln, hätten sie in Elend und neuen Krieg geführt: »Völkerfrieden ist nicht nur Frieden für die Völker, sondern ebensosehr Frieden durch die Völker. Sie können nicht Diktatoren vertrauen, die ihnen ein ›neues Europa‹ versprechen, und auch nicht neuen Wilsons, die es nicht fertigbringen, die ›neue Welt‹ zu schaffen, von der sie sprechen.« Die Bedingungen für den neuen Frieden müßten in den einzelnen Ländern geschaffen werden. Dazu gehöre der Kampf gegen Reaktion und Unterdrückung in jedem einzelnen Land.

Aber alles, was die Kriegsziele und den neuen Frieden betraf, lag im Sommer 1940 noch im Dunkel.

Nur ganz wenige Freunde wußten, wo ich mich aufhielt. Der eine und andere kam gelegentlich vorbei. In unseren Unterhaltungen gelangte ich zu dem Entschluß, daß ich nicht in den Untergrund, sondern nach Schweden gehen sollte. Ich hätte nicht hoffen können, anderswo als in einem abgelegenen Winkel untertauchen zu können. Da mich zu viele kannten, konnte ich leicht entdeckt werden und so auch meine Umgebung in Gefahr bringen. Überdies war einer der deutschen Emigranten in den Dienst der deutschen Sicherheitspolizei getreten. Er konnte mich leicht ausfindig machen. Ich konnte und wollte nicht untätig in einem Versteck sitzen. Die Freunde meinten, daß ich mich in Schweden – auch im Interesse ihrer Sache – publizistisch nützlich machen könnte. (Der Erwähnte hatte sich als Vertreter von Seydewitz und Böchel ausgegeben. Um die Jahreswende 1943/44 setzte er sich nach Schweden ab und unterrichtete die Norweger über eine Großaktion, die gegen die Untergrundpresse vorbereitet wurde. In den fünfziger Jahren hatte ausgerechnet dieser Mann, der in der DDR wohl bei der Polizei untergekommen war, die Stirn, mich in einem langen Brief an Erich Ollenhauer, meinem damaligen Parteivorsitzenden, anschwärzen zu wollen.)

Über die Grenze und zurück

Anfang August 1940 machte ich mich auf den Weg. Ich fuhr zuerst mit dem Fjorddampfer, dann mit einem Wagen, zwei kurze Strecken mit der Bahn. Das nächste Stück legte ich zu Fuß zurück. Ich ging im Wald neben der Straße, nachdem ich ein Militärfahrzeug erst gehört, dann gesehen hatte. So erreichte ich einen Bauernhof nicht allzuweit von der schwedischen Grenze. Dort war ich avisiert. Der Bauer – ein Hauptmann der Reserve –, der mit den lokalen Verhältnissen vertraut war, setzte mich nach einer guten Mahlzeit für die letzte Strecke auf die richtige Fährte. Er ließ mich von einem seiner Leute ein Stück begleiten. Ich wurde genau instruiert, wie ich auf die schwedische Seite gelangen konnte, ohne deutschen Patrouillen über den Weg zu laufen. Tatsächlich habe ich nach mehrstündiger Wanderung die Grenze unbemerkt überschritten.

In der Nähe von Skillingmark stellte ich mich einem schwedischen Posten. Der Soldat hätte mich wohl passieren lassen, aber ich wäre später gewiß gestellt worden. Man brachte mich in der ersten Nacht in einem militärischen Sammelquartier unter, gemeinsam mit jungen Schweden, die zum Grenzschutz einberufen waren. Am nächsten Morgen wurde ich von der Polizei in Charlottenberg übernommen. Ich wurde in einem Haus auf dem Bahnhofsgelände interniert, in dem sich schon einige andere Flüchtlinge eingefunden hatten. Über einen auch sonst hilfsbereiten »Oberkonstabel« benachrichtigte ich August Spångberg, einen der beiden schwedischen Abgeordneten, mit denen ich 1937 den Ausbruch der Maiunruhen in Barcelona erlebt hatte. Er kam aus Stockholm und bürgte für mich. (Im Laufe der Kriegsjahre wurden die Eisenbahnhallen in Charlottenberg wichtige Umschlagplätze für illegales Material der Norweger; Spångberg war Eisenbahner.) Auf dem Weg über ein recht komfortables Flüchtlingslager – Baggå, ein altes »Schloß mit den sieben Hütten«, in dem Ernst Paul, Parteisekretär der sudetendeutschen Sozialdemokraten, sich verständnisvoll um uns kümmerte – konnte ich nach wenigen Tagen als freier Mann nach Stockholm fahren. Ohne gute Fürsprache hätte ich mich wahrscheinlich erst als Waldarbeiter betätigt. Meiner Gesundheit wäre das besser bekommen als das, was ich als politische Pflicht empfand.

Gegen Ende des Jahres, kurz vor Weihnachten, fuhr ich gemeinsam mit meinem Freund Inge Scheflo, der Tranmæls kleines Büro in Stockholm leitete, von Schweden wieder nach Oslo. Wir hatten beide ein lebhaftes Interesse daran, uns ein eigenes Bild von der Lage im besetzten Norwegen zu machen und mit Freunden vor Ort zu besprechen, wie die gegenseitige Unterrichtung verbessert werden könne. Für mich war eine solche Reise auch journalistisch wichtig. Außerdem wollten wir beide Menschen besuchen, die uns nahestanden. Ich hatte meine Tochter noch nicht gesehen, die im Oktober zur Welt gekommen war.

Durch das Sperrgebiet an der Grenze gelangten wir mit Hilfe schwedischer militärischer Dienststellen. Man half uns bis nahe an den Punkt, an dem wir auf norwegischer Seite von einem Verbindungsmann übernommen wurden. Der erfahrene Lotse brachte uns um den vereisten Iddefjord herum bis zur kleinen Stadt Halden. Für den Fall einer Personalkontrolle waren wir mit gefälschten Papieren ausgestattet. Wir gelangten, nachdem wir uns bei einem vertrauenswürdigen Eisenbahner erkundigt hatten, mit der Bahn nach Oslo, ohne kontrolliert zu werden. Dort liefen wir den Kollegen an, der mir im Sommer seine Hütte am Oslofjord zur Verfügung gestellt hatte. Noch am selben Abend wurde uns die Ein-Zimmer-Wohnung eines Bekannten geöffnet, die wir nur in der Dunkelheit verließen. Die Rückkehr nach Schweden Anfang Januar erfolgte auf demselben Wege wie die Hinreise: wieder mit der Bahn nach Halden, mit dem Lotsen an die Grenze. Dort nahm uns die vorweg instruierte Grenzwache freundlich in Empfang. Die politische Polizei in Stockholm war weniger liebenswürdig.

Illegale Grenzübertritte waren nichts Neues für mich. Ich war auch kein konspirativer Dilettant mehr – wie zu Beginn der Naziherrschaft. Überdies waren die Bedingungen für illegale Unternehmungen günstiger. Der nationale Faktor wirkte in Norwegen zugunsten des Widerstands wie in Deutschland zu dessen Lasten. In der alten Heimat waren die Antinazis vom Empfinden breiter Schichten getrennt, die meinten, der Nazismus verteidige ihre nationalen Interessen. In Norwegen erlebte ich, daß manche einstigen Sympathisanten des »neuen Deutschland« oder Mussolinis zu besonders entschiedenen Widerständlern wurden, als das eigene Land besetzt und gleichgeschaltet wurde. Zu Hause hatte man sich – so meine Berliner Erfahrung 1936 – wie in Feindesland fühlen müssen. In Norwegen brauchten mein Freund und ich, als wir Karten für den Zug von der Grenzstadt nach Oslo lösten, keine Sorge zu haben, einem NS-Mann zu begegnen. Norwegische Nazis gab es nicht viele. Es wäre erstaunlich gewesen, wenn einer von denen am Bahnschalter in Halden gesessen hätte. Im Gegenteil, wir konnten uns ohne Bedenken bei Eisenbahnern vergewissern, ob an jenem Tag zu jener Tageszeit während der Fahrt mit einer Kontrolle zu rechnen sei.

Während meines Aufenthalts in Oslo wurde ich eines Abends in die Wohnung des Journalisten Sigurd Evensmo gebracht (der als Schriftsteller bekannt wurde) – sein Bruder hatte seine kleine Wohnung freigemacht, um uns Unterschlupf zu gewähren. Man sagte mir, ich solle mit einem führenden Mann des Widerstands zusammentreffen: Es war Einar Gerhardsen, den die Besatzungsmacht im August 1940 – nach nur einem Tag Amtszeit – als Bürgermeister von Oslo abgesetzt hatte und der nun, wie in seiner frühen Jugend, wieder Straßenarbeiter war. »Ausgerechnet du bist ›der Genosse aus Schweden‹, den unsere Freunde mir angekündigt haben?« fragte der baumlange Mann mit den guten Augen und der warmen Stimme voller Staunen. »Und ausgerechnet du bist es, der hier eine solche Verantwortung übernommen hat?« fragte ich. Im Laufe des Jahres 1941 wurde Gerhardsen verhaftet. Als er 1945 zum Regierungschef berufen wurde – der er, mit Unterbrechungen, bis 1965 blieb –, hatte er lange Jahre in Konzentrationslagern hinter sich. Auch der Journalistenkollege, in dessen Wohnung wir uns abends getroffen hatten, wurde später verhaftet, als er von der Westküste aus mit einem Fischerboot nach England zu entkommen suchte. Seine Kameraden, unter ihnen einer meiner engsten Freunde, wurden erschossen. Er selbst wurde durch die verzweifelten Bemühungen seiner deutschsprechenden Frau gerettet.

Anfang 1940 hatten Gerhardsen und ich darüber gesprochen, ob man sich auf illegale Bedingungen einstellen müsse. Es blieb beim Gespräch. Wir hatten ja nicht wirklich daran geglaubt. Ende 1940 sorgte der abgesetzte (stellvertretende) Parteivorsitzende, verhinderte Bürgermeister und freiwillige Gemeindearbeiter dafür, daß alle vierzehn Tage ein illegales »Bulletin« herausgegeben wurde. Um die Jahreswende übernahm er auch die Verantwortung für den Start des illegalen Blattes, das »Fri Fagbevegelse« (Freie Gewerkschaftsbewegung) genannt wurde. Anfang des Jahres wurde Gerhardsen Mitglied des Zirkels, der den zivilen Widerstand koordinierte.

Widerstand im Norden

Ende 1940 – um die Zeit, als ich wieder nach Oslo kam – ging eine Zeit der Resignation und Labilität zu Ende. Man fühlte sich verlassen. Die Enttäuschung über die Engländer und über die eigene Regierung schlug sich in bitterer Kritik nieder. Bei manchen regte sich die Neigung zur Anpassung. Quisling war zwar im April gleich wieder abgesetzt worden, doch viele hielten es für unausweichlich, sich mit den Besatzungsbehörden zu arrangieren – oder jedenfalls Geschäfte zu machen. Deutsche mochten den Eindruck haben, man könnte die Norweger durch eine maßvolle Politik für eine neutrale Haltung gegenüber der Besatzungsmacht gewinnen.

Doch der nazistische Reichskommissar, die Gestapomethoden und der rasch beginnende Versuch der Gleichschaltung forderten den Widerstand geradezu heraus. Die Norweger, in ihrer rechtsbewußten Tradition verwurzelt, waren für unterirdische Aktivität zunächst nur schlecht geeignet. In der Auseinandersetzung mit einem rücksichtslosen und heimtückischen Gegner erlebten sie böse Überraschungen. Eines lernten sie jedoch bald: Innere Gegensätze mußten zugunsten der Vertretung gemeinsamer Interessen zurückgestellt werden. Das war in Norwegen – und in Dänemark – leichter möglich als in anderen besetzten Ländern. Die norwegische Demokratie war gewiß nicht vollkommen, aber nahezu das ganze Volk betrachtete sie als verteidigungswert. Die sozialen Gegensätze wurden durch die Tatsache der Fremdherrschaft gewiß nicht aufgehoben, aber sie waren ohnedies geringer als in den meisten Ländern. Sie wurden durch die Okkupation nicht verschärft, sondern abgeschliffen. Rechtsbewußtsein und Freiheitswille waren die wichtigsten Kraftquellen, die den norwegischen Widerstand speisten.

Im Sommer 1940 – nach der Kapitulation Frankreichs und in einer verzweifelten Stimmung – wurden die Mitglieder des Storting massiv bedrängt, den König abzusetzen, die Vollmachten für die Regierung (in London) zu widerrufen und der Bildung eines »Reichsrats« zuzustimmen. Noch im September war eine Mehrheit der in Oslo versammelten Mitglieder des Parlaments bereit, für eine »Suspendierung« des Staatsoberhaupts bis zum Friedensschluß zu stimmen. Als Gegenleistung forderten die Abgeordneten eine schriftliche Zusage, daß Eingriffe des Reichskommissars oder der deutschen Polizei in zivile norwegische Angelegenheiten unterbleiben würden. Ebenso dürfte es keine Zensur und keine unzumutbaren wirtschaftlichen Belastungen geben. Der Reichskommissar ließ sich auf keinen Kompromiß ein. Er erklärte den König für abgesetzt. Alle politischen Parteien wurden aufgelöst und ihr Vermögen beschlagnahmt. Auf Betätigung »im Geiste der verbotenen Parteien« zugunsten des Königshauses oder der Regierung stand Zuchthaus.

Josef Terboven war von 1928 an Gauleiter in Essen, danach auch Oberpräsident der Rheinprovinz. Er demonstrierte die für eine ganze NS-Führungsschicht typische Ausstattung: aufgeblasenes Spatzenhirn. Ende September 1940 setzte er den »Administrationsrat« ab, den im April hohe Beamte gebildet hatten, um ein Chaos abzuwenden. An ihre Stelle traten »kommissarische« NS-Minister, während Quislings Ernennung zum »Ministerpräsidenten« – ein in Norwegen unbekannter Titel – erst Anfang 1942 erfolgte. Inzwischen blieben die norwegischen Nazis weitgehend, wenn auch nicht völlig, isoliert. Ihre national-romantische Rhetorik fand einigen Anklang auf dem Lande – nämlich bei wohlhabenden Bauern. Auch manche Angehörige des öffentlichen Dienstes paßten sich an.

Doch der Versuch der Gleichschaltung – der Eroberung von innen – führte viele in den Widerstand. Der Reichskommissar und seine Machenschaften einigten das Volk – gegen die Gleichschaltung. Die einzelnen Maßnahmen lösten zuerst nur spontane Proteste kleinerer Gruppen aus, die voneinander unabhängig waren. Doch bald mündeten die Einzelaktionen in eine breite Volksbewegung. Sie konnte sich auf drei Pfeiler stützen: die Richter, die Lehrer und die Pfarrer. Doch natürlich kamen auch wesentliche Impulse aus anderen Berufsständen und anderen Gruppen der Bevölkerung – vor allem von Menschen, die in den Parteien und ihren Jugendorganisationen politische Erfahrung gesammelt hatten. In der Illegalität bildete sich jene Form von Zusammenarbeit, die – ob sie nun organisiert war oder spontane Ausdrucksformen fand – den Namen »Heimatfront« erhielt. Sie ergab sich aus den bescheidensten Anfängen: Proteste gegen provokatorisches Auftreten der Quislingleute; Vervielfältigung von illegalen Zeitungen; Schutz gefährdeter Landsleute und Hilfe für die Familien von Inhaftierten. Es bildeten sich Gruppen, die Parolen für die Abwehr von Maßnahmen der Gleichschaltung ausarbeiteten. Alle diese Aktivitäten und manche andere vollzogen sich nebeneinander und sie gehörten doch zusammen. In dieser Front des Volkes, in des Wortes wahrer Bedeutung, war von

Parteizugehörigkeit wenig die Rede. Das hieß nicht, daß man seine Überzeugungen preisgegeben hätte – doch nahezu jeder war zur freiwilligen Einordnung in ein höheres gemeinsames Interesse bereit.

Gegen die Verfolgung und das Spitzelsystem gab es keinen absoluten Schutz, doch die Mitglieder des Widerstands hatten das Gefühl, in der zugleich nationalen, demokratischen und moralisch verankerten Volksbewegung geborgen zu sein. Die Norweger bewährten sich – alles in allem – in der Zeit ihrer größten Not und härtesten Bedrängnis als ein großes kleines Volk. Anders: Norwegen war nie größer als zu jener Zeit, da seine Menschen die Forderungen des Rechts und die Freiheit des Gewissens gegen die Besatzungsmacht behaupteten.

Mein persönlicher und politischer Kontakt zum Widerstand war eng, wenn ich auch mit seinen organisatorischen Aktivitäten nichts zu tun hatte. Einige meiner Freunde wurden verhaftet, gefoltert, deportiert, einige zum Tode verurteilt oder als Geiseln erschossen. In einem kleinen Volk kennt man einander besser, und jeder Verlust wird empfunden, als sei es der eines Verwandten. Etwas von meiner Dankesschuld versuchte ich durch meine publizistische Tätigkeit abzutragen.

Als ich Ende 1940 in Oslo war, hatten gerade alle Mitglieder des Höchsten Gerichtshofs ihre Ämter niedergelegt. Sie stellten öffentlich fest, daß sämtliche durch den Reichskommissar erlassene Verordnungen das norwegische Recht verletzten. Diese Demonstration wurde richtungweisend für die weitere Entwicklung des zivilen Widerstands. Nicht zufällig wurde der oberste Richter des Landes zu einer zentralen Figur der »Heimatfront«, zum Schluß sogar als ihr Chef. Man dachte als Deutscher voller Scham an die klägliche Rolle, die große Teile der deutschen Justiz in jener Zeit spielten. Mit der militärischen Besetzung konnten die Norweger – das verstand jeder – nicht allein fertig werden. Aber sie konnten sich gegen den Versuch zur Wehr setzen, dem Volk rechtlich, politisch und kulturell eine »Neuordnung« aufzuzwingen. Das habe, so argumentierte man, mit den in der Haager Landkriegsordnung definierten Befugnissen einer Okkupationsmacht nichts zu tun. Die Mitglieder des Reichsgerichts erreichten durch die Begründung ihres Rücktritts genau das, was sie wollten: Der Kampf gegen die Eindringlinge sollte im Namen des Rechts und der Gerechtigkeit geführt werden.

Anlaß zum Protest gab es mehr als genug. Dem Parteienverbot und der Absetzung des Administrationsrats waren im ersten Okkupationsherbst viele Willkürakte gefolgt. Im Dezember wurden beispielsweise die Mitglieder der Arbeiterpartei im Osloer Stadtrat verhaftet, weil sie sich gegen Gleichschaltungsbefehle gewandt hatten. Von den Lehrern wurde Ende 1940 verlangt, sie sollten sich verpflichten, im Unterricht »aktiv und positiv« für das nationalsozialistische Regime einzutreten. Weit über 90 Prozent erklärten, sie seien entschlossen, ihrem Gewissen und ihrer Berufung als Erzieher der Jugend treu zu bleiben. Daraus ergaben sich vielfältige Konflikte, bis man im Frühjahr 1942 mehr als 1100 Lehrer verhaftete: Etwa jeder zehnte Lehrer wurde für Monate festgenommen. Die Hälfte wurde an die Küste des Eismeers deportiert, doch ihr Widerstandswille nicht gebrochen. Auch die Osloer Universität war hart umkämpft. Professoren verzichteten lieber auf ihre Vorlesungen als auf die Freiheit ihrer Lehre. Den Rektor deportierte man nach Deutschland. Die Studenten wurden um so unruhiger. Ende 1943 wurden auf einen Schlag mehr als 1000 Studierende verhaftet und 700 »zur Umschulung« in deutsche Lager verbracht. Gleiches widerfuhr Hunderten von Polizisten und mehr als 1000 Offizieren.

Die »Kulturfront« war ein wichtiges Glied in der Kette der Widerstandsbewegung. Führende Gruppen und breite Schichten machten gleichermaßen die Behauptung von Rechtsgrundsätzen und Kulturwerten zu ihrer Sache. Arbeiter, Beamte und Geschäftsleute, Ärzte und Ingenieure, Vertreter von Sport- und Jugendverbänden bezogen Stellung. Ohne ein lebendiges Wechselspiel zwischen dem Volk und den Intellektuellen hätte die »Heimatfront« nicht werden können, was sie war. Zuweilen hatten die Intellektuellen die Führung, zuweilen wurden sie mitgetragen. Schriftsteller weigerten sich, ihre Manuskripte dem Zensor vorzulegen. Es erschien kaum ein neues Buch. Die meisten Verleger stellten ihre Tätigkeit ein. Fast alle Bühnenkünstler weigerten sich, an nazistischen Veranstaltungen teilzunehmen. Auch im nazistisch gelenkten Rundfunk traten sie nicht auf. Die Gleichschaltung von Theatern und Kinos beantwortete das Publikum mit einem umfassenden Boykott.

Ich staunte über mehr als einen meiner Freunde. Der Lyriker Arnulf Øverland, der linkesten einer und leidenschaftlicher Republikaner, schrieb – anonym – starke Verse zu Ehren von König Haakon. Als er verhaftet wurde – seine Urheberschaft war kinderleicht zu entschlüsseln –, schlüpfte er in die Rolle des Schwejk. Bei einem Appell im KZ Grini, außerhalb von Oslo, rief der Kommandant nach einem Gärtner, den er wohl für seinen Garten brauchte. Øverland trat vor. »Sind Sie Gärtner?« fragte der SS-Offizier. »Nein, ich bin Schriftsteller, Herr Kommandant.« »Warum sind Sie dann vorgetreten?« »Ich wollte fragen, warum Sie nicht auch einen Gärtner verhaften, Herr Kommandant.« – Die Frechheit wurde mit der Deportation nach Sachsenhausen geahndet. Als ich Arnulf Øverland nach seiner Rückkehr traf, noch in Stockholm, war er freilich bitter geworden – bitter und auch ziemlich konservativ.

Der Primas der lutherischen Staatskirche, Bischof Eivind Berggrav, war zunächst bereit, sich mit den deutschen Behörden zu arrangieren. Er wurde deshalb von vielen seiner Landsleute getadelt. Er und seine Amtsbrüder hätten gewisse politische Zugeständnisse wohl nicht als unzumutbare Opfer betrachtet, doch sie waren nicht bereit, die totalitären Ansprüche der deutschen und norwegischen Nazis anzuerkennen. Die Kirche wuchs rasch in die Rolle eines Garanten nicht nur ihres eigenen Lebens, sondern ebenso der nationalen Werte hinein. Als Bischof Berggrav unter keinen Umständen auf die Verteidigung der Gewissensfreiheit verzichten wollte, sondern für den Schutz des Individuums vor staatlicher Willkür eintrat, war der offene Konflikt unvermeidlich. Er war vorgezeichnet, als sich die Bischöfe im Januar 1941 in einem Protestbrief gegen Gewaltakte wandten. Berggrav wurde zu Terboven gerufen, der ausgerechnet Himmler zu Gast hatte. Die Drohungen der beiden fruchteten nicht.

Anfang 1942 erließen die Bischöfe, die als Funktionsträger einer Staatskirche auch im Staatsdienst standen, einen Hirtenbrief, in dem sie erklärten, daß sie nach reichlicher Erwägung entschlossen seien, ihre weltlichen Ämter niederzulegen, nicht aber, ihre kirchlichen Funktionen aufzugeben. 95 Prozent aller Pfarrer erklärten sich mit ihnen solidarisch. Berggrav wurde verhaftet. Terboven wollte ihn vor das »Volksgericht« stellen. Nur eine Intervention gemäßigter deutscher Militärkreise rettete ihn vor dem Konzentrationslager. Der Bischof wurde in einem Landhaus in der Nähe von Oslo interniert. Er durfte offiziell keinen Kontakt mit der Außenwelt unterhalten. Als Gefangener der Nazis gewann der höchste Repräsentant der Kirche größeren Einfluß auf das Volk, als er ihn je zuvor hatte. Er wurde zu einem Symbol des notwendigen zivilen Widerstands.

Das Jahr 1941 brachte wesentliche Verschärfungen der Besatzungspolitik. Im Frühsommer hatte Terboven die zugleich führenden und renitenten Vorstände von 43 Organisationen in den Storting bestellt. Er brüllte sie an und ließ mehrere der Anwesenden verhaften. Im September mündete ein Protest von Arbeitern gegen den Mangel an Milch in einen Ausnahmezustand – mit mehreren Hinrichtungen und Hunderten von Verhaftungen. Neben Arbeiterfunktionären waren auch Professoren und Zeitungsleute unter den Festgenommenen.

Trotz der »illegalen« Zirkel prägten die offenen, mit vollem Namen unterzeichneten Massenproteste weiterhin den nationalen Widerstand. Diese Bewegungen bedurften natürlich einer gewissen Koordinierung, um die erwünschte Geschlossenheit zu erreichen. Eine andere Hauptaufgabe der Untergrundführung war es, die Entwicklung der »illegalen« Presse zu fördern und gegensätzliche Tendenzen auszugleichen. Das Zentrum in Oslo gab das schon erwähnte, in der Auflage begrenzte »Bulletin« heraus, das einen großen Teil der anderen Blätter – zeitweilig an die 200 Titel – mit Nachrichten versorgte. Die technisch oft unzulänglichen, aber vielfach gut redigierten Schriften erreichten beträchtliche Auflagen. 1943 rechnete man mit einer monatlichen Verbreitung von einer halben Million, und einzelne Exemplare wanderten oft durch viele Hände. Von der Geheimpresse ging ein starker Einfluß aus – vor allem, als im Herbst 1941 allen Norwegern, mit Ausnahme der Quislinge, die Radioapparate weggenommen wurden, soweit man ihrer habhaft werden konnte. Tägliche Bulletins mit den wichtigsten Rundfunkmeldungen aus London wurden damals an vielen Stellen ausgearbeitet, zirkulierten in Betrieben und Büros und ergänzten die meist nur einmal in der Woche oder zweimal im Monat erscheinenden »Zeitungen«. Die Bevölkerung blieb erstaunlich gut über in- und ausländische Ereignisse unterrichtet.

Die Führung der Heimatfront stand mit der Regierung in London in einem permanenten Informations- und Meinungsaustausch. Die Regierung ließ sich meist von dem vernünftigen Grundsatz leiten, daß über die Formen des Widerstands von denen entschieden werden sollte, die »vor Ort« die Verantwortung und das volle Risiko trugen. Sie holte auch die Meinung führender Repräsentanten im Lande zu wichtigen Entscheidungen ein, die in London zu treffen waren.

Die kameradschaftliche Zusammenarbeit von Menschen unterschiedlicher politischer Herkunft und sozialer Interessenlage ließ einige Illusionen oder romantische Verklärungen wachsen, als man darüber nachdachte, wie die während der Okkupation gewonnene Einheit in die Nachkriegszeit hinübergerettet werden könnte. Viele überholte Schranken waren in der Tat gefallen, und manche Gruppe befreite sich aus ihrer Isolierung. Außerdem bewirkten die veränderten Bedingungen, daß alte Autoritäten verblaßten, während junge Kräfte, die sich vorher noch nicht im öffentlichen Leben hatten bewähren können, nach vorn rückten und ihre Führungsqualitäten entwickelten. Es war erstaunlich, daß sich dieser Prozeß allmählich, ohne scharfe Auseinandersetzung, vollzog.

Norwegen hatte freilich Glück im Unglück. Die Besatzungspolitik war trotz aller Härten wesentlich gemäßigter als in anderen von Hitler unterworfenen Ländern. Norwegen lag nicht im Brennpunkt des militärischen Geschehens, auch wenn von 1942 an die Furcht vor einer alliierten Invasion umging. Die deutsche Politik war zunächst noch immer von der verrückten Vorstellung geprägt, die Norweger seien aus »rassischen« Gründen dazu bestimmt, die Sache des Nazismus mit Sympathie zu betrachten. Doch gerade der Versuch der Eroberung von innen forderte den anhaltenden Widerstand heraus. Andererseits bot die norwegische Résistance keineswegs das Bild einer einzigen klaren Linie heroischer Entscheidungen. Mit Rechtsbewußtsein und Freiheitsempfinden allein ließ sich gewiß kein Krieg gewinnen, und politische Erfahrung war selten die Stärke der Führer im waffenlosen Kampf. Sie mußten die Eigenheiten konspirativer Arbeit erst lernen. Die Entscheidungen derer, die die »Heimatfront« koordinierten, stießen auf die Kritik solcher Gruppen, die auf aktiveren, auch auf militärischen Widerstand drängten. Doch die Verantwortlichen im Land und auch die Exilregierung waren sich einig, daß das Pulver trockengehalten werden müsse. Auch schien es wichtig, keine Spaltung zwischen einer kleinen aktivistischen Avantgarde und der großen Mehrheit des Volkes entstehen zu lassen.

Die Verteidigung von Verfassung und Völkerrecht war nicht nur eine Sache der Richter; Bestand oder Untergang der religiösen und geistigen Freiheit gingen nicht nur Pfarrer und Professoren an; Angriffe auf die Schule forderten nicht nur die Lehrer heraus. Es ging um Schicksalsfragen des Volkes.

Nachdem sich die Nazis mit ihren Gleichschaltungs- und Neuordnungsversuchen eine Serie von Niederlagen eingehandelt hatten, machte sich 1943 ein Kurswechsel in der Besatzungspolitik bemerkbar. Die Nazifizierungspläne wurden nicht mehr so zielstrebig verfolgt. Das war zum Teil ein Ergebnis des Widerstands. Auf deutscher Seite begann man zugleich, sich nüchterner nach militärischen und kriegswirtschaftlichen Gesichtspunkten zu richten. Die Kriegslage veränderte auch die Anstrengungen der Norweger. Die nationalen und demokratischen Positionen wurden weiter vertreten, aber Erwägungen, die sich aus dem Kriegsverlauf ergaben, drängten sich 1943/44 in den Vordergrund. Die Furcht griff um sich, daß norwegische Jugendliche womöglich an die Ostfront geschickt werden könnten. In Übereinstimmung mit dem Alliierten Oberkommando verzichtete die Résistance auf einen umfassenden Kleinkrieg. Unter gegebenen Verhältnissen, zumal angesichts der Stärke der Besatzungsarmee, erschienen Partisanenaktionen unzweckmäßig. Statt dessen konzentrierte man sich darauf, die verfügbaren Kräfte für einen möglichen, ja, wahrscheinlichen Endkampf zu sammeln. Zu diesem Zweck wurde eine geheime Militärorganisation aufgebaut, die sich über das ganze Land zog. Getrennt davon operierten gewisse Kommandounternehmen, die von England aus unternommen wurden, um begrenzte Aufgaben zu erfüllen oder die Sorge vor einer alliierten Invasion wachzuhalten.

Die Zahl der deutschen Soldaten in Norwegen stieg rasch von den etwa 100 000 Mann, die während des Feldzuges 1940 eingesetzt waren, auf 250 000. Es war den deutschen Militärs nicht unangenehm, über die ruhige Region zu verfügen. Die Führung des Reiches schien überdies zu vermuten, Norwegen könne zum Ziel weitreichender alliierter Invasionsversuche werden. Bei den 250 000 blieb es nicht. Im Herbst 1943 lagen 380 000 Soldaten im Land: Das entsprach mehr als einem Zehntel der einheimischen Bevölkerung, die vielen Polizisten, Beamten, Techniker und andere nicht mitgerechnet. Im Osloer Zentrum wurde mehr Deutsch als Norwegisch gesprochen. In Kirkenes – hoch oben im Norden – waren die Norweger eine kleine Minderheit geworden.

Die Norweger bestätigten, daß sich die deutschen Soldaten im großen und ganzen diszipliniert verhielten. Andererseits führt jede Okkupation zu Übergriffen und Willkürakten. Eine Gefährdung der Okkupanten ist unvermeidlich. Für die deutsche Besatzung war das Risiko um so größer, als sich der Militarismus im Nazismus gewissermaßen übersteigerte. Manche der Soldaten zeigten besonders in der Periode der scheinbar so großen Siege eine törichte Überheblichkeit, die in Norwegen noch weniger ankam als anderswo. Die Mehrheit der Menschen befand, daß die Deutschen geschnitten und isoliert werden sollten. Natürlich war vielen bewußt, daß es auch Deutsche gab, die das Hitlerregime ablehnten. Man hatte aber weder Zeit noch Lust, die Herzen zu prüfen, die unter den Uniformen schlugen. Man wollte klare Fronten und brauchte einfache Parolen. Wer Hitlers Uniform trug, war in der gegebenen Lage ein Feind, mit dem man nichts zu tun haben wollte. Man mochte mit ihm nur sprechen, wenn es nicht zu umgehen war. Daran hielt man sich nicht überall. So war es nicht allzu überraschend, daß mir nach dem Krieg mancher ehemalige deutsche Soldat von Norwegen vorschwärmte. Die gefährlichen Fronten waren weit weg. Das Land war reizvoll. Außerhalb der Städte, mehr als in ihnen, ergaben sich trotz des Mißtrauens persönliche Kontakte (auch mit Norwegerinnen, die sich allerdings die scharfe Mißbilligung ihrer Landsleute zuzogen). Selbst wenn man den Feinden nicht feindselig begegnete: Man wollte, daß die Deutschen so bald wie möglich dorthin verschwinden, woher sie gekommen waren.

Der eigentliche Haß galt den Polizei- und Politkommissaren der Fremdherrschaft. Sofort nach der Invasion setzten sich Formationen unterschiedlicher Art im Lande fest: Einheiten der Ordnungs- und Sicherheitspolizei, SS-Wachmannschaften und – über allen thronend – die Kader des SD. In Norwegen wie anderswo brachte man sie auf den gemeinsamen Nenner »Gestapo«. Die Polizeiformationen wurden rasch zu einer Organisation, die mehr Angestellte hatte als alle anderen Abteilungen des Reichskommissariats zusammen. Sie hausten nicht so schlimm wie in Frankreich und Holland, von Polen zu schweigen. Doch überall, wo die Gestapo auftrat, herrschte der Geist der Kriminalität. Ihre »Rechts«norm war das Standgericht, ihre generelle Methode der Terror. Geiselverhaftungen, Kollektivstrafen und Mißhandlungen kennzeichneten ihren Weg.

Unter dem Schutz und Druck der Sicherheitsorgane arbeitete die im Reichskommissariat zusammengefaßte Zivilverwaltung. Hier fand sich eine Reihe ordentlicher Fachleute; ich sprach oft mit einem von ihnen, der nach Schweden geflohen war, und ich lernte andere kennen, die den norwegischen Behörden nach Kriegsende beim Ordnen der Akten zur Hand gingen. Die meisten der wichtigen Posten waren jedoch mit SS-Leuten besetzt, die meist unwissend, aufgeblasen und fanatisch waren. Ihre Tätigkeit ergänzte das Wüten des Sicherheitsdienstes und der Standgerichte. Die Politik des Reichskommissars wollte die nationale Kastrierung: Diesem Ziel diente auch ein besonderer »Einsatzstab« der NSDAP, der das Treiben der Quislinge dirigierte. Hinzu kam die wirtschaftliche Plünderung des besetzten Landes für den Hitler-Krieg. In den Augen der Norweger und in Wirklichkeit waren dies nur verschiedene Erscheinungsformen ein und desselben Regimes. Es war wahrlich nicht die Schuld der Norweger, daß die Begriffe »Deutschland« und »Gestapo« damals identisch wurden.

Natürlich gab es Deutsche, die in der Wehrmacht oder in der Zivilverwaltung darum bemüht waren, extreme Härten und Ungerechtigkeiten abzuwenden oder zumindest zu mildern. Es gab auch Soldaten und Beamte, die sich dazu durchrangen, einzelnen Norwegern zu helfen. Sie waren keine Verräter an ihrem Volk, sondern, im Gegenteil, seine besten Repräsentanten im besetzten Land.

Die Norweger verloren in ihrem Freiheitskampf der Jahre 1940 bis 1945 mehr als 10 000 Menschen: etwa 1000 Gefallene im Zusammenhang mit der Invasion, mehr als 4000 Seeleute, an die 1600 Menschen wurden hingerichtet oder kamen in deutschen Konzentrationslagern um. Hinzu kamen mehr als 1000 Gefallene der »Außenfront«. Etwa 30 000 Menschen wurden für kürzere oder längere Zeit eingesperrt.

Diese Zahlen mögen gering erscheinen, zumal im Vergleich zu den Millionenopfern im Osten. Sie sprechen auch für die Umsicht der Führer des Widerstands drinnen und draußen, die Zahl der Opfer möglichst begrenzt zu halten. Doch 10 000 Menschenleben sind viel für ein kleines Volk. Die Norweger fühlten, daß jedes einzelne zuviel war.

STOCKHOLM

Doppeltes Exil

An einem der Augusttage im Jahre 1940, als ich in Charlottenberg festgehalten wurde, war ich beim Spaziergang im Hof über den Zaun mit einem älteren Schweden ins Gespräch gekommen. Der arbeitete in seinem Garten und schimpfte wie ein Rohrspatz auf die Norweger, zu denen er mich zählte: Nun hätten sie die Quittung für die schlechte Behandlung König Oskars erhalten. Der gute Mann wollte den Nachbarn noch immer nicht verzeihen, daß sie 1905 aus der Union ausgetreten waren und sich einen eigenen König aus Dänemark geholt hatten.

Die meisten Schweden waren weniger nachtragend. Sie nahmen an den Leiden der Nachbarn im Westen und im Süden lebhaft Anteil, und vor allem hofften sie, daß ihnen deren Schicksal erspart bliebe. Und sie zeigten, daß sie im Rahmen ihrer Möglichkeiten zur Hilfe bereit waren. Doch unterstützten sie mit überwältigender Mehrheit die Entschlossenheit ihrer Regierung, Schwedens Neutralität zu sichern. Die Bereitschaft zur Verteidigung des Landes wurde demonstrativ verstärkt. Der Krieg hatte diesen nordischen Staat noch verschont, aber die Zahl derer, die diesem täglich gefährdeten Frieden mißtrauten, war nicht gering.

Nach meiner Ankunft in Stockholm hatte ich unverzüglich die Exilregierung verständigen lassen. Ich beantragte einen norwegischen Paß, der mir – gestützt auf die nachgeholte Einbürgerung – auch umgehend ausgestellt wurde. Ich nahm den Kontakt zu schwedischen Sozialdemokraten und deutschen Flüchtlingen auf, doch am engsten blieb ich auch auf dem Boden der schwedischen Hauptstadt mit den norwegischen Freunden verbunden. Martin Tranmæl hatte mit schwedischer Hilfe ein kleines Büro eingerichtet, in dem Inge Scheflo – der Sohn eines seiner erbitterten Widersacher in den fraktionellen Streitigkeiten der zwanziger Jahre – Mädchen für alles war. Ich traf gerade auch noch meinen Freund Halvard Lange, den späteren langjährigen Außenminister, der nach Oslo zurückkehrte, obwohl er damit zu rechnen hatte, daß er dort in Schwierigkeiten mit der Besatzungsmacht geraten würde. Feigheit war das letzte, was er sich nachsagen lassen wollte. Seine Frau, die ein Kind erwartete, folgte ihm auf dem gefährlichen Weg. Über unserem

Abschiedsessen lagen bange Ahnungen, aber wir ahnten nicht, daß er wie seine Brüder, alle drei Söhne des Nobelpreisträgers Christian Lange – ich erwähnte ihn im Zusammenhang mit Ossietzky –, ins KZ Sachsenhausen geraten würde.

Stockholm war – viel mehr als Oslo – ein Zufluchtsort für Flüchtlinge aus allen Ländern. Die meisten kamen freilich in den Okkupationsjahren aus Norwegen herüber: 3000 waren es im Herbst 1941, mehr als 10 000 ein Jahr später. Im Frühjahr 1945, als der Krieg zu Ende ging, zählte man in Schweden mehr als 100 000 Flüchtlinge, davon die Hälfte aus Norwegen. Dänen, Finnen, Balten stellten die anderen großen Kontingente. Fünf Prozent, nicht mehr als 5000 Menschen, verzeichnete die Statistik (im Frühjahr 1945) als »deutschsprachig«. Dazu gehörten die deutschen Sozialisten unterschiedlicher Prägung, ein halbes Tausend an der Zahl; ein volles, wenn man die Österreicher und Sudetendeutschen dazurechnete.

Ich nahm lebhaft Anteil an dem, was meine deutschen Schicksalsgefährten politisch beschäftigte, hielt mich jedoch von unfruchtbarer Emigrantengeschäftigkeit soweit wie möglich fern. Das normale skandinavische Leben war nahezu mein eigenes geworden. Publizistisch beschäftigte ich mich während der Stockholmer Jahre vor allem mit den Problemen Norwegens, das jetzt so viel Leid ertragen mußte. Meine Mitarbeit an verschiedenen Zeitungen – ab 1942 gemeinsam mit einem schwedischen Freund durch ein kleines Pressebüro – und die Veröffentlichungen von Schriften unterschiedlicher Art dienten meist der Aufklärung über das besetzte Nachbarland. Sprachlich brauchte ich nicht umzulernen. Ich schrieb weiterhin Norwegisch, sprach es in aller Regel auch und übernahm schwedische Ausdrücke dort, wo es Mißverständnisse zu vermeiden galt. Eng verwandte Sprachen haben ihre Fallgruben. Auch verleiten sie dazu, einen wenig attraktiven Sprachsalat zu servieren; ich bemühte mich, dieser Bequemlichkeit nicht zu erliegen.

In Stockholm wohnte ich erst in Pensionen, bis wir uns Anfang 1941 eine Neubauwohnung leisten konnten. Carlota war mit dem Baby über die Grenze gebracht worden; nach kurzer Zeit begann sie in der Presseabteilung der Gesandtschaft zu arbeiten. Wir lebten ruhig und bescheiden, hatten oft Gäste und konnten uns sogar Sommerurlaub und Skiferien zu Ostern leisten. Daß wir für uns selbst sorgen konnten, brachte mir nicht nur Freunde ein, sondern rief – unter nichtskandinavischen Flüchtlingen – auch Neider auf den Plan.

Ein paar Monate nach dem illegalen Oslobesuch meldete ich mich bei der Ausländerpolizei, um meine Aufenthaltserlaubnis verlängern zu lassen. Aus dem, wie ich geglaubt hatte, Routinebesuch wurde ein stundenlanges Verhör, an dessen Ende ich festgehalten wurde. Meine Auskünfte schienen die Beamten nicht zu befriedigen. Die Befragungen wurden in den folgenden Tagen wiederholt. Ich wußte beim besten Willen nicht, was ich den Polizisten berichten könnte. Ich hatte nichts zu verbergen, was die Interessen meines schwedischen Asyllandes betraf. Hatte man mich denunziert? Wer? Welche Beschuldigungen lagen vor? Die Beamten wollten ganz genau wissen, wo in Norwegen ich mich aufgehalten und wen ich getroffen hätte. Aber ich konnte und wollte doch niemanden angeben, der in Gefahr geraten könnte. Man fragte mich dann, ob ich mich für Flugplätze oder Truppenstärken interessiert hätte. Mit militärischen Nachrichten, versuchte ich deutlich zu machen, hatte ich nun wirklich nichts im Sinn. Wer uns auf schwedischer Seite behilflich gewesen sei? Auch der nach mir festgenommene Inge Scheflo schwieg hierzu. Wir hatten unser Wort gegeben. Den verhörenden Polizisten hätte ein Hinweis auf die schwedischen Offiziere sicherlich nichts Neues gesagt. Es bestätigte sich der Eindruck, daß verschiedene Behörden ein und derselben Regierung sich voreinander versteckten und partiell befehdeten.

Das Polizeigefängnis war blitzsauber, es stank vor Sterilität. Das Essen war nicht zu beanstanden, viele Menschen in anderen Ländern hätten diese Gefängniskost als Luxusmenu betrachtet. Die Zelle blieb auch nachts hell beleuchtet. Insoweit war eine kontinentale Polizeipraxis übernommen worden. Mich ärgerte die Schikane, aber mehr noch die skandalöse Drohung – ich glaube, im zweiten Verhör –, man könne mich ja gegebenenfalls nach Deutschland abschieben. Ernst nahm ich den Wink nicht. Damals ahnte ich freilich auch nicht, wie eng ein Teil der schwedischen Sicherheitsbehörden mit der Gestapo zusammenarbeitete. Als man mich festhielt, waren – wie ich später erfuhr – drei Beamte der »Säpo« gerade von einem »Gedankenaustausch«, zu dem Heydrich eingeladen hatte, aus Berlin zurückgekommen. Es gab sogenannte »Arbeitskontakte« und einen regelmäßigen Austausch von Informationen über die Tätigkeit von Emigranten. In der Polizei – und nicht nur dort – hatte Hitler manchen Bewunderer. Einige arbeiteten einschlägigen deutschen Dienststellen in die Hand. Im Dezember 1944 wurde ein Inspektor verhaftet und im April 1945 verurteilt; er hatte der

Gestapo Informationen über deutsche Flüchtlinge zugehen lassen. Torsten Nilsson, der spätere Außenminister, damals zentraler Parteisekretär, hielt in seinen Erinnerungen fest, daß ich, ebenso wie meine beiden schwedischen Kollegen im Pressebüro, nicht nur von »den im Lande tätigen Naziagenten« beschattet, sondern auch von der schwedischen Sicherheitspolizei überwacht wurde; man hörte auch unsere Telefone ab.

In der auch für Schweden gefährlichen Phase bis 1942 zeigte die Regierung ein verständliches Interesse, die Neutralität nach außen hin stark zu betonen. Auch die Presse wurde mehr oder weniger sacht an die Zügel genommen. »Ungesetzliche Nachrichtentätigkeit« wurde scharf geahndet – ein dehnbarer Begriff, den manche Beamte und Richter einseitig deuteten oder weltfremd auslegten. Einige meiner Freunde wurden verurteilt, weil man bei ihnen politische Berichte gefunden hatte, die sie für eine der Exilregierungen vorbereitet hatten. Es war damals nicht üblich, über solche Zwischenfälle zu jammern. Man schimpfte sich den Ärger vom Hals. Das genügte. Wir hatten weniger Anlaß zur Klage als die Mehrzahl der Europäer in jenen bitteren Jahren.

Nach einigen Tagen wurde ich von der Polizei nach Hause geschickt. Die norwegische Gesandtschaft hatte durch einen hohen Beamten interveniert, der mich auch sprechen konnte. Doch ausschlaggebend war der Einspruch Tranmæls bei Sozialminister Gustav Möller, der – mit seinem Staatssekretär Tage Erlander, dem Regierungschef der fünfziger und sechziger Jahre – für die Flüchtlinge und deren polizeiliche Kontrolle zuständig war. Im Sommer 1941 wurde ich noch einmal aus einem Café gegenüber der Hauptpost festgenommen, um mich hernach von einem eher treuherzigen Sicherheitspolizisten fragen zu lassen: »Verhalten sich der Redakteur nun auch wirklich neutral?« Die Zeit des allgemeinen Duzens war noch nicht angebrochen, und in Schweden hielt man es, solange nicht »die Titel weggelegt« waren, mit der Anrede in dritter Person. Da konnte man auf Verdacht rasch zum »Doktor« befördert werden, fast wie von einem Wiener Ober zum »Herrn Baron«.

Danach hatte ich mit schwedischen Behörden keine Schwierigkeiten mehr. Doch offensichtlich war ich in eine Kartei gelangt, die Verdächtigungen wegen »Ostspionage« enthielt. Ende 1966, als ich Außenminister geworden war, wurde entsprechendes »Material« einer Stockholmer Zeitung zugespielt. Der Einfluß, den die Gestapo zeitweise auf Beamte der schwedischen Sicherheitspolizei ausübte, trug hier wohl noch einmal späte Früchte.

Anfang 1941, in den Tagen meiner Verhaftung, sah in Stockholm niemand klar und allzu vertrauensvoll in die Zukunft; auch ich nicht. Was würde mit Schweden geschehen? Wer wollte wissen, ob es der Regierung – in der während des Krieges alle Parteien mit Ausnahme der Kommunisten vertreten waren – wirklich gelingen werde, ihr Land dem nazistischen Machtanspruch zu entziehen? Was galt es im Kalkül der Nazis, daß Schweden ein potenter Lieferant von Eisenerz – und, zum Beispiel, von Kugellagern – war? Daß die schwedische Marine mithalf, die Ostsee für deutsche Frachter gefahrlos zu halten? Wenige Jahre später wurde aktenkundig, daß Hitler eine Weile geneigt war, Schweden in den Krieg gegen die Sowjetunion zu verstricken. Im Jahre 1942 und noch einmal 1943 erwog er, das neutrale Land militärisch zu bezwingen. Besonders bedrohlich war die Lage im Frühsommer 1941, als das Reich den Angriff auf die Sowjetunion begann. Auf Verlangen der deutschen (und der finnischen) Regierung wurde es einer vollausgerüsteten Division erlaubt, sich von Norwegen über schwedisches Gebiet nach Finnland zu begeben. Andere »Transitierungen«, vor allem deutscher Urlauberzüge, waren seit dem Sommer 1940 in Gang. In der Allparteienregierung hatte es dagegen, zumal von sozialdemokratischen Ministern, erhebliche Bedenken gegeben, doch die Konservativen und die Bauernpartei sprachen sich dafür aus, den deutschen Pressionen nachzugeben, um Berlin von härteren Aktionen abzuhalten. König Gustav kündigte Konsequenzen für den Fall an, daß den deutschen Forderungen nicht Rechnung getragen würde – was immer das bedeuten sollte.

Was damals genau vor sich ging, war in Schweden selbst nur in Andeutungen bekannt. Doch die Nachgiebigkeit gegenüber den deutschen Forderungen war in sozialdemokratischen, noch mehr in liberalen Kreisen erheblich umstritten. Ich war mit dem Herzen bei den leidenschaftlichen, humanistisch und freiheitlich gesinnten Antinazisten. Aber konnte man einer Politik, die alles versuchte, um das Land vor den Schrecken des Krieges zu bewahren, ein rationales und auch menschliches Verständnis versagen? Die Frage war: Wann würde der Preis zu hoch sein? Schweden blieb, zu seinem und zu unserem Glück, von einer radikalen Entscheidung verschont. Die Schweden bemühten sich, den Norwegern und Dänen materiell und durch einen mäßigenden Einfluß auf Mitglieder der deutschen Führung zu helfen. Mit zusammengebissenen Zähnen fuhr das Land fort, die Abwehrbereitschaft zu verstärken. Die Archive weisen aus: Die rasch gesteigerte Fähigkeit zur Verteidigung trug wesentlich dazu bei, die deutschen Invasionspläne – »Aktion Silberfuchs« – zu unterlaufen. Ähnlich verhielt sich die Schweiz, die sich den Wünschen des mächtigen Nachbarn weitgehend anpaßte, solange das Dritte Reich übermächtig war. Zugleich rüstete sich das kleine Land bis an die Zähne. Experten der Abwehr – die der Schweiz wohlgesonnen waren – legten Hitler die Rechnung vor, daß eine Eroberung der helvetischen Bergfestung eine Million Soldaten kosten könne. Diese Zahl beeindruckte. Die deutsche Kriegführung konnte spätestens von 1941 an nicht mehr aus dem vollen schöpfen.

Im Herbst 1940 sah das anders aus. Als ich mich in der Universitätsklinik von Erling Falk, dem todkranken ehemaligen Chef der Mot-Dag-Gruppe, verabschiedete, hörte ich als seinen letzten Rat: Da wahrscheinlich ganz Europa eine Phase faschistischer Herrschaft vor sich habe – und man mußte nicht todkrank sein, um das für möglich zu halten –, sollte eine noch erreichbare »Elite« skandinavischer Sozialisten diese in den USA überleben. Von dort werde man den Sozialismus eines Tages nach Europa zurückbringen müssen. Er dachte, man könne sich noch auf ein Schiff an der Eismeerküste retten. Ich selbst fürchtete in jenem Herbst, nach der Flucht aus dem besetzten Norwegen, daß die alte Arbeiterbewegung ihre Rolle ausgespielt habe. Es werde sich erst zeigen müssen, wie das Wertvolle »an geistigem Gut und an Menschen« in eine neue Bewegung eingebracht werden könne. Ich war pessimistisch geworden, doch Neigungen zur Kapitulation gab ich nicht nach.

1941 rieten mir schwedische Freunde, ich möge mich um ein Visum für die USA bemühen. Falls die Lage ihres Landes noch prekärer werden sollte, würde niemand für meine Sicherheit garantieren können. Es blieb bei einem vorsorglichen Antrag auf Einreise. Konkreter wurden – nach dem Angriff auf die Sowjetunion – die Überlegungen, wo auf dem Lande man sich im Falle einer deutschen Invasion verstecken könnte. Gelegentlich war auch die Rede davon, daß die Norweger mich nach London herüberholen würden. Es gab – über feindliches Gebiet hinweg – einen zuerst gelegentlichen (und gefährlichen), dann ganz regelmäßigen Flugverkehr zwischen England und Schweden. Es blieb zunächst bei vagen Erörterungen, dann wollte ich Stockholm aus persönlichen Gründen nicht mehr verlassen. Meine Unabhängigkeit war dort, wo ich mich befand, immer noch am besten gewährleistet.

Im Laufe der Monate gelang es uns, den Kontakt mit dem deutschen Exil in London und New York wieder aufzunehmen. Behutsamkeit war auch hier geboten, damit die Verbindungen nicht als unerlaubte »Nachrichtentätigkeit« unter Verdacht gerieten. In den Vereinigten Staaten waren Männer wie Karl Frank und Jacob Walcher am »Council for a Democratic Germany« beteiligt, dem der Theologe Professor Paul Tillich vorsaß; ich lernte ihn erst nach dem Krieg in Berlin kennen. Die »rechten« Sozialdemokraten unterhielten in New York eine eigene Organisation. Nach England waren manche unserer Freunde und Bekannten auf abenteuerlichen Wegen gelangt. Nachdem Otto Wels in Paris gestorben war, übernahm der Franke Hans Vogel, gewählter Stellvertreter, dessen Aufgabe. Vogel und der spätere Parteivorsitzende Erich Ollenhauer wirkten in London an einer »Union« mit, in der sich die Anhänger des Exilvorstandes mit denen der linkssozialistischen Gruppen zusammenfanden. In Stockholm entsprach dieser Entwicklung der Anschluß einer Mehrheit der SAP-Freunde, zwei Dutzend an der Zahl, an die Landesgruppe deutscher Sozialdemokraten.

Unter denen, die sich auf diese Weise an die Arbeit machten, eine einheitliche Partei der demokratischen Sozialisten vorzubereiten, waren Stefan Szende, einer der Helden des Berliner SAP-Prozesses von 1934, und August Enderle, der Vormann unserer Gruppe in Stockholm, mit seiner Frau Irmgard. Enderle war in vielem seinem schwäbischen Landsmann Walcher ähnlich. Beide waren 1887 geboren. Beide schlossen sich als junge Metallarbeiter der Sozialdemokratie an. Beide wurden nach der Spaltung Funktionäre der KPD; Enderle war Gewerkschaftsredakteur der »Roten Fahne«. In Breslau kümmerte er sich 1932 um die SAP-Tageszeitung. 1933 fiel ihm dort die Leitung der illegalen Partei zu. Auf verwegene Weise entkamen er und seine Frau – auch sie Redakteurin – ihren Häschern. Über die Niederlande und Belgien gelangten sie Anfang 1934 zu mir nach Oslo. Kurz danach ließen sie sich in Stockholm nieder. Noch in Deutschland waren ihnen die Spitznamen Antonius und Kleo zugeteilt worden, woraus sich die gemeinsame Firmierung »Kleanto« ableitete. (Sie gehörten übrigens zwei unterschiedlichen Cliquen in der SAP an. Doch sie unterrichteten sich gegenseitig über die fraktionellen Unternehmungen und Briefe der jeweils anderen Seite.)

August Enderle – der während des ganzen Krieges unbehelligt blieb, weil seiner Polizeiakte ein Schutzbrief von Sozialminister Möller vorangestellt war – konnte für die Internationale Transportarbeiter-Föderation und mit Hilfe des schwedischen Seemannsverbandes auch während des Krieges Verbindungen mit Gruppen in Bremen, Hamburg und

Lübeck, auch in Braunschweig und Hannover aufrechterhalten. Über schwedische Pfarrer, die noch im Krieg nach Deutschland reisen durften, konnten gelegentliche Kontakte mit Berlin und Leipzig wahrgenommen werden. Einem Jugendfunktionär aus Stockholm gelang es in der letzten Kriegsphase, als Fahrer bei der schwedischen Botschaft in Berlin angestellt zu werden.

Infolge des Übertritts der Stockholmer SAPler zur Landesgruppe der SPD war ich im Herbst 1944, auch dem Mitgliedsbuch nach, nicht nur skandinavischer, sondern zugleich auch deutscher Sozialdemokrat. An den Gewerkschafts- und Kulturvereinigungen des deutschen Exils beteiligte ich mich nicht, sondern konzentrierte mich auf internationale Aktivitäten, die allerdings auch aus deutscher Sicht nicht ohne Belang waren. Gewerkschaftlich blieb ich bei den Norwegern. Ich war organisiert (im Zentralverband der Angestellten), seit ich die Schule verlassen hatte und in die Schiffsmaklerlehre ging. Die Norweger überführten 1940 alle Mitglieder im Exil – mich als Mitglied von »Handel und Kontor« – in den Verband der Seeleute, der freigeblieben war, weil sich der größte Teil der großen Handelsflotte in aller Welt befand, als es zur Okkupation kam. So wurde ich zwar nicht Marineoffizier, wie ich es mir als kleiner Junge gewünscht hatte, aber immerhin Seemann, wenigstens auf dem Papier – eines ordentlichen Mitgliedsbuchs der Gewerkschaft.

Mein schwedischer Umgang war nicht auf sozialdemokratische Parteigänger und journalistische Berufskollegen beschränkt. Wie in Oslo lernte ich auch in Stockholm die Schriftsteller jener Jahre und Politiker unterschiedlicher Couleur kennen. Die persönliche Nähe war, hier wie in Oslo, intensiver, als ich es in den deutschen Nachkriegsjahren erfahren habe. Manche Abende – überwiegend bestimmt durch das Milieu der sozialistischen und liberalen Freunde aus Norwegen – waren ausgelassen, andere von Depressionen vorgeprägt. In lebhafter Erinnerung blieben mir Zusammenkünfte, die im Zeichen einer breit angelegten und dabei sehr intensiv empfundenen Einheit standen. Da konnte es vorkommen, daß neben einem liberalen Exregierungschef und einem konservativen Spitzenbeamten, einem ziemlich linken Schriftsteller und einem soliden Gewerkschaftsführer ein berühmter Geldschrankknacker saß, der auf dem Weg nach England war – er hatte seine Fertigkeiten in den Dienst der guten Sache gestellt.

Meine publizistische Arbeit für das besetzte und sich tapfer wehrende

Norwegen blieb nicht ohne Anerkennung. Nach Kriegsende versicherte man mir, ganz gewiß zu überschwenglich, ich sei der wichtigste Sprecher für Norwegen in Schweden gewesen. Tatsächlich habe ich, neben Hunderten von Artikeln, vier aktuelle Bücher über den Krieg in Norwegen geschrieben. Das erste erschien auch in der Schweiz. 1945 wurden aus den vier schwedischen Veröffentlichungen zwei Bände auf norwegisch. Ich lieferte auch Beiträge und Material für mehrere andere Buchveröffentlichungen über Norwegen, schrieb Broschüren und arbeitete regelmäßig an einem Blatt für die Verbreitung im Inland mit, das von dem späteren Nobelpreisträger Eyvind Johnson herausgegeben und von dem späteren Rundfunkchef Torolf Elster redigiert wurde.

Zu meinen anderen Veröffentlichungen gehörten Schriften zu zeitgeschichtlichen Problemen. Auch über die Rolle von »Kleinkrieg« in Vergangenheit und Gegenwart habe ich geschrieben.

Schwedens SAP und die Myrdals

Im Frühherbst 1940 konnte ich an einer Funktionärskonferenz der Stockholmer Sozialdemokraten teilnehmen. Die Stockholmer – in ihrer Führung ebenso eindeutig antikommunistisch wie antinazistisch und kritisch gegenüber der sehr vorsichtigen Regierungspolitik – wollten offen ihre Meinung sagen. Dazu konnten sie ungebetene Gäste nicht brauchen. Es gab eine strenge Eintrittskontrolle, doch ich war kein Außenseiter, sondern einer, der auch in Schweden rasch zur Parteifamilie gehörte.

Auf jener Zusammenkunft der Vertrauensleute hatten sich die Stockholmer vorgenommen, den Vorsitzenden und Regierungschef streng zu befragen. Ob er den Begriff der Neutralität nicht zu sehr dehne? Habe er nicht die Hilfe für Finnland behindert und nach der Besetzung Norwegens den Deutschen unnötige Zugeständnisse gemacht? Warum es notwendig gewesen sei, Journalisten zu rügen und die Presse an eine, wenn auch elastische Leine zu legen? Was sollte aus Schweden und seiner Arbeiterbewegung werden?

Der hart Kritisierte ließ sich durch nichts aus der Ruhe bringen. Fast provozierend merkte er in einer seiner Repliken an: »Der Unterschied zwischen einigen von euch und mir ist der, daß ich nachts gut schlafe.« Der Unerschütterliche war Per Albin Hansson, P.A. genannt, Parteivorsitzender seiner SAP (Socialdemokratiska Arbetareparti) seit 1925, als Nachfolger des legendären Hjalmar Branting, Regierungschef – mit einer kleinen Unterbrechung – seit 1932. Er blieb beides bis zu seinem Tod. »P. A.« war eine markante Erscheinung: glatzköpfig, willensstark und mit einer inneren Ruhe, die manche mit einem allzu dicken Fell verwechselten.

Zwei meiner schwedischen Freunde – beide stammten aus der kommunistischen Bewegung, hatten zu Lenins jungen Helfern gehört, waren nach linkssozialistischer Zwischenstation wieder Sozialdemokraten geworden – machten mir das Dilemma jener Jahre durch ihre kontrastierenden Urteile deutlich. Der eine war der Schriftsteller Ture Nerman, den ich erwähnte, als ich über die blutigen Maitage in Barcelona berichtete. Er gab jetzt eine Wochenzeitung »Trots allt« (Trotz alledem) mit dem Untertitel »weder deutsch noch russisch« heraus und gewann mich für anonyme Mitarbeit. Sein Freiheitsfanatismus war unbestechlich bis hin zur Schrulligkeit. Er schreckte nicht davor zurück, tatsächliche oder vermeintliche Anpasser hart anzufassen. Anders Karl Kilbom (von dem gleichfalls früher die Rede war): Er argumentierte für eine realistische Anerkennung der Tatsache, daß Schweden zu einer Enklave in der hitlerdeutschen Machtsphäre geworden war. Im übrigen wurde er nicht müde, vor einer allzu einseitigen Verurteilung der Sowjetunion zu warnen. Kilbom, der die Politik P. A. Hanssons verteidigte, war nach der Rückkehr zur Sozialdemokratie mit der Verwaltung der Volkshäuser betraut worden, um die Kluft zwischen Volk und Kunst überwinden zu helfen.

Der Ministerpräsident und Parteieiniger Per Albin Hansson war 1885 im südschwedischen Schonen geboren. Er hatte schon als zwölfjähriger Laufbursche für sich selber sorgen müssen, wurde Mitglied der Jugendbewegung, fand seinen Beruf als Parteijournalist, wurde Chefredakteur des Zentralorgans und 1920 Verteidigungsminister in der ersten sozialdemokratisch geführten Regierung. Während der Kriegsjahre wuchs er zur Vatergestalt für sein Volk. Zuweilen schien er der Vorsitzende aller Parteien zu sein, die in der Regierung vertreten waren. Mit sicherem Gefühl wußte er das praktisch Mögliche mit den nationalen Interessen zu verbinden und sich damit in der Öffentlichkeit, auch in der eigenen Partei und in der Regierung, gegen erhebliches Widerstreben durchzusetzen. (Auf der anderen Seite nahm er der Sache wegen mehr Verantwortung auf sich, als er strenggenommen zu tragen hatte. So ließ er zunächst nicht bekanntwerden, wie ablehnend er sich zu Beginn der Regierungsdiskussionen zu den deutschen Forderungen vom Juni 1941 verhalten hatte.)

Seine Parole vom »Volksheim«, zu dem Schweden ausgebaut und umgestaltet werden sollte, stammte schon aus dem Jahre 1928 und war wohl dänisch beeinflußt. Er skizzierte drei Abschnitte sozialdemokratischer Politik: die zurückliegende Phase, in der mit dem allgemeinen Wahlrecht die politische Demokratie eingeführt worden war; die Phase der Sozialreformen, mit denen man in den dreißiger Jahren begonnen hatte; und die dritte, die im Zeichen der ökonomischen Demokratie zu stehen haben werde. Das Verständnis von Sozialismus als ausgedehnter und konsequenter Demokratie hatte auch ich mir zu eigen gemacht; ich hatte darüber noch in Norwegen geschrieben und Vorträge gehalten.

Dem bedeutenden amerikanischen Journalisten Marquis W. Childs war es 1936 gelungen, das Augenmerk der westlichen Öffentlichkeit auf die Reformpolitik in Schweden zu lenken. Er prägte den Slogan von Schweden als »Mittelweg«. Dieser Ausdruck war griffig, aber auch mißverständlich. Er ließ eher Kompromisse als gedankliches Neuland vermuten. Gewiß zeigte er nicht deutlich genug, daß Schweden einen eigenen Weg suchte. Nicht zuletzt unter dem Eindruck der deutschen Katastrophe wagte es die schwedische Arbeiterbewegung zu Beginn der dreißiger Jahre, der wirtschaftlichen Krise mit unkonventionellen Mitteln zu Leibe zu rücken. Regionale Strukturpolitik wurde in den Dienst der Arbeitsbeschaffung gestellt. Mit den Mitteln der Haushalts- und Steuerpolitik versuchte man, die krassen Einkommensunterschiede auszugleichen. Weitreichende Abkommen zwischen Gewerkschaften und Unternehmen schienen der ökonomischen Demokratie den Weg zu ebnen und brachten vorteilhafte gesamtwirtschaftliche Ergebnisse.

Als mein Freund Olof Palme im Herbst 1976 das Amt des Regierungschefs – wie ich vermutete: für eine begrenzte Zeitspanne – verlor, waren die Sozialdemokraten 44 Jahre an der Regierung gewesen, wenn sie auch nur während kürzerer Fristen über die absolute Mehrheit im Reichstag verfügten. Diese lange Regierungszeit förderte die Legende, Schweden – die ehedem furchteinflößende Großmacht – sei ein Land mit einer alten Tradition sozialer Demokratie oder auch nur sozialer Sicherheit. In Wirklichkeit war es zu Beginn des Jahrhunderts noch ein Armenhaus Europas. Schweden war von Natur und Geschichte her reicher gesegnet als Norwegen, aber mit einem Wohlfahrtsstaat hatte es nichts gemein. Der Rechtsstaat war stark verankert, aber die Demokratie machte – auch dort – nur langsame Fortschritte.

Meine skandinavischen Freunde strebten auf dem »schwedischen Weg« den ursprünglichen Zielen der Arbeiterbewegung auf undogmatische Weise zu. Die grundlegenden demokratischen Freiheiten sollten konsequente Maßnahmen des sozialen Ausgleichs ergänzen. Aber in den kritischen dreißiger und vierziger Jahren konnten politisch interessierte Menschen, auch die sozialistisch engagierten, in den von Gewaltherrschaft und Krieg heimgesuchten Ländern kaum wahrnehmen, welche eigenständigen und gewichtigen Beiträge die Sozialdemokraten skandinavischer Prägung leisteten. Der Finanzminister Ernst Wigforss war in jenen Jahren einer der bedeutendsten Denker der europäischen Sozialdemokratie. Er wartete nicht auf Keynes, sondern bewegte sich mit Gedanken und Praxis unabhängig von den Theorien des britischen Gelehrten. Seine Wirkung und Geltung wären größer gewesen, wenn er in einer anderen Sprache als der eines kleinen Volkes und in einem anderen Zeitabschnitt als dem des durch die Nazis verdunkelten Europa publiziert hätte. Dies galt in gewisser Hinsicht auch für P.A.s langjährigen Ministerkollegen Gustav Möller, der die Politik sozialer Reformen theoretisch einordnete. Die gesellschaftspolitische Umgestaltung vollzog sich anders, als es in den früher vorherrschenden Theorien vorgesehen war. Die Konzepte des schwedischen Wohlfahrtsstaats griffen qualitativ hinaus über Arme-Leute-Politik – in der Hoffnung, das Lebensschicksal der arbeitenden Menschen nicht nur zu erleichtern, sondern grundlegend zu ändern. Damals war freilich noch nicht erkennbar, an welche Grenzen Wachstum und Wohlfahrtsstaat stoßen würden.

Ein Charakteristikum der schwedischen Sozialdemokratie ist ihre Beständigkeit: In den fast hundert Jahren ihrer Geschichte hatte sie nur vier Vorsitzende. (Palme war erst der vierte.) Der erste Parteiführer war Hjalmar Branting, Sohn eines Professors und Student der Astronomie. Obwohl glühender Humanist, schien es ihm kein Irrweg zu sein, daß die Schweden ihrem Parteiprogramm nach deutschem Muster eine »marxistische« Prägung gaben. Jedoch zeigte er wenig Interesse an den kontinental-europäischen Streitereien um die reine Lehre. Das galt für die meisten anderen der prominenten schwedischen Sozialdemokraten. Branting sagte trocken: »Ich war und bin immer ein Anhänger der Duldsamkeit zwischen verschiedenen Abstufungen des sozialistischen Gedankens.« Die visionären Züge des Sozialismus herauszuarbeiten und mit Pathos zu vertreten, fiel ihm nicht schwer. Dabei fühlte er sich stets den freiheitlichen und volkstümlichen Traditionen seines Landes verpflichtet. Die Arbeiterbewegung sollte die Forderungen der Französischen Revolution und der liberalen Epoche verwirklichen. Er wollte Gerechtigkeit einkehren lassen auf allen Gebieten der Gesellschaft, den allgemeinen Wohlstand heben und die Armut abschaffen. Ihm ging es neben der Hebung des Lebensstandards vor allem auch um das Bildungsniveau.

Als konsequenter Reformist hatte er, der mehr und mehr einem altnordischen Häuptling glich, seine Schwierigkeiten mit der deutschen Arbeiterbewegung. Obwohl er sich selbst als Atheist betrachtete, widersetzte sich Branting erfolgreich allen Bestrebungen, das Parteiprogramm mit antireligiösen Vorurteilen zu belasten. Weitherzigkeit, das heißt mehr als distanzierte Toleranz in Fragen des Glaubens und der Weltanschauung, ermöglichte es seiner Sozialdemokratie, ihre Kontakte zu den bedeutenden und oft christlich orientierten Volkshochschulen aufrechtzuerhalten und zu vertiefen. In den freikirchlichen Bewegungen fanden die Sozialdemokraten Verständnis. Noch mehr als die deutsche und österreichische widmete die skandinavische Arbeiterbewegung dem Schulungs- und Bildungswesen große Aufmerksamkeit. Wenn man sich fragt, wie die Erfolge, über die Industriearbeiterschaft hinaus Volksschichten zu gewinnen, zu erklären sind, so wird man beachten müssen: Die schwedischen – man kann auch sagen: die skandinavischen – Sozialdemokraten bemühten sich frühzeitig um die Bauern als Partner oder Verbündete; sie respektierten Eigenart und Eigentumsbegriffe der Landbevölkerung.

Erst nach Kriegsende lernte ich Tage Erlander kennen, den Parteivorsitzenden und Regierungschef der Jahre 1946 bis 1970, also zwischen Per Albins Tod und der Stafettenübergabe an Palme. Wir wurden gute Freunde. Einige Jahre lang führten seine Einladungen nach Harpsund, dem Landsitz des Ministerpräsidenten, zu wertvollen Begegnungen zwischen europäischen Partei- und Gewerkschaftsführern. Dort begegnete ich auch mir bereits vertrauten amerikanischen Freunden wie Walter Reuther, dem Vorsitzenden der Automobilarbeitergewerkschaft, und Hubert Humphrey, einem der großen »Liberalen« im Senat, der sich unter Lyndon B. Johnson im undankbaren Amt des Vizepräsidenten verschliß.

Eng verbunden mit Amerika waren Professor Gunnar Myrdal und seine Frau, die Direktorin (des Sozialpädagogischen Seminars) Alva Myrdal, die beide an der Arbeit einer von mir initiierten internationalen Gruppe regen Anteil nahmen. Sie waren unter den schwedischen Sozialdemokraten nicht die Mächtigsten, und typisch für den nordischen Sozialismus waren sie auch nicht, weil sie noch weniger zur Orthodoxie und zum Marxismus neigten als die meisten ihrer Landsleute. Sie waren weltoffen und intellektuell anspruchsvoll. Sie entwickelten klarere Vorstellungen von Gleichberechtigung und tatsächlicher Gleichstellung. Schon zu Beginn des Krieges arbeiteten sie an Themen, die ein gutes Stück in den neuen Frieden hineinreichten.

Wenige Jahre zuvor waren die Myrdals mit einem Buch über die »Krise der Bevölkerungsfrage« gemeinsam hervorgetreten. In dieser Arbeit hatten sie die Grundlinien einer sozialdemokratischen Familienpolitik entwickelt. Kennengelernt hatten sie sich schon während der Studentenzeit. Alva war hübsch. Er wirkte wie der kräftige, aufgeweckte Junge vom Lande. Beide strahlten nicht nur ungewöhnliche Intelligenz, sondern auch eine natürliche Eleganz aus. Während der ersten Kriegszeit hielten sich die beiden in den USA auf. Ihre Erfahrung als »Warnung vor Friedensoptimismus« brachten sie – nach beschwerlichen Flugreisen – gegen Kriegsende zu Papier. Gunnar stand einige Jahre an der Spitze einer Gruppe von Wissenschaftlern, die die Lage der Amerikaner afrikanischer Herkunft untersuchten. Sein bahnbrechendes Werk »An American Dilemma« gab auch mir die Möglichkeit, mich mit einem wichtigen Problem der westlichen Welt vernünftig und gründlich zu befassen, obwohl die tatsächliche Entwicklung weit stürmischer verlief, als es sich auch vorurteilsfreie Wissenschaftler und liberale Politiker hatten vorstellen können.

Als die Myrdals sich in Stockholm an der Formulierung der noch zu erörternden »Friedensziele demokratischer Sozialisten« beteiligten, fielen sie durch ihre gezügelte Zuversicht und ihren durchdachten Reformismus auf. Gunnar schaute sich einen norwegischen Vorentwurf an und nahm die traditionelle Forderung der »Sozialisierung« aufs Korn: »Was heißt Sozialisierung? Können wir uns nicht darin einig sein, daß die Verfügungsgewalt wichtiger ist, als es die Eigentumstitel in großen Zusammenhängen je wieder sein werden? Wissen wir nicht auch, was wir – zusätzlich zur Rahmenplanung – mit den Mitteln der Steuer-, Familien- und Sozialpolitik bewirken können?«

Das Ergebnis seiner Herausforderung war, daß wir uns für eine »Sicherung des Bestimmungsrechts des Volkes« aussprachen, und zwar »durch Sozialisierung in dem Sinne, daß die wichtigsten Produktionszweige, das Finanzwesen und die Verteilung in wesentlichen Teilen von der Gesellschaft übernommen bzw. reguliert werden«. Während die norwegische Vorlage (und ein Manifest der britischen Labour Party) sich auf die Veränderung der Eigentumsverhältnisse konzentrierten, wandten wir uns – unter Myrdals Einfluß – dem zu, was gesellschaftliche Regulierung und Kontrolle im Dienste von Vollbeschäftigung bewirken könnten.

Vorherrschend wurde der Gedanke, die Demokratie dürfe nicht mehr rationiert, sie müsse verbreitert und zugleich fester verankert werden: ökonomisch und international, mit dem Recht auf Arbeit, auf soziale Sicherheit, Wohnung, Ausbildung. Statt auf die Eigentumstitel, wie früher üblich, konzentrierte sich die Diskussion nun auf die Frage, wie die produktiven Kräfte am besten nutzbar gemacht werden sollten und wie man für den sozialen Verbrauch die besten Ergebnisse erziele. Als demokratische Sozialisten wollten wir Planwirtschaft und individuelle Freiheit miteinander verbinden. Planung sei ein Mittel, sagten wir, kein Ziel an sich. Mir selbst erschien eine Synthese von Kollektivismus und Liberalismus die große Aufgabe der Zeit zu sein.

Ich war also gar nicht weit von der Meinung (zum Beispiel Oscar Wildes, ins Deutsche übersetzt übrigens von Gustav Landauer) entfernt, daß der Sozialismus nur dann von Wert sei, wenn er zum Individuum hin- und nicht von ihm wegführe. War ich zu treuherzig? Wagte ich mich zu sehr an die Quadratur des Kreises heran? Meine Erfahrung zeigt, daß eine Annäherung der Ideale nicht ausgeschlossen ist. Und außerdem ist der Fortschritt morgen nicht selten die Inangriffnahme dessen, was vorgestern für Utopie gehalten wurde.

Die Myrdals nahmen starken Einfluß auf das »Nachkriegsprogramm« der schwedischen Sozialdemokraten (und Gewerkschaften), das 1943/44 ausgearbeitet wurde. Nach dem Krieg dienten sie wichtigen Aufgaben im internationalen Bereich. Gunnar ging, nach zwei Jahren als Handelsminister, Ende 1947 als Exekutivsekretär der ECE nach Genf: der »Economic Commission for Europe« im Rahmen der Vereinten Nationen, von der man sich zuviel versprach. Alva war bis Mitte der fünfziger Jahre erst bei der UNO, dann bei der UNESCO tätig. Sie wurde danach Botschafterin in Indien. Dort traf ich sie, als ich in Sachen Berlin unterwegs war. Als die beiden 1970 den Friedenspreis des deutschen Buchhandels erhielten – Gunnar wurde 1974 der Nobelpreis für Wirtschaftswissenschaften zugesprochen, Alva Anfang 1982 der Friedensnobelpreis –, waren sie vorher bei mir in Bonn zu Gast. Und als ich 1971 in Oslo meinen Preis erhalten hatte und tags darauf zu den Anschlußzeremonien nach Stockholm kam, sprachen Alva und ich auf einer Kundgebung, zu der sich, ganz in der Nähe des königlichen Schlosses, viele junge Menschen versammelt hatten. Wir blieben in der Arbeit für den Frieden einander nahe.

Alva Myrdal übernahm als Ministerin für Friedensfragen und Chefdelegierte bei den Abrüstungsverhandlungen in Genf bedeutende internationale Aufträge. Im eigenen Land gab sie wesentliche Anstöße zum Thema sozialer Gleichstellung. Gunnar hat auch Wesentliches zur Debatte über Nord-Süd-Fragen beigetragen. Er blieb unabhängig, nicht nur unkonventionell, und gab früh den Rat, Entwicklungshilfe auf den Kampf gegen die Armut zu konzentrieren. Auch hatte er eher als andere begriffen, welche zunehmende Bedeutung ökologische Fragen haben.

Das Lebenswerk der Myrdals fügt sich in die starke Tradition schwedischer sozialdemokratischer Friedenspolitik ein. Branting hatte große Energien aufgewendet, um eine Politik des Ausgleichs und der Verständigung zu entwickeln. Seine Mitgliedschaft in der Exekutive der Arbeiter-Internationale nahm er ebenso ernst wie den späteren Vorsitz im Internationalen Arbeitsamt. Obwohl seine Sympathien im Ersten Weltkrieg bei den Westmächten waren, bemühte er sich, Verbindungen zwischen den Sozialdemokraten hinter beiden Fronten herzustellen. Obwohl er die Methoden der Revolutionäre in Rußland verurteilte, bemühte er sich um Kontakte zwischen westlichen Sozialisten und Bolschewiki. So hat man seine Initiativen zu den Konferenzen in Kopenhagen 1916, Stockholm 1917, Bern 1919 zu verstehen. (1906 hatte er die Teilnehmer des illegalen Parteitags der russischen Sozialdemokraten begrüßt und ihnen manche Hilfe zuteil werden lassen.)

Teile der damaligen Jugendbewegung beobachteten Lenins Eingreifen in die russische Revolution mit Sympathien. Doch alles in allem verfolgten die schwedischen Sozialdemokraten das Experiment der Bolschewiki mit Skepsis. Branting fühlte sich durch seine eindeutig reformistische und westliche Orientierung allerdings nicht daran gehindert, die alliierten Interventionen in Rußland frühzeitig und scharf zu verurteilen. Aus gleicher Gesinnung gehörte er zu den ersten und entschiedensten Kritikern des Versailler Friedensvertrages. Er mißbilligte nicht nur die unbegrenzten Reparationsforderungen der Siegermächte, sondern wandte sich auch gegen die Deutschland auferlegten militärischen Beschränkungen. Hierfür gab er die damals durchaus nicht gängige Begründung, eine Diskriminierung würde der jungen deutschen Demokratie nur schaden, ohne das deklarierte Ziel der Siegermächte, die dauerhafte Entmachtung Deutschlands, erreichen zu können.

Die schwedischen Sozialdemokraten verwendeten sich damals dafür, Deutschland gleichberechtigt in den Völkerbund aufzunehmen. Zuletzt gaben die Schweden sogar den Ausschlag, denn sie verzichteten zugunsten Deutschlands auf ihren Sitz im Völkerbundsrat. Damit konnte die Deutsche Republik 1926 – neben England, Frankreich, Italien und Japan – als fünfte »Großmacht« ihren permanenten Sitz im Genfer Rat einnehmen.

An diese Tatsachen und die ihnen zugrundeliegende Haltung muß man sich erinnern, um zu verstehen, warum Philipp Scheidemann, einer der führenden deutschen Sozialdemokraten, beim Tode Hjalmar Brantings ausrief: »Er war der bedeutendste Staatsmann unserer Zeit.«

Folgerichtiger Reformismus hat dazu geführt, Gerechtigkeit als das Maß im Norden zu bestimmen – und zu erproben. Fragen nach den Grenzen des Wohlfahrtsstaats sind dadurch noch nicht beantwortet worden. Auch nicht alle Zweifel daran, ob sich aus der Summe reformerischer Veränderungen notwendigerweise eine grundlegende Umgestaltung ergibt. Doch was ist aus vermeintlich grundlegenden Umgestaltungen geworden, von denen reformerische Impulse nicht oder nicht fortdauernd ausgingen?

Brantings Tradition der mitmenschlichen Hilfe hat Schule gemacht. Die wirtschaftliche Unterstützung, die gegen Kriegsende und danach Finnland, Norwegen und Dänemark zuteil wurde, die humanitären Maßnahmen zugunsten der notleidenden Völker in Europa und in anderen Teilen der Welt ergeben eindrucksvolle Ziffern. Gemessen an der Wirtschaftskraft und Bevölkerungszahl ging die Leistung Schwedens über die des amerikanischen Marshallplans hinaus. Obwohl die schwedische Hilfe sehr frühzeitig einsetzte, blieb sie weithin unbeachtet und wurde später mitunter als »Schwedensuppe« abgewertet. Ich habe in Berlin erlebt, was die »Schwedensuppe« für ganze Jahrgänge hungriger Kinder bedeutete. Neben der Lieferung von Lebensmitteln leistete das kleine Land vor allem Beiträge zum Wiederaufbau und zur Ausrüstung der Industrien und der Verkehrsmittel seiner Nachbarn. Finnland wurde ein erheblicher Teil der von der Sowjetunion auferlegten Reparationen abgenommen. Auch Norwegen brauchte sich nur um einen Teil der fälligen Rückzahlungen zu kümmern.

Die »Kleine Internationale«

Vom Herbst 1939 an hatte ich die europäische und amerikanische Diskussion über Kriegs- und Friedensziele aufmerksam verfolgt. Ich hatte begonnen, darüber Artikel zu schreiben, Vorträge zu halten und jenes kleine Buch vorzubereiten, dessen erstes Exemplar am Tag vor der Okkupation auf meinem Osloer Schreibtisch lag, während die Auflage eingestampft wurde. Im Verlauf der Kriegsjahre hat mich das vielschichtige Thema nicht mehr losgelassen. Zu dem Buch »Nach dem Sieg«, das Anfang 1944 in Stockholm (Ende des Jahres auch in Helsinki) erschien, bemerkte ich, es sei ein »Nebenprodukt« meiner Beschäftigung mit den Nachkriegsproblemen. Zum Abschluß einer gründlicheren Arbeit fand ich nicht die Zeit; mein politisches Engagement und die Tagesjournalistik ließen mir keine Ruhe.

Immerhin bemühte ich mich mit einigem Erfolg, nicht zum Gefangenen allzu enger, vom Tage diktierter Fragestellungen zu werden. Ich versuchte, mich auch von den Übertreibungen freizuhalten, die durch die Leidenschaft der Auseinandersetzung ausgelöst wurden: Wegen der nazistischen Massenverbrechen gewannen sie freilich eine explosive Kraft.

Aus der Tatsache, daß sich die Regierungen 1939, anders als 1914, genötigt sahen, sich über ihre Friedensziele zu äußern, hatte ich die Hoffnung geschöpft, daß es dieses Mal gelingen könnte, dem nationalistischen Rausch zu widerstehen. Allerdings rechnete ich von Anfang an auch damit, daß die Kriegshandlungen die Emotionen hochpeitschen würden. Immerhin, die Chance für eine ernsthafte Suche nach den wahren Interessen der Völker schien gegeben. Kaum jemand hielt es für möglich, einfach zu den Zuständen zurückzukehren, die bei Kriegsausbruch – oder am Ende des Ersten Weltkrieges – geherrscht hatten. Ich war optimistisch genug zu glauben, daß das Rad der Geschichte nicht ohne ernste Konsequenzen zurückgedreht werden könnte. Was 1914 begonnen hatte, stellte sich mir als ein neuer Dreißigjähriger Krieg dar, dessen Barbarei, der Zukunft der Menschheit zuliebe, rasch überwunden werden müsse.

Meine norwegischen Freunde in Stockholm, die trotz der Okkupation ihres Landes ihre demokratische und internationalistische Gesinnung nicht preisgaben, teilten das Interesse an den Friedenszielen. Sie diskutierten über eine Plattform, die bescheiden Diskussionsgrundlage genannt wurde. Der Text, an dem ich mitarbeitete, lag im Juni 1942 vor. Man ging gern auf meinen Vorschlag ein, die Debatte in einem internationalen Gesprächskreis weiterzuführen. Unsere erste Aussprache fand Anfang Juli statt. Sozialdemokraten aus einem Dutzend Ländern waren beteiligt. Wir firmierten zunächst als »Studienzirkel« und fanden die Gastfreundschaft des schwedischen Arbeiterbildungsverbandes. Nach einigen Monaten etablierten wir uns als Internationale Gruppe demokratischer Sozialisten.

Da die Initiative von den Norwegern ausging, wurde die erste Zusammenkunft von Martin Tranmæl geleitet. Meine Aufgabe war es, in Anlehnung an die erwähnte norwegische Plattform, zur Sache einzuleiten: In dem Tempo, in dem sich das Ende des Krieges nähere, werde klar, daß nationaler Widerstand und Kampf gegen die Nazis nicht genügten, um Antworten für die Fragen des »Nachher« zu finden.

Auf jener Zusammenkunft und bei den weiteren Diskussionen spielten drei Themen eine besondere Rolle: die Gefahren der Okkupationen, die sich als Folge des Krieges abzeichneten; die mögliche Einheit Europas; die Rolle der Sowjetunion.

Wir sahen mit Sorge, daß die Besatzungsregime von rückwärtsgewandten Kräften in den siegreichen Staaten benutzt werden würden, jene Kräfte zu bremsen oder sogar zu unterdrücken, die es für notwendig hielten, den Faschismus an seinen gesellschaftlichen Wurzeln zu packen. Ich meinte, Sozialisten – wie erbittert sie sich den Nazis entgegenstellten – müßten gemeinsam gegen solche reaktionären Tendenzen angehen. Die Forderung auf das Recht der Völker, ihr eigenes Leben zu gestalten, müsse auch für jene Nationen gelten, die ohne Okkupation unter nazistischer oder faschistischer Herrschaft lebten, vorausgesetzt, sie zeigten sich zu einer Wandlung fähig, die Garantien für die Zukunft böten. Zudem fürchteten wir, Rückschläge, die radikaldemokratische Bewegungen und der Wille zur sozialen Erneuerung in Teilen Europas erlitten, würden sich hemmend und schwächend für andere Teile auswirken. Von den lebhaften Gesprächen über die deutsche Zukunft wird die Rede sein. Es war von Beginn an wohltuend, daß Sozialisten aus den Ländern, die in einem blutigen Krieg auf der anderen Seite standen, den

Anliegen deutscher Demokraten und Sozialisten Verständnis, ja, Sympathien entgegenbrachten.

Wir meinten, die Siegermächte sollten Voraussetzungen dafür schaffen, daß ein vereintes Europa auf föderativer Grundlage begründet werden könne. Die Bildung regionaler Einheiten werde vermutlich das geeignete Zwischenglied sein, um zu einer europäischen Ordnung, auch einer internationalen Rechtsorganisation zu gelangen. Das setzte allerdings voraus, daß alle Staaten auf die Vorstellung verzichteten, sie könnten ihren Sicherheitsinteressen allein gerecht werden. Die Zeit des Isolationismus sei vorbei. Sämtliche Staaten müßten einen Teil ihrer Souveränität freiwillig zugunsten der gemeinsamen Sicherheit opfern: Die einzelnen Nationen verlören nichts von ihrer Selbständigkeit, wenn sie die Lösung von militärischen, ökonomischen und anderen gemeinsamen Aufgaben einer internationalen Organisation überließen. (Zu einem Grundgesetz für die Vereinigten Staaten von Europa hatte ich mich schon in Norwegen geäußert: mit gemeinsamen Grundrechten und gemeinsamen Institutionen. Ich plädierte für eine föderative Ordnung mindestens in Mitteleuropa und zugleich für größere wirtschaftliche Einheiten.)

Alle diese Überlegungen – wie auch unser Bild von den künftigen Ost-West-Beziehungen – waren viel zu optimistisch, wie sich herausstellen sollte; falsch waren sie darum nicht. Als Gruppe formulierten wir: Den europäischen Staaten, denen die nationale Selbständigkeit genommen worden sei, müsse diese durch den neuen Frieden zurückgegeben werden. Doch gleichzeitig gelte es, der überzogenen Kleinstaaterei einen Riegel vorzuschieben. Föderative Systeme seien eine Bedingung, um den europäischen Frieden zu sichern. Durch geeignete Maßnahmen müsse angestrebt werden, aus den regionalen politischen Zusammenschlüssen auch ökonomische Einheiten werden zu lassen.

Zur Sowjetunion bemerkte ich in der Gedankenskizze, die ich der Gruppe vortrug, sie sollte an der künftigen internationalen Zusammenarbeit vollen Anteil haben. Dazu sollten »die Russen« auf die Komintern verzichten. Um eine neue Ordnung errichten zu können, hielten wir es für dringend geboten, einen Bruch zwischen der Sowjetunion und den angelsächsischen Demokratien zu vermeiden. Wenn die militärische Zusammenarbeit von einem offenen Konflikt abgelöst werde, drohe die Gefahr eines neuen Krieges. Ich sagte mehr als einmal: Die Welt kann einem neuen Krieg entgegentreiben, sollte das Bündnis zwischen Angelsachsen und Russen in Auflösung geraten.

In einer wissenschaftlichen Arbeit von Klaus Misgeld heißt es zutreffend: »Trotz ihrer Offenheit für eine Zusammenarbeit mit der Sowjetunion setzte die Internationale Gruppe ihre größten Hoffnungen auf den Westen – und betrachtete dessen Politik daher auch mit besonderer, geradezu ängstlicher Aufmerksamkeit.« Deshalb ja auch die Sorge vor reaktionärer Besatzungspolitik. Zum anderen: Nach den Erschütterungen, die durch die Säuberungen und den Aderlaß der militärischen Führung bewirkt wurden, war es eine offene Frage, wie die Sowjetunion den Krieg bestehen würde. Die Niederlagen der ersten Monate zeigten auch innere Schwächen des Regimes. Doch danach gelang eine Mobilisierung des russischen Patriotismus, die Erstaunliches leistete. In Stockholm gewann ich – von den Ereignissen doch ziemlich weit entfernt – den Eindruck, die Minderung des polizeilichen Drucks und der Zwang, nichtkonforme Tüchtigkeit zum Zuge kommen zu lassen, könnten vielleicht einer Lockerung der Herrschaftsformen den Weg ebnen. Statt dessen setzte bei Kriegsende erneut ein verschärfter diktatorischer Druck ein. Der Kalte Krieg bot Stalin hierzu den Vorwand.

Im Frühjahr 1943 verständigten wir uns in der Internationalen Gruppe auf die »Friedensziele demokratischer Sozialisten«. Sie wurden am Abend des 1. Mai auf einer Versammlung bekanntgegeben, die wir gemeinsam mit den Stockholmer Sozialdemokraten veranstalteten. »Angehörige der Arbeiterbewegung aus vierzehn Ländern« nahmen teil. Die Bedingungen unserer Arbeit hatten sich geändert. Von der Jahreswende 1942/43 ab wurde das Verbot für Flüchtlinge, sich politisch zu betätigen, nicht mehr so genau genommen. Die Schweden schränkten ihre Lieferungen nach Deutschland ein. Der Transitverkehr für deutsche Soldaten wurde gedrosselt und schließlich beendet. Die Lage an den Fronten hatte sich gewandelt. Rommel unterlag bei El Alamein; die Amerikaner landeten in Nordafrika; und entscheidend: Bei Stalingrad wurde die 6. Armee aufgerieben. An Hitlers Geburtstag im Frühjahr 1943 stieß ich (leider verfrüht) darauf an, daß er den nächsten nicht mehr erleben werde. Im Juli wurde immerhin Mussolini gestürzt.

Die Versammlung am Abend des 1. Mai 1943 bestätigte in einer Entschließung, die ich einzubringen hatte, unsere »Friedensziele«. Sie gab der Hoffnung Ausdruck, daß »die sozialistische Idee« den Wiederaufbau

Europas wesentlich mitprägen werde: Der Krieg müsse ganz gewonnen und durch einen Frieden der Völker abgeschlossen werden.

Auf schwedischer Seite waren neben den Myrdals und dem Gewerkschaftsökonomen Richard Sterner, der später Gunnar Myrdals Staatssekretär wurde, unter anderen der Redakteur Ole Jödahl, später langjähriger Botschafter in Bonn, und der Parteisekretär Torsten Nilsson beteiligt. Von den Norwegern nahmen, neben Tranmæl, unter anderen der Gewerkschaftsführer Lars Evensen und mein enger Freund Inge Scheflo lebhaften Anteil. Bruno Kreisky und Ernst Paul waren die Sprecher der Österreicher und der Sudetendeutschen. Die Ungarn vertrat Wilhelm (Vilmos) Böhm, der in der Räterepublik eine Rolle gespielt hatte. Aus der Polnischen Sozialistischen Partei (PPS) gehörte der Anwalt Maurycy Karniol zu unserem Kreis (er wurde auch auf behutsame Weise als Gesandter seiner Exilregierung tätig). Ohne Namensnennung nach außen arbeitete Jules Guesde mit, Enkel – mit norwegischer Mutter – des gleichnamigen »marxistischen« Gegenspielers von Jean Jaurès. Ihn hatte ich noch als Presseattaché in Oslo kennengelernt, jetzt war er in gleicher Eigenschaft bei der Gesandtschaft in Stockholm tätig, anschließend für die Vertretung von de Gaulles Freien Franzosen. Beteiligt waren auch dänische (so der spätere Finanzminister Henry Grünbaum) und isländische, tschechische, spanische Sozialdemokraten sowie eine Gruppe sozialistischer Zionisten, die sich in landwirtschaftlicher und handwerklicher Arbeit auf die Ansiedlung in Palästina vorbereiteten. Kontakte bestanden auch zu einigen finnischen und baltischen Sozialdemokraten.

Einige Mitarbeiter der britischen und der amerikanischen Gesandtschaft beteiligten sich an Aussprachen; besonders engagierte sich Victor Sjaholm von der amerikanischen Eisenbahnergewerkschaft (aus Montana, ein Mann schwedischer Herkunft, wie der Name zeigt); er war einige Zeit als Labour-Attaché in Stockholm stationiert. Unser eigenartigster Besucher war ein jüngerer Japaner, der bei der Botschaft seines Landes in Berlin tätig war und uns ausfindig gemacht hatte. Als der Geheimdienst seines Landes hinter ihm her war, suchte er Schutz in einem Krankenhaus. Dann ließ er sich überreden, nach Berlin zurückzukehren – zu einem vermutlich tragischen Ende.

Von den Deutschen war Fritz Tarnow, der frühere Vorsitzende der Holzarbeiter, der gewichtigste Sprecher: sehr deutsch und (dennoch) sehr umgänglich. Er war flexibel genug, sich in der Gedanken- und

Gefühlswelt unserer europäischen Freunde, besonders jener aus den besetzten Ländern, mit Takt und Verständnis zurechtzufinden. Diesen bedeutenden Gewerkschaftsführer hatte ich in meinen jungen Jahren als die Verkörperung eines verwerflichen Reformismus angesehen, während er in Wirklichkeit die Erfordernisse einer aktiven Beschäftigungspolitik erkannt hatte. In Stockholm, wo sich zwischen dem über drei Jahrzehnte Älteren und mir ein vertrauensvolles Verhältnis entwikkelte, arbeitete er an den Elementen eines »konstruktiven« Sozialismus; dessen Kernstück war die Vollbeschäftigung. 1946 kehrte Tarnow nach Deutschland zurück und wurde Generalsekretär des gewerkschaftlichen Bizonenrates. 1951 starb er, nicht lange nach der Pensionierung.

Eine von den nationalen Gruppen unabhängige, geistig um so mehr anregende Rolle spielte mein Freund Stefan Szende. In ihm verkörperten sich die Erfahrungen eines Mannes, der vom ungarischen Jungkommunisten zum deutschen Linkssozialisten und dann zum schwedischen Sozialdemokraten wurde; er machte sich einen Namen als Publizist und als Dozent in der schwedischen Erwachsenenbildung. In manchem mochte er an den klassischen Typ der von Haus aus bürgerlichen Revolutionäre aus dem letzten Jahrhundert erinnern. Zur eigenen Freude an Wissenschaft und Kunst kam ein immenses Vertrauen in die politische Kraft der Bildung, in die Vernunft. Dabei war er ein wahrer Zeitgenosse, einer, der sich nicht zu fein war für die Auseinandersetzungen der Zeit – nicht erst, als ihm keine Wahl mehr gelassen wurde: Er war ein Mann, der den Haß der Nazis magnetisch anziehen mußte. Wer etwas über die Tapferkeit vor dem Feind wissen will, der lese seinen Lebensbericht.

Ich selber wurde in der Arbeit der Internationalen Gruppe – ähnlich wie Szende – keiner Landsmannschaft im engeren Sinne zugerechnet. Neben Sterner und Paul, unseren beiden Vorsitzenden, war ich ehrenamtlicher »Sekretär« und als solcher für einen großen Teil unserer Aktivitäten verantwortlich. So waren auch die »Friedensziele« von mir entworfen, die allerdings – wie es nicht anders sein konnte – durch die Diskussionen und die dabei oft mühsam erarbeiteten gemeinsamen Formulierungen manche Änderung erfuhren. Seit jener Zeit stehe ich zum Beispiel bei Bruno Kreisky in dem Ruf, daß es mir nicht schwerfalle, unterschiedliche Leute um einen Tisch zu versammeln und ihnen zu helfen, sich auf das Verbindende zu einigen. (35 Jahre später, als ich in Genf zum Präsidenten der Sozialistischen Internationale gewählt wurde, hat er scherzhaft daran erinnert, daß ihm aufgefallen sei, mit welcher Geduld und Beharrlichkeit ich Texte immer wieder umformulierte, bis sie schließlich die erstrebte Zustimmung fanden.)

In den »Friedenszielen« vom Frühjahr 1943 hieß es, der Krieg könne militärisch gewonnen werden und politisch verlorengehen. Als demokratische Sozialisten konnten wir uns von ganzem Herzen Roosevelts ebenso einfacher wie verheißungsvoller Deklaration anschließen, die sich die alliierten Regierungen in der Atlantikcharta zu eigen gemacht hatten: für Meinungs- und Gewissensfreiheit, Freiheit von Not und Furcht. Wir wollten, daß der Friede auf Vernunft gebaut sei: Die Nachkriegspolitik dürfe nicht von Rache beherrscht werden, sondern müsse vom Willen zum gemeinsamen Wiederaufbau getragen sein.

Wir schlossen uns den Argumenten an, die von der englischen Arbeiterpartei in ihrem Nachkriegsprogramm vom Frühjahr 1942 dargelegt wurden: daß, ohne Hitlerdeutschland und seine Helfer von der unmittelbaren Schuld für den Krieg zu entlasten, die Verantwortung für die Verhältnisse, die den Zweiten Weltkrieg möglich gemacht hatten, auf »das ganze alte System« falle. Sollten Garantien für einen dauerhaften Frieden geschaffen werden, dürfe es einen Weg zurück zur Welt von 1938 nicht geben. Der Bankrott des alten Völkerbundes wurde als eine Folge des Isolationismus und der engstirnigen kapitalistischen Interessenpolitik gesehen. Sie hatten die kollektive Sicherheit und die Überwindung der ökonomischen Kriegsursachen verhindert. Ein neuer Völkerbund müsse weltumfassend sein: Nach einer möglichst kurzen Übergangszeit müsse er allen Nationen offenstehen, »siegreichen, neutralen und besiegten«. Wir stellten uns vor, daß, eingeordnet in den neuen Völkerbund oder mit ihm koordiniert, überstaatliche Organe zur Lösung von Aufgaben wirtschaftlicher und anderer spezieller Art zu schaffen seien. Eine der größten Gefahren für die Nachkriegszeit sahen wir darin, daß die Weltwirtschaft in nationalen Autarkien erstarren könnte. Die infolge des Krieges verarmten Länder sollten rasch mit Lebensmitteln und Rohstoffen versorgt werden. Neben dem Internationalen Arbeitsamt – das sich als ILO neu etablierte – schlugen wir Institutionen vor, die sich um die Probleme des wirtschaftlichen und sozialen Aufbaus kümmern sollten. Wir lagen nicht wesentlich entfernt von dem, was – zumindest institutionell! – durch die Organisationen der Vereinten Nationen und, in anderer Hinsicht, durch die Europäischen Gemeinschaften auf den Weg gebracht wurde.

Wir wandten uns damals, zu Beginn der vierziger Jahre, gegen den »ökonomischen Imperialismus« und meinten, daß ihm durch internationale Planung beizukommen sei. Es reiche nicht aus, soziale Gleichstellung innerhalb der einzelnen Völker zu schaffen, sondern diese müsse auch zwischen den Völkern erreicht werden. Was wir zur Entkolonialisierung sagten, nimmt sich heute überaus bescheiden aus, obwohl es sich damals radikal anhörte: »Die sozialistische Arbeiterbewegung fordert in Übereinstimmung mit anderen fortschrittlichen Kräften eine entscheidende Änderung der Politik gegenüber den kolonialen und halbkolonialen Ländern. Die demokratischen Sozialisten fühlen sich solidarisch mit den nationaldemokratischen Bewegungen in den Kolonien und bekämpfen rassenmäßige Vorurteile und die Diskriminierung farbiger Völker.« Die zukünftige Politik müsse zum Ziele haben, den Kolonialvölkern dabei zu helfen, daß sie sich rasch selbst regieren könnten. Gebiete, die vorläufig noch nicht zur Selbstverwaltung imstande seien, sollten einer effektiven internationalen Kontrolle unterstellt werden, damit die Interessen der Bevölkerung auf lange Sicht wahrgenommen werden könnten. Ernsthafte staatliche Maßnahmen sollten getroffen werden, um das soziale und kulturelle Niveau in den Kolonien zu heben, auch im Interesse der allgemeinen weltwirtschaftlichen Entwicklung. Um die Ausbeutung der eingeborenen Bevölkerungen zu verhindern, müßten privatkapitalistische Interessen in den Kolonien ausgeschaltet oder mit Hilfe nationaler und internationaler Kontrollmaßnahmen zumindest stark eingeschränkt werden.

Jene Stockholmer Diskussionen, auf die ich gleich noch zurückkomme, gaben Orientierungen in bewegter und verwirrender Zeit. Die Bezeichnung »Kleine Internationale«, die man unserer Gruppe gab, war irreführend; wir haben sie selbst nie gebraucht. Wir wollten keine »Internationale« spielen, doch es war nicht gleichgültig, daß es gelang, einen Kreis zu formen, in dem Sozialdemokraten aus alliierten und neutralen Ländern wie aus den sogenannten Feindstaaten ihre Meinungen kameradschaftlich austauschten.

Es läßt sich ja auch nicht übersehen, daß die Stockholmer Zusammenarbeit in eine Vielzahl von Nachkriegsaufgaben hineinwirkte: Zwei von uns wurden Bundeskanzler, einige andere Minister oder Abgeordnete oder Diplomaten (so auch Vilmos Böhm, der die Veränderung nur knapp überlebte). Einige verschwanden im Umwälzungsprozeß ihrer

Länder, wie unser polnischer Freund Karniol, oder zogen sich, wie Jules Guesde, von der Politik ins Geschäftsleben zurück.

Für mich war es ermutigend, daß wir eine Zusammenarbeit wie die in unserer Internationalen Gruppe unabhängig vom Verlauf des Krieges aufrechterhalten konnten. Ich ging immer davon aus, daß die Arbeiterbewegung vor allem auch als internationaler Friedensfaktor zu verstehen sei, und ich wollte, daß die künftige Internationale nicht nur Symbol und Tradition sei, sondern lebendige Realität werden sollte.

Waren wir auch keine »Internationale«, so beschäftigte unseren Stockholmer Diskussionskreis natürlich, auf welche Weise wir helfen könnten, den Wiederaufbau der Sozialistischen Internationale nach dem Krieg vorzubereiten. Im Sommer 1943 diskutierten wir einen Text, der von der zentralen Bedeutung der Labour Party ausging: Sie sei die einzige der Parteien in der alten Internationale, die sich dieser Aufgabe annehmen könne. Wir schlugen ihr die Bildung eines Vorbereitenden Ausschusses und die Vorbereitung eines Mindestprogramms vor. Der Wiederaufbau der Internationale müsse so begonnen werden, daß man die europäische Begrenzung durchbreche, die früher die Zusammenarbeit geprägt hatte. Dabei dachten wir nicht nur an die beiden Amerika, sondern auch an China, Indien, den Nahen Osten, Afrika.

Größtmögliche Einheit: Die Norweger hatten es in ihrer Plattform für wünschenswert erklärt, daß »die sowjetische Arbeiterbewegung« zur Teilnahme eingeladen werde; erst müsse allerdings, wie erwähnt, die Komintern verschwinden. Tatsächlich wurde sie im Mai 1943 aufgelöst. Die meisten von uns hielten dies für einen taktischen Schritt und meinten, die Probe aufs Exempel müsse in den einzelnen Ländern gemacht werden. Doch dort wollten die Führungen der Kommunistischen Parteien die Rückkehr zur ungespaltenen Arbeiterbewegung nicht mitmachen.

Was es anging, die europäische Begrenztheit zu durchbrechen: Einige positive Ansätze nach dem Krieg versackten rasch. Viel später, als Präsident der Sozialistischen Internationale, konnte ich an einige der Stockholmer Vorschläge anknüpfen. Ob diese Bemühungen zukunftsträchtig sein werden, steht auf einem anderen Blatt.

Von Stockholm aus wurden die Kontakte mit London immer intensiver (die der Norweger waren von Anfang an eng). Im Spätsommer 1943 besuchte uns einer der führenden Labour-Vertreter. Kurz darauf waren die Schweden Gäste bei einem Kongreß der Labour Party. Karniol, Böhm, Paul und andere Mitglieder der Internationalen Gruppe wurden von den Engländern hin- und zurückgeflogen. Kurz vor Kriegsende war Alva Myrdal in England, um an einer vorbereitenden Konferenz über die Zusammenarbeit der sozialdemokratischen Parteien teilzunehmen. Neben Vertretern der alliierten Länder durften die Schweden und die Schweizer dabeisein, auch die Italiener und Spanier. Die Finnen, Ungarn und Österreicher mußten warten – und die Deutschen etwas länger als die anderen. Freilich gab es während des Krieges auch in London Zusammenkünfte mit aufgeschlossenen englischen Freunden, bei denen sich deutsche Sozialdemokraten – wie Erich Ollenhauer und der spätere DGB-Vorsitzende Ludwig Rosenberg – mit Franzosen, Belgiern, Polen, Norwegern und anderen aussprechen konnten.

In bescheidenem Umfang konnten wir uns auch – mit Hilfe politischer und kirchlicher Verbindungen im Gastland – darum bemühen, das Leben von Sozialistenführern in deutschen Lagern zu retten. Neben Einar Gerhardsen und Léon Blum konzentrierten wir uns auf den Holländer Koos Vorrink, mit dem Ernst Paul in der Jugendinternationale zusammengearbeitet hatte und der nach dem Krieg Vorsitzender der Partij van de Arbeid wurde; er war einer der Zeugen im Nürnberger Prozeß gegen die Kriegsverbrecher. Gerhardsen wurde noch im Sommer 1944 aus Sachsenhausen nach Norwegen zurücktransportiert. Den Rest der Kriegszeit verbrachte er in einem Lager bei Oslo. Kurz nach der Befreiung übernahm er die Ministerpräsidentschaft seines Landes.

Rettung aus Kopenhagen

Die meisten deutschen Flüchtlinge in Dänemark konnten über den Öresund nach Schweden entkommen. Dänische Flüchtlinge retteten sich in größerer Zahl erst ab Sommer 1943 an die nachbarliche Küste.

Anders als in Oslo hatte man in Kopenhagen am 8. April 1940 mit dem Gedanken an militärischen Widerstand gar nicht erst gespielt. Die Besatzungspolitik der Nazis gegenüber Dänemark war gemäßigt. Man sprach boshaft von »des Mörders Kanarienvogel«. Die dänischen Behörden und Parteien bewahrten ein erstaunliches Maß an Selbständigkeit. Doch die Voraussetzungen für dieses Arrangement ließen sich auf beiden Seiten nicht durchhalten. Im August 1943 wollten sich die Hitlerdeutschen den Luxus einer parlamentarischen Regierung in Kopenhagen nicht mehr leisten. Für die Dänen begann eine Phase aktiven und opferreichen Widerstandes. Mit Ebbe Munck, dem nach Stockholm entsandten Vertreter des »Freiheitsrats«, hatte ich vertrauensvollen Kontakt; daß er auch für den dänischen geheimen Nachrichtendienst verantwortlich war, wußte ich nicht – es hätte mich nicht gestört.

Der große alte Mann der dänischen Sozialdemokraten, der Zigarrenarbeiter Thorvald Stauning mit dem langen Vollbart, war Anfang 1942 in tiefer Resignation gestorben. Er meinte, Deutschland werde Europa beherrschen. Deshalb hatte er sich im November 1941 Dänemarks formalem Beitritt zum »Antikomintern-Pakt« nicht widersetzt. Er konnte sich schon gar nicht dagegen wehren, daß Hitler einen großen Kranz an seinem Sarg niederlegen ließ. Doch das dramatische Scheitern des Versuchs, die Wahrung nationaler Interessen über den Krieg hinwegzuretten, mußte er nicht mehr erleben.

Stauning war Parteivorsitzender ab 1910, und er trat 1916 in die von einem Liberalen geführte Regierung ein (ähnlich wie Branting ein Jahr später in Schweden); Regierungschef wurde er 1924. Seine beiden jungen Leute, die ich gut kennenlernte – Hans Hansen, der sich dann Hedtoft nannte, und H. C. (Hans Christian) Hansen –, dienten ihrer Partei und ihrem Land während des Krieges in geschickter, halblegaler Aktivität, nachdem sie aus allen Ämtern entfernt worden waren. Beide durchmaßen ein völlig paralleles politisches Arbeitsfeld, zuerst Sekretär und Vorsitzender des Jugendverbandes, danach der Partei, schließlich Regierungschef. Hedtoft besuchte mich in den ersten Nachkriegsjahren mehrfach in Berlin. »H. C.«, 1935 zum Vorsitzenden der Jugend-Internationale gewählt, war (ähnlich wie sein 1939 gewählter Nachfolger Torsten Nilsson) mit Erich Ollenhauer eng verbunden.

Ich verfolgte die dänische Entwicklung mit großer Aufmerksamkeit. Wie berichtet, war ich schon im Sommer 1927, als Dreizehnjähriger, bei einer Familie in Vejle gewesen und hatte erste gute Eindrücke von dem nachbarlichen Land gewonnen. In den dreißiger Jahren hielt ich mich oft in Dänemark auf, zu Treffs mit Freunden aus Deutschland oder auf dem Wege in andere Länder. Kopenhagen wurde eine mir vertraute Stadt.

Nicht allen Freunden gelang eine Flucht nach Schweden. Einige wurden verhaftet, nach Deutschland gebracht, gepeinigt oder umgebracht. Einer, dessen Weg ich genauer verfolgte, war der »jugendbewegte« – samt Pazifismus und Vegetariertum – Walter Hammer (eigentlich Hösterey aus Elberfeld), der in Deutschland den Fackelreiter-Verlag betrieben und sich Anfang 1934 in Kopenhagen niedergelassen hatte. Er hatte Pech beim Versuch, über den Öresund zu entkommen. Der Redakteur Erich Alfringhaus, der mit ihm zusammen war (nachdem er in seinem kleinen Boot viele andere über den Sund gebracht hatte), vergiftete sich. Auch Walter Hammer dachte an Selbstmord. Dann wurde er (im August 1940) von der dänischen Polizei nach Flensburg ausgeliefert. Er erhielt fünf Jahre Zuchthaus und landete im Zuchthaus Brandenburg, wo allein 1800 Todesurteile vollstreckt wurden. Hammer überlebte. Er suchte mich in Berlin auf, als er es in Brandenburg als Mahnmalswahrer nicht mehr aushielt. Er ließ sich dann wieder in Hamburg nieder und wurde fast achtzig Jahre alt.

Ein Ruhmesblatt deutschen Verantwortungsbewußtseins wurde 1943 von einem Mann geschrieben, der als Referent für Schiffahrtsfragen zur Behörde des Reichsbevollmächtigten in Kopenhagen gehörte (und der später als Staatssekretär einer meiner engsten Mitarbeiter in Bonn wurde): Georg Ferdinand Duckwitz, aus einer Bremer Kaufmannsfamilie stammend, entschloß sich, dänische Juden zu warnen, deren Deportation um die Monatswende Oktober–November 1943 unmittelbar bevorstand. So konnten die meisten von ihnen im Schutz der Nacht in kleinen Booten über den Sund nach Schweden entkommen. Duckwitz – Ducky, wie ihn seine Freunde nannten – wirkte wesentlich daran mit, daß die meisten der 8000 dänischen Juden gerettet wurden. Er wurde von den Dänen dekoriert. Einige Jahre lang war er ein höchst angesehener Botschafter in Kopenhagen.

Hans Hedtoft hat die Begebenheit so geschildert: »Ich war fast während der ganzen Besatzungszeit mit G. F. Duckwitz in Verbindung. Gegen Ende September 1943, als die Nervosität in allen Lagern anstieg, erklärte mir Duckwitz, er befürchte, daß der gegenwärtige Zustand nicht andauern würde. Am 28. September suchte er mich bei einer Versammlung auf und sagte, nun sei das Unglück da. Alles sei im einzelnen geplant. Die armen jüdischen Landsleute, die von der Gestapo gefangen würden, werde man zwangsweise an Bord der vor Kopenhagen ankernden Schiffe bringen und einem ungekannten Schicksal zuführen. – Er war weiß vor Entrüstung und Scham.«

Inzwischen waren überall im Lande Hilfskomitees entstanden. Hans Hedtoft: »Eine ganze Volksbewegung für die Rettung der Juden formierte sich spontan. Die Kirchen, die Sozialdemokraten, Arbeiter, Industrielle, Wissenschaftler, Geistliche, Politiker – alle waren dafür. Ein

Zentralkomitee, bestehend aus zehn Mitgliedern, leitete die Hilfsaktionen: Zuerst galt es, alle gefährdeten Juden in Dänemark zu verbergen, und dann, ihren Transport nach Schweden zu organisieren. 12 Millionen Kronen wurden hierfür aufgebracht: von den Verfolgten selbst, von Fabrikanten und Gewerkschaftern, von vielen Namenlosen, unter ihnen der abgesetzte Ministerpräsident Vilhelm Buhl.«

Durch diese Rettungsaktion – das »kleine Dünkirchen« – wurden in einem Monat 7460 Männer, Frauen und Kinder nach Schweden geschafft, darunter auch einige gefährdete Nichtjuden. 460 dänische Juden fielen in die Hände der Gestapo. Sie wurden mit dem dänischen Oberrabiner Friediger nach Theresienstadt transportiert. Ein Befehl vom 10. Mai 1944, sie umzubringen, wurde glücklicherweise nicht befolgt. Es fällt schwer anzunehmen, daß die Gestapo von alledem überhaupt keine Ahnung gehabt hätte.

In Norwegen konnte wenig später mehr als die Hälfte der Juden gerettet werden. Etwa 1100 entkamen nach Schweden, an die 800 wurden nach Auschwitz deportiert, nur 24 kamen lebend zurück. – In Oslo war es der Oberstleutnant Steltzer, von dem noch zu berichten sein wird, der norwegischen Beamten einen Wink von der bevorstehenden Aktion gab. Beide, Steltzer und Duckwitz, hatten ihrerseits Hinweise vom Grafen Moltke erhalten, der seit 1939 (bis zu seiner Verhaftung Anfang 1944) als Sachverständiger für Kriegs- und Völkerrecht im OKW arbeitete und viel im Ausland zu tun hatte. (Ein Bruder Moltkes gehörte zum Stab Steltzer; ihn traf ich nach der Kapitulation, als er Dolmetscher für den Stab eines Gefangenenreservats außerhalb Oslos war und sich mehrfach tagsüber in der Stadt aufhalten durfte.)

Die Rettung nicht weniger aus Kopenhagen, und sehr viel weniger aus Norwegen, konnte dem nichts entgegensetzen, was sich andernorts in Europa an Verbrechen und Tragödien vollzog. In Stockholm erfuhren wir von dem großen Morden nur bruchstückweise und mit großer Verspätung. Aber natürlich wußten wir – was jedermann in Deutschland wissen konnte –, daß Hitler vor dem Krieg in seiner Reichstagsrede vom 30. Januar 1939 angekündigt hatte, das Ergebnis eines kommenden Krieges werde »die Vernichtung der jüdischen Rasse in Europa« sein. Die zentrale Rolle, die das mörderische antijüdische Ressentiment in dem geistlosen Gemenge, das sich nationalsozialistische Weltanschauung nannte, von Anfang an spielte, wurde jedem bewußt, der nicht selber dafür anfällig war. – Während im Reichssicherheitshauptamt noch

Auswanderungspläne bearbeitet wurden, begannen SS und SD im Osten mit dem systematischen Massenmord. Auf Himmlers Befehl folgten seit dem Polenfeldzug der kämpfenden Truppe die »Einsatzgruppen«. Sie erfüllten diese Aufgaben: sofortige Erschießung von Juden, Abtransport von Überlebenden in die größeren Städte, wo Gettos zu bilden waren. Gleichzeitig erfolgte der Abtransport der Juden aus dem Reich, aus Österreich und der Tschechoslowakei. Innerhalb von zwei Jahren kamen durch die vier Einsatzgruppen ungefähr eine Million Menschen ums Leben.

Wir kannten diese ungeheuerlichen Einzelheiten nicht. Wir wußten auch nicht – wovon ich viele Jahre später durch Fritz Sänger erfuhr –, daß Arthur Greiser, der Gauleiter des Warthegau, schon Anfang 1940 in einem Hintergrundgespräch mit Journalisten mitgeteilt hatte, im Interesse des »Volkstumskampfes« sei es notwendig, »die polnische Führungsschicht zu beseitigen«: Führer von Verbänden, Professoren, Studenten, einen Teil der Pfarrer. Bei dieser Gelegenheit wurde auch angekündigt: »In einigen Monaten wird die modernste Judenaustreibung, die je stattgefunden hat, in Lodz in Szene gesetzt werden. Es gilt dort, 350 000 Juden loszuwerden.«

Als wir in Stockholm gegen die unglaublichen Verbrechen des Nazireiches protestierten, äußerten wir uns ohne Detailkenntnis über den Ausrottungsfeldzug gegen die europäischen Juden. Doch wir forderten, daß keine Möglichkeit versäumt werde, Menschenleben zu retten und rassenmäßiger Diskriminierung in Zukunft mit aller Härte zu begegnen: Internationale Maßnahmen seien notwendig, um die menschlichen Grundrechte in allen Ländern sicherzustellen, die Bekämpfung von Rassenhaß in die künftige Erziehungspolitik einzubeziehen, die Lage der Juden bei ihrer Rückkehr und beim Wiederaufbau zu berücksichtigen »und um die weitere Entwicklung des jüdischen Nationalheims Palästina sicherzustellen«. Auf diese Weise könne man, so schrieben wir, zumindest in gewissem Umfang die Verbrechen wiedergutmachen, die von Hitler-Deutschland mit Unterstützung der äußersten Reaktion in anderen Ländern begangen worden seien.

Die meisten von uns begegneten der zionistischen Idee skeptisch oder ablehnend. Einige waren beeindruckt vom Gedanken eines binationalen Staates, wie er auch von Männern wie Martin Buber und Albert Einstein vertreten wurde. Doch dem jüdischen Aufbauwerk in Palästina konnte niemand von uns seinen Respekt versagen. Es habe, so registrierten wir, mehr Juden vor dem Faschismus gerettet als irgendein anderes Land. Wir begrüßten bewundernswerte Leistungen der palästinensischen Arbeiterbewegung und hofften, sie werde, gemeinsam mit anderen fortschrittlichen Kräften, alles tun, um eine Gemeinsamkeit der Interessen der arabischen und jüdischen Völker zu erreichen. Besonderen Anteil an diesem Teil unserer Diskussionen nahmen verständlicherweise die jungen sozialistischen Zionisten von der Gruppe »Hechaluz«, die – es waren ein paar hundert – aus Deutschland und Österreich nach Schweden kamen, um sich auf ihre neue, im zionistischen Verständnis: neualte, Heimat vorzubereiten. (Einige traf ich in ihrem Kibbuz am See Genezareth wieder.)

Am Rande: Manche deutsche Sozialdemokraten, die in Frankreich von der Hitler-Armee überrollt wurden, verdankten der Untergrundarbeit des jüdisch-sozialistischen »Bund« ihr Leben. Und es waren die aus der Illegalität aufgetauchten Führer des »Bund« in Paris, die ihren deutschen Genossen noch vor Kriegsende halfen, wichtige Verbindungen zu den Parteien der Internationale aufzunehmen und die ersten organisatorischen – auch finanziellen! – Voraussetzungen für ihr Zusammenwirken zu schaffen.)

Im Herbst 1942 – oder war es noch etwas später? – zeigte mir Dr. Karniol einen knappen, aufwühlenden Bericht über Vergasungen, den er von der polnischen Untergrundbewegung über London erhalten hatte. Ich machte darüber eine Meldung für ein kleines New Yorker Nachrichtenbüro, das ich gelegentlich bediente. Als wir in Stockholm im kleinen Kreis über diesen Bericht sprachen, lehnte es Fritz Tarnow energisch ab, an seine Richtigkeit zu glauben: »So etwas machen Deutsche denn doch nicht ...« Er vermutete, es handle sich um ein Wiederaufleben der Greuelpropaganda aus dem Ersten Weltkrieg.

Die ersten Versuchsvergasungen in Auschwitz wurden, wie man später rekonstruierte, im September 1941 vorgenommen. Zunächst wollte man – auch wegen der »geringeren seelischen Belastung« – jene Art von Lastwagen verwenden, die 1939/41 bei der Durchführung des Euthanasieprogramms in Deutschland eingesetzt waren. Statt dessen entschied man sich für die Tötung durch Gas in »ortsfesten« Vernichtungsstätten. Die erste »Selektion« für die Gaskammer in Auschwitz erfolgte am 23. Juni 1942.

Stefan Szende veröffentlichte 1944 den Erfahrungsbericht eines Mannes (»Der letzte Jude aus Polen«), der von Polen nach Norwegen und von dort nach Schweden entkommen war. Ein Zeithistoriker meinte vor einigen Jahren, bei der Lektüre dieser dokumentarischen Schilderung könne man nicht verstehen, »warum ihr Erscheinen seinerzeit keinen größeren Entsetzensschrei in der sogenannten zivilisierten Welt ausgelöst hat ...«. Inzwischen weiß man, daß die alliierten Regierungen jedenfalls ab Sommer 1942 Meldungen über Gaskammern in den Vernichtungslagern erhalten hatten: über die eigenen Geheimdienste, internationale Organisationen wie Rotes Kreuz und Jewish Agency, auch über den Vatikan und die diplomatischen Vertretungen der Neutralen im Reich. In den alliierten Hauptstädten mißtraute man zunächst der Wahrheit dieser Berichte. Im übrigen zögerte man, das Wissen propagandistisch auszuwerten: einmal aus Sorge, diesen Berichten würde nicht geglaubt werden, zum anderen, weil man fürchtete, Forderungen nach Aktionen zur Rettung der Juden könnten der Kriegführung abträglich sein. (Engagierte Kritiker meinen, die Alliierten hätten zum Beispiel durch Luftangriffe auf die Eisenbahnlinien, die zu den Lagern führten, Hunderttausende vor dem Tod bewahren können.)

1944 prahlten Himmler und Eichmann damit, sechs Millionen Juden seien getötet worden. Die Auseinandersetzungen verstummten nicht, ob diese Zahl vielleicht zu hoch gegriffen gewesen sei. Doch an der Bewertung dieses schlimmsten Abschnitts deutscher Geschichte würde sich auch dann nichts ändern, wenn die Gesamtzahl der Ermordeten »nur« 5,1 oder 5,2 Millionen betragen haben sollte.

Als ob man von alledem in Deutschland überhaupt nichts gewußt hätte! Als ob Soldaten während ihres Heimaturlaubs nichts von Einsatzgruppen, Massenhinrichtungen und Vernichtungslagern erzählt hätten! Aber wenn wir in Stockholm nicht genau genug Bescheid wußten – wie sollten dann die Deutschen im Reich über exaktere Kenntnisse verfügen? (In Wirklichkeit erreichten wenigstens Gerüchte über die Vernichtungsaktionen viele Soldaten und Bürger in der Heimat, die hernach »nichts gewußt« haben wollten.) Wenn ein Mann wie Tarnow den Kopf in den Sand steckte, wieviel mehr noch mußte man dazu in Deutschland geneigt sein! Nicht wissen zu wollen, bedeutete für viele, sich dem qualvollen Gefühl der Mitschuld zu entziehen. Manche schämten sich auch. Andere hatten Angst – vor der Rache, die über sie und ihr Volk kommen mochte.

Indessen ist die Fähigkeit des Menschen, sich blind zu stellen, nahezu unbemessen. Das ist eine der wesentlichen Einsichten, die meine Generation aus der Erfahrung von Nazismus – und auf andere Weise: auch Stalinismus – davontrug.

Wider den Vansittartismus

Die Berichte darüber, was im mißbrauchten deutschen Namen in den besetzten Ländern angerichtet wurde, waren nicht dazu angetan, die Verteidigung des anderen – und wie wir behaupteten: eigentlichen – Deutschland leichter zu machen. In Schweden wirkte verständlicherweise am stärksten, was in Norwegen vor sich ging; in der zweiten Kriegsphase rückte auch das besetzte Dänemark mehr und mehr ins Blickfeld. Nach und nach drangen Nachrichten von den Vernichtungsaktionen in Polen und in der Sowjetunion durch. Man erfuhr von den Greueln des Krieges im Südosten. Von meinen norwegischen Freunden erhielt ich erschütternde Berichte über die Mißhandlung von jugoslawischen und russischen Gefangenen, die in ihr Land gebracht worden waren. Der deutsche Name wurde mit unsäglicher Schande beladen; ich spürte, daß uns diese Schande lange nicht verlassen würde.

Es wäre zu einfach gewesen, alle Verbrechen auf Mordorganisationen wie die der SS abzuladen. Auch die Wehrmacht blieb nicht frei von Schuld. Wie man bald nach Kriegsende erfuhr, hatte Hitler den Armeeführern vor dem Polenfeldzug offen gesagt, es würden sich Dinge ereignen, die wahrscheinlich nicht den Beifall der Generäle fänden. Er wolle sie nicht mit den aus politischen Gründen notwendigen Liquidationen belasten, aber sie hätten sich in diese Dinge nicht einzumischen. Erst in den letzten Jahren erschienen Untersuchungen, in denen die lange gängige These widerlegt wurde, die Wehrmacht habe mit den Mordaktionen der Einsatzgruppen in Polen und Rußland nichts zu tun gehabt. In Wirklichkeit waren Teile des Heeres tief in die Vernichtungsaktionen verstrickt. (Von 5,7 Millionen sowjetischen Gefangenen fanden 3,3 Millionen den Tod.)

Die Greuel, auch wenn sie noch bei weitem nicht in ihrem vollen Umfang bekannt waren, machten eine sachliche Diskussion über die Friedensziele schwer. Eine emotionale Deutschfeindlichkeit begann um sich zu greifen. Anklänge an einen Rassismus mit umgekehrtem Vorzeichen wurden immer deutlicher. Der »Vansittartismus« schien Oberhand zu gewinnen. Gegen ihn anzugehen, machte ich zu einer meiner Aufgaben. Diese Denkrichtung war nach Lord (Robert Gilbert) Vansittart benannt, der überschätzt wurde, weil er in den dreißiger Jahren der ranghöchste Beamte im britischen Außenamt gewesen war. (Bei Kriegsbeginn war er »Berater« seiner Regierung geworden, bis er 1941 in den Ruhestand geschickt wurde.) Der überschätzte Lord war der Meinung, die Deutschen seien von Natur aus böse, die Naziherrschaft ein logisches Ergebnis der deutschen Entwicklung und Mentalität. Im »Black Record«, wie er sein in Riesenauflage verbreitetes Buch nannte, wurde gefordert, die Deutschen müßten nach dem Krieg hart angefaßt werden.

Es ist eine Tatsache, daß in den Anschauungen, die während des Krieges die gemeinsame Bezeichnung Vansittartismus erhielten, viele Vorurteile versammelt waren. Vansittart selbst stellte allerdings fest, daß er kein Anhänger irgendeiner Rassenlehre sei. (Er sagte auch: Die wirtschaftlichen Abschnitte des Versailler Vertrages hätten sich nur schwer verteidigen lassen.) Immerhin operierte er mit Begriffen wie »Volkscharakter« und »Volksseele«, als ob es sich dabei um feststehende Werte handle. Er versuchte sich auch in einer seltsamen Geschichtsauslegung: Von der Schlacht im Teutoburger Wald im Jahre 9 n. Chr. – mit Hermann dem Cherusker, dem ersten deutschen Nationalhelden, der sich als Verräter einen Namen gemacht habe –, führe eine klare Linie über Karl den Großen (der Charlemagne Frankreichs!), Friedrich Barbarossa, die Hanse, Friedrich den Großen und Bismarck bis hin zum neuen Hermann – Göring. Bewiesen werden sollte, daß die Deutschen immer zu Überfällen aufgelegt und stets grausam gewesen seien. Andere mochten den historischen Bogen nicht so weit spannen und knüpften mehr an Preußendeutschlands militärische Entfaltung an: Angriffsmentalität und Herrenvolkideologie seien in dem Geist des Aufsteigerstaates im Nordosten tief verwurzelt. Von den »angeblich« demokratischen Kräften des deutschen Volkes hieß es, sie seien letztlich nicht besser als die anderen. Fanatische Propagandisten meinten, sie müßten mit besonderem Nachdruck gegen den »Mythos vom anderen Deutschland« angehen. Mir erschien diese Denkart unhistorisch, nicht seriös und vor allem unvernünftig.

Vansittart selbst wollte gelten lassen, daß es 25 Prozent »gute« Deutsche geben könne; nur hätten sie den Nachteil, unfähig zu sein. Im übrigen meinte der Lord, die Deutschen sollten Brot haben, doch keine Waffen: »volle Kornspeicher und leere Arsenale«. Hier gab es Berührungen zum wirklichkeitsfremden, amerikanischen Morgenthauplan, der Deutschland wieder zum Agrarland machen wollte. (Freilich war der

»Plan« in Wahrheit keiner, sondern eine unverbindliche Gedankenskizze, die niemals zur Grundlage amerikanischer Politik gemacht wurde.) Der landläufige Vansittartismus wollte nicht unmenschlich sein, aber er hätte eine Demütigung und Entmündigung der Deutschen bewirkt, wenn er von den Alliierten akzeptiert worden wäre. Die Haltung gegenüber den Deutschen war zu Beginn des Krieges moderat. Es war – neben der militärischen Machtentfaltung – vor allem der nazistische Terror, der tiefen Haß verursachte. Deutschland hatte einiges von dem zu ernten, was seine NS-Führer gesät hatten. Immer öfter hörte man, der Zweite Weltkrieg dürfe nicht mit einem Versailles, er müsse mit einem Karthago abgeschlossen werden.

Zu Beginn des Krieges hatte sich in Frankreich eine rachsüchtige Strömung geltend gemacht, die als »realistischer Nationalismus« firmierte. Ich erinnerte mich an die Einsicht von Männern wie Léon Blum, die sich nicht von der Vorstellung abbringen ließen, daß ein demokratisches Deutschland seinen gleichberechtigten Platz innerhalb der Vereinigten Staaten von Europa einnehmen müsse. In England erklärte bei Kriegsausbruch der Labour-Führer Clement Attlee, bald danach Mitglied von Churchills Kriegskabinett und 1945 dessen Nachfolger, ein Diktatfrieden komme nicht in Frage; Deutschland solle weder gedemütigt noch zerstückelt, noch mit Strafe belegt werden. Auch in Großbritannien forderte eine beträchtliche Stimmung die Einigung Europas.

Vermutlich überschätzte ich solche Äußerungen zu Anfang des Krieges. Ich lernte, daß sachliche und konstruktive Vorschläge im Laufe des Krieges zurückgedrängt wurden. Der Vansittartismus fand auch in Schweden einige Anhänger. In England schloß sich ihm sogar eine Gruppe von Emigranten an, doch die meisten Mitglieder des deutschen Exils wandten sich gegen die Zerstörung ihres eigenen Lebenskreises.

Meine eigene Zukunft war nicht unbedingt und allein an Deutschland gebunden. Doch ich empfand es als meine Pflicht, dem Geist der Destruktion entgegenzuwirken. Zu meiner Argumentation gehörten die bekannten Hinweise darauf, daß die Krise der Demokratie nicht auf Deutschland beschränkt gewesen sei, sondern daß es die besonderen Faktoren zu bedenken gelte, die Weimar scheitern ließen und die Machtergreifung der Nazis begünstigt hätten. Während ich Neigungen zu einem umgekehrten Rassismus scharf bekämpfte, war für mich unbestritten, daß gemeinsame geschichtliche Erfahrungen, Sprache und Religion, wirtschaftliche und soziale Verhältnisse – gewiß auch klimatische und topografische Bedingungen – besondere, allerdings nicht unwandelbare Eigenschaften hervorbringen, die man als »Nationalcharakter« bezeichnen konnte. Meine in Abwandlungen immer wieder vorgetragene These: Niemand werde als Verbrecher geboren. Ein schwieriges geschichtliches Erbe kann belasten, aber es läßt sich überwinden. Dem Verhalten von Individuen, auch eines Volkes, kann eine neue Richtung gegeben werden, Ideale lassen sich ändern.

Die um sich greifende Vorstellung, daß sich die Deutschen nun zeigten, wie sie wirklich waren, mündete fast zwangsläufig in das Verlangen nach bedingungsloser Unterwerfung, die Ankündigung harter Bedingungen für Waffenruhe und eine lang andauernde Okkupation. Dies war allerdings eher ein Vorteil für die Goebbels-Propaganda. Die Sowjets argumentierten übrigens nuancierter als der Westen. Mit dem im Sommer 1943 gebildeten »Nationalkomitee Freies Deutschland«, dem ein »Bund deutscher Offiziere« verbunden war, versuchte die sowjetische Propaganda (und jene, die ihr nicht nur aus opportunistischen Gründen halfen), an preußische Traditionen anzuknüpfen; allerdings mit erstaunlich geringer Wirkung: Die Furcht vor »den Russen« war groß, und mancher fand sie hernach bestätigt.

Ich schrieb damals, daß wir den Vansittartismus natürlich nicht bekämpften, weil er die Verbrechen von Nazis, Militaristen und Imperialisten anprangerte, sondern weil er in konkreten Maßnahmen bedeuten würde, das arbeitende deutsche Volk zu prügeln und die reaktionären Schichten einschließlich des Großbesitzes zu schonen.

Es war nicht verwunderlich, daß es Leute gab, denen meine differenzierende Haltung nicht paßte und die es nun vorzogen, an meine deutsche Herkunft zu erinnern. Das war leichter, als gegen meine Überzeugungen und Aktivitäten anzugehen. Wenig freundlich verhielt sich zum Beispiel Trygve Lie, damals Außenminister der Norweger in London. Er meinte 1941, ich sei »zu deutschfreundlich«. Meine scharfe Opposition gegen den Vansittartismus konnte oder wollte er nicht verstehen. Damit war er nicht allein. In einem Lieschen Brief nach Stockholm hieß es, mit einem Seitenhieb auf mich, Blut sei eben doch dicker als Wasser. Später schrieb er in einem Buch, er habe sich über die Haltung, die führende Norweger in Schweden einnahmen, ziemlich geärgert. Erst hätten sie die schwedische Neutralität verteidigt, dann mildernde Umstände für die Finnen geltend gemacht: »Aber es ging meiner Meinung nach zu weit, wenn sie nun darüber hinaus mehr an Deutschland zu denken schienen als an die Interessen Norwegens und daran, den Krieg zu gewinnen.« Ich wurde – neben dem in Stockholm stationierten sozialdemokratischen Mitglied der Regierung und einem früheren liberalen Regierungschef – Tranmæls »nächsten Gesinnungsgenossen in Stockholm« zugerechnet, die alle nicht gut wegkamen.

Ende 1941 und Anfang 1942 schrieb ich an den Historiker Arne Ording, der dem Außenminister in London als Sachverständiger diente (ich kannte ihn aus dem Mot-Dag-Kreis). In meinen Briefen kritisierte ich, was mir von Lies Ansichten zur Behandlung Deutschlands nach dem Krieg bekanntgeworden war: Selbstverständlich trage Deutschland die Hauptverantwortung für den Krieg, aber andere trügen eine Mitverantwortung für den letzten Frieden und dafür, daß Hitler seine Kriegsmaschinerie habe aufbauen können. Die Deutschen seien dafür verantwortlich, daß Hitler an die Macht kommen konnte, andere dafür, daß dies begünstigt wurde.

Die Kollektivschuld-These habe ich mir niemals zu eigen gemacht, aber ebensowenig die bequeme Vorstellung, es gebe eine Art kollektive Unschuld.

Im Laufe des Krieges waren es dann vor allem einige kommunistische Funktionäre, die mich aufs Korn nahmen. In ihrem illegalen norwegischen Blatt »Friheten« und in der Stockholmer KP-Zeitung »Ny Dag« wurde ich im Sommer 1943 als »Deutscher mit zweifelhaftem Hintergrund« beschimpft: Man bezeichnete mich als »bitteren Feind der Sowjetunion« und vergaß nicht, anklingen zu lassen, daß es sich bei mir durchaus um einen »Gestapo-Agenten« handeln könne. Dies hätte mich ebenso kalt lassen sollen wie manche Verleumdung späterer Jahre. Doch Verdächtigungen empörten mich, damals und später. Ich schrieb einen »Offenen Brief an die Kommunisten«, der von mehreren schwedischen Zeitungen im August 1943 abgedruckt wurde: Ich hätte keinen Grund, mich meiner Herkunft zu schämen: »Ich fühle mich durch tausend Fäden mit Norwegen verbunden, aber ich habe Deutschland – das andere Deutschland – niemals aufgegeben. Ich arbeite dafür, daß der Nazismus und seine Verbündeten in allen Ländern zerschmettert werden, damit sowohl das norwegische wie das deutsche Volk und alle anderen Völker leben können.«

Dem »Deutschen mit zweifelhaftem Hintergrund« wurde von den Kommunisten auch angekreidet, daß er sich nicht für den Partisanenkrieg in Norwegen ausgesprochen habe. Aus meinem Guerilla-Buch wollten andere böswillige Kritiker ableiten, ich hätte einen »Leitfaden für Partisanenkrieg« geschrieben: eine »Anleitung zum Meuchelmord an Hunderttausenden von deutschen Soldaten«. Tatsächlich wertete ich geschichtliche Erfahrungen aus und gab der Vermutung Ausdruck, die Endphase des Krieges werde durch viele Guerillakämpfe und nationale Aufstände gekennzeichnet sein. Das war nicht falsch. (Die Rolle des irregulären Widerstands als »vierter Waffenart« ist gleichwohl von den Historikern vernachlässigt worden. Das gilt auch für die manchmal dämonisierte, manchmal unterschätzte Bedeutung der Geheimdienste.)

Viel Ärger hatte ich nach dem Krieg auch mit dem Titel meines skandinavischen Buches über den Nürnberger Kriegsverbrecherprozeß. Ich nannte es »Verbrecher und andere Deutsche«; Hetzer versuchten jahrelang, mir dies Wort im Munde umzudrehen. Von Stockholm her machte mir der Haß eines ehemaligen Reichstagsabgeordneten das Leben schwer, dem man unvernünftigerweise noch die Vertretung des SPD-Exilvorstandes anvertraut hatte. Kurt Heinig galt, nicht zu Unrecht, als ein guter Kenner des Haushaltsrechts, aber in der Internationalen Gruppe, in die er sich für kurze Zeit hineingezwungen hatte, richtete er mit seiner Rechthaberei und Streitsucht nur Schaden an. Wenn man jemanden hätte engagieren wollen, um antideutsche Ressentiments zu verstärken, so wäre man bei ihm an der richtigen Adresse gewesen. Nachdem sich seine Aversionen zunächst auf seinen Parlamentskollegen Fritz Tarnow konzentriert hatten, versuchte er nach dem Krieg, mich in Briefen an Kurt Schumacher und andere Mitglieder der neugebildeten Parteiführung madig zu machen.

Ich ließ mich nicht davon abbringen, den Alliierten mit meinen bescheidenen Mitteln zu raten, sie sollten klarstellen, daß der Grundsatz des Rechts auf Selbstbestimmung auch für ein demokratisches Deutschland gelten werde; dadurch würde man der NS-Propaganda das Wasser abgraben. Weiter: Während Deutschland zum Wiederaufbau werde beitragen müssen, dürfe es nicht ausgehungert werden; es sollte sich im Rahmen einer (europäischen oder) internationalen Organisation entfalten können. Das »Preußische« müsse überwunden werden, aber an eine »Umerziehung« durch englische und amerikanische Offiziere glaubte ich nicht. Besatzung werde ohnehin keine dauerhafte Lösung sein können. Ich fügte – zum Beispiel in dem Brief an Professor Ording – hinzu, bei aller Hochachtung vor der mutigen Verteidigung »der Russen« könne ich es nicht für eine wünschenswerte Perspektive halten, wenn der sowjetische Herrschaftsbereich auf Ost- und Mitteleuropa einschließlich Deutschlands ausgedehnt werde …

An meiner entschiedenen Abneigung gegen die schrecklichen Vereinfacher kann hoffentlich kein Zweifel aufkommen – aber wen wollte es wundern, welche Empfindungen durch das nazistische Wüten wachgerufen wurden! Erstaunlich bleibt eher, wie viele aus den Reihen des Widerstands es gab, die dem deutschen Volk dennoch mit Vernunft und Verantwortung begegneten. Dies galt besonders für die französischen Sozialisten. Deren illegales Exekutivkomitee – mit Daniel Mayer im Norden, Gaston Defferre in der Südzone – wollte nicht zulassen, daß »dem unterdrückten deutschen Volk« ein von Rache diktierter Friede auferlegt werde. Vierzehn Tage nach der Befreiung, als sich die Sozialisten zum erstenmal wieder in Paris legal versammelten, setzte sich ihr Generalsekretär dafür ein, nach der Ausrottung von Nazis und preußischem Geist »dem deutschen Volk die Hand zu reichen und Zustände zu vermeiden, die einen neuen Hitler nähren könnten«. Man geht nicht zu weit mit der Feststellung, daß die Sozialisten beim Übergang vom Krieg zum Frieden durch ihre saubere, gelegentlich sogar fast naiv anmutende Haltung politischen Terrainverlust, zumal gegenüber den Kommunisten, in Kauf zu nehmen hatten.

Eine solche Konsequenz hatte die vernünftige Haltung meiner norwegischen Freunde für sie nicht. In ihrer illegalen Zeitung »Fri Fagbevegelse« vertraten sie die Linie, die auch in Stockholm befolgt wurde. Vor dem Landesausschuß des Jugendverbandes hatte Trygve Bratteli im August 1940 – mit der Unterstützung aller Stimmen, bis auf eine – festgestellt, Deutschland müsse einen gerechten Frieden erhalten. Mir erschien jene Stellungnahme des Jugendverbandes als Zeugnis großer Reife. Ich schrieb nach London, dies müßte für unsere Haltung »mehr bedeuten als die Auffassungen, die von vielfach ziemlich neubekehrten Aktivisten und Hurrapatrioten vertreten werden«. Bratteli ließ sich von seinem Kurs leidenschaftsloser Vernunft nicht abbringen. Auch nicht, als er, der spätere Regierungschef, in einigen der schlimmsten Konzentrationslager gequält wurde. (Er war schon, was die Lagersprache einen »Muselmann« nannte. Das heißt, als endlich einer der weißen Busse des schwedischen Roten Kreuzes kam, hätte nicht mehr viel gefehlt, daß man ihn auf den Leichenhaufen geworfen hätte.)

Ob eine Korrektur der Entwicklung erfolgt wäre, wenn der Aufstandsversuch im Sommer 1944 Erfolg gehabt und eine neue Regierung das Heft in die Hand genommen hätte? Hätten sich die bedingungslose Kapitulation und die Aufteilung des Landes in streng voneinander getrennte Zonen vermeiden lassen? Es ist schwer, aber auch nicht besonders lohnend, diese Frage beantworten zu wollen. Eine Revolution fand nicht statt, auch nicht, als die Waffen schwiegen. Die Okkupation verhinderte ein Chaos. Aber für gesellschaftliche Erneuerung ließ sie nicht viel Raum. Anstelle eines Friedensvertrages – über den viel geschrieben und gestritten worden war – zeichnete sich bald eine Verfestigung der Teilung ab, die ganz Europa betraf, die Deutschen allerdings am meisten.

Auch wenn wir in Stockholmer Diskussionen den Eisernen Vorhang nicht voraussahen und ein Vorgang wie die Berliner Spaltung selbst in unseren Alpträumen nicht vorkam: Der Zusammenhang zwischen den europäischen und deutschen Fragen war uns durchaus bewußt.

Was wird aus Deutschland?

Nicht nur in den deutschen Zirkeln, gerade auch in der »Internationalen Gruppe demokratischer Sozialisten« wurde intensiv über die Zukunft Deutschlands gesprochen. In den »Friedenszielen« vom Frühjahr 1943 hieß es, trotz aller nazistischer Untaten dürfe nicht aus dem Auge verloren werden, daß die Demokratisierung Deutschlands ein positives Kriegsziel sei; dies liege eindeutig auch im Interesse der anderen europäischen Staaten. Man sah, daß der Aufbau einer deutschen Demokratie schwierig sein werde, daß diese Aufgabe gelöst werden müsse und daß sie nicht von außen gelöst werden könne. Voraussetzung dafür seien »eine enge Zusammenarbeit mit den deutschen Demokraten und Anknüpfung an die demokratischen Traditionen Deutschlands«.

Dies wurde mitten im Krieg im Einvernehmen mit Politikern und Gewerkschaftern aus besetzten Ländern formuliert. Wir nahmen gemeinschaftlich gegen neue Eroberungen Stellung und wandten uns gegen territoriale Veränderungen, falls diese nicht mit den frei ausgedrückten Wünschen der betroffenen Bevölkerung übereinstimmten. Das Selbstbestimmungsrecht der Nationen wurde wie in den Erklärungen der alliierten Regierungen beschworen, und wir bezeichneten es als »eine Pflicht der demokratischen Sozialisten, an ihnen festzuhalten, falls sie im weiteren Verlauf des Krieges oder im Zusammenhang mit dem Friedensschluß umstritten werden sollten«.

Die Norweger hatten sich in ihrer Plattform gegen »extreme« Änderungen der deutschen Ostgrenze ausgesprochen. In der Internationalen Gruppe ließ man Einzelheiten des Themas auf sich beruhen. Die meisten waren gegen Maximalforderungen zugunsten Polens. Je näher das Kriegsende kam, um so deutlicher war für uns zu spüren, daß Deutschland ungewöhnlich glimpflich davonkäme, wenn – anders als nach dem Ersten Weltkrieg – eine begrenzte Gebietsregulierung bei beiderseitigem Bevölkerungsaustausch stattfände. Die Wirklichkeit war anders; selbst die Forderungen der polnischen Exilregierung wurden beträchtlich übertroffen.

Noch im Verlauf des Krieges hatten wir davon Kenntnis zu nehmen, daß nach dem gemeinsamen Willen der Westmächte und der Sowjetunion in einem deutschen Staatsverband für Österreich keine Zukunft vorgesehen war. Die Norweger hatten für die Stockholmer Beratungen vorformuliert (und ich mit ihnen), daß es ein Vorteil für die demokratische Entwicklung sein könnte, wenn Österreich bei Deutschland bliebe. Das entsprach, wie ich schon berichtete, ganz und gar nicht der Meinung des künftigen Bundeskanzlers Kreisky. Er sorgte auch dafür, daß diese Idee in unseren »Friedenszielen« nicht wieder auftauchte. (Was die Sudetendeutschen anging, wagten wir kaum noch zu hoffen, daß ihnen die Chance einer föderativen Ordnung gemeinsam mit den Tschechen und Slowaken geboten würde. Wir hörten, daß Ausweisungen geplant seien, und wir hofften, daraus würden keine Exzesse werden. Immerhin wäre es manchem von uns nicht unverständlich erschienen, wenn die Tschechoslowaken nur darauf bestanden hätten, daß aktive Nazis ihre deutsche Staatsangehörigkeit behalten sollten.)

In einer Broschüre »Zur Nachkriegspolitik der deutschen Sozialisten«, die im Frühsommer 1944 von meinen deutschen Freunden in Stockholm herausgegeben wurde (und deren außenpolitischer Teil von mir entworfen worden war), stellten wir fest: Das Deutschland, welches dem Dritten Reich folge, werde sich nicht den Konsequenzen der nazistischen Niederlage entziehen können, also den Bedingungen, die Deutschland – wie wir meinten: durch Waffenstillstand und Friedensvertrag – auferlegt werden würden. Die neue Regierung könne versuchen, diese Bedingungen zu ändern und zu mildern, aber sie könne sie nicht einfach ablehnen. Eine intransigente Haltung würde zu hoffnungsloser Isolierung führen, auch von den natürlichen Bundesgenossen der neuen deutschen Demokratie. Ein radikaler Bruch mit der traditionellen deutschen Politik, so sagten wir, liege vor allem im Interesse des deutschen Volkes selbst. Die Zukunft des deutschen Volkes lasse sich nicht durch Waffen sichern, sondern allein durch friedliche, zumal wirtschaftliche und kulturelle Zusammenarbeit. Vertrauen werde sich nur Schritt für Schritt erwerben lassen:

»Vertrauen kann man nicht erzwingen, es muß erworben werden. Wir können den vom Nazismus unterjochten Völkern und Nationen, die im Kampf gegen den Faschismus schwerste Blutopfer zu bringen hatten, lediglich sagen: Wir erwarten nichts anderes als eine Chance, durch Taten beweisen zu können, daß wir nichts mit dem Deutschland zu tun haben, das Ihr von der widerwärtigsten Seite kennengelernt habt, und daß wir kein höheres Interesse kennen, als mit Euch zusammen am friedlichen Wiederaufbau Europas zu wirken.«

Zu dem, was wir für die »Zielsetzungen der demokratischen Revolution« hielten, gehörte mit einer gewissen Selbstverständlichkeit, daß demokratische Grundrechte wiederherzustellen seien und daß große Anstrengungen unternommen werden müßten, um soziales Elend abzuwenden und die Verwaltung auf eine völlig neue Grundlage zu stellen. Nach außen werde es notwendig sein, von allen hitlerischen Annexionen Abstand zu nehmen, für die Bestrafung von Kriegsverbrechern zu sorgen, mit den nach Deutschland verschleppten Kriegsgefangenen und Zwangsarbeitern Solidarität zu üben, sich nicht zuletzt auch für die Mitarbeit am Wiederaufbau in Europa bereitzuhalten. Von der Vorbereitung auf die Mitarbeit in einer Europäischen Föderation war – wieder oder immer noch – die Rede. (Meine Hoffnung jener Jahre kleidete ich in den Satz: Einmal muß das Europa Wirklichkeit werden, in dem es sich für Europäer leben läßt!) Als ganz irrig erwies sich die Annahme, nach einer Abkühlungsperiode von zwei bis fünf Jahren werde man an einen Friedensvertrag denken können – dies allerdings auf die Arbeitshypothese gestützt, daß die Großmächte zu einem sachlichen Ausgleich kommen würden.

Wir gingen davon aus, daß Reparationen zu leisten sein würden. Doch wandten wir uns deutlich gegen eine bedingungslose Erfüllung alliierter Auflagen: »Es muß die Aufgabe deutscher Demokraten und Sozialisten sein, das Recht ihres Volkes auf Selbstbestimmung im Rahmen einer internationalen Organisation zu sichern. Es kann nicht ihre Aufgabe sein, um die Wiedererlangung einer deutschen Vormachtstellung auf dem Kontinent zu kämpfen. Der demokratische Ausweg für Deutschland liegt … in der bewußten, ehrlichen und konsequenten

Arbeit an der Einordnung der deutschen Belange in die Interessen der europäischen Völkergemeinschaft.« Es sei sehr wohl möglich, daß Deutschland von seiten der Siegermächte unbillige Forderungen auferlegt würden; deshalb: »Wir sind keineswegs der Auffassung, daß eine provisorische demokratische Regierung ohne weiteres alle Papiere unterschreiben soll, die ihr vom Ausland vorgelegt werden. Es wird in jedem einzelnen Fall einer gewissenhaften Prüfung der Verhältnisse bedürfen. Vor allem bedarf es aber auch rücksichtsloser Offenheit gegenüber dem eigenen Volk.« Unterwürfigkeit oder andauerndes Protestieren würden nicht zu vernünftigen Resultaten führen. Die Lage werde einen Modus vivendi mit der Außenwelt erzwingen: »Die Revolution wird ersticken und das Volk verhungern, wenn es nicht gelingt, das Verhältnis zu den Siegermächten zu normalisieren.«

Mit anderen Worten: Wir plädierten »gegen Nationalismus – für nationale Einheit« und verbanden damit die Hoffnung, die Besatzungsmächte möchten nationalistischen Kräften keinen neuen Nährboden verschaffen. Unserer Meinung nach könnte sich ein vernünftiges deutsches Verhalten nicht aus Gegensätzen zwischen den Siegermächten ableiten. Wollte man es doch versuchen, würde eine konstruktive deutsche Politik gefährdet werden. Unsere – nicht bestätigte – Arbeitshypothese war, daß der Krieg in einen Aufstand des betrogenen Volkes (oder sogar in eine europäische Revolution mit demokratisch-sozialistischer Gesamtorientierung) münden werde. Unter Berufung auf Eindrücke aus dem besetzten Norwegen schrieb ich: »Wenn der Tag komme, würden die deutschen Soldaten wohl mithelfen, ihren Gestapo- und SS-Leuten und NS-Offizieren die Rechnung aufzumachen: »Und das wird eine ganz neue Konstellation schaffen.« Doch der Tag, der hier vorausgesetzt wurde, kam nicht.

Wir haben uns bis ins Jahr 1944 nicht vorstellen können (oder wollen), daß Deutschland einen totalen Zusammenbruch erleiden würde. Wir fühlten uns durch den Sturz Mussolinis im Sommer 1943 und die Sammlung der antifaschistischen Kräfte in Italien ermutigt. Sollten sie nicht im deutschen Volk immer noch die Kraft besitzen, sich nach dem Ende der NS-Herrschaft Geltung zu verschaffen?

Als ich am 6. Juni 1944 die Radiomeldungen von der Invasion der Alliierten in der Normandie hörte, trieb mir die innere Bewegung Tränen in die Augen. Ich habe nicht oft geweint. Jetzt … (Thomas Mann im fernen Kalifornien notierte seine Bewegung, die groß gewesen sei, und erkannte nach den Abenteuern der voraufgegangenen Jahre eine der »Stimmigkeiten« seines Lebens. Er beging an diesem Tag seinen 69. Geburtstag.)

Zwei Wochen später erhielt ich den Besuch eines der Männer, die in jenem Sommer 1944 Hitler beseitigen wollten. Hätten sie nur Erfolg gehabt und jedenfalls die ungeheuren Leiden der dann folgenden Monate verhindern können!

Leber und Trott

Der Emissär, der an jenem Junivormittag zu mir in die Wohnung nach Hammarbyhöjden kam, war der Legationsrat Adam von Trott (zu Solz, wie der Name vollständig lautete). Ich war ihm vorher nie begegnet. Er war mir auch kein Begriff. Ein Mann der Schwedischen Kirche hatte mich morgens angerufen und gefragt, ob er mit einem Bekannten vorbeikommen könne; als Journalist war ich vormittags meist zu Hause, die Arbeit im Büro fiel auf den Nachmittag. Der Kirchenmann aus Sigtuna empfahl mir seinen Begleiter und verabschiedete sich. Der große, selbstsichere Mittdreißiger mit dem kahlen Kopf stellte sich vor und sagte: »Ich bringe Ihnen Grüße von Julius Leber. Er bittet Sie, mir zu vertrauen.«

Von Leber hatte ich einige Monate zuvor durch einen anderen Hitlergegner gehört. Nun hatte sich der schwedische Kirchenmann für den Diplomaten verbürgt, der einen vertrauenerweckenden Eindruck machte. Doch wer durfte schon ganz sicher sein? Leber hatte zur Identifikation einen Hinweis mitgegeben, mit dem ich beim besten Willen nichts anfangen konnte: Er hatte mit einem Glas Rotspon an einem bestimmten Tag des Jahres 1931 im Lübecker Ratskeller zu tun, und ich hätte einen bösen Schnupfen gehabt. Da ich mich wirklich nicht erinnern konnte – es war 13 Jahre her und ich damals 17 –, mußte ich nachfassen, um mich zu vergewissern, daß ich es mit dem zu tun hatte, der mir doppelt empfohlen worden war.

Adam von Trott wurde wenige Jahre vor dem Ersten Weltkrieg als Sohn des damaligen preußischen Kultusministers in Potsdam geboren, war aber auf dem Familiensitz im Hessischen aufgewachsen. Wie sich in diesem ersten und ein paar Tage später in einem zweiten Gespräch mit diesem ernsten und zugleich so lebensfrohen Mann zeigte, war er mit sozialistischen Ideen auf eine mir sympathische Weise vertraut; Paul

Tillichs »Neue Blätter für Sozialismus« hatten ihn beeindruckt, er hatte auch die SPD gewählt, ohne sich mit ihren schwächlichen Eigenheiten identifizieren zu wollen. Ohne Überflüssiges zu erwähnen – weder Stauffenberg noch Goerdeler, noch Helmuth James Moltke, der schon im Gefängnis saß, wurden namentlich erwähnt –, ergänzte er mein Bild von den teils locker, teils straff organisierten Gruppierungen politischer und militärischer Persönlichkeiten, die über alle Unterschiede hinweg die Überzeugung teilten, daß der deutschen Schande und dem europäischen Elend ein Ende bereitet werden müßte. Von aufregender Neuigkeit war der Hinweis, daß die Beseitigung Hitlers für die nächsten Wochen geplant sei, nachdem Attentatsversuche bisher erfolglos geblieben seien. Die Struktur einer neuen Regierung, so erfuhr ich, sei weithin festgelegt, aber es könne noch eine »fortschrittliche Korrektur« geben. Trott machte keinen Hehl daraus, daß er eine solche Korrektur konservativer Vorstellungen für wünschenswert hielt, und er deutete an, daß auf Julius Leber eine noch wichtigere Aufgabe als die des Innenministers zukommen könne; tatsächlich ist ja im engsten Kreis der Verschwörer in diesem Stadium erwogen worden, Leber oder den Gewerkschaftsführer (und zeitweiligen hessischen Innenminister) Wilhelm Leuschner anstelle des »deutschnationalen« Carl Goerdeler an die Spitze der Umsturzregierung treten zu lassen. Stauffenberg und Leber: Gewiß, der eine hatte sich als junger Leutnant für die »nationale Bewegung« begeistert und aus seinem Antibolschewismus keinen Hehl gemacht – der andere hatte den Kommunisten in der politischen Auseinandersetzung bis 1933 nichts geschenkt. Beide beharrten bis an ihr Ende auf der Ablehnung dessen, was mit Stalins Herrschaft und kommunistischen Machtansprüchen zu tun hatte. Aber beide waren sich auch einig in einem sich steigernden Widerwillen gegen die deutschnationale und restaurative Orientierung einer Anzahl ihrer Mitverschworenen. Leber hatte sich bereit erklärt, in einem Kabinett Goerdeler als Innenminister zu wirken; es war Stauffenberg, der zu bedenken gab, ob der frühere Oberbürgermeister Goerdeler der Aufgabe gewachsen sein werde und ob die fortschrittlicher orientierten Kräfte nicht so rasch wie möglich das Sagen haben sollten.

Unumstritten war die Rolle des früheren Generalstabschefs, Generaloberst Ludwig Beck, in der Funktion des Staatsoberhauptes. Mich beeindruckte, was sich wenige Tage zuvor auf einem ostpreußischen Gut, nicht weit entfernt von Hitlers Hauptquartier, zugetragen haben sollte.

Auf einer Zusammenkunft mit Beck wurde ein Überblick über die militärische Lage gegeben, aus der sich ein für die deutsche Seite nahezu hoffnungsloses Bild ergab; Feldmarschall Kluge ließ sagen, daß der Durchbruch der Alliierten nur eine Frage von wenigen Tagen sei. Der Generaloberst – der nach dem Scheitern des Umsturzversuchs seinem Leben selbst ein Ende setzte – beendete die Aussprache: Wahrscheinlich sei alles verloren, doch wenn die Geschichte dieser Zeit geschrieben würde, sollten die Worte, daß es noch Männer gab, darin vorkommen.

Daß Trott nach der Verhaftung des Grafen Moltke zum außenpolitischen Berater des in das Zentrum der aktiven Verschwörung gerückten Obersts Stauffenberg geworden war, behielt er für sich; auch, daß er als Staatssekretär des Auswärtigen Amtes vorgesehen war. Wohl aber sprach er in sachlicher Offenheit – und hier unter Berufung auf Leber – von der sorgenvollen Frage, ob die Alliierten einer neuen deutschen Regierung eine Chance geben würden. Das hieß, ob es eine Waffenstillstandspause geben könne, ehe die vollständige Besetzung Deutschlands, wenn sie denn nicht zu vermeiden sei, stattfände, und ob die neue Regierung vor dem Eindruck bewahrt werden könne, von Gnaden der Siegermächte im Amt zu sein.

In Übereinstimmung mit Leber – und damit im Gegensatz zu Vorstellungen im Kreis um Goerdeler – ging Trott davon aus, daß sich die Besetzung ganz Deutschlands kaum noch werde vermeiden lassen, daß es folglich wenig sinnvoll sei, den Krieg für einen »gerechten« Frieden weiterzuführen. Trott vermittelte bei unserer zweiten Unterredung den Eindruck, daß es seines Erachtens überhaupt kaum noch vernünftig sei, etwas zu unternehmen. Ob man nicht lieber »die anderen«, also die Nazis, die volle Verantwortung für die totale Niederlage übernehmen lassen sollte? Dies war, wie ich mir hinterher zusammenreimen konnte, seine Reaktion auf entmutigende alliierte – genauer: britische – Nachrichten, die ihm in Stockholm übermittelt worden waren.

Adam von Trott war, was ich nicht wußte, seit dem Herbst 1943 schon einige Male in Schweden gewesen. Er hatte die Berichterstattung für seine offiziellen Auftraggeber mit Erkundungen für den Kreis der Verschwörer verbinden können. Zu Beginn des Krieges, um die Jahreswende 1939/40, hatte er auch die USA besucht. Klaus Mehnert berichtet, daß er sich auf Hawaii mit ihm unterhielt und in höchst gefährliche Überlegungen eingeweiht wurde. Der ungewöhnliche junge Diplomat hat danach noch manchen gewagten Versuch unternommen, um

Existenz und Vorstellungen der innerdeutschen Opposition bei einflußreichen ausländischen Stellen, besonders bei der britischen Regierung, bekanntzumachen. In Stockholm war Trott mit einem wichtigen, konservativen Chefredakteur, mit Engländern, allerdings kaum mit Amerikanern, bei einer Gelegenheit wohl auch mit dem schwedischen Außenminister zusammengetroffen. Er hatte einen Vertrauensmann bei der Deutschen Gesandtschaft und kannte Hans Schäfer, den früheren Staatssekretär im Reichsfinanzministerium, der ab 1936 Berater des schwedischen Zündholzkonzerns war; ihn lernte ich erst bei Kriegsende kennen. Zu meiner Überraschung erfuhr ich im Spätsommer 1944, daß Trott im Juni auch Gunnar Myrdal aufgesucht hatte.

Adam von Trotts Biograph geht davon aus, daß die Engländer dem Legationsrat angeboten hätten, ihn auszufliegen, allerdings unter der Bedingung, daß er für den Rest des Krieges in England bleibe. Darauf konnte er nicht eingehen. Wenn es im übrigen zutreffen sollte, daß er Ende Juni deprimiert nach Berlin zurückkehrte, so muß man das allerdings an der Botschaft messen, die ihm die Engländer übermittelt hatten. Sie lautete sinngemäß: Wenn die Widerständler die Welt von Hitler befreiten und eine provisorische Nicht-Nazi-Regierung zustande brächten, werde Hoffnung bestehen, Verhandlungen aufzunehmen – in entgegenkommenderem Sinne als in Casablanca vorgesehen. »Casablanca« bedeutete, nach der Begegnung zwischen Roosevelt und Churchill Anfang 1943: bedingungslose Kapitulation. Anfang Juli 1944 hatten erst Attlee, dann Churchill in ihrem Unterhaus eine geschmeidigere Haltung zu Friedensverhandlungen angedeutet.

Vor Trott hatten mehrfach Männer der evangelischen Kirche aus Deutschland Schweden besucht, so auch der spätere Bundestagspräsident Eugen Gerstenmaier, bei Kriegsbeginn im Kirchlichen Außenamt und bis in den Frühsommer 1942 kriegsverpflichtet für das Auswärtige Amt. Der Bischof von Chichester war bei einem Besuch in Schweden im Mai 1942 mit zwei Abgesandten der deutschen Opposition zusammengetroffen: Sie stellten ihm die Frage, ob die Alliierten bereit seien, mit einer neuen Regierung zu verhandeln. Als der Bischof dem Außenminister Eden berichtete, mahnte der zur Vorsicht; die Verbündeten könnten Mißtrauen schöpfen, und damit meinte er nicht nur die Russen, sondern auch die Amerikaner. Ich wußte von alldem nur wenig, auch nicht, daß sich Moltke im März 1943, aus Oslo kommend, in Stockholm aufgehalten hatte.

Im Winter 1942/43 erhielt ich – erst von einem deutschen Geschäftsmann, der sich von Oslo nach Stockholm abgesetzt hatte und hier zu meinem Freundeskreis gehörte, etwas später von einem deutschen Offizier, der ab und zu über Stockholm kam – gewisse Hinweise auf die Koalition von Führungskräften unterschiedlicher antinazistischer Gruppen, die sich darauf einstellten, nach der – wie immer sich vollziehenden – Entmachtung Hitlers die Verantwortung übernehmen zu können. Wie immer sich vollziehend: Es ist eine der Legenden um den 20. Juli, daß alle im Zusammenhang damit verfolgten und vernichteten Oppositionellen sich auf die Tötung Hitlers verständigt hätten.

Noch im April 1944 meinte ich – in einem Bericht für einen befreundeten Amerikaner, John Scott von »Time« und »Life« –, das meiste spreche für die Erhebung breiter Volksschichten im Gefolge der zu erwartenden Niederlage. Die verbliebenen illegalen Kontakte vermittelten uns den Eindruck, daß die Chancen für eine einheitliche Arbeiterbewegung, und zwar mit radikal-demokratisch-sozialistischer Orientierung, gestiegen seien. Wichtig werde nicht sein, so meinte ich in Übereinstimmung mit Freunden im Reich, Dogmenstreitigkeiten auszutragen, sondern dafür zu sorgen, daß Hungersnot vermieden und normale Beschäftigung für die heimkehrenden Soldaten geschaffen würde; ich betonte auch hier die Notwendigkeit, das deutsche Problem in den europäischen Zusammenhang einzuordnen. Trotzdem bleibt festzuhalten, daß ich zwar die Rolle kirchlicher Kräfte und von Resten der liberalen Bewegung erwähnte, aber zum Beispiel keine auch nur annähernd klare Vorstellung von dem hatte, was sich an Widerstand in großen Teilen der katholischen und evangelischen Kirche entwickelt hatte. Andere haben den nicht geringeren Fehler gemacht, jahrelang nur vom 20. Juli 1944 zu reden und dabei zu vergessen, welch opfervollen Arbeiterwiderstand es seit dem 30. Januar 1933 – und lange davor! – gegeben hatte.

Weswegen kam Trott zu mir? Es ging zunächst darum, ob ich mich der neuen Regierung zur Verfügung stellen und einstweilen für eine noch näher zu bestimmende Aufgabe in Skandinavien bleiben würde. Meine Antwort lautete, ohne zu zögern, ja, zumal ich sicher annehmen durfte, daß es auch Leber sei, der diese Frage an mich richtete. Zum anderen, und das war akuter, wollte mein Besucher wissen, ob ich ihm zu einem Gespräch – und zwar über das sowjetische Verhalten nach einem Umsturz in Berlin – mit der Gesandtin Alexandra Kollontai verhelfen könne. Das traute ich mir zu. Ich hatte die Dame, durch Vermittlung meiner norwegischen Freunde, zwar nur einmal gesprochen. Aber Martin Tranmæl kannte sie gut. Er war auch gern bereit, den Kontakt zu vermitteln. Doch das Gespräch kam nicht zustande. Denn als ich am übernächsten Tag – dem Tag nach der Sommersonnenwende, die ich in Südschweden verbracht hatte – in einer schwedischen Privatwohnung vereinbarungsgemäß erneut mit Trott zusammentraf, bat er mich dringend, dem Kontakt zur sowjetischen Vertretung nicht weiter nachzugehen. Er hätte gehört – vermutlich von seiner Vertrauensperson in der deutschen Gesandtschaft –, daß es bei den Sowjets in Stockholm eine undichte Stelle gebe, durch die er und seine Freunde bloßgestellt werden könnten. Außerdem war er beunruhigt, weil über seinen Aufenthalt Gerüchte im Umlauf seien. Inzwischen weiß man, daß ein Beamter aus Ribbentrops Ministerbüro schon 1943 Sondierungsgespräche in Stockholm mit dem Legationsrat Wladimir Semjonow geführt hatte und daß sich in der letzten Kriegsphase auch Himmlers Apparat um »eine lose Kontaktaufnahme mit Rußland« (Obergruppenführer Schellenberg) bemühte. Ich wußte nichts von umlaufenden Gerüchten, konnte Trotts Befürchtungen aber auch nichts entgegensetzen. Wir nutzten die nächsten Stunden zu einem recht gründlichen, angenehmen und anregenden Meinungsaustausch. Ich zeigte ihm den außenpolitischen Teil unserer Broschüre zur Nachkriegspolitik. Was dort skizziert war, fand er nicht uninteressant, ohne sonderlich beeindruckt zu sein. Wir lebten ja nicht nur in unterschiedlichen Erfahrungswelten, sondern auch mit stark voneinander abweichenden Arbeitshypothesen – keine von beiden sollte durch die Entwicklung bestätigt werden.

In einigen Veröffentlichungen, so bei Allen Dulles, wird als Tatsache unterstellt, daß Trott die Gesandtin Kollontai doch gesehen habe. Wenn man mir dies aus konspirativen Gründen verheimlicht hätte, wäre nichts dagegen einzuwenden gewesen. Doch halte ich es für sicher, daß meine Version zutreffend ist.

Madame Alexandra Michailowna Kollontai – Generalstochter, radikale Sozialistin, Schriftstellerin: »Der Weg zur Liebe«, »Die neue Moral und die Arbeiterklasse« – war ab 1930 Missionschefin in Stockholm und blieb es bis Kriegsende. Eine der farbigsten und eigenwilligsten Persönlichkeiten aus der Führung von Lenins Partei während der Revolution, war sie Anfang der zwanziger Jahre in den diplomatischen Dienst abgeschoben worden, nachdem sie sich die Forderungen der »Arbeiteropposition« nach mehr Mitverantwortung zu eigen gemacht hatte;

wahrscheinlich kam hinzu, daß den meisten ihrer Kollegen nicht behagte, wie unbefangen sie zu Fragen von Emanzipation und Sexualität Stellung nahm. Inzwischen war sie 72 Jahre alt geworden, und manche sagten ihr nach, sie hätte längst resigniert – hier, auf ihrem Stockholmer Posten leistete sie zweifellos wichtige Arbeit, zuweilen auch auf eine aus dem Rahmen fallende Weise. Martin Tranmæl, den sie nicht erst kennenzulernen brauchte, als sie ab 1923 in Oslo Dienst tat, weil sie ihn schon aus einem Abschnitt ihres Exils her kannte, vertraute sie früh an, es sei keine länger andauernde deutsch-russische Zusammenarbeit zu befürchten; die norwegische Führung schöpfte daraus Hoffnung in einer sie tief bedrückenden Zeit. Der schwedische Sozialminister Gustav Möller wußte zu berichten, die Gesandtin habe sich nachhaltig für die Beendigung des Winterkrieges gegen Finnland eingesetzt.

Ich wurde, durch Tranmæls Vermittlung, von Frau Kollontai einmal empfangen und konnte ihr Fragen zur sowjetischen Außenpolitik stellen. Ihr Gesicht war schön geblieben, obwohl sich offensichtlich viel Gram eingefressen hatte. Augen, die immer noch neugierig waren, wußten zu beeindrucken. Ende 1944 ging ich – mit norwegischen und deutschen Freunden, darunter auch Tarnow – zum sowjetischen Jahresempfang. Journalistische Gesprächsmöglichkeiten nach dieser Seite waren ansonsten eher spärlich.

Zum falschen Bild vom 20. Juli 1944 gehört die Behauptung, die zur Revolte entschlossenen Offiziere und die mit ihnen verbündeten Politiker hätten die Absicht geteilt, mit den Westmächten einen Separatfrieden zu erwirken, um dann gemeinsam mit ihnen den Krieg gegen die Sowjetunion weiterzuführen. Ganz abgesehen davon, daß es dafür im Westen keine Partner gegeben hätte, waren Männer wie Leber und auch Stauffenberg davon überzeugt, daß Deutschland nach Hitler nicht zwischen den Mächten in West und Ost schaukeln oder spielen dürfe. (Neben der deutsch-französischen wurde die deutsch-polnische Aussöhnung als wichtiges Ziel gesehen.) Als Trott im Juni 1944 nach Schweden fuhr, um ein letztes Mal vor dem Anschlag auf Hitler die außenpolitischen Möglichkeiten zu sondieren, hatte ihm Leber mit Nachdruck empfohlen, sich auf nichts einzulassen, was wie eine auf die Spaltung der Verbündeten gerichtete Politik verstanden werden könnte; die einzige Chance liege im Sturz des Tyrannen mit einem anschließenden offenen Waffenstillstandsangebot.

Trott sagte, schon weil Deutschland in der Mitte Europas liege, könne es sich nicht ausschließlich mit dem Westen und gegen Rußland verständigen. Daß er über Frau Kollontai Mitteilungen an die sowjetische Führung gelangen lassen wollte, war keine Extratour, sondern mit Julius Leber abgesprochen und sicherlich auch mit Oberst Stauffenberg, den er außenpolitisch beriet. Er hatte mir gegenüber erwähnt, daß ein hoher Beamter nach dem Sturz Hitlers unverzüglich um Gespräche mit der sowjetischen Regierung bemüht sein werde. Nicht wußte ich, daß Graf (Werner von der) Schulenburg, der letzte Botschafter des Reiches in Moskau, schon in Verbindung mit einer 1943 geplanten Aktion dazu ausersehen war, mit einem Gesprächsauftrag über die Frontlinie gebracht zu werden. Auch er gehörte zu den Opfern des mißlungenen Aufstandsversuchs.

Leber und Stauffenberg hätten es beide begrüßt, wenn die Westmächte nach ihrer Invasion in Frankreich deutlicher und rascher durchgebrochen wären: Der Krieg war sowieso verloren, jetzt ging es darum, ob Europa und dem eigenen Volk die weiteren – wie wir wissen, schrecklichen – Leiden und Zerstörungen erspart bleiben könnten. Lebers engste militärischen Freunde hatten sogar, wie mir seine Frau Annedore erzählte, mit dem Gedanken gespielt, den Alliierten Hinweise zuspielen zu lassen, die zu einem rascheren Kriegsende hätten beitragen können.

Der Mann, der im Winter 1943/44 die Verbindung zwischen Leber und mir neu herstellte, hatte seine eigenen Gründe gegen eine einseitige Westorientierung der neuen Regierung. Es handelte sich um den früheren Rendsburger Landrat Theodor Steltzer, der im Range eines Oberstleutnants Chef des Transportwesens in Norwegen, bei Generaloberst Falkenhorst, war. Er ging davon aus, daß Rußland zu Europa gehöre und ein unentbehrlicher Faktor europäischer Ordnung sein werde. Steltzer, der für die Zeit nach dem Krieg seine Hoffnungen auf eine christliche Renaissance setzte (sie sollten sich nicht erfüllen), hatte sich eine Theorie zurechtgelegt, derzufolge auch Rußland durch eine religiöse Wiedergeburt geprägt sein werde. Im Kreisauer Kreis gehörte er zu denen, die über Künftiges nachdachten und Verantwortung zu übernehmen bereit waren, aber aus Gewissensgründen dem Tyrannenmord nicht glaubten zustimmen zu können.

Es war der erwähnte deutsche Geschäftsmann aus Oslo, dort mit einer Norwegerin verheiratet, der mich mit dem bald 60jährigen Theodor Steltzer zusammenbrachte, der von Zeit zu Zeit dienstlich in Stockholm zu tun hatte. Er hatte das Aussehen eines sittenstrengen und zugleich geistig bemühten Staatsdieners. Julius Leber, so vertraute er mir an, gehöre zu seinen guten Bekannten. Ich erfuhr auch von Steltzers guten Beziehungen zur Norwegischen Kirche; die Verhaftung des mit ihm befreundeten Bischofs Eivind Berggrav konnte er aufheben lassen.

Erst später erfuhr ich, daß ein Teil des norwegischen Widerstandes seit 1941 regelmäßigen Kontakt mit einem Kreis antinazistischer Offiziere unterhalten hatte. Anfang Juli 1944 war es Steltzer, der über die Führung der norwegischen geheimen Militärorganisation nach London signalisierte, man möge sich bei den Alliierten dafür verwenden, daß einer neuen deutschen Regierung mit Verständnis und Entgegenkommen begegnet werde. Kurz nach dem 20. Juli wurde er nach Berlin beordert, und es hätte für ihn naheliegen können, sich nach Schweden abzusetzen. Dort hatte er einflußreiche Bekannte – zum Teil dieselben wie Trott. So kannte auch er den schwedischen Außenminister Günther und Kontaktleute zu den alliierten Gesandtschaften. Er hielt es für seine Pflicht, sich der Verfolgung nicht zu entziehen. So wurde er »wegen hochverräterischer Gesinnung« zum Tode verurteilt. Sein Name stand auf einer Liste der Zivilbevollmächtigten bei den Generalkommandos: Goerdeler hatte ihn für Mecklenburg-Hamburg-Schleswig-Holstein vorgesehen; Steltzer hatte nicht zugestimmt, zumal er mit einer Lage rechnete, in der es Generalkommandos nicht mehr geben werde, doch das bewahrte ihn nicht vor Freislers Bluturteil.

(Steltzers Untergebener als Zivilbevollmächtigter für Mecklenburg wäre der Rostocker Jugend-, dann Parteisekretär Willy Jesse geworden, dem es im September 1944 gelang, über Kopenhagen nach Schweden zu entkommen. Er fand sich schwer zurecht und lebte sich in die Vorstellung hinein, Tarnow und andere – auch ich – wären mit seinen Informationen nicht sorgsam genug umgegangen.)

Der Prozeß gegen Moltke und Genossen fand Mitte Januar 1945 statt, doch die Vollstreckung der Todesstrafe an Theodor Steltzer wurde hinausgeschoben und schließlich sogar ausgesetzt – in diesem Fall, weil norwegische und schwedische Freunde Himmlers finnischen Masseur, Medizinalrat Kersten, dafür gewonnen hatten, für den Oberstleutnant um Gnade zu bitten. Kersten konnte Himmler überreden, aber er hörte ihn auch sagen: »Später hängen wir sie doch alle auf.« – Das Urteil war buchstäblich in letzter Stunde ausgesetzt worden. Steltzer hatte noch einmal Glück, als er sich Ende April, unmittelbar bevor die Russen kamen, gerade noch retten konnte, während viele seiner Mitgefangenen hinterrücks erschossen wurden. Ich werde berichten, wie ich diesen noblen Mitbegründer der Christlich-Demokratischen Union 1946 in Kiel wiedertraf, wo er Ministerpräsident wurde.

Adam von Trott war fünf Tage nach dem 20. Juli verhaftet und einen Monat später hingerichtet worden.

Julius Leber wurde mit mehreren seiner Freunde im Oktober 1944, kurz vor Vollendung seines 53. Lebensjahres, zum Tode verurteilt und am 5. Januar 1945 hingerichtet. Nach seinen Jahren in Gefängnissen und Lagern hatte sich Leber 1937 in Berlin niedergelassen; seine Frau hatte schon vorher mit den beiden Kindern in der Reichshauptstadt Zuflucht gesucht und schlug sich als Schneiderin durch. Ihr Mann übernahm eine kleine Kohlenhandlung in Schöneberg, und dort fand während des Krieges manch konspiratives Gespräch statt. Mit großem Geschick nahmen er und seine Freunde die Verbindung zu örtlichen Vertrauensleuten im Reich auf, ohne der Gestapo das blutige Geschäft zu erleichtern. Ende 1943 traf er mit Stauffenberg zusammen, nachdem er Moltke und andere »Kreisauer« zuvor kennengelernt hatte. Zu seinen engeren Gefährten zählten sein kraftvoller hessischer Reichstagskollege Carlo Mierendorff (der im Frühsommer 1943 in Leipzig bei einem Luftangriff umkam); Professor Adolf Reichwein, Wandervogel bis in den Ersten Weltkrieg, Dorfschulmeister während der Nazizeit (der vor dem Volksgerichtshof standhielt, obwohl die Folter seine Stimme nahezu gebrochen hatte); Hermann Maaß, der während des Jahrzehnts bis 1933 Geschäftsführer des Reichsausschusses der deutschen Jugendverbände war; und schließlich der philosophierende und zugleich militante Sozialrepublikaner Theodor Haubach (der erst nach Leber verurteilt und auf der Bahre zum Fallbeil getragen wurde): Er reizte Freisler, den obersten »Volksrichter«, so, daß er die vorgesehene Freiheitsstrafe in ein Todesurteil umwandelte. Ferner gehörte zu diesem Kreis der Hamburger Abgeordnete Gustav Dahrendorf, der im Leber-Prozeß allein das Glück hatte, an der Todesstrafe vorbeizukommen. Auch zwischen Julius Leber und Wilhelm Leuschner bestanden vertrauensvolle Beziehungen. Es kann keinen Zweifel geben, daß Leber und seine Schicksalsgefährten, hätten sie überlebt, die deutsche Nachkriegsentwicklung und die Sozialdemokratie auf ihre Weise maßgeblich und in manchem anders geprägt hätten.

Julius Leber schwebte vor, was er eine Art neuer Volksfront nannte – ohne ausländische Experimente nachzuahmen! –, »auf der Grundlage aller überlebenden und lebensfähigen sozialen und demokratischen Kräfte«. Er wollte eine soziale Erneuerung, die vor dem großen Grund- und Kapitalbesitz nicht haltmache. Auch über ein Zweiparteiensystem, mit Mehrheitswahlrecht, machte er sich Gedanken. Die eine der großen Parteien würde sich auf das Potential der SPD und der Gewerkschaften zu stützen haben. Aus dieser Sicht mußte es erwünscht sein, daß sich nicht wieder eine kommunistische Partei mit Massenanhang bildete. Und was stellte das in Rußland gebildete »Nationalkomitee« wirklich dar? Von den innenpolitischen Konstellationen abgesehen: Sollte sich dort etwa ein Stückchen zusätzlicher, wenn auch bescheidener oder riskanter außenpolitischer Bewegungsmöglichkeit andeuten? Mierendorff hatte schon einige Zeit zuvor die Frage aufgeworfen, ob es nicht an der Zeit sei, mit Vertretern der früheren KPD zu einem offenen Gespräch zu kommen. Im Frühsommer 1944 entschloß sich Leber – nach Absprache mit Stauffenberg –, einen von Adolf Reichwein eingefädelten Kontakt selbst wahrzunehmen. Am 22. Juni – tatsächlich zu derselben Stunde, in der Trott und ich in Stockholm beisammensaßen – trafen sie sich in der Wohnung eines Berliner Arztes (der dann dafür auch sein Leben lassen mußte) mit zwei führenden KPD-Leuten: Anton Saefkow und Franz Jacob. Den zweiten Termin am 4. Juli nahm Reichwein allein wahr und wurde dabei verhaftet; es hatte sich ein Dritter eingefunden – und der war ein Spitzel. Am folgenden Tag holte die Polizei Leber ab.

Wenn man dem folgt, was Oberst Stauffenberg Lebers Frau sagte, war dessen Verhaftung für ihn der Ansporn, das Attentat nun auf jeden Fall zu versuchen. Beides mißlang: der Anschlag auf Hitler und die Rettung des Freundes. Der schwieg trotz schwerster Mißhandlungen. Erst als Frau und Kinder in Sippenhaft genommen werden sollten, machte er Aussagen, doch er vermied es, so tapfer es ging, andere als sich selber zu belasten. Im Prozeß – sofern man diese Bezeichnung für die schandhaften Schaustellungen vor dem Volksgerichtshof verwenden kann – verkörperte er mannhafte Würde. Blutrichter Freisler nannte ihn die »stärkste Erscheinung am politischen Firmament des Widerstandes«. (Theodor Heuss bemerkte in einem Gespräch während der Kriegszeit über ihn, er sei aus dem Holz, aus dem Napoleon seine Marschälle geschnitzt habe.) – Anfang 1933 hatte er in Lübeck gesagt: »Wenn es gilt, um die Freiheit zu kämpfen, fragt man nicht, was morgen kommt.« Bevor der Henker seinem Leben ein Ende setzte, ließ er seine Nächsten wissen: »Für eine so gute und gerechte Sache ist der Einsatz des eigenen

Lebens der angemessene Preis. Wir haben getan, was in unserer Macht gestanden hat. Es ist nicht unser Verschulden, daß alles so und nicht anders ausgegangen ist.«

Mai 1945

Am Abend des 1. Mai 1945 war unsere Internationale Gruppe gemeinsam mit schwedischen Freunden zu einer Feier versammelt; nachmittags hatten wir in zwei Zügen an der traditionellen Demonstration der Stockholmer Gewerkschaften und Sozialdemokraten teilgenommen. Die Festansprachen hielten Sigurd Hoel, der norwegische Schriftsteller, Vilmos Böhm, fast schon ungarischer Nachkriegsbotschafter, und Professor Gunnar Myrdal. Oskar Hansen, der dänische Arbeiterdichter, bei dem ich 1933 in Kopenhagen untergekommen war, hatte den Prolog geschrieben.

Zum Schluß trug ich eine Resolution vor, in der es hieß: Wir, die sozialistischen Flüchtlinge und Gewerkschafter aus Dänemark und Norwegen und aus einigen kontinental-europäischen Ländern, möchten der schwedischen Arbeiterbewegung und dem schwedischen Volk Dank sagen für die Gastfreundschaft, die wir gefunden hatten. Wir wollten auch für das danken, was von schwedischer Seite getan wurde, um den Opfern des Krieges zu helfen.

Doch noch war der schreckliche Krieg nicht zu Ende. Bevor ich am Abend jenes 1. Mai die Veranstaltung für beendet erklären konnte, wurde mir eine Agenturmeldung heraufgereicht, die mich veranlaßte, den gebannt auf das Rednerpult schauenden Versammelten zu sagen: »Liebe Freunde, jetzt kann es sich nur noch um Tage handeln. Hitler hat sich durch Selbstmord der Verantwortung entzogen.« Wir gingen in tiefer Bewegung auseinander.

Schweden war nicht übermäßig beliebt bei seinen norwegischen und dänischen Nachbarn, die in jenen Jahren das kürzere Los gezogen hatten. Um so mehr lag uns in jenen Tagen daran, der Regierung und dem Roten Kreuz für eine Aktion zu danken, durch die noch in letzter Stunde an die 20 000 Gefangene aus deutschen Lagern und Gefängnissen gerettet worden waren: etwa 7000 Dänen und Norweger und mehr als 12 000 Menschen französischer, tschechischer, polnischer Nationalität, oft jüdischer Herkunft. Die Aktion mit den legendären Weißen Bussen, die die Geretteten nach Schweden brachten, war im Februar zwischen dem Grafen Folke Bernadotte, damals Vizepräsident, danach Präsident des Schwedischen Roten Kreuzes (der im Herbst 1948 in Jerusalem umgebracht wurde), und Heinrich Himmler, dem zweithöchsten Massenmörder, abgesprochen worden. Bernadotte bediente sich des finnischen Masseurs, den ich erwähnte, und Himmler glaubte wohl, persönliche Vorsorge für den Fall der Fälle betreiben zu sollen.

Ende April waren alle Norweger – 3500 an der Zahl –, die durch das Rote Kreuz befreit worden waren, in Schweden eingetroffen, darunter meine Freunde Arnulf Øverland, Trygve Bratteli und Halvard Lange. Viele der Geretteten waren in einem bejammernswerten Zustand und bedurften ärztlicher Hilfe. Nur wenige, wie Øverland, durften schon in jenen Tagen, in denen der Krieg zu Ende ging, nach Stockholm kommen. Sie waren wortkarg, schienen in ihrer Moral ungebrochen, ja, durch die Erniedrigungen noch geläutert und wohltuend frei von Gefühlen der Rache und dem Drang nach Vergeltung. Dies bestätigte sich in den Wochen, die folgten. Das Rachegeschrei kam meist von solchen, die weniger als andere gelitten und sich durch Widerstand nicht ausgezeichnet hatten. Die am meisten durchgemacht hatten, sprachen als erste über Gebote der Vernunft und Erfordernisse der Zusammenarbeit; nicht selten hatten sie Gutes über deutsche Schicksalsgefährten zu berichten.

Himmler hatte ein letztes Treffen mit dem schwedischen Grafen, spätabends am 23. April in meiner Heimatstadt Lübeck, zu dem Ersuchen ausgenutzt, die Westmächte von seiner Bereitschaft zur Kapitulation zu unterrichten. Ein paar Tage später erfuhr ich hiervon vertraulich aus dem schwedischen Außenministerium. Das war aufregende Kunde, denn ein deutlicheres Zeichen, daß das NS-Regime in das äußerste Stadium seiner Zersetzungskrise eingetreten war, ließ sich kaum denken. Mit meinen Freunden war ich lebhaft daran interessiert, was sich hieraus für das besetzte Norwegen entwickeln würde. War die politisch-polizeiliche Führung dort hinreichend demoralisiert? Oder war sie darauf eingestellt, es zu einem schrecklichen Endkampf kommen zu lassen? Von der Beantwortung konnte sehr viel abhängen, für viele Menschenleben, auf beiden Seiten. Auf eine ungewöhnliche, aber höchst legale Weise forschte ich nach.

In einem Vermerk vom 29. April 1945 hielt ich folgendes fest: Wir (das heißt: unser kleines Pressebüro) bestellten am Sonntagabend ein Gespräch mit dem noch mächtigsten Mann in Oslo. Die Verbindung mit dem Reichskommissariat – im Storting-Gebäude – kam zustande, und nachdem ich bei dem diensthabenden Unteroffizier mit deutlicher Sprache nachgeholfen hatte (»Ich möchte den Herrn Reichskommissar sprechen, und zwar sofort«), wurde ich dorthin verbunden, wo Terboven wohnte, nämlich nach Skaugum, der Residenz des Kronprinzen am Oslofjord. Man hörte nur, daß Terboven fragte, wer ihn sprechen wolle. Danach meldete sich »Wohnung Reichskommissar«, die Verbindung wurde wieder unterbrochen, kurz darauf meldete sich eine Stimme: »Hier Obergruppenführer Redieß.« In der Aufzeichnung heißt es über das Gespräch:

»Brandt: Wir hatten vor einer halben Stunde ein Gespräch mit Konsul Støren (der für die Quisling-Regierung außenpolitische Angelegenheiten bearbeitete) und fragten ihn wegen Meldungen, die heute in der Stockholmer Presse stehen, daß in Oslo Verhandlungen über eine Änderung des gegenwärtigen Zustands im Gang sein sollen, und wir möchten gern von autoritativer Seite eine Äußerung dazu haben.

Redieß: Dazu kann ich sagen, daß das nicht zutrifft.

Brandt: Das trifft nicht zu? Es sind keinerlei solche Verhandlungen vorgesehen?

Redieß: Also warten Sie offizielle Verlautbarungen ab.

Brandt: Es wird hier auch davon gesprochen, daß die Freilassung der politischen Gefangenen in Norwegen bevorstehe.

Redieß: Soweit das zwischen dem Reichsführer SS und dem Grafen Bernadotte besprochen wurde (hier bezog er sich also auf das Lübecker Gespräch in der Nacht zum 24. April), ist das in Vorbereitung.

Brandt: Aber es ist noch nicht mit unmittelbarer Durchführung zu rechnen?

Redieß: Doch, doch. Soweit das auf den Vereinbarungen zwischen dem Reichsführer SS und dem Grafen Bernadotte beruht, soweit ist das in Vorbereitung.

Brandt: Ist aufgrund der letzten Ereignisse in Deutschland eine Verlautbarung der Besatzungsbehörden in Oslo zu erwarten?

Redieß: Nein. Ist das klar, ja?«

Damit verschwand Redieß. Die norwegische Telefondame sagte nach einem Augenblick nur noch: »Nein, er hat den Hörer aufgelegt, er will nicht mehr sprechen.«

An eben diesem 29. April kam im Auftrag Himmlers der Obergruppenführer Walter Schellenberg nach Kopenhagen: Er hatte die Vollmacht, mit Bernadotte darüber zu verhandeln, wie die Besetzung Norwegens zu beenden sei und ob die deutschen Streitkräfte bis zum Kriegsende in Schweden interniert werden könnten; für Dänemark wurde eine entsprechende Lösung angestrebt. Als Schellenberg am 1. Mai mit Himmler in Plön bei Dönitz – dem von Hitler eingesetzten Reichspräsidenten – vorsprach, stellte sich heraus, daß der Großadmiral und die ihn umgebenden Generäle nicht geneigt waren, Norwegen oder gar Dänemark kampflos zu übergeben. Dann schickte man den Mann vom Reichssicherheitshauptamt trotzdem über Kopenhagen, wo er in den Befreiungstaumel der Dänen geriet, nach Stockholm, wo er bemüht war, mit Generaloberst Böhme in Lillehammer – »an der norwegischen Front« – in Verbindung zu kommen. Das gespenstische Dasein dieses Sondergesandten hörte erst auf, als die Stockholmer wegen Dänemark und Norwegen zweimal gefeiert hatten.

Für die Dänen ging die Fremdherrschaft am 5. Mai 1945 zu Ende, für die Norweger in der Nacht zum 9. Mai. Doch zwei Tage zuvor war die Führung der Heimatfront an die Öffentlichkeit getreten. Ich konnte mit meinem Freund Inge Scheflo telefonieren, der seit einiger Zeit illegaler Chefredakteur in Oslo gewesen war. Am 10. Mai kam ich mit dem Zug über Charlottenberg – wo ich im Spätsommer 1940 für kurze Zeit interniert gewesen war – zurück nach Oslo, um für die schwedische Presse über das befreite Norwegen zu berichten.

General Eisenhower, der alliierte Oberbefehlshaber, hatte mit der Möglichkeit gerechnet, daß Norwegen kampflos aufgegeben werde. Das Land hatte als Ausfallposition fast keine Bedeutung mehr. Bei der Marineführung klammerte man sich allerdings an die Illusion, von der norwegischen Küste aus weiteroperieren zu können, nachdem sonst kaum noch Häfen zur Verfügung standen. Die Transportspezialisten machten geltend, daß eine Evakuierung der 20 Divisionen aus Norwegen kaum durchführbar sei. Das Reichskommissariat und die Gestapo waren eher daran interessiert, die eigene Unabkömmlichkeit nachzuweisen. Als im Herbst 1944 die 20. Gebirgsarmee von Finnland herübergekommen war und sich mit der 21. Armee vereinigt hatte, wurden einige Divisionen über Dänemark nach Deutschland zurückgeführt. Die deutsche Besatzung blieb jedoch stärker als vor dem finnischen Frontenwechsel. Ehe sowjetische Truppen in das norwegische Finnmarken einrückten, hatte man Ortschaften zerstört und die Einwohner unter Zwang evakuiert.

Terboven war Ende Januar 1945 zu Hitler gerufen worden, der ihm wegen des Anschwellens der norwegischen Sabotage heftige Vorwürfe machte. Eine voraufgegangene Weisung, zunächst keine Todesurteile mehr zu vollstrecken oder Gefangene zu deportieren, wurde rückgängig gemacht; erneut sollten »drastische Maßnahmen« ergriffen werden. Quisling war mit bei Hitler und ließ sich erzählen, wie günstig die militärische Lage sei. Der »Führer« ließ durchblicken, er verfüge über eine fürchterliche Geheimwaffe; er müsse Gott bitten, ihm die letzten Tage des Krieges zu verzeihen. Quisling wies auf die seiner Meinung nach von Schweden drohende Gefahr hin. Darauf antwortete der »Führer«: Falls Schweden sich rühre, würden Stockholm, Göteborg und Malmö am nächsten Tag in Schutthaufen verwandelt sein. Das Zutrauen zum norwegischen Günstling hatte nachgelassen. Schon im voraufgegangenen Jahre hatte Hitler gemeint: »Man muß diese Gummischweinchen aufpusten, damit sie stehenbleiben.« Im übrigen ließ sich Quisling bestätigen, daß Norwegen nach dem Krieg »in voller Freiheit und Selbständigkeit« wiedererstehen werde – was auf andere als nazistische Weise tatsächlich geschah.

An jenem 29. April, an dem ich mit Terboven-Redieß telefonierte, begann sich in Oslo verfrühte Freude auszubreiten; man hatte von Himmlers Lübecker Angebot gehört, während Quisling am selben Sonntag seinen Ministern eine Erklärung vortrug, derzufolge Norwegen neutral sei und nicht zum Kriegsschauplatz werden dürfe ... Tags darauf erließ die Führung der Heimatfront einen Aufruf: Die Wahrscheinlichkeit einer deutschen Kapitulation insgesamt sei näher gerückt. Gerade darum dürften die Chancen einer geordneten Abwicklung nicht durch unüberlegte Handlungen verringert werden. Niemand solle gegenüber Deutschen oder NS-Leuten herausfordernd auftreten. Die Parole lautete: Ruhe – Würde – Disziplin.

Am 3. Mai erging ein neuer Aufruf mit eindringlicher Warnung vor Provokationen: Auf deutscher Seite gebe es Kräfte, die gegen eine geordnete Kapitulation und daran interessiert seien, daß Unruhen entstünden. Ein solches Interesse mußte bei manchen aus den Reihen der Quislinge ohnehin unterstellt werden. (Hinzu kam, daß sich Eisenhower am Abend des 5. Mai an die Zentralleitung der norwegischen Streitkräfte im Untergrund gewandt hatte, damit dem deutschen Oberkommando Frequenzen und Kodezeichen für Kontakte mit dem Alliierten Hauptquartier übermittelt würden; dies ist in Oslo und Lillehammer geschehen.) Statt mit Maschinengewehrsalven und Kanonendonner wurde die Okkupation Norwegens mit Kirchenglocken ausgeläutet.

Was man in den ersten Maitagen an verantwortlicher norwegischer Stelle am meisten fürchtete, war ein Versagen der sonst nicht besonders geschätzten deutschen Disziplin. Wenn sie zusammenbräche, käme es womöglich noch zu einem deutschen Bürgerkrieg auf norwegischem Boden. Die alliiert-norwegischen Vorkehrungen zielten daher darauf ab, die Befehlsstrukturen auf deutscher Seite nicht anzutasten. Die Kapitulationsbedingungen, die General Böhme am 8. Mai zu übernehmen hatte, enthielten allerdings einen Passus, demzufolge Gestapo- und SS-Leute – auch Kriegsverbrecher aus den Reihen der Wehrmacht – auszuliefern seien. Der Oberbefehlshaber protestierte gegen diese Bestimmung und meinte, die Disziplin der Truppe könnte in Mitleidenschaft gezogen werden. Die Alliierten, die in Gestalt eines kleinen britisch-norwegischen Vorkommandos eingetroffen waren, ließen sich nicht davon abbringen, die Gestapoleute festzusetzen. Das war nicht ganz einfach, weil sich die Angehörigen des SD und der SS als normale Wehrmachtsangehörige zu tarnen versuchten. Die befürchteten desperaten Handlungen blieben aus, denn die terroristischen Kader des NS-Regimes waren entweder gelähmt oder demoralisiert. Sie waren gefährlich effektiv als Bestandteil der großen Mordmaschine. Als der Apparat zerschlagen war, hatten auch seine einzelnen Teile jede Effektivität verloren.

Terboven und Redieß riefen nicht zum Widerstand; auch die Flucht erschien ihnen nutzlos. Sie entschlossen sich, am Kapitulationstag Selbstmord zu begehen. Mein Telefonpartner Redieß konnte die verabredete Zeit nicht abwarten, sondern schoß sich vorher eine Kugel durch den Kopf. Terboven ließ die Leiche in seinen Bunker schleppen und sprengte sich am Abend des 8. Mai in die Luft. Andere Nazigrößen folgten diesem Beispiel. Der SD-Chef nahm sich das Leben, nachdem ihn die Norweger in einem deutschen Lager gestellt hatten und seine Auslieferung verlangten. Auch von den norwegischen Nazis richteten sich einige selbst. Quisling hatte von dem Angebot, nach Spanien gebracht zu werden, nicht Gebrauch gemacht. Er sprach – subjektiv wahrscheinlich nicht einmal verlogen – von den vereinten Anstrengungen aller Kräfte, die erforderlich seien, um das Land vor dem Fluch des Bürgerkrieges zu retten.

Typisch für die Haltung vieler Nazis war ihre Feigheit. Nichts war von jenem Heroismus übriggeblieben, über den sie redeten, während ihn

Tausende von Antinazisten unter den schwierigsten Verhältnissen wortlos praktizierten. Fast keiner wollte zu seinen Taten stehen; alle hatten bloß »ihre Pflicht getan« und »Befehle ausgeführt«. Das Denunziantentum florierte. Viele der Gestapoleute wurden von Kollegen preisgegeben. Dieser Auflösungsprozeß hatte vor der Kapitulation begonnen. Mancher leitende Nazi hatte die Norweger wissen lassen, er sei bereit, den anderen ans Messer zu liefern, falls er selber ungeschoren blieb.

Die Entwaffnung der Wehrmacht begann mit der Übernahme der Flugplätze, schweren Waffen, Befestigungen und Kriegsschiffe. Etwa hundert U-Boote lagen zu diesem Zeitpunkt in norwegischen Häfen. Nachdem die Truppen in den angewiesenen Gebieten zusammengezogen waren, wurde ihnen aufgetragen, Waffen und Material außerhalb der Reservate bis zur Übernahme durch die Alliierten zu lagern. Von einigen geringfügigen Störungen abgesehen, vollzog sich die Gefangennahme und Entwaffnung der 21. Armee ohne Schwierigkeiten.

Die Kommandoverhältnisse in der gefangenen Armee blieben zunächst unverändert. Oft gaben Nazi-Offiziere weiterhin den Ton an. In einigen Fällen wurden Strafmaßnahmen gegen Soldaten ergriffen, die eine antinazistische Haltung an den Tag gelegt oder den Krieg für sich selber schon einige Tage vor der Kapitulation für beendet erklärt hatten. Es wurden sogar noch Todesurteile verhängt, als der Krieg schon zu Ende war. Einiges davon wurde einer breiteren deutschen Öffentlichkeit erst bekannt, als die Vergangenheit des Ministerpräsidenten von Baden-Württemberg kritisch unter die Lupe genommen wurde: Hans Filbinger war Marinerichter in Norwegen. Er zählte sicherlich nicht zu den Schlimmsten.

Manche Wehrmachtsführer ließen noch Wochen nach der Kapitulation Befehle mit »Heil Hitler« unterschreiben. Antinazistische Soldaten wurden in einem Land, das von der nazistischen Gewaltherrschaft befreit worden war, nach altem Reglement in ein Straflager gebracht. Ich besuchte einige der Sträflinge, nachdem sie sich norwegischen Behörden anvertraut hatten. Ein guter Bekannter (und späterer Staatssekretär beim Ministerpräsidenten) sah es jetzt als seine Pflicht an, mich nicht darüber berichten zu lassen, daß deutsche Soldaten weiterhin von deutschen Kriegsgerichten wegen Fahnenflucht verurteilt werden konnten.

In den Monaten Mai bis August 1945 reiste ich als Journalist viel zwischen Stockholm und Oslo hin und her. Ich war in Stockholm, als

Anfang August durch die Bombe auf Hiroshima (und Nagasaki) der fernöstliche Teil des Zweiten Weltkrieges beendet wurde. Unmittelbar nachdem wir die Nachricht gehört hatten, rief mich Alva Myrdal an: Wir waren miteinander von Herzen froh, daß nun die Voraussetzungen gegeben waren, sich den Aufgaben des Friedens zuzuwenden. Die Erleichterung war so groß, daß sie uns die grauenvolle Unheimlichkeit der neuen Waffe kaum bewußt werden ließ. Wir stellten uns auch nicht die Frage, ob der Einsatz der Atombombe militärisch notwendig oder sinnvoll war. Oder ob es sich darum handelte, den Russen überlegene Stärke zu demonstrieren? (In Schweden wurde plötzlich Lise Meitner berühmt.)

Später stellte Frau Myrdal fest: Für eine kurze Zeit hatten wir die Möglichkeit, vielleicht die Chance, einen haltbaren Damm gegen den Weiterbau von Kernwaffen zu errichten. Ob wir denn damals mit Blindheit geschlagen gewesen wären? Wir wußten natürlich auch noch nicht, daß Männer wie Niels Bohr und vor allem Albert Einstein dem amerikanischen Präsidenten geraten hatten, auf den Einsatz dieser Waffe zu verzichten.

BERLIN II

Pendler

Ab Spätsommer 1945 wohnte ich wieder in der norwegischen Hauptstadt. Ich blieb journalistisch tätig, hielt gelegentlich Vorträge und verbrachte viel Zeit im Zugabteil zwischen Oslo und Stockholm. Dort hatte ich noch eine kleine Wohnung, während ich in Oslo in einer Pension untergekommen war. Das Kriegsende war mit einem Umbruch in meinem privaten Leben zusammengefallen. Meinen dreißigsten Geburtstag, im Dezember 1943, hatte ich mit einer schweren Gelbsucht im Bett verbracht. In jener Zeit verliebte ich mich in Rut Bergaust, geborene Hansen, die Arbeitertochter aus Hamar, der ich viel verdanke – nicht nur, weil wir dreieinhalb Jahrzehnte zusammenlebten (und drei Söhne aufzogen). Uns verband, über den Alltag hinaus, die Herkunft aus »der Bewegung« und die Abscheu vor jeder Art von Gewaltherrschaft. Rut überwand rasch die Distanz zu dem ihr fremden Land. Sie gewann Freunde und identifizierte sich mit den deutschen Grundproblemen, die ja auch jene Europas waren. (Meine Frau Carlota, die Mutter unserer Tochter Ninja, ließ sich als Literary Agent in Oslo nieder. Wir trennten uns ohne Groll und wurden 1947 geschieden. Kurz danach erhielten Rut und ich den Segen durch einen norwegischen Militärpfarrer, der hierzu – von seiner Einheit im Harz – nach Berlin kam.)

Im Frühherbst 1945 zeichnete sich für mich die Möglichkeit ab, als Korrespondent für norwegische (und andere skandinavische) Zeitungen an dem Kriegsverbrecherprozeß teilzunehmen, der im November in Nürnberg beginnen sollte. Ich sagte zu, weil ich auf diese Weise ein Bild gewinnen konnte, was die Nazis und der Krieg von Deutschland übriggelassen hatten. Ich wollte ferner wissen, was sich aus Elend, Verwirrung und Besetzung ergeben mochte.

Ich begab mich anderthalb Wochen vor Prozeßbeginn auf die Reise. Die war – selbst mit norwegischem Paß und alliierter Beglaubigung – nicht so einfach, wie man es sich vorstellen mag. Die Akkreditierung als »Kriegskorrespondent« für Nürnberg erhielt ich mit den Reisepapieren von der britischen Botschaft. Buchen konnte ich auf einem Transportflugzeug der Royal Air Force nach Paris; regelmäßige Flugverbindungen gab es noch nicht. Meine Maschine hatte Diplomaten und andere Zivilisten an Bord. Der Flug wurde in Kopenhagen bis zum nächsten Vormittag unterbrochen. Dies gab mir die willkommene Gelegenheit, Freunde zu besuchen, um die ich mir während des Krieges Sorgen gemacht hatte, und mit ihnen gut zu Abend zu essen. Die Versorgung war in Dänemark unvergleichlich viel besser als in Norwegen; hier verbesserte sich die Lage nur langsam.

In Bremen hatte ich mich bei den Amerikanern zu melden, von denen die Hansestadt (mit Bremerhaven) als »Enklave« – innerhalb der britischen Zone – übernommen worden war. Noch aus der Halle des Flugplatzes telefonierte ich mit den Enderles in der Redaktion des »Weser-Kurier«, der seit September erschien, zunächst zweimal in der Woche. Sie gehörten zu den wenigen, die – durch die Fürsprache amerikanischer Bekannter – eine rasche Möglichkeit der Heimkehr gefunden hatten. Wir verabredeten uns noch für denselben Tag. Inzwischen ließ ich mir mein Quartier im Presseclub zuweisen. Diese Unterkunft befand sich in einer von den Bombardements verschont gebliebenen Villa. Außer mir wohnten dort nur zwei oder drei Kollegen, unter ihnen die bald berühmte »Maggie« Higgins von der »Herald Tribune« – sie berichtete später eindrucksvoll aus Berlin –, die ununterbrochen auf die Tasten ihrer Reiseschreibmaschine hämmerte. Nach einer konsequenteren Journalistin hätte man lange suchen müssen.

Als ich nach Bremen kam, war seit Kriegsende fast ein halbes Jahr vergangen. Dies war die erste Stadt, in der ich einen eigenen Eindruck davon gewann, wie die Menschen das Dritte Reich und den Krieg überlebt hatten: mehr ausgebombte und ausgebrannte Häuser, als man sich hatte vorstellen können – und inmitten der Trümmerfelder schlechtgekleidete, unzulänglich ernährte, vielfach überreizte Menschen. Der Bürgermeister nannte seine Stadt »ein ausgebranntes Kraterfeld«: von 120 000 Wohnungen fast die Hälfte völlig, nur ein Drittel nicht wesentlich beschädigt; der Hafen ein einziges Ruinenfeld; die beiden letzten großen Weserbrücken noch am 25. April sinnlos gesprengt.

Die Zerstörungen waren schlimmer, als ich sie mir aufgrund von Fotos und Wochenschauen vorgestellt hatte. Der Zusammenbruch, wie er sich im Frühjahr eingestellt hatte, war beispiellos. Das Elend mußte erschüttern, doch man sah, daß die Aufräumarbeiten vorankamen. Die Verkehrs- und Versorgungsbetriebe waren in begrenztem Umfang wieder in Gang gekommen. Es zeigte sich rasch, daß Deutschland trotz allem, was geschehen war, über Kräfte verfügte, die den Weg in eine friedliche Zukunft bereiten konnten. Dabei sah der eine und andere im vorsorglich und apodiktisch verkündeten Verbot der Wiederbewaffnung die Chance, beide Arme für Aufbau und Zusammenarbeit freizuhalten.

Enderle und andere aus dem Kreis seiner Vertrauten waren zuversichtlicher, als ich es vermutet hatte. In der bescheiden hergerichteten Redaktion des »Weser-Kurier« lernte ich übrigens auch Felix von Eckardt kennen, der später Adenauers Pressechef war, danach auch Bundesbevollmächtigter in Berlin. August Enderle war bald in der Pressearbeit des Deutschen Gewerkschaftsbundes tätig. (Ende 1959 ist dieser gute Freund während eines Besuches im heimatlichen Feldstetten auf der Schwäbischen Alb gestorben. Ich konnte ihm am Grab noch einen letzten Gruß sagen.)

Kein Arbeiterfunktionär von Bedeutung – auch kein Demokrat, der diesen Namen verdiente – war in Bremen während der zwölf Jahre übergelaufen. Energien für die Überwindung der Not und für die Abrechnung mit dem Nazismus begannen sich rasch zu regen. Anders, als man vermutet hatte, gab es kaum Ansätze einer nationalistischen Obstruktion: Es war, als hätten sich die braunen Formationen ins Nichts aufgelöst. Wenn sich nazistische Neigungen rührten, dann rumorten sie höchstens in den Kellern der Volksseele, in die sie sich geflüchtet hatten. Die materielle Not aber war groß, und sie sollte zunehmen: Das Geld wurde täglich weniger wert, die Rationen blieben unzulänglich, und die Schwarzmarktpreise kletterten in den Himmel der Wucherei. Das Ausmaß der immateriellen Trümmer, die die Nazis hinterlassen hatten, war noch kaum auszumachen. Hoffnungslosigkeit ging wohl um, doch meine Gesprächspartner ließen sich von ihr nicht überwältigen. Die Besatzungsbehörden begegneten wenig Feindschaft, aber Zweifeln und sorgenvollen Fragen: Sollte von den Betrieben, die den Bomben entgangen waren, noch einmal ein wesentlicher Teil demontiert werden? Wann würden die Kriegsgefangenen heimkehren können? Wie viele der Landsleute, die aus dem Osten geflohen waren oder vertrieben wurden, würde man aufzunehmen haben? Für viele war die Frage auch ganz einfach, wann sie statt eines Notquartiers wieder ein eigenes Dach über dem Kopf haben würden. Aber zunächst und vor allem: Wann würde man sich wieder satt essen können? Die Möglichkeiten, auf verborgene Reserven zurückzugreifen oder auf dem Lande etwas durch Tausch zu »organisieren«, waren begrenzt.

Mein norwegischer und damit »alliierter« Status ließ mich außerhalb dieser materiellen Härten, doch entband mich nicht ihrer seelischen Belastungen. Anders als meine deutschen Freunde konnte ich mich frei bewegen, soweit die jeweilige Fahrerlaubnis – die Travel Order, also: der Marschbefehl – reichte. Das Gebäude der Militärregierung, in dem Formalitäten zu erledigen waren, wurde zu meiner Überraschung von deutscher Polizei bewacht. Anders die legendären PX-Läden, von denen ich einen schon am zweiten Tag meines Bremer Aufenthalts aufsuchte. Ich brauchte Zigaretten, für mich selbst und für einige andere; danach kaufte ich für Angehörige und Freunde auch Lebensmittelpakete, die als Notrationen für die Truppen gedacht und wegen ihres konzentrierten, hochwertigen Inhalts beliebt waren.

Der mich begleitende Amerikaner staunte über meine Naivität: Ich wechselte einen Teil des Dollarbetrages, den ich in Oslo bewilligt bekommen hatte, nach dem offiziellen Kurs in Reichsmark (die außer für deutsche Lebensmittelzuteilungen und Mieten nichts mehr wert war). Damals kauften die Alliierten in ihren Läden noch für nahezu wertlose und meist »schwarz« erworbene Reichsmark ein. Erst später wurde für diese Zwecke Okkupationsgeld eingeführt. Natürlich stieß man auf Leute, die die Chance nutzten und sich erheblich bereicherten. Eine Zigarette wurde mit vier, fünf Mark und mehr gehandelt. (Freilich war jene Ausplünderung nicht sympathischer, die manche Landwirte betrieben, wenn sie für Lebensmittel den eigenen Landsleuten Teppiche, Schmuck und anderes zu einem Räuberkurs abnahmen.) An Raubhandel, zumal einem solchen, der auf der Zigarettenwährung basierte, habe ich mich weder damals noch später in Berlin beteiligen mögen.

»Kaisen von Bremen«

In Bremen hatten die Amerikaner im Sommer 1945 jenen Mann eingesetzt, der bald seinen legendären Ruf als Bürgermeister gewinnen sollte: Wilhelm Kaisen. Genauer: Zunächst war er mit dem Amt des Wohlfahrtssenators betraut worden, aus dem ihn die Nazis im März 1933 vertrieben hatten.

Ich traf vorweg Kaisens Nachfolger als Leiter der Wohlfahrtsbehörde, den baumlangen Adolf Ehlers, der mir seit langem ein Begriff war. Er war zu einem ungewöhnlich humanitären Engagement fähig; seine kulturellen Interessen waren lebhaft. Er gehörte zu denen, die von der

KP-Opposition (KPO) zur SAP gekommen waren. Gemeinsame Freunde hatten mir viel von ihm erzählt. Sverre, der mit dem Bremer Mandat nach Mährisch-Ostrau gekommen war, überbrachte mir dort seine Grüße. Während des Krieges gehörte Bremen, wie ich berichtete, zu den letzten Städten, zu denen mit Hilfe schwedischer Seeleute illegale Kontakte aufrechterhalten werden konnten. Als ich Adolf Ehlers gegenübersaß, fiel es mir nicht schwer, das ruhige Vertrauen nachzuempfinden, das auch in den ganz schlimmen Jahren von ihm ausgegangen war.

Ich bekam rasch einen Termin beim Bürgermeister, zu dem mich ein Genosse brachte, den ich von einem illegalen Treffen in Kopenhagen kannte und der jetzt die Hilfsstelle für Flüchtlinge und Kriegsgefangene leitete. Wilhelm Kaisen, noch nicht sechzig, trug schon damals seinen charakteristischen grauen Hängeschnurrbart, schien in sich zu ruhen, wirkte noch bescheidener, als er es war, strahlte Zuversicht aus und personifizierte Vertrauenswürdigkeit, was durch ein Element des Schalkhaften in seinem Blick noch verstärkt wurde. Er fragte mich nach dem einen und anderen: was wir draußen gemacht hätten und dächten, wie es jetzt aussehe, was für die weitere Behandlung Deutschlands zu erwarten sei. Dann schob er die Politik beiseite und sagte: »Du hast deine Mutter lange nicht gesehen. Jetzt mußt du wohl erst mal nach Haus.« Ja, aber wie? Mir sei gesagt worden, meine Travel Order gelte nur für die Reise nach Nürnberg, nicht für die britische Zone. Er meinte, das solle ich seine Sorge sein lassen. Er werde mit dem amerikanischen Kommandanten reden. Und wie tatsächlich hinkommen? Nun, er würde mir seinen Dienstwagen geben (einen alten Horch), und Benzin werde man wohl auch von den Amerikanern bekommen. Und wie er an den beiden Tagen meiner Abwesenheit nach Hause komme, zu seiner Siedlerstelle außerhalb der Stadt? Ach, das werde sich schon regeln. In der Tat ließ er sich in Ehlers' Wagen mitnehmen.

Kaisen – gemäß bremischer Tradition nicht nur Bürgermeister, sondern auch Präsident des Senats – stammte von der schleswigschen Küste; der Großvater war, auf dänischer Seite kämpfend, 1864 gefallen. Er wurde Bauarbeiter, genauer: Stukkateur. Viel später, bei einer Sitzung der Länderchefs im Hamburger Rathaus, machte er mich darauf aufmerksam, daß er eben den Saal mitgeschaffen hatte, in dem wir tagten. Auf dem Weg über Abendkurse war er auf die Parteischule nach Berlin gekommen. Nach dem Krieg stieß er zur Redaktion des Bremer Parteiblattes und wurde in der städtischen Politik tätig. Im Jahre 1933 wurde er mit seinen Kollegen aus dem Amt gejagt, doch blieb er in der Nazizeit ziemlich unbehelligt. Ihm kam zugute, daß er sich früh auf seine Siedlerstelle am Stadtrand zurückgezogen hatte. Die Menschlichkeit dieses Arbeiters, der Bauer war, bevor er zum Staatsmann wurde, hat sich mir wie vielen anderen stark eingeprägt.

»Kaisen von Bremen« repräsentierte – ähnlich wie Ernst Reuter in Berlin und Max Brauer in Hamburg – den Typus jener Bürgermeister, die für den Wiederaufbau der Städte und den sich wieder regenden Optimismus der Bürger so viel bedeuteten. Ihre solide Verankerung in der Arbeiterbewegung, gepaart mit einer eher konservativen Lebenshaltung, nahm etwas von dem Geist vorweg, der die SPD zur Volkspartei werden ließ. »Stadtväter« im Ruhrgebiet gehörten in diese Reihe, mit Kollegen aus fast allen, auch süddeutschen Regionen. »Stadtmütter« spielten ihre hervorragende Rolle, wie Louise Schroeder in Berlin, Luise Albertz in Oberhausen, Martha Fuchs in Braunschweig. (Deren Schwiegersohn – der mit mir im selben Jugendverband gearbeitet hatte und jetzt junger Offizier der amerikanischen Armee war – hatte mich gebeten, von Stockholm aus nach der Sozialdemokratin zu fahnden: Sie war aus dem KZ Ravensbrück zunächst befreit worden, galt jedoch als verschollen.)

Adolf Ehlers, »der Lange«, bei Kriegsende noch nicht fünfzig, hatte als Handlungsgehilfe begonnen und war Werftarbeiter geworden. Schon als 24jähriger wurde er Betriebsratsvorsitzender der A. G. Weser mit ihrer traditionell radikalen Belegschaft. Nachdem er im Dritten Reich zunächst nicht arbeiten durfte, kam er wieder als Metallarbeiter unter und brachte es im Krieg sogar zum Magazinverwalter, was für seine mit großem Geschick betriebene illegale Arbeit sehr von Nutzen war. Für mich war nicht leicht zu erklären, weshalb er sich von den Amerikanern – mit einem zweiten Senator – auf dem »KPD-Ticket« hatte in die Stadtregierung berufen lassen: Ihn interessierte die notwendige neue Einheit mehr als die alten Parteien. Von den Sozialdemokraten war im Frühjahr nicht zu erkennen, daß sie die einigende Plattform bieten würden. Und warum sich nicht um die linkssozialistischen Freunde und die Arbeiter mit kommunistischer Tradition kümmern, die in Bremen Gewicht haben würden? Tatsächlich hat Ehlers diese Einschätzung rasch relativiert. Im Frühjahr 1946 wurde er Mitglied der SPD – gemeinsam mit seinem Senatskollegen Hermann Wolters (einem »roten Matrosen« aus Hamburg, der lange Jahre Zuchthaus hinter sich hatte).

Als ich im Herbst 1945 in Bremen war, hatte die »Kampfgemeinschaft gegen den Faschismus« ihren pathetischen Schwung verloren. Sie stand – in Bremen wie anderswo – für eine andere Art von Auseinandersetzung mit den Nazis, als sie mit den Bedingungen der Okkupation zu vereinbaren war. Das Haus, das sie bei Kriegsende übernommen hatte, war ihr wieder abgenommen worden. Mir fiel auf, wie stark dieser Versuch, deutsche Eigenverantwortung zu übernehmen, durch sozialistische Dissidenten geprägt wurde, unter denen die Leute aus unserer früheren Gruppe einen hervorragenden Platz einnahmen. Dies festzustellen, bedeutet keine Schmälerung dessen, was die Angehörigen der »alten« großen Parteien an Gesinnungstreue und Opferbereitschaft aufgebracht hatten. Gerade in Bremen war, allen Verfolgungen zum Trotz, der Widerstand aus den Reihen der Arbeiterbewegung nie ganz erloschen. Die engeren politischen Freunde hatten umsichtig gearbeitet, und der Gestapo war es, trotz mancher Einzelzugriffe, nicht gelungen, ihren Zusammenhalt zu zerschlagen. Selbst während des Krieges hatte sein Kreis Kontakt nicht nur nach draußen, sondern auch mit Freunden in Berlin aufrechterhalten. Die SAP leistete in Bremen eine relativ erfolgreiche illegale Arbeit. Sie konnte ihre personelle und organisatorische Kontinuität über die Zeit des Nationalsozialismus hinaus trotz aller Einbußen aufrechterhalten. Daraus ergab sich, daß führende Mitglieder dieser Gruppe in der Umbruchphase eine weit größere Rolle spielten, als es ihrem unmittelbaren Anhang unter den Arbeitern entsprochen hätte. (Die erste Nachkriegszeit in Bremen ist von meinem Sohn Peter Brandt in seiner Doktorarbeit eingehend untersucht worden.)

Es gehört zum Verständnis der Bremer Arbeiterbewegung, daß sie in eigenartiger Weise zum Erprobungs- oder auch Bewährungsfeld so vieler wichtiger Gestalten der deutschen Politik geworden war: nicht nur Friedrich Ebert und Wilhelm Pieck hatten dort gewirkt. Zum Charakteristikum der Bremer Arbeiterbewegung gehörte auch, daß in ihr die auf eigenwillige Art »marxistisch« orientierten Gruppen sehr regsam waren. Während des ersten Krieges hatten die »Linksradikalen« – links von Rosa Luxemburg – in der »Arbeiterpolitik« ihr eigenes Blatt.

Kaisen stand nicht in dieser linken Tradition, als er nach Bremen kam. Er blieb »Mehrheits«-Sozialist, auch als diese Bezeichnung vor Ort mehr einem Wunsch entsprach, als eine Wirklichkeit widerspiegelte. Er hatte sich nach 1933 von illegaler Arbeit ferngehalten. Aber er war selbstverständlich dabei, als die »Kampfgemeinschaft« unmittelbar nach Kriegsende an die Öffentlichkeit trat und offen war für vertrauensvolle Zusammenarbeit mit denen, die aus der »linken« Ecke kamen. Als Adolf Ehlers kurz nach ihm in den Senat berufen wurde, begrüßte er ihn mit den Worten: Op di hätt ick all lang tööft! (Auf dich habe ich schon lange gewartet.)

Ehlers' KGF – Kampfgemeinschaft gegen den Faschismus – war ab Ende Mai 1944 vorbereitet worden, als Vertreter der verschiedenen sozialistischen Gruppen über die Nachkriegsaufgaben berieten und dabei auch »bürgerliche« Gesprächspartner einbezogen. Im März 1945, das Kriegsende kam immer näher, verständigte man sich auf ein Sofortprogramm. Dazu gehörten Maßnahmen, von denen einige wirksam werden konnten, um den Zerstörungswahn der Nazis zu begrenzen. Die KGF trat hervor, während noch um die Stadt gekämpft wurde. Am 3. Mai konstituierte sie sich aus Vertretern von 23 früheren Organisationen. (Tage zuvor, gleich nachdem nicht mehr geschossen wurde, waren Ehlers und Wolters zum Sitz der – zunächst britischen – Besatzungsbehörde geradelt und hatten die Genehmigung eingeholt, ein Büro einzurichten: Ohne ein solches ist bei uns zulande auch ein Revolutionsersatz kaum vorstellbar. Als weniger korrekt verdient festgehalten zu werden, daß den beiden die Fahrräder geklaut wurden, während sie bei den Engländern vorsprachen.)

Die »Kampfgemeinschaft« nahm sich der kommunalen Selbsthilfe unter verzweifelt schwierigen Bedingungen an, kümmerte sich auch um die Säuberung von Verwaltung und Wirtschaft. Doch schon nach anderthalb Wochen beschwerte sich der zunächst aus Beamten zusammengesetzte Senat über die Eigenmächtigkeiten einer in ihren Reglements nicht vorgesehenen Organisation. Um die gleiche Zeit meinte ein heillos desinformierter amerikanischer Offizier, bei der KGF könnte es sich um eine nazistische Untergrundorganisation handeln, womöglich sogar um eine bewaffnete. Am 20. Mai wurden die Büroräume auf Anordnung der Besatzungsbehörden von deutscher Polizei versiegelt; man stützte sich auf das Verbot politischer Tätigkeit. Ende August bereiteten die Amerikaner die Legalisierung von Parteien und Gewerkschaften vor. Die Kampfgemeinschaft führte eine Art von halblegalem Dasein und trocknete ein.

Bremen war kein Einzelfall. Es gab nicht wenige Städte – in allen Besatzungszonen –, in denen Angehörige der zerschlagenen Arbeiterbewegung Antifa-Ausschüsse bildeten. Die Atomisierung der Kommunikationssysteme und die militär-bürokratische Übermacht der Besatzer verhinderten es, daß sich aus den lokalen Ansätzen eine regionale oder gar überregionale Bewegung hätte bilden können. Die Gesetze einer vollkommenen Okkupation und die Spontaneität einer späten Selbstbefreiung schließen einander aus. Wer ein Land besetzt, kann keine Volksbewegung brauchen, sondern ist an Ruhe und Ordnung interessiert. Trotzdem gab es keinen objektiven Zwang, die ursprünglichen demokratischen Regungen abzuwürgen. Dies aber geschah: Fast überall, wo in den Tagen des Zusammenbruchs Widerstandsgruppen auftraten, um den Boden für eine neue demokratische Ordnung zu ebnen, wurden sie von den alliierten Behörden kaltgestellt. Das Verbot jeder politischen Tätigkeit richtete sich in seinen objektiven Wirkungen gerade gegen solche Kräfte, deren Mitarbeit beim Aufbau unerläßlich war und von denen Impulse für einen demokratischen Neuaufbau hätten ausgehen können.

Mit der These, die Deutschen hätten die ihnen 1945 von der Weltgeschichte gegebene kurze Chance nicht wahrgenommen, läßt sich nicht viel anfangen. Die demokratischen Kräfte waren in der Tat weitgehend ausgeblutet, das Volk durch den Zusammenbruch und die Besetzung des Landes gelähmt. Die Perspektive, von der wir im Exil ausgegangen waren, entsprach nicht der Nachkriegsrealität. Auch die Hoffnungen, die die Freunde im Untergrund wachgehalten hatten, konnten sich nicht erfüllen. Statt dessen wurden relativ rasch die Parteien wiederbegründet, und sie knüpften personell und inhaltlich in hohem Maße an das Erbe der Weimarer Republik an. In der sowjetischen Besatzungszone schritt dieser Prozeß am schnellsten voran, wurde allerdings auch am stärksten durch die Besatzungsmacht geformt. In den Westzonen wollte man die politischen Aktivitäten zunächst auf die kommunale Ebene begrenzen, um sie sich von dort langsam nach oben entwickeln zu lassen. Diese Rechnung ging nicht ganz auf. Wo die Militärregierungen bremsten, wurden ihre Auflagen mit einigem Geschick umgangen.

Als ich nach Bremen kam, waren wenige Wochen vergangen, seit sich – Anfang Oktober – Vertreter der sich wieder zusammenfindenden Sozialdemokraten zu einer ersten überregionalen Konferenz im hannoverschen Wennigsen versammelt hatten. Enderle und andere Freunde unterrichteten mich über die Diskussionen, die im Zusammenhang damit stattgefunden hatten. Man hatte mich schriftlich davon unterrichtet, daß Kurt Schumacher im August zu einer Besprechung mit Vertrauensleuten in Bremen gewesen war. Doch sein Besuch hatte keine starke Spur hinterlassen: Mitte August hatten, trotz seiner Warnung, die Vertreter der SPD mit denen der KPD einen Vertrag über »Einheits-Aktion« geschlossen. So war es übrigens an vielen Orten, und in den meisten Fällen waren es eher Sozialdemokraten als Kommunisten, von denen die Initiative ausging. Doch die Einheit, die »von unten« vielleicht hätte wachsen können, wurde für die Kommunisten »von oben« untersagt. Ihre Parteiführung in Berlin pfiff alle lokalen Initiativen zurück. Sie konzentrierte alles darauf, die Macht im eigenen, das heißt: sowjetischen, Bereich auszubauen und zu festigen. Schumacher brauchte nicht mehr zu beweisen, ob seine Vorsicht oder seine Weitsicht bestätigt worden sei. Man sollte sich überdies keine falschen Vorstellungen von den Parteien in der Phase des Wiederaufbaus machen: Als ich um die Jahreswende 1945/46 zum zweitenmal in Bremen war, hatten die Sozialdemokraten nicht mehr als 2300 Mitglieder, die Kommunisten etwa 1000; bei den besoldeten Sekretären war das Verhältnis allerdings zwei SPD-Leute zu dreizehn bei der KPD.

Wilhelm Kaisen, der herausragende Bürgermeister des Wiederaufbaus, betrachtete es als seine wichtigste Leistung, daß er Bremen (mit Bremerhaven) wieder zum Status eines »Landes« im neuen staatlichen Aufbau verhalf. Durch eine frühe Reise nach Washington gelang es ihm auch, dem deutschen Schiffbau zu einer neuen Chance zu verhelfen. Kaisen starb im Dezember 1979. Zwei Jahre zuvor hatte er noch, als gerade Neunzigjähriger, den Hamburger Parteitag der deutschen Sozialdemokraten aufgerüttelt. Bei meiner Trauerrede bewegte mich das Gefühl, von mehr als einer Generation sozialer Demokratie in Deutschland Abschied nehmen zu müssen. (Mir hatte Kaisen noch, in seinen letzten Tagen, zu meinem Geburtstag geschrieben: Es sei verdienstvoll, vieles im Leben zu vollbringen – und dabei jung zu bleiben.)

Adolf Ehlers – angesehener Innensenator, auch Mitglied des sozialdemokratischen Parteivorstandes – hätte 1965 Wilhelm Kaisen ablösen sollen. Die hart angeschlagene Gesundheit zwang ihn jedoch, von allen Ämtern Abschied zu nehmen. Ehlers – von dem gesagt wurde, er sei »der anständigste Politiker, den wir in Bremen haben« – nahm noch über ein Jahrzehnt auf Abstand am politischen Leben Anteil.

Kaisen und Ehlers – beide zusammen waren für mich nach dem Krieg das Sinnbild einer Arbeiterbewegung, die sich wieder zusammenfand. Zugleich mußte man wissen, daß die unmittelbare Nachfolge des aus der Arbeiterschaft kommenden Staatsmannes seltener wird. Den Nachfolgenden wird es nicht mehr möglich sein, solchen zu begegnen, die noch an den Quellen der sozialen Freiheitsbewegung saßen.

Wieder in Lübeck

Der in Bremen für die Auslandskorrespondenten zuständige amerikanische Leutnant war aufgeweckt, wohlerzogen und wissensdurstig. Mein Lebensweg interessierte ihn. Auch zu einer Transportmöglichkeit in meine Geburtsstadt hätte er mir gern verholfen, aber so weit reichte sein Einfluß nicht: Lübeck gehörte zur britischen Zone, meine Papiere gälten für die Fahrt nach Nürnberg, eine davon abweichende Travel Order sei nicht zu begründen, da sei leider nichts zu machen … Ohne Kaisens ungewöhnliche Hilfsbereitschaft wäre wirklich nichts zu machen gewesen.

Die Fahrt mit dem bürgermeisterlichen Dienstwagen von Bremen nach Lübeck nahm damals – mit Reparaturen und Umleitungen – fast einen Tag in Anspruch. Der Fahrer hatte Benzin für die Hin- und Rückfahrt zugewiesen bekommen. Er kam in Lübeck privat unter, und ich gab ihm etwas von den amerikanischen Lebensmitteln, die ich mitgebracht hatte. Das übrige war zu Haus in hohem Maße willkommen, obwohl es meinen Angehörigen mit ihrem großen Garten etwas besser ging als vielen anderen.

Es war dunkel, als ich ankam und ich mich zur Vorrader Siedlung durchfragte. Ich fand mich in der zerstörten Innenstadt nicht zurecht. Meine Ankunft hatte ich nicht avisieren können. Meine Mutter freute sich sehr, mich nach zehn Jahren wohlbehalten wiederzusehen. Ich befürchtete, daß es uns nicht leichtfallen würde, zu einem seelischen Gleichklang zu finden. Doch zunächst war ich ganz einfach froh, daß sie manche Schikane der zurückliegenden Jahre gut überstanden hatte. Seit wir uns das letzte Mal in Kopenhagen gesehen hatten, war sie in Polizeihaft geraten – in der irrigen Annahme, man könnte sie dadurch aussagewilliger machen. Mehrfach war das Siedlungshaus, in dem ich nie gewohnt hatte, durchsucht worden, und man hatte von mir hinterlassene Bücher und Schulhefte mitgehen lassen. Bis zum Kriegsausbruch hatten wir über Deckadressen von Zeit zu Zeit Briefe gewechselt. Mein Stiefvater, der über die Altersgrenze hinaus als Maurer tätig blieb (vorzugsweise bei Bauern, was der Versorgung mit Lebensmitteln zugute kam), hatte mich Anfang 1938 überraschend in Oslo besucht; er war mit einem Frachter aus einem anderen Hafen gekommen und hatte Schwierigkeiten mit der Polizei vermeiden können. Während des Krieges hatte ich nur selten einen – in Deutschland aufgegebenen – Gruß übermitteln können. Buchstäblich bei Kriegsende tauchte in Lübeck einer meiner Bekannten auf, der einige Wochen zuvor in Absprache mit den Amerikanern illegal von Schweden nach Dänemark gegangen war: Es war der Ostsachse Arno Behrisch, der früher eine Grenzstelle in der Tschechoslowakei betreut hatte und in Schweden wegen Sabotageverdacht festgenommen worden war. Er gehörte den ersten Bundestagen als Abgeordneter des Hofer Wahlkreises an. Ende der fünfziger Jahre trennte er sich von der SPD, nachdem er sich in den Debatten und Intrigen der Deutschlandpolitik die östlichen Thesen zu eigen gemacht hatte.

Lübeck bot ein deprimierendes, schreckliches Bild. Heinrich Mann hatte – auf eine schlimme Weise – recht bekommen mit jener Vermutung, daß wir die sieben Türme wohl nie wiedersehen würden. Sie waren, wie vieles andere, Schutt und Asche geworden, als Lübeck zu Palmsonntag 1942 seinen großen, konzentrierten Luftangriff erlebte. Jetzt, gegen Ende des Jahres 1945, gab es in der Innenstadt noch immer gewaltige Trümmerhaufen, an die sich die Menschen mehr oder weniger gewöhnt hatten. Auf den Heimkehrer wirkten sie erschütternd. Es war die Zeit, in der schon Flüchtlinge und Heimatvertriebene den Raum mit denen teilen mußten, die selbst kaum genug hatten. In kurzer Zeit wuchs die Einwohnerzahl um 100 000 auf 240 000.

Bei mir zu Hause wurde – nach dem Austausch der sehr unterschiedlichen Erfahrungen, die wir in den zurückliegenden Jahren gemacht hatten – ein erstes ernstes Gespräch darüber geführt, wer was über die Exzesse des Naziregimes gewußt habe. Ich machte die erstaunliche Erfahrung, daß meine Mutter und ihr Mann, obwohl unbezweifelbare und unerschütterliche Nazigegner, selbst mir gegenüber zunächst vorgaben, sie hätten von Massenvernichtungen keine Ahnung gehabt. Aber es dauerte weniger als eine Stunde, bis ich verstand, was in ihnen vorging. Sie standen unter dem Eindruck der Anschuldigung, daß alle Deutschen Mörder seien. Das war zuviel, das wollten sie nicht tragen. Hier wurde mir klar, wie zerstörerisch die These von der Kollektivschuld war: Erschrocken über das Ausmaß der Anklage, flüchteten viele in Ausreden und suchten vor sich selbst den Umfang der Verbrechen herunterzureden. Ich fand es begreiflich, daß meine Mutter, wie andere Antinazis, sich nicht für mitschuldig an Untaten erklären lassen wollte, die sie nicht begangen hatte.

Aber nachdem diese psychologische Barriere überwunden war, berichtete die Familie von dem Schrecklichen, was man beispielsweise bei einem Massentransport ausländischer Gefangener mit eigenen Augen hatte sehen müssen. Und was einige Soldaten aus den Familien des Bekanntenkreises im Urlaub von der Ostfront erzählten. Ganz gewiß wußten viele viel mehr, als sie zugeben wollten. Doch ich mußte mich auch fragen, ob sie mit ihrem Wissen viel hätten anfangen können. Die Widerstandsopfer machten es den Überlebenden nicht leichter: Im November 1943 waren ein protestantischer Pfarrer und drei katholische Geistliche enthauptet worden.

Ich sammelte meine ersten Erfahrungen mit einer Entnazifizierung, die wie ein bürokratisierter Hexenprozeß begann und sich bald zu einer bedrückenden Farce entwickelte: Während mancherorts noch Verfahren gegen kleine Postbeamte durchgeführt wurden, konnten dicke Gönner und Nutznießer des Dritten Reiches frei und unbeschwert herumlaufen. Die Entnazifizierung dauerte zu lange, sie umfaßte zu viele und vielfach die Falschen.

Ein bitterer Vergleich, der damals die Runde machte, besagte, daß ein Nazi, falls er ein Aristokrat war, sich am besten in der britischen Zone niederlassen solle, wo ihn seine guten Manieren und sein gutes Englisch vor jeder Verfolgung bewahrten. Wer über gute Beziehungen in katholischen Kreisen verfügte, solle sich in der französischen Zone ansiedeln, ein Bankier in der amerikanischen, ein Wissenschaftler oder Schriftsteller in der sowjetischen, denn die mußten dort nur in die kommunistische Partei eintreten, und alle Sünden wurden ihnen vergeben. Aufrichtige Demokraten hatten es schwer.

In einem Lübecker Vorort wurde einer meiner guten Freunde (auf den man sich auch nach 1933 verlassen konnte und der mit mir im Ausland zusammentraf) zu einer Art Strafarbeit herangezogen, weil er seines Berufs wegen – er hatte eine Tankstelle erworben – dem NSKK (Kraftfahrer-Korps) hatte beitreten müssen und eines Tages, mit vielen anderen, in die NSDAP überführt worden war. Zugleich wurde in der Verwaltung, noch unter strenger britischer Aufsicht, ausgerechnet ein SA-Mann damit beschäftigt, Ausweise für Lübecker auszustellen, die in

Gefängnissen, Zuchthäusern oder Konzentrationslagern gesessen hatten. In der Militärverwaltung der britischen Zone, wohl mehr als in der amerikanischen, schienen nicht wenige Offiziere der Meinung zu sein, alle des Schreibens Fähigen hätten der NS-Partei angehört; deshalb könne man nicht auf sie verzichten und dürfte nicht zuviel Entnazifizierung betreiben. Schon in Bremen hatte ich gehört, daß Polizisten, die dort entlassen worden waren, in der britischen Zone rasch wieder eingestellt wurden. Anfang 1946 versuchte mir in Hannover ein für Polizeifragen zuständiger Oberst, der viele Dienstjahre in Indien hinter sich hatte, auseinanderzusetzen, warum er sozialdemokratische Polizeibeamte wieder durch solche aus der NS-Zeit ablöse: die verstünden ihr Handwerk, meinte der gute Mann mit gewaltigem Schnurrbart, und da war ihm kaum zu widersprechen. Außerdem hätten sie gelernt, so fügte er hinzu, ohne Gegenrede zu parieren. Auch das konnte ich verstehen: Der Herr fand den Umgang mit dienstwilligen, hackenschlagenden Untertanen überaus bequem.

In Lübeck, noch mehr als in Bremen, herrschte Unsicherheit, die von DP's (Displaced persons) ausging: Fremdarbeiter und Verschleppte, die sich selbständig gemacht hatten und von denen einige ihrer Rache freien Lauf ließen. Plünderungen waren an der Tagesordnung, Gewaltverbrechen geschahen in großer Zahl. Ihnen waren, was mancher Deutsche in seiner verständlichen Empörung übersah, unendlich viele staatlich legitimierte Mordtaten voraufgegangen. Als ich Ende 1945 das provisorische Büro der Lübecker Sozialdemokraten besuchte, berichteten die dort tätigen Freunde, allein vor jenem Lokal seien im Laufe eines Monats 31 Personen umgebracht worden. Das Büro befand sich in der Straße, in der sich der Schwarze Markt angesiedelt hatte. Auf dem Wege zum und vom Friedhof, am Stadtrand, geschah es immer wieder, daß Frauen ihrer Kleider beraubt und nicht selten umgebracht wurden. Natürlich beschränkte sich die Nachkriegskriminalität nicht auf die Fremden. Menschenleben waren billig.

In den Tagen unmittelbar nach dem 1. Mai, als die Stadt von den Engländern eingenommen wurde, trat ein Siebener-Ausschuß der »Antifaschistischen Aktion« hervor – eine bescheidene Repräsentation der gleichen Gruppen, die in Bremen die »Kampfgemeinschaft« bildeten. Drei der Sieben, die sich als Sprecher gegenüber der Besatzungsmacht empfanden, waren Sozialdemokraten, an ihrer Spitze der frühere örtliche Reichsbanner-Chef Otto Passarge, den die Engländer bald als Polizeipräsidenten einsetzten. Der »Antifa«-Ausschuß empfahl den Besatzungsbehörden, einen Verwaltungsmann als Oberbürgermeister einzusetzen (das »Ober« vor dem Bürgermeister, das später von meinen Hansestädtern wieder gestrichen wurde, war eine Folge der Eingliederung Lübecks in eine preußische Provinz). Der Ausschuß bemühte sich um die Entfernung von Nazis aus Positionen, in denen sie nichts zu suchen hatten. Um die schriftlichen Arbeiten kümmerte sich die frühere Redaktionssekretärin des »Volksboten«, die das Dritte Reich als Gastwirtin überstanden hatte.

Otto Passarge hatte, wie meine Mutter, zur Freien Jugend gehört. Er war hochdekorierter Unteroffizier des Ersten Weltkrieges. Während der Nazizeit wiederholt eingesperrt, wurde er gegen Ende des zweiten Krieges gleichwohl einberufen und als Feldwebel eingesetzt. Der Zufall wollte, daß er – nach schwerer Verwundung an der Mosel – in Lübeck war, als es mit der Hitlerei zu Ende ging. 1946 wurde er ehrenamtlicher, danach hauptamtlicher Bürgermeister. Er hat sich als umsichtiges Stadtoberhaupt und als Interpret der kleinen Leute um Lübeck große Verdienste erworben.

Während meines zweiten Lübeck-Aufenthaltes, kurz vor Weihnachten 1945, sollte das ernannte Stadtparlament – noch nicht wieder Bürgerschaft, sondern Stadtverordnetenversammlung genannt – zum erstenmal zusammentreten. Das hatte eigentlich schon ein paar Wochen früher geschehen sollen. Doch die Sozialdemokraten teilten mit, sie würden fernbleiben, weil sie nicht angemessen repräsentiert seien. Dann kamen Einschreibbriefe der Besatzungsengländer: Wer der nächsten Einberufung nicht Folge leiste, werde verhaftet; die Sozialdemokraten – wie sie nun einmal sind und wie die Lage war – beugten sich im Interesse der Mitbürger dieser arroganten Pression. Die Parteien waren in Lübeck im September 1945 provisorisch zugelassen worden, ihre erste Delegiertenkonferenz konnte die SPD allerdings erst im Februar 1946 durchführen.

Im Frühherbst 1946 fanden die ersten Wahlen zur Bürgerschaft statt. Obwohl noch nicht wieder deutscher Staatsangehöriger, aber ohne Einspruch der Militärregierung, sprach ich in einer – mit den Worten des Chronisten – »stark besuchten, glänzend verlaufenden öffentlichen Versammlung« über »Die Welt und Deutschland«, und ich freute mich, wie ich es festhielt, über »Beifall für nichtnationalistische Töne«. Die Lübecker baten mich unmittelbar vor dem Wahltermin noch um eine große Versammlung. Da das nicht ging, schickte ich einen Aufruf, in dem ich auf die Bedeutung der Beziehungen zu Skandinavien hinwies, und schrieb: Es gehe darum, »gemeinsam mit allen demokratisch gesinnten Kräften des deutschen Volkes und mit dem demokratischen Norden an der Herstellung einer europäischen Gemeinschaft zu wirken«. Ich drückte die Hoffnung aus, viele lübsche Wähler würden sich um die Kandidaten der SPD scharen und »für Arbeit und Brot, für Frieden und Sozialismus stimmen«. Dies waren für mich nicht Routineformeln: Ich hielt die Bewährung der demokratischen Sozialisten (in meinem Verständnis: gleich Sozialdemokraten) im Kampf um Arbeit und Brot zum einen, um Frieden zum anderen für ausschlaggebend – weit über den Tag hinaus.

Bei den Gesprächen mit den politischen Freunden Ende 1945 und Anfang 1946 stellte sich ziemlich rasch heraus, daß ich Schwierigkeiten haben würde, mich in den, wie ich sagte, als eng empfundenen Verhältnissen zurechtzufinden. Die meisten rieten mir ohnehin, noch etwas abzuwarten. Einer meinte schon in der ersten Unterhaltung, ich würde wohl »nach Berlin gehen«. Doch in einem Brief vom 11. Juni 1946 schrieb ich: »In Lübeck, wo ich am 20. Mai nach über 13 Jahren zum erstenmal wieder gesprochen habe, wurde ich sehr herzlich begrüßt, und die Genossen möchten gern, daß ich dorthin komme. Vielleicht tue ich das auch noch …«

Darüber wurde gesprochen, als ich im Frühjahr und Sommer 1946 einige Male in Kiel war, jener Stadt, deren schöne Lage an der Förde auch durch den öden wilhelminischen Stil nicht ganz hatte entwertet werden können. Sie war besonders schwer zerstört. Dort traf ich Theodor Steltzer wieder: Nach seiner knappen Rettung in Berlin hatte er zum Berliner Magistrat gehört und war Mitbegründer der Christlich-Demokratischen Union im »Osten« geworden. Er ging bald nach Schleswig-Holstein, wurde wieder Landrat in Rendsburg, Ende des Jahres 1945 von den Engländern eingesetzter »Oberpräsident« (die preußische Amtsbezeichnung) und im neuen Jahr »Ministerpräsident« der Provinz, aus der ein »Land« wurde. Einer seiner Mitarbeiter in Kiel war jener jüngere Bruder des Grafen Helmuth von Moltke, den ich von Oslo her kannte und der bald in die Heimat seiner Mutter, nach Südafrika, auswanderte.

Steltzer und seine Kollegen sahen sich gewaltigen Schwierigkeiten gegenüber: In Schleswig-Holstein war die Einwohnerzahl durch Flüchtlinge – wie man damals sagte, später setzte sich die Bezeichnung Vertriebene durch – um über 70 Prozent gestiegen, verglichen mit 20 Prozent im westdeutschen Durchschnitt. Der Ministerpräsident sah keine Zukunft für sein Land. Er strebte ein Nordwest-Land an, mit Lübeck als Scharnier zwischen Mecklenburg und Schleswig-Holstein. Doch das setzte voraus, daß über die innerstaatliche Neugliederung in einem vereinigten Deutschland entschieden würde …

Nach den Landtagswahlen 1947, die den Sozialdemokraten die Mehrheit brachten, trat Steltzer zurück und schied aus der aktiven Politik aus. Von mir wollte er 1946 wissen, ob ich für Lübeck zur Verfügung stünde. Falls dies der Fall sein sollte, würde er Otto Passarge bitten, die Aufgabe eines Polizeichefs für das Land zu übernehmen. Vertreter der Lübecker Sozialdemokraten fuhren auch nach Hannover, um mich auf diesem (dafür noch nicht besonders geeigneten) Weg zu gewinnen – »als Nachfolger von Julius Leber«, wie es schmeichelhaft hieß. Lebers Witwe Annedore – die ihr Schicksal tapfer trug, aber trotz ihrer politischen und verlegerischen Aktivitäten nicht mehr glücklich werden konnte – lernte ich ebenfalls 1946 kennen, als wir beide zu Besuch in Lübeck waren. Sie versuchte nicht, meine Entscheidungen zu beeinflussen. Landesvorsitzender der schleswig-holsteinischen Sozialdemokraten – und einstimmig in das Amt des Oberbürgermeisters von Kiel berufen – war Andreas Gayk. Er war Vorsitzender der »Kinderfreunde« in der Region gewesen, und ich hatte ihn von daher als Respektsperson in Erinnerung. Der demokratische Sozialismus müsse aus Not und Leid neu geboren werden, hörten wir ihn sagen. Er war Arbeitersohn und war Journalist geworden. Ich erlebte den Kieler mit den kantigen Gesichtszügen und den metallisch-wohlklingenden, gut vorbereiteten Formulierungen im Zustand tiefer Niedergeschlagenheit.

Er malte schwarz in schwarz. Ein erfolgreicher Wiederaufbau schien ihm nicht möglich. Das war auch nicht leicht, wenn man hörte und sah – noch 1949 –, wie Kaianlagen gesprengt wurden und die Demontagebeschlüsse Lebensnotwendigkeiten einer Stadt zu vernichten drohten. Der Oberbürgermeister sagte an die Adresse der britischen Behörden: Von Lobgesängen auf eine imaginäre Demokratie würden die Menschen nicht satt! (Zu Coventry stellte er – der 1954 nach schwerer Krankheit starb – schon ganz kurz nach dem Krieg eine symbolhafte Verbindung her.)

Wir kamen nicht besonders gut miteinander aus. Trotzdem bemühte sich Gayk, mich für eine schleswig-holsteinische Kandidatur zum ersten Bundestag zu gewinnen. Der Parteivorsitzende Schumacher unterstützte ihn dabei. Ich konnte dieser Aufforderung nicht nachkommen, denn ich hatte mich für Berlin entschieden.

Bei meinen Reisen zwischen Skandinavien und Deutschland kam ich 1946/47 häufig in die Grenzstadt Flensburg: Wer hätte ahnen können, daß sie später durch meinen Freund Egon Bahr im Bundestag vertreten würde. Die Engländer unterhielten eine gute Eisenbahnverbindung von und nach Kopenhagen, das ich von seiner gastfreundlichen und liebenswerten Seite noch besser kennenlernte.

Die Grenzfrage schien wieder in Bewegung zu kommen. Die Organisationen der dänischen Minderheit schwollen stark an. Deutsche Polemik gegen das »Speckdänentum« erfaßte allerdings nur einen Teil der Wirklichkeit; wie es auch eine dänische Übertreibung war, alle Angehörigen der deutschen Minderheit nördlich der Grenze für das Verhalten der Besatzungsmacht verantwortlich zu machen. In Dänemark forderten aktivistische Kreise eine Grenzverschiebung. Teile der Widerstandsbewegung machten sich dieses Ziel zu eigen. Die Anhänger im Süden wurden mit erheblichen materiellen Zuwendungen bedacht. Sie lösten in der Tat den Verdacht aus, hier sollten Stimmen gekauft werden. Nach dem Ersten Weltkrieg hatten die Parteivorsitzenden Stauning und Wels die Grenzfrage entschärft. Jetzt waren es auf beiden Seiten wieder Sozialdemokraten, die sich um Verständigung bemühten. Auch ich habe einen bescheidenen Beitrag dazu leisten können.

Im Juli 1946 traf ich in Oslo, zum Abendessen in der dänischen Botschaft, den Parteivorsitzenden Hans Hedtoft, der vor Wut über eine Rede schäumte, die Schumacher wenige Tage zuvor – am 7. Juli – in Husum gehalten und in der er die Auflösung der Sozialdemokratischen Partei Flensburgs verkündet hatte. Die Mehrheit jener Parteiorganisation war – wie man damals sagte – »dänisch gesinnt«. Ein großer Teil der Flensburger Werftarbeiter war dies auch nach weiteren 35 Jahren. Der SPD-Vorsitzende, dessen Redetext ich nicht kannte, hatte zweifellos überzogen. Da er an den eigentlichen Fragen deutscher Einheit nichts zu ändern vermochte, sah er hier wohl eine Möglichkeit, etwas zu bewirken: Dies war eine Ersatzhandlung. Hedtoft tobte: »In unseren Ohren klang es, als habe Schumacher gesagt: ›Der Ortsverein Flensburg ist ausradiert.‹«

In den Wochen nach der verfügten »Auflösung« besuchte ich in Flensburg die kleinen Parteibüros beider Seiten und machte zunächst einmal die Feststellung: Im Büro der »Dänen« war keiner, mit dem ich in der Sprache der nördlichen Nachbarn hätte reden können (doch man sprach die auf beiden Seiten der Grenze übliche Art des Plattdeutschen), während im Büro der »Deutschen« einer saß, der aus dem Exil eine Mischung von Dänisch und Schwedisch heimgebracht hatte.

Ich versuchte damals in Hannover, Schumacher auf den Schaden hinzuweisen, den seine Übertreibungen anrichteten, aber der Vorsitzende mochte sich nicht korrigieren. Dies blieb Erich Ollenhauer vorbehalten. Die »Wiedervereinigung« der Flensburger Sozialdemokraten erfolgte immerhin schon 1954, doch blieben manche Gesinnungsfreunde im Südschleswigschen Wählerverband (der durch eine entsprechende Ausgestaltung des Wahlgesetzes im Landtag zu Kiel vertreten blieb). Aus einer zunächst einseitigen Kulturpropaganda entwickelte sich eine fruchtbare Konkurrenz zwischen deutschen und dänischen Einrichtungen auf kulturellem und sozialem Gebiet.

Dies blieb leider ein Sonderfall. Die Eliminierung von Minderheiten hat Europa ärmer gemacht.

Nürnberg

Deutschland war kein Staat mehr, nur noch ein geographischer Begriff. Die Verwaltung, die Verkehrsverbindungen, das Versorgungswesen waren in Stücke zerbrochen. Die Naziführer hinterließen nur Trümmerhaufen, zerstörte Städte und Fabriken, entwurzelte, verzweifelte Menschen – und die Autobahn.

Dieser Zusammenbruch war ohne Beispiel in der modernen Geschichte. Die Siegermächte hatten die Konkursmasse zu übernehmen. Für das deutsche Volk war es vermutlich besser, daß es nicht allein gelassen wurde: Eine Isolation hätte leicht den Kampf aller gegen alle bedeuten können. Oder hätten die überlebenden deutschen Demokraten allein die Kraft zum Neubeginn gefunden? Natürlich wäre, wovon in unseren Texten und Diskussionen so viel die Rede war, eine revolutionäre Umwälzung notwendig gewesen. Doch, wie das Bremer Beispiel zeigte: Die Verhältnisse waren nicht so, die Selbstreinigung durfte nicht stattfinden.

Hitler – und andere mit ihm, auch vor ihm – hatte den Deutschen einzureden versucht, sie seien dazu berufen, (heute) Europa und (morgen) der Welt als Herren vorzustehen. Als er verschwand, waren die Herrenvolk-Anwärter Gefangene und Bewohner eines großen Armenhauses geworden. Die Behauptungen des Nazismus waren ad absurdum geführt. Die wahnwitzigen Ambitionen endeten mit einem unermeßlichen Sturz. Die auszogen, die Welt zu erobern, stürzten ihr eigenes Volk in eine Katastrophe, die seine nationale Existenz gefährdete. Der deutsche Name war mit dem Blut Millionen Unschuldiger besudelt, durch massenhafte Betrügerei, Plünderung und Mißhandlung entehrt. Ich glaubte, dies würde länger und härter nachwirken, als es tatsächlich der Fall war.

Auf der Potsdamer Konferenz im Sommer 1945 hatten Stalin, Truman und Churchill, gefolgt von Clement Attlee als Wahlsieger (ohne de Gaulle, was der sich merkte), festgestellt, daß Deutschland nicht zerstört, sondern die Möglichkeit geschaffen werden sollte, es in den Kreis der zivilisierten Nationen zurückkehren zu lassen. Noch vor Potsdam hatten die Oberkommandierenden der vier Besatzungsmächte (also mit Frankreich) im Namen ihrer Regierungen die volle Souveränität über Rumpfdeutschland (ohne die Ostprovinzen) übernommen. Im August bildeten sie den Alliierten Kontrollrat, doch jeder sicherte sich volle Handlungsfreiheit innerhalb seiner Zone. Als Ziele der Besatzung wurden formuliert: Vernichtung des militärischen Potentials, des Naziregimes und seiner Ideologie, Reparationen, Bestrafung der Kriegsverbrecher, Schaffung der Grundlagen für eine demokratische Entwicklung in Deutschland. Die praktischen Maßnahmen administrativer und wirtschaftlicher Art ließen sich ohne Zusammenwirken mit den demokratischen Kräften des deutschen Volkes nicht verwirklichen. Es entfiel aber die zunächst noch wichtigere Voraussetzung, nämlich eine über das Kriegsende hinausreichende Zusammenarbeit der Siegermächte.

Ich sah trotzdem die Chance des Anfangs. Die Trümmerhaufen der zerbombten Häuser und Fabriken würden nach und nach abgeräumt werden. Erheblich schwieriger werde es sein, meinte ich, die Köpfe von ideologischem Schutt freizumachen. Ich hoffte, der Verzicht auf die militärischen Lasten einer Großmacht würde beide Arme freimachen für Wiederaufbau und friedliche Zusammenarbeit: Gemeinschaft in der Not sei vielleicht nicht der schlechteste Nährboden eines neuen Patriotismus. Vielleicht könne sogar wieder eine deutsche Kultur wachsen? Ich war mir darüber klar, daß dies »nach Maidanek, Belsen und Auschwitz« eine kühne Hoffnung sein mußte.

Im Vordergrund der alliierten Pläne zur Abrechnung mit Hitler-Deutschland stand der Prozeß gegen die »Hauptkriegsverbrecher«, der am 20. November 1945 vor dem International Military Tribunal (IMT) in Nürnberg begann. Ich war von Bremen über Frankfurt in die Stadt der Meistersinger und Reichsparteitage gefahren und kam, wie die anderen akkreditierten Journalisten, auf dem dafür hergerichteten Anwesen der Bleistift-Dynastie Faber-Castell (im Englischen wurde daraus: Faber Castle) unter. Unter einem Schloßleben stellt man sich allerdings etwas anderes vor als Schlafsäcke und Feldbetten. Doch zur Einstufung als »War Correspondent« paßte dies wieder ganz gut. An der Bar wurde manches interessante, gewiß auch manches törichte Gespräch geführt. So ging es mir ein wenig auf die Nerven, daß Erika Mann vorgab, sie könne nicht mehr deutsch reden.

Der große Prozeß fand in dem rasch wieder hergerichteten Gerichtsgebäude statt, das bei der infernalischen Zerstörung Nürnbergs einigermaßen heil geblieben war. An die 4000 Personen waren auf die eine und andere Weise mit dem Prozeß befaßt. Die Organisation ließ zu wünschen übrig. Im Pressesektor hatte man vor allem an die amerikanischen Journalisten gedacht. Für deutsche Journalisten waren zunächst ganze fünf Plätze reserviert. Von Anfang an fragte ich mich mit manchen anderen, warum nicht ein Weg gefunden wurde, die deutschen Antinazis mit zu Gericht sitzen zu lassen. Oder: Weshalb sie nicht wenigstens ihren Teil der Anklage in eigener Verantwortung vertreten konnten, um einige der Hauptschuldigen im mißbrauchten Namen ihres mißbrauchten Volkes zur Rechenschaft zu ziehen. Gab es kein Recht der deutschen Verfolgten auf Abrechnung mit ihren Peinigern?

Doch trotz dieser Fragen und Einwände hielt ich jenen Prozeß letztlich für nützlich. Man konnte sogar das Gefühl haben, an einem Ereignis teilzunehmen, das »den Anbruch einer neuen Gerechtigkeit in der Welt anzuzeigen schien« (Alexander Mitscherlich). Es war in der Tat ein außergewöhnliches und neuartiges Verfahren, das von dem britischen Lordrichter Lawrence geleitet wurde. Ich betrachtete es als einen entscheidenden Fortschritt in der Entwicklung des internationalen Rechts.

Freilich drängten sich Relativierungen auf. Zunächst stand dort – am 21. November – die eindrucksvolle vierstündige Rede des amerikanischen Hauptanklägers Robert H. Jackson an (dem ich später an der Columbia-Universität begegnete). Er nannte es widersinnig, wie es auch meiner tiefen Überzeugung entsprach, staatlich organisierten Massenmord milder zu beurteilen als individuellen Mord. Dabei machte er sich die gängige These von der Kollektivschuld der Deutschen nicht zu eigen und legte dar, daß die Nazis auch im eigenen Land strenggenommen nicht auf demokratische Weise an die Macht gekommen waren: Dies müsse festgestellt werden, nachdem die Deutschen in ihrer Mehrheit davon bedroht gewesen seien, in die Barbarei herabgezogen zu werden.

Viele Deutsche – soweit sie in jenem Spätjahr 1945 an anderem als ihrem Überleben interessiert waren – machten es sich zu einfach mit dem Nürnberger Prozeß. Dort wurde nicht verhandelt, weil Deutschland den Krieg verloren hatte, sondern weil dieser Krieg als ein ungeheuerliches Verbrechen begonnen, geführt und schließlich verloren wurde. Dort standen auch die Urteile nicht von Beginn an fest. Es handelte sich auch nicht darum, einige Leute zu bestrafen, die »den Führer schlecht beraten« hatten.

In Nürnberg und um Nürnberg herum mußte man in jenen Wochen lange suchen, wenn man jemanden finden wollte, der sich dazu bekannte, der Gesinnung, nicht nur der Mitgliedskartei nach Nazi gewesen zu sein. Einen von ihnen traf ich eines Abends in der Gaststube eines kleinen Hotels in Coburg. Dorthin war ich von Nürnberg aus mit meinem dänischen Kollegen Helge Knudsen gefahren. Er wollte die Herzogin interviewen. Am Vorabend, in der Gaststube eines örtlichen Hotels, fiel uns ein Mann in den Dreißigern auf (und auf die Nerven), dessen Verstocktheit für einen Teil der Leute recht typisch war; er sprach aber eben offener. Er kam aus der nahen sowjetischen Zone und schimpfte unentwegt auf die Engländer und Amerikaner – die hätten Deutschland überfallen. Sollten sich in den Konzentrationslagern unangenehme Dinge zugetragen haben, könnte sich dies höchstens gegen »Kriminelle und Schwule« gerichtet haben.

Mein sanfter dänischer Freund ließ den Mann hinauswerfen.

Am nächsten Vormittag legte Ihre Königliche Hoheit die Herzogin, Mutter der schwedischen Prinzessin Sibylla, in bewegten Worten dar, welch haarsträubendem Unrecht ihr Mann ausgesetzt sei. Sie war zeitweilig in das Pförtnerhaus umgezogen und fand sich beengt. Ihren Mann hatte man interniert, und dabei war er – als Präsident des Deutschen Roten Kreuzes – doch nur Obergruppenführer im NSKK gewesen und in den Reichstag berufen worden. Von dem, was in den KZs geschah, habe er natürlich keine Ahnung gehabt: »Er tat alles für Deutschland und für den Frieden.« 1940 habe er sogar die Strapazen auf sich genommen, die mit einer Reise über Sibirien und Japan nach den USA verbunden waren: um die Amerikaner davon zu überzeugen, daß sie sich besser aus dem Krieg heraushielten. Bilanz: »Er stolperte eben über seinen Idealismus.«

Eine andere Erfahrung Anfang 1946 aus dem Nürnberg benachbarten Erlangen: Aus dem Krieg heimgekehrte Studenten ließen Martin Niemöller – den Mann der Bekennenden Kirche, U-Boot-Kommandant im Ersten, politischer Gefangener im Zweiten Weltkrieg – nicht zu Wort kommen. Die bayerische Regierung verlangte eine strenge Untersuchung, in Wirklichkeit geschah nichts.

Doch ich traf vor allem die anderen, kritischen Deutschen. Die hatten gewiß nichts dagegen, daß Göring und Compagnie der Prozeß gemacht wurde. Sie fanden aber auch rasch heraus, wo die politischen Schwächen der Prozeßführung lagen: Bei der Vorbereitung des Zweiten Weltkrieges zum Beispiel wurde das Münchner Abkommen nur gestreift, und Spanien wurde kaum erwähnt. Ein Teil der schrecklichen Vorgänge in Polen während der ersten Kriegsphase wurde falsch zugeordnet, um den sowjetischen Teil des Militärgerichts nicht in Verlegenheit zu bringen. Daß durch deutsche Schuld auf russischem Boden Schreckliches geschehen war, hob nicht die schwerwiegenden Widersprüche auf, in die sich die sowjetische Anklage verstrickte. Im übrigen herrschte, nicht nur bei Deutschen, ein erhebliches Maß an Verwirrung. Anfang Februar 1946, nach der Eröffnungsrede des sowjetischen Anklägers, kam ich mit einem in Nürnberg stationierten amerikanischen Offizier ins Gespräch, der mich allen Ernstes fragte, ob Rudenko ein russischer Kollaborateur gewesen sei und nun eine Verteidigungsrede gehalten habe …

Wer sich der Wahrheit über Wesen und Ausmaß der nazistischen Verbrechen entziehen wollte, versuchte Auschwitz mit sowjetischen Exzessen aufzuwiegen. Oder er bediente sich des Hinweises, daß es auf allen Seiten Übergriffe gegeben habe. Und gewiß: Noch keine kriegführende Regierung hat verhindern können (häufig auch nicht wollen), daß Grausamkeiten und Unrechtshandlungen, ja, Verbrechen geschehen, die auch durch die Bedingungen des Krieges nicht zu rechtfertigen sind. Aber das Besondere war ja gerade die – vom Krieg letztlich unabhängige – Systematisierung einer Mordpolitik, wie es sie vordem nicht gegeben hatte: die Einsatzgruppen, die Vernichtungslager, die Menschenversuche. Schaudernd versuchte man sich ein Bild von dem zu machen, vollzog man in Gedanken nach, was von den Kommandostellen des Dritten Reiches angeordnet worden war, was sich in den besetzten

Ländern und in Deutschland selbst, in den Lagern, zugetragen hatte. Vieles davon war durchaus nicht nur »dem Krieg« zuzuschreiben, wie mancher zu sagen beliebte. Man konnte nur hoffen, die Menschheit würde aus diesen Erfahrungen lernen. Der Nazismus hatte in erschrekkender Weise demonstriert, wozu die Macht in einem technisch hochentwickelten und durchorganisierten Land unter totalitärer Herrschaft mißbraucht werden kann.

Eines Tages – drei Monate lang war erschütterndes Beweismaterial vorgetragen worden – kam nach einer besonders realistischen Dokumentation ein sonst durchaus robuster amerikanischer Journalist, dem Zusammenbruch nahe, in den Schreibsaal und telegrafierte nach Hause: »Ich kann nicht mehr, habe keine Worte mehr.«

Nicht wenige der deutschen Antinazis hätten einen – im direkten und übertragenen Sinne des Wortes – kurzen Prozeß vorgezogen. Sie fürchteten, das Gericht werde es, auch wegen des sich wieder deutlich abzeichnenden Gegensatzes zwischen den Westmächten und der Sowjetunion, sehr schwer haben, angemessen zu urteilen, die Geschichte extremen menschlichen Niedergangs zu werten und einer breiten Öffentlichkeit diese Wertung zu vermitteln. Und sicher ist das nicht in dem erstrebten und zu wünschenden Maße gelungen. Hinzu kam, daß deutsche Hitler-Gegner andere Maßstäbe anlegten als die Richter der siegreichen Mächte: Papen und Schacht wurden freigesprochen, aber auf Leute ihres Schlages – einflußreiche Wegbereiter und Helfer Hitlers – konzentrierte sich in Deutschland mehr Haß als auf andere. Ich muß zugeben, daß mich die Angeklagten – mächtig, wie sie gewesen waren – nicht sonderlich interessierten. Speer war wohl der einzige, der sich (abgesehen von dem Schlächter Polens, Hans Frank, der vorgab, religiös geworden zu sein) zu seiner Verantwortung bekannte und – wie ich es damals empfand und schrieb – im Schlußwort etwas von dem gefährlichen Mechanismus erklärte, der den Technokraten zum Werkzeug des schlechthin Bösen werden läßt. Die Admiräle (Raeder und Dönitz) kamen mit ihren Zuchthausurteilen besser davon als die Spitzengenerale der Wehrmacht (Keitel und Jodl), die mit dem Tode büßen mußten. Sie trugen vielleicht wirklich unterschiedlich zu beurteilende Schuld.

Unter dem Eindruck der ersten Monate in Nürnberg – ich blieb bis Weihnachten, kam nach Neujahr wieder bis Ende Februar und dann nochmals im Frühjahr und Spätsommer – schrieb ich unterwegs auf norwegisch ein Buch, das auch in einer schwedischen Fassung erschien.

Ich nannte es »Forbrytere og andre tyskere«: Verbrecher und *andere* Deutsche, im Sinne einer Gegenüberstellung von Verbrechertum, wie es im großen Nürnberger Prozeß zur Rechenschaft gezogen wurde, und dem *anderen* Deutschland, das sich leider nicht hatte durchsetzen können und dem auch von den Siegermächten nicht viel Beachtung geschenkt wurde. Das war nach dem Geschehen auch kaum zu erwarten. Enttäuschend war es immerhin, wenn man alliierte Offiziere bestätigen hörte, Befehl sei Befehl, und für »Landesverrat« könne man von ihnen kein Verständnis erwarten; das wäre natürlich anders gewesen, wenn die Verschwörer gegen Hitler Erfolg gehabt hätten. (Zu meinen bitteren Erfahrungen gehörte später, wie mir – auf dieses Buch bezogen – das Wort im Munde umgedreht wurde. Bösartige Widersacher logen, ich hätte über »Die Deutschen und andere Verbrecher« geschrieben.) Ich wandte mich in jener Publikation erneut gegen eine generelle Kriminalisierung der Deutschen und legte dar, die Wirklichkeit sei erheblich komplizierter und nuancierter, als es Nazis und andere Rassenpolitiker wahrhaben wollten: Kein Zweifel, daß der Nazismus mit teuflischer Planmäßigkeit niedrige Instinkte und kriminelle Eigenschaften mobilisierte und daß die Hauptverbrecher – von denen einige abgeurteilt wurden – eine bis dahin nicht gekannte Fähigkeit entwickelt hatten, die Macht der Organisation, der Propaganda und des Terrors zu nutzen. Sie waren auch an möglichst vielen Mitschuldigen interessiert. Aber daraus folgte nicht, daß die Deutschen als Verbrecher geboren würden. Besondere Umstände hätten sie zu Werkzeugen – und Opfern – werden lassen: »Zuvor galten sie als arbeitsam und pflichttreu, nach Meinung mancher reichlich pflichttreu. Doch Fleiß und Pflichtgefühl sind keine schlechten Eigenschaften. Es kommt darauf an, wofür man arbeitet und wem man sich verpflichtet fühlt.« Die Deutschen seien nicht so geschwächt, daß sie sich nicht wieder hocharbeiten könnten, wenn sie es dürften. Man müsse soziale und institutionelle Sicherungen gegen nationalistische Rückfälle schaffen.

Der Prozeß ging am 1. Oktober 1946 zu Ende – nach 403 öffentlichen Sitzungen, 20 000 Seiten an Sitzungsprotokollen, über 5000 Originaldokumenten der Anklage. Die Verteidigung hatte übrigens mehr Zeugen aufgeboten als die Anklage. Nürnberg hatte einen Komplex an Schuld aufgerollt, der die wildeste Phantasie überstieg. Schuldig waren nicht nur Parteigewaltige und Gestapo-Terroristen, sondern viele andere, die ihnen in militärischen und wirtschaftlichen Kommandostellen, in Verwaltungs- und Gerichts-, Universitäts- und Schulämtern geholfen hatten. Doch kein Erwachsener hätte sich seinem Anteil an der Mitverantwortung für das Geschehene entziehen dürfen. Ich blieb bei der deutlichen Unterscheidung zwischen Schuld und Verantwortung und bezog in die letztere ausdrücklich jene ein, die nichts getan hatten, Hitler von der Macht fernzuhalten. Ja, auf andere Weise trugen auch die mit an der Verantwortung für das Unheil, die es wohl versucht, aber nicht fertiggebracht hatten, es zu verhindern.

Meine Überzeugung: Wo es eine demokratische Ausgangslage gibt, muß man ein gewisses Maß an gemeinsamer Verantwortung der Staatsbürger unterstellen dürfen. Meine Folgerung: Auch wer sich von der Mitschuld freisprechen konnte, war einbezogen in die Gemeinsamkeit von Verantwortung und Not. Für unangemessen hielt ich es, sich aus der Mitverantwortung davonzustehlen. Man durfte den einzelnen Deutschen nicht aufladen, was sie nicht als ihre Schuld empfinden konnten. Aber man durfte auch nicht die Vorstellung dulden, es habe sich gewissermaßen um eine Naturkatastrophe gehandelt. Also müßte für die Zukunft politisches Verantwortungsbewußtsein gefördert werden.

Meinen antinazistischen Freunden sagte ich – auch im »Verbrecher«-Buch –, sie sollten sich von bedingungsloser Anpassung fernhalten und sich keine falsche Schuld andichten lassen. Doch: »Wer es ernst meint mit der demokratischen Zukunft, muß einen klaren Bruch mit der Vergangenheit vollziehen. Die Rettung für das deutsche Volk liegt nicht in dem Versuch, Kontinuität zu wahren, sondern im entschlossenen Neubeginn.« Ich will hinzufügen: und die antinazistische Tradition zu wahren.

Meine Gespräche Ende 1945/Anfang 1946 kreisten um dieselben Probleme wie meine Artikel: Niemand könne ein Interesse daran haben, aus Deutschland ein Gebiet extremer Not, umfassenden Bandenwesens und anderer ansteckender Krankheiten werden zu lassen. Die Politik gegenüber Deutschland müsse von den Notwendigkeiten des Wiederaufbaus in Europa bestimmt werden. Nach allem, was ich in jenen Wintermonaten sah und hörte, gab es für mich keinen Zweifel, daß die Deutschen in ihrer großen Zahl arbeiten wollten – vor allem, um zu überleben, aber auch, weil sie sich nur so als Volk behaupten konnten. Die Frage war: Würden die Siegermächte erkennen, daß es auch ihren Interessen entspreche, die Besiegten arbeiten zu lassen? Sie mußten die

Deutschen entweder umbringen oder sich erholen lassen, wie ein britischer Kollege meinte.

Aber was mit einem Wiederaufleben der »deutschen Gefahr«? Ich sagte im Ton einer gewissen Naivität, doch im Bewußtsein der drohenden Gefahr, die Siegermächte brauchten ja nur zusammenzuhalten, dann sei der Frieden gesichert. Im Unterschied zu manchen meiner deutschen Freunde sah ich die ernste Gefahr, daß sich der Zerfall der Anti-Hitler-Koalition zum Ausgangsfeld eines neuen Krieges entwickelte. In Briefen an Freunde in anderen Ländern schrieb ich, zunächst müßten wir »aus ureigenen Interessen« darauf hinwirken, daß der Dritte Weltkrieg vermieden werde. Eine einseitige Westorientierung sei, so fügte ich in solchen Zusammenhängen hinzu, auch nicht mit dem Interesse an der Wiederherstellung der deutschen Einheit zu vereinbaren: Einen einheitlichen Staat werde es nur nach Verständigung mit den Siegermächten geben, nicht gegen den einen oder den anderen von ihnen.

In Wirklichkeit hatten sich die USA und die UdSSR, als die Friedensglocken läuteten, schon wieder weit voneinander entfernt. Die Vereinigten Staaten waren, als sie 1945 noch die ersten Atombomben gegen Hiroshima und Nagasaki einsetzten, zur mächtigsten (und reichsten) Nation der Welt geworden. Das Bild, das sich viele Europäer von ihnen gemacht hatten – als handele es sich um eine Anhäufung von harten Geschäfts- und lärmenden Filmleuten, Cowboys und Gangstern –, wurde als absurd entlarvt. Die technische, wissenschaftliche und auch kulturelle Potenz der USA war nicht mehr zu übersehen. Auf einem anderen Blatt steht die Frage, warum wohl die USA von den Möglichkeiten einer – zeitweise sogar der einzigen – Führungsmacht so unzulänglich Gebrauch gemacht haben. Eine objektive geschichtliche Würdigung wird vermutlich ergeben, daß sie der Rolle, in die sie so rasch hineinwuchsen, nicht gewachsen waren. (Für die Sowjetunion galt dies dann in noch stärkerem Maße.) Vielen von uns war nach Kriegsende nicht bewußt, daß Großbritannien so rasch aus seiner Weltmachtrolle herausgedrängt würde. Es hatte einen besonders hohen Anteil an den Lasten des Krieges getragen. Die Entkolonialisierung – und damit die Ablösung des Empire durch ein lockeres Commonwealth unabhängiger Staaten – war unausweichlich. In gewisser Hinsicht standen die Vereinigten Staaten bereit, das britische Erbe zu übernehmen. Frankreich aber war noch eindeutiger geschwächt worden, und es ließ sich die Chance entgehen, Sprecher Europas zu werden – was ihm freilich auch von den Vereinigten Staaten und von England nicht zugebilligt wurde.

General de Gaulle wies wenige Monate nach Kriegsende – bei einem Besuch in der französischen Besatzungszone – auf die simple Tatsache hin, daß auch die Westdeutschen zu den Westeuropäern zu zählen seien. Er meinte, daß man die Gestaltung der europäischen Zukunft nicht einfach in amerikanische Hände gleiten lassen dürfe. Politik, die mehr wollte als den Rang einer »Großmacht honoris causa«, wurde aus solchen Einsichten (noch) nicht. (Als ich 1948 in Berlin einen später bekannten französischen Diplomaten fragte, warum seine Regierung sich nicht anschicke, für Deutschland mitzusprechen und dadurch ein europäisches Vakuum aufzufüllen, erhielt ich zur Antwort, dem Wagemut seien engere Grenzen gesetzt als dem Verstand.)

Die internationale Position der Sowjetunion war stark geworden. Sie war nicht nur von Respekt umgeben, sondern zog viele erwartungsvolle Blicke auf sich. In Nürnberg sagten mir Sozialdemokraten: Die Russen hätten dem deutschen Arbeiter Hoffnung geben können. Man hätte die Maschinen stehen lassen sollen, denn man würde lieber für Reparationen arbeiten, als immer weiterem Verfall zuzuschauen. Doch nun regte sich Enttäuschung, die sich zu tiefem Mißtrauen verdichtete. Furcht vor den Russen griff um sich. Doch die meisten der politisch Verantwortlichen, zumal Sozialdemokraten, hätten es vorgezogen, wenn eine sachliche Zusammenarbeit mit der Sowjetunion möglich gewesen wäre.

Plünderungen und Vergewaltigungen, die der sowjetischen Besatzung folgten, verbreiteten Angst und Schrecken. Doch sollte man die Auswirkungen der schrecklichen Vorgänge in jener Zeit nicht überschätzen. Auch die Westdeutschen hatten zum Teil erhebliche Übergriffe erlebt: Diebstahl, Vandalismus – ich sah selbst einiges davon. Die meisten Deutschen nahmen die Übergriffe hin: Sie dachten vermutlich an die Morde und Schandtaten, die in den besetzten Ländern und – neben Polen – vor allem in der Sowjetunion begangen worden waren. Als ich Anfang 1947 in Berlin den liberalen Politiker (und späteren Bundesminister) Ernst Lemmer traf, sagte er mir: »Es ist schrecklich, was wir durchgemacht haben, doch wenn man jetzt quitt wäre, kämen wir noch ganz gut weg …«

Furcht, Mißtrauen und Ablehnung resultierten in hohem Maße aus der millionenfachen Vertreibung der Ostdeutschen und aus dem Verhalten der Besatzungsmacht in der sowjetisch besetzten Zone. Neben den Ostdeutschen waren die Sudetendeutschen von der Vertreibung betroffen. Als ich in Nürnberg war, kam Arno Behrisch aus Hof herüber und brachte mir die erwähnten Berichte über die Vertreibung.

Polen sollte die deutschen Ostprovinzen zunächst bis zur Friedenskonferenz (die dann nie stattfand) verwalten. Einer Aufforderung der Alliierten, die Zwangsumsiedlung der (insgesamt zehn Millionen) Ostdeutschen auszusetzen, wurde von polnischer Seite nicht entsprochen. Ähnlich wurden Empfehlungen an die Regierung in Prag mißachtet. Unmittelbar im Anschluß an die Potsdamer Konferenz schrieb ich, auch an Walcher in New York, »man sollte doch noch den Versuch machen, auf eine Modifizierung der Beschlüsse bis zur Friedenskonferenz hinzuarbeiten«. Doch ich erinnerte mich und andere zugleich daran, daß es »heilige« Grenzen noch nie gegeben habe. Ich bezog mich auf die Parole der Dänen nach dem Krieg von 1864: Was draußen verlorenging, soll drinnen neu gewonnen werden.

In der SBZ, der sowjetisch besetzten Zone Deutschlands, herrschte zum Teil offenes Unrecht, doch zugleich bemühten sich die Russen darum, deutsche politische Kräfte ins Spiel zu bringen. (Im Westen setzte man sich eher aufs hohe Roß. Die Kommunisten hätten leicht einen Vorsprung über den hinaus erreichen können, der ihnen durch die Machtausübung in der späteren DDR zufiel.) Die Bereitschaft der Russen, sich in eine gemeinsame Verwaltung des besiegten und besetzten Deutschland einzufügen, wurde nicht grundsätzlich genug geprüft. Anders als in Potsdam im Sommer 1945 vereinbart, machten die vier Mächte keine ernsten Anstrengungen, das besetzte Land als wirtschaftliche Einheit zu behandeln. Die Sowjets waren vor allem darauf aus, möglichst viel demontierte Fabrikanlagen auch aus den Westzonen ausgeliefert zu bekommen. Die vorgesehenen Fachverwaltungen auf einigen (praktischen) Gebieten scheiterten vor allem an den Franzosen und jedenfalls der Form nach nicht an den Sowjets. Der Alliierte Kontrollrat in Berlin wurde nicht zu der gemeinsamen Militärregierung, als die er gedacht war. Auch die Kommandantura für die vier Sektoren Berlins hatte nicht lange Bestand. Die Zonengrenzen, als vorübergehende Regelung gedacht, verfestigten sich partiell zur Trennungslinie zwischen Ost und West.

In der britischen Zone herrschte am ehesten Rechtssicherheit. In der amerikanischen wurde das Fraternisierungsverbot zuerst durchlöchert.

In der französischen ging es ruppig-europäisch zu; »reaktionäre« Elemente wurden begünstigt, wenn sie auf Separation vom Reich aus waren. Baden-Baden, wo das Zonenkommando saß, wurde Vichy-Vichy genannt: Okkupationsbeamte und ihre einheimischen Gehilfen spielten in einer Reihe von Fällen die umgekehrten Rollen.

Bei allen Unzulänglichkeiten jedoch bleibt die Leistung der Alliierten und der Deutschen, die mit ihnen auf vernünftige Weise zusammenwirkten, beachtlich: Millionen ausländischer Zwangsarbeiter und Kriegsgefangene wurden repatriiert. Lebenswichtige Betriebe kamen wieder in Gang. Eine wirkliche Hungersnot konnte vermieden werden (wenn man ihr auch im zweiten Nachkriegswinter ganz nahe war). Seuchengefahren konnten gebannt werden.

Es war mehr erhalten, vor allem an Arbeitskraft, als viele zu hoffen gewagt hatten. Ein Volk, das in den Abgrund geblickt hatte, suchte mehr als sein Überleben in harter Arbeit. Die Demontagen zwangen zur raschen Modernisierung. Der Flüchtlingsstrom aus dem Osten bedeutete, daß die Bundesrepublik in ihrer Aufbauphase keinen Mangel an Arbeitskräften zu fürchten brauchte. So hatten sich das nicht alle gedacht.

Kurt Schumacher

Anfang Mai 1946 fuhr ich nach Hannover zum ersten Parteitag der wiedererstandenen – wie ich in Übereinstimmung mit Kurt Schumacher hoffte: neubegründeten – Sozialdemokratischen Partei Deutschlands. Ich kam gemeinsam mit Per Monsen von »Arbeiderbladet« (der auch Anfang 1937 mit mir nach Spanien gefahren war). Im schrecklich zerstörten Hannover war schon das Bahnhofsgebäude vom Flüchtlingselend geprägt. Mein Status war der eines Berichterstatters für skandinavische Zeitungen, aber ich war auch Gastdelegierter der Landesgruppe deutscher Sozialdemokraten in Schweden (und Norwegen). Meine Aufgabe seit dem Herbst 1945 war zugleich die eines Briefboten und Kundschafters: Ich beförderte persönliche Mitteilungen hin und zurück, von denen man in jener Zeit nicht wissen konnte, ob sie auf normalen Wegen ankommen würden. Ich holte auch Nachrichten über Menschen ein, die in der neuen Völkerwanderung verschollen waren – oder tatsächlich nicht überlebt hatten.

In den voraufgegangenen Monaten hatte ich mich nicht nur in Norddeutschland – auch in Hamburg – davon überzeugt, mit wieviel Hingabe unter den widrigen Bedingungen daran gearbeitet wurde, einer neuen deutschen Demokratie den Weg zu ebnen. In Frankfurt traf ich Freunde, die aus London heimgekehrt waren, und durch sie den späteren DGB-Vorsitzenden Willi Richter; er leitete den gewerkschaftlichen Neuaufbau in Hessen. Im Mittelpunkt der Nürnberger Sozialdemokraten stand der 80jährige Josef Simon: Vorsitzender der Lederarbeiter und Reichstagsabgeordneter (während des Sozialistengesetzes hatte er als Schustergeselle in Lübeck Zuflucht gefunden). Mit einem seiner Söhne hatte er Dachau überlebt und sich schon in den ersten Nachkriegsmonaten an überregionalen Besprechungen beteiligt. In der fränkischen Metropole lernte ich auch Wilhelm Hoegner kennen, als der dort seine erste halböffentliche Versammlung abhielt. Die Amerikaner hatten ihn in das Amt des bayerischen Ministerpräsidenten berufen. Als überzeugter, wohl etwas starrsinniger Föderalist konnte – wie sich spätestens auf dem Hannoverschen Parteitag zeigte – sein Verhältnis zum zentralistisch denkenden Vorsitzenden Schumacher nicht spannungsfrei sein. Hoegner blieb während der dreieinhalb Jahrzehnte, die noch vor ihm lagen, ein eigenwilliger, doch treuer bayerischer Sozialdemokrat.

Der kriegsversehrte Westpreuße Kurt Schumacher (vor 1933 war er Parteiredakteur und Reichstagsabgeordneter) hatte seinen zehnjährigen Opfergang durch die Konzentrationslager mit potenzierter Willensstärke bestanden. Sein Büro in Hannover wurde zum Zentrum der sich wieder oder neu sammelnden Partei in den Westzonen. Die erwähnte erste interzonale Konferenz in Wennigsen vom Oktober 1945 hatte ihm das selbstgegebene Mandat bestätigt. Es bedeutete nicht zuletzt strikte Unabhängigkeit von jenem sozialdemokratischen »Zentralausschuß«, der in Berlin für die sowjetisch besetzte Zone gebildet worden war und der rasch in die Gefahr geriet, sich nach den Vorgaben der kommunistischen Führung (oder der Militäradministration) richten zu müssen.

Auf regionalen Konferenzen, die nur mit unwilliger Duldung der alliierten Behörden stattfanden, warb Schumacher um Zustimmung zu seinem Kurs, der »praktische Zusammenarbeit« mit den Kommunisten nicht von vornherein ausschloß. Ich traf ihn zum erstenmal am Rande einer solchen Konferenz, Anfang 1946 in Offenbach. Ich begriff, etwas widerstrebend, die magnetische Wirkung, die er auf viele ausübte. Er bat nicht, sondern forderte. Er wog nicht Argumente gegeneinander ab, sondern schleuderte das Ergebnis seines Nachdenkens in den Zuhörerkreis – und dies mit erheblichem Stimmaufwand.

Von Nürnberg aus nahm ich Kontakt mit Gustav Dahrendorf auf, dem Überlebenden aus dem Leber-Prozeß, der zum »Zentralausschuß« in der sowjetischen Zone gehörte und zu den drei Boten zählte, die in Wennigsen mit Schumacher konferiert hatten. Anders als Otto Grotewohl, der spätere DDR-Ministerpräsident, lehnte Dahrendorf den Kurs der Zwangsvereinigung ab, übersiedelte nach Hamburg und übernahm die Leitung der Konsumgenossenschaften. Wir blieben in freundschaftlicher Beziehung.

Nicht nur in der sowjetisch besetzten Zone, auch in den Westzonen herrschte in den ersten Wochen und Monaten nach Kriegsende die Meinung vor, daß es sinnvoll wäre, möglichst rasch die Spaltung zu überwinden und eine einheitliche Arbeiterpartei zu schaffen. Es war die KPD-Führung – mit dem aus Rußland eingeflogenen Walter Ulbricht an der Spitze –, die dies ablehnte. Sie wollte erst die eigene Organisation aufbauen und konnte sich dabei auf massive Unterstützung der Besatzungsmacht verlassen. Ende des Jahres schalteten die kommunistische Zentrale und die sowjetische Militärverwaltung um: Die Wahlen in Österreich und Ungarn ließen vermuten, daß sich der Zustrom zur KPD in Grenzen halten würde, und die Entwicklung in der deutschen Sowjetzone zeigte, daß die SPD – trotz ihrer Benachteiligung im Zeitungswesen und auch sonst – bessere Chancen hatte. Die Kommunisten drängten nun auf rasche Vereinigung und rechneten damit, daß sie die zu schaffende Einheitspartei bald beherrschen würden. Grotewohl und seine Freunde hielten nicht durch, worauf sie sich in Gesprächen mit den westdeutschen Genossen in Wennigsen festgelegt hatten: daß über den Kurs der Partei, und damit auch über die Frage der Einheit, erst auf einem »Reichsparteitag« entschieden werden könne. Eine Mischung von Druck und Wunschdenken begleitete sie auf dem Weg zur Zwangsvereinigung im Frühjahr 1946. Opposition wurde unterdrückt, und wieder wanderten Sozialdemokraten in die Gefängnisse oder wurden nach Sibirien deportiert (so der im Zusammenhang mit dem 20. Juli erwähnte Mecklenburger Sozialdemokrat Willy Jesse). In Berlin allerdings war es schwieriger, mit der Opposition fertigzuwerden. Die Sozialdemokraten, die sich nicht zwangsvereinigen lassen wollten, fanden die Unterstützung einiger jüngerer Engländer und Amerikaner, und eine Urabstimmung in den Westsektoren – im Ostsektor durfte sie nicht stattfinden – ergab eine starke Mehrheit für eine selbständige Sozialdemokratie.

Grotewohl, früher ein angesehener Reichstagsabgeordneter aus Braunschweig, wollte im Herbst 1945 am liebsten, von Berlin aus, für die Sozialdemokraten in ganz Deutschland sprechen. Dieses Recht hatte ihm Kurt Schumacher, der frühere Abgeordnete aus Stuttgart, streitig gemacht. Er hatte sich 1944 in Hannover niederlassen können und nahm sich dort der Neubegründung der Partei an, noch bevor der Krieg ganz zu Ende war. Im Laufe des Sommers erhielt er von Vertrauensleuten in vielen Parteibezirken das Mandat, eine Konferenz für die Westzonen vorzubereiten. Wennigsen wurde eine Konferenz auf Raten: Die britische Militärregierung verlangte, daß am ersten Tag (dem 5. Oktober) die 33 Delegierten aus der britischen Zone für sich berieten. Am nächsten Tag versammelten sich die anderen der Form nach »privat« im Büro Schumacher, wie die provisorische Parteizentrale in Hannover genannt wurde. (Hinzu kamen die Beratungen mit den drei Vertretern des Berliner Zentralausschusses.)

Grotewohl war, um dies noch einmal klarzumachen, noch nicht bereit, sich den Kommunisten zu unterwerfen, als er im Herbst 1945 in den Westen fuhr. Er erhoffte sich vielmehr Entlastung durch den Plan, einen »Reichs«-Parteitag vorzubereiten. Schumacher hielt es für zu riskant, sich auf ein solches Manöver einzulassen, von dem er befürchtete, daß es zugunsten sowjetischer Manipulationen ausgehen würde. Ich bin nicht sicher, ob man dies nicht auch anders hätte angehen können. Aber Schumachers Entschluß war ein Faktum für sich selbst, und er konnte sich bald durch den elenden Druck bestätigt fühlen, der in der Sowjetzone eingesetzt wurde, um die »Arbeiterparteien« unter Zwang zu vereinigen.

(Man sollte sich vielleicht daran erinnern, daß die Einheitsfrage 1945 nicht nur in der unmittelbaren Nachfolge des Hitler-Reiches eine Rolle spielte, sondern zum Beispiel auch in den skandinavischen Ländern mit ihren ganz anderen Traditionen. In Norwegen erhielten die Kommunisten bei den Wahlen in jenem Jahr fast 12 Prozent der Stimmen, in Dänemark noch ein halbes Prozent mehr, selbst in Schweden 10,5 Prozent, obwohl es sich dort nicht darum handeln konnte, den hohen Anteil kommunistischer Opfer in der Widerstandsbewegung zu honorieren. Sowohl in Norwegen wie in Dänemark wurde, allerdings ergebnislos, über eine Vereinigung der Arbeiterparteien verhandelt. Ich habe damals geschrieben: »Die Kommunisten haben Opfer gebracht, und niemand soll ihnen das streitig machen wollen. Aber sie sollen auch nicht versuchen, den Widerstand zu monopolisieren. Die kommunistischen Führer sollten nicht so tun, als hätten sie den Krieg gewonnen. Der wurde nämlich von den alliierten Nationen gewonnen.«)

Noch vor Wennigsen – wo mehrere Mitglieder meiner früheren Gruppe beteiligt waren – wurden Frontbegradigungen zugunsten einer einheitlichen Sozialdemokratie vorgenommen. Darüber dachten die Freunde im Land nicht anders, als wir draußen gedacht hatten. In London wurde eine einheitliche sozialdemokratische Parteiorganisation gebildet. Von Stockholm aus hatte ich nach Kriegsende gemeinsam mit meinen engeren Freunden erklärt: »Einigung im Rahmen der Sozialdemokratie ist die heute mögliche Etappenlösung des Einheitsproblems.« Fast auf den Tag, im selben September 1945, wurde in Hannover ein Abkommen getroffen, in dem für die SAP Otto Brenner – der spätere Vorsitzende der IG-Metall – und für den ISK Willi Eichler – der spätere Parteiprogrammatiker – die Gemeinsamkeit in der neu sich entwickelnden Partei bestätigten. Ein mindestens so wichtiger Teil des Einheitsproblems wurde – in West-Berlin wie in Westdeutschland – durch Stalins Politik gelöst: Frühere und potentielle Anhänger der KPD fanden in großer Zahl ihren Platz in den Reihen der Sozialdemokratie.

Als ich nach Hannover kam, waren meine Gefühle eher verwirrt. Es war eine gewaltige Sache, daß die Sozialdemokraten sich wieder zu einem Parteitag, jedenfalls für die Westzonen, zusammenfanden, doch zugleich drängte sich die Sorge auf, daß der Prozeß der deutschen (und europäischen) Teilung noch beschleunigt werden könnte. Zuvor schon hatte ich festgestellt: Die Zwangseinheit im Osten trage zweifellos dazu bei, daß sich die Zonengrenzen verfestigen würden. Ich respektierte Schumachers Bedeutung, doch das Apodiktische seiner Aussagen oder Ausbrüche widerstrebte mir, wie auch die Absolutheit seines Anspruchs auf Gefolgschaft. Ich hoffte, er würde die Partei wirklich neu begründen wollen, doch befürchtete ich auch, es würde bei kosmetischen Korrekturen der alten Partei bleiben. Unser erstes längeres Gespräch, das mich nicht unbeeindruckt ließ, war in seinem damaligen Büro in der Jacobstraße. Später übernachtete ich häufig – wenn ich während der Blockade zu Gesprächen aus Berlin herüberkam – in seinem Arbeitszimmer, als der Parteivorstand in die Odeonstraße eingezogen und er ernsthaft erkrankt war.

Der Parteitag begann ungewöhnlich stimmungsgeladen im Kantinensaal der Hanomag-Werke, den die Arbeiter nach schwerer Zerstörung wiederhergerichtet und festlich geschmückt hatten. Der Parteitag wurde, wie es schon bei den fast einjährigen Vorbereitungen der Fall gewesen war, eindeutig durch den 50jährigen Mann dominiert, der im ersten Krieg den rechten Arm verloren und unter den Nazis so schwer gelitten hatte (1948 mußte auch noch sein linkes Bein amputiert werden). Die Partei sah in ihm eine Verkörperung des von Hitler unbesiegten Deutschland. Gequält und ausgemergelt, wie er war, wurde der »Doktor Schumacher« für viele, über die Reihen der Parteigänger hinaus, zu einem Symbol des geschundenen und schwergeprüften Deutschland. Sein dominierender Charakterzug war ein eiserner Wille zur Macht. Er war ein ungewöhnlicher Mensch, asketisch geworden und unbestechlich geblieben, ein dynamischer Führer und Volkstribun. Wie kaum ein anderer deutscher Politiker der ersten Nachkriegsjahre verstand er es, inmitten extremer Not neue Hoffnung zu wecken. Doch wie andere fand auch ich es nicht leicht, mit ihm zu diskutieren und zusammenzuarbeiten. Die an Fanatismus grenzende Unbedingtheit, mit der er an einer einmal gefaßten Entscheidung festhielt, seine Art des Redens und die Überbetonung nationaler Gesichtspunkte – ich könnte nicht behaupten, daß ich mich mit Schumacher wesensverwandt fühlte.

Viel zu vereinfacht jedoch ist Kurt Schumacher dem Vorwurf ausgesetzt worden, Nationalist zu sein. Ihm lag die internationale Verständigung am Herzen, und seine Partei war der europäischen Einigung länger verpflichtet als irgendeine andere auf deutschem Boden. Aber ihm saß die Angst im Nacken, daß sich Weimar gesteigert wiederholen könnte. Schon auf der Konferenz von Wennigsen im Herbst 1945 hatte er formuliert, was er, leicht abgewandelt, oft wiederholte: »Wir deutschen Sozialdemokraten sind nicht britisch und nicht russisch, nicht amerikanisch und nicht französisch. Wir sind die Vertreter des arbeitenden deutschen Volkes und damit der deutschen Nation. Wir sind als bewußte Internationalisten bestrebt, mit allen internationalen Faktoren im Sinne des Friedens, des Ausgleichs und der Ordnung zusammenzuarbeiten, aber wir wollen uns nicht von einem dieser Faktoren ausnutzen lassen.« Andererseits nahm er, was die sowjetische Expansionspolitik anging, kein Blatt vor den Mund (und wurde dafür von Vertretern der westlichen Besatzungsmächte gerügt): Der Krieg sei für die Demokratie geführt worden, nicht für totalitäre Ansprüche einer Seite.

In seiner Parteitagsrede vom Mai 1946 ging Schumacher davon aus, daß man es mit einer Periode des Übergangs zu tun habe, in der ein endgültiges Programm sich noch nicht formulieren lasse. Man wisse nicht, wie Deutschland nach dem Willen der Siegermächte einmal aussehen solle. Die Partei stehe vor dem Problem, die nächstliegenden praktischen Aufgaben zu meistern. Sie könne sich nicht darauf beschränken, Ideen zu vertreten. Gebraucht würden Programme der Hilfeleistung im täglichen Leben. Die Zeit verlange Taten des Neubaus, obgleich auf vielen Gebieten der Prozeß der Zerstörung noch nicht beendet sei. Unbeschadet des Verhältnisses, in dem die Sieger Deutschland gegenüberstünden, müsse das Volk den Willen bekunden, nicht bloßes Objekt, sondern mitbestimmendes Subjekt zu sein.

Zum Grundsätzlichen: Inhalt und Ziel des Sozialismus müßten sittlich verankert sein. Die Zugehörigkeit zur Sozialdemokratie dürfe nicht mit dem Bekenntnis zu einem Dogma verwechselt werden, genausowenig, wie die Partei in einer Feindschaft zur Religion stehen werde. Bei anderer Gelegenheit: Eine solche Partei müsse viele Meinungen für viele Arten von Menschen kennen. Nicht verzichten könne sie auf den Willen ihrer Mitglieder, Sozialist, Demokrat und Träger der Friedensidee zu sein. Darüber hinaus könne der Wert des Sozialdemokraten nicht durch das Motiv bestimmt werden, aus dem heraus er zur Partei gestoßen sei: »Mag der Geist des Kommunistischen Manifestes oder der Geist der Bergpredigt, mögen die Erkenntnisse rationalistischen oder sonst welchen philosophischen Denkens ihn bestimmt haben oder mögen es die Motive der Moral sein: für jeden, für die Motive seiner Überzeugung und deren Verkündigung, ist Platz in unserer Partei.« Sozialismus dürfe nicht als stupider Kollektivismus oder als dumpfe Vermassung verstanden werden, sondern als »ökonomische Befreiung der menschlichen Persönlichkeit, damit sie politisch und moralisch auch frei werde«.

Schumacher erkannte das Spannungsverhältnis zwischen Vernunft und Glauben, Individualismus und sozialer Verpflichtung, Freiheit und Einordnung. Er stellte nicht staatliche Allmacht gegen freie Initiative, sondern er befürwortete eine maßvolle Begrenzung individueller Freiheit, um auch den schwächeren Gliedern der Gesellschaft durch Solidarität eine demokratische Lebensqualität zu sichern. Der Satz jedoch, der Sozialismus sei in sich demokratisch, war auch nicht mehr als eine Willenserklärung (– die freilich auch dreißig Jahre später noch die französische PS veranlaßte, das Wortpaar »demokratischer Sozialismus« für einen schwarzen Neger zu halten).

Schumacher fehlte die Auslandserfahrung. In seinem energischen Bemühen, die Fehler von Weimar nicht zu wiederholen, übersah er die veränderten Gegebenheiten: Nicht nur war (oder wurde) der Bismarck-Staat zertrümmert, auch die nationale Identität war durch das Dritte Reich erheblich erschüttert, und diese Erschütterung wurde durch die Aufnahme von Millionen Flüchtlingen und Vertriebenen noch tiefgreifender. Er machte sich – wie so viele – Illusionen über die Wiederherstellung der nationalen Einheit (und über die Möglichkeit, sie mit Hilfe »des Westens« gegen die Sowjetunion erreichen zu können).

Kräfte aus den Reihen der Arbeiterbewegung spielten eine wichtige, vielerorts die entscheidende Rolle in der Zeit des Aufräumens und des demokratischen Neubeginns. Doch diesmal – angesichts der nationalen Katastrophe und nach den Schrecken der NS-Herrschaft – waren auch ins Gewicht fallende Teile des Bürgertums bereit, an der neuen staatlichen Ordnung (deren Konturen im dunkeln blieben) mitzuwirken. Als protestantisch geprägtem Ostdeutschen fiel es Schumacher nicht leicht, zu progressiven Kräften des politischen Katholizismus ein unbefangenes Verhältnis zu entwickeln. Im Sommer 1945 brachte er zu Papier, die Zusammenarbeit der Sozialdemokratie mit dem Zentrum sei »für die Zukunft von einer entscheidenden Bedeutung für Deutschland«. Das war ein interessanter Rückgriff auf Weimar. Doch dann zeigte es sich, daß die Zentrumspartei nur noch eine periphere und vorübergehende, die CDU jedoch eine maßgebende Rolle spielen würde. Tastende Versuche aus dem Raum der katholischen Gewerkschafter in Richtung auf eine Art deutscher Labour Party blieben ohne erkennbares Echo. So sicherte sich die CDU früh eine christlich-soziale Komponente. Die Union wurde sehr deutlich durch die katholische Kirche gefördert, was Schumacher herb kritisierte. Seine Partei wurde von evangelischen Christen in erheblichem Maße mitgeprägt, während ihr der stärkere Einbruch in katholische Wählerschichten erst in späteren Jahren gelang.

Eine von Grund auf erneuerte Partei konnte Kurt Schumacher nicht schaffen. Ihm hatte vorgeschwebt – nach einem Wort Friedrich Stampfers –, die Rechtschaffenheit und nüchterne Sachlichkeit der alten Sozialdemokratie um Glanz und Farbe zu ergänzen, vor allem aber um konsequente Tatkraft. Seine täglichen Dispositionen blieben häufig weit hinter dem zurück, was er sich vorgestellt hatte. Dies galt auch für die Auswahl von Mitarbeitern. Er wünschte sich schöpferische, eigenverantwortliche Persönlichkeiten, wählte dann aber in manchen Fällen

– allzu menschlich – solche aus, die von der eher beifälligen als unbequemen Sorte waren. Nachdem unser Verhältnis – auch aus Berliner Gründen, von denen zu reden sein wird – lange belastet war, vertraute er mir seine Sorgen in den Monaten vor seinem Tod im Sommer 1952 an. Die Kraft, aus seinen selbstkritischen Einsichten Konsequenzen zu ziehen, war ihm nicht mehr gegeben.

Zu den bedeutenden Weichenstellungen des SPD-Vorsitzenden gehörte es, daß er dem westdeutschen Staatswesen – das er und seine Partei als Provisorium verstanden wissen wollten – zur Funktionsfähigkeit verhalf. Das hieß, den französischen, zum Teil auch amerikanischen Forderungen zu widerstehen, die das neue Staatsgebilde mehr als Staatenbund denn als Bundesstaat sehen wollten. Dies führte im Frühjahr 1949 – bevor das Grundgesetz der Bundesrepublik verabschiedet wurde und danach die ersten Wahlen zum Bundestag stattfanden – zu harten Auseinandersetzungen um die selbständigen Finanzmittel für den Bund.

Auf einem anderen Blatt steht Schumachers ganz entschiedene Orientierung auf die alleinige Regierungsverantwortung für seine Partei. Dabei schwang sicherlich mit, was sich bei ihm als negative Erfahrung mit der Koalitionspolitik während der Weimarer Republik niedergeschlagen hatte. So wies er die Vertreter der SPD im Wirtschaftsrat der Bizone an, sich nicht auf eine mit der CDU zu teilende Verantwortung einzulassen. Nach dem für die SPD enttäuschenden Ausgang der Wahlen zum ersten Bundestag lehnte er es ab, auf Fühler zu reagieren, die von einigen wichtigen Repräsentanten der Union ausgestreckt wurden. Er bestand sogar darauf, selbst als Kandidat für das Amt des Bundespräsidenten vorgeschlagen zu werden, um nicht zu riskieren, daß vielleicht ein anderer Sozialdemokrat gewählt werden könnte und sich so die Verantwortlichkeiten zwischen den beiden Hauptrichtungen der deutschen Nachkriegspolitik (in der Bundesrepublik) verwischten. Doch sein Motiv sollte nicht verkannt werden: Er war überzeugt, daß seine, unsere Partei die führende Kraft der nationalen Rettung werden müsse – nicht zuletzt, um eine Wiederholung der Schrecken der Vergangenheit zu verhindern.

Es war bitter für ihn, daß seine Partei zunächst nicht zu den Konferenzen europäischer Sozialdemokraten zugelassen wurde. Dafür hatte er dann allerdings die Genugtuung, daß der Kongreß zur Neubegründung der Sozialistischen Internationale 1951 in Frankfurt stattfand.

(Noch im Juni 1947, auf einer Tagung in Zürich, wurde die SPD abgewiesen, obwohl die Engländer und die Franzosen, auch die Niederländer und die Norweger für ihre Mitgliedschaft eintraten. Die Zulassung erfolgte dann bei einer weiteren Konferenz Ende 1947 in Antwerpen.)

Bei der Wiederaufnahme internationaler Kontakte waren Erich Ollenhauers Erfahrungen von großem Nutzen. Er war in der zweiten Hälfte der Vierziger, als er zu Beginn des Jahres 1946 von London nach Hannover übersiedeln konnte. Ich bin ihm bei der Konferenz in Offenbach zum erstenmal wiederbegegnet. Im Exil hatte er in besonderem Maße das Vertrauen des Parteivorsitzenden Otto Wels genossen. Nachdem der kurz vor Kriegsausbruch in Paris und sein Stellvertreter Hans Vogel im Herbst 1945 – am Tag der Konferenz von Wennigsen – in London gestorben waren, fiel es Ollenhauer zu, das Mandat des Exilvorstandes in die Hände der in Deutschland neugebildeten Parteiführung zurückzugeben. Er wurde Schumachers Stellvertreter und 1952 dessen Nachfolger.

Mit seiner natürlichen Neigung zum Ausgleich erwarb sich Ollenhauer große Verdienste für den Zusammenhalt der sich neu formierenden Partei. Mancher, der sich durch den Parteiführer rauh behandelt fühlte, konnte sich beim Stellvertreter aussprechen und wieder aufrichten lassen. Intern hatte Ollenhauer in Partei und Fraktion einen erheblich regulierenden Einfluß auf Schumacher. Der bescheidene, auf viele eher farblos wirkende Stellvertreter – seine Ausstrahlungskraft blieb hinter seinen koordinierenden und vermittelnden Fähigkeiten zurück – überraschte im Bundestag 1949 als ein Parlamentarier mit großem politisch-taktischem Gespür. Unser Verhältnis blieb zunächst leicht unterkühlt und verbesserte sich erst im Laufe der Jahre. Unter seinem Vorsitz wurde ich Kanzlerkandidat, und in Vorahnung seines Endes ließ er mich wissen, daß er in mir auch den ihm nachfolgenden Parteivorsitzenden sehe.

Rückkehr unter Ruinen

Bei meinen ersten Kontakten mit Schumacher und Ollenhauer gewann ich nicht den Eindruck, daß meine rasche Mitarbeit gefragt war. Fritz Heine, der mit Ollenhauer aus London zurückgekehrt (und jetzt für Pressearbeit zuständig) war, meinte, Leute wie ich – er nannte auch Richard Löwenthal – könnten sich zunächst noch draußen nützlich machen. Kurz danach schlug er mir vor, ich solle mich bei den Nachrichtenagenturen für die amerikanische und für die britische Zone (den Vorläufern von dpa) melden, denn bei beiden stehe ein Übergang von militärischer in zivile Verantwortung bevor, und die politische Redaktion könne im einen wie im anderen Fall interessant sein.

Nach Besprechungen mit ein paar deutschen Lizenzträgern traf ich in Bad Nauheim mit einem zuständigen amerikanischen Captain zusammen. Wir redeten ganz nett miteinander, doch ich war ihm offensichtlich »zu rechts« – denn weder mochte ich mich gegen Schumacher engagieren lassen noch meine Kritik der sowjetischen Politik unterdrücken. Immerhin füllte ich einen der damals üblichen langen Fragebogen aus. Ich bestätigte wahrheitsgemäß, daß ich weder Mitglied der Regierung noch der NS-Partei, noch des Generalstabs gewesen sei.

Meine Besprechungen in Hamburg im August – hier traf ich in der Redaktion des »Hamburger Echo« zum erstenmal Herbert Wehner, mit dem mich in den späteren Jahrzehnten eine ungewöhnliche Weggenossenschaft verband – waren sachlich angenehmer. Ich hatte den Eindruck, mir würde hier vielleicht eine sinnvolle Aufgabe angeboten werden. Doch ich machte den Vorbehalt, daß ich auf »ein Mindestmaß an Selbständigkeit« unter keinen Umständen verzichten könne.

In Oslo erreichte mich gegen Ende Oktober 1946 eine telegrafische Nachricht, ich möge nach Hamburg kommen und die Chefredaktion der Nachrichtenagentur in der britischen Zone übernehmen. Inzwischen aber hatte mich Ende September Außenminister Lange gefragt, ob ich als Presseattaché zur norwegischen Botschaft nach Paris gehen wolle. Er meinte, daß ich durch meine politische Berichterstattung nützliche Dienste leisten könne. Eine solche Tätigkeit war mir fremd, doch nicht unsympathisch. Ich fragte mich, ob ich vielleicht auf dem Wege über den norwegischen diplomatischen Dienst zu einer nützlichen Tätigkeit bei einer der internationalen Organisationen gelangen könnte, die damals aufgebaut wurden. Wäre das nicht der geeignete Rahmen, meinen »beiden Vaterländern« am besten zu dienen? Ähnliche Überlegungen beschäftigten mich noch einmal im Herbst 1947, als ich im Begriff war, aus dem norwegischen Dienst in den des SPD-Vorstandes überzuwechseln: Gunnar Myrdal war zum Generaldirektor der ECE, der Wirtschaftskommission der Vereinten Nationen, in Genf ernannt worden und fragte bei mir in Berlin an, ob ich bereit sei, ihm bei der Presse- und Öffentlichkeitsarbeit zu helfen. Wir verabredeten, daß ich nach Genf kommen würde, um Einzelheiten zu besprechen. Doch ich mußte schließlich absagen.

Als ich Mitte Oktober meinen Freund Halvard Lange aufsuchte, um die vorgesehene Aufgabe in Paris näher zu besprechen, überraschte er mich mit der Mitteilung, er und der Regierungschef hätten es sich anders überlegt: nicht nach Paris, nach Berlin wollten sie mich schicken. Sie brauchten dort einen Mann, der zuverlässig über die deutsche Entwicklung berichten könne. Ich sollte auch dort als Presseattaché tätig sein und mußte, da es sich bei der norwegischen Vertretung in Berlin um eine Militärmission beim Alliierten Kontrollrat handelte, einen »zivilmilitärischen« Rang erhalten: Daß ich auf dem Major statt des Hauptmann bestand, hatte mit der Besoldungsgruppe zu tun ... So wurde ich Offizier, ohne Soldat gewesen zu sein. Am linken Arm der Uniformjacke, die ich in Berlin nur selten trug, war ich als »Civilian Officer« ausgewiesen.

Dieses Gespräch fand statt, bevor ich das Telegramm aus Hamburg erhalten hatte. Meine Entscheidung war gefallen. Sollte ich sie beklagen? Man hatte mich nach meinem Besuch in Hamburg immerhin zwei Monate warten lassen, und ich war mit bürokratischen Prozeduren nicht vertraut genug, um zu begreifen, daß es sich hier nahezu um eine Blitzaktion handelte. (Später hätte ich von den Engländern eine Zeitungslizenz bekommen können, und in den fünfziger Jahren wollte mich meine Partei für die Leitung des NWDR in Vorschlag bringen. Doch inzwischen hatte ich mich endgültig entschieden, nicht den Weg des Journalismus, sondern den der aktiven Politik zu gehen.)

Ich hatte Langes Angebot angenommen und schrieb in einem Brief an deutsche Freunde, es komme meiner Meinung nach nicht auf Äußerlichkeiten an, sondern darauf, wo der einzelne »der europäischen Wiedergeburt und damit auch der deutschen Demokratie« am besten dienen könne. Den europäischen Frieden hielt ich keineswegs für gesichert. Wir müßten alles tun, so schrieb und sprach ich, um einen dritten Weltkrieg zu vermeiden.

Mit einem norwegischen Diplomatenpaß in der Tasche fuhr ich Weihnachten 1946 nach Kopenhagen und mußte dort noch vierzehn Tage auf die britischen Einreisepapiere warten. Schließlich konnte ich im Militärzug nach Hamburg und von dort nach Berlin fahren.

So hatte mich das Schicksal auf Umwegen wieder nach Berlin geführt. Wenige Wochen zuvor war – aus seinem türkischen Exil – der

Mann zurückgekehrt, der für Berlin soviel bedeuten sollte und mit dem ich einige Jahre eng zusammenarbeitete: Ernst Reuter. Ihn traf ich zuerst in dem Zehlendorfer Häuschen von Annedore Leber. Ich begegnete bald auch anderen Persönlichkeiten, die nicht zu den Sozialdemokraten zählten – so Jakob Kaiser und Ernst Lemmer aus der Führung der Ost-CDU.

Fast auf den gleichen Tag wie ich kam Jacob Walcher zurück nach Berlin, um die Chefredaktion der gewerkschaftlichen Tageszeitung »Tribüne« zu übernehmen. Im Gegensatz zu mir hatte er sich – noch in den USA – für die kommunistische »Einheitspartei« entschieden. Walcher glaubte, korrigieren zu können, was ich ihm (im April 1946) aus Oslo geschrieben hatte: Daß die demokratischen Grundrechte und die Demokratie innerhalb der Arbeiterbewegung nicht Fragen der Zweckmäßigkeit, sondern grundsätzliche Fragen erster Ordnung seien; von einer Interessensolidarität zwischen der Sowjetunion und der deutschen Arbeiterbewegung könne ich darum nicht ausgehen. Der sympathische Schwabe klammerte sich an die These, daß trotz aller Widrigkeiten eines widerspruchsvollen Prozesses die Sowjetunion gegenüber den Vereinigten Staaten den geschichtlichen Fortschritt repräsentiere. Außerdem sagte er im Auftrag von Wilhelm Pieck: Wenn ich mich doch noch dem fortschrittlichen Lager anschlösse, könnte ich die mir zusagende Aufgabe wählen …

Walcher geriet, wie alle früheren Abweichler, in der SED in Schwierigkeiten, aber man nahm ihm wenigstens nicht sein Gnadenbrot. Ab Ende 1949 wurde er für ein paar Jahre mit Archivarbeiten beschäftigt, dann aus der SED ausgeschlossen, 1956 als »Gewerkschaftsveteran« wieder aufgenommen. Mein Kontakt mit ihm, der 1970 starb, riß nach einem Besuch Anfang 1948 ab. Ich hatte nach dem Beginn meiner neuen Tätigkeit für den Vorstand der SPD ein kleines Haus am Halensee bezogen. Er glaubte, der Westen werde gezwungen sein, Berlin zu verlassen – dann würde er es gern übernehmen …

Berlin hatte aufgehört, die Hauptstadt Deutschlands zu sein. Damit hatte die eine Hälfte der Bevölkerung ihre Existenzgrundlage verloren. Die andere Hälfte stand vor dem Nichts, da 75 Prozent aller nach den Kriegszerstörungen verbliebenen industriellen Anlagen demontiert und in die Sowjetunion verfrachtet worden waren. Es gab kein Material, um auch nur leichte Kriegsschäden zu reparieren. Da es an Maschinen fehlte, waren viele Frauen damit beschäftigt – sie erhielten dafür etwas aufgebesserte Lebensmittelzuteilungen –, die Trümmer Stein für Stein fortzuräumen. Doch im eisigen Winterwetter versagten die Arme und Beine. Über die Viermächte-Stadt war im Dezember 1946 eine ungewöhnliche Kältewelle hereingebrochen. Seit Menschengedenken hatte Berlin keinen Winter von solcher Strenge erlebt. Alles Leben schien zu erstarren. Als ich im Januar ankam, waren die Behörden gerade dazu übergegangen, wegen Kohlemangels nur halbtags zu arbeiten. Mitte des Monats lagen mehr als tausend Betriebe still. Alte und Kranke erfroren zu Hunderten in ihren Betten. In Zeitungspapier gehüllte Tote wurden auf Handkarren zum Friedhof gebracht.

Die Zuteilungen an Hausbrand waren kümmerlich. Lebensmittelrationen gab es regelmäßig, doch sie reichten kaum, um den Hunger zu stillen. Die Arbeitsleistung sank, die Krankenziffern stiegen. Die Stadt schien im Sterben zu liegen. Man sah viele Zeichen materiellen und moralischen Verfalls. Nach monatelangen Bombenangriffen – und schließlich erbittertem Straßenkampf – rechnete man mit einer Berliner Trümmermasse von 75 Millionen Kubikmetern. Von anderthalb Millionen Wohnungen waren nur 370 000 unbeschädigt geblieben. Die Einwohnerzahl war von viereinhalb auf weniger als drei Millionen gesunken. Berlin war Europas größte Trümmerwüste.

Als die Alliierten gegen Kriegsende die Aufteilung Deutschlands in Besatzungszonen vereinbarten, legten sie auch fest, Berlin – inmitten der sowjetischen Zone – in vier Sektoren zu gliedern. Dem Kontrollrat der Vier Mächte für Deutschland entsprechend sollte eine gemeinsame Kommandantur Berlin regieren, doch die Entscheidungsbefugnis war dem jeweiligen Kommandanten der einzelnen Sektoren überlassen.

Die Truppen der Westmächte waren erst im Juli 1945 in Berlin eingezogen. Die Regelungen für ihre Zufahrtswege waren improvisiert und unzulänglich. An dem Unabhängigkeitsstreben der Sozialdemokraten nahmen die höheren Chargen der Alliierten – anders als einige ihrer jungen Mitarbeiter – kaum Anteil. Selbst die Wahlen im Oktober 1946 (zur Stadtverordnetenversammlung des noch ungeteilten Berlin) fanden wenig Beachtung. Es war nahezu eine Sensation, daß die SPD die Hälfte der Mandate und fast die Hälfte der Stimmen erhielt, während sich die Einheitspartei – trotz aller sowjetischer Unterstützung – mit knapp zwanzig Prozent begnügen mußte.

Das norwegische Milieu in Berlin war freundlich und angenehm. Man traf Alliierte und Korrespondenten aus vielen Ländern. Rasch baute ich meine deutschen Kontakte aus. Außenminister Lange hatte mich gebeten, der politischen Berichterstattung besondere Aufmerksamkeit zu widmen. Im Laufe jenes Jahres schrieb ich im Durchschnitt einen Bericht pro Tag. Manches davon war Routine. Die politische Substanz der Rapporte handelte zunehmend vom beginnenden Kalten Krieg. 1947 war ein Jahr des Wandels. In Berlin war an den Veränderungen des Klimas im Kontrollrat und in der Kommandantur abzulesen, wie sich die Beziehungen zwischen Westalliierten und Sowjets zunehmend verschlechterten. Manche meiner Gesprächspartner, nicht nur Deutsche, hielten es für ein Glück, daß sich die Siegermächte zerstritten. So hatte ich in Nürnberg schon einige der Amerikaner reden hören. Ich hoffte weiterhin auf den Zusammenhalt der Siegermächte – des Friedens wegen und auch, weil nur eine fortdauernde Verständigung der Alliierten der deutschen Einheit eine Chance ließ.

Die tatsächliche Entwicklung zeigte, daß der Kalte Krieg um Berlin die Spaltung Deutschlands festfrieren würde. Man stritt kaum noch über die Sache, doch um so mehr über Schuldzuweisungen. Auch der zweite Nachkriegsparteitag der Sozialdemokraten – um die Monatswende Juni/Juli 1947 in Nürnberg – zeigte nicht an, daß die Weichen noch in Richtung Gesamtdeutschland gestellt werden könnten. Ich war dorthin, noch als Beobachter, gefahren und hatte miterlebt, wie Kurt Schumacher die Versammlung dominierte, aber auch seine Kräfte überforderte. Der norwegische Delegierte in Nürnberg, der frühere Mot-Dagist und spätere Professor John Sanness, meinte mit leichter Ironie, für mich müßte in der Parteiführung wohl bald Platz sein. Er eilte dem Geschehen um ein Dutzend Jahre weit voraus.

Von Nürnberg aus fuhren wir – durch unseren alliierten Status begünstigt – nach Prag, das noch nicht in der Gleichschaltung erstarrt war (die erst am Beginn des folgenden Jahres erfolgte). Die tschechoslowakische Hauptstadt war voller Leben. Vermutlich konnte man in Europa nicht viele Orte finden, an denen so lebhaft und engagiert diskutiert wurde, nicht zuletzt auf dem Wenzelsplatz – über Gott und die Welt. Es vergingen mehr als 25 Jahre, bis ich wieder in Prag war und bei naßkaltem Wetter eine triste Stadt vorfand: Im Dezember 1973, als ich auf der Burg wohnte und jenen Vertrag unterzeichnete, der die zwischenstaatlichen Beziehungen normalisierte.

Es gehörte zu meinen Aufgaben, auch die Entwicklungen »auf der anderen Seite« zu beobachten. Wilhelm Pieck (damals Vorsitzender der

SED) lernte ich im Frühjahr 1947 kennen, als ich einen konservativen Osloer Chefredakteur zu ihm ins Parteigebäude begleitete. Ich hatte den Wunsch um ein Interview angemeldet. Der Wunsch wurde gewährt, aber das Interview verlief zunächst völlig uninteressant. Pieck schien seinen Ruf als kommunistischer Hindenburg rechtfertigen zu wollen. Doch die Schlußpassage war bemerkenswert: Der Norweger sprach von den Konzentrationslagern, die in der Sowjetzone »wieder in Betrieb genommen« wurden (und in die auch Antinazis eingeliefert wurden, die sich der kommunistischen Gleichschaltung widersetzten). Pieck verstand den Sinn der an ihn gerichteten Frage nicht, sondern sagte, nicht zur Veröffentlichung: »Ja, wenn Sie wüßten, was ich da an Briefen bekomme – von Genossen, deren Söhne verschwunden sind –, aber wir haben da nichts zu sagen, das liegt ganz allein bei den sowjetischen Stellen.« Schließlich bat er den konservativen Zeitungsmann, er möge »die Genossen in Norwegen« grüßen; er hatte ihn wohl mit einem KP-Redakteur verwechselt.

In Ost-Berlin unterrichtete ich mich auch bei Karl Mewis, den ich – unter unerfreulichen Umständen – in Barcelona und danach in Stockholm getroffen hatte und der nun zum Sekretär der Berliner SED avanciert war. (Er hatte zuvor den Parteiapparat in Mecklenburg geleitet und wurde später Botschafter in Warschau.) In seinen Erinnerungen, denen er den Titel »Im Auftrag der Partei« gab, findet sich eine groteske Schilderung unseres Gesprächs in der Behrenstraße: Ich hätte begeistert von der Einheitspartei gesprochen und erklärt, ich sähe meine Hauptaufgabe darin, »in West-Berlin für die Vereinigung zu wirken«, um dann »zum Vertreter des schärfsten Antikommunismus in der SPD« zu werden. So kann man die Dinge auf den Kopf stellen!

Nach der Sommerpause 1947 kam Erich Brost zu mir und regte an, die von ihm eingerichtete Berliner Vertretung des SPD-Vorstandes zu übernehmen. Brost, ein Danziger Sozialdemokrat und Freund Erich Ollenhauers, hatte die Lizenz für die »WAZ«, die »Westdeutsche Allgemeine«, in Essen in Aussicht, die (von Springers »Bild« abgesehen) zur auflagenstärksten westdeutschen Tageszeitung werden sollte. Ich fuhr nach Hannover, um die Möglichkeiten des neuen Arbeitsfeldes zu erörtern, das sich mir am 1. Januar 1948 eröffnen sollte. Die Aufgabe sah in erster Linie einen quasidiplomatischen Kontakt zu den politischen Dienststellen der alliierten Mächte in Berlin vor. Auch um Auslandskorrespondenten und internationale Gäste hatte man sich zu kümmern.

Aufgaben, die sich auf Mitglieder der Partei in Berlin bezogen, kamen hinzu.

Im Kontakt mit den Alliierten sollte ich Verständnis und Unterstützung für eine vernünftige Deutschlandpolitik fördern. Doch bevor ich den interessanten Auftrag übernahm, mußte ich erstens meine Unabhängigkeit sichern und zweitens mein Dienstverhältnis zum norwegischen Außenministerium lösen. Zunächst hatte ich mich nur für ein Jahr verpflichtet, doch es ging um mehr als Formalitäten. Halvard Lange, mein Chef und Freund, hatte schon früher im Gefühl, daß ich mich der politischen Arbeit in Deutschland zuwenden würde. Jetzt – Anfang November 1947 – schrieb ich ihm, ich hätte mich schweren Herzens entschlossen, meine Arbeit zu beenden und auf meine norwegische Staatsangehörigkeit zu verzichten. Ich legte ihm und anderen Freunden in Oslo dar, daß ich mich zu meinem Schritt ohne Illusionen entschlossen hätte und darauf vorbereitet sei, in Berlin »die große Niederlage meines Lebens« zu erfahren: »Aber wenn es so weit kommen sollte, möchte ich dieser Niederlage mit dem Gefühl begegnen können, meine Pflicht getan zu haben.«

Um meine Unabhängigkeit deutlich zu machen, hatte ich an Schumacher geschrieben, mir sei durchaus klar, daß ich in dem mir übertragenen Amt die Auffassung des Vorstandes zu vertreten hätte, daß mir dies aber leichter fallen würde, wenn ich intern die uneingeschränkte Möglichkeit erhielte, im gegebenen Fall meine eigenen Ansichten vorzutragen. Schumacher bezeichnete dies als eine Selbstverständlichkeit und meinte, in Hannover habe man die Weisheit ja auch nicht mit Löffeln gefressen – meine Kritik und meine Anregungen würden stets willkommen sein.

Doch kaum wurde bekannt, daß ich das Berliner Sekretariat übernehmen sollte, begannen Intrigen. Schumacher wurde von einem Intimfeind gegen mich aufgehetzt, als er seine erste (und einzige) Skandinavienreise unternahm. Auch in Berlin versuchten einige Zeitgenossen, die Konkurrenz befürchteten, mich als »nicht ganz zuverlässig« anzuschwärzen. Erich Brost kam zwei Tage vor Weihnachten aus Hannover und berichtete, es seien Zweifel aufgetaucht, ob man recht daran tue, mich mit der vorgesehenen Aufgabe zu betrauen. Am 23. Dezember schrieb ich einen ausführlichen Brief an Kurt Schumacher und erinnerte ihn daran, daß ich mich nach reiflicher Überlegung entschlossen hatte, »meine norwegische Stellung und noch einiges mehr aufzugeben, daß ich mich aber nicht nach einem bestimmten Amt dränge«. Weiter schrieb ich: »Es wäre mir um so leichter, eine verantwortliche Arbeit für die Partei zu übernehmen, da ich von Ihrer programmatischen Forderung weiß, eine erneuerte deutsche Sozialdemokratie zu formen. Tradition bedeutet viel. Aber die Ehrfurcht vor dem Überlieferten darf nie so weit gehen, daß man … Fehler und Irrtümer der Vergangenheit nicht eingestehen will. Wie sollte dann eine Partei innerlich wachsen können, und wie sollte sie den Kampf um die junge Generation mit Erfolg bestehen? Unfruchtbare Auseinandersetzungen über die theoretischen Grundlagen der Bewegung könnten übrigens meines Erachtens dadurch vermindert werden, daß in der Schulungsarbeit noch mehr Gewicht auf die Entwicklung sozialistischen Denkens gelegt wird. Niemand wird dann um die entscheidende Bedeutung der marxistischen Erkenntnisse herumkommen. Die meisten werden dann aber auch einsehen, daß sie nicht der Weisheit letzter Schluß sein können.« »Lassen Sie mich in unmißverständlicher Weise erklären«, so schloß ich den Brief, »ich stehe zu den Grundsätzen des demokratischen Sozialismus im allgemeinen und zu der Politik der deutschen Sozialdemokraten im besonderen. Ich behalte mir vor, mir über neu auftauchende Fragen selbst den Kopf zu zerbrechen. Und ich werde nie im voraus ja sagen zu jeder Einzelformulierung, auch wenn sie vom ersten Mann der Partei geprägt wird. Gestatten Sie mir, Ihnen zu versichern, daß ich niemals ein einfacher Jasager gewesen bin und es hoffentlich auch nie sein werde. Aber ich habe seit langem gelernt, mich einzuordnen und von dem mir einmal zugewiesenen Platz aus mit voller Kraft für unsere Sache zu wirken. Nach den vielen Jahren der Vorbereitung und des Kommentierens sehne ich mich nach aktivem Einsatz …«

Wenn tatsächlich, aus mir unbekannten Gründen, wesentliche Bedenken aufgetaucht seien, so sei es besser, nicht mehr von diesem Projekt zu sprechen: »Ich zweifle nicht daran, daß ich mich auch auf einem anderen Gebiet nützlich betätigen könnte. Ich will mich nicht aufdrängen, ich sehe keine Veranlassung, mich zu verteidigen, aber ich stehe zur Sache und zu meinem Wort.« Der Parteivorstand bestätigte daraufhin meine Berufung, und ich konnte mein neues Amt gleich nach dem 1. Januar 1948 antreten.

Den nicht unbehaglichen Status eines skandinavischen Staatsbürgers mit Diplomatenpaß hatte ich gegen die Lebensbedingungen eingetauscht, die in Berlin vor der Währungsreform herrschten. Dies war für mich nicht zwingend, doch es schien mir sinnvoll zu sein. Ich nahm mir vor, meinen Beitrag zum deutschen Wiederaufbau zu leisten, so gut ich es vermochte.

Die Zuerkennung der deutschen Staatsbürgerschaft erfolgte einige Monate später. Dadurch entfiel die norwegische Staatsangehörigkeit automatisch. Weil in Lübeck geboren, wurde ich durch die Landesregierung in Kiel eingebürgert: Man war sparsam und nahm eine alte Urkunde mit ausgetuschtem Hakenkreuz. Bei den Formalitäten half mir Justizminister Rudolf Katz, der spätere Vizepräsident des Bundesverfassungsgerichts. (Ihn und Max Brauer hatte ich im August 1946 beim Gründungskongreß des DGB für die britische Zone getroffen, an dem sie für die amerikanische AFL teilnahmen; ich war dort als Berichterstatter.) Die Einbürgerungsurkunde enthielt meine beiden Namen – den ich von meiner Mutter erhalten und den ich in meiner politischen Tätigkeit seit dem 19. Lebensjahr gebraucht hatte. Die formelle Namensänderung genehmigte der Polizeipräsident in Berlin. Als Willy Brandt war ich ins Ausland gegangen, hatte ich im Exil gewirkt, war ich als norwegischer Beamter nach Berlin zurückgekehrt – das sollte nun auch in Deutschland mein amtlicher Name sein.

Ernst Reuters Beispiel

Für einige Gesinnungsfreunde in der Sowjetzone war mein Haus am Halensee eine Anlaufstelle, über die sie zu Information und Rat gelangen konnten. Mit den Aktivitäten des »Ostbüros« der SPD hatte ich unmittelbar nichts zu schaffen, doch pflegten sich dessen in West-Berlin stationierte Mitarbeiter in allgemein-politischen Fragen an mich zu halten. Ein Entführungsfall hinterließ einen starken Eindruck: Eines Nachts im Sommer 1949 klingelte mich mein Fahrer aus dem Bett. Ich hatte ihn mit dem VW an einen der Ostbüro-Kollegen ausgeliehen. Drei Jahre später berichtete ich hierüber im Bundestag: »Er brachte zunächst nicht mehr heraus als: ›Heinz ist weg.‹ Es war im französischen Sektor geschehen. Der Fahrer hatte den Freund schreien und einen Wagen abbrausen gehört. Vor dem Hauseingang waren ein Strumpf und ein Schuh des sich verzweifelt Wehrenden liegengeblieben. Dann fand die Polizei in der Wohnung, die sich als Menschenfalle entpuppte, die Kanülen von Betäubungsspritzen und an der Wand des Treppenhauses Spuren einer blutdurchtränkten Wolldecke.« (Einige Jahre später sah ich »Heinz« im

Harz wieder. Dort hatte er nach dem Umweg über Sibirien in eine Gastwirtschaft eingeheiratet.)

Von ein paar jüngeren amerikanischen und englischen Beamten wurden mir von Zeit zu Zeit einige Lebensmittel zur Verfügung gestellt, die für Besucher aus »der Zone« bestimmt waren. Spätere Behauptungen, ich hätte Zuwendungen von Geheimdiensten erhalten, waren absurd.

Meine damalige Tätigkeit in Berlin hatte nicht wenig mit humanitärer Hilfe zu tun: besonders für solche, die flüchten mußten oder aus Kriegsgefangenschaft zurückkehrten. Hilfsorganisationen in anderen Ländern waren für manchen Rat zugänglich. Das schwedische Rote Kreuz leistete viel. Bald kam auch schon die Zeit, in der »meine« Norweger in großer Zahl erholungsbedürftige Berliner Kinder bei sich aufnahmen.

Unter den Berliner Sozialdemokraten lernte ich – noch während ich bei den Norwegern war – deren volkstümlichen Vorsitzenden Franz Neumann kennen. Seine große Zeit kam, als es wichtig war, nein sagen zu können. Zwischen uns wuchs kein vertrauensvolles Verhältnis. Leichten Zugang fand ich zu einigen Älteren, die mir manches nicht nur aus der Weimarer Politik, sondern noch aus der großen Zeit der Sozialdemokratie vermitteln konnten, unter ihnen: die mütterlich-mutige Louise Schroeder aus Altona, die dem Reichstag angehört hatte und 1947/48 – an Reuters Stelle – als Oberbürgermeisterin fungierte; der väterlich-gütige Reichstagspräsident Paul Löbe aus Breslau, mit dem gemeinsam ich in den Bundestag gewählt wurde; der alttestamentarisch-gestrenge Reichsminister Rudolf Wissell, der Arbeitersekretär in Lübeck gewesen war (meine Mutter war mit einer seiner Töchter aus der »Freien Jugend« befreundet); der rührend-freiheitliche und europabewußte Gustav Klingelhöfer, der aus Lothringen kam, zur Redaktion des »Vorwärts« gehört hatte und jetzt als Stadtrat für Wirtschaft tätig war. Paul Hertz, langjähriger Sekretär der Reichstagsfraktion (der aus der Sopade, dem sozialdemokratischen Exilvorstand, hatte ausscheiden müssen), und Hans Hirschfeld, der der Preußen-Regierung als Pressechef gedient hatte, kamen aus den Vereinigten Staaten zurück. Diese beiden Freunde, die erst Ernst Reuters und dann meine Mitarbeiter waren, erwarben sich große Verdienste um Berlin.

Die eigene Zusammenarbeit mit Ernst Reuter, dem gewählten, aber (wegen eines sowjetischen Veto) nicht bestätigten Oberbürgermeister, wurde zu meiner stärksten Erfahrung mit sozialdemokratischer Führerschaft. In den letzten Jahren vor Hitler war er Oberbürgermeister in Magdeburg und hatte nach Verfolgungen ins türkische Exil ausweichen können. Die Heimreise wurde ihm erst Ende 1946 genehmigt. Im Dezember jenes Jahres wurde er als Berliner Stadtrat für Verkehr (und Versorgungsbetriebe) vereidigt. Er wunderte sich, daß ihm trotz des eklatanten Personalmangels nicht eine wichtigere Aufgabe zugewiesen wurde. Warum hatte man ihn – zumal er schon in den zwanziger Jahren ein erfolgreicher Stadtrat gewesen war – nicht für die erste Position der alten Hauptstadt in Betracht gezogen? Aber manchen, die jetzt in der Berliner SPD das Sagen hatten, war er kaum noch bekannt. Einige der Älteren kannten ihn zu gut: Sie erinnerten sich daran, daß er Kommunist gewesen war. Reuter hatte sich als Kriegsgefangener durch die russische Revolution faszinieren lassen und wurde sogar Kommissar im Gebiet der Wolgadeutschen. Zeitweilig war er »Generalsekretär« – was damals noch nicht viel bedeutete – der KPD, bis ihm 1922 klar wurde, daß er sich auf einem Abweg befand.

Als ich Reuter kennenlernte, war er der natürliche Mittelpunkt jeder Gesprächsrunde. Der schwere Mann mit dem großen Schädel und den schütteren Haaren sah häufig müde aus. Das Gesicht war von tiefen Falten durchpflügt. Aber in den jungen Augen irrlichterte oft ein halb weises, halb spitzbübisches Lächeln. Ernst Reuter hatte für meine Berliner Jahre – und darüber hinaus – eine prägende Bedeutung. Mich überzeugte die ruhige, vertrauenerweckende Art, durch die er den Berlinern in der Zeit ihrer großen Bedrängnis eine verläßliche Führung gab. Er sah in Berlin den Hebel der deutschen Nachkriegsentwicklung und verlieh der gequälten Stadt damit einen Rang, der ihr nicht mehr automatisch zukam – doch er half ihr zu überleben. In einem gewissen Sinne hatte schon die Urabstimmung der Berliner Sozialdemokraten eine Hebelwirkung, und diese verstärkte sich während der Blockade 1948/49: Hätten die Berliner aufgegeben und sich von den Westmächten trennen lassen, wären diese nicht in der Lage gewesen, ihre Position in der alten Reichshauptstadt zu halten. Die Sowjetunion wollte die Westmächte zum Abzug zwingen. Es war wichtig – nicht nur für den Westen, sondern um des Friedens willen –, daß es nicht dazu kam. (Trygve Lie, damals Generalsekretär der Vereinten Nationen, meinte in seinen Erinnerungen, im Sommer 1948 habe Kriegsgefahr bestanden.)

Reuter hatte recht, als er Berlin den Schild nannte, hinter dem sich »die Wiederherstellung Westdeutschlands« vollziehen konnte, ohne daß sich die Sowjets einmischten. Die von ihm für Gesamtdeutschland erhoffte Wirkung trat freilich nicht ein. Der östliche Teil ließ sich vom westdeutschen »Kernstaat« aus nicht wiedergewinnen.

Reuter wollte vom Grundsatz her nicht auf Uneinigkeit zwischen den Siegermächten setzen. Doch in der Auseinandersetzung konnte und wollte er sich der Parteinahme nicht entziehen. Vor einer Feindschaft gegen das russische Volk, das er lieben gelernt hatte, versuchte er seine Landsleute zu bewahren. Zu seinen frühen Orientierungspunkten gehörten die Aussöhnung mit Frankreich, in der er das Kernproblem der europäischen Zukunft sah – und die Aussöhnung mit Polen: Er hoffte, daß es, wenn auch mit Opfern, möglich sein werde, eine Lösung auszuhandeln, die künftige Grenzstreitigkeiten überflüssig mache.

Auch mit der Sowjetunion wollte er am liebsten zu einer Verständigung kommen. Aber er blieb kompromißlos, wenn es sich um das Recht auf eine eigene demokratische Entwicklung handelte: Darin war er ganz ein Mann des Westens, obwohl er nicht für eine »einseitige Orientierung der deutschen Politik« votierte. Unbeirrbar blieb er in seinem Anspruch auf die deutsche Einheit, und er beharrte darauf, daß Berlin den Weg offenhalte: Ohne Berlin könne aus der Ostzone »kein komplettes Deutschland« werden. Für ihn wäre auch ein neutrales Deutschland denkbar gewesen, vorausgesetzt, dessen Status hätte international zuverlässig geschützt werden können. Reuter schien manchmal andere deutsche Politiker mit der Härte seiner antikommunistischen Formulierungen zu übertrumpfen. In Wirklichkeit war er beweglicher, als es schien, und er versuchte vor allem, die Amerikaner davon zu überzeugen, daß militärische Macht allein nicht entscheidend sei.

Anders als die Alliierten (und die meisten der in Westdeutschland Agierenden) versuchte er dafür zu werben, daß das Ende der Blockade im Mai 1949 genutzt werde, um über Deutschland als Ganzes zu verhandeln. Zum anderen warnte er davor, zum Gefangenen juristischer Konstruktionen zu werden: Die Verantwortung der Vier Mächte für ganz Berlin brauchte den Westen nicht daran zu hindern, West-Berlin zum Land der Bundesrepublik zu machen (wofür auch der amerikanische Hochkommissar John McCloy Sympathie bekundete) oder wenigstens die Berliner Abgeordneten zum Bundestag direkt wählen zu lassen. Vor allem die Franzosen, aber auch Adenauer (dieser schon als Präsident des Parlamentarischen Rats) waren strikt gegen diese Vorschläge. (Die vielen Beschwörungen des Vier-Mächte-Status haben die östliche Seite nicht daran gehindert, über Ost-Berlin so zu verfügen, wie sie es für richtig hielt.)

Neben gesamtdeutschen Hoffnungen bewegten Reuter die Existenzsorgen seiner westdeutschen Landsleute (und in der Konsequenz der Berliner): Schon 1947 trat er für handlungsfähige »Beschluß- und Exekutivorgane deutscher Stellen« ein. Hier dachte er ganz ähnlich wie Wilhelm Kaisen, der zunächst mit viel Blauäugigkeit auf die Wiedervereinigung setzte, deswegen auch früh »nach drüben« reiste und später in seinen Erinnerungen schrieb: »Haben wir mit der Besserung unserer Lebensverhältnisse die Spaltung Deutschlands eingetauscht, oder wäre es auch ohne diese Erleichterungen zum Eisernen Vorhang gekommen? Ich glaube, letzteres bejahen zu dürfen. Die Leiden, der Hunger und die Entbehrungen der deutschen Bevölkerung hätten nicht vermocht, die sowjetrussischen Staatsmänner von ihren unfruchtbaren, rein taktischen Manövern abzubringen.« Nicht zwischen einer Drei- oder Viermächteregelung sei zu entscheiden gewesen, »sondern zwischen dem Hunger und seiner Überwindung«.

In Reuters Reden und schriftlichen Äußerungen wurde deutlich, daß er klassisch gebildet und ungewöhnlich kulturbewußt war. Er wollte eine freiheitliche und zugleich kraftvolle Demokratie. Bei allem Antinationalismus blieb er sehr deutsch. Von seiner Partei erwartete er, daß sie sich zur Volksbewegung ausweite und zum Träger einer geistigen Erneuerung werde.

Schumacher und Reuter wollten beide eine von Grund auf erneuerte Demokratie und Sozialdemokratie, doch sie wirkten mit sehr unterschiedlichen Temperamenten und Impulsen: auf der einen Seite der zur Übersteigerung neigende Willensmensch, der sich einer Sache ganz verschreibt und in ihr aufgeht – auf der anderen Seite der den Quäkern zuneigende Humanist, der bei aller Entschiedenheit seines Engagements weiß, daß menschliche Bemühungen begrenzt sind. Hier der eine, der kaum Widerspruch erträgt – dort der andere, der geduldig auch auf Meinungen eingeht, die er für abwegig hält. Während Schumacher gegen Fehler der Besatzungsmächte mit geißelnder Kritik angeht, warnt Reuter seine Landsleute vor Wehleidigkeit und Fehleinschätzungen: Nicht die Alliierten, sondern Hitler, nicht das Heutige, sondern das Gestrige erkläre die Prüfungen, die das deutsche Volk zu bestehen habe.

»Der Türke« (von den Kommunisten so genannt, weil aus Ankara heimgekehrt) verstand es hervorragend, alliierten Gesprächspartnern ein besseres Verständnis der Berliner und deutschen Situation zu vermitteln. Weniger erfolgreich war er in seinem Verhältnis zur engeren Parteiführung in Hannover. Dort schätzte man nicht den bemerkenswerten Erfolg der Reisen, die er noch während der Blockade in die westlichen Hauptstädte unternehmen konnte. Schumacher selbst merkte mißbilligend an, der »Präfekt von Berlin« mache Außenpolitik auf eigene Faust. Kleinere Geister urteilten noch kleinlicher. In abendlichen Telefongesprächen wurden dubiose Meldungen von Berlin nach Hannover übermittelt. Dies ging insofern auch auf meine Kosten, als ich – etwas vereinfachend, aber inhaltlich nicht unzutreffend – als »Reuters Mann« eingestuft wurde.

Das Amt des Oberbürgermeisters konnte Ernst Reuter erst Ende 1948 übernehmen, nachdem während der Blockade die Spaltung der Stadtverwaltung vollzogen worden war (und die Sozialdemokraten bei Neuwahlen in den Westsektoren einen überwältigenden Erfolg erzielt hatten). Zum Sprecher der bedrängten Stadt war er zunehmend geworden, seit sich die Berliner der Gefahr der Abschnürung vom Westen ausgesetzt sahen. An einem der Tage Ende Juni 1948 begleitete ich Reuter zu einem Treffen mit amerikanischen Beamten im Harnack-Haus (der Max-Planck-Gesellschaft), in dem ein Offiziersklub untergebracht war. Uns wurde bestätigt, daß die Alliierten dabei waren, eine Luftbrücke zu errichten, und daß sie auf diese Weise nicht nur die eigenen Garnisonen, sondern auch die Bevölkerung versorgen wollten. Wir glaubten nicht, daß dies gelingen werde. Reuter mochte seinen Unglauben nicht verhehlen. Aber er ließ auch keinen Zweifel daran, daß er die Berliner ermutigen werde, von ihrem Widerstand nicht abzulassen. Später hörte ich, daß der Bericht über dieses Gespräch in Washington einen starken Eindruck gemacht hatte: Hier hatten sie es mit einem europäischen Demokraten zu tun, der nicht bettelte, sondern mitteilte, wovon er – ohne in die Allüren eines übergeschnappten Festungskommandanten zu verfallen – nicht ablassen würde.

Behinderungen auf den Zufahrtswegen hatten schon im Februar 1948 begonnen. Im März zogen die Russen aus dem Kontrollrat aus, Mitte Juni verließen sie die Vier-Mächte-Kommandantur. Ob mit Hilfe der Blockade die Vorbereitungen der westdeutschen Staatsbildung gestoppt werden sollten? Jedenfalls war Moskau nicht mit der westlichen Währungsreform einverstanden. Die Alliierten waren zu dem Ergebnis gekommen, daß sie die Konsolidierung ihrer Besatzungszonen nicht durch eine offene Währungsflanke gefährden lassen wollten. Sie hatten nicht vor, die neue DM-West auch in West-Berlin einzuführen, denn sie befürchteten, daß die neue Währung dort vom Osten angezapft werden könnte. Reuter und seine Freunde traten energisch – und schließlich erfolgreich – dafür ein, daß West-Berlin zum westdeutschen Währungsgebiet gehöre.

Lucius Clay, der amerikanische Oberbefehlshaber in Deutschland, hätte am liebsten Panzereinheiten eingesetzt, um den Zugang über die Autobahn zu erzwingen. Washington gab ihm dazu kein grünes Licht. Die Westmächte konzentrierten sich auf die drei Luftkorridore, die vertraglich fixiert waren und von den Sowjets im wesentlichen respektiert wurden. Der Airlift wurde zur größten und organisatorisch vollkommensten Luftoperation in Friedenszeiten. Am Rekordtag, dem 16. April 1949, kamen 1400 Maschinen nach Berlin.

Die Stimmung in der Stadt erinnerte mich mehr als einmal an die Gesinnung im norwegischen Widerstand. Die Ablehnung des kommunistischen Machtanspruchs ging nicht auf Kosten eines eindeutigen Antinazismus. Die Versorgungslage war schwierig, und meine Anzüge hätten bald noch weniger gepaßt, wenn unsere Rationen nicht von skandinavischen Freunden etwas aufgebessert worden wären. Wir beschafften uns einen Kerosinofen aus Westdeutschland, eine gute Petroleumlampe aus Schweden. Elektrischer Strom stand selbst in Krankenhäusern nur wenige Stunden am Tag zur Verfügung: Unser ältester Sohn kam bei Kerzenlicht zur Welt. (Als ich bei den Norwegern ausschied, hatte ich mir für einige Zeit im voraus Zigaretten gesichert. Ich wollte möglichst nicht in die entwürdigende Lage kommen, darauf zu hoffen, daß mir ein ausländischer Besucher etwas zu rauchen anbieten würde. Ich wollte dem zuvorkommen können.)

Als die Blockade am 12. Mai 1949 aufgehoben wurde, war der Jubel groß. Stalin hatte es für richtig befunden, einen partiellen Rückzug anzutreten – wie er sich auch damit abfinden mußte, daß sein Bannstrahl gegen Titos Jugoslawien unwirksam blieb.

Eine Woche zuvor war ich zu einem Vortrag in Kopenhagen gewesen; meine dänischen wie die norwegischen Freunde hatten sich (im Frühjahr 1949) an der Gründung des Nordatlantischen Verteidigungsbündnisses beteiligt. Am 8. Mai fand in Berlin ein Landesparteitag statt, auf dem ich über »Programmatische Grundlagen des demokratischen Sozialismus« zu referieren hatte: Eine allzu einseitige ökonomischdeterministische Geschichtsdeutung sei von der lebendigen Wirklichkeit längst widerlegt worden. Es gebe keine unfehlbare Voraussicht im Sinne des »So und nicht anders« ... Was wolle man anfangen mit einer »Theorie«, die immer nur hinterher erklären könne, daß es so und nicht anders kommen mußte? Andererseits könne eine Sozialdemokratische Partei nicht bloß »schwimmen«, dürfe auch nicht nur reagieren, sondern müsse sich durch ein umfassendes und zeitnahes Wirklichkeitsprogramm breiten Schichten des Volkes nicht nur in ihrem Sein, sondern auch in ihrem Wollen erkennbar machen. Ich charakterisierte die SPD als die Partei des demokratischen Sozialismus und des arbeitenden Volkes; von einer »Volkspartei« im Sinne verschwommener Interessen und unklarer Zielsetzungen könne ich mir nichts versprechen. Die SPD müsse die »im Sinne des Volksinteresses wirkende, wahrhaft nationale Partei der gesellschaftlichen Rettung durch Neugestaltung« werden: »Wir erkennen dabei ganz genau, daß wir unser nationales Programm nur mit dem Blick auf Europa und mit dem festen Willen zur internationalen Verständigung durchsetzen können. Wir wissen noch eins: daß wir keinen Führungsanspruch der Zahl, sondern immer nur einen Führungsanspruch stellen können, der zugleich durch die Qualität gerechtfertigt ist.« Für mich war ein Parteiprogramm als eine Art Zwangsjacke oder Dogmengebäude, das eine noch so starke Schar von Gläubigen unweigerlich von den Realitäten abkapseln würde, ebenso untauglich wie andererseits eine prinzipielle Gesamtschau der Grundwerte freiheitlich-demokratischen Denkens unerläßlich. Die sozialistische Bewegung müsse mit beiden Beinen auf dem Boden der Wirklichkeit stehen: »Aber sie würde rückschrittlich werden, wenn sie aufhörte, eine Ideenbewegung zu sein.«

Am Rande dieses Mai-Parteitages fragte mich Bürgermeister Reuter, ob ich Stadtrat für Verkehr und Betriebe, gewissermaßen sein Nachfolger, werden wolle. Das war ein ehrenvolles Angebot, doch ich hatte mich darauf festgelegt, in den neuzuwählenden Bundestag zu gehen.

Des Alten Neubeginn in Bonn

Im August 1949 war ich einer der zunächst acht Berliner Abgeordneten, die durch die Stadtverordnetenversammlung in den Deutschen Bundestag gewählt wurden. Fünf der acht waren Sozialdemokraten: Louise Schroeder und Paul Löbe, der Stadtverordnetenvorsteher Otto Suhr, der

Landesvorsitzende Franz Neumann und ich. Zwei Kollegen kamen von der CDU, einer von der FDP.

Dieser indirekten Wahl waren erhebliche Auseinandersetzungen über die Stellung West-Berlins in der neuen westdeutschen Staatsorganisation voraufgegangen. Der Parlamentarische Rat hatte vorgesehen, daß Berlin (in der ursprünglichen Formulierung noch: Groß-Berlin) zu den Gründungsmitgliedern der Bundesrepublik Deutschland gehören sollte. Diese Feststellung wurde von den alliierten Kontrollmächten suspendiert. Durch Übergangsbestimmungen sollte jedoch eine begrenzte Mitwirkung im Bundestag und Bundesrat möglich gemacht werden. Unter Berufung auf den besonderen Status der Stadt – und nicht zuletzt unter französischem Einfluß – wurde eine »Begrenzung« sehr deutlich gemacht: Die Vorbereitungen zur direkten Wahl mußten eingestellt werden. Die Zahl der von Berlin zu Entsendenden wurde nach ein paar Jahren so angehoben, daß sie dem westdeutschen Verhältnis zwischen Abgeordneten und zu vertretender Bevölkerung entsprach. Die Alliierten hatten bestimmt, daß die Berliner in Bonn nur beratend mitwirken sollten; daraus wurde in der Praxis beider gesetzgebenden Häuser der Status einer »nicht voll stimmberechtigten Mitgliedschaft«.

Die Wahlen zum ersten Bundestag hatten zu einem für die Sozialdemokraten enttäuschenden Ergebnis geführt. Mit knapp dreißig Prozent der Stimmen lagen sie leicht hinter der CDU und der bayerischen CSU. Der Zahl der Mandate nach ergab sich eine knappe Mehrheit aus CDU/CSU, der (damals eher rechtsliberalen) FDP und der kleinen Deutschen Partei. Konrad Adenauer wurde mit einer Stimme Mehrheit – seiner eigenen – zum Bundeskanzler gewählt. Teil des Abkommens zwischen den »Bürgerlichen« war, daß aus den Reihen der Freien Demokraten der Württemberger Theodor Heuss zum Bundespräsidenten gewählt wurde. (Er wurde mir, unbeschadet der unterschiedlichen politischen Herkunft, ein guter väterlicher Freund.)

Mit Heuss fand sich eine stattliche Zahl von Politikern zusammen, die schon dem Reichstag angehört hatten. Bonn war in mancher Hinsicht tatsächlich ein Neubeginn des Alten. Die Nazizeit und der Krieg hatten schwere Lücken in der jungen Generation gerissen. In der Entscheidung der Wähler spiegelte sich eine tiefe Beunruhigung durch die Entwicklung im Osten. Obwohl die Sozialdemokraten die Hauptlast der politischen Auseinandersetzung mit den Kommunisten trugen, wurden sie als deren heimliche Komplizen denunziert. Die Abneigung gegen »sozialistische Experimente« war und blieb einprägsam.

Ich hatte den früheren Kölner Oberbürgermeister (und Präsidenten des Parlamentarischen Rats) Adenauer nie gesehen, ehe wir bei den konstituierenden Sitzungen im September 1949 in Bonn im selben Saal saßen. Der Wahlkampf war noch nicht durch ihn dominiert worden. Fast stärker hatte sich schon damals Ludwig Erhard mit den materiellen Fortschritten seit der Währungsreform und mit seiner »sozialen Marktwirtschaft« profiliert. Adenauer ließ anklingen, man müsse antisozialdemokratisch sein, um als »prowestlich« gelten zu können. Im Laufe der Jahre habe ich wohl verstehen gelernt, welche staatsmännische Leistung der Persönlichkeit des alten Herrn zuerkannt werden muß. Zunächst fiel es mir schwer, seine übereinfachen, nicht selten primitiven Darlegungen ganz ernst zu nehmen und zu verstehen, wie sehr er damit an das Ohr eines breiten Publikums gelangte. Auch wenn man abstrich, was als bewußte Übertreibung (oder als Gegenstück zu einem von Schumachers leidenschaftlichen Ausbrüchen) zu werten war, blieb jener restaurative Grundzug, der – wie es rechter deutscher Tradition entsprach – alles »Linke« am liebsten an den Rand gesellschaftlichen und gesamtpolitischen Einflusses gedrängt sähe. Immerhin scheute sich Adenauer nicht, sozialdemokratische Politik als Beitrag zum »Untergang Deutschlands« oder »Verrat am deutschen Volk« zu diffamieren.

Die SPD freilich war mehr geneigt, sich über solche Ungerechtigkeit zu beklagen, als ihren eigenen Unzulänglichkeiten nachzugehen. Es konnte nicht erfolgversprechend sein, die tatsächliche (nahezu unvermeidliche) wirtschaftliche Aufwärtsentwicklung geringzuschätzen und statt dessen mit Modellen aufzuwarten, die nur zu leicht als gefährlicher Dirigismus abgetan (und als der östlichen Zwangswirtschaft verwandt denunziert) werden konnten. Den Sozialdemokraten ist es auch nicht hinreichend gelungen – etwa in dem von Ernst Reuter vertretenen Sinne –, deutlich zu machen, daß sie sich gleichermaßen für die Zugehörigkeit Deutschlands zum Westen wie für die Wiedererlangung der deutschen Einheit engagierten, wobei offenbleiben mag, ob sich dies überhaupt auf einen Nenner bringen ließ. Taktisch gesehen fehlte den Sozialdemokraten eine Alternative zu der Hoffnung, allein die parlamentarische Mehrheit erringen zu können. Die Manövrierfähigkeit nach den Wahlen vom August 1949 war tatsächlich gering, aber sie ist meinem Eindruck nach nicht ernsthaft erprobt worden.

Ich gehörte dem Bundestag an, bis ich Berliner Bürgermeister wurde, also in den beiden ersten Legislaturperioden 1949/57 (und dann wieder ab 1969). Die Arbeit in Bonn war – zumal für einen Berliner Abgeordneten bei den unzulänglichen Flugverbindungen jener Jahre – beschwerlicher, als man es sich heute vorstellen mag. Büroräume waren nur in geringer Zahl vorhanden, persönliche Mitarbeiter gab es nicht. Die Entschädigung für Abgeordnete war bescheiden (außer für Beamte und andere, deren Gehälter weiterliefen). Ich war darauf angewiesen, durch freie journalistische Tätigkeit etwas für die Familie zu verdienen. Große Sprünge waren damit nicht zu machen, zumal die meiste Zeit durch politische Arbeit in Anspruch genommen war. Mir blieb trotzdem zweifelhaft, ob Parlamentarier ein Beruf sein sollte.

Die Parteiführung hegte Groll mir – »Reuters Mann« – gegenüber, und deshalb hatte ich in der Bundestagsfraktion keinen leichten Stand. Doch diese Reputation half mir auch, gute Freundschaften zu begründen, zu denen vor allem die mit Fritz Erler und Carlo Schmid gehörten. Ich sammelte Erfahrungen in mehreren Ausschüssen und kümmerte mich vor allem um die konsequente Einbeziehung West-Berlins – des Landes Berlin, wie es nach der Verfassung von 1950 hieß – in das Rechts- und Finanzsystem des Bundes. Durch beharrliche Arbeit erreichten wir, daß fast alle Bundesgesetze mit einer Berlin-Klausel versehen und – nach einem mit den Alliierten vereinbarten Routineverfahren – vom Berliner Abgeordnetenhaus ohne Änderungen übernommen wurden. Durch das Dritte Überleitungsgesetz von 1952 erhielt Berlin einen bevorzugten Platz im bundesstaatlichen Finanzsystem, mit einem Anspruch auf einen ansehnlichen jährlichen Bundeszuschuß zum Landeshaushalt. (Eine Schlüsselrolle kam dabei meinem Freund Günter Klein zu, der als Stadtrat, dann als Senator für Bundesangelegenheiten Berlin in Bonn vertrat. Der Westpreuße hatte 1933 den preußischen Staatsdienst verlassen müssen und durch Fleiß und Können eine einträgliche Karriere in der Versicherungswirtschaft begonnen.)

1952 hatte ich die mir in der Parteiführung entgegenstehenden Bedenken einigermaßen überwunden. So wurde ich – für den Auswärtigen Ausschuß – einer der Hauptberichterstatter für die Gesetze zu den Verträgen, die die Bundesregierung mit den Alliierten ausgehandelt hatte und die eine weitgehende Souveränität vorsahen. Sie sollten auch die Mitgliedschaft in der geplanten, doch ein paar Jahre später gescheiterten Europäischen Verteidigungsgemeinschaft begründen.

Nachdem ich so viele Jahre im Exil war, verzichtete ich – von regelmäßigen Besuchen in Skandinavien abgesehen – auf Auslandsreisen. (Nach Amerika fuhr ich erst 1954, nach Italien und Jugoslawien 1955, nach England und Frankreich später.) Die parallelen Aktivitäten in Berlin und Bonn nahmen ohnehin meine Zeit ganz in Anspruch. Die Verbindungsstelle des Parteivorstandes wurde im Zusammenhang mit meiner Wahl in den Bundestag aufgegeben. Inzwischen hatte man begonnen, mich in Funktionen der Berliner SPD zu wählen und mich im Rahmen meiner zeitlichen Möglichkeiten als Redner in Anspruch zu nehmen. 1950 wurde ich Mitglied des neugewählten Abgeordnetenhauses und Vorsitzender des Ausschusses für Bundesangelegenheiten. Von Ende 1949 bis zum Sommer 1951 war ich überdies Chefredakteur der Tageszeitung »Sozialdemokrat«, die in »Berliner Stadtblatt« umbenannt wurde. Doch der Berliner Zeitungsmarkt war übersättigt, und das Parteiblatt konnte – als Tageszeitung – nicht weiter erscheinen, als ihm, wie anderen, gewisse Vergünstigungen seitens der britischen Kontrollbehörden nicht mehr zur Verfügung standen.

Bei der Wahl 1950 erlitten die Sozialdemokraten – mit einem Stimmenverlust um die 200000 – einen empfindlichen Rückschlag. Der Bonner Sog machte sich geltend. Die Enge der regionalen Parteiorganisation wirkte ernüchternd bis deprimierend. Sie wollte in wichtigen Teilen nicht ihrem Bürgermeister folgen und lehnte sich auch gegen die automatische Übernahme der Bundesgesetze auf. Diese Verweigerung hielt man irrtümlich für links. Die großen Verdienste, die sich Franz Neumann und einige seiner Mitarbeiter in den Jahren 1946/48 erworben hatten, wurden damals erheblich beschädigt. Obwohl die Wahlen den beiden »bürgerlichen« Parteien CDU und FDP fünf Sitze mehr als der SPD gebracht hatten, entfielen bei der geheimen Entscheidung über das Amt des Regierenden Bürgermeisters (so hieß nach der neuen Verfassung der frühere Oberbürgermeister), der ja nun auch Chef einer Landesregierung war, auf Reuter gleich viele Stimmen wie auf seinen christlich-demokratischen Konkurrenten, den früheren preußischen Handelsminister Walther Schreiber. Die beiden wurden gebeten, miteinander zu beraten, und sie kamen mit dem Vorschlag zurück, einen Senat (so war jetzt, nach hanseatischem Vorbild, die Bezeichnung der Stadtregierung) aus Vertretern aller drei Fraktionen zu bilden, mit Ernst Reuter an der Spitze.

Nein, Reuter hatte es mit der eigenen Partei nicht leicht. Für die Koalition und für die Übernahme der Bundesgesetze mußte er sich mit seinen Getreuen – die mit dem Spitznamen »amerikanische Fraktion« bedacht wurden – nicht nur in Vorstands- und Fraktionssitzungen herumschlagen. Dabei lagen Schumacher und er nun in wichtigen Fragen auf derselben Linie. Im Jahr nach Schumachers Tod zog sich Reuter erneut den Zorn der Bonner Parteiführung zu. Im Anschluß an die zweiten, erneut eindeutig verlorengegangenen Wahlen zum Bundestag stellte er auf einer Konferenz in der Bundeshauptstadt kritische Fragen: vor allem, weshalb es die Partei nicht fertigbringe, positiver zu formulieren, wofür sie das Vertrauen der Bürger erbitte. Von Teilen der engeren Parteiführung wurde ihm zugemutet, sich für sein offenes Wort zu entschuldigen. Er hat seinen Groll hierüber wenige Tage später mit ins Grab genommen. Ich habe seinen Tod im Herbst 1953, der von einer ganzen Stadt beweint wurde, als einen bitteren Verlust für Deutschland und die Sozialdemokratie und zugleich für mich persönlich empfunden.

Nach Absprache mit Reuter und einem kleinen Kreis von Freunden kandidierte ich 1952 für den Berliner Parteivorsitz. Ich mußte mich mit einem Drittel der Stimmen begnügen. (1954 trat ich wieder an und blieb nur noch um eine Stimme hinter dem von mir Herausgeforderten zurück.) Auch sonst erreichte ich selten auf Anhieb, was ich mir vorgenommen hatte: 1954 in Berlin und 1956 in München mißlang es mir, in den Vorstand der SPD gewählt zu werden. Ich schaffte es erst 1958 in Stuttgart, nachdem ich 1957 Regierender Bürgermeister geworden war – als Nachfolger des durch Tod ausgeschiedenen Dr. Otto Suhr. Diesem um Berlin hochverdienten Oldenburger war ich Anfang 1955 schon als Präsident des Abgeordnetenhauses nachgefolgt. Meine Erfahrung besagt, daß es nicht schadet, wenn einem auf dem Weg zu herausgehobener politischer Verantwortung Schwierigkeiten und Widerstände begegnen. Bequemlichkeit war ich aus meinen jungen Jahren ohnehin nicht gewohnt. Doch hatte ich – 1948 war ich fünfunddreißig und 1953 vierzig – oft das Gefühl, mehr leisten zu können, als mir abverlangt wurde.

Als bewegend und inspirierend empfand ich einen »Kongreß für kulturelle Freiheit«, den Ernst Reuter Ende Juni 1950 in Berlin eröffnete (und der von Melvin Lasky, dem Herausgeber des »Monat«, organisiert worden war). Unter den hundert Teilnehmern – Schriftsteller, Gelehrte, Politiker, Publizisten – waren Persönlichkeiten wie Karl Jaspers und Alfred Weber, Jules Romains und Raymond Aron, Barbara Ward und

Arthur Koestler; auch einige meiner skandinavischen Bekannten waren gekommen. Koestler, blendend in des Wortes doppelter Bedeutung, verkündete in wortgewaltiger Militanz, die Freiheit habe die Initiative ergriffen. Ignazio Silone, der dem Regierenden Bürgermeister zu antworten hatte, nannte das Treffen den Beginn eines neuen Widerstandes: »Wir alle sind in Zeiten des Krieges und des Bürgerkrieges aufgewachsen und sind im Ringen mit den größten Problemen unserer Epoche geformt worden ... Jeder weiß, daß zwischen den hier zusammengekommenen Menschen bedeutende politische und ideologische Verschiedenheiten bestehen. Der höchste Wert der Freiheit liegt gerade in der Differenzierung jener Kräfte, die sie weckt ...« Eine Demokratie, die, um schlagkräftiger zu sein, die totalitären Methoden nachahme und sich eine geistige Uniform anlege, handele im Grunde wie ein Mensch, der sich aus Angst vor dem Tode das Leben nimmt.

Silone war Exkommunist, wie eine Reihe der anderen prominenten Teilnehmer. Der süditalienische Dorfjunge hatte 1921 die KPI mitbegründet, war in die oberen Ränge der Komintern aufgestiegen, hatte die Partei 1930 verlassen und lebte seitdem im Schweizer Exil. Ich kannte ihn von seinen Büchern: Als er zu schreiben anfing und für »Fontamara« keinen Verlag fand, veröffentlichte Bringolf das Manuskript als Fortsetzungsroman in der »Schaffhauser Arbeiter-Zeitung«. Nach dem Krieg war Ignazio Silone am Wiederaufbau des italienischen Sozialismus beteiligt. Er mahnte: »Der einzige Weg, den Verrat an unseren Toten zu verhindern, unseren Leiden einen Sinn zu geben, unsere Mission als Gestalter der Zukunft zu rechtfertigen, ist der, immer die Wahrheit zu sprechen und der Wahrheit zu dienen, bei jeder Gelegenheit, privat und öffentlich ...« Er schrieb auch, für ihn sei sozialistische Politik nicht an irgendeine bestimmte Theorie gebunden, sondern »an den Glauben«. Und: »Wer Verrat übt, handelt immer in eigener Verantwortung. Wer Verrat übt, kann sich zur Entschuldigung seiner selbst auf kein Dilemma und auf kein historisches Gesetz berufen.« Als ich mit ihm im Sommer 1960 – zehn Jahre nach der eindrucksvollen Veranstaltung – in Berlin sprach, hatte er sich aus nahezu allem politischen Engagement zurückgezogen. Er war den gemeinsamen Themen der voraufgegangenen Jahre nicht mehr nahe und von pessimistischer Weltflucht nicht weit entfernt.

Der »Kongreß für die Freiheit der Kultur«, wie er genannt wurde – mit seinem in Paris ansässigen russisch-amerikanischen Generalsekretär, dem mir in späterer kultureller Arbeit in Berlin verbundenen Komponisten Nicolas Nabokov –, fand ein unrühmliches Ende, als seine Finanzierung durch die CIA bekannt wurde. Das mindert seine Leistungen nicht. Geheimdienste haben im Lauf der Geschichte ihr Geld für weniger glanzvolle Unternehmen ausgegeben.

Wer wollte im übrigen bestreiten, daß sich mancher von uns in der Gefahr befand, zum Gefangenen von Denkmustern des Kalten Krieges zu werden? Doch bringt mich auch nachträglich nichts davon ab, den Widerstand gegen sowjetische Machtausweitung und kommunistische Machtverschleierung für richtig und deshalb notwendig zu halten. Wir hatten die faschistischen und nazistischen Regime nicht hinter uns gebracht, um eine neue diktatorische Herrschaft im Namen des angeblichen Fortschritts zu akzeptieren. Für uns konnte es keine Hinnahme »progressiver« Folter und »linker« Zwangsarbeitslager geben. Darüber hinaus: Was konnte der quasireligiöse Anspruch auf die Unfehlbarkeit einer Doktrin, was konnte die Forderung, sich dem mythischen Willen einer Partei zu unterwerfen, noch mit den freiheitlichen Impulsen der sozialistischen Bewegung zu tun haben? Wir lernten neu und nachdrücklich, uns im Zweifel für die Freiheit zu entscheiden.

Deutschland und das deutsche Volk kamen nach dem Krieg viel besser davon, als es sich die meisten hatten vorstellen können. Sie mußten mit der Teilung leben, aber sie profitierten objektiv vom Kalten Krieg. Man brauchte sie als Verbündete, aber sie ließen es selbst an harter Arbeit nicht fehlen. Im anderen deutschen Staat mußten sie länger auf die materiellen Früchte dieser harten Mühe warten, und wer sich dem neuen Regime nicht anpaßte, war seiner Existenz nicht sicher. Die sechzig Millionen Menschen in der Bundesrepublik waren besser dran. Aber der politische Kurs dieser Republik war voller Widersprüche und Illusionen.

Alle demokratischen Parteien meinten, daß sie einen rechtlichen und moralischen Anspruch auf nationale, staatliche Einheit (in Freiheit!) geltend zu machen hätten. Wir Sozialdemokraten standen hier nicht hinter den Christdemokraten und den Parteiliberalen zurück – eher im Gegenteil. Die auch auf unserer Seite in hohem Maße durch juristische Argumente geprägte Debatte ging sogar davon aus, daß der deutsche Staat in den Grenzen von 1937 weiterbestehe und daß es »nur« darum gehe, das in der rechtlichen Vorstellung Bestehende auch in der äußeren Wirklichkeit wiedererstehen zu lassen. Mich haben diese Konstruktionen nicht überzeugt.

Die Westmächte bekannten sich – auch in Vertragstexten – zur Wiederherstellung der Einheit Deutschlands, aber sie konnten sich darauf verlassen, nicht beim Wort genommen zu werden. So auch, wenn es um die Verwirklichung demokratischer Rechte für die osteuropäischen Völker ging. Die Führer der Sowjetunion dachten nicht daran, ihren weit nach Westen vorgeschobenen Herrschaftsbereich zurückzunehmen. Sie ließen sich in den fünfziger Jahren auf einige Korrekturen ein, was Österreich und Finnland anging. Sie wären möglicherweise bereit gewesen, einen Preis zu zahlen, um die feste – nicht nur politische, sondern auch militärische – Einbeziehung Westdeutschlands in das westliche Bündnis zu verhindern. Ich war und bleibe skeptisch, ob sich hieraus eine akzeptable Lösung hätte ergeben können. Es bleibt jedoch zu beklagen, daß die Probe aufs Exempel nicht wirklich gemacht wurde.

Bundeskanzler Adenauer zögerte nicht, freie gesamtdeutsche Wahlen zu fordern (er hatte auch keine Hemmung, den Flüchtlingen und Vertriebenen die Rückkehr nach Ostpreußen und in andere Regionen ihrer ostdeutschen Heimat in Aussicht zu stellen), aber seine tatsächliche Politik basierte auf der Dauer der Teilung. Manche seiner Kritiker unterstellten ihm, daß ihn außerdem innere Widerstände gegen einen Zuwachs an protestantischer Bevölkerung und sozialdemokratischen Wählern bewogen hätten, sich auf die Konsolidierung des westdeutschen Staatswesens zu konzentrieren. Dieser Vorwurf war zu simpel: Adenauer war nicht antiprotestantisch, wohl aber antipreußisch, was auch seine Einstellung zu Berlin mit beeinflußte. Auch mißtraute er der Umkehr seines Volkes; er hielt nationalistische Irrläuferei noch immer für möglich und meinte, es sei ratsam, sie durch »Einbindung« der Bundesrepublik zu zähmen.

Wir in Berlin ließen uns von niemandem übertrumpfen, wenn es um freie Wahlen und nationale Einheit ging: Wir forderten die freie Entscheidung der Wähler auch für den Gesamtbereich der eigenen Stadt. Ernst Reuter, nach dem wir uns richteten, erschien zeitweise sogar härter als »die Bonner«, doch in Wirklichkeit hatte er eine eigene Konzeption von den nationalen Aufgaben. Seine These war, man müsse sich im Westen so organisieren und einstellen, daß man die Sowjetunion zum Nachdenken brächte. Dies führte ihn zu dem wiederholten Rat, östliche Vorschläge nicht einfach abzulehnen. Er sagte oft, daß es politisches Handeln ohne Risiko nicht gebe. Er betrachtete sowjetische Noten – wie die des Jahres 1952 – differenzierter, als dies im offiziellen Bonn geschah:

Der internationale Status Gesamtdeutschlands müsse nicht notwendigerweise dem der Bundesrepublik entsprechen.

Weil ihm die Vergangenheit präsent war und er politische Optionen nicht verbaut wissen wollte, hatte ein Mann wie Reuter ernste Bedenken gegen die deutsche Wiederbewaffnung. Diese Bedenken milderte er ab und blieb doch ablehnend gegenüber einer isoliert militärischen Betrachtungsweise. Schumacher – noch stärker als Reuter – kreidete es Adenauer an, daß er den Amerikanern schon 1950 einen deutschen Verteidigungsbeitrag in Aussicht gestellt hatte. Dabei stand Schumachers prinzipielles Ja zur Landesverteidigung außer Frage. Doch wollte er das bundesrepublikanische Faustpfand nicht aus der Hand geben, bevor einwandfrei geklärt sei, ob in gesicherter Demokratie und in Freundschaft mit dem Westen nicht doch ein Ausgleich mit dem Osten (und dadurch die Vereinigung mit den siebzehn oder achtzehn Millionen Deutschen in der DDR) gefunden werden könne. In der deutschen Sozialdemokratie gab es hierüber keine tiefgreifenden Meinungsverschiedenheiten, höchstens Temperamentsunterschiede und verschiedene Vorstellungen vom besten Procedere.

Anders, als es sich um den Beginn eines neuen Abschnitts westeuropäischer Zusammenarbeit handelte. Die Sozialdemokraten standen seit dem vorigen Jahrhundert, im Unterschied zu den Konservativen, in einer Tradition des europäischen Einheitswillens. 1925, nach dem Ersten Weltkrieg, hatten sie sich in ihrem Heidelberger Programm als erste deutsche Partei für die Vereinigten Staaten von Europa ausgesprochen. Doch nun, nach dem Zweiten Weltkrieg, schien ihnen Adenauer die Wahl zwischen westeuropäischer Integration und deutscher Wiedervereinigung aufzuzwingen. Männer wie Reuter und Kaisen, Löbe und Brauer hielten es für falsch, sich auf diese falsche Alternative einzulassen. Neben des Ostdeutschen Schumacher grundsätzlichem Zweifel an des Rheinländers Adenauer Politik traten spezifische Bedenken: Die von Paris angeregte Montanunion und die Begrenzung der sich anbahnenden Europäischen Gemeinschaft auf die sechs Länder (Frankreich, Deutschland, Italien und Benelux) erschienen ihm »kartellistisch, konservativ, katholisch«. Außerdem war die Bundesrepublik eingeladen, Abgeordnete in die Beratende Versammlung des Straßburger Europarats zu entsenden, während dort gleichzeitig auch das von der Bundesrepublik getrennte Saarland seinen Platz finden sollte.

Schumacher ließ seine ablehnende Haltung durch den Hamburger Parteitag im Mai 1950 absegnen. Da eine getrennte Abstimmung über den Passus, der sich auf Straßburg bezog, nicht zugelassen war, mußte man die politische Gesamtentschließung ablehnen, wenn man in dieser Frage dem Parteivorsitzenden nicht folgen wollte. Das taten nur einige wenige. Mit der Mehrheit der Berliner Delegierten enthielt ich mich der Stimme. Weil Wilhelm Kaisen zu den Neinsagern gehörte (und auch sonst kein Blatt vor den Mund nahm), wurde er in Hamburg nicht mehr in den Parteivorstand gewählt. Er habe das recht gut verkraften können, erinnerte er sich später: »Die teils empörten Zuschriften bewiesen mir, daß ich nicht allein stand. Kurt Schumachers Oppositionsführung mußte sich schließlich in die Negation all dessen verlaufen, was auf dem Wege einer Neuordnung der politischen Welt auf uns zukam.« (Das war nun auch wieder recht einseitig und, wenn man so will, zu negativ. Im übrigen wurde Wilhelm Kaisen Ende der fünfziger Jahre in den Vorsitz des Parteirats der SPD gewählt und hatte dieses Ehrenamt bis zum Ausscheiden aus seiner staatlichen Aufgabe im Jahre 1965 inne.)

Nach dem Hamburger Parteitag ließ sich Professor Schmid engagieren, Schumachers Linie auf einer Berliner Funktionärskonferenz zu vertreten. Ich war Koreferent und hatte die Lacher auf meiner Seite, als ich vermutete: »Wie muß Carlo erst reden können, wenn er uns erzählt, was er wirklich meint ...« Unserer Freundschaft haben solche – wechselseitig verabfolgten – Bosheiten keinen Abbruch getan. Im Verhältnis zwischen Fritz Erler und mir, Männern desselben Jahrgangs, hätten Empfindungen der Konkurrenz nähergelegen; es hat sie gewiß auch gegeben. (Als Erich Ollenhauer Ende 1963 aus seinem aufopferungsvollen Wirken gerissen wurde und ich ihm als Parteivorsitzender nachfolgte, übernahm Fritz Erler den Vorsitz unserer Bundestagsfraktion und – neben Herbert Wehner – den stellvertretenden Parteivorsitz. Sein Tod Anfang 1967, nach anderthalbjähriger schwerer Krankheit, beendete früh das Wirken dieses menschlich integren und politisch ungewöhnlich begabten Menschen.)

Die Bundesrepublik Deutschland wurde zu einem Beispiel bemerkenswerter politischer Stabilität und eines bewunderten wirtschaftlichen Aufschwungs. Sie erschien bald zu gleicher Zeit als wirtschaftlicher Riese und politischer Zwerg. Die politische Stabilität beruhte in hohem Maße darauf, daß die Sozialdemokraten zur großen linken Volkspartei wurden und die Unionsparteien ziemlich weit nach rechts integrierten. Zum marktwirtschaftlichen Aufschwung trug die wohlüberlegte Disziplin der Gewerkschaften wesentlich bei.

Im übrigen hat es nach dem Krieg die vielzitierte »Stunde Null« nie gegeben: Die Industriekapazität war bei weitem nicht so radikal zerstört, wie man es unter dem Eindruck der zertrümmerten Städte vermuten konnte. Trotz der Opfer, die der Krieg gefordert hatte, gab es noch immer qualifizierte Arbeitskräfte. Der millionenfache Zufluß von Menschen aus dem Osten ließ auch in den unmittelbar folgenden Jahren Engpässe auf dem Arbeitsmarkt nicht entstehen. Die Integration der Flüchtlinge und Vertriebenen bleibt eine der großen Nachkriegsleistungen. Ich habe an früherer Stelle angemerkt, daß sich die Demontage von Fabrikanlagen eher positiv auswirkte, weil dies den Zwang zu rascher Modernisierung verstärkte. Die Initialzündung des Marshallplans hatte gerade in Westdeutschland günstige Wirkungen. Daß die Amerikaner dabei auch an ihre Interessen dachten, schmälert dieses positive Urteil nicht, sondern spricht für Weitsicht und Bereitschaft zu internationaler Verantwortung.

Auf der anderen Seite ist kein Zweifel daran, daß die Besatzungsmächte die restaurativen Tendenzen des deutschen Wiederaufbaus haben verstärken helfen: Die ökonomischen Machtverhältnisse blieben sehr einseitig strukturiert. Während bei der Währungsreform alle gleich arm schienen, waren die Besitzer von Sachwerten bald ziemlich reich – mit einem nicht überall, aber auch nicht selten über das Wirtschaftliche beträchtlich hinausreichenden Einfluß.

Die Anpassung der vielen, die mit den Organisationsgliederungen und dem Machtapparat der NS-Herrschaft verbunden waren, vollzog sich – in Westdeutschland anders als in West-Berlin – weiterhin ohne deutliche Auseinandersetzung mit der jüngsten Vergangenheit. Manches, was über »Vergangenheitsbewältigung« geschrieben und geredet wurde, blieb verschwommen oder diente sogar nur dem Zweck, Zeit zu gewinnen. Die Art, in der sich der komplette Zusammenbruch vollzog, und auch die Vorstellungen, auf die gestützt die Vertreter der Besatzungsmächte ihre Aufgaben wahrnahmen, waren wahrlich nicht dazu angetan, die bürokratischen Strukturen bei uns gründlich umkrempeln zu helfen. Die Justiz blieb hierfür ein besonders augenfälliges Beispiel. Es grenzt an ein Wunder, daß daraus nicht größerer Schaden erwuchs und daß es wenige Jahre später gelang, die neue Bundeswehr ohne Belastung für den demokratischen Staat entstehen zu lassen.

Der deutsche Wiederaufbau war – unbeschadet der Außenfaktoren, die zu Hilfe kamen – eine der großen Leistungen dieser Zeit. Doch ist mir bewußt, daß es immer schwerer wird, dieses Empfinden einer nachwachsenden Generation weiterzuvermitteln. Verständlicherweise messen die Jungen das, was heute ist, nicht an dem, was vorgestern war (und was nicht Teil ihrer eigenen Erlebniswelt sein kann). Sie messen es eher an dem, was heute sein müßte und übermorgen sein könnte. Dies wird dadurch verschärft, daß die Älteren – mit den sie prägenden Erfahrungen aus dem Dritten Reich, zum Teil noch aus der Weimarer Republik, aus Krieg, Zusammenbruch, Hunger und Wiederaufbau – zu wenig Kraft gehabt oder darauf verwendet haben, sich mit den neuen Problemen und Bedrohungen auseinanderzusetzen.

Ich habe im Exil gelernt, wie unfruchtbar Sektierertum und wie impotent die Rechthaber der vermeintlich reinen Lehre notwendig sein müssen. In Skandinavien habe ich einiges vom Sinn für die Realitäten, von den Werten einer freiheitlichen und sozialen Demokratie und von den Chancen der Weltoffenheit in mich aufgenommen. Dieses waren die Erfahrungen, auf die ich mich stützen konnte, als ich meine Aufgaben in Berlin und Bonn übernahm.

Wir hatten gesungen, der Mensch sei gut. Ich hatte zu lernen, daß das Gegenteil ebenso zutreffen kann. Daß die Grenze zwischen Gut und Böse nicht zwischen Völkern gezogen ist, sondern – wenn auch glücklicherweise sehr unterschiedlich – durch den einzelnen Menschen hindurchgeht. Aus meiner frühen Jugend habe ich das Verlangen mitgebracht, daß die vielen, und nicht nur die wenigen, am Tisch der Gesellschaft Platz haben müssen. Und ich habe erlebt, daß – in meinem Land wie in anderen – aus Millionen rechtloser Proletarier (und unmündiger Frauen) weithin gleichberechtigte und selbstbewußte Staatsbürger geworden sind.

Doch es bleibt die Aufgabe, die Demokratie sozial, wirtschaftlich und kulturell auszudehnen. So wie die Frage bleibt, was am anderen Ufer des Wohlfahrtsstaats liegt. Es bleibt auch die Überzeugung, daß der in Ländern des Ostens »real existierende Sozialismus« von der Tradition der europäischen Linken nicht nur graduell abweicht, sondern prinzipiell unterschiedlich ist. Und es bleibt als Kern allen sozialistischen Strebens die Idee einer klassenlosen Gesellschaft, die die ökonomische und politische Unterdrückung hinter sich gelassen hat: Es bleiben also Freiheit, Gerechtigkeit und Solidarität die großen Orientierungspunkte.

Doch meine ich, wir sollten den Zweifel höher setzen als jede Doktrin, die Würde des einzelnen höher als jedes ihn zur Botmäßigkeit zwingende Verlangen von Staat oder Partei.

Dies ist der Weg, den ich noch ein Stück mitgehen will: links und frei.

Glossar

Abad de Santillán, Diego **1897–1983** spanischer Politiker (FAI); 1936 Organisator der Milizeinheiten im Bürgerkrieg; 1936–1937 Wirtschaftsminister in Katalonien; 1939–1977 Exil

Abramowitsch Rein, Rafael **1880–1963** russischer Bundist und Menschewik; Vater von Mark Rein; 1918–1920 Haft; ab 1920 im Westen; ab 1933 Exil

Addams, Jane **1860–1935** US-amerikanische Feministin, Soziologin und Journalistin; 1889 Gründerin des Hull House in Chicago (Settlement-Bewegung); ab 1915 Präsidentin der Women's International League for Peace and Freedom; 1931 Friedensnobelpreis

Adenauer, Konrad **1876–1967** deutscher Politiker (Zentrum, CDU); 1917–1933 und 1945 Oberbürgermeister von Köln; 1949–1963 Bundeskanzler; 1950–1966 Parteivorsitzender der CDU

Adler, Friedrich **1879–1960** österreichischer Politiker (SDAP); Sohn von Victor Adler; 1916 Attentat auf Ministerpräsident Karl Graf Stürgkh; 1917 zum Tode verurteilt; 1918 Amnestie; 1938–1946 Exil

Adler, Victor **1852–1918** österreichischer Politiker (SDAP); 1888/89 Begründer und bis 1918 erster Vorsitzender der SDAP; 1905–1918 Abgeordneter des Reichsrates; 1918 Staatssekretär des Äußeren

Albertz, Luise **1901–1979** deutsche Politikerin (SPD); 1946–1948 und ab 1956 Oberbürgermeisterin von Oberhausen

Alfringhaus, Erich **1894–1940** deutscher Journalist; 1924–1933 Chefredakteur des *Sozialdemokratischen Pressedienstes*; ab 1933 Exil; 1940 als Fluchthelfer verhaftet

Alter, Wiktor **1890–1943** polnischer Sozialist; 1939 vom NKWD verhaftet und zum Tode verurteilt, Umwandlung zu zehn Jahren Lagerhaft; 1943 (?) erschossen

Andersen Nexø, Martin **1869–1954** dänischer Schriftsteller und Journalist (u. a. 1906–1910 *Pelle der Eroberer*); 1941 verhaftet; 1943–1945 Exil; 1951 Übersiedlung in die DDR

Andrade Rodríguez, Juan **1898–1981** spanischer Politiker (PCE, POUM); 1937–1938 Haft; 1939–1978 Exil

Anker-Ording, Aake **1899–1979** norwegischer Jurist und Politiker (DNA); Mitglied von *Mot Dag*; 1940–1945 Exil; 1945–1947 und 1954–1958 Parteisekretär der DNA; 1946–1952 bei den UN u. a. für den United Nations Appeal for Children tätig; später Generalsekretär bzw. Vorsitzender des World Federal Authority Committee

Antonow-Owsejenko, Wladimir A. **1883–1938** sowjetischer Militär und Diplomat; 1936–1937 Sondergesandter der UdSSR in Barcelona; 1938 hingerichtet

Araquistáin Quevedo, Luis **1886–1959** spanischer Publizist und Politiker (PSOE); 1932–1933 Botschafter in Berlin; 1936–1937 Botschafter in Paris; ab 1939 Exil

Arminius **18/16 v. Chr. – 19/21 n. Chr** Cheruskerfürst; 9 n. Chr. Organisator des Aufstands der Germanen gegen die römischen Besatzer; ab dem 16. Jahrhundert als »Hermann der Cherusker« zur nationalen Symbolfigur stilisiert

Aron, Raymond **1905–1983** französischer Philosoph, Soziologe und Journalist (u.a. 1955 *Opium für Intellektuelle*); 1940–1944 Exil

Attlee, Clement **1883–1967** britischer Politiker (Labour Party); 1935–1955 Parteivorsitzender der Labour Party; 1945–1951 Premierminister

Auerbach, Walter **1905–1975** deutscher Sozialpolitiker und Gewerkschafter (SPD); 1933–1946 Exil; 1948–1955 und 1957–1969 Staatssekretär im niedersächsischen Arbeits- und Sozialministerium und 1969–1971 im Bundesarbeitsministerium

Aufhäuser, Siegfried **1884–1969** deutscher Politiker und Gewerkschafter (SPD, USPD, SPD); 1921–1933 Vorsitzender des Allgemeinen freien Angestelltenbundes; 1933–1951 Exil; 1952–1959 Vorsitzender des Berliner Landesverbandes der Deutschen Angestellten-Gewerkschaft

Auriol, Vincent **1884–1966** französischer Politiker (SFIO); 1936–1937 Finanz- und Justizminister; 1940 Haft und Hausarrest; ab 1942 Exil; 1947–1954 Präsident

Azaña Díaz, Manuel **1880–1940** spanischer Politiker (u.a. Izquierda Republicana); 1931–1933 und 1936 Premierminister; 1936–1939 Präsident der Spanischen Republik; ab 1939 Exil

Baader, Andreas **1943–1977** deutscher Terrorist; 1970–1972 führendes Mitglied der Baader-Meinhof-Gruppe und Mitbegründer der RAF; 1972 Festnahme; 1977 zu lebenslanger Freiheitsstrafe verurteilt, Selbstmord

Bahr, Egon **geb. 1922** deutscher Journalist und Politiker (SPD); 1960–1966 Leiter des Presse- und Informationsamtes des Landes Berlin; 1966–1969 Sonderbotschafter und Leiter des Planungsstabes im Auswärtigen Amt; 1969–1972 Staatssekretär im Bundeskanzleramt; 1972–1974 Bundesminister für besondere Aufgaben

Bakunin, Michail A. **1814–1876** russischer Revolutionär und Theoretiker des kollektivistischen Anarchismus (u.a. 1882 *Gott und der Staat*)

Balabanoff, Angelica **1878–1965** russisch-italienische Politikerin (PSI, Bolschewiki, PSLI, PSDI) und Publizistin; 1919–1920 Sekretärin der Komintern; 1925–1930 Sekretärin des Bureau of Revolutionary Socialist Parties (»Pariser Büro«)

Bandaranaike, Sirimavo **1916–2000** singhalesische Politikerin; 1960–1965, 1970–1977 und ab 1994 Premierministerin von Ceylon bzw. Sri Lanka

Barbarossa → *Friedrich I.*

Barbusse, Henri **1873–1935** französischer Journalist und Schriftsteller (u.a. 1916 *Das Feuer. Tagebuch einer Korporalschaft*)

Barth, Karl **1886–1968** Schweizer evangelischer Theologe (u. a. ab 1932 *Die Kirchliche Dogmatik*); 1934 Mitbegründer der Bekennenden Kirche; 1935 Ausreise aus Deutschland; 1935–1962 Professor in Basel

Bauer, Fritz **1903–1968** deutscher Jurist (SPD); 1933 KZ; 1936–1945 Exil; ab 1956 Generalstaatsanwalt in Braunschweig und Hessen, Engagement u. a. für die Frankfurter Auschwitzprozesse

Bauer, Hermann **1875–1947** Schweizer bzw. deutscher Schriftsetzer und Journalist; 1906–1933 Redakteur des *Lübecker Volksboten*, 1933 und 1934 Haft

Bauer, Otto **1881–1938** österreichischer Politiker (SDAP) und Theoretiker des Austromarxismus; 1918–1934 stellv. Parteivorsitzender der SDAP; 1918–1919 Staatssekretär des Äußeren; ab 1934 Exil

Baumann, Edith **1909–1973** deutsche Parteifunktionärin (SAP, SED); 1933–1936 Haft; 1946–1949 stellv. Vorsitzende im Zentralrat der FDJ; 1947–1953 Ehefrau von Erich Honecker

Bebel, August **1840–1913** deutscher Politiker (SVP, SDAP, SAPD, SPD); 1869 Mitbegründer der SDAP; 1875 Vereinigung von SDAP und ADAV zur SAPD;
ab 1892 einer der Parteivorsitzenden der SPD

Beck, Ludwig **1880–1944** deutscher Militär; 1935–1938 Generalstabschef des Heeres; ab 1938 im Widerstand und im Kreisauer Kreis als Reichsverweser (provisorisches Staatsoberhaupt) vorgesehen; 1944 nach dem 20. Juli erschossen

Beethoven, Ludwig van **1770–1827** deutscher Komponist (u. a. 1823/24 *9. Sinfonie* mit Friedrich Schillers *Ode an die Freude*)

Behrisch, Arno **1913–1989** deutscher Politiker (SPD, SAP, SPD, DFU); 1934–1945 Exil; 1940–1944 Zuchthaus; 1946–1949 MdL Bayern; 1949–1961 MdB

Bell, George **1883–1958** britischer Theologe und Bischof; ab 1929 Bischof von Chichester

Beneš, Edvard **1884–1948** tschechoslowakischer Politiker (ČSNS); 1918–1935 Außenminister; 1935–1938 Präsident; 1938–1945 Exil; 1940–1945 Präsident der Exilregierung; 1945–1948 erneut Präsident

Benjamin, Walter **1892–1940** deutscher Literaturkritiker und Philosoph (u. a. 1936 *Das Kunstwerk im Zeitalter seiner technischen Reproduzierbarkeit*); ab 1933 Exil

Berggrav, Eivind **1884–1959** norwegischer Theologe, Bischof und Publizist; 1937–1951 Primas der norwegischen Staatskirche; ab 1940 Widerstand im Kirchenkampf; 1942–1945 Hausarrest

Bernadotte, Folke **1895–1948** schwedischer Diplomat; 1943–1946 Vizepräsident und ab 1946 Präsident des schwedischen Roten Kreuzes; ab 1944 Organisator der Rückführung skandinavischer KZ-Häftlinge (»Vita bussarna«)

Berneri, Camillo **1897–1937** italienischer Geisteswissenschaftler, Publizist und Anarchist; ab 1926 Exil; 1937 im spanischen Bürgerkrieg ermordet

Bernhard, Georg **1875–1944** deutscher Publizist; ab 1933 Exil; 1933–1937 Chefredakteur des *Pariser Tageblatts* bzw. der *Pariser Tageszeitung*

Bernstein, Eduard **1850–1932** deutscher Politiker und Theoretiker des Revisionismus (SDAP, SPD, USPD, SPD); 1891 Mitverfasser des Erfurter Programms der SPD

Berzin, Jan **1889–1938** lettischer bzw. sowjetischer Geheimdienstchef; ab 1920 im Aufklärungsdienst der Roten Armee und 1924–1935 und 1937 dessen Chef; 1936–1937 in Spanien; 1937 vom NKWD verhaftet; 1938 hingerichtet

Biermann, Erika → *Müller-Biermann, Erika*

Bischof von Chichester → *Bell, George*

Bismarck, Otto von **1815–1898** deutscher Politiker; 1862–1890 Ministerpräsident von Preußen; 1867–1871 Bundeskanzler des Norddeutschen Bundes; 1871–1890 Reichskanzler des Deutschen Reiches; 1878 Initiator der Sozialistengesetze

Blachstein, Peter **1911–1977** deutscher Politiker (SPD, SAP, SPD); 1933–1934 KZ; 1935–1947 Exil; 1949–1968 MdB; 1968–1969 Botschafter in Belgrad

Bloch, Ernst **1885–1977** deutscher Philosoph (u.a. 1954–1959 *Das Prinzip Hoffnung*); 1933–1948 Exil; 1948–1957 Professor in Leipzig; 1955 Nationalpreis der DDR; 1957 zwangsweise eremitiert; ab 1961 in der BRD

Blum, Léon **1872–1950** französischer Politiker (SFIO); 1905 Mitbegründer der SFIO; 1936–1937, 1938 und 1946–1947 Ministerpräsident; ab 1940 Haft; 1943–1945 KZ

Bobzien, Franz **1906–1941** deutscher Lehrer und Politiker (SPD, SAP); ab 1933 Exil; 1934 Teilnahme an der Konferenz in Laren, an die Gestapo ausgeliefert, Haft; ab 1938 KZ; 1941 Tod in Bombenräumkommando

Böchel, Karl **1884–1946** deutscher Politiker (SPD); ab 1913 Redakteur verschiedener Parteizeitungen; ab 1933 Exil

Bögler, Franz **1902–1976** deutscher Politiker (SPD); 1933–1946 Exil; 1946–1961 Vorsitzender der SPD Pfalz; 1962 Ausschluß aus der SPD

Böhm, Vilmos (Wilhelm) **1880–1949** ungarischer Politiker (MSZDP) und Diplomat; 1919 Kriegsminister; ab 1919 Botschafter in Wien; 1934–1945 Exil; 1946–1948 Botschafter in Stockholm

Böhme, Franz **1885–1947** österreichischer Militär; 1941 Bevollmächtigter Kommandierender General in Serbien; 1945 Wehrmachtsbefehlshaber in Norwegen; 1947 in Nürnberg angeklagt, Selbstmord

Bohr, Niels **1885–1962** dänischer Physiker (u.a. *Bohrsches Atommodell*); 1922 Nobelpreis für Physik; 1943–1945 Exil

Borgersen, Per **gest. 1971** (?) norwegischer Aktivist (DNA); Mitglied des Norwegischen Spanienkomitees; 1936 und 1938 in Spanien; später Angestellter der Norsk Folkehjelp

Borkenau, Franz **1900–1957** österreichischer Publizist und Geschichtsphilosoph; 1933–1947 Exil

Brandt, Lars **geb. 1951** deutscher Künstler und Schriftsteller (u.a. 2006 *Andenken*)

Brandt, Liborius Philipp Wilhelm (Willy) **1907–1988** (?) deutscher bzw. belgischer Journalist und Florist; 1932 nach Schlägerei mit einem SA-Trupp

Umsiedlung nach Belgien; 1936–1939 im spanischen Bürgerkrieg; 1940–1945 Haft u. a. im KZ

Brandt, Matthias **geb. 1961** deutscher Schauspieler (u. a. 2003 *Im Schatten der Macht*)

Brandt, Peter **geb. 1948** deutscher Historiker; seit 1990 Professor an der FernUniversität in Hagen

Brandt, Rut **1920–2006** norwegische Journalistin bzw. deutsche »First Lady«; ab 1942 Exil in Schweden; 1947 Übersiedlung nach Berlin; 1948–1980 zweite Ehefrau von Willy Brandt; Mutter von Peter, Lars und Matthias Brandt

Branting, Hjalmar **1860–1925** schwedischer Politiker (Socialdemokraterna); ab 1907 Parteivorsitzender der Socialdemokraterna; 1920, 1921–1923 und 1924–1925 Ministerpräsident; 1921 Friedensnobelpreis

Brass, Otto **1875–1950** deutscher Politiker (SPD, USPD, SED); 1933 Haft; 1936 Mitbegründer der Deutschen Volksfront; 1938–1945 erneut Haft; ab 1946 Mitglied des Bundesvorstands des FDGB

Bratteli, Trygve **1910–1984** norwegischer Politiker (DNA); 1942–1945 KZ; 1965–1975 Parteivorsitzender der DNA; 1971–1972 und 1973–1976 Ministerpräsident

Bräuer, Curt **1889–1969** deutscher Militär und Diplomat; 1920–1940 im Auswärtigen Dienst; 1939–1940 Gesandter in Oslo; 1940 zur Wehrmacht eingezogen

Brauer, Max **1887–1973** deutscher Politiker (SPD); 1924–1933 Oberbürgermeister von Altona; 1933–1946 Exil; 1946–1953 und 1957–1960 Erster Bürgermeister der Freien und Hansestadt Hamburg

Braun, Mathias Josef (Max) **1892–1945** deutscher Journalist und Politiker (SPD); 1928–1935 Vorsitzender der SPD Saar; ab 1935 Exil

Braun, Otto **1872–1955** deutscher Politiker (SAPD, SPD); 1920–1921, 1921–1925 und 1925–1932 preußischer Ministerpräsident; 1932 Amtsenthebung durch den »Preußenschlag«; ab 1933 Exil

Braunthal, Julius **1891–1972** österreichischer Journalist; ab 1919 umfangreiche publizistische Tätigkeit in sozialdemokratischen Zeitungen; 1934–1935 Haft; ab 1935 Exil; 1951–1956 Sekretär der Sozialistischen Internationale

Brecht, Bertolt **1898–1956** deutscher Dramatiker und Lyriker (u. a. 1928 *Die Dreigroschenoper*, 1939/41 *Mutter Courage und ihre Kinder*); 1933–1948 Exil; ab 1948 in der SBZ

Bredel, Willi **1901–1964** deutscher Schriftsteller (u. a. 1934 *Die Prüfung*); 1933–1934 Haft u. a. im KZ; 1934–1945 Exil; ab 1954 Mitglied des Zentralkomitees der SED; ab 1962 Präsident der Deutschen Akademie der Künste in der DDR

Breitscheid, Rudolf **1874–1944** deutscher Politiker (SPD, USPD, SPD); 1918–1919 Innenminister von Preußen; 1928–1933 einer der Vorsitzenden der SPD-Reichstagsfraktion; ab 1933 Exil; 1941 ausgeliefert; ab 1942 KZ; 1944 im KZ Buchenwald bei Luftangriff gestorben

Breitscheid, Tony 1878–1968 deutsche Feministin (USPD, SPD); ab 1901 Ehefrau von Rudolf Breitscheid; ab 1933 Exil; 1941 ausgeliefert, folgte ihrem Mann ins KZ; nach 1944 ausgewandert

Brenner, Otto 1907–1972 deutscher Gewerkschafter (SPD, SAP); 1933–1935 Haft; 1945 Mitbegründer der Gewerkschaften und der SPD in Niedersachsen; ab 1952 Erster Vorsitzender der IG Metall

Briand, Aristide 1862–1932 französischer Politiker (u.a. PRS); 1909–1911, 1913, 1915–1917, 1921–1922, 1925–1926 und 1929 Ministerpräsident; 1915–1917, 1921–1922, 1925–1926 und 1926–1932 Außenminister; 1926 Friedensnobelpreis

Brill, Hermann 1895–1959 deutscher Politiker (USPD, SPD); ab 1933 mehrmals Haft; ab 1934 Mitglied von »Neu Beginnen«; 1938–1945 Haft u.a. im KZ; 1945 Regierungspräsident von Thüringen; 1946–1949 Chef der hessischen Staatskanzlei

Bringolf, Walther 1895–1981 Schweizer Politiker (SP, KPS, SP); 1940 Mitbegründer der Aktion Nationaler Widerstand; 1952–1962 Präsident der SP

Brockway, Fenner 1888–1988 britischer Politiker (ILP, Labour Party); 1931–1938 Parteivorsitzender bzw. Generalsekretär der ILP

Brod, Max 1884–1968 deutschsprachiger Schriftsteller in Prag und Tel Aviv (u.a. 1908 *Schloss Nornepygge*); Freund Franz Kafkas und Herausgeber seines literarischen Nachlasses; ab 1939 Exil

Bromme, Paul 1906–1975 deutscher Politiker und Journalist (SPD); ab 1930 Redakteur des *Lübecker Volksboten*; 1933–1948 Exil; 1954–1971 MdL Schleswig-Holstein; ab 1954 Senator in Lübeck; 1973 Ausschluß aus der SPD

Brost, Erich 1903–1995 deutscher Publizist; 1925–1936 Redakteur der *Danziger Volksstimme*; 1936–1945 Exil; ab 1948 Herausgeber und bis 1970 Chefredakteur der *Westdeutschen Allgemeinen Zeitung*

Brünen, Eberhard 1906–1980 deutscher Politiker (SPD, SAP); ab 1933 illegal tätig; 1934–1945 Haft; 1946–1969 Ratsherr in Duisburg; 1947–1950 und 1954–1961 MdL NRW; 1949–1953 und 1961–1972 MdB

Brüning, Heinrich 1885–1970 deutscher Politiker (Zentrum); 1930–1932 Reichskanzler; 1931–1932 Reichsaußenminister; 1934–1951 Exil; 1955 erneute Ausreise in die USA

Buber, Martin 1878–1965 österreichischer bzw. israelischer Religionsphilosoph (u.a. 1923 *Ich und Du*, ab 1925 *Die Schrift*); zeitweilig Schwiegervater von Margarete Buber-Neumann; ab 1938 Exil

Buber-Neumann, Margarete 1901–1989 deutsche Publizistin; ab 1929 Lebensgefährtin von Heinz Neumann; ab 1933 Exil; 1938–1940 Haft in der UdSSR; 1940–1945 KZ; ab 1950 in Deutschland, umfangreiche publizistische Tätigkeit

Bucharin, Nikolaj I. 1888–1938 sowjetischer Wirtschaftstheoretiker und Politiker (Bolschewiki, KPdSU); 1917–1937 Mitglied des ZK der KPdSU; 1918–1929 Chefredakteur der *Prawda*; 1926–1929 Vorsitzender der Komintern; ab 1929 Vertreter der »Rechten Opposition«; 1937 verhaftet; 1938 hingerichtet

Buchheister, Werner **1901–1963** deutscher Lehrer und Gewerkschafter (KPD, SAP, SPD); 1933 und 1934–1935 Haft; 1935–1946 Exil; ab 1948 Leiter verschiedener DGB-Bundesschulen

Budzislawski, Hermann **1901–1978** deutscher Journalist und Medienwissenschaftler; 1933–1948 Exil; 1948–1966 Professor in Leipzig

Buhl, Vilhelm **1881–1954** dänischer Jurist und Politiker (Socialdemokraterne); 1937–1942 Finanzminister; 1942 und 1945 Ministerpräsident

Bull, Brynjulf **1906–1993** norwegischer Jurist; 1951–1955, 1960–1961 und 1964–1975 Bürgermeister von Oslo

Buttinger, Joseph **1906–1992** österreichischer Politiker und Publizist (SDAP); 1934 Haft; ab 1938 Exil; ab 1940 Leiter des Emergency Rescue Committee; 1945–1947 Europa-Direktor des International Rescue Committee

Camus, Albert **1913–1960** französischer Schriftsteller und Philosoph (u. a. 1942 *Der Fremde* und *Der Mythos des Sisyphos*); ab 1943 Mitglied der Résistance; 1957 Literaturnobelpreis

Cappelen, Johan **1913–2007** norwegischer Diplomat; 1946–1948 Staatssekretär des Ministerpräsidenten; ab 1951 im Außenministerium, u. a. Botschafter in Rio de Janeiro, Reykjavík und Belgrad sowie als Vertreter Norwegens bei den UN in Genf

Carnot, Lazare **1753–1823** französischer Militär; ab 1793 Militärfachmann im Wohlfahrtsausschuss des Nationalkonvents (»l'organisateur de la victoire«)

Carrillo Solares, Santiago **geb. 1915** spanischer Politiker (PSOE, PCE, PTE-UC); 1934–1936 Haft; 1939–1976 Exil; 1960–1982 Generalsekretär der PCE; 1985–1991 Vorsitzender der PTE-UC

Castberg, Frede **1893–1977** norwegischer Jurist; 1928–1963 Professor an der Universität Oslo; 1962–1976 Präsident des Kuratoriums der Haager Akademie für Völkerrecht

Céline, Louis-Ferdinand **1894–1961** französischer Arzt und Schriftsteller (u. a. 1932 *Reise ans Ende der Nacht*)

Chamberlain, Neville **1869–1940** britischer Politiker (Conservative Party) und Vertreter der Appeasement-Politik gegenüber dem Dritten Reich; 1937–1940 Premierminister

Chautemps, Camille **1885–1963** französischer Politiker (Parti radical, GD); zwischen 1924 und 1934 mehrmals Innenminister; 1930, 1933–1934 und 1937–1938 Ministerpräsident; 1940–1944 Exil

Childs, Marquis W. **1903–1990** US-amerikanischer Journalist (u. a. 1936 *Sweden. The Middle Way*)

Chruschtschow, Nikita S. **1894–1971** sowjetischer Politiker (KPdSU); 1953–1964 Erster Sekretär des ZK der KPdSU; 1958–1964 Vorsitzender des Ministerrates (Staatsoberhaupt); 1964 aller Ämter enthoben

Churchill, Winston **1874–1965** britischer Politiker (Conservative Party (auch Liberal Party)); 1940–1945 und 1951–1955 Premierminister; 1940–1955 Parteivorsitzender der Conservative Party

Clay, Lucius D. **1897–1978** US-amerikanischer Militär; 1947–1949 Militärgouverneur der amerikanischen Besatzungszone; 1948 Initiator der »Luftbrücke«; 1961–1962 Persönlicher Beauftragter John F. Kennedys in Berlin-Fragen

Comorera i Soler, Juan **1894–1958** katalanischer Politiker (u.a. PSUC); 1934–1939 Regierungsmitglied in der Generalitat von Katalonien; 1934–1936 Haft; 1936–1949 Generalsekretär der PSUC; 1939–1951 Exil; ab 1954 Haft

Companys i Jover, Lluís **1882–1940** katalanischer Politiker (ERC); ab 1934 Präsident der Generalitat von Katalonien; 1934–1936 Haft; 1939–1940 Exil; 1940 ausgeliefert und ermordet

Comte, Auguste **1798–1857** französischer Philosoph und Begründer der Soziologie (u.a. 1851–1854 *System der positiven Politik*)

Cripps, Stafford **1889–1952** britischer Politiker (Labour Party); 1940–1941 Botschafter in Moskau; 1942–1945 Minister für die Flugzeugkonstruktion; 1945–1947 Handelsminister; 1947–1950 Schatzkanzler

Czech, Ludwig **1870–1942** sudetendeutscher Politiker (DSAP); 1920–1938 Parteivorsitzender der DSAP in der ČSR; 1929–1938 Minister für soziale Fürsorge bzw. für öffentliche Arbeiten bzw. Gesundheit; ab 1939 Haft; 1942 Tod im KZ

Dahlem, Franz **1892–1981** deutscher Parteifunktionär (SPD, USPD, KPD, SED); 1933–1942 Exil; ab 1939 Haft; 1942 ausgeliefert; 1943–1945 KZ; ab 1950 Mitglied im ZK und im Politbüro des ZK der SED

Dahrendorf, Gustav **1901–1954** deutscher Politiker (SPD); 1933 und 1944–1945 Haft u.a. im KZ; ab 1951 Vorsitzender des Zentralverbands deutscher Konsumgenossenschaften; ab 1953 Vorsitzender der Bank für Gemeinwirtschaft

Daladier, Edouard **1884–1970** französischer Politiker (Parti radical); 1933, 1934 und 1938–1940 Ministerpräsident und Mitunterzeichner des Münchner Abkommens; 1932, 1936–1940 Verteidigungsminister; 1943–1945 Haft

Darré, Walther **1895–1953** deutscher NS-Schriftsteller und Agrarpolitiker; 1933–1942 Reichsminister für Ernährung und Landwirtschaft; 1949 zu sieben Jahren Haft verurteilt; 1950 entlassen

Déat, Marcel **1894–1955** französischer Politiker (u.a. SFIO, RNP); 1936 Luftfahrtminister; ab 1940 Kollaboration; 1941 Gründer des RNP; 1944 Minister für Arbeit und nationale Solidarität, Flucht ins Deutsche Reich; 1945 in Abwesenheit zum Tode verurteilt

Defferre, Gaston **1910–1986** französischer Politiker (SFIO, FGDS, PS); ab 1940 Mitglied der Résistance; 1944–1945 und ab 1953 Bürgermeister von Marseille; 1956–1957 Minister für die Überseegebiete; 1981–1984 Innenminister

Deutsch, Julius **1884–1968** österreichischer Politiker (SDAP); 1923 Gründer des Republikanischen Schutzbundes; 1934–1946 Exil; 1946–1951 Leiter der Sozialistischen Verlagsanstalten

Deutscher, Isaac **1907–1967** polnischer bzw. britischer Schriftsteller, Journalist und Historiker (u.a. 1949 *Stalin. Eine politische Biographie*, 1954–1963 drei Trotzki-Biographien)

Diamant, Max **1908–1992** deutscher Journalist und Gewerkschafter (SPD, SAP); 1933–1961 Exil; 1961–1973 Leitung der Abteilung Ausländische Arbeitnehmer beim Vorstand der IG Metall

Díaz Ramos, José **1896–1942** spanischer Politiker (PCE); 1932–1942 Generalsekretär der PCE; ab 1938/39 Exil

Diederichs, Georg **1900–1983** deutscher Politiker (DDP, SPD); ab 1933 illegal tätig; 1935–1936 Haft u.a. im KZ; 1957–1961 Sozialminister in Niedersachsen; 1961–1970 Ministerpräsident von Niedersachsen

Dimitrow, Georgi **1882–1949** bulgarischer Politiker (BKP); 1934/35–1943 Generalsekretär der Komintern; ab 1946 Ministerpräsident und Generalsekretär der BKP

Döblin, Alfred **1878–1957** deutscher Arzt und Schriftsteller (u.a. 1929 *Berlin Alexanderplatz*); 1933–1945 Exil

Dollfuß, Engelbert **1892–1934** österreichischer Politiker (CS, Vaterländische Front); ab 1932 Bundeskanzler, ab 1933 nach Notverordnungen und Ausschaltung von Nationalrat und Verfassungsgerichtshof diktatorisch regierend; 1934 ermordet

Dönitz, Karl **1891–1980** deutscher Militär und NS-Funktionär; ab 1939 Befehlshaber der U-Boote; ab 1943 Oberbefehlshaber der Kriegsmarine; 1945 Nachfolger Adolf Hitlers als Reichspräsident; 1946 in Nürnberg zu zehn Jahren Haft verurteilt

Doriot, Jacques **1898–1945** französischer Politiker (PCF, PPF); 1936 Gründer der PPF, Gegner der Volksfront; ab 1940 Kollaborateur der deutschen Besatzung

Duckwitz, Georg Ferdinand **1904–1973** deutscher Diplomat; ab 1941 für das Auswärtige Amt in Kopenhagen; rettete tausende Juden vor der Deportation; 1955–1958 Botschafter in Kopenhagen; 1958–1961 Leiter der Ostabteilung des Auswärtigen Amtes; 1967–1970 Staatssekretär im Auswärtigen Amt

Duhamel, Georges **1884–1966** französischer Schriftsteller (u.a. 1933–1945 *Chronique des Pasquier*)

Dulles, Allen **1893–1969** US-amerikanischer Diplomat, Anwalt und Geheimdienstler; 1953–1961 Direktor der CIA

Eberlein, Hugo **1887–1941** (?) deutscher Politiker (SPD, USPD, KPD); 1918/19 Mitbegründer der KPD; 1924 Mitbegründer des Roten Frontkämpferbundes; ab 1933 Exil; 1937 vom NKWD verhaftet; 1941 (?) erschossen

Ebert, Friedrich **1871–1925** deutscher Politiker (SPD); 1913–1919 einer der Parteivorsitzenden der SPD; 1918 Reichskanzler; ab 1919 Reichspräsident

Eckardt, Felix von **1903–1979** deutscher Journalist und Politiker (CDU); 1952–1955 und 1956–1962 Leiter des Presse- und Informationsamtes der Bundesregierung

Eckstein, Ernst **1897–1933** deutscher Jurist und Politiker (SPD, SAP); Mitte der 1920er Jahre Vorsitzender des SPD-Ortsvereins Breslau; 1931 Mitbegründer der SAP; 1933 verhaftet, Tod im KZ Breslau-Dürrgoy

Eden, Anthony **1897–1977** britischer Politiker (Conservative Party); 1935–1938, 1940–1945 und 1951–1955 Außenminister; 1955–1957 Premierminister

Eggebrecht, Axel **1899–1991** deutscher Journalist und Schriftsteller (u. a. in *Die Weltbühne* und *Literarische Welt*); 1945 Mitbegründer des NWDR

Ehlers, Adolf **1898–1978** deutscher Politiker (KPD, SAP, SPD); ab 1933 illegale Parteiarbeit; 1945–1946 und 1947–1948 Senator für Gesundheit bzw. Wohlfahrt in Bremen; 1948–1963 Senator für Inneres in Bremen

Ehrenburg, Ilja **1891–1967** russischer bzw. sowjetischer Schriftsteller und Publizist (u. a. 1954 *Tauwetter*, 1961–1966 *Menschen – Jahre – Leben*)

Eichler, Willi **1896–1971** deutscher Politiker (SPD, ISK, SPD) und Journalist; 1933–1945 Exil; 1946–1951 Chefredakteur der *Rheinischen Zeitung*; 1947–1968 Mitglied des SPD-Parteivorstands und ab 1955 Vorsitzender der Kommission zur Erarbeitung des Godesberger Programms des SPD

Eichmann, Adolf **1906–1962** deutscher NS-Funktionär; 1939–1945 Leiter des Referats für »Juden- und Räumungsangelegenheiten« des Reichssicherheitshauptamts; 1960 in Argentinien festgenommen; 1962 in Israel zum Tode verurteilt und hingerichtet

Einstein, Albert **1879–1955** deutscher bzw. US-amerikanischer Physiker (u. a. 1905–1916 *Relativitätstheorie*); 1914–1933 Direktor des Kaiser-Wilhelm-Instituts für Physik in Berlin; 1921 Nobelpreis für Physik; ab 1933 Exil

Einstein, Carl **1885–1940** deutscher Kunsthistoriker und Schriftsteller (u. a. 1912 *Bebuquin oder die Dilettanten des Wunders*); 1936–1939 in Spanien; 1939 Flucht nach Frankreich; 1940 Haft

Eisenhower, Dwight D. **1890–1969** US-amerikanischer Politiker (Republican Party); 1945 Militärgouverneur in der amerikanischen Besatzungszone; 1953–1961 34. Präsident der USA

Elster, Torolf **1911–2006** norwegischer Journalist und Schriftsteller; 1941–1945 Exil; 1942–1945 Chefredakteur von *Håndslag*; 1945–1946 und 1954–1963 Redakteur bei *Arbeiderbladet*; ab 1963 Programmdirektor und 1972–1981 Leiter des Norwegischen Rundfunks

Enderle, August **1887–1959** deutscher Journalist und Parteifunktionär (SPD, USPD, KPD, SAP, SPD); 1933–1945 Exil; 1945–1947 Redakteur beim *Weser-Kurier*; ab 1947 Redakteur verschiedener Gewerkschaftszeitungen

Enderle, Irmgard **1895–1985** deutsche Lehrerin und Journalistin (USPD, KPD, SPD); 1933 kurzzeitige Haft; ab 1933 Ehefrau von August Enderle; 1933–1945 Exil; 1945–1947 Redakteurin des *Weser-Kurier*; ab 1947 Redakteurin verschiedener Gewerkschaftszeitungen

Engels, Friedrich **1820–1895** deutscher Soziologe und Theoretiker des Sozialismus und Kommunismus (u. a. 1848 *Das kommunistische Manifest*, 1880 *Die Entwicklung des Sozialismus von der Utopie zur Wissenschaft*)

Epe, Heinz **1910–1942** deutscher Student (KPD); ab 1933 Exil; 1941 Haft in der UdSSR; 1942 ermordet

Epe, Ivar **1939–1942** norwegischer Sohn von Synnøve und Heinz Epe; 1942 in der UdSSR gestorben

Epe, Synnøve **1909–1942** norwegische Ehefrau von Heinz Epe und Mutter von Ivar Epe; 1942 in der UdSSR gestorben

Erhard, Ludwig **1897–1977** deutscher Politiker (CDU); 1949–1963 Bundeswirtschaftsminister; 1963–1966 Bundeskanzler

Erlander, Tage **1901–1985** schwedischer Politiker (Socialdemokraterna); 1946–1969 Ministerpräsident sowie Parteivorsitzender der Socialdemokraterna

Erler, Fritz **1913–1967** deutscher Politiker (SPD); ab 1933 Mitglied der Gruppe »Neu Beginnen«; 1938–1945 Haft; ab 1949 MdB; 1957–1964 stellv. und ab 1964 Vorsitzender der SPD-Bundestagsfraktion, galt als möglicher Kanzlerkandidat für die 1969er Bundestagswahlen

Erlich, Henryk **1882–1942** polnischer Sozialist (Sozialdemokratische Arbeiterpartei Rußlands); 1939 vom NKWD verhaftet und zum Tode verurteilt, Umwandlung zu zehn Jahren Lagerhaft; 1941 befreit und erneut verhaftet; 1942 Tod im Gefängnis

Erzberger, Matthias **1875–1921** deutscher Publizist und Politiker (Zentrum); 1919–1920 Reichsfinanzminister; 1921 ermordet

Evang, Karl **1902–1981** norwegischer Mediziner; 1926–1933 Mitglied von *Mot Dag*; ab 1933 publizistische Tätigkeit zur gesundheitlichen Aufklärung; 1938–1972 Direktor des norwegischen Gesundheitsamtes; 1940–1945 Exil

Evensen, Lars **1896–1969** norwegischer Gewerkschafter und Politiker (DNA, NKP, DNA); 1934–1945 Sekretär bzw. Vorsitzender der Landsorganisasjonen i Norge; 1940 Widerstand; ab 1941 Exil und Mitglied der Hjemmefronten; 1945–1953 Industrieminister

Evensmo, Sigurd **1912–1978** norwegischer Journalist (u. a. bei *Arbeiderbladet*) und Schriftsteller (u. a. 1947 *Grenseland*, 1949 *Flaggermusene*, 1951 *Hjemover*)

Fabian, Walter **1902–1992** deutscher Politiker (SPD, SAP) und Journalist; ab 1933 illegal tätig; 1935–1957 Exil; 1957–1970 Chefredakteur des DGB-Organs *Gewerkschaftliche Monatshefte*

Fagerholm, Karl-August **1901–1984** finnischer Politiker (SDP); 1937–1943 Sozialminister; 1948–1950, 1956–1957 und 1958–1959 Ministerpräsident

Falk, Erling **1887–1940** norwegischer Politiker (DNA, NKP); 1921–1936 Gründer und Vorsitzender von *Mot Dag*

Falkenhorst, Nikolaus von **1885–1968** deutscher Militär; 1940–1944 Wehrmachtsbefehlshaber in Norwegen; 1946 zum Tode verurteilt, Umwandlung in 20 Jahre Haft; 1953 entlassen

Faure, Paul **1878–1960** französischer Politiker (SFIO); 1920–1940 Generalsekretär der SFIO; 1936–1938 Staatsminister

Feuchtwanger, Lion **1884–1958** deutscher Schriftsteller (u. a. 1937 *Moskau 1937. Ein Reisebericht für meine Freunde*); ab 1933 Exil

Fichte, Johann Gottlieb **1762–1814** deutscher Philosoph des Deutschen Idealismus (u. a. 1794–1795 *Grundlage der gesamten Wissenschaftslehre*)

Filbinger, Hans **1913–2007** deutscher Politiker (CDU); 1945 Marinerichter, an vier Todesurteilen beteiligt; 1966–1978 Ministerpräsident in Baden-Württemberg

Fimmen, Eduard (Edo) **1881–1942** niederländischer Gewerkschafter; ab 1919 Sekretär der ITF; 1932 Vorsitzender der OSP; ab 1939 Exil

Flyg, Nils **1891–1943** schwedischer Politiker (SKP, Socialistiska partiet); 1924–1929 Parteivorsitzender der SKP; ab 1929 Parteivorsitzender der Socialistiska partiet; ab 1939 Befürworter des Nationalsozialismus

Forel, Auguste **1848–1931** Schweizer Hirnforscher, Psychiater und Sozialreformer (u. a. 1905 *Die sexuelle Frage*)

Frahm, Carlota **1904–1980** norwegische Kulturwissenschaftlerin und Literaturagentin; 1941–1946 erste Ehefrau von Willy Brandt; Mutter von Ninja Frahm

Frahm, Ludwig **1875–1934** deutscher Lastkraftwagenfahrer; Großvater und Ziehvater von Willy Brandt

Frahm, Martha → Kuhlmann, Martha

Frahm, Ninja **geb. 1940** norwegische Pädagogin

Franco, Francisco **1892–1975** spanischer Militär und Diktator; 1935 Oberbefehlshaber der spanischen Armee; 1936 Putsch gegen die Spanische Republik; ab 1939 Staatschef der sog. »nationalspanischen Regierung«; 1938–1973 Ministerpräsident von Spanien

Frank, Hans **1900–1946** deutscher NS-Funktionär; ab 1933 »Reichskommissar für die Gleichschaltung der Justiz und für die Erneuerung der Rechtsordnung«; ab 1939 Generalgouverneur des besetzten Polen; 1946 in Nürnberg zum Tode verurteilt und hingerichtet

Frank, Karl Borromäus **1893–1969** österreichischer bzw. deutscher Publizist und Politiker (KPÖ, KPD, SAP); ab 1929 einer der Organisatoren und Theoretiker der LO (später »Neu Beginnen«); ab 1933 Exil

Freisler, Roland **1893–1945** deutscher NS-Jurist; ab 1942 Präsident des Volksgerichtshofs

Freud, Sigmund **1856–1939** österreichischer Arzt und Begründer der Psychoanalyse (u. a. 1900 *Die Traumdeutung*, 1920 *Jenseits des Lustprinzips*, 1923 *Das Ich und das Es*)

Frick, Wilhelm **1877–1946** deutscher NS-Funktionär; 1933–1943 Reichsinnenminister; 1943–1945 Reichsprotektor von Böhmen und Mähren; 1946 in Nürnberg zum Tode verurteilt und hingerichtet

Friediger, Max **1884–1947** dänischer Oberrabbiner; ab 1920 königlich-dänischer Oberrabbiner in Kopenhagen; 1943–1945 Haft u. a. im KZ

Friedrich I. (Barbarossa) **um 1122–1190** deutscher Monarch; ab 1152 römisch-deutscher König; ab 1155 Kaiser des Heiligen Römischen Reiches Deutscher Nation

Friedrich II. (Friedrich der Große) **1712–1786** deutscher Monarch; ab 1740 König in bzw. von Preußen

Frölich, Paul **1884–1953** deutscher Journalist und Politiker (SPD, KPD, SAP, SPD); 1918/19 Mitbegründer der KPD; ab 1925 Publizist und Verwalter des Nachlasses von Rosa Luxemburg; 1933 Haft; 1933–1950 Exil

Frölich, Rose, geb. Wolfstein **1888–1987** deutsche Politikerin (SPD, USPD, KPD, SAP, SPD); ab 1914 Mitglied der »Gruppe Internationale« (später

Spartakusbund); 1918/19 Mitbegründerin der KPD; 1933–1951 Exil; ab 1948 Ehefrau von Paul Frölich

Fuchs, Martha **1892–1966** deutsche Politikerin (SPD); 1933 und 1944–1945 Haft u. a. im KZ; 1947–1948 Staatskommissarin für das Flüchtlingswesen in Niedersachsen; 1959–1964 Oberbürgermeisterin von Braunschweig

Furtwängler, Wilhelm **1886–1954** deutscher Dirigent und Komponist; 1933–1934 Direktor der Berliner Staatsoper, Dirigent der Berliner Philharmoniker und Vizepräsident der Reichsmusikkammer; ab 1934 weiterhin Dirigent im Dritten Reich

Gaasland, Gertrud, geb. Meyer **1914–2002** deutsche bzw. norwegische Parteifunktionärin (SAP, DNA); in den 1930er Jahren Lebensgefährtin von Willy Brandt; 1933–1946 Exil

Gaasland, Gunnar **1914–1972** norwegischer Übersetzer; Mitglied von *Mot Dag*; ab 1936 Scheinehe mit Gertrud Meyer; 1940–1945 Exil; nach 1945 in Oslo journalistisch und als Übersetzer tätig

Gauguin, Paul René **1911–1976** norwegischer bzw. dänischer Maler und Grafiker; Enkel von Paul Gauguin; 1937 im spanischen Bürgerkrieg

Gaulle, Charles de **1890–1970** französischer General und Politiker (u. a. RPF); 1940–1944 Exil; 1944–1945 Chef der »Provisorischen Regierung der Republik Frankreich«; 1945–1946 und 1958 Ministerpräsident; 1958–1969 Staatspräsident

Gayk, Andreas **1893–1954** deutscher Journalist und Politiker (SPD); 1933 kurzzeitig Haft; ab 1946 Oberbürgermeister von Kiel sowie Landesvorsitzender der SPD Schleswig-Holstein

Gerhardsen, Einar **1897–1987** norwegischer Politiker (DNA); 1942–1944 KZ; 1945–1951 und 1955–1965 Ministerpräsident; 1945–1965 Parteivorsitzender der DNA

Gerlach, Hellmut von **1866–1935** deutscher Politiker (u. a. DDP) und Publizist; 1898–1901 und 1906–1933 Chefredakteur von *Die Welt am Montag*; ab 1926 Vorsitzender der Deutschen Liga für Menschenrechte; ab 1933 Exil

Gerstenmaier, Eugen **1906–1986** deutscher Theologe und Politiker (CDU); 1934 kurzzeitig Haft; ab 1936 Mitarbeiter im Kirchlichen Außenamt der Deutschen Evangelischen Kirche; 1944–1945 Haft; 1954–1969 Bundestagspräsident

Gide, André **1869–1951** französischer Schriftsteller (u. a. 1919 *Die Pastoral-Symphonie*, 1925 *Die Falschmünzer*); 1947 Literaturnobelpreis

Giraudoux, Jean **1882–1944** französischer Dramatiker (u. a. 1935 *Kein Krieg in Troja*) und Diplomat; 1939–1940 Commissaire Général à l'information

Goebbels, Joseph **1897–1945** deutscher NS-Funktionär; ab 1928 Reichspropagandaleiter der NSDAP; ab 1933 Reichsminister für Volksaufklärung und Propaganda; 1945 Selbstmord

Goerdeler, Carl Friedrich **1884–1945** deutscher Jurist und Politiker (DNVP); 1930–1937 Oberbürgermeister von Leipzig; ab 1939 Widerstand und Planung des Attentats auf Hitler, als Reichskanzler vorgesehen; 1944 nach dem 20. Juli zum Tode verurteilt; 1945 hingerichtet

Goethe, Johann Wolfgang von **1749–1832** deutscher Schriftsteller (u. a. 1774 *Die Leiden des jungen Werthers*, 1808 *Faust. Eine Tragödie*), Dichter (u. a. 1782 *Erlkönig*, 1797/1827 *Der Zauberlehrling*), Naturwissenschaftler und Staatsmann

Goldenberg, Boris **1905–1980** russischer bzw. deutscher Journalist und Politiker (SPD, KPD, SAP); 1933 Haft; 1933–1960 Exil; 1964–1971 Leiter der Lateinamerika-Redaktion der Deutschen Welle

Goldenberg, Rosa, geb. Lenz **geb. 1910** deutsche bzw. US-amerikanische Ärztin; 1935–1942 Ehefrau von Boris Goldenberg; ab 1941 Exil; Psychoanalytikerin (unter ihrem Mädchennamen) in den USA

Goldstein, Hans **geb. 1912** deutscher Parteifunktionär (SPD, SAP); ab 1933 Exil; 1934 Teilnahme an der Konferenz in Laren, an die Gestapo ausgeliefert, Haft, freigelassen; Exil in Palästina

González Márquez, Felipe **geb. 1942** spanischer Politiker (PSOE); 1974–1997 Generalsekretär der PSOE; 1982–1996 Ministerpräsident

Göring, Hermann **1893–1946** deutscher NS-Funktionär; 1932–1945 Reichstagspräsident; ab 1933 Ministerpräsident von Preußen und Gründer der Gestapo; ab 1935 Oberbefehlshaber der Luftwaffe, designierter Nachfolger von Adolf Hitler; 1946 in Nürnberg zum Tode verurteilt, Selbstmord

Gorki, Maxim **1868–1936** russischer Schriftsteller und Dramatiker (u. a. 1901/02 *Nachtasyl*, 1906 *Die Mutter*)

Gorkin, Julián **1901–1987** spanischer Schriftsteller und Politiker (PCE, BOC, POUM); ab 1935 im ZK der POUM; 1937 von den Kommunisten verhaftet und zu 15 Jahren Gefängnis verurteilt; 1939 Flucht und Exil

Gottgetreu, Erich **1903–1981** deutscher bzw. israelischer Journalist; 1928–1930 Redakteur des *Lübecker Volksboten*; 1930–1933 Redakteur beim *Sozialdemokratischen Pressedienst* in Berlin; 1933 zeitweilig Haft; ab 1933 Exil

Gottwald, Klement **1896–1953** tschechoslowakischer Politiker (KSČ); ab 1929 Parteivorsitzender der KSČ; 1938–1945 Exil; 1946–1948 Ministerpräsident der ČSR; ab 1948 Staatspräsident der ČSR

Graf, Oskar Maria **1894–1967** deutscher bzw. US-amerikanischer Schriftsteller (u. a. 1927 *Wir sind Gefangene*); ab 1933 Exil

Grass, Günter **geb. 1927** deutscher Schriftsteller (u. a. 1959 *Die Blechtrommel*, 1972 *Aus dem Tagebuch einer Schnecke*); ab 1965 Wahlkämpfer für die SPD und Willy Brandt; 1999 Literaturnobelpreis

Greiser, Arthur **1897–1946** deutscher NS-Funktionär; 1934–1939 Senatspräsident der Freien Stadt Danzig; 1939–1945 Gauleiter und Reichsstatthalter der NSDAP im besetzten Reichsgau Posen bzw. Wartheland; 1946 in Polen zum Tode verurteilt und hingerichtet

Gross, Babette **1898–1990** deutsche Publizistin; Schwester von Margarete Buber-Neumann; ab 1925 Lebensgefährtin von Willi Münzenberg; 1933–1947 Exil; 1949 Mitbegründerin der *Frankfurter Allgemeinen Zeitung*

Grossmann, Kurt R. **1897–1972** deutscher bzw. US-amerikanischer Journalist und Publizist; 1926–1933 Generalsekretär der Deutschen Liga für Menschenrechte; ab 1933 Exil; 1952–1966 Experte für Wiedergutmachung in der amerikanischen Sektion der Jewish Agency for Israel

Grotewohl, Otto **1894–1964** deutscher Parteifunktionär (SPD, USPD, SED); 1938–1939 und 1939–1940 Haft; 1946–1954 neben Wilhelm Pieck Vorsitzender der SED; ab 1949 Ministerpräsident und Vorsitzender des Ministerrates der DDR

Grünbaum, Henry **1911–2006** dänischer Politiker (Socialdemokraterne); ab 1941 Widerstand; 1943–1945 Exil; 1964–1965 Wirtschaftsminister; 1965–1968 und 1971–1973 Finanzminister

Guesde, Jules-Marie französischer Diplomat; Enkel von Jules Guesde; bis 1940 Presseattaché der französischen Legation in Oslo; 1940–1948 Leiter des Pressebüros des Comité français de la Libération nationale in Stockholm; 1948–1956 Presseatttaché in Stockholm und Paris

Gumbel, Emil Julius **1891–1966** deutscher Mathematiker und Publizist; ab 1915 Mitglied im Bund Neues Vaterland (ab 1922 Deutsche Liga für Menschenrechte); ab 1933 Exil

Günther, Christian **1886–1966** schwedischer Diplomat und Politiker; 1939–1945 Außenminister

Gustav V. **1858–1950** schwedischer Monarch; ab 1907 König von Schweden

Haakon VII. **1872–1957** dänischer bzw. norwegischer Monarch; bis 1905 Prinz Carl von Dänemark; ab 1905 König von Norwegen; 1940 Widerstand gegen die Quisling-Regierung; 1940–1945 Exil

Hammer, Walter **1888–1966** deutscher Verleger und Schriftsteller; 1922–1933 Leiter des Fackelreiter-Verlages; 1933–1940 Exil; 1940–1945 Haft u. a. im KZ; 1947–1950 Leiter des Forschungsinstituts Brandenburg des Landesarchivs Potsdam; ab 1950 in der BRD

Hamsun, Knut **1859–1952** norwegischer Schriftsteller (u. a. 1890 *Hunger*, 1917 *Segen der Erde*); 1920 Literaturnobelpreis; ab ca. 1933 publizistische Unterstützung des deutschen Nationalsozialismus bzw. der Nasjonal Samling

Hansen, Hans Christian (H. C.) **1906–1960** dänischer Politiker (Socialdemokraterne); 1933–1937 Vorsitzender der Danmarks Socialdemokratiske Ungdom; 1945 und 1947–1950 Finanzminister; 1953–1958 Außenminister; ab 1955 Ministerpräsident und Parteivorsitzender der Socialdemokraterne

Hansen, Oskar **1895–1968** dänischer Journalist und Dichter (Arbeiterlieder, u. a. 1919 *Brødre lad våbnene lyne* und 1923 *Når jeg ser et rødt flag smælde*)

Hansson, Per Albin (P.A.) **1885–1946** schwedischer Politiker (Socialdemokraterna); 1920, 1921–1923 und 1924–1926 Verteidigungsminister; ab 1925 Parteivorsitzender der Socialdemokraterna; 1932–1936 und ab 1936 Ministerpräsident

Hansteen, Viggo **1900–1941** norwegischer Gewerkschafter und Politiker (DNA, NKP); 1921 Mitbegründer von *Mot Dag*; ab 1936 juristischer Beistand der Landsorganisasjonen i Norge; 1941 zum Tode verurteilt und hingerichtet

Hardie, Keir **1856–1915** britischer Gewerkschafter und Politiker (SLP, ILP, Labour Party); 1888 Mitbegründer und Parteisekretär der SLP; 1893 Mitbegründer der ILP; 1900 Mitbegründer des Labour Representation Committee (ab 1906 Labour Party); 1906–1908 Parteivorsitzender der Labour Party

Hasenclever, Walter **1890–1940** deutscher Schriftsteller (u. a. 1914/16 *Der Sohn*); ab 1933 Exil; ab 1939 zweimal Haft; 1940 erneut interniert

Hatzfeldt, Sophie von **1805–1881** deutsche Sozialistin; prozessierte jahrzehntelang für das Recht auf ihre eigene Scheidung; Lebensgefährtin von Ferdinand Lassalle; 1864 Herausgeberin von Ferdinand Lassalles Nachlaß; 1867 Gründerin des Lassalleschen Allgemeinen Deutschen Arbeitervereins (LADAV)

Haubach, Theodor **1896–1945** deutscher Journalist und Politiker (SPD); 1924 Mitbegründer des »Reichsbanners Schwarz-Rot-Gold«; 1933–1935 mehrmals Haft u. a. im KZ; ab 1935 Widerstand; ab 1942 im Kreisauer Kreis; 1944 nach dem 20. Juli verhaftet; 1945 zum Tode verurteilt und hingerichtet

Hauptmann, Gerhart **1862–1946** deutscher Schriftsteller und Dramatiker (u. a. 1888 *Bahnwärter Thiel*, 1892/94 *Die Weber*); 1912 Literaturnobelpreis

Hebbel, Friedrich **1813–1863** deutscher Dramatiker und Lyriker (u. a. 1843/46 *Maria Magdalena* und 1861 *Die Nibelungen*)

Hedin, Sven **1865–1952** schwedischer Wissenschaftler und Forscher; ab 1933 publizistische Unterstützung der Nationalsozialisten im Dritten Reich

Hedtoft, Hans **1903–1955** dänischer Politiker (Socialdemokraterne); 1939–1941 und ab 1945 Parteivorsitzender der Socialdemokraterne; 1947–1950 und ab 1953 Ministerpräsident

Heiden, Konrad **1901–1966** deutscher Journalist und Schriftsteller (u. a. 1936–1937 *Adolf Hitler*); ab 1933 Exil

Heidmann, Karl **1889–1946** deutscher Schauspieler und Regisseur; Oberspielleiter am Stadttheater in Lübeck und Leiter des »Proletarischen Sprechchors«; 1933 für die illegale Reichsbannerorganisation in Lübeck tätig

Heilmann, Ernst **1881–1940** deutscher Journalist und Politiker (SPD); 1921–1933 Vorsitzender der SPD-Landtagsfraktion in Preußen; 1929–1933 Redakteur der SPD-Wochenschrift *Das Freie Wort*; 1933–1940 Haft u. a. im KZ; 1940 im KZ Buchenwald ermordet

Heine, Fritz **1904–2002** deutscher Politiker (SPD) und Verleger; ab 1928 Aufbau der Werbe- und Propagandaabteilung beim SPD-Parteivorstand; 1933–1946 Exil; 1946–1958 SPD-Pressechef und Mitglied des SPD-Parteivorstands; 1958–1974 Geschäftsführer der Konzentration GmbH

Heine, Heinrich **1797–1856** deutscher Dichter und Schriftsteller (u. a. 1844 *Deutschland. Ein Wintermärchen*, 1844 *Die schlesischen Weber*)

Heines, Edmund **1897–1934** deutscher NS- und SA-Funktionär; 1920 Fememord; 1928–1929 angeklagt und kurzzeitige Haft; ab 1933 Polizeipräsident in Breslau und Initiator des KZ Breslau-Dürrgoy; 1934 nach dem Röhm-Putsch ermordet

Heinig, Kurt **1886–1956** deutscher Politiker (SPD) und Journalist; 1918–1922 Redakteur beim *Vorwärts*; ab 1933 Exil

Henderson, Arthur **1863–1935** britischer Politiker (Liberal Party, Labour Party); 1908–1910, 1914–1917 und 1931–1932 Parteivorsitzender der Labour Party; 1924 Innenminister; 1929–1931 Außenminister; 1934 Friedensnobelpreis

Hermann der Cherusker → *Arminius*

Hernández Tomás, Jesús 1907–1971 spanischer Politiker (PCE); 1936–1938 Erziehungsminister; ab 1939 Exil

Hertz, Paul 1888–1961 deutscher Politiker (SPD, USPD, SPD); 1933–1949 Exil; ab 1951 Senator für Marshall-Plan und Kreditwesen bzw. Wirtschaft und Kreditwesen in Berlin

Hervé, Gustave 1871–1944 französischer Politiker; zunächst Sozialist und Antimilitarist; ab dem Ersten Weltkrieg Hinwendung zum Patriotismus und Faschismus; 1906–1940 Gründer und Chefredakteur von *La Guerre sociale* (ab 1916 *La victoire*)

Heß, Rudolf 1894–1987 deutscher NS-Funktionär; ab 1933 Stellvertreter Adolf Hitlers als Parteiführer; 1941 Flug nach Schottland; 1946 in Nürnberg zu lebenslanger Haft verurteilt; 1987 Selbstmord

Heuss, Theodor 1884–1963 deutscher Politiker (DDP, DStP, FDP) und Publizist; 1948–1949 Parteivorsitzender der FDP; 1949–1959 Bundespräsident

Heydrich, Reinhard 1904–1942 deutscher NS-Funktionär; ab 1934 Chef der Gestapo; ab 1939 Chef des Reichssicherheitshauptamts; 1941 mit der »Endlösung« beauftragt; ab 1941 stellv. Reichsprotektor in Böhmen und Mähren; 1942 bei einem Attentat in Prag getötet

Higgins, Marguerite (Maggie) 1920–1966 US-amerikanische Journalistin; 1942–1963 bei der New York Herald Tribune; ab 1945 in Deutschland; 1947–1950 Korrespondentin in Berlin; ab 1950 im Koreakrieg; 1951 Pulitzer-Preis

Hilferding, Rose 1884–1959 deutsche Ärztin; ab 1923 Ehefrau von Rudolf Hilferding; ab 1933 Exil; 1941 mit Erika Müller-Biermann Flucht in die USA

Hilferding, Rudolf 1877–1941 österreichischer bzw. deutscher Politiker (österr. SDAP, USPD, SPD) und Publizist; 1923 und 1928–1929 Reichsfinanzminister; 1925 Mitverfasser des Heidelberger Programms der SPD; ab 1933 Exil; 1941 ausgeliefert und kurz darauf gestorben

Himmler, Heinrich 1900–1945 deutscher NS-Funktionär und Rassenideologe; ab 1929 Reichsführer SS; ab 1936 Chef der Deutschen Polizei; ab 1943 Reichsinnenminister; 1945 Selbstmord

Hindenburg, Paul von 1847–1934 deutscher Militär und Politiker; ab 1914 Generalfeldmarschall; 1916–1918 Oberste Heeresleitung; ab 1925 Reichspräsident

Hirschfeld, Hans 1894–1971 deutscher Journalist und Politiker; 1933–1949 Exil; 1950–1960 Leiter des Presse- und Informationsamtes des Landes Berlin; 1957–1959 Leiter der Senatskanzlei in Berlin

Hirschfeld, Magnus 1868–1935 deutscher Arzt und Sexualforscher; 1919 bis 1933 Leiter des Instituts für Sexualwissenschaft in Berlin; 1933 Zerstörung des Instituts durch SA und Studenten; ab 1933 Exil

Hitler, Adolf 1889–1945 NS-Diktator; ab 1921 Parteivorsitzender der NSDAP; ab 1933 Reichskanzler (ab 1934 »Führer und Reichskanzler«); 1945 Selbstmord

Hodann, Max **1894–1946** deutscher Arzt und Sexualpädagoge; 1922–1933 Arzt für Geschlechtskrankheiten und Leiter des Gesundheitsamtes von Berlin-Reinickendorf; 1926–1929 Mitarbeiter am Institut für Sexualwissenschaft in Berlin; 1933 Haft; ab 1933 Exil

Hoegner, Wilhelm **1887–1980** deutscher Jurist und Politiker (SPD); 1933–1945 Exil; 1945–1946 und 1954–1957 Ministerpräsident in Bayern; 1945–1947 Justizminister in Bayern; 1950–1954 Innenminister in Bayern

Hoel, Sigurd **1890–1960** norwegischer Schriftsteller und Literaturkritiker (u.a. 1933 *Der Weg bis ans Ende der Welt*, 1947 *Begegnung am Meilenstein*); 1921–1924 Redakteur bei *Mot Dag*; ab 1940 Widerstand; ab 1943 Exil

Hoffmann, Johannes **1890–1967** deutscher Politiker (Zentrum, CVP); 1929–1934 Chefredakteur der *Saarbrücker Landeszeitung*; 1935–1945 Exil; 1945–1956 Parteivorsitzender der CVP; 1947–1955 Ministerpräsident des Saarlandes

Holowatyj, Rudolf **1904–1951** österreichischer Gewerkschafter; 1932–1934 stellv. Vorsitzender des Holzarbeiterverbandes; 1934–1935 illegal tätig, mehrmals Haft; 1936 zu zehn Jahren schwerem Kerker verurteilt; 1937 nach Protesten amnestiert; 1937–1946 Exil

Höltermann, Karl **1894–1955** deutscher Journalist und Politiker (SPD); 1924–1932 stellv. und 1932–1933 Bundesvorsitzender des »Reichsbanners Schwarz-Rot-Gold«; ab 1933 Exil

Hoose, Heinz **geb. 1909** deutscher Kommunalpolitiker (SPD, SAP); 1930–1931 Redakteur und Organisator von *Der Rote Kämpfer*; 1934 Exil, Teilnehmer an der Konferenz in Laren, an die Gestapo ausgeliefert; bis 1935 Haft; 1946–1964 Stadtdirektor in Hemer

Horthy, Miklós **1868–1957** österreichisch-ungarischer bzw. ungarischer Militär und Politiker; 1920–1944 Reichsverweser (Staatsoberhaupt)

Hugenberg, Alfred **1865–1951** deutscher Unternehmer und Politiker (DNVP); Medienkonzern-Besitzer und publizistischer Wegbereiter des Nationalsozialismus; 1946–1951 Haft

Humphrey, Hubert H. **1911–1978** US-amerikanischer Politiker (Democratic Party); 1965–1969 Vizepräsident der USA

Huxley, Aldous **1894–1963** britischer Schriftsteller (u.a. 1932 *Schöne neue Welt*)

Ibsen, Henrik **1828–1906** norwegischer Schriftsteller und Dramatiker (u.a. 1867/76 *Peer Gynt*, 1879 *Nora oder Ein Puppenheim*, 1882/83 *Ein Volksfeind*)

Iglesias Posse, Pablo **1850–1925** spanischer Gewerkschafter und Politiker (PSOE); 1879 Gründer und ab 1888 Präsident der PSOE; 1888 Gründer und ab 1899 Präsident der UGT; 1910 erster Abgeordneter der PSOE im Parlament

Jackson, Robert H. **1892–1954** US-amerikanischer Jurist; ab 1941 Richter am Obersten Gerichtshof der USA; 1945–1946 Hauptankläger für die USA am Internationalen Militärgerichtshof in Nürnberg

Jacob, Berthold **1898–1944** deutscher Publizist und Pazifist; 1925–1928 Mitarbeiter bei *Die Weltbühne*; 1928 wegen Landesverrats zu neun Monaten Haft verurteilt; ab 1932 Exil; 1935 ins Deutsche Reich entführt, nach Protesten freigelassen; 1941 erneut entführt; 1944 Tod in der Haft

Jacob, Franz **1906–1944** deutscher Kommunist (SPD, KPD); 1933–1940 Haft u.a. im KZ; ab 1940 Widerstand; 1944 kurz vor dem 20. Juli verhaftet und hingerichtet

Jahn, Hans **1885–1960** deutscher Gewerkschafter und Politiker (SPD); ab 1933 illegale Kontakte u.a. zur ITF; 1935 kurzzeitig Haft; 1935–1945 Exil; 1948–1959 Begründer und Vorsitzender der Gewerkschaft der Eisenbahner Deutschlands; ab 1956 Präsident der ITF

Jaksch, Wenzel **1896–1966** sudetendeutscher Politiker (österr. SDAP, DSAP, SPD); ab 1938 Parteivorsitzender der DSAP in der ČSR; 1939–1949 Exil; 1950–1953 Leiter des Landesamtes für Vertriebene, Flüchtlinge und Evakuierte in Hessen; ab 1951 Bundesvorsitzender der Seliger-Gemeinde

Jaspers, Karl **1883–1969** deutscher Philosoph (u.a. 1932 *Philosophie*); 1921–1937 und 1945–1948 Professor an der Universität Heidelberg; 1937–1945 Berufsverbot; 1948–1961 Professor an der Universität Basel

Jaurès, Jean **1859–1914** französischer Politiker (u.a. PSF, SFIO), Pazifist und Philosoph; 1902–1905 Mitbegründer und Parteivorsitzender der PSF; 1905 Mitbegründer der SFIO; 1914 von einem Nationalisten ermordet

Jensen, Albert **1879–1957** schwedischer Journalist und Syndikalist; Mitglied der Sveriges Arbetares Centralorganisation (SAC); 1928–1950 Chefredakteur der SAC-Zeitung *Arbetaren*

Jesse, Willy **1897–1971** deutscher Politiker (SPD); 1933 kurzzeitig Haft; 1944–1945 Exil; 1945–1946 SPD-Landessekretär in Rostock; 1946–1950 Haft; 1950 zu zehn Jahren Zwangsarbeit verurteilt, nach Sibirien verschleppt; 1953 in die BRD entlassen; 1955–1964 Leiter der Abteilung Betriebsgruppenarbeit beim SPD-Parteivorstand

Jödahl, Ole **1910–1982** schwedischer Diplomat; 1942–1945 außenpolitischer Redakteur von *Afton-Tidning* in Stockholm; 1953–1956 Botschafter in Belgrad und 1956–1967 in Bonn; 1967–1972 Kabinettssekretär im Außenministerium; ab 1972 Botschafter in London

Jodl, Alfred **1890–1946** deutscher Militär; ab 1938 im Oberkommando der Wehrmacht; 1946 in Nürnberg zum Tode verurteilt und hingerichtet

Johnson, Eyvind **1900–1976** schwedischer Schriftsteller (u.a. 1941 *Grupp Krilon*, 1942 *Krilons resa*, 1943 *Krilon själv*); 1942–1945 Herausgeber von *Håndslag*; 1974 Literaturnobelpreis

Johnson, Lyndon B. **1908–1973** US-amerikanischer Politiker (Democratic Party); 1961–1963 Vizepräsident der USA; 1963–1969 36. Präsident der USA

Juchacz, Marie **1879–1956** deutsche Frauenrechtlerin (SPD); 1919 Gründerin und bis 1933 Vorsitzende der Arbeiterwohlfahrt; 1935–1949 Exil

Kafka, Franz **1883–1924** deutschsprachiger Schriftsteller in Prag (u.a. 1915 *Die Verwandlung*, 1925 *Der Process*, 1926 *Das Schloss*)

Kaisen, Wilhelm **1887–1979** deutscher Politiker (SPD); 1928–1933 Senator für Wohlfahrtswesen in Bremen; 1945–1965 Bürgermeister von Bremen

Kaiser, Jakob **1888–1961** deutscher Politiker (Zentrum, CDU); ab 1934 Widerstand; 1938 Haft; 1945–1947 Parteivorsitzender der CDU in der SBZ; 1949–1957 Bundesminister für gesamtdeutsche Fragen

Kamenew, Lew B. **1883–1936** sowjetischer Politiker (Bolschewiki, KPdSU); 1934 verhaftet; 1935 zu fünf und später zu zehn Jahren Haft verurteilt; 1936 im ersten Moskauer Schauprozess erneut angeklagt, zum Tode verurteilt und hingerichtet

Kant, Immanuel **1724–1804** deutscher Philosoph der Aufklärung (u. a. 1781 *Kritik der reinen Vernunft*)

Kantorowicz, Alfred **1899–1979** deutscher Literaturwissenschaftler, Publizist und Schriftsteller (u. a. 1966 *Spanisches Kriegstagebuch*); 1933–1946 Exil; 1950–1957 Professor in Ost-Berlin; 1957 Flucht in die BRD

Karl der Große **742–814** fränkischer Herrscher; ab 768 König des Fränkischen Reiches; ab 800 römischer Kaiser

Karniol, Maurycy **1899–1958** polnischer Jurist und Politiker (PPS); 1939–1946 Exil, Nordeuropa-Repräsentant der polnischen Exilregierung

Katz, Otto **1895–1952** österreichischer bzw. tschechoslowakischer Schriftsteller (u. a. 1933 *Braunbuch über Reichstagsbrand und Hitlerterror*) und Politiker (KPD, KSČ); 1933–1946 Exil; ab 1946 in der ČSR; 1952 im Slánský-Prozeß zum Tode verurteilt und hingerichtet

Katz, Rudolf **1895–1961** deutscher Jurist und Politiker (SPD); 1933–1946 Exil; 1947–1950 Justizminister und 1948–1949 Bildungsminister in Schleswig-Holstein; ab 1951 Vizepräsident des Bundesverfassungsgerichts

Kautsky, Karl **1854–1938** deutscher Publizist, Politiker (SDAP, SAPD, SPD, USPD) und Theoretiker der Sozialdemokratie; 1883–1917 Chefredakteur von *Die Neue Zeit*; 1891 Mitverfasser des Erfurter Programms der SPD; 1925 Mitverfasser des Heidelberger Programms der SPD; 1938 Exil

Keitel, Wilhelm **1882–1946** deutscher Militär; ab 1938 Chef des Oberkommandos der Wehrmacht; 1946 in Nürnberg zum Tode verurteilt und hingerichtet

Kekkonen, Urho **1900–1986** finnischer Politiker (Maalaisliitto, Suomen Keskusta); 1950–1953 und 1954–1956 Ministerpräsident; 1956–1982 Staatspräsident

Keller, Gottfried **1819–1890** Schweizer Schriftsteller (u. a. 1854–1855 *Der grüne Heinrich*, 1856–1874 *Die Leute von Seldwyla*)

Kenyatta, Jomo **189?–1978** kenianischer Politiker (KANU); 1963–1964 Ministerpräsident; ab 1964 Staatspräsident

Kersten, Felix **1898–1960** finnischer bzw. schwedischer Medizinalrat; ab 1939 Leibarzt von Heinrich Himmler; ab 1945 Kontroverse um seine Rolle z. B. bei der Rettung von Deportierten

Kesten, Hermann **1900–1996** deutscher bzw. US-amerikanischer Schriftsteller (u. a. 1939 *Die Kinder von Gernika*); ab 1933 Exil; 1972–1976 Präsident des P.E.N.-Zentrums Deutschland

Keynes, John Maynard **1883–1946** britischer Ökonom und Publizist (u. a. 1936 *Allgemeine Theorie der Beschäftigung, des Zinses und des Geldes*)

Kilbom, Karl **1885–1961** schwedischer Politiker (Socialdemokraterna, Vänsterpartiet, Socialistiska partiet, Socialdemokraterna); 1937–1951 Direktor der Folketshusföreningarnas Riksorganisation

Kirchner, Johanna 1889–1944 deutsche Sozialpolitikerin (SPD); 1919 Mitbegründerin der Arbeiterwohlfahrt; ab 1933 Exil; 1942 vom Vichy-Regime verhaftet; 1943 ausgeliefert und zu zehn Jahren Zuchthaus verurteilt; 1944 in der Revision zum Tode verurteilt und hingerichtet

Kirn, Richard 1902–1988 deutscher Gewerkschafter und Politiker (SPD); 1935–1942 Exil und mehrmals Haft; 1942 ausgeliefert; 1943–1945 Zuchthaus; 1946–1955 Landesvorsitzender der SPD Saarland; 1947–1951 und 1952–1954 Minister für Arbeit und Wohlfahrt im Saarland

Kirschmann, Emil 1888–1948 deutscher Politiker (SPD); ab 1922 Schwager von Marie Juchacz; 1926–1932 Ministerialrat im preußischen Innenministerium; ab 1933 Exil

Kisch, Egon Erwin 1885–1948 deutschsprachiger Journalist und Schriftsteller aus Prag (u. a. 1925 *Der rasende Reporter*); 1933 Haft; 1933–1946 Exil; ab 1946 in der ČSR

Kissinger, Henry geb. 1923 deutschstämmiger, US-amerikanischer Politikwissenschaftler und Politiker (Republican Party); ab 1938 Exil; 1969–1975 Nationaler Sicherheitsberater von US-Präsident Richard Nixon; 1973 Friedensnobelpreis; 1973–1977 US-Außenminister

Klein, Günter 1900–1963 deutscher Jurist und Politiker (SPD); 1948–1953 und 1955–1961 Stadtrat bzw. Senator für Bundesangelegenheiten (ab 1955 auch Post- und Fernmeldewesen) in Berlin

Klepper, Otto 1888–1957 deutscher Politiker (DNVP, DDP, DStP); 1931–1932 preußischer Finanzminister; 1933–1947 Exil; 1949 Mitbegründer und bis 1950 Geschäftsführer der *Frankfurter Allgemeinen Zeitung*

Klingelhöfer, Gustav 1888–1961 deutscher Journalist und Politiker (SPD); 1919 Teilnahme an der Münchner Räteregierung und bis 1924 Festungshaft; 1924–1933 Redakteur beim *Vorwärts*; 1946–1948 Stadtrat für Wirtschaft beim Magistrat von Groß-Berlin

Klotz, Helmut 1884–1943 deutscher Militär und Schriftsteller; 1923 Beteiligung am Hitler-Putsch; 1929 Eintritt in die Sozialdemokratie; ab 1933 Exil; 1940 ausgeliefert; 1940–1942 Haft u. a. im KZ; 1942 zum Tode verurteilt; 1943 hingerichtet

Kluge, Günther von 1882–1944 deutscher Militär; ab 1939 Oberbefehlshaber an der Ostfront, später im Westen; 1944 Kontaktversuche des militärischen Widerstands abgewiesen, nach dem 20. Juli Selbstmord

Knoeringen, Waldemar von 1906–1971 deutscher Politiker (SPD); 1933–1945 Exil und Mitarbeit bei »Neu Beginnen«; 1947–1963 Landesvorsitzender der SPD Bayern

Knudsen, Helge 1897–1985 dänischer Journalist und Diplomat (u. a. 1946 *Maskerne falder i Nürnberg* (mit Henrik V. Ringsted)); 1935–1950 Auslandskorrespondent in Stockholm, Berlin und London; ab 1950 Kultur- und Presseattaché an der Dänischen Botschaft in Bonn

Knudsen, Konrad Gustav 1890–1959 norwegischer Journalist und Politiker (DNA); 1908–1920 in den USA; ab 1917 Redakteur der Zeitung *Social-Demokraten* in Chicago; 1937–1957 Abgeordneter des Storting; 1940–1945 Exil

Koestler, Arthur **1904–1983** österreichisch-ungarischer bzw. britischer Schriftsteller (u.a. 1937 *Ein spanisches Testament*, 1940 *Sonnenfinsternis*) und Journalist; ab 1932 Exil; 1937 Kriegsberichterstatter in Spanien, dort zum Tode verurteilt, freigelassen

Köhler, Max **1897–1975** deutscher Parteifunktionär (SPD, KPD, SAP, SPD); 1933 Organisationsleiter der illegalen SAP-Inlandsleitung, verhaftet; 1934 zu drei Jahren Gefängnis verurteilt; 1937–1955 Exil

Koht, Halvdan **1873–1965** norwegischer Politiker (Venstre, DNA) und Historiker; 1910–1935 Professor an der Universität Oslo; 1918–1936 Mitglied des Nobelkomitees; 1935–1940 Außenminister; 1940–1945 Exil

Koivisto, Mauno **geb. 1923** finnischer Politiker (SDP); 1968–1970 und 1979–1982 Ministerpräsident; 1982–1994 Präsident

Kollontai, Alexandra **1872–1952** sowjetische Schriftstellerin und Diplomatin; 1923–1926 und 1927–1930 Gesandte in Norwegen; 1930–1945 Botschafterin in Stockholm

Kolzow, Michail **1898–1940/42 (?)** sowjetischer Journalist; Redakteur der *Prawda*; ab 1936 in Korrespondent in Spanien; 1938 verhaftet; 1940 zum Tode verurteilt; 1940 oder 1942 hingerichtet oder Tod im Arbeitslager

Körner, Theodor **1873–1957** österreichischer Militär und Politiker (SDAP); 1934 Haft; 1944 kurzzeitig erneut Haft; 1945–1951 Bürgermeister von Wien; ab 1951 Bundespräsident

Kostow, Traitscho **1897–1949** bulgarischer Politiker (BKP); 1944–1946 Generalsekretär der BKP; 1946–1949 stellv. Ministerpräsident; 1949 zum Tode verurteilt und hingerichtet

Kreisky, Bruno **1911–1990** österreichischer Politiker (SDAP, SPÖ); 1934 Mitbegründer der Revolutionären Sozialistischen Jugend; 1935–1938 mehrmals Haft; 1938–1946 Exil; 1959–1966 Außenminister; 1967–1983 Parteivorsitzender der SPÖ; 1970–1983 Bundeskanzler

Kropotkin, Pjotr A. **1842–1921** russischer Philosoph, Schriftsteller und Anarchist (u.a. 1892 *Die Eroberung des Brotes*, 1902 *Gegenseitige Hilfe in der Tier- und Menschenwelt*)

Kuhlmann, Emil **1880–1969** deutscher Maurerpolier; ab 1927 Ehemann von Martha Kuhlmann, geb. Frahm

Kuhlmann, Günter **1928–2010** deutscher Sohn von Martha und Emil Kuhlmann; Halbbruder von Willy Brandt

Kuhlmann, Martha, geb. Frahm **1894–1969** deutsche Verkäuferin; Mutter von Willy Brandt

Kühn, Heinz **1912–1992** deutscher Politiker (SPD); 1933–1946 Exil; 1966–1978 Ministerpräsident von NRW; 1970–1973 Landesvorsitzender der SPD in NRW; 1979–1984 Mitglied des Europäischen Parlaments

Künstler, Franz **1888–1942** deutscher Politiker (SPD, USPD, SPD); 1933–1934 Haft u.a. im KZ; 1938 erneute Haft; 1939 schwer krank als Lastenträger dienstverpflichtet; 1942 an den Haftfolgen gestorben

Lacouture, Jean **geb. 1921** französischer Journalist, Historiker und Biograph (u.a. 1977 *Léon Blum*); 1957–1975 Redakteur bzw. Chefreporter bei *Le Monde*

Lafargue, Paul **1842–1911** französischer Arzt und Sozialist; ab 1868 Ehemann von Laura Lafargue (Tochter von Karl Marx); 1882 Mitbegründer der marxistischen Parti ouvrier français

Landau, Kurt **1903–1937** österreichischer Politiker (KPÖ, POUM) und Publizist; ab 1933 Exil; ab 1936 in Spanien; 1937 entführt und verschleppt

Landauer, Gustav **1870–1919** deutscher Theoretiker des anarchistischen Sozialismus (u. a. 1907 *Die Revolution*); 1919 Teilnahme an der Münchner Räterepublik, verhaftet und ermordet

Lange, Christian Lous **1869–1938** norwegischer Politiker; Vater von Halvard M. Lange; 1909–1933 Generalsekretär der Interparlamentarischen Union; 1921 Friedensnobelpreis

Lange, Halvard M. **1902–1970** norwegischer Diplomat und Politiker (DNA); 1940 Haft; 1942–1945 KZ; 1946–1963 und 1963–1965 Außenminister

Largo Caballero, Francisco **1869–1946** spanischer Politiker (PSOE) und Gewerkschafter; 1918–1937 Generalsekretär der UGT; 1931–1933 Arbeitsminister; 1932–1935 Präsident der PSOE; 1936–1937 Ministerpräsident und Kriegsminister; ab 1939 Exil; 1943–1945 Haft u. a. im KZ

Laski, Harold **1893–1950** britischer Ökonom und Politiker (Labour Party (auch Socialist League)); ab 1926 Professor an der London School of Economics

Lasky, Melvin J. **1920–2004** US-amerikanischer Publizist; ab 1946 Kulturoffizier der US-amerikanischen Kommandantur des amerikanischen Sektors von Berlin; 1958–1991 Herausgeber von *Encounter*

Lassalle, Ferdinand **1825–1864** deutscher Philosoph, Publizist und Politiker (ADAV); ab 1863 Gründer und Präsident des ADAV; 1864 in einem Duell gestorben

Laval, Pierre **1883–1945** französischer Politiker (SFIO, parteilos); 1931–1932 und 1935–1936 Ministerpräsident; 1940 stellv. und 1942–1944 Ministerpräsident des Vichy-Regimes; 1944 abgesetzt; 1945 Exil, verhaftet, zum Tode verurteilt und hingerichtet

Lawrence, Geoffrey **1880–1971** britischer Jurist; 1945–1946 Vorsitzender Richter am Internationalen Militärgerichtshof in Nürnberg

Leber, Annedore **1904–1968** deutsche Politikerin (SPD) und Publizistin (u. a. 1953 *64 Lebensbilder aus dem deutschen Widerstand 1933–1945*); ab 1927 Ehefrau von Julius Leber; 1944 Sippenhaft; 1947 Gründerin des Mosaik-Buchverlages

Leber, Julius **1891–1945** deutscher Politiker (SPD) und Journalist; 1921–1933 Chefredakteur des *Lübecker Volksboten*; 1933 von SA-Leuten überfallen; 1933–1937 Haft u. a. im KZ; 1937–1944 Widerstand; 1944 kurz vor dem 20. Juli erneut verhaftet; 1945 hingerichtet

Lebrun, Albert **1871–1950** französischer Politiker (Alliance démocratique); 1932–1940 Präsident; 1940 abgesetzt und Flucht; 1943 Haft und bis 1944 unter Arrest

Lehmann, Hans Georg **geb. 1935** deutscher Politikwissenschaftler (u. a. 1976 *In Acht und Bann. Politische Emigration, NS-Ausbürgerung und Wiedergutmachung am Beispiel Willy Brandts*); 1980–2001 Professor an der Universität Bonn

Leipart, Theodor 1867–1947 deutscher Gewerkschafter; 1908–1919 Erster Vorsitzender des Deutschen Holzarbeiterverbandes; 1919–1920 Arbeitsminister in Württemberg; 1921–1933 Vorsitzender des ADGB; 1933 Haft

Lemmer, Ernst 1898–1970 deutscher Politiker (DDP, DStP, CDU); 1945–1947 Parteivorsitzender der CDU in der SBZ; 1956–1965 Bundesminister für das Post- und Fernmeldewesen bzw. für gesamtdeutsche Fragen bzw. für Vertriebene, Flüchtlinge und Kriegsgeschädigte

Lenin, Wladimir I. 1870–1924 russischer Politiker und Revolutionär; 1903 Gründer der Bolschewiki (spätere KPdSU); ab 1917 Vorsitzender des Rates der Volkskommissare und damit Regierungschef

Leuschner, Wilhelm 1890–1944 deutscher Gewerkschafter und Politiker (SPD); 1932–1933 stellv. Vorsitzender des ADGB; 1933–1934 Haft u.a. im KZ; danach im Widerstand; 1944 nach dem 20. Juli denunziert, zum Tode verurteilt und hingerichtet

Levi, Paul 1883–1930 deutscher Jurist und Politiker (SPD, KPD, USPD, SPD); enger Vertrauter von Rosa Luxemburg; 1918/19 Mitbegründer der KPD; 1919–1921 Parteivorsitzender der KPD

Lie, Jonas 1899–1945 norwegischer Politiker und NS-Funktionär; ab 1942 Polizeiminister in der Quisling-Regierung

Lie, Trygve 1896–1968 norwegischer Jurist und Politiker (DNA); 1935–1939 Justizminister; 1939 Handels- und Versorgungsminister; 1940–1945 Exil, Außenminister; 1946–1952 Generalsekretär der UN

Lieb, Fritz 1892–1970 Schweizer Theologe und Slawist; 1930–1933 Lehre an der Universität Bonn; 1933–1937 Exil; 1937–1962 Professor an der Universität Basel

Liebermann, Kurt 1903–1993 deutscher Parteifunktionär (SPD, SAP, KPD, SED); ab 1933 Exil; 1934 Teilnahme an der Konferenz in Laren, an die Gestapo ausgeliefert; 1934–1940 Haft; ab 1945 u.a. in Dresden kommunalpolitisch tätig; 1951–1958 aus der SED ausgeschlossen

Liebknecht, Karl 1871–1919 deutscher Politiker (SPD); Sohn von Wilhelm Liebknecht; 1914 Mitbegründer der »Gruppe Internationale«; 1916–1918 Haft; 1918 Ausrufung der freien sozialistischen Republik; 1918/19 Mitbegründer der KPD; 1919 nach dem Spartakusaufstand ermordet

Liebknecht, Wilhelm 1826–1900 deutscher Politiker (ADAV, SVP, SDAP) und Publizist; 1849–1862 Exil, Kontakt zu Friedrich Engels und Karl Marx; 1869 Mitbegründer der SDAP; 1875 Vereinigung von SDAP und ADAV zur SAPD; 1876–1878 und ab 1891 Chefredakteur des *Vorwärts*

Lischka, Kurt 1909–1989 deutscher Gestapo-Funktionär; ab 1938 bei der Gestapo; 1940–1943 in Paris, Organisator von Deportationen; 1950 freigesprochen; 1971 Entführungsversuch durch Beate Klarsfeld; 1980–1985 Haft

Löbe, Paul 1875–1967 deutscher Politiker (SPD); 1920–1924 und 1925–1932 Reichstagspräsident; 1933 Haft u.a. im KZ; 1944 erneut KZ; ab 1946 Lizenzträger und Mitherausgeber des Berliner *Telegraf*

Loewenheim, Walter 1896–1977 deutscher Politiker (KPD, SPD) und Theoretiker (u.a. 1933 *Neu Beginnen!*); 1929 Gründer der LO (»Miles-Gruppe«);

1933–1935 illegale Arbeit und einer der Leiter von »Neu Beginnen«; ab 1935 Exil

London, Artur **1915–1986** tschechoslowakischer Politiker (KSČ); 1937–1939 in Spanien; ab 1940 in der französischen Résistance; 1943–1945 KZ; 1952 im Slánský-Prozeß zu lebenslanger Haft verurteilt; 1955 freigelassen

London, Jack **1876–1916** US-amerikanischer Journalist und Schriftsteller (u. a. 1903 *Der Ruf der Wildnis*, 1904 *Der Seewolf* und 1906 *Wolfsblut*)

Lovestone, Jay **1897–1990** US-amerikanischer Politiker (u. a. Socialist Party of America, Communist Party USA), Gewerkschafter und Geheimagent; 1963–1974 Leiter der Internationalen Abteilung beim Gewerkschaftsbund AFL-CIO

Löwenstein, Kurt **1885–1939** deutscher Politiker (USPD, SPD); 1924–1933 Vorsitzender der Reichsarbeitsgemeinschaft der Kinderfreunde; 1924–1934 Vizepräsident der Leiter der Sozialistischen Erziehungsinternationale; ab 1933 Exil

Löwenthal, Richard **1908–1991** deutscher Journalist und Politikwissenschaftler; ab 1929 Mitarbeit in der LO; 1933–1935 illegale Arbeit und einer der Theoretiker von »Neu Beginnen«; 1961–1974 Professor an der Freien Universität Berlin

Löwigt, Paul **1873–1934** deutscher Journalist und Politiker (SPD); ab 1904 Redakteur des *Lübecker Volksboten*; 1907–1923 Vorsitzender der SPD in Lübeck; 1919–1926 Senator; 1926–1933 Bürgermeister in Lübeck

Ludwig, Emil **1881–1948** deutscher bzw. Schweizer Schriftsteller (u. a. 1935 *Gespräche mit Masaryk. Denker und Staatsmann*, 1936 *Der Mord in Davos*)

Luther, Martin **1483–1546** deutscher Theologe und Reformator

Luxemburg, Rosa **1871–1919** polnische bzw. deutsche Publizistin und Theoretikerin (u. a. SPD, USPD und KPD); 1914/15 Mitbegründerin der »Gruppe Internationale«; 1915 und 1916–1918 Haft; 1918/19 Mitbegründerin der KPD; 1919 nach dem Spartakusaufstand ermordet

Maaß, Hermann **1897–1944** deutscher Politiker und Publizist (SPD); 1924–1933 Geschäftsführer des Reichsausschusses der Deutschen Jugendverbände; ab 1937 Mitarbeiter bei Wilhelm Leuschner; ab 1941/42 am Kreisauer Kreis beteiligt; 1944 nach dem 20. Juli zum Tode verurteilt und hingerichtet

MacDonald, Ramsay **1866–1937** britischer Politiker (ILP, Labour Party); 1911–1914 und 1922–1931 Parteivorsitzender der Labour Party; 1924 Premierminister und Außenminister; 1929–1935 Premierminister (ab 1931 im National Government)

Mafalda von Savoyen **1902–1944** italienische Prinzessin; Tochter von Viktor Emanuel III. von Italien; ab 1925 Prinzessin von Hessen; ab 1943 KZ; 1944 bei Luftangriff gestorben

Mahler-Werfel, Alma **1879–1964** österreichische bzw. US-amerikanische Künstlergefährtin; 1902–1911 Ehefrau von Gustav Mahler; 1915–1920 Ehefrau von Walter Gropius; 1929–1945 Ehefrau von Franz Werfel; ab 1938 Exil

Malraux, André **1901–1976** französischer Schriftsteller (u. a. 1933 *So lebt der Mensch*) und Politiker (PCF, RPF); 1936–1937 im spanischen Bürgerkrieg;

1944 in der Résistance, Haft; 1945–1946 und 1958 Informationsminister; 1959–1969 Kulturminister

Man, Henri (Hendrik) de 1885–1953 belgischer Sozialpsychologe und Politiker (POB); 1935–1938 Arbeits- bzw. Finanzminister; 1939–1940 stellv. Ministerpräsident; ab 1939 Parteivorsitzender der POB; 1940 Auflösung der POB; ab 1941 Exil; 1946 in Abwesenheit wegen Hochverrats zu 20 Jahren Haft verurteilt

Mann, Erika 1905–1969 deutsche Schauspielerin, Kabarettistin und Schriftstellerin (u. a. 1938 *Zehn Millionen Kinder. Die Erziehung der Jugend im Dritten Reich*); Tochter von Thomas Mann; Schwester von Klaus und Golo Mann; 1933–1952 Exil; ab 1952 in der Schweiz

Mann, Golo 1909–1994 deutscher Historiker und Publizist (u. a. 1958 *Deutsche Geschichte des XIX. und XX. Jahrhunderts*, 1971 *Wallenstein. Sein Leben erzählt von Golo Mann*); Sohn von Thomas Mann; 1933–1958 Exil; 1958–1965 Professor in Münster und Stuttgart

Mann, Heinrich 1871–1950 deutscher Schriftsteller (u. a. 1905 *Professor Unrat*, 1918 *Der Untertan*); Bruder von Thomas Mann; 1931–1933 Präsident der Sektion Dichtkunst der Preußischen Akademie der Künste; ab 1933 Exil

Mann, Thomas 1875–1955 deutscher Schriftsteller (u. a. 1901 *Buddenbrooks*, 1924 *Der Zauberberg*, 1947 *Doktor Faustus*); 1929 Literaturnobelpreis; 1933–1952 Exil; ab 1952 in der Schweiz

Mao Tse-tung 1893–1976 chinesischer Politiker; ab 1943 Vorsitzender des ZK der Kommunistischen Partei Chinas; 1954–1959 Staatspräsident

Marquet, Adrien 1884–1955 französischer Politiker (SFIO, PSdF); 1925–1944 Bürgermeister von Bordeaux; 1933 Ausschluß aus der SFIO, Mitbegründer der PSdF; 1934 Arbeitsminister; 1940 Innenminister unter Pétain; 1944 verhaftet; 1948 angeklagt und als »indignité nationale« freigelassen

Martin du Gard, Roger 1881–1958 französischer Schriftsteller (u. a. 1922–1940 *Die Thibaults*); 1937 Literaturnobelpreis

Marx, Karl 1818–1883 deutscher Philosoph, Ökonom und Theoretiker des Sozialismus und Kommunismus (u. a. 1848 *Das kommunistische Manifest*, 1867–1894 *Das Kapital. Kritik der politischen Ökonomie*)

Masaryk, Tomáš Garrigue 1850–1937 tschechoslowakischer Soziologe, Philosoph und Politiker; 1918–1935 Präsident der ČSR

Matern, Hermann 1893–1971 deutscher Parteifunktionär (KPD, SED); 1934 Haft; 1934–1945 Exil; ab 1946 Mitglied des Zentralsekretariats des Parteivorstandes bzw. des Politbüros des ZK der SED; ab 1948 Vorsitzender der Zentralen Parteikontrollkommission

Mauriac, François 1885–1970 französischer Schriftsteller (u. a. 1927 *Die Tat der Thérèse Desqueyroux*); 1952 Literaturnobelpreis

Maurín, Jeanne spanische Ehefrau von Joaquín Maurín

Maurín Juliá, Joaquín 1896–1973 spanischer Politiker (BOC, POUM) und Theoretiker der spanischen Linken; 1930–1935 Gründer und Generalsekretär des BOC; ab 1935 Mitbegründer und Generalsekretär der POUM; 1936–1946 Haft; ab 1946 Exil

Maxton, James 1885–1946 britischer Politiker (ILP) und Pazifist; 1926–1931 und 1934–1939 Parteivorsitzender der ILP

Mayer, Daniel 1909–1996 französischer Journalist und Politiker (u. a. SFIO, PS); ab 1940 Mitglied der Résistance; 1946–1949 Arbeitsminister; 1958–1975 Präsident der Ligue des droits de l'homme; 1977–1983 Präsident der Internationalen Liga für Menschenrechte

McCloy, John J. 1895–1989 US-amerikanischer Jurist und Politiker; 1941–1945 US Assistant Secretary of War; 1947–1949 Präsident der Weltbank; 1949–1952 Hoher Kommissar für die USA in der Alliierten Hohen Kommission

Mehnert, Klaus 1906–1984 deutscher Journalist, Politikwissenschaftler und Publizist; 1937–1941 Professor in Honolulu

Meinhof, Ulrike 1934–1976 deutsche Journalistin und Terroristin; ab 1970 führendes Mitglied der Baader-Meinhof-Gruppe und Mitbegründerin der RAF; 1972 Festnahme; 1974 zu acht Jahren Freiheitsstrafe verurteilt; 1976 Selbstmord

Meitner, Lise 1878–1968 österreichische bzw. schwedische Kernphysikerin und Pazifistin; ab 1913 am Kaiser-Wilhelm-Institut für Physik in Berlin; ab 1938 Exil; 1939 theoretische Deutung der Kernspaltung; ab 1947 Professorin an der Kungliga Tekniska högskolan in Stockholm

Mendelssohn, Peter de 1908–1982 deutscher bzw. britischer Journalist und Schriftsteller (u. a. 1972 *Von deutscher Repräsentanz*); ab 1933 Exil; 1946 Presseoffizier der Britischen Kontrollkommission in Düsseldorf; anschließend umfangreiche journalistische Tätigkeit

Metternich, Clemens Wenzel Fürst 1773–1859 österreichischer Diplomat und Politiker; 1809–1848 Außenminister; 1821–1848 Staatskanzler

Mewis, Karl 1907–1987 deutscher Parteifunktionär (KPD, SED); 1932–1945 Exil; 1946–1949 Sekretär der SED-Landesleitung in Groß-Berlin und 1949–1952 in Mecklenburg; 1952–1981 Mitglied des ZK der SED; 1963–1968 Botschafter der DDR in Warschau

Meyer, Gertrud → *Gaasland, Gertrud*

Meyer, Håkon 1896–1989 norwegischer Politiker (DNA); 1929–1934 Redakteur von *Det 20de århundre*; ab 1940 Kollaboration; 1941–1942 kommissarischer Leiter des Kommuneforbund; 1946 zu zehn Jahren Zwangsarbeit verurteilt; 1949 entlassen

Michaelis, Walter 1915–1943 deutscher Parteifunktionär (SPD, SAP); ab 1933 illegal tätig; ab 1934 Exil; ab 1935 Kurierreisen auch ins Deutsche Reich; 1939 dort zu einem Jahr Gefängnis verurteilt, statt der Haft zur Wehrmacht eingezogen

Mierendorff, Carl (Carlo) 1897–1943 deutscher Publizist und Politiker (SPD); 1933–1938 KZ; danach Widerstand im Kreisauer Kreis; 1943 Tod bei einem Luftangriff

Misgeld, Klaus geb. 1940 deutsch-schwedischer Historiker (u. a. *Die »Internationale Gruppe demokratischer Sozialisten« in Stockholm 1942–1945*); bis 2006 Forschungssekretär am Arbetarrörelsens arkiv och bibliotek in Stockholm

Mitscherlich, Alexander **1908–1982** deutscher Psychoanalytiker und Sozialpsychologe; 1935–1937 Exil; 1937 von der Gestapo verhaftet, acht Monate Haft; 1960–1976 Gründer und Leiter des Sigmund-Freud-Instituts in Frankfurt am Main; 1969 Friedenspreis des Deutschen Buchhandels

Mitterrand, François **1916–1996** französischer Politiker (u. a. Parti Socialiste); 1971–1981 Erster Sekretär der Parti Socialiste; 1981–1995 Staatspräsident

Moe, Finn **1902–1971** norwegischer Journalist und Politiker (DNA); 1932–1940 außenpolitischer Redakteur bei *Arbeiderbladet*; 1940–1945 Exil; 1945–1949 bei der UN bzw. UN-Generalsekretär Trygve Lie; 1949–1969 Abgeordneter des Storting und im außenpolitischen Ausschuß

Möller, Gustav **1884–1970** schwedischer Politiker (Socialdemokraterna); 1924–1926, 1932–1936, 1936–1938 und 1939–1951 Sozialminister; 1938–1939 Handelsminister

Mollet, Guy **1905–1975** französischer Politiker (SFIO); ab 1941 in der Résistance; 1946–1969 Generalsekretär der SFIO; 1956–1957 Ministerpräsident

Molotow, Wjatscheslaw M. **1890–1986** sowjetischer Politiker (Bolschewiki, KPdSU); 1930–1941 Vorsitzender des Rates der Volkskommissare; 1939–1949 und 1953–1956 Volkskommissar für Auswärtige Angelegenheiten bzw. Außenminister

Moltke, Helmuth James Graf von **1907–1945** deutscher Jurist; 1939–1944 Sachverständiger für Völkerrechtsfragen im Amt Ausland/Abwehr der Wehrmacht; 1939/40 Begründer des Kreisauer Kreises; 1944 im Januar denunziert und verhaftet; 1945 zum Tode verurteilt und hingerichtet

Monsen, Fredrik **1878–1954** norwegischer Politiker (DNA, NKP, DNA); Vater von Per Monsen; 1928, 1935 und 1936–1939 Verteidigungsminister; 1945–1949 Stortingspräsident

Monsen, Per **1913–1985** norwegischer Journalist; ab 1932 u. a. bei *Arbeiderbladet*; 1937 in Spanien; 1941–1945 Exil; 1948–1949 Presseattaché an der norwegischen Militärmission in Berlin; ab 1952 journalistisch tätig, u. a. bei *Arbeiderbladet* und *Norsk Telegrambyrå*

Montseny Mañé, Federica **1905–1994** spanische Anarchistin (FAI) und Publizistin; 1936–1937 Gesundheitsministerin; 1939–1977 Exil

Mosley, Oswald **1896–1980** britischer Politiker (Conservative Party, Labour Party, British Union of Fascists); 1929–1930 Minister ohne Portefeuille; 1932 Gründer der British Union of Fascists; 1940–1943 Haft; bis 1945 Hausarrest

Moulin, Jean **1899–1943** französischer Politiker; ab 1940 in der Résistance und ab 1942 von Charles de Gaulle mit ihrer Koordinierung beauftragt; 1943 Präsident des Conseil national de la Résistance, von der Gestapo verhaftet und zu Tode gefoltert

Mowinckel, Johan Ludwig **1870–1943** norwegischer Politiker (Venstre); 1924–1926, 1928–1931 und 1933–1935 Ministerpräsident; 1927–1940 Parteivorsitzender der Venstre; ab 1940 Exil

Mühsam, Erich **1878–1934** deutscher Schriftsteller, Publizist und Anarchist; 1918/19 Mitinitiator und Anführer der Münchner Räterepublik; 1919–1924 Haftstrafe; ab 1933 Haft; 1934 Tod im KZ

Mühsam, Kreszentia (Zenzl) **1884–1962** deutsche Anarchistin; ab 1915 Ehefrau von Erich Mühsam; ab 1934 Exil; 1936 Haft in der UdSSR; 1939–1946 erneute Haft; 1946 nach Nowosibirsk verbannt; 1955 Ausreise in die DDR

Müller, Hermann **1876–1931** deutscher Politiker (SPD); 1919–1928 einer der Parteivorsitzenden der SPD; 1919–1920 Reichsaußenminister; 1920 und 1928–1930 Reichskanzler

Müller-Biermann, Erika **1910–1989** deutsche Lehrerin und Publizistin; Tochter von Hermann Müller; ab 1933 Exil; 1941 mit Rose Hilferding Flucht in die USA

Munck, Ebbe **1905–1974** dänischer Polarforscher, Journalist und Diplomat; ab 1929 Auslandskorrespondent; 1940–1945 Verbindungsmann dänischer und britischer Geheimdienste, später auch Repräsentant des Danmarks Frihedsrådet in Stockholm

Münzenberg, Wilhelm (Willi) **1889–1940** deutscher Verleger und Politiker (KPD); 1924 Übernahme des Neuen Deutschen Verlags und Etablierung eines Medienunternehmens; ab 1925 Lebensgefährte von Babette Gross; ab 1933 Exil; 1940 interniert und Tod unter ungeklärten Umständen

Mussolini, Benito **1883–1945** italienischer Faschistenführer (»Duce«); 1922–1943 Diktator des Königreichs Italien; 1943 abgesetzt; ab 1943 Ministerpräsident der Repubblica Sociale Italiana (Republik von Salò); 1945 hingerichtet

Myrdal, Alva **1902–1986** schwedische Soziologin (u. a. 1934 *Kris i befolkningsfrågan*) und Politikerin (Socialdemokraterna); ab 1924 Ehefrau von Gunnar Myrdal; 1936–1948 Leiterin des Sozialpädagogischen Seminars in Stockholm; 1982 Friedensnobelpreis

Myrdal, Gunnar **1898–1987** schwedischer Ökonom und Soziologe; 1933–1950 Professor an der Handelshochschule Stockholm; 1945–1947 Handelsminister; 1947–1957 Leiter der UN-Wirtschaftskommission für Europa; 1974 Nobelpreis für Wirtschaftswissenschaften

Nabokov, Nicolas **1903–1978** russischer bzw. US-amerikanischer Komponist und Musikwissenschaftler; 1951–1966 Generalsekretär des Congress for Cultural Freedom in Paris; 1964–1966 Künstlerischer Leiter der Berliner Festwochen

Nansen, Fridtjof **1861–1930** norwegischer Wissenschaftler, Polarforscher und Diplomat; 1921–1927 Hochkommissar des Völkerbundes für Flüchtlingsfragen; 1922 Friedensnobelpreis

Nansen, Odd **1901–1973** norwegischer Architekt und Humanist; Sohn von Fridtjof Nansen; 1936 Gründer der Nansenhjelp; 1942–1945 KZ

Napoleon I. (Napoléon Bonaparte) **1769–1821** französischer Militär, Politiker und Monarch; 1804–1814 und 1815 Kaiser der Franzosen; 1805–1814 König von Italien; 1806–1813 Protektor des Rheinbundes

Napoleon III. (Louis-Napoléon Bonaparte) **1808–1873** französischer Politiker und Monarch; 1848–1852 Staatspräsident; 1852–1870 Kaiser der Franzosen

Negrín López, Juan 1892–1956 spanischer Politiker (PSOE); 1936–1937 Finanzminister; 1937–1939 Ministerpräsident der Spanischen Republik, 1938–1939 auch Verteidigungsminister; ab 1939 Exil; 1939–1945 Ministerpräsident der Spanischen Republik im Exil

Nelson, Leonard 1882–1927 deutscher Philosoph; 1917 Gründer des IJB; 1925 Ausschluß der IJB-Mitglieder aus der SPD; 1926 Gründer des ISK

Nenni, Pietro 1891–1980 italienischer Politiker (PRI, PSI); 1926–1943 Exil; 1931–1939 und 1949–1963 Generalsekretär der PSI; 1936 in Spanien; 1945–1947 und 1963–1968 stellv. Ministerpräsident; 1946–1947 und 1968–1969 Außenminister

Nerman, Ture 1886–1969 schwedischer Politiker (Socialdemokraterna, SKP, Socialistiska partiet, Socialdemokraterna), Schriftsteller und Journalist; 1937 in Spanien; 1939–1945 Redakteur der Zeitschrift *Trots allt!*

Neumann, Franz 1904–1974 deutscher Politiker (SPD); 1934 Haft und zu 18 Monaten Gefängnis verurteilt, wegen durch Folter angegriffener Gesundheit vorzeitig entlassen; 1946–1958 Landesvorsitzender der SPD Berlin

Neumann, Heinz 1902–1937 deutscher Journalist und Politiker (KPD); 1925–1928 KPD-Vertreter bei der Komintern; ab 1929 Chefredakteur von *Die Rote Fahne*; ab 1932 aller Parteifunktionen enthoben, Exil; 1937 vom NKWD verhaftet, zum Tode verurteilt und erschossen

Niemöller, Martin 1892–1984 deutscher evangelischer Theologe; 1933 Mitbegründer des Pfarrernotbundes und 1934 der Bekennenden Kirche; 1937–1945 KZ; 1947–1964 Kirchenpräsident in Hessen und Nassau

Nilsson, Torsten 1905–1997 schwedischer Politiker (Socialdemokraterna); 1945–1951 Verkehrsminister; 1951–1957 Verteidigungsminister; 1957–1962 Sozialminister; 1962–1971 Außenminister

Nin, Andrés 1892–1937 katalanischer Revolutionär und Politiker (PSOE, PCE, ICE, POUM); ab 1935 Mitbegründer und Generalsekretär der POUM; 1936 Justizminister; 1937 von den Kommunisten entführt und ermordet

Nippus, Fritz 1893–1965 deutscher Militär; 1940 Hauptmann bzw. Major der 1. Kompanie des Infanterieregiments 345 in Norwegen und Kommandant des Gefangenenlagers in Dovre

Nobel, Alfred 1833–1896 schwedischer Chemiker und Erfinder; 1867 Patentierung des Sprengstoffs Dynamit; 1895 per testamentarischer Verfügung Initiator der nach ihm benannten Nobelpreise

Nygaardsvold, Johan 1879–1952 norwegischer Politiker (DNA); 1935–1945 Ministerpräsident; 1940–1945 Exil

Olav V. 1903–1991 norwegischer Monarch; ab 1957 König von Norwegen

Olden, Rudolf 1885–1940 deutscher Jurist und Journalist (u. a. 1933 *Hitler, der Eroberer. Die Entlarvung einer Legende*); 1931/32 einer der Strafverteidiger von Carl von Ossietzky; ab 1933 Exil; 1940 Tod auf dem Atlantik

Oliver, García 1901–1980 spanischer Anarchosyndikalist (FAI); 1936–1937 Justizminister; ab 1939 Exil

Ollenhauer, Erich **1901–1963** deutscher Politiker (SPD); 1933–1946 Exil mit der Sopade; ab 1952 Parteivorsitzender der SPD; 1953 und 1957 Kanzlerkandidat bei den Bundestagswahlen

Oprecht, Hans **1894–1978** Schweizer Gewerkschafter und Politiker (SP); 1936–1952 Präsident der SP; 1940 Mitbegründer der Aktion Nationaler Widerstand

Ording, Arne **1898–1967** norwegischer Historiker und Politiker (DNA); 1940–1945 Exil, außenpolitischer Berater von Trygve Lie und ab 1946 von Halvard M. Lange; 1947–1959 Professor in Oslo

Orwell, George **1903–1950** britischer Schriftsteller und Publizist (u. a. 1938 *Mein Katalonien. Bericht über den Spanischen Bürgerkrieg*, 1945 *Farm der Tiere*, 1949 *1984*); 1936–1937 Teilnahme am spanischen Bürgerkrieg

Oskar II. **1829–1907** schwedischer Monarch; ab 1872 König von Schweden; 1872–1905 König von Norwegen

Ossietzky, Carl von **1889–1938** deutscher Journalist, Schriftsteller und Pazifist; ab 1927 Chefredakteur von *Die Weltbühne*; 1931 wegen Verrats militärischer Geheimnisse zu 18 Monaten Haft verurteilt; 1932 Haft; ab 1933 KZ; 1936 Friedensnobelpreis (für 1935); 1938 Tod im KZ

Ottesen-Jensen, Elise **1886–1973** norwegische bzw. schwedische Publizistin und Sexualpädagogin; Ehefrau von Albert Jensen; 1933–1959 Gründerin und Vorsitzende des Riksförbundet för sexuell upplysning; 1959–1963 Präsidentin der International Planned Parenthood Federation

Øverland, Arnulf **1889–1968** norwegischer Schriftsteller und Dichter (u. a. 1936 *Du må ikke sove!*, 1937 *Den røde front*); 1923–1928 Vorsitzender des norwegischen Schriftstellerverbandes; 1941–1945 Haft u. a. im KZ

Paasikivi, Juho Kusti **1870–1956** finnischer Politiker (Suomalainen puolue, Kansallinen Kokoomus); 1918 und 1944–1946 Ministerpräsident; 1946–1956 Staatspräsident

Paetel, Karl Otto **1906–1975** deutscher bzw. US-amerikanischer Journalist und Publizist; ab ca. 1923 in der bündischen Jugendbewegung aktiv; bis 1933 Herausgeber zahlreicher Zeitschriften; ab 1933 Schreibverbot, mehrmals Haft; ab 1935 Exil

Palm, August **1849–1922** schwedischer Agitator und Politiker (Socialdemokraterna); bis 1881 in Schleswig bzw. Dänemark; 1881 erste öffentliche Rede in Schweden über den Sozialismus; 1885 Gründer der Zeitung *Social-Demokraten*; 1889 Mitbegründer der Socialdemokraterna

Palme, Olof **1927–1986** schwedischer Politiker (Socialdemokraterna); ab 1969 Parteivorsitzender der Socialdemokraterna; 1969–1976 und ab 1982 Ministerpräsident; 1986 bei einem Attentat ermordet

Papen, Franz von **1879–1969** deutscher Politiker (Zentrum); 1932 Reichskanzler, Reichskommissar für Preußen (»Preußenschlag«); 1933–1934 Vizekanzler; 1934–1944 Botschafter in Wien und Ankara; 1946 in Nürnberg freigesprochen; 1947–1949 Haft

Passarge, Otto **1891–1976** deutscher Politiker (SPD); 1908–1924 Mitbegründer und Leiter der Sozialistischen Arbeiterjugend in Lübeck; ab 1933 mehrmals Haft u. a. im KZ; 1946–1956 Bürgermeister von Lübeck

Pasternak, Boris **1890–1960** russischer Dichter und Schriftsteller (u. a. 1957/58 *Doktor Schiwago* sowie Übersetzungen u. a. von William Shakespeare); 1958 Literaturnobelpreis

Paul, Ernst **1897–1978** sudetendeutscher Politiker (DSAP, SPD); 1925–1938 Redakteur von *Der Sozialdemokrat* in Prag; 1939–1948 Exil; 1949–1969 MdB; 1966–1971 Bundesvorsitzender der Seliger-Gemeinde

Pauls, Eilhard Erich **1877–1961** deutscher Schriftsteller und Lehrer; ab 1903 Gymnasiallehrer in Lübeck; bis 1932 Deutsch- und Geschichtslehrer von Willy Brandt

Peres, Shimon **geb. 1923** israelischer Politiker (u. a. Awoda, Kadima); 1977–1992, 1995–1997 und 2003–2005 Vorsitzender der Arbeitspartei (Awoda); 1984–1986 und 1995–1996 Ministerpräsident; 1986–1988, 1992–1995 und 2001–2002 Außenminister; 1994 Friedensnobelpreis; seit 2007 Staatspräsident

Pétain, Philippe **1856–1951** französischer Militär und Politiker; 1940 Ministerpräsident; 1940–1944 Staatschef des Vichy-Regimes; 1945 zum Tode verurteilt, Umwandlung in lebenslange Haft; ab 1945 auf Île d'Yeu verbannt

Philip, André **1902–1970** französischer Ökonom und Politiker (u. a. SFIO); ab 1940 in der Résistance; 1942–1944 Exil; 1943–1944 Kommissar u. a. für Inneres im Comité français de la Libération nationale; 1946–1947 Wirtschafts- und Finanzminister

Picasso, Pablo **1881–1973** spanischer Maler, Grafiker und Bildhauer (u. a. 1907 *Les Demoiselles d'Avignon*, 1937 *Guernica*)

Pieck, Wilhelm **1876–1960** deutscher Politiker (KPD, SED); 1918/19 Mitbegründer der KPD; 1933–1945 Exil; ab 1935 Vorsitzender der Exil-KPD; 1946–1954 nach der Zwangsvereinigung von SPD und KPD neben Otto Grotewohl Vorsitzender der SED; ab 1949 Präsident der DDR

Piłsudski, Józef **1867–1935** polnischer Militär und Politiker (PPS, parteilos); 1918–1922 Staatspräsident; ab 1926 Verteidigungsminister und Generalinspekteur der Streitkräfte, diktatorisch regierend

Pisani, Edgard **geb. 1918** französischer Politiker (u. a. Gauche démocratique, PS); 1961–1966 Landwirtschaftsminister; 1978–1983 Mitglied der Nord-Süd-Kommission; 1981–1984 EG-Kommissar für Entwicklung und humanitäre Hilfe

Pivert, Marceau **1895–1958** französischer Politiker (SFIO, PSOP, SFIO); ab 1935 Anführer der linken Parteiströmung Gauche révolutionnaire; 1938 Ausschluß aus der SFIO, Gründer der PSOP; 1939–1946 Exil

Pjatakow, Georgi L. **1890–1937** sowjetischer Politiker (Bolschewiki, KPdSU); ab 1917 Revolutionär in der Ukraine; 1923–1928 Mitglied der Linken Opposition; 1927–1928 Parteiausschluß; ab 1932 stellv. Volkskommissar für die Schwerindustrie; 1936 verhaftet; 1937 zum Tode verurteilt und hingerichtet

Plotho, Hellmuth von **geb. 1893** deutscher Militär; ab 1933 Leiter des Dezernats zur Verfolgung der SAP bei der Gestapo

Priestley, John B. **1894–1984** britischer Publizist, Schriftsteller und Dramatiker (u. a. 1929 *Die guten Gefährten*, 1945 *Ein Inspektor kommt*)

Primo de Rivera y Orbaneja, Miguel **1870–1930** spanischer Militär; 1923–1930 Militärdiktator nach Staatsstreich

Proudhon, Pierre-Joseph **1809–1865** französischer Soziologe und theoretischer Begründer des Anarchismus (u. a. 1840 *Was ist das Eigentum?*)

Quidde, Ludwig **1858–1941** deutscher Historiker, Politiker (u. a. DDP) und Pazifist; 1914–1929 Vorsitzender der Deutschen Friedensgesellschaft; 1927 Friedensnobelpreis; ab 1933 Exil

Quisling, Vidkun **1887–1945** norwegischer Politiker und Militär; 1933 Gründer und »Fører« der Nasjonal Samling; 1940 nach Staatsstreich »Regierungschef« (wenige Tage); 1942–1945 als »Ministerpräsident« Kollaboration mit den deutschen Besatzern; 1945 zum Tode verurteilt und hingerichtet

Radek, Karl **1885–1939** (?) polnischer bzw. russischer Journalist und Politiker (u. a. SPD, Bolschewiki, KPdSU); 1937 als Anhänger Leo Trotzkis zu zehn Jahren Arbeitslager verurteilt; 1939 (?) in der Haft gestorben

Raeder, Erich **1876–1960** deutscher Militär; 1928–1935 Chef der Marineleitung; 1935–1943 Oberbefehlshaber der Kriegsmarine; leitete 1940 den Überfall auf Norwegen; 1946 in Nürnberg zu lebenslanger Haft verurteilt; 1955 entlassen

Rajk, László **1909–1949** ungarischer Politiker (KMP, MKP, MDP); 1936–1939 im spanischen Bürgerkrieg; 1946–1948 Innenminister; ab 1948 Außenminister; 1949 zum Tode verurteilt und hingerichtet

Rákosi, Mátyás **1892–1971** ungarischer Politiker (KMP, MKP, MDP); 1945–1956 Generalsekretär der MKP bzw. MDP; 1952–1953 Ministerpräsident

Rathenau, Walther **1867–1922** deutscher Industrieller und Politiker (DDP); 1915–1921 Präsident der Allgemeinen Elektricitäts-Gesellschaft; 1918 Mitbegründer der DDP; 1921 Wiederaufbauminister; 1922 Reichsaußenminister, von Rechtsextremisten ermordet

Rauschning, Hermann **1887–1982** deutscher Politiker und Publizist (u. a. 1940 *Gespräche mit Hitler*); 1933–1934 Senatspräsident der Freien Stadt Danzig; ab 1936 Exil

Redieß, Wilhelm **1900–1945** deutscher SS-Funktionär; 1938–1940 Höherer SS- und Polizeiführer (HSSPF) in Königsberg; ab 1940 HSSPF in Oslo bei Josef Terboven; 1945 Selbstmord

Reich, Wilhelm **1897–1957** österreichischer bzw. US-amerikanischer Psychoanalytiker und Sexualforscher; ab 1933 Exil

Reichwein, Adolf **1898–1944** deutscher Pädagoge und Politiker (SPD); 1930–1933 Professor in Halle/Saale; ab 1940 Mitglied des Kreisauer Kreises; 1944 kurz vor dem 20. Juli verhaftet, zum Tode verurteilt und hingerichtet

Rein, Mark **1909–1937** (?) russischer Journalist und Aktivist (SPD, SAP); ab 1933 Exil und Mitarbeit bei »Neu Beginnen«; ab 1936 in Spanien; 1937 verschleppt

Remarque, Erich Maria **1898–1970** deutscher bzw. US-amerikanischer Schriftsteller (u.a. 1929 *Im Westen nichts Neues*); ab 1933 Exil

Renn, Ludwig **1889–1979** deutscher Schriftsteller (u.a. 1928 *Krieg*); 1933 Haft; 1934 zu zweieinhalb Jahren Zuchthaus verurteilt; 1936–1947 Exil; 1936–1937 im spanischen Bürgerkrieg aktiv; ab 1947 in der SBZ

Renner, Karl **1870–1950** österreichischer Politiker (SDAP, SPÖ); 1918–1920 Staatskanzler; 1919–1920 Staatssekretär des Äußeren; 1931–1933 Präsident des Nationalrates; 1945 Staatskanzler; ab 1945 Bundespräsident

Reuter, Ernst **1889–1953** deutscher Politiker (SPD, KPD, USPD, SPD); 1931–1933 Oberbürgermeister von Magdeburg; 1933–1934 KZ; 1935–1946 Exil; 1948–1951 und ab 1951 Oberbürgermeister von Berlin (West) bzw. Regierender Bürgermeister von Berlin

Reuther, Walter Philip **1907–1970** US-amerikanischer Gewerkschafter; ab 1946 Präsident der United Automobile Workers; 1952–1955 Präsident des Gewerkschaftsbundes CIO

Ribbentrop, Joachim von **1893–1946** deutscher NS-Funktionär; ab 1934 »Außenpolitischer Berater« der NS-Führung; 1936–1938 Botschafter in London; 1938–1945 Reichsaußenminister; 1945 verhaftet; 1946 in Nürnberg zum Tode verurteilt und hingerichtet

Richter, Willi **1894–1972** deutscher Gewerkschafter und Politiker (SPD); 1946–1949 Vorsitzender des Freien Gewerkschaftsbundes Hessen; 1956–1962 Vorsitzender des DGB

Rivera, Diego **1886–1957** mexikanischer Maler (vor allem ab 1921 monumentale Fresken, sog. »murales«); 1929–1939 und 1940–1954 Ehemann von Frida Kahlo

Rolland, Romain **1866–1944** französischer Schriftsteller (u.a. 1904–1912 *Jean-Christophe*, 1915 *Über den Schlachten*); 1915 Literaturnobelpreis

Romains, Jules **1885–1972** französischer Schriftsteller (u.a. 1932–1946 *Die guten Willens sind*); 1940–1946 Exil

Rommel, Erwin **1891–1944** deutscher Militär; ab 1941 (Ober-)Befehlshaber des »Deutschen Afrikakorps«; 1943–1944 Oberbefehlshaber einer Heeresgruppe in Italien und am Atlantikwall; 1944 nach dem 20. Juli wegen vermeintlicher Kontakte zum Widerstand zum Selbstmord gezwungen

Roosevelt, Franklin D. **1882–1945** US-amerikanischer Politiker (Democratic Party); ab 1933 32. Präsident der USA

Rosenberg, Alfred **1893–1946** deutscher NS-Funktionär und NS-Theoretiker; ab 1933 Leiter des Außenpolitischen Amtes der NSDAP; ab 1939/40 Leiter der Rauborganisation für Kunstschätze; ab 1941 Reichsminister für die besetzten Ostgebiete; 1946 in Nürnberg zum Tode verurteilt und hingerichtet

Rosenberg, Ludwig **1903–1977** deutscher Gewerkschafter; 1933–1946 Exil; 1962–1969 Vorsitzender des DGB

Rosenberg, Marcel **1896–1937** sowjetischer Diplomat; 1936–1937 Botschafter in Madrid; 1937 in die UdSSR zurückbeordert und hingerichtet

Rosenfeld, Kurt **1877–1943** deutscher Jurist und Politiker (SPD, USPD); 1918–1919 preußischer Justizminister; 1931–1933 Mitbegründer und einer der Parteivorsitzenden der SAP; ab 1933 Exil

Rost, Nico **1896–1967** niederländischer Schriftsteller, Übersetzer und Journalist (u.a. 1946 *Goethe in Dachau. Literatur und Wirklichkeit*); 1923–1933 Journalist in Berlin; 1933 KZ; ab 1933 Exil; 1936–1939 im spanischen Bürgerkrieg aktiv; 1942–1945 Haft u.a. im KZ

Rovira Canals, Josep **1902–1968** spanischer Politiker und Militär; ab 1936 Kommandeur der POUM-Truppen im spanischen Bürgerkrieg; 1937 vom NKWD verhaftet; ab 1939 Exil

Rudenko, Roman A. **1907–1981** sowjetischer Jurist; 1946–1947 Hauptankläger für die UdSSR am Internationalen Militärgerichtshof in Nürnberg; ab 1953 Generalstaatsanwalt der UdSSR

Ruge, Otto **1882–1961** norwegischer Militär; 1940 Oberbefehlshaber der norwegischen Streitkräfte im Widerstand gegen die deutsche Besatzung; 1940–1945 als Kriegsgefangener in Deutschland

Russell, Bertrand **1872–1970** britischer Philosoph, Mathematiker und Logiker (u.a. 1910–1913 *Principia Mathematica* (mit Alfred North Whitehead), 1955 *Russell-Einstein-Manifest*); 1950 Literaturnobelpreis

Rykow, Alexei I. **1881–1938** sowjetischer Politiker (Bolschewiki, KPdSU); 1924–1930 Vorsitzender des Rates der Volkskommissare; 1937 Ausschluß aus der KPdSU; 1938 hingerichtet

Sacco, Nicola **1891–1927** italienischer Arbeiter und Anarchist; 1921 mit Bartolomeo Vanzetti in den USA wegen Verdacht auf doppelten Raubmord schuldig gesprochen; 1927 zum Tode verurteilt und hingerichtet; 1977 durch den Gouverneur von Massachusetts, Michael Dukakis, rehabilitiert

Saefkow, Anton **1903–1944** deutscher Kommunist (KPD); 1933–1939 Haft u.a. im KZ; ab 1939 Widerstand; 1944 kurz vor dem 20. Juli verhaftet und hingerichtet

Sahm, Heinrich **1877–1939** deutscher bzw. Danziger Politiker; Vater von Ulrich Sahm; 1919–1920 Oberbürgermeister von Danzig; 1920–1931 Präsident des Senats der Freien Stadt Danzig; 1931–1935 Oberbürgermeister von Berlin; ab 1936 Gesandter in Oslo

Sahm, Ulrich **1917–2005** deutscher Jurist und Diplomat; 1966–1969 Leiter der Unterabteilung Ost-West-Beziehungen im Auswärtigen Amt; 1969–1972 Leiter der Abteilung für auswärtige und innerdeutsche Beziehungen im Bundeskanzleramt; 1972–1977 Botschafter in Moskau

Sänger, Fritz **1901–1984** deutscher Journalist und Politiker (SPD); 1947–1959 Geschäftsführer und (bis 1955) Chefredakteur des *Deutschen Pressedienstes* bzw. der *Deutschen Presseagentur* (dpa); 1959 Mitarbeit am Godesberger Programm der SPD

Sanness, John **1913–1984** norwegischer Historiker und Politiker (DNA); 1941–1946 Exil; 1946–1950 außenpolitischer Redakteur bei *Arbeiderbladet*; 1960–1983 Direktor des Norsk utenrikspolitisk institutt; 1970–1981 Mitglied des Nobelkomitees

Saragat, Giuseppe **1898–1988** italienischer Politiker (PSI, PSDI); 1926–1943 Exil; 1947–1950 und 1954–1957 stellv. Ministerpräsident; 1951 Mitbegründer der PSDI; 1951–1954, 1957–1964 und 1976 Generalsekretär der PSDI; 1963–1964 Außenminister; 1964–1971 Staatspräsident

Schacht, Hjalmar **1877–1970** deutscher NS-Funktionär; 1923–1930 und 1933–1939 Reichsbankpräsident; 1934–1937 Reichswirtschaftsminister; 1944–1945 KZ; 1946 in Nürnberg freigesprochen; 1947 von einer Spruchkammer zu acht Jahren Arbeitslager verurteilt; 1948 entlassen

Schäfer, Hans **1910–1980** deutscher Jurist und Staatssekretär (FDP); 1937–1939 und 1942–1945 im Reichsjustizministerium; 1955–1966 und 1969–1971 Ministerialdirektor bzw. Staatssekretär im Bundesministerium des Innern; 1971–1978 Präsident des Bundesrechnungshofes

Schärf, Adolf **1890–1965** österreichischer Politiker (SDAP, SPÖ); 1934, 1938 und 1944 Haft; 1945–1957 Mitbegründer und Parteivorsitzender der SPÖ; 1945–1957 Vizekanzler; ab 1957 Bundespräsident

Scheflo, Inge **1915–1978** norwegischer Gewerkschafter und Journalist; Sohn von Olav Scheflo; 1940–1944 Exil; 1944–1945 illegal in Norwegen; 1951–1953 und ab 1955 Sekretär der DNA-Fraktion im Storting; 1953–1955 Staatssekretär des Ministerpräsidenten

Scheidemann, Philipp **1865–1939** deutscher Publizist und Politiker (SAPD, SPD); 1917–1919 einer der Parteivorsitzenden der SPD; 1918 Ausrufung der deutschen Republik; 1919 Reichsministerpräsident; 1919–1925 Oberbürgermeister von Kassel; ab 1933 Exil

Schellenberg, Walter **1910–1952** deutscher Gestapo-Funktionär; ab 1941 Leiter des Auslandsnachrichtendienstes und ab 1944 auch des militärischen Nachrichtendienstes im Reichssicherheitshauptamt; 1945 verhaftet; 1949 in Nürnberg zu sechs Jahren Haft verurteilt; 1950 entlassen

Schleicher, Kurt von **1882–1934** deutscher Militär und Politiker; 1926–1932 Chef der Wehrmachtsabteilung (ab 1929 Ministeramt) im Reichswehrministerium; 1932 Reichswehrminister; 1932–1933 Reichskanzler; 1934 nach dem Röhm-Putsch ermordet

Schmid, Carlo **1896–1979** deutscher Politiker (SPD); 1947–1950 Justizminister in Württemberg-Hohenzollern; 1947–1973 Mitglied des SPD-Parteivorstands; 1948–1949 Vorsitzender der SPD-Fraktion im Parlamentarischen Rat (»Vater des Grundgesetzes«); 1949–1972 MdB

Schoettle, Erwin **1899–1976** deutscher Politiker (SPD) und Publizist; 1933–1946 Exil und Mitarbeit bei »Neu Beginnen«; 1947–1962 Landesvorsitzender der SPD Württemberg-Baden bzw. Baden-Württemberg

Schreiber, Walther **1884–1958** deutscher Politiker (DDP, CDU); 1925–1932 Minister für Handel und Gewerbe in Preußen; 1945 Mitbegründer der CDU in der SBZ; 1947–1952 Landesvorsitzender der CDU Berlin; 1951–1953 Bürgermeister bzw. 1953–1955 Regierender Bürgermeister von Berlin

Schroeder, Louise **1887–1957** deutsche Politikerin (SPD); 1919 Mitbegründerin der Arbeiterwohlfahrt; 1919–1920 Mitglied der Weimarer Nationalversammlung; 1919–1933 MdR; 1947–1948 amtierende Oberbürgermeisterin von Groß-Berlin

Schulenburg, Friedrich-Werner Graf von der 1875–1944 deutscher Diplomat; ab 1901 im Auswärtigen Amt; 1934–1941 Botschafter in Moskau; ab 1943 Verbindung zu Carl Friedrich Goerdeler; 1944 nach dem 20. Juli zum Tode verurteilt und hingerichtet

Schumacher, Kurt 1895–1952 deutscher Politiker (SPD); 1933–1943 und 1944 KZ; ab 1945 Wiederaufbau der SPD (»Büro Dr. Schumacher«); ab 1946 Parteivorsitzender der SPD; 1949 Kanzlerkandidat bei der Bundestagswahl

Schuschnigg, Kurt 1897–1977 österreichischer Politiker (CS, Vaterländische Front); 1932–1934 Justizminister; 1934–1938 diktatorisch regierender Bundeskanzler; 1938–1945 KZ; 1948 Übersiedlung in die USA; 1968 Rückkehr

Schwartz, Theodor 1841–1922 deutscher Gewerkschafter und Politiker (ADAV, SAPD, SPD); 1895–1919 Geschäftsführer des *Lübecker Volksboten;* 1917 Angehöriger der »Sozialdemokratischen Arbeitsgemeinschaft« und der USPD-Fraktion im Reichstag, aber kein Austritt aus der SPD

Schwarzschild, Leopold 1891–1950 deutscher Publizist; 1922–1933 Mitherausgeber der Zeitschrift *Das Tage-Buch;* ab 1933 Exil; 1933–1940 Herausgeber von *Das Neue Tage-Buch*

Scott, John 1912–1976 US-amerikanischer Journalist; 1932–1938 Industriearbeiter in Magnitogorsk; 1941–1948 Auslandskorrespondent für *Time* und *Life,* ab 1943 in Stockholm und ab 1945 in Berlin

Seghers, Anna 1900–1983 deutsche Schriftstellerin (u. a. 1942 *Das siebte Kreuz,* 1944 *Transit*); 1933–1947 Exil; 1952–1978 Präsidentin des Schriftstellerverbandes der DDR

Seliger, Josef 1870–1920 sudetendeutscher Politiker (DSAP); ab 1919 Parteivorsitzender der DSAP in der ČSR

Semjonow, Wladimir S. 1911–1992 sowjetischer Diplomat und Politiker (KPdSU); 1953–1954 Hochkommissar und Botschafter in Ost-Berlin; 1978–1986 sowjetischer Botschafter in Bonn

Severing, Carl 1875–1952 deutscher Politiker (SPD); 1920–1921, 1921–1926 und 1930–1932 preußischer Innenminister; 1928–1930 Reichsinnenminister; ab 1933 drangsaliert und zeitweise untergetaucht; ab 1947 MdL NRW

Seydewitz, Max 1892–1987 deutscher Journalist und Politiker (SPD, SAP, KPD, SED); 1931–1933 Mitbegründer und einer der Parteivorsitzenden der SAP; 1933–1945 Exil; 1947–1952 Ministerpräsident in Sachsen; 1955–1968 Generaldirektor der Staatlichen Kunstsammlungen in Dresden

Seydewitz, Ruth 1905–1989 deutsche Journalistin und Schriftstellerin (u. a. 1976 *Alle Menschen haben Träume. Meine Zeit – mein Leben*); ab 1928 Ehefrau von Max Seydewitz; 1933–1945 Exil; ab 1945 in der SBZ

Shakespeare, William 156?–1616 englischer Lyriker und Dramatiker (u. a. 1595/96 *Ein Sommernachtstraum,* 1602/03 *Die Tragödie von Hamlet, Prinz von Dänemark,* 1611/23 *Macbeth*)

Shirer, William L. **1904–1993** US-amerikanischer Journalist, Publizist und Historiker (u. a. 1941 *Berliner Tagebuch*, 1960 *Aufstieg und Fall des Dritten Reiches*); 1934–1940 Auslandskorrespondent in Berlin und Wien

Siemsen, Anna **1882–1951** deutsche Pädagogin und Politikerin (USPD, SPD); 1923–1932 Lehre an der Universität Jena; 1933–1946 Exil; ab 1947 Lehre an der Universität Hamburg

Sievers, Max **1887–1944** deutscher Publizist (USPD, KPD); ab 1925 Herausgeber von *Der Freidenker*; ab 1927 Vorsitzender des Deutschen Freidenker-Verbandes; 1933 kurzzeitig Haft; ab 1933 Exil; 1943 verhaftet und zum Tode verurteilt; 1944 hingerichtet

Silone, Ignazio **1900–1978** italienischer Schriftsteller (u. a. 1933 *Fontamara*) und Politiker (PCI, PSI); 1921 Mitbegründer der PCI; 1927–1944 Exil

Simon, Josef **1865–1949** deutscher Gewerkschafter und Politiker (SAPD; SPD; USPD); 1900–1933 Vorsitzender des Zentralverbandes der Schuhmacher Deutschlands; 1919 Minister für Handel und Gewerbe in Bayern; 1933–1934 Haft u. a. im KZ; 1935 erneute Haft

Sinclair, Upton **1878–1968** US-amerikanischer Schriftsteller (u. a. 1906 *Der Dschungel*, 1940–1953 elf *Lanny Budd*-Romane); 1934 Kandidat für die Democratic Party bei den Gouverneurswahlen in Kalifornien

Sinowjew, Grigori J. **1883–1936** sowjetischer Politiker (Bolschewiki, KPdSU); 1919–1926 Vorsitzender der Komintern; 1934 verhaftet; 1935 zu zehn Jahren Haft verurteilt; 1936 im ersten Moskauer Schauprozeß erneut angeklagt, zum Tode verurteilt und hingerichtet

Sjaholm, Victor J. **1889 (?)–1974** schwedischer bzw. US-amerikanischer Gewerkschafter; im Zweiten Weltkrieg für das Office of Strategic Services in Schweden; ab 1948 Labour-Attaché für die Economic Cooperation Administration in Stockholm

Slánský, Rudolf **1901–1952** tschechoslowakischer Politiker (KSČ); 1938–1945 Exil; 1945–1951 Generalsekretär der KSČ; 1951 stellv. Ministerpräsident, verhaftet; 1952 angeklagt und zum Tode verurteilt

Smillie, Robert (Bob) **1917–1937** britischer Sozialist (ILP); Enkel von Robert Smillie; ab 1936 im spanischen Bürgerkrieg; 1937 verhaftet und gestorben

Sneevliet, Hendricus (Henk) **1883–1942** niederländischer Politiker (u. a. SDAP, CPH, RSAP); ab 1936 Parteivorsitzender der RSAP; 1940 Gründer der Marx-Lenin-Luxemburg-Front gegen die deutsche Besatzung in den Niederlanden; 1942 hingerichtet

Solmitz, Fritz **1893–1933** deutscher Journalist und Politiker (SPD); 1924–bis 1933 Redakteur des *Lübecker Volksboten*; 1926–1933 Mitglied der Lübecker Bürgerschaft; 1933 verhaftet, Tod im KZ

Solmitz, Karoline **1893–1966** deutsche Ehefrau von Fritz Solmitz; ab 1925 Vorsitzende der Kinderfreunde in Lübeck; nach Solmitz' Tod Exil

Sorel, Georges **1847–1922** französischer Sozialphilosoph und Vordenker des Syndikalismus (u. a. 1908 *Über die Gewalt* und *Les illusions du progrès*)

Souchy, Augustin **1892–1984** deutscher Publizist und Anarchist (u. a. 1977 *Vorsicht: Anarchist! Ein Leben für die Freiheit*); in der Internationalen Arbeiter-

Assoziation aktiv und Redakteur u. a. bei *Der Syndikalist*; 1933–1966 Exil; 1936–1939 im spanischen Bürgerkrieg

Souvarine, Boris 1895–1984 französischer Politiker (SFIO, PCF) und Publizist (u. a. 1935 *Stalin. Anmerkungen zur Geschichte des Bolschewismus*); 1940 Haft; 1941–1947 Exil

Spaak, Paul-Henri 1899–1972 belgischer Politiker (POB, PSB); 1936–1939 und 1939–1945 Außenminister; 1938–1939 Ministerpräsident; 1940–1944 Exil; 1946 und 1947–1949 Ministerpräsident und Außenminister; 1952–1954 Präsident der Gemeinsamen Versammlung der EGKS; 1954–1957 und 1961–1966 Außenminister; 1957–1961 NATO-Generalsekretär

Spångberg, August 1893–1987 schwedischer Gewerkschafter und Politiker (SKP, Socialistiska partiet, Socialdemokraterna); 1937 in Spanien; ab 1940 Unterstützung der norwegischen Widerstandsbewegung

Speer, Albert 1905–1981 deutscher Architekt und NS-Funktionär; ab 1931 NS-Architekt; ab 1937 »Generalbauinspektor für die Reichshauptstadt«; ab 1942 Reichsminister für Bewaffnung und Munition; 1946 in Nürnberg zu 20 Jahren Zuchthaus verurteilt; 1966 entlassen

Spiecker, Carl 1888–1953 deutscher Politiker (u. a. Zentrum, CDU); 1930–1931 Beauftragter des Reichsinnenministers zur Bekämpfung des Nationalsozialismus; 1933–1945 Exil; 1948–1949 Parteivorsitzender des Zentrums; ab 1948 Minister für Bundesangelegenheiten in NRW

Stahlecker, Walter 1900–1942 deutscher SS-Funktionär; 1940 Befehlshaber der Sicherheitspolizei und des Sicherheitsdienstes (BdS) in Oslo; ab 1941 SS-Brigadeführer und Generalmajor der Polizei; ab 1941 BdS im Reichskommissariat Ostland und Leiter der »Einsatzgruppe A«

Stalin, Josef W. 1878–1953 sowjetischer Politiker und Diktator; ab 1922 Generalsekretär der KPdSU; 1941–1946 Vorsitzender des Rates der Volkskommissare; ab 1946 Vorsitzender des Ministerrates der UdSSR

Stampfer, Friedrich 1874–1957 deutscher Journalist und Politiker (SPD); 1916–1919 und 1920–1933 Chefredakteur des *Vorwärts*; 1933–1948 Exil; 1933–1940 Chefredakteur des *Neuen Vorwärts*; 1948–1955 Lehre an der Akademie der Arbeit in Frankfurt am Main

Stang, Fredrik 1867–1941 norwegischer Jurist und Politiker (Høyre); 1907 bis 1911 Vorsitzender der Høyre (Konservative); 1912–1913 Justizminister; 1921–1927 Rektor der Universität Oslo; ab 1922 Vorsitzender des Nobelkomitees

Stang, Nicolay (Nic) Milberg 1908–1971 norwegischer Kunsthistoriker und Publizist; 1947–1951 Redakteur bei *Vinduet*

Stang, Ragna Thiis 1909–1978 norwegische Kunsthistorikerin; 1966–1971 Direktorin der Oslo kommunes kunstsamlinger; 1971–1977 Direktorin des Munch-Museums

Stauffenberg, Claus Schenk Graf von 1907–1944 deutscher Militär; ab 1926 in der Reichswehr; ab 1942 im militärischen Widerstand; 1944 Ausführender des Attentats auf Adolf Hitler am 20. Juli, hingerichtet

Stauning, Thorvald 1873–1942 dänischer Politiker (Socialdemokraterne) und Gewerkschafter; 1910–1939 Parteivorsitzender der Socialdemokraterne; 1924–1926 und ab 1929 Ministerpräsident

Stelling, Johannes 1877–1933 deutscher Politiker (SPD); 1921–1924 Ministerpräsident in Mecklenburg-Schwerin; ab 1925 Gauvorsitzender des »Reichsbanners Schwarz-Rot-Gold« in Berlin-Brandenburg; 1933 während der »Köpenicker Blutwoche« von der SA ermordet

Steltzer, Theodor 1885–1967 deutscher Militär und Politiker (CDU); ab 1940 im Generalstab des Oberbefehlshabers in Oslo, Mitglied des Kreisauer Kreises; 1944 nach dem 20. Juli verhaftet; 1945 zum Tode verurteilt, befreit; 1946–1947 Ministerpräsident von Schleswig-Holstein

Stephen, Campbell 1884–1947 schottischer Geistlicher, Lehrer und Politiker (ILP); 1922–1931 und ab 1935 Abgeordneter im Unterhaus des britischen Parlaments

Stern, Manfred 1896–1954 österreichisch-ungarischer bzw. russischer Kommunist; ab 1936 als »Emilio Kléber« in Spanien und Verteidiger Madrids; 1937 abgesetzt und in die UdSSR zurückbeordert; ab 1939 Arbeitslager

Sternberg, Fritz 1895–1963 deutscher Ökonom, Soziologe und Theoretiker des Marxismus (u. a. 1926 *Der Imperialismus*); 1930–1933 Mitarbeit bei *Die Weltbühne*; ab 1933 Exil

Sterner, Richard M.E. 1901–1978 schwedischer Wirtschaftswissenschaftler und Politiker (u. a. 1943 *The Negro's Share*, 1944 (als Mitarbeiter von Gunnar Myrdal) *An American Dilemma*); 1945–1952 Staatssekretär im Handelsministerium

Støren, Finn 1893–1962 norwegischer NS-Funktionär; 1940–1945 »informeller Außenminister« der Quisling-Regierung; 1945–1947 Haft; 1947 Flucht vor der Anklage nach Argentinien

Strasser, Gregor 1892–1934 deutscher NS-Funktionär; 1926–1928 Reichspropagandaleiter der NSDAP; 1928–1932 Reichsorganisationsleiter der NSDAP; 1934 nach dem Röhm-Putsch ermordet

Strauß, Franz Josef 1915–1988 deutscher Politiker (CSU); 1956–1962 Bundesverteidigungsminister; ab 1961 Parteivorsitzender der CSU; 1966–1969 Bundesfinanzminister; ab 1978 Ministerpräsident in Bayern; 1980 Kanzlerkandidat der CDU/CSU bei der Bundestagswahl

Stresemann, Gustav 1878–1929 deutscher Politiker (Nationalliberale Partei, DVP); ab 1918 Parteivorsitzender der DVP; 1923 Reichskanzler; ab 1923 Reichsaußenminister; 1926 Friedensnobelpreis

Stuckart, Wilhelm 1902–1953 deutscher Jurist und NS-Funktionär; 1933–1945 Staatssekretär im preußischen Kultusministerium bzw. Reichserziehungsministerium bzw. Reichsministerium des Innern; 1945 Reichsinnenminister, verhaftet; 1949 in Nürnberg verurteilt, aber freigelassen

Stürgkh, Karl Graf 1859–1916 österreichischer Politiker; ab 1891 Mitglied des Reichsrats; 1909–1911 k.k. Unterrichtsminister; ab 1911 k.k. Ministerpräsident; 1914 Initiator der Vertagung des Reichsrates; 1916 von Walter Adler erschossen

Suhr, Otto **1894–1957** deutscher Politiker (SPD); 1949–1955 Direktor der Deutschen Hochschule für Politik (heute Otto-Suhr-Institut der FU Berlin); 1951–1955 Präsident des Berliner Abgeordnetenhauses; ab 1955 Regierender Bürgermeister von Berlin

Sverdrup Lunden, Maria (Mimi) **1894–1955** norwegische Frauenrechtlerin und Publizistin (u. a. 1941 *De frigjorte hender*); ab 1936 stellv. Vorsitzende der Norsk Kvinnesaksforening; Aktivistin der Nobelpreiskampagne für Carl von Ossietzky

Sverre → *Michaelis, Walter*

Szende, Stefan **1901–1985** ungarischer bzw. schwedischer Publizist und Politiker (KPD, SAP, SPD); 1933 Mitglied der illegalen SAP-Inlandsleitung, verhaftet; 1934 zu zwei Jahren Zuchthaus verurteilt; ab 1935 Exil; ab 1947 Gründer und Chefredakteur bzw. 1949–1968 Inhaber der *Agence Européenne de Presse*

Tanner, Väinö **1881–1966** finnischer Politiker (SDP); 1918–1926 und 1957 bis 1963 Parteivorsitzender der SDP; 1926–1927 Ministerpräsident; 1937–1939 und 1942–1944 Finanzminister; 1939–1940 Außenminister; 1946–1948 Haft wegen seiner Rolle im Fortsetzungskrieg

Tarnow, Fritz **1880–1951** deutscher Gewerkschafter und Politiker (SPD); 1920–1933 Vorsitzender des Deutschen Holzarbeiterverbandes; 1933–1946 Exil; ab 1938 Vorsitzender der ADG; 1947–1949 Sekretär des Gewerkschaftsrats der Bizone bzw. Trizone

Taub, Siegfried **1876–1946** sudetendeutscher Politiker (DSAP); Vater von Valter Taub; ab 1924 Zentralsekretär der DSAP in der ČSR; ab 1939 Exil

Taub, Valter **1907–1982** tschechoslowakischer Schauspieler und Regisseur; Sohn von Siegfried Taub; 1939–1945 Exil

Terboven, Josef **1898–1945** deutscher NS-Funktionär; ab 1928 NSDAP-Gauleiter in Essen; ab 1935 Oberpräsident der Rheinprovinz; ab 1940 »Reichskommissar für die besetzten norwegischen Gebiete«; 1945 Selbstmord

Thälmann, Ernst **1886–1944** deutscher Politiker (SPD, USPD, KPD); ab 1925 Leitung des Roten Frontkämpferbundes; 1925–1933 Parteivorsitzender der KPD; ab 1933 Haft; 1944 im KZ ermordet

Tillich, Paul **1886–1965** deutscher bzw. US-amerikanischer Theologe und Religionsphilosoph (u. a. 1951–1963 *Systematische Theologie*); 1930–1933 Mitherausgeber von *Neue Blätter für den Sozialismus*; ab 1933 Exil

Tito **1892–1980** jugoslawischer Politiker (KPJ); ab 1938 Generalsekretär bzw. Präsident der KPJ; 1945–1953 Ministerpräsident; 1947/48 Bruch mit Stalin; ab 1953 Staatspräsident

Togliatti, Palmiro **1893–1964** italienischer Politiker (PSI, PCI); 1921 Mitbegründer der PCI; 1926–1944 Exil; ab 1927 Generalsekretär der PCI; 1945–1946 Justizminister

Toller, Ernst **1893–1939** deutscher Schriftsteller (u. a. 1919 *Die Wandlung*, 1923/24 *Der deutsche Hinkemann*, 1927 *Hoppla, wir leben!*) und Politiker (USPD); 1919 Ausrufung der Münchner Räterepublik und bis 1924 Festungshaft; ab 1933 Exil

Tolstoi, Lew (Leo) N. **1828–1910** russischer Schriftsteller (u. a. 1868/69 *Krieg und Frieden*, 1877/78 *Anna Karenina*) und Anarchist

Torp, Oscar **1893–1958** norwegischer Politiker (DNA); 1923–1945 Parteivorsitzender der DNA; 1935–1936 und 1941–1945 Verteidigungsminister; 1936–1939 Sozialminister; 1939–1941 Finanzminister; 1940–1945 Exil; 1945–1948 Minister für Versorgung und Wiederaufbau; 1951–1955 Ministerpräsident

Tranmæl, Martin **1879–1967** norwegischer Gewerkschafter und Politiker (DNA); 1906–1963 Mitglied des Parteivorstands der DNA; 1921–1949 Redakteur des *Social-Demokraten* (ab 1923 *Arbeiderbladet*) in Oslo; 1938–1963 Mitglied des Nobelkomitees; 1940–1945 Exil

Traven, B. **1882 (?)–1969 (?)** deutscher Schriftsteller (u. a. 1926 *Das Totenschiff. Die Geschichte eines amerikanischen Seemanns*, 1927 *Der Schatz der Sierra Madre*)

Trott zu Solz, Adam von **1909–1944** deutscher Jurist und Diplomat; ab 1940 fester Mitarbeiter im Auswärtigen Amt sowie außenpolitisch Beauftragter des Kreisauer Kreises mit Kontakten ins Ausland und zu anderen Widerstandskreisen; 1944 nach dem 20. Juli hingerichtet

Trotzki, Leo **1879–1940** russischer Politiker (u. a. Bolschewiki, KPdSU); Revolutionär und später Kritiker Stalins; 1919–1925 Volkskommissar für Verteidigung; 1925 nach Lenins Tod aus allen Regierungs- bzw. 1926/27 allen Parteiämtern entfernt; ab 1929 Exil; 1940 in Mexiko ermordet

Truman, Harry S. **1884–1972** US-amerikanischer Politiker (Democratic Party); 1945 Vizepräsident der USA; 1945–1953 33. Präsident der USA

Tuchatschewski, Michail N. **1893–1937** sowjetischer Militär; ab 1935 Marschall der Sowjetunion; 1937 vom NKWD verhaftet und zum Tode verurteilt

Tucholsky, Kurt **1890–1935** deutscher Publizist und Schriftsteller (u. a. 1912 *Rheinsberg. Ein Bilderbuch für Verliebte*, ab 1913 in *Die Schaubühne / Die Weltbühne*, 1931 *Schloß Gripsholm*); ab 1930 in Schweden

Ulbricht, Walter **1893–1973** deutscher Politiker (SPD, USPD, KPD, SED); 1918/19 Mitbegründer der KPD; 1933–1945 Exil; 1950–1971 Generalsekretär bzw. Erster Sekretär des Zentralkomitees der SED; ab 1960 Vorsitzender des Staatsrats der DDR

Undset, Sigrid **1882–1949** norwegische Schriftstellerin (u. a. 1911 *Jenny*, 1920–1922 *Kristin Lavranstochter*); 1928 Literaturnobelpreis; 1940–1945 Exil

Vandervelde, Emile **1866–1938** belgischer Politiker (POB); ab 1900 Vorsitzender der Zweiten Internationalen; 1918–1921 Justizminister; 1925–1927 Außenminister; ab 1933 Parteivorsitzender der POB; 1936–1937 Gesundheitsminister

Vansittart, Robert Gilbert **1881–1957** britischer Diplomat; ab 1902 im Foreign and Commonwealth Office; dort 1930–1938 Permanent Under-Secretary, Ablehnung der britischen Appeasement-Politik (»Vansittarismus«); 1938–1941 Hauptberater der Regierung

Vanzetti, Bartolomeo **1888–1927** italienischer Arbeiter und Anarchist; 1920 und 1921 in den USA wegen Verdacht auf versuchten Raub und Mord sowie mit Ferdinando »Nicola« Sacco auf doppelten Raubmord schuldig gesprochen; 1927 zum Tode verurteilt und hingerichtet; 1977 durch den Gouverneur von Massachusetts, Michael Dukakis, rehabilitiert

Villain, Raoul 1885–1936 französischer Nationalist; 1914 Mord an Jean Jaurès; 1914–1919 Haft; 1920 Flucht nach Spanien

Vochoč, Vladimir 1894–1984 tschechoslowakischer Jurist und Diplomat; 1919–1948 im diplomatischen Dienst; 1938–1941 Konsul der ČSR in Marseille, Flüchtlingshilfe; 1941–1946 Exil; 1948–1949 und 1953–1960 Haft in Prag

Vogel, Johann (Hans) 1881–1945 deutscher Politiker (SPD); ab 1931 einer der Parteivorsitzenden der SPD; ab 1933 Exil; ab 1939 alleiniger Parteivorsitzender der Sopade

Vogt, Johan 1900–1991 norwegischer Ökonom und Journalist; 1921–1936 Gründungsmitglied der Gruppe *Mot Dag*; 1941–1945 Haft; 1957–1970 Professor für Wirtschaftswissenschaften an der Universität Oslo; ab 1968 Vorsitzender des P.E.N. Norwegens

Vorrink, Jacobus Jan (Koos) 1891–1955 niederländischer Politiker (SDAP, PvdA); 1932–1935 Vorsitzender der Sozialistischen Jugend-Internationale; 1934–1946 Parteivorsitzender der SDAP; 1940 Widerstand; 1943–1945 Haft u. a. im KZ; 1946–1953 Mitbegründer und Parteivorsitzender der PvdA

Walcher, Jacob 1887–1970 deutscher Gewerkschafter und Politiker (SPD, KPD, SAP, SED); 1918/19 Mitbegründer der KPD; 1933–1946 Exil, Leiter der SAP-Auslandszentrale in Paris; 1946–1949 Chefredakteur der Gewerkschaftszeitung *Tribüne* in der SBZ

Walter, Hilde 1895–1976 deutsche Journalistin; 1928–1933 Mitarbeiterin bei *Die Weltbühne*; 1933–1952 Exil und Mitarbeit im Freundeskreis Carl von Ossietzky

Ward, Barbara 1914–1981 britische Wirtschaftswissenschaftlerin und Publizistin (u. a. 1972 *Wie retten wir unsere Erde?* (mit René Dubos)); 1971 Gründerin des International Institute for Environment and Development

Weber, Alfred 1868–1958 deutscher Nationalökonom und Kultursoziologe; Bruder von Max Weber; 1904–1907 Professor in Prag; 1907–1933 und 1945–1947 Professor in Heidelberg

Wehner, Herbert 1906–1990 deutscher Politiker (KPD, SPD); ab 1933 illegal tätig; 1935–1946 Exil; 1942–1944 Haft in Schweden wegen Spionage; 1958–1973 stellv. Parteivorsitzender der SPD; 1966–1969 Bundesminister für gesamtdeutsche Fragen; 1969–1983 Vorsitzender der SPD-Bundestagsfraktion

Weichmann, Herbert 1896–1983 deutscher Politiker (SPD); 1933–1948 Exil; 1957–1965 Finanzsenator in Hamburg; 1965–1971 Erster Bürgermeister der Freien und Hansestadt Hamburg

Weiß, Ernst 1882–1940 österreichisch-böhmischer Arzt und Schriftsteller (u. a. 1913 *Die Galeere*, 1939/63 *Ich, der Augenzeuge*); ab 1933 Exil

Weiss, Peter 1916–1982 deutscher bzw. schwedischer Schriftsteller (u. a. 1975–1981 *Die Ästhetik des Widerstands*); ab 1935 Exil

Weitling, Wilhelm 1808–1871 deutscher Sozialist und Theoretiker des Kommunismus (u. a. 1838 *Die Menschheit. Wie sie ist und wie sie sein sollte*); 1836

Begründer des Bundes der Gerechten (ab 1847 Bund der Kommunisten); 1846 Ausreise in die USA

Weizsäcker, Ernst von 1882–1951 deutscher Diplomat; ab 1920 im Auswärtigen Amt; 1931–1933 Gesandter in Oslo; 1933–1938 Gesandter in der Schweiz; 1938–1943 Staatssekretär des Auswärtigen Amtes; 1943–1946 Botschafter beim Vatikan; 1949 in Nürnberg zu fünf Jahren Haft verurteilt; 1950 entlassen

Wells, Herbert George (H.G.) 1866–1946 britischer Schriftsteller (u.a. 1895 *Die Zeitmaschine*, 1898 *Der Krieg der Welten*), Journalist, Soziologe und Historiker (u.a. 1933 *The Shape of Things to Come*)

Wels, Otto 1873–1939 deutscher Politiker (SPD); ab 1919 einer der Parteivorsitzenden der SPD bzw. Sopade; 1924 Mitbegründer des »Reichsbanners Schwarz-Rot-Gold«; ab 1933 Exil

Werfel, Franz 1890–1945 österreichisch-böhmischer Schriftsteller und Dramatiker (u.a. 1941 *Das Lied von Bernadette*, 1944 *Jacobowsky und der Oberst*); ab 1938 Exil

Wessel, Horst 1907–1930 deutscher Student; ab 1929 SA-Sturmführer in Berlin; 1930 an den Folgen eines Überfalls verstorben und von den Nationalsozialisten zum Märtyrer der NS-Bewegung stilisiert

Wigforss, Ernst 1881–1977 schwedischer Politiker (Socialdemokraterna); 1925–1926, 1932–1936 und 1936–1949 Finanzminister

Wilde, Oscar 1854–1900 irischer Schriftsteller (u.a. 1890 *Das Bildnis des Dorian Gray*, 1895 *Bunbury*)

Wilhelm II. 1859–1941 deutscher Monarch; 1888–1918 Deutscher Kaiser und König von Preußen; 1918 Abdankung und Exil bis zu seinem Tod

Winkler, Ernst 1899–1976 österreichischer Politiker (SDAP, SPÖ); 1934–1950 Exil; 1960–1966 Landesparteivorsitzender der SPÖ Niederösterreich

Wissell, Rudolf 1869–1962 deutscher Gewerkschafter und Politiker (SAPD, SPD); 1919 Reichswirtschaftsminister; 1920–1924 Sekretär des ADGB-Bundesvorstands; 1928–1930 Reichsarbeitsminister; 1933 kurzzeitig Haft

Wolf, Friedrich 1888–1953 deutscher Arzt, Politiker (KPD, SED) und Schriftsteller (u.a. 1933 *Professor Mamlock*); 1933–1945 Exil; 1949–1951 Botschafter der DDR in Warschau

Wolf, Herbert gest. 1937 deutscher SAP-Funktionär; ab 1933 Exil; ab 1936 in Spanien; 1937 dort gefallen

Wolters, Hermann 1910–1974 deutscher Politiker (KPD, SPD); 1933 Widerstand und bis 1939 Haft; 1944 erneute Haft; 1945–1958 Senator u.a. für Ernährung und Arbeitseinsatz bzw. Häfen, Schiffahrt, Wirtschaft und Arbeit bzw. Ernährung und Landwirtschaft in Bremen

Zuckmayer, Carl 1896–1977 deutscher Schriftsteller (u.a. 1931 *Der Hauptmann von Köpenick*, 1946 *Des Teufels General*); 1938–1957 Exil

Zweig, Arnold 1887–1968 deutscher Schriftsteller (u.a. 1927 *Der Streit um den Sergeanten Grischa* und 1947 *Das Beil von Wandsbek*); 1933–1948 Exil; 1950–1953 Präsident der Deutschen Akademie der Künste in der DDR

Zweig, Stefan 1881–1942 österreichischer Schriftsteller (u.a. 1927 *Sternstunden der Menschheit*, 1942 *Schachnovelle*); ab 1934 Exil

Verzeichnis der Abkürzungen

ADAV	Allgemeiner Deutscher Arbeiterverein
ADG	Auslandsvertretung der Deutschen Gewerkschaften
ADGB	Allgemeiner Deutscher Gewerkschaftsbund
AFL-CIO	American Federation of Labor and Congress of Industrial Organizations
BKP	Bulgarische Kommunistische Partei
BOC	Bloque Obrero y Campesino
BRD	Bundesrepublik Deutschland
CDU	Christlich Demokratische Union Deutschlands
CIA	Central Intelligence Agency
CIO	Congress of Industrial Organizations
CPH	Communistische Partij van Holland
CS	Christlichsoziale Partei
ČSNS	Česká strana národně sociální
ČSR	Tschechoslowakische Republik
CSU	Christlich-Soziale Union in Bayern
CVP	Christliche Volkspartei des Saarlandes
DDP	Deutsche Demokratische Partei
DDR	Deutsche Demokratische Republik
DFU	Deutsche Friedensunion
DGB	Deutscher Gewerkschaftsbund
DNA	Det norske Arbeiderparti
DNVP	Deutschnationale Volkspartei
DSAP	Deutsche sozialdemokratische Arbeiterpartei in der ČSR
DStP	Deutsche Staatspartei
DVP	Deutsche Volkspartei
EG	Europäische Gemeinschaften
EGKS	Europäische Gemeinschaft für Kohle und Stahl
ERC	Esquerra Republicana de Catalunya
FAI	Federación Anarquista Ibérica
FDJ	Freie Deutsche Jugend
FDP	Freie Demokratische Partei
FGDS	Fédération de la gauche démocrate et socialiste
GD	Gauche démocratique
Gestapo	Geheime Staatspolizei
ICE	Izquierda Comunista de España
IJB	Internationaler Jugendbund
ILP	Independent Labour Party

ISK	Internationaler Sozialistischer Kampfbund
ITF	Internationale Transportarbeiterföderation
KANU	Kenya African National Union
KMP	Kommunisták Magyarországi Pártja
KPD	Kommunistische Partei Deutschlands
KPdSU	Kommunistische Partei der Sowjetunion
KPJ	Kommunistische Partei Jugoslawiens
KPÖ	Kommunistische Partei Österreichs
KPS	Kommunistische Partei der Schweiz
KSČ	Komunistická strana Československa
KZ	Konzentrationslager
LO	Leninistische Organisation
MdB	Mitglied des Bundestags
MdL	Mitglied des Landtags
MDP	Magyar Dolgozók Pártja
MKP	Magyar Kommunista Párt
MSZDP	Magyarországi Szociáldemokrata Párt
NKP	Norges Kommunistiske Parti
NRW	Nordrhein-Westfalen
NS	Nationalsozialismus / nationalsozialistisch
NSDAP	Nationalsozialistische Deutsche Arbeiterpartei
NWDR	Nordwestdeutscher Rundfunk
OSP	Onafhankelijke Socialistische Partij
PCE	Partido Comunista de España
PCF	Parti communiste français
PCI	Partito Comunista Italiano
POB	Parti ouvrier belge
POUM	Partido Obrero de Unificación Marxista
PPF	Parti populaire français
PPS	Polska Partia Socjalistyczna
PRI	Partito Repubblicano Italiano
PRS	Parti républicain-socialiste
PS	Parti socialiste
PSB	Parti socialiste belge
PSdF	Parti socialiste de France-Union Jean Jaurès
PSDI	Partito Socialista Democratico Italiano
PSF	Parti socialiste français
PSI	Partito Socialista Italiano
PSLI	Partito Socialista dei Lavoratori Italiani
PSOE	Partido Socialista Obrero Español
PSOP	Parti socialiste ouvrier et paysan
PSUC	Partido Socialista Unificado de Catalunya
PTE-UC	Partido de los Trabajadores de España – Unidad Comunista
PvdA	Partij van de Arbeid
RNP	Rassemblement national populaire

RPF	Rassemblement du Peuple Français
RSAP	Revolutionair Socialistische Arbeiders Partij
SAI	Sozialistische Arbeiter-Internationale
SAP	Sozialistische Arbeiterpartei Deutschlands (1931–1945)
SAPD	Sozialistische Arbeiterpartei Deutschlands (1875–1890)
SBZ	Sowjetische Besatzungszone
SDAP	Sociaal Democratische Arbeiders Partij
SDAP	Sozialdemokratische Arbeiterpartei
SDAP	Sozialdemokratische Arbeiterpartei in Österreich
SDP	Suomen Sosialidemokraattinen Puolue
SED	Sozialistische Einheitspartei Deutschlands
SFIO	Section française de l'Internationale ouvrière
SKP	Sveriges kommunistiska parti
SLP	Scottish Labour Party
Sopade	Sozialdemokratische Partei Deutschlands im Exil
SP	Sozialdemokratische Partei der Schweiz
SPD	Sozialdemokratische Partei Deutschlands
SPÖ	Sozialistische Partei Österreichs
SS	Schutzstaffel der NSDAP
stellv.	stellvertretende/r
SVP	Sächsische Volkspartei
UdSSR	Union der Sozialistischen Sowjetrepubliken
UGT	Unión General de Trabajadores
UN	United Nations
USA	United States of America
US	United States
ZK	Zentralkomitee

Namenregister

Abad de Santillán, Diego 222
Abramowitsch Rein, Rafael 243 f.
Addams, Jane 108
Adenauer, Konrad 90, 375, 423, 428 f., 435 f.
Adler, Friedrich 130, 157, 200
Adler, Victor 85, 196, 202
Albertz, Luise 378
Alfringhaus, Erich 338
Alter, Wiktor 276
Andersen Nexø, Martin 29
Andrade Rodríguez, Juan 235
Anker-Ording, Aake 120 f.
Antonow-Owsejenko, Wladimir A. 240
Araquistáin Quevedo, Luis 249
Arminius 344
Aron, Raymond 432
Attlee, Clement 109, 345, 357, 392
Auerbach, Walter 102
Aufhäuser, Siegfried 157
Auriol, Vincent 151
Azaña Díaz, Manuel 249

Baader, Andreas 226
Bahr, Egon 390
Bakunin, Michail A. 221, 226
Balabanoff, Angelica 159
Bandaranaike, Sirimavo 164
Barbusse, Henri 29, 131, 140
Barth, Karl 106
Bauer, Fritz 119
Bauer, Hermann 38
Bauer, Otto 195–200, 202, 208
Baumann, Edith 205
Bebel, August 11, 13–20, 22, 30, 38, 61, 116, 131 f., 152, 180, 182, 196, 225, 246, 265
Beck, Ludwig 355 f.
Beethoven, Ludwig van 136
Behrisch, Arno 384, 401
Bell, George 357
Beneš, Edvard 186, 204, 274
Benjamin, Walter 78
Berggrav, Eivind 304, 362
Bernadotte, Folke 366–368
Berneri, Camillo 241
Bernhard, Georg 140–142
Bernstein, Eduard 18, 129 f.
Berzin, Jan 240
Bismarck, Otto von 15–17, 32, 47, 197, 213, 344
Blachstein, Peter 239
Bloch, Ernst 141 f.
Blum, Léon 124–136, 151, 217 f., 243, 249, 274, 336, 345
Bobzien, Franz 119 f.
Böchel, Karl 157, 257 f., 296
Bögler, Franz 157
Böhm, Vilmos (Wilhelm) 331, 334, 336, 365
Böhme, Franz 368, 370
Bohr, Niels 372
Borgersen, Per 295, 298
Borkenau, Franz 90
Brandt, Lars 373
Brandt, Liborius Philipp Wilhelm (Willy) 209
Brandt, Matthias 373
Brandt, Peter 373, 379, 426
Brandt, Rut 373
Branting, Hjalmar 130, 319, 321 f., 325 f., 337
Brass, Otto 177
Bratteli, Trygve 349, 366
Bräuer, Curt 281, 283, 285
Brauer, Max 140, 253, 378, 420, 436
Braun, Mathias Josef (Max) 140 f., 145, 150
Braun, Otto 49, 52
Braunthal, Julius 90, 218
Brecht, Bertolt 73, 253

Bredel, Willi 38 f.
Breitscheid, Rudolf 51, 134, 136, 138, 140 f., 143, 148–153
Breitscheid, Tony 150 f., 153
Brenner, Otto 406
Briand, Aristide 131
Brill, Hermann 153, 177
Bringolf, Walther 433
Brockway, Fenner 160 f.
Brod, Max 187
Bromme, Paul 259
Brost, Erich 417 f.
Brünen, Eberhard 188
Brüning, Heinrich 47 f., 52, 54, 137, 151 f.
Buber, Martin 225, 340
Buber-Neumann, Margarete 275
Bucharin, Nikolaj I. 93, 272
Buchheister, Werner 169
Budzislawski, Hermann 144
Buhl, Vilhelm 339
Bull, Brynjulf 104, 257
Buttinger, Joseph 200

Camus, Albert 245
Cappelen, Johan 294
Carnot, Lazare 240
Carrillo Solares, Santiago 248
Castberg, Frede 109
Céline, Louis-Ferdinand 288
Chamberlain, Neville 259
Chautemps, Camille 218
Childs, Marquis W. 320
Chruschtschow, Nikita S. 240, 272
Churchill, Winston 128, 295, 345, 357, 392
Clay, Lucius D. 426
Comorera i Soler, Juan 243
Companys i Jover, Lluís 250
Comte, Auguste 80
Cripps, Stafford 128
Czech, Ludwig 201, 203

Dahlem, Franz 137, 145
Dahrendorf, Gustav 363, 404
Daladier, Edouard 128, 135
Darré, Walther 169
Déat, Marcel 129, 286
Defferre, Gaston 349
Deutsch, Julius 145
Deutscher, Isaac 165
Diamant, Max 163, 168, 195, 208
Díaz Ramos, José 232, 247 f.
Diederichs, Georg 108
Dimitrow, Georgi 105, 125, 147, 275
Döblin, Alfred 139
Dollfuß, Engelbert 123, 196 f.
Dönitz, Karl 368, 396
Doriot, Jacques 162, 287 f.
Duckwitz, Georg Ferdinand 338 f.
Duhamel, Georges 245
Dulles, Allen 359

Eberlein, Hugo 275
Ebert, Friedrich 379
Eckardt, Felix von 375
Eckstein, Ernst 102
Eden, Anthony 357
Eggebrecht, Axel 147
Ehlers, Adolf 376–378, 380, 382
Ehrenburg, Ilja 219, 222
Eichler, Willi 158, 406
Eichmann, Adolf 342
Einstein, Albert 42, 55, 106, 109, 340, 372
Einstein, Carl 78
Eisenhower, Dwight D. 368 f.
Elster, Torolf 318
Enderle, August 127, 316, 374 f., 381
Enderle, Irmgard 316, 374
Engels, Friedrich 15, 57, 138, 160, 180
Epe, Heinz 122
Epe, Ivar 122
Epe, Synnøve 122
Erhard, Ludwig 429
Erlander, Tage 313, 322
Erler, Fritz 157, 177, 430, 437
Erlich, Henryk 276
Erzberger, Matthias 46
Evang, Karl 112
Evensen, Lars 331
Evensmo, Sigurd 299

Fabian, Walter 189
Fagerholm, Karl-August 265
Falk, Erling 96–100, 315
Falkenhorst, Nikolaus von 285, 361
Faure, Paul 129
Feuchtwanger, Lion 55, 73, 78, 141
Fichte, Johann Gottlieb 228
Filbinger, Hans 371
Fimmen, Eduard (Edo) 102
Flyg, Nils 286
Forel, Auguste 116
Frahm, Carlota 280–282, 292, 295, 311, 373
Frahm, Ludwig 11–14, 21, 22 f., 30, 46, 66, 225
Frahm, Ninja 292, 295, 298, 311, 373
Franco, Francisco 171, 210, 212–215, 217–220, 222, 230, 232, 241, 247, 249–251, 257
Frank, Hans 396
Frank, Karl Borromäus 155–157, 185, 316
Freisler, Roland 181, 362–364
Freud, Sigmund 113
Frick, Wilhelm 253
Friediger, Max 339
Friedrich I. (Barbarossa) 32, 344
Friedrich II. (Friedrich der Große) 344
Frölich, Paul 66, 182–185, 190
Frölich, Rose, geb. Wolfstein 185
Fuchs, Martha 378
Furtwängler, Wilhelm 172

Gaasland, Gertrud, geb. Meyer 66, 77, 114 f., 166, 185
Gaasland, Gunnar 166, 169
Gauguin, Paul René 238, 290
Gaulle, Charles de 136, 291, 295, 331, 392, 400
Gayk, Andreas 389 f.
Gerhardsen, Einar 93, 299, 336
Gerlach, Hellmut von 106, 109
Gerstenmaier, Eugen 357
Gide, André 245
Giraudoux, Jean 149
Goebbels, Joseph 127, 188, 346
Goerdeler, Carl Friedrich 355 f., 362
Goethe, Johann Wolfgang von 30, 42
Goldenberg, Boris 144, 156
Goldenberg, Rosa, geb. Lenz 156
Goldstein, Hans 120
González Márquez, Felipe 236
Göring, Hermann 110 f., 215, 266, 344, 395
Gorki, Maxim 29, 236, 278
Gorkin, Julián 233–236, 239, 246
Gottgetreu, Erich 38
Gottwald, Klement 273
Graf, Oskar Maria 77, 142
Grass, Günter 234
Greiser, Arthur 340
Gross, Babette 149, 275
Grossmann, Kurt R. 106
Grotewohl, Otto 404 f.
Grünbaum, Henry 331
Guesde, Jules-Marie 331, 335
Gumbel, Emil Julius 103
Günther, Christian 362
Gustav V. 314

Haakon VII. 86 f., 93, 109, 281–285, 289, 293, 300 f., 303, 310
Hammer, Walter 337 f.
Hamsun, Knut 110
Hansen, Hans Christian (H. C.) 258, 337
Hansen, Oskar 68, 365
Hansson, Per Albin (P. A.) 318–322
Hansteen, Viggo 104
Hardie, Keir 160
Hasenclever, Walter 78
Hatzfeldt, Sophie von 15
Haubach, Theodor 51, 363
Hauptmann, Gerhart 40
Hebbel, Friedrich 39
Hedin, Sven 110
Hedtoft, Hans 337 f., 390
Heiden, Konrad 106
Heidmann, Karl 22
Heilmann, Ernst 38
Heine, Fritz 151, 168, 411 f.
Heine, Heinrich 75, 131, 138, 140
Heines, Edmund 102
Heinig, Kurt 348

Henderson, Arthur 130
Hernández Tomás, Jesús 245
Hertz, Paul 140, 156 f., 421
Hervé, Gustave 286
Heß, Rudolf 273
Heuss, Theodor 364, 428
Heydrich, Reinhard 111, 274, 312
Higgins, Marguerite (Maggie) 374
Hilferding, Rose 151
Hilferding, Rudolf 151–153
Himmler, Heinrich 153, 256, 304, 340, 342, 359, 362, 366–369
Hindenburg, Paul von 12, 48 f., 52, 57, 417
Hirschfeld, Hans 421
Hirschfeld, Magnus 113
Hitler, Adolf 16, 35, 38 f., 44, 46, 48–51, 57, 59 f., 62, 65, 71, 73, 75, 79, 102, 106 f., 110, 113, 124, 126, 128, 134, 137, 139, 141, 143 f., 146, 149–151, 153, 159, 169–173, 175, 178 f., 184, 189, 191, 194, 197, 200, 207, 215, 217, 230, 249, 259, 260 f., 263 f., 269–271, 274, 276–279, 283, 285, 290 f., 293–295, 306–308, 312, 314 f., 330, 337, 339, 343, 347, 349, 352, 354 f., 357 f., 360 f., 364 f., 368 f., 371, 391, 396–398, 407, 422, 424
Hodann, Max 113
Hoegner, Wilhelm 64, 140, 152, 403
Hoel, Sigurd 98, 365
Hoffmann, Johannes 140
Holowatyj, Rudolf 259
Höltermann, Karl 49
Hoose, Heinz 120
Horthy, Miklós 240
Hugenberg, Alfred 38, 65, 147
Humphrey, Hubert H. 322
Huxley, Aldous 109

Ibsen, Henrik 165
Iglesias Posse, Pablo 246

Jackson, Robert H. 393
Jacob, Berthold 106, 111 f.
Jacob, Franz 364
Jahn, Hans 102, 255
Jaksch, Wenzel 203 f.
Jaspers, Karl 432
Jaurès, Jean 18 f., 131 f., 134–136, 238, 331
Jensen, Albert 112
Jesse, Willy 362, 404
Jödahl, Ole 331
Jodl, Alfred 279, 396
Johnson, Eyvind 227, 318
Johnson, Lyndon B. 322
Juchacz, Marie 154

Kafka, Franz 187
Kaisen, Wilhelm 14, 376–380, 382 f., 424, 436 f.
Kaiser, Jakob 414
Kamenew, Lew B. 272
Kant, Immanuel 226
Kantorowicz, Alfred 144
Karl der Große 344
Karniol, Maurycy 331, 335 f., 341
Katz, Otto 145, 273
Katz, Rudolf 253, 420
Kautsky, Karl 130, 202
Keitel, Wilhelm 151, 396
Kekkonen, Urho 267
Keller, Gottfried 20
Kenyatta, Jomo 163
Kersten, Felix 362, 366
Kesten, Hermann 215
Keynes, John Maynard 93, 321
Kilbom, Karl 162, 286, 319
Kirchner, Johanna 154
Kirn, Richard 153 f.
Kirschmann, Emil 154, 157
Kisch, Egon Erwin 187
Kissinger, Henry 252
Klein, Günter 430
Klepper, Otto 140
Klingelhöfer, Gustav 421
Klotz, Helmut 144
Kluge, Günther von 356
Knoeringen, Waldemar von 155, 157, 253
Knudsen, Helge 394
Knudsen, Konrad Gustav 164
Koestler, Arthur 148, 156, 273, 433
Köhler, Max 103–105, 181
Koht, Halvdan 109

Koivisto, Mauno 267
Kollontai, Alexandra 358–361
Kolzow, Michail 240
Körner, Theodor 202
Kostow, Traitscho 275
Kreisky, Bruno 195, 197 f., 200 f., 248, 331–333, 351
Kropotkin, Pjotr A. 226
Kuhlmann, Emil 11, 383–385
Kuhlmann, Günter 66
Kuhlmann, Martha, geb. Frahm 11, 14, 22, 30, 66, 101, 377, 383–385, 420 f.
Kühn, Heinz 157
Künstler, Franz 63, 174

Lacouture, Jean 132, 151
Lafargue, Paul 135
Landau, Kurt 241 f.
Landauer, Gustav 225, 324
Lange, Christian Lous 110, 311
Lange, Halvard M. 110, 310 f., 366, 412 f., 416, 418
Largo Caballero, Francisco 221–223, 232, 236 f., 246–250
Laski, Harold 109
Lasky, Melvin J. 432
Lassalle, Ferdinand 15 f., 51
Laval, Pierre 287 f.
Lawrence, Geoffrey 393
Leber, Annedore 37, 361, 363 f., 389, 414
Leber, Julius 36–39, 44, 48, 52, 55, 58–60, 64, 108, 354 f., 356, 358, 360–365, 389, 404
Lebrun, Albert 218
Lehmann, Hans Georg 70, 79, 254 f.
Leipart, Theodor 52
Lemmer, Ernst 400, 414
Lenin, Wladimir I. 46, 93, 147, 155, 162 f., 165, 177, 180, 182, 234, 243, 248, 266, 268, 271, 274, 287, 319, 325, 359
Leuschner, Wilhelm 355, 363
Levi, Paul 26, 181
Lie, Jonas 165
Lie, Trygve 165, 283, 346 f., 422
Lieb, Fritz 145
Liebermann, Kurt 120
Liebknecht, Karl 180–184, 287
Liebknecht, Wilhelm 16 f., 182
Lischka, Kurt 256
Löbe, Paul 14, 63, 266, 421, 427, 436
Loewenheim, Walter 155
London, Artur 240 f.
London, Jack 29
Lovestone, Jay 163
Löwenstein, Kurt 27
Löwenthal, Richard 156, 158, 411
Löwigt, Paul 34
Ludwig, Emil 109
Luther, Martin 105
Luxemburg, Rosa 19, 180–185, 275, 379

Maaß, Hermann 363
MacDonald, Ramsay 160, 286
Mafalda von Savoyen 153
Mahler-Werfel, Alma 73, 145 f.
Malraux, André 140, 164
Man, Henri (Hendrik) de 129
Mann, Erika 73, 393
Mann, Golo 73, 145 f.
Mann, Heinrich 30, 73, 131, 139–147, 156, 384
Mann, Thomas 32, 36, 39–43, 73, 106, 109, 140, 145 f., 353 f.
Mao Tse-tung 228
Marquet, Adrien 146
Martin du Gard, Roger 245
Marx, Karl 17, 26, 57, 98, 132, 135, 138, 160, 180, 184, 221, 225, 228, 270
Masaryk, Tomáš Garrigue 109, 186
Matern, Hermann 185
Mauriac, François 245
Maurín, Jeanne 235, 242
Maurín Juliá, Joaquín 233–236
Maxton, James 161
Mayer, Daniel 136, 349
McCloy, John J. 423
Mehnert, Klaus 356
Meinhof, Ulrike 226
Meitner, Lise 372
Mendelssohn, Peter de 40
Metternich, Clemens Wenzel Fürst 123
Mewis, Karl 244, 417
Meyer, Håkon 286 f.

Michaelis, Walter 190–194, 377
Mierendorff, Carl (Carlo) 363 f.
Misgeld, Klaus 330
Mitscherlich, Alexander 393
Mitterrand, François 136
Moe, Finn 69, 120 f., 259
Möller, Gustav 313, 316, 321, 360
Mollet, Guy 134
Molotow, Wjatscheslaw M. 269
Moltke, Helmuth James Graf von 339, 355–357, 362 f., 388
Monsen, Fredrik 209
Monsen, Per 209–212, 402
Montseny Mañé, Federica 222 f., 246, 250
Mosley, Oswald 286
Moulin, Jean 136
Mowinckel, Johan Ludwig 85, 109
Mühsam, Erich 225, 275
Mühsam, Kreszentia (Zenzl) 275
Müller, Hermann 45 f., 54, 151 f.
Müller-Biermann, Erika 151
Munck, Ebbe 337
Münzenberg, Wilhelm (Willi) 105, 111, 113, 139 f., 143, 145–150, 155 f., 254, 273, 275, 288
Mussolini, Benito 79, 123, 143, 159, 215, 217, 227, 276, 285, 298, 330, 353
Myrdal, Alva 323–325, 331, 336, 372
Myrdal, Gunnar 323–325, 331, 357, 365, 412

Nabokov, Nicolas 433 f.
Nansen, Fridtjof 83, 284
Nansen, Odd 83
Napoleon I. (Napoléon Bonaparte) 127, 364
Napoleon III. (Louis-Napoléon Bonaparte) 16
Negrín López, Juan 247, 249 f.
Nelson, Leonard 158
Nenni, Pietro 162, 215
Nerman, Ture 238, 319
Neumann, Franz 421, 428, 431
Neumann, Heinz 275
Niemöller, Martin 395
Nilsson, Torsten 94, 313, 331, 337
Nin, Andrés 233–236, 244 f.
Nippus, Fritz 294
Nobel, Alfred 110
Nygaardsvold, Johan 86, 210, 283 f.

Olav V. 86
Olden, Rudolf 78
Oliver, García 222
Ollenhauer, Erich 27, 158, 204, 248, 258, 297, 316, 336 f., 391, 411, 417, 437
Oprecht, Hans 152
Ording, Arne 347 f.
Orwell, George 162, 219 f., 234
Oskar II. 310
Ossietzky, Carl von 54, 106–111, 136, 311
Ottesen-Jensen, Elise 112 f.
Øverland, Arnulf 98, 303 f., 366

Paasikivi, Juho Kusti 265
Paetel, Karl Otto 156
Palm, August 85
Palme, Olof 320–322
Papen, Franz von 48 f., 51 f., 65, 396
Passarge, Otto 386 f., 389
Pasternak, Boris 222
Paul, Ernst 204, 297, 331 f., 336
Pauls, Eilhard Erich 16, 31, 36
Peres, Shimon 132
Pétain, Philippe 129, 135, 277, 287
Philip, André 109
Picasso, Pablo 215
Pieck, Wilhelm 142, 183, 379, 414, 416 f.
Piłsudski, Józef 286
Pisani, Edgard 136
Pivert, Marceau 127 f.
Pjatakow, Georgi L. 272–274
Plotho, Hellmuth von 104 f.
Priestley, John B. 109
Primo de Rivera y Orbaneja, Miguel 249
Proudhon, Pierre-Joseph 226 f.

Quidde, Ludwig 108 f.
Quisling, Vidkun 85, 165, 283–286, 300 f., 367, 369 f.

Radek, Karl 46, 92 f., 182 f., 272
Raeder, Erich 396
Rajk, László 240, 275
Rákosi, Mátyás 275
Rathenau, Walther 40, 46
Rauschning, Hermann 145, 149
Redieß, Wilhelm 367, 369 f.
Reich, Wilhelm 113–116
Reichwein, Adolf 363 f.
Rein, Mark 242–244
Remarque, Erich Maria 131
Renn, Ludwig 29, 73, 131
Renner, Karl 197, 199, 202
Reuter, Ernst 42, 49, 140, 157, 183, 378, 414, 421–427, 429–432, 435 f.
Reuther, Walter Philip 322
Ribbentrop, Joachim von 269, 285, 359
Richter, Willi 403
Rivera, Diego 165
Rolland, Romain 109, 131
Romains, Jules 432
Rommel, Erwin 330
Roosevelt, Franklin D. 85, 217, 296, 333, 357
Rosenberg, Alfred 169
Rosenberg, Ludwig 336
Rosenberg, Marcel 236, 240
Rosenfeld, Kurt 54, 63, 185
Rost, Nico 210
Rovira Canals, Josep 220, 232
Rudenko, Roman A. 395
Ruge, Otto 283
Russell, Bertrand 109
Rykow, Alexei I. 272

Sacco, Nicola 226
Saefkow, Anton 364
Sahm, Heinrich 256, 281
Sahm, Ulrich 256
Sänger, Fritz 340
Sanness, John 416
Saragat, Giuseppe 159
Schacht, Hjalmar 65, 152, 249, 396
Schäfer, Hans 357
Schärf, Adolf 202
Scheflo, Inge 298 f., 310, 312, 331, 368
Scheidemann, Philipp 326
Schellenberg, Walter 359, 367 f.
Schleicher, Kurt von 51 f.
Schmid, Carlo 430, 437
Schoettle, Erwin 157
Schreiber, Walther 431
Schroeder, Louise 378, 421, 427
Schulenburg, Friedrich-Werner Graf von der 361
Schumacher, Kurt 25, 47, 119, 207, 348, 382, 390 f., 402–412, 416, 418, 424 f., 429, 432, 436 f.
Schuschnigg, Kurt 153
Schwartz, Theodor 33 f.
Schwarzschild, Leopold 140, 142
Scott, John 358
Seghers, Anna 73
Seliger, Josef 202
Semjonow, Wladimir S. 359
Severing, Carl 49 f.
Seydewitz, Max 54, 63, 185 f., 296
Seydewitz, Ruth 185
Shakespeare, William 225
Shirer, William L. 128, 218
Siemsen, Anna 141
Sievers, Max 157
Silone, Ignazio 433
Simon, Josef 403
Sinclair, Upton 29
Sinowjew, Grigori J. 92, 164, 272 f.
Sjaholm, Victor J. 331
Slánský, Rudolf 145, 241, 273, 275
Smillie, Robert (Bob) 241
Sneevliet, Hendricus (Henk) 160
Solmitz, Fritz 38 f., 60
Solmitz, Karoline 39
Sorel, Georges 227
Souchy, Augustin 226 f.
Souvarine, Boris 235
Spaak, Paul-Henri 129 f.
Spångberg, August 238, 297
Speer, Albert 396
Spiecker, Carl 140, 145, 149
Stahlecker, Walter 281
Stalin, Josef W. 90, 92, 143, 145, 163, 165, 183, 215, 246, 260–264, 268–270, 272–274, 276, 355, 392, 406, 426

Stampfer, Friedrich 50, 60, 62, 138, 145, 148, 202, 409
Stang, Fredrik 86, 109
Stang, Nicolay (Nic) Milberg 295
Stang, Ragna Thiis 295
Stauffenberg, Claus Schenk Graf von 355 f., 360 f., 363 f.
Stauning, Thorvald 130, 337, 390
Stelling, Johannes 63
Steltzer, Theodor 339, 361–363, 388 f.
Stephen, Campbell 242
Stern, Manfred 240
Sternberg, Fritz 118
Sterner, Richard M. E. 331 f.
Støren, Finn 367
Strasser, Gregor 51
Strauß, Franz Josef 72
Stresemann, Gustav 45, 131, 149
Stuckart, Wilhelm 253
Stürgkh, Karl Graf 130
Suhr, Otto 427, 432
Sverdrup Lunden, Maria (Mimi) 106
Szende, Stefan 103–105, 181, 205, 225, 316, 332, 341

Tanner, Väinö 265 f.
Tarnow, Fritz 42, 199, 331 f., 341 f., 348, 360, 362
Taub, Siegfried 204
Taub, Valter 204
Terboven, Josef 300–302, 304, 308, 366 f., 369 f.
Thälmann, Ernst 56, 153
Tillich, Paul 316, 355
Tito 426
Togliatti, Palmiro 147
Toller, Ernst 29, 78, 141
Tolstoi, Lew (Leo) N. 226
Torp, Oscar 80, 93, 256
Tranmæl, Martin 89–93, 96, 98–100, 110, 162, 164, 210, 227, 282, 287, 298, 310, 313, 328, 331, 347, 359, 360
Traven, B. 29
Trott zu Solz, Adam von 354–364
Trotzki, Leo 159, 163–165, 234, 241, 268 f., 273 f.
Truman, Harry S. 392
Tuchatschewski, Michail N. 274
Tucholsky, Kurt 54, 78, 106 f., 139

Ulbricht, Walter 137, 141 f., 147 f., 185, 276, 404
Undset, Sigrid 110

Vandervelde, Emile 109, 130, 243
Vansittart, Robert Gilbert 344
Vanzetti, Bartolomeo 226
Villain, Raoul 238
Vochoč, Vladimir 146
Vogel, Johann (Hans) 62, 138, 158, 316, 411
Vogt, Johan 98
Vorrink, Jacobus Jan (Koos) 336

Walcher, Jacob 96, 159, 181, 183 f., 190, 195, 254, 269, 316, 401, 414
Walter, Hilde 106
Ward, Barbara 432
Weber, Alfred 432
Wehner, Herbert 142, 412, 437
Weichmann, Herbert 149
Weiß, Ernst 78
Weiss, Peter 85, 172
Weitling, Wilhelm 138
Weizsäcker, Ernst von 217
Wells, Herbert George (H. G.) 109
Wels, Otto 61 f., 316, 390, 411
Werfel, Franz 73, 145 f., 187
Wessel, Horst 61
Wigforss, Ernst 321
Wilde, Oscar 324
Wilhelm II. 16
Winkler, Ernst 259
Wissell, Rudolf 14, 421
Wolf, Friedrich 103
Wolf, Herbert 220
Wolters, Hermann 378, 380

Zuckmayer, Carl 73
Zweig, Arnold 73, 141 f.
Zweig, Stefan 73, 78

Editorische Notiz

Willy Brandts *Links und frei. Mein Weg 1930–1950* erschien erstmals 1982 bei Hoffmann und Campe. Das Buch wurde 1983 ins Norwegische und Schwedische übersetzt. 1984 veröffentlichte Knaur eine deutschsprachige Taschenbuchausgabe mit einem aktualisierten Vorwort; nach dieser letzten Fassung richtet sich die vorliegende Neuausgabe. Das Glossar wurde von Sven Haarmann (Willy-Brandt-Archiv im Archiv der sozialen Demokratie der Friedrich-Ebert-Stiftung) erstellt. Die Neuausgabe von Willy Brandts *Links und frei. Mein Weg 1930–1950* erfolgt mit freundlicher Genehmigung von Prof. Dr. Brigitte Seebacher.